U0529745

# 完美的章程

## 公司章程的快速起草与完美设计

（第二版）

李建立 著

THE PERFECT ARTICLES
OF ASSOCIATION

SECOND EDITION

北京大学出版社
PEKING UNIVERSITY PRESS

## 图书在版编目(CIP)数据

完美的章程：公司章程的快速起草与完美设计 / 李建立著. -- 2版. -- 北京：北京大学出版社，2024.9
（法商丛书）. -- ISBN 978-7-301-35449-0

Ⅰ. D922.291.914

中国国家版本馆CIP数据核字第2024X2S644号

| 书　　　名 | 完美的章程：公司章程的快速起草与完美设计（第二版） |
| --- | --- |
|  | WANMEI DE ZHANGCHENG: GONGSI ZHANGCHENG DE KUAISU QICAO YU WANMEI SHEJI (DI-ER BAN) |
| 著作责任者 | 李建立　著 |
| 策 划 编 辑 | 陆建华 |
| 责 任 编 辑 | 陆建华　费　悦 |
| 标 准 书 号 | ISBN 978-7-301-35449-0 |
| 出 版 发 行 | 北京大学出版社 |
| 地　　　址 | 北京市海淀区成府路205号　100871 |
| 网　　　址 | http://www.pup.cn　http://www.yandayuanzhao.com |
| 电 子 邮 箱 | 编辑部 yandayuanzhao@pup.cn　总编室 zpup@pup.cn |
| 新 浪 微 博 | @北京大学出版社　@北大出版社燕大元照法律图书 |
| 电　　　话 | 邮购部 010-62752015　发行部 010-62750672　编辑部 010-62117788 |
| 印 刷 者 | 北京鑫海金澳胶印有限公司 |
| 经 销 者 | 新华书店 |
|  | 730毫米×1023毫米　16开本　39.25印张　772千字 |
|  | 2016年6月第1版 |
|  | 2024年9月第2版　2024年9月第1次印刷 |
| 定　　　价 | 128.00元 |

未经许可，不得以任何方式复制或抄袭本书之部分或全部内容。
**版权所有，侵权必究**
举报电话：010-62752024　电子邮箱：fd@pup.cn
图书如有印装质量问题，请与出版部联系，电话：010-62756370

# 第二版自序

本书自 2016 年出版第一版以来，转眼已经八年了。感谢不断有读者通过书中的二维码关注我的"完美的章程"公众号，这些读者激励着我不断地整理和搜集公司治理方法的案例。

我是 20 世纪 90 年代初开始律师执业的，当时正值国办事务所开始改制，因而赶上了我国律师业成长和发展的良好阶段。

这本《完美的章程》中章程条款的编纂，源自 2005 年我对当今社会公司制度高速发展的感触，并借鉴美国《标准公司法》对各州公司法的提示与指导。希望各公司通过对模范章程、完美章程的学习与讨论，运用私法自治的方法，构架起适合本公司特征的公司"宪法"。在工作和学习中，我搜集了国内外公司制度及著作等，经汇编整理，汇总出示范条款三百六十余条，细则数千条。感谢北京大学出版社的支持，2016 年本书的第一版得以出版发行。

这八年来，得益于读者的关注和反馈，我又继续在易读、实用等方面逐步整理，汇编成第二版。

文中内容供业内学习交流，并请读者批评指正。谢谢！

李建立
2024 年 9 月

# 提　纲

### 一、条款详细

以示范章程为主线,主文示范条款约四百条。对重要章节设有更详细的细则示范,如:董事会秘书细则、公司印鉴管理细则、股东会细则、董事会细则、监事会细则、独立董事细则、征集投票权细则等。

### 二、内容实务

结合业务实务整理。如法定代表人与公司冲突的处理,法定代表人不能履行职务(严重疾病、受司法羁押等)的替补,公司的登记责任明示为董事会秘书,股东账簿查询权的细节,股东会通知如何通知股东等。

### 三、详细的条款解读

每一小节均有条款解读,详述条款的背景、理由和变化,使阅读者可以灵活运用。

### 四、相关法律依据

整理了国内现行有效的法律、法规、部门文件、交易所规则、协会规则等。

### 五、相关案例及解读

部分重要小节,通过实际案例,帮助读者灵活掌握章程条款的变化。

# 绪　论

## ——完美公司章程是自治、也是法治

生活中,我们常常说要追求法治。而所谓的法治,第一要务应当是公民法治意识的成熟。通俗一点说就是,我们在追求法治、追求法律权利时,是否确切地理解权利与义务是一对孪生兄弟;我们享受法治保护、主张法律权利时,是否思考过我们也要遵守法治,并履行相应的法律义务。

在商业活动中,现代商事的主体主要是企业法人。所以,商业活动中,法治的第一要务也就是法人的法律意志问题。法人不是自然人,自然人有所谓的天赋人权。而对于法人,它无法获得此种天赋权利。特别是对公司法人来说,公司法人权利是一种拟制的法人权,其法律意思是自然人依据法律规则——有关法律、法规和自己的公司章程形成决议产生的。也就是说,对于公司这一社会经济最基础的细胞来说,公司法人这一法律拟制人格的法治意识,就体现在它的公司章程之中,公司章程是公司法人权的源泉。例如,法定代表人如何确定和撤销,何为公司利益、何为法定代表人利益的冲突,股东权利如何实现,董事责任如何追究等,都在公司章程中有所规定。

可以说,拥有一部完整、科学、详尽、完美的公司章程的公司,就是公司法人社会中的法律百事通,而只有遗漏、粗糙、混乱、劣质的公司章程的公司,随时会成为商事活动中的法盲。

李建立

2016 年 4 月

# 目 录

## 第一章 总 则

第一节 综　　述 ……………… 001
　【示范条款】 ………………… 001
　　1.1.1　章程宗旨 …………… 001
　　1.1.2　公司性质 …………… 001
　　1.1.3　设立与登记 ………… 001
　　1.1.4　营业期限 …………… 002
　　1.1.5　公司责任和股东责任 … 002
　　1.1.6　公司章程的效力 …… 002
　　1.1.7　电子化会议 ………… 002
　　1.1.8　会议决议的无效 …… 002
　　1.1.9　会议决议的撤销 …… 003
　　1.1.10　会议决议的不成立 … 003
　　1.1.11　缺陷会议决议的法律
　　　　　　效果 ………………… 003
　　1.1.12　诉讼/仲裁条款 …… 003
　【条款解读】 ………………… 004
　【相关法规】 ………………… 009
　【典型案例】 ………………… 014

第二节　公司的名称 …………… 026
　【示范条款】 ………………… 026
　　1.2.1　公司名称 …………… 026
　【条款解读】 ………………… 026
　【相关法规】 ………………… 027

第三节　公司的住所 …………… 028
　【示范条款】 ………………… 028
　　1.3.1　公司住所 …………… 028
　【条款解读】 ………………… 028
　【相关法规】 ………………… 030
　【典型案例】 ………………… 031

第四节　公司的注册资本 ……… 034
　【示范条款】 ………………… 034
　　1.4.1　公司的注册资本 …… 034
　【条款解读】 ………………… 034
　【相关法规】 ………………… 038
　【典型案例】 ………………… 039

第五节　法定代表人 …………… 042
　【示范条款】 ………………… 042
　　1.5.1　法定代表人 ………… 042
　　1.5.2　法定代表人缺位的替补 … 042
　　1.5.3　法定代表人的任免 … 043
　　1.5.4　法定代表人的代表权 … 043
　　1.5.5　法定代表人责任 …… 043
　　1.5.6　法定代表人的变更 … 043
　　1.5.7　法定代表人的辞职 … 043
　　1.5.8　公司与法定代表人诉讼 … 043
　　1.5.9　不得担任法定代表人的
　　　　　情形 ………………… 044
　【条款解读】 ………………… 044
　【相关法规】 ………………… 049
　【典型案例】 ………………… 053

## 第二章 经营宗旨和经营范围

【示范条款】 …………………… 064
    2.1.1 经营宗旨 …………………… 064
    2.1.2 经营范围 …………………… 064
【条款解读】 …………………… 064
【相关法规】 …………………… 064

## 第三章 党组织

【示范条款】 …………………… 066
    3.1.1 党组织建设 …………………… 066
    3.1.2 党组织构成 …………………… 066
    3.1.3 党组织职责 …………………… 066
    3.1.4 指导程序 …………………… 067
【条款解读】 …………………… 067
【相关法规】 …………………… 068

## 第四章 公司治理

第一节 公司治理框架 …………………… 074
  【示范条款】 …………………… 074
    4.1.1 公司治理结构 …………………… 074
    4.1.2 公司的机关 …………………… 074
  【条款解读】 …………………… 074
第二节 公司印鉴与文件 …………………… 076
  【示范条款】 …………………… 076
    4.2.1 公司印鉴的启用与管理 … 076
    4.2.2 公司行为的代表 …………………… 076
    4.2.3 文件效力 …………………… 076
  【条款解读】 …………………… 076
  【相关法规】 …………………… 078
  【细则示范】 …………………… 080
  【典型案例】 …………………… 083
第三节 董事、监事、高级管理人员资格
  概述 …………………… 118
  【示范条款】 …………………… 118
    4.3.1 董监高资格 …………………… 118
    4.3.2 资格限制 …………………… 119
    4.3.3 董事选举制 …………………… 119
    4.3.4 监事选举制 …………………… 119
    4.3.5 董事委派制 …………………… 120
    4.3.6 监事委派制 …………………… 120
    4.3.7 无因解聘董事 …………………… 120
  【条款解读】 …………………… 120
  【相关法规】 …………………… 122
  【典型案例】 …………………… 125
第四节 董事、监事、高级管理人员
  责任 …………………… 128
  【示范条款】 …………………… 128
    4.4.1 董监高对公司有忠实义务 … 128
    4.4.2 忠实义务 …………………… 128
    4.4.3 董监高对公司有勤勉
        义务 …………………… 129
    4.4.4 勤勉义务 …………………… 129
    4.4.5 董事监事辞职 …………………… 129
    4.4.6 董事离任 …………………… 129
    4.4.7 董监高的身份 …………………… 130
    4.4.8 董监高的赔偿责任 …………………… 130
    4.4.9 董监高的薪酬 …………………… 130
    4.4.10 绩效评价 …………………… 130
    4.4.11 董事会监事会述职 …………………… 130
    4.4.12 董监高责任保险 …………………… 130
  【条款解读】 …………………… 131
  【相关法规】 …………………… 135
  【典型案例】 …………………… 144

## 第五节　董事会秘书 …………… 171

【示范条款】 ………………………… 171

　4.5.1　董秘的设立 ……………… 171

　4.5.2　董秘资格 ………………… 171

　4.5.3　董秘职责 ………………… 171

　4.5.4　工作条件 ………………… 171

　4.5.5　董秘兼职 ………………… 171

　4.5.6　董秘职责的专属性 ……… 172

　4.5.7　董秘的解聘 ……………… 172

　4.5.8　董秘的离任 ……………… 172

　4.5.9　董秘的空缺 ……………… 172

【条款解读】 ………………………… 172

【相关法规】 ………………………… 174

【细则示范】 ………………………… 174

## 第五章　股权/股份

### 第一节　出资的认缴 ……………… 178

【示范条款】 ………………………… 178

　5.1.1　注册资本的认缴 ………… 178

　5.1.2　出资额及出资比例 ……… 178

　5.1.3　分期出资 ………………… 178

【条款解读】 ………………………… 179

【相关法规】 ………………………… 180

【典型案例】 ………………………… 184

### 第二节　出　资 …………………… 189

【示范条款】 ………………………… 189

　5.2.1　现金人民币出资 ………… 189

　5.2.2　现金外汇出资 …………… 189

　5.2.3　以外币为记账本位币 …… 189

　5.2.4　非现金出资 ……………… 190

　5.2.5　出资验收 ………………… 190

【条款解读】 ………………………… 190

【相关法规】 ………………………… 193

【典型案例】 ………………………… 197

### 第三节　验　资 …………………… 199

【示范条款】 ………………………… 199

　5.3.1　验资登记 ………………… 199

【条款解读】 ………………………… 199

【相关法规】 ………………………… 200

### 第四节　瑕疵出资的责任 ………… 203

【示范条款】 ………………………… 203

　5.4.1　瑕疵股权 ………………… 203

　5.4.2　瑕疵股权的催缴 ………… 203

　5.4.3　瑕疵股权的权益限制 …… 203

　5.4.4　出资不足的赔偿责任 …… 203

　5.4.5　股东除权 ………………… 203

【条款解读】 ………………………… 204

【相关法规】 ………………………… 206

### 第五节　有限责任公司的出资证明书 ……

………………………………………… 213

【示范条款】 ………………………… 213

　5.5.1　股东权利 ………………… 213

　5.5.2　出资证明书的签发 ……… 213

　5.5.3　出资证明书的效力 ……… 213

　5.5.4　出资证明书的变更 ……… 213

　5.5.5　出资证明书的补办 ……… 213

【条款解读】 ………………………… 213

【相关法规】 ………………………… 215

### 第六节　有限责任公司的股权转让 ……

………………………………………… 219

【示范条款】 ………………………… 219

　5.6.1　股权内部转让 …………… 219

　5.6.2　股权外部转让 …………… 219

　5.6.3　优先受让权 ……………… 219

　5.6.4　对外转让股权的数量和

　　　　价格 ………………………… 220

5.6.5 未经通知其他股东之股权
　　　 转让的效力 ……………… 220
5.6.6 股权的继承 …………… 220
5.6.7 股权的析产 …………… 220
5.6.8 股权转让的变更登记 … 221
5.6.9 股权的质押 …………… 221
【条款解读】………………………… 221
【相关法规】………………………… 223
【典型案例】………………………… 225

## 第七节　股份有限公司的股份发行…… 232
【示范条款】………………………… 232
5.7.1 公司股份 …………… 232
5.7.2 面额股 ……………… 232
5.7.3 无面额股 …………… 232
5.7.4 同股同权 …………… 232
5.7.5 类别股 ……………… 232
5.7.6 类别股的记载 ……… 233
5.7.7 股份的存管 ………… 233
5.7.8 发起人的股份 ……… 233
5.7.9 股本结构 …………… 233
5.7.10 不为股东提供资助 … 234
【条款解读】………………………… 234
【相关法规】………………………… 235

## 第八节　股份有限公司的股份增发和
　　　　 回购 ……………………… 236
【示范条款】………………………… 236
5.8.1 股份增发 …………… 236
5.8.2 股份增发的决议 …… 236
5.8.3 股份回购的条件 …… 236
5.8.4 股份回购的方式 …… 236
5.8.5 回购股份的转让与注销 … 236
【条款解读】………………………… 237
【相关法规】………………………… 238

## 第九节　股份有限公司的股份转让…… 239
【示范条款】………………………… 239
5.9.1 股份的转让 ………… 239
5.9.2 自我股份的质押禁止 … 239
5.9.3 股份转让限制 ……… 239
5.9.4 短线交易归入权 …… 239
【条款解读】………………………… 240
【相关法规】………………………… 242

# 第六章　股　东

## 第一节　股东资格…………………… 244
【示范条款】………………………… 244
6.1.1 股东名册 …………… 244
6.1.2 股东名册的效力 …… 244
6.1.3 股东名册的变更 …… 244
【条款解读】………………………… 245

## 第二节　股权登记日………………… 246
【示范条款】………………………… 246
6.2.1 股权登记日 ………… 246
【条款解读】………………………… 247
【相关法规】………………………… 248

## 第三节　股东权利义务概述………… 248
【示范条款】………………………… 248
6.3.1 股东权利概述 ……… 248
6.3.2 股东义务概述 ……… 249
6.3.3 对股东的诉讼 ……… 249
6.3.4 股份质押的报告 …… 249
【条款解读】………………………… 250

## 第四节　股东查阅复制权…………… 251
【示范条款】………………………… 251
6.4.1 查阅资格 …………… 251

6.4.2　查阅申请 251
　　6.4.3　查阅复制范围 251
　　6.4.4　账簿凭证查阅 251
　　6.4.5　不提供的查阅 251
　　6.4.6　查阅目的的正当性 251
　　6.4.7　查阅范围的相关性 252
　　6.4.8　查阅时间和地点 252
　　6.4.9　委托查阅 252
　　6.4.10　保密义务 252
　【条款解读】 252
　【相关法规】 261
　【典型案例】 270
第五节　股东质询建议权 308
　【示范条款】 308
　　6.5.1　股东质询建议权 308
　【条款解读】 308
第六节　异议股东回购请求权 309
　【示范条款】 309
　　6.6.1　回购条件 309
　　6.6.2　回购申请 309
　　6.6.3　价格基准 309
　　6.6.4　价格协商 309
　　6.6.5　定价争议 310
　　6.6.6　回购资金 310
　　6.6.7　转让与注销 310
　【条款解读】 310
　【相关法规】 313
第七节　股东分红权 315
　【示范条款】 315
　　6.7.1　股东分红权 315
　【条款解读】 315
　【相关法规】 316
　【典型案例】 318
第八节　征集股东投票权 322

　【示范条款】 322
　　6.8.1　公开征集投票权 322
　　6.8.2　征集投票权方式 322
　【条款解读】 323
　【相关法规】 323
　【细则示范】 325
　【典型案例】 328
第九节　优先认股权 331
　【示范条款】 331
　　6.9.1　优先认股权 331
　【条款解读】 331
第十节　特殊表决权 331
　【示范条款】 331
　　6.10.1　特殊表决权 331
　【条款解读】 332
第十一节　股东的诉权 332
　【示范条款】 332
　　6.11.1　股东派生诉讼 332
　　6.11.2　股东直接诉讼 333
　【条款解读】 333
　【相关法规】 335
　【典型案例】 339
第十二节　控股股东行为的规范 341
　【示范条款】 341
　　6.12.1　控股股东的定义 341
　　6.12.2　实际控制人的定义 341
　　6.12.3　特殊诚信义务 341
　　6.12.4　不干涉公司独立性 341
　　6.12.5　合法提名董事、监事 342
　　6.12.6　合法行使决策权 342
　【条款解读】 342
　【相关法规】 345

# 第七章 股东会

## 第一节 一般规定 ········· 349
【示范条款】 ········· 349
  7.1.1 股东会的职责 ········· 349
  7.1.2 对外担保 ········· 350
  7.1.3 会议地点和方式 ········· 350
  7.1.4 会议的律师见证 ········· 350
【条款解读】 ········· 351
【相关法规】 ········· 353
【典型案例】 ········· 354

## 第二节 股东会的召集与主持 ········· 357
【示范条款】 ········· 357
  7.2.1 首次股东会的召集 ········· 357
  7.2.2 临时会议的条件 ········· 357
  7.2.3 董事会召集 ········· 357
  7.2.4 监事会提议召集 ········· 358
  7.2.5 监事会自行召集 ········· 358
  7.2.6 股东提议董事会召集 ········· 358
  7.2.7 股东提议监事会召集 ········· 358
  7.2.8 股东自行召集 ········· 358
  7.2.9 自行召集的告知 ········· 358
  7.2.10 自行召集的配合 ········· 359
  7.2.11 自行召集的费用 ········· 359
  7.2.12 年度会议与临时会议 ········· 359
  7.2.13 审议事项 ········· 359
【条款解读】 ········· 359
【相关法规】 ········· 361

## 第三节 股东会通知 ········· 362
【示范条款】 ········· 362
  7.3.1 会议通知 ········· 362
  7.3.2 通讯表决 ········· 362
  7.3.3 通讯表决的限制 ········· 362
  7.3.4 通知内容 ········· 362
  7.3.5 选举提案的通知 ········· 363
  7.3.6 网络形式 ········· 363
  7.3.7 股权登记日的选定 ········· 363
  7.3.8 股东会提案 ········· 363
  7.3.9 通知地址 ········· 363
  7.3.10 提案的提出 ········· 363
  7.3.11 股东会延期 ········· 364
【条款解读】 ········· 364
【相关法规】 ········· 365

## 第四节 股东会提案 ········· 365
【示范条款】 ········· 365
  7.4.1 提案的修改 ········· 365
  7.4.2 股东会临时提案 ········· 365
  7.4.3 临时提案的审核 ········· 365
  7.4.4 涉及资产价值的提案 ········· 366
【条款解读】 ········· 366
【相关法规】 ········· 367
【典型案例】 ········· 368

## 第五节 股东会的召开 ········· 371
【示范条款】 ········· 371
  7.5.1 会议秩序的保障 ········· 371
  7.5.2 出席表决 ········· 371
  7.5.3 亲自出席 ········· 371
  7.5.4 委托出席 ········· 371
  7.5.5 无具体指示时的授权 ········· 372
  7.5.6 转委托 ········· 372
  7.5.7 会议登记册 ········· 372
  7.5.8 参会资格验证 ········· 372
  7.5.9 出席列席人员 ········· 372
  7.5.10 普通会议主持 ········· 372
  7.5.11 监事会召集的主持 ········· 372
  7.5.12 股东召集的主持 ········· 373

| 7.5.13 主持人变更 …………… 373
| 7.5.14 股东召集的特殊情况 …… 373
| 7.5.15 会议议事规则 …………… 373
| 7.5.16 是否一股一票 …………… 373
| 7.5.17 网络投票 ………………… 373
| 7.5.18 逐项表决 ………………… 373
| 7.5.19 议案的修改 ……………… 374
| 7.5.20 现场投票与网络投票 …… 374
| 7.5.21 记名投票 ………………… 374
| 7.5.22 计票监票 ………………… 374
| 7.5.23 现场结束时间 …………… 374
| 7.5.24 投票意见类型 …………… 374
| 7.5.25 投票异议 ………………… 375
| 7.5.26 决议内容 ………………… 375
| 7.5.27 述职报告 ………………… 375
| 7.5.28 股东质询和建议 ………… 375
| 7.5.29 表决权出席情况 ………… 375
| 7.5.30 会议记录 ………………… 375
| 7.5.31 会议档案 ………………… 376
| 7.5.32 形成决议 ………………… 376
| 7.5.33 会议公证 ………………… 376
【条款解读】……………………… 376

第六节 董事监事的选举 ………… 378
【示范条款】……………………… 378
| 7.6.1 候选人提案 ……………… 378
| 7.6.2 候选人同意提名 ………… 378
| 7.6.3 候选人情况 ……………… 378
| 7.6.4 累积投票制 ……………… 378
| 7.6.5 累积投票流程 …………… 379
| 7.6.6 就任时间 ………………… 379
【条款解读】……………………… 379
【相关法规】……………………… 382
【细则示范】……………………… 383

第七节 股东会的表决和决议 …… 389
【示范条款】……………………… 389
| 7.7.1 股东会决议 ……………… 389
| 7.7.2 普通决议 ………………… 390
| 7.7.3 特别决议 ………………… 390
| 7.7.4 一股一票 ………………… 390
| 7.7.5 特别授权管理 …………… 391
| 7.7.6 关联交易 ………………… 391
| 7.7.7 全面陈述 ………………… 391
| 7.7.8 利润分配 ………………… 391
| 7.7.9 提案未获通过 …………… 391
【条款解读】……………………… 391
【相关法规】……………………… 392
【细则示范】……………………… 400
【典型案例】……………………… 404

## 第八章 董事与董事会

第一节 董事一般规定 …………… 417
【示范条款】……………………… 417
| 8.1.1 董事身份 ………………… 417
| 8.1.2 董事的兼职 ……………… 417
| 8.1.3 非公司机关 ……………… 417
| 8.1.4 董事行为 ………………… 417
| 8.1.5 董事任期 ………………… 417
| 8.1.6 职务兼任 ………………… 418
| 8.1.7 董事权利 ………………… 418
| 8.1.8 董事关联关系 …………… 418
| 8.1.9 出席会议 ………………… 418
| 8.1.10 董事离职责任 …………… 419
| 8.1.11 自行纳税 ………………… 419
【条款解读】……………………… 419

【相关法规】…………………… 421

## 第二节　董事长 …………… 421

【示范条款】…………………… 421

 8.2.1　董事长行为规范 ………… 421

【相关法规】…………………… 422

## 第三节　独立董事 …………… 423

【示范条款】…………………… 423

 8.3.1　独立董事概述 …………… 423
 8.3.2　独立董事参与专业委员会 … 423
 8.3.3　独立董事股东会议召集权 … 423
 8.3.4　独立董事特殊责任 ………… 423
 8.3.5　独立董事行为规范 ………… 423
 8.3.6　独立董事特别职权 ………… 424
 8.3.7　独立董事独立意见 ………… 424
 8.3.8　独立意见类型及内容 ……… 424
 8.3.9　独立董事专项调查 ………… 424
 8.3.10　独立董事工作时间 ……… 425
 8.3.11　独立董事述职 …………… 425
 8.3.12　独立董事工作档案 ……… 425

【条款解读】…………………… 425

【相关法规】…………………… 426

【细则示范】…………………… 433

【典型案例】…………………… 440

## 第四节　职工董事 …………… 441

【示范条款】…………………… 441

 8.4.1　职工董事的产生 …………… 441
 8.4.2　职工董事与工会 …………… 441
 8.4.3　职工董事的劳动权 ………… 441

【条款解读】…………………… 441

【相关法规】…………………… 442

【细则示范】…………………… 449

## 第五节　董事会一般规定 …… 452

【示范条款】…………………… 452

 8.5.1　董事会的设立 ……………… 452
 8.5.2　董事会构成 ………………… 452
 8.5.3　董事类别 …………………… 452
 8.5.4　董事会会议的召集和主持 … 452
 8.5.5　董事长职权 ………………… 452
 8.5.6　副董事长 …………………… 453
 8.5.7　董事会办公室 ……………… 453
 8.5.8　董事会议事规则 …………… 453
 8.5.9　董事会闭会期间的授权 …… 453
 8.5.10　董事会职权 ……………… 453
 8.5.11　公司担保 ………………… 454
 8.5.12　对审计报告的说明 ……… 454
 8.5.13　关联交易 ………………… 454
 8.5.14　风险投资 ………………… 454
 8.5.15　重大决策 ………………… 454

【条款解读】…………………… 455

【相关法规】…………………… 456

【细则示范】…………………… 456

## 第六节　董事会召集与召开 … 466

【示范条款】…………………… 466

 8.6.1　定期董事会 ………………… 466
 8.6.2　定期会议的提案 …………… 466
 8.6.3　临时董事会 ………………… 466
 8.6.4　临时会议的提议程序 ……… 466
 8.6.5　董事会议通知 ……………… 467
 8.6.6　董事会议通知内容 ………… 467
 8.6.7　紧急召集 …………………… 467
 8.6.8　会议通知的变更 …………… 467
 8.6.9　出席人员 …………………… 468
 8.6.10　亲自出席和委托出席 …… 468
 8.6.11　委托出席的限制 ………… 468
 8.6.12　列席人员 ………………… 468
 8.6.13　涉及商业秘密的会议 …… 469
 8.6.14　董事陈述权 ……………… 469

| | |
|---|---|
| 8.6.15 会议形式 ······ 469 | 9.1.6 总裁报告 ······ 509 |
| 8.6.16 关联交易表决回避 ······ 469 | 9.1.7 职工待遇保障 ······ 509 |
| 【条款解读】 ······ 469 | 9.1.8 总裁工作细则 ······ 509 |
| **第七节 董事会的表决和决议** ······ 471 | 9.1.9 工作细则内容 ······ 509 |
| 【示范条款】 ······ 471 | 9.1.10 总裁操守 ······ 509 |
| 8.7.1 董事会表决 ······ 471 | 9.1.11 总裁辞职 ······ 509 |
| 8.7.2 董事会议档案 ······ 471 | 9.1.12 高级管理人员责任 ······ 509 |
| 8.7.3 董事会议记录 ······ 471 | 【条款解读】 ······ 509 |
| 8.7.4 决议责任 ······ 471 | 【相关法规】 ······ 510 |
| 【条款解读】 ······ 471 | 【细则示范】 ······ 515 |
| 【细则示范】 ······ 472 | |
| 【典型案例】 ······ 473 | **第十章 监事与监事会** |
| **第八节 董事会专门委员会** ······ 499 | **第一节 监 事** ······ 523 |
| 【示范条款】 ······ 499 | 【示范条款】 ······ 523 |
| 8.8.1 专门委员会 ······ 499 | 10.1.1 股东代表和职工代表 ······ 523 |
| 8.8.2 战略发展委员会 ······ 500 | 10.1.2 监事任职资格 ······ 523 |
| 8.8.3 审计委员会 ······ 500 | 10.1.3 监事任期及任命 ······ 523 |
| 8.8.4 提名委员会 ······ 500 | 10.1.4 监事的忠实与勤勉义务 ··· 523 |
| 8.8.5 薪酬与考核委员会 ······ 500 | 10.1.5 监事列席董事会会议 ······ 523 |
| 8.8.6 专门委员会工作的开展 ··· 500 | 10.1.6 监事的廉洁 ······ 523 |
| 8.8.7 专门委员会隶属 ······ 500 | 10.1.7 监事的撤换 ······ 523 |
| 【条款解读】 ······ 500 | 10.1.8 监事的失职 ······ 524 |
| 【相关法规】 ······ 502 | 10.1.9 监事责任 ······ 524 |
| 【细则示范】 ······ 503 | 【条款解读】 ······ 524 |
| | 【典型案例】 ······ 526 |
| **第九章 总裁及其他高级管理人员** | **第二节 监事会** ······ 533 |
| 【示范条款】 ······ 508 | 【示范条款】 ······ 533 |
| 9.1.1 总裁的任免 ······ 508 | 10.2.1 监事会组成 ······ 533 |
| 9.1.2 董事兼任 ······ 508 | 10.2.2 职工监事 ······ 533 |
| 9.1.3 高级管理人员任期 ······ 508 | 10.2.3 监事会职权 ······ 533 |
| 9.1.4 总裁职责 ······ 508 | 10.2.4 对资产的监督 ······ 533 |
| 9.1.5 列席董事会议 ······ 508 | 10.2.5 对人员的监督 ······ 534 |

10.2.6 对制度的监督 ………… 534
10.2.7 外部协助 ………… 534
10.2.8 监事会议 ………… 534
10.2.9 监事会议通知 ………… 534
10.2.10 监事会议事方式 ………… 534
10.2.11 监事会表决程序 ………… 534
10.2.12 监事会议事规则 ………… 534
10.2.13 监事会会议记录 ………… 534
【条款解读】………… 535
【细则示范】………… 535
【典型案例】………… 540

## 第十一章 财务与审计

### 第一节 财务会计制度 ………… 543
【示范条款】………… 543
11.1.1 财务报告的编制 ………… 543
11.1.2 财务报告编制期限 ………… 543
11.1.3 财务报告内容 ………… 543
11.1.4 财务报告的报送 ………… 543
11.1.5 财务报告的报告依据 ………… 543
11.1.6 挪用公司资金 ………… 543
【条款解读】………… 544

### 第二节 利润分配制度 ………… 545
【示范条款】………… 545
11.2.1 利润分配顺序 ………… 545
11.2.2 公积金 ………… 545
11.2.3 利润分配政策 ………… 545
11.2.4 分配议案的通过与执行 ………… 546
11.2.5 股利分配方式 ………… 546
11.2.6 不当分配的退还义务 ………… 546
11.2.7 自身持股不参与分配 ………… 546
【条款解读】………… 546

【相关法规】………… 548
【典型案例】………… 549

### 第三节 内部审计 ………… 551
【示范条款】………… 551
11.3.1 内部审计机构 ………… 551
11.3.2 内部审计职责 ………… 551
【条款解读】………… 552
【相关法规】………… 553
【细则示范】………… 555

### 第四节 外部审计 ………… 558
【示范条款】………… 558
11.4.1 外部独立审计 ………… 558
11.4.2 审计机构的聘任 ………… 558
11.4.3 审计机构的权利 ………… 558
11.4.4 审计机构的空缺 ………… 559
11.4.5 审计报酬 ………… 559
11.4.6 解聘议案 ………… 559
11.4.7 审计机构的停聘 ………… 559
11.4.8 专项审计 ………… 559
【条款解读】………… 559
【典型案例】………… 562

## 第十二章 合并、分立、增资、减资、解散和清算

### 第一节 合并、分立、增资和减资 ………… 570
【示范条款】………… 570
12.1.1 公司合并 ………… 570
12.1.2 小额合并 ………… 570
12.1.3 公司合并告知 ………… 570
12.1.4 合并的债务担保 ………… 570
12.1.5 合并债权、债务 ………… 571
12.1.6 公司分立 ………… 571

12.1.7 公司分立的债务负担 …… 571
12.1.8 公司减资 …… 571
12.1.9 弥补亏损减资 …… 571
12.1.10 同比减资 …… 571
12.1.11 减资债务担保 …… 572
12.1.12 依法减资 …… 572
12.1.13 变更登记 …… 572
【条款解读】…… 572
【相关法规】…… 576

**第二节 解散与清算** …… 578
【示范条款】…… 578
12.2.1 公司解散的条件 …… 578
12.2.2 公司存续的调整 …… 578
12.2.3 清算组的设立 …… 578
12.2.4 清算组职责 …… 579
12.2.5 清算通知 …… 579
12.2.6 清算支付顺序 …… 579
12.2.7 清算转破产 …… 579
12.2.8 清算完成 …… 579
12.2.9 清算组成员责任 …… 579
12.2.10 公司破产 …… 580
【条款解读】…… 580
【相关法规】…… 582
【典型案例】…… 592

## 第十三章 通知与公告

【示范条款】…… 601

13.1.1 会议通知的形式 …… 601
13.1.2 通知地址 …… 601
13.1.3 股东会会议通知 …… 601
13.1.4 董事会会议通知 …… 601
13.1.5 监事会会议通知 …… 601
13.1.6 会议通知的意外 …… 601
13.1.7 公司信息披露 …… 602
13.1.8 指定披露媒体 …… 602
【条款解读】…… 602

## 第十四章 附则

【示范条款】…… 604
14.1.1 章程修改的条件 …… 604
14.1.2 章程修改议案 …… 604
14.1.3 章程修改的生效 …… 604
14.1.4 章程修改的登记 …… 604
14.1.5 章程修改的公告 …… 604
14.1.6 章程附件及细则 …… 604
14.1.7 章程语种 …… 604
14.1.8 章程中的数字 …… 605
14.1.9 章程解释 …… 605
14.1.10 关联关系释义 …… 605
14.1.11 章程的实施 …… 605
【条款解读】…… 605

# 第一章　总　则

## 第一节　综　述

【示范条款】

1.1.1　章程宗旨

为维护公司、股东和债权人的合法权益,规范公司的组织和行为,根据《中华人民共和国公司法》[1](以下简称《公司法》)和其他有关规定,制定本章程。

1.1.2　公司性质

公司系依照【法规名称】和其他有关规定成立的【有限责任公司/股份有限公司】(以下简称"公司")。

1.1.3　设立与登记

公司以【设立方式】设立;在【公司登记机关所在地名】市场监督管理局注册登记,取得营业执照,营业执照证号为【营业执照号码】。

【注释】"设立方式"是指发起设立或者募集设立,适用于股份有限公司。依法律、行政法规规定,公司设立必须报经批准的,说明批准机关和批准文件名称。

上市公司应说明本公司的【批/核准】情况,"公司于【批/核准/注册日期】经【批/核准/注册机关全称】【批/核准】,首次向社会公众发行人民币普通股【股份数额】股,于【上市日期】在【证券交易所全称】上市。公司于【批/核准/注册日期】经【批/核准/注册机关全称】【批/核准】,发行优先股[2]【股份数额】股,于【上市日期】

---

[1]　2023年修订的《中华人民共和国公司法》,自2021年12月开始历经四次草案审议,于2023年12月29日通过了全国人大常委会审议表决,于2024年7月1日起施行。本次修订,删除了《公司法》(2018年修正)中16个条文,新增和修改了228个条文,其中实质性修改112个条文,是1993年颁布《公司法》以来的第六次修改,也是规模最大的一次修订。本书按照《公司法》(2023年修订)设计与拟定,除示范条款中的公司法和注明为《公司法》(2023年修订)之外,司法解释、高级人民法院的指导性文件、部门规章、实践案例等中的《公司法》条文,仍指2018年修正的《公司法》。

[2]　这里所称优先股,是指依照《公司法》,在一般规定的普通种类股份之外,另行规定的其他种类股份,其股份持有人优先于普通股股东分配公司利润和剩余财产,但参与公司决策管理等权利受到限制。没有发行(或拟发行)优先股或者境内上市外资股的公司,无须就本条有关优先股或者境内上市外资股的内容作出说明。下同。

在【证券交易所全称】上市。公司向境外投资人发行的以外币认购并且在境内上市的境内上市外资股为【股份数额】,于【上市日期】在【证券交易所全称】上市"。

#### 1.1.4 营业期限

公司营业期限为【年数】。自【 】年【 】月【 】日至【 】年【 】月【 】日。

在公司经营期限届满前【 】个月,经公司股东会会议①特别决议通过,可以延长公司的经营期限。股东会会议通过决议使公司存续的,对该项决议未投票同意的股东可以依据本章程规定的程序要求公司按照合理的价格收购其股权。②

【注释】或者本条款规定为:"1.1.4 公司为永久存续的【有限责任公司/股份有限公司】。"

#### 1.1.5 公司责任和股东责任

(有限责任公司)股东以其认缴的出资为限对公司承担责任,公司以其全部资产对公司的债务承担责任。

(股份有限公司)公司全部资产分为等额股份,股东以其认购的股份为限对公司承担责任,公司以其全部资产对公司的债务承担责任。

#### 1.1.6 公司章程的效力

本公司章程自生效之日起,即成为规范公司的组织与行为、公司与股东、股东与股东之间权利义务关系的具有法律约束力的文件,是对公司、股东、董事、监事和高级管理人员具有法律约束力的文件。

#### 1.1.7 电子化会议

公司股东会、董事会、监事会召开会议和表决可以采用电子通信方式,本章程另有规定的除外。

【注释】公司章程可以明确不得采用通讯表决方式召开会议表决的事项,包括但不限于利润分配方案、薪酬方案、重大投资及资产处置、聘任及解聘高级管理人员等。

#### 1.1.8 会议决议的无效

公司股东会、董事会的决议内容违反法律、行政法规的无效。

---

① 股东会会议是公司股东直接行使权力的机关,也是公司的最高权力机关。按照我国《公司法》(2018年修正)的规定,在有限责任公司称为"股东会",在股份有限公司称为"股东大会"。按照《公司法》(2023年修订)的规定,在有限责任公司和股份有限公司均称为"股东会会议"。

② 未投票同意的股东可以依据本章程规定的程序要求公司按照合理的价格收购其股权,具体见第六章"股东"第六节"异议股东回购请求权"。

### 1.1.9 会议决议的撤销

公司股东会、董事会的会议召集程序、表决方式违反法律、行政法规或者公司章程,或者决议内容违反公司章程的,股东自决议作出之日起60日内,可以请求人民法院撤销。但是,股东会、董事会的会议召集程序或者表决方式仅有轻微瑕疵,对决议未产生实质影响的除外。

未被通知参加股东会会议的股东自知道或者应当知道股东会决议作出之日起60日内,可以请求人民法院撤销;自决议作出之日起1年内没有行使撤销权的,撤销权消灭。

### 1.1.10 会议决议的不成立

有下列情形之一的,公司股东会、董事会的决议不成立:1.未召开股东会、董事会会议作出决议;2.股东会、董事会会议未对决议事项进行表决;3.出席会议的人数或者所持表决权数未达到本法或者公司章程规定的人数或者所持表决权数;4.同意决议事项的人数或者所持表决权数未达到本法或者公司章程规定的人数或者所持表决权数。

【注释】会议决议的不成立为《公司法》(2023年修订)新增规定。

### 1.1.11 缺陷会议决议的法律效果

公司股东会、董事会决议被人民法院宣告无效、撤销或者确认不成立的,公司应当向公司登记机关申请撤销根据该决议已办理的登记。

公司股东会、董事会决议被人民法院宣告无效、撤销或者确认不成立的,公司根据该决议与善意相对人形成的民事法律关系不受影响。

### 1.1.12 诉讼/仲裁条款

【选择诉讼条款模式】依据本章程,股东可以起诉股东,股东可以起诉公司董事、监事、经理和其他高级管理人员,股东可以起诉公司;公司可以起诉股东、董事、监事、经理和其他高级管理人员。

【注释】本条款为任意性条款,诉讼条款和仲裁条款选择其中之一,也可以选择不设本条款。选择无本条款的,发生纠纷通过诉讼方式解决争议。

【选择仲裁条款模式】本仲裁条款经【初始股东/发起人/【】年第【】次股东会全体股东】制定。

1. 凡股东与公司之间,股东与公司董事、监事、经理或者其他高级管理人员之间,股东之间,基于公司章程、《公司法》及其他有关法律、行政法规所规定的权利义务发生的与公司事务有关的争议或者权利主张,有关当事人应当将此类争议或者权利主张提交仲裁解决。前述争议或者权利主张提交仲裁时,应当是全部权利主张或者争议整体；所有由于同一事由有诉因的人或者该争议或权利主张的解决需要其参与的人，如果其身份为公司或公司股东、董事、监事、经理或者其他高级管理人员，应当服从仲裁。

有关股东界定、股东名册的争议，不用仲裁方式。法律明确规定由人民法院审理的事项，不用仲裁方式。①

2. 申请仲裁者可以选择【×××仲裁委员会】按其仲裁规则进行仲裁，也可以选择【×××仲裁委员会】按其仲裁规则进行仲裁。申请仲裁者将争议或者权利主张提交仲裁后，对方必须在申请者选择的仲裁机构进行仲裁。

3. 以仲裁方式解决前述第1项所述争议或者权利主张，适用中华人民共和国的法律；但法律、行政法规另有规定的除外。

4. 仲裁机构作出的裁决是终局裁决，对各方均具有约束力。

【注释】这里选用的仲裁条款参照了《到境外上市公司章程必备条款》明确要求的条款，具体见本节的【条款解读】及【相关法规】。

需注意的是，仲裁条款不适用"资本多数决"（少数服从多数），即本条款如选择仲裁，需要全体股东同意。在设立时选择仲裁条款的，应当经初始股东（发起人）全体同意；在公司设立后选择仲裁条款的，应当经股东会会议全体股东同意。章程仲裁条款经全体股东同意后，受让股权股份成为股东的，应当视为接受公司章程之规定。

## 【条款解读】

一、公司章程是公司设立的必备条件和必经程序，是公司的"出生证明"

按照我国《公司法》的要求，订立公司章程是设立公司的条件之一。审批机关和登记机关要对公司章程进行审查，以决定是否给予批准或者给予登记。公司没有公司章程，就不能获得批准或登记。公司的设立程序以订立公司章程开始，以设立登记结束。在美国，公司章程被称为 certificate of incorporation 和 bylaws 两份文件，可以分别译为"章程大纲"和"章程细则"。而 certificate of incorporation，也可直译为"设立证书""注册证书""公司注册证明"或者"公司登记执照"等。②

二、公司章程具有公示性

公司章程应当在工商登记机关备案。公司章程的内容不仅要对投资人公开，还要对包括债权人在内的一般社会公众公开。公司章程一经公司股东会会议批准，即对有关参与主体发生法律效力。在公司登记机关备案后，即对其他相对第

---

① 法律明确规定由人民法院审理的事项，见本节【条款解读】。
② 参见《特拉华州普通公司法》，徐文彬等译，中国法制出版社2010年版，第3页。

三人产生法律效力。公司依公司章程，享有各项权利，并承担各项义务，符合公司章程的行为受国家法律的保护；违反公司章程的行为，有关机关有权对其进行干预和处罚。

三、公司章程是一种自治性规则

公司章程作为一种行为规范，是由公司依法自行制定的，是公司股东依据"意思自治原则"达成一致的结果。它是公司的最高权力组织——股东会制定的，是股东意思自治的集中的体现，是公司的"宪法"，也是股东之间的协议，所以只要该章程没有违背法律强制性和禁止性规定，就可以更为详尽地规定公司运行和管理的规则，以便在日后操作中共同遵守。例如有关有限责任公司的股权转让，公司章程对股权转让作出了不同规定的，优先适用公司章程。

四、公司的登记机关

公司登记应当在国家规定的公司登记机关进行。我国的公司登记机关是国家各级市场监督管理部门，由于市场监督管理部门的级别管辖不同，不同的公司登记，应到相应的、有管辖权的工商行政管理机关办理。无论是设立、变更、注销公司登记，均应在同一登记机关进行登记。而且，虽然企业迁移或跨地区设立分支机构需要在其他登记机关登记，但还需在原登记机关做变更登记。

五、公司的营业期限

公司的营业期限是指公司存续的时间，分为有期限和无期限两种。其中，有期限又分为股东或发起人在章程上商定的营业期限，和依据法律法规及主管部门要求的经营期限；而无期限，也叫永久存续的经营，是指法律不强制要求公司表明存续期。

一般而言，营业期限的法律意义主要体现在以下几个方面：

1. 营业期限届满是公司解散的法定原因。期限届满，股东会会议没有达成修改公司章程使公司存续的决议的，公司即应进入清算过程，此时的期间是清算期间。对此《公司法》（2023年修订）第229条第1款第（一）项设有明文规定。

2. 在公司经营期限届满前的一定期限，经公司股东会会议特别表决同意，可以延长公司的经营期限。股东会会议通过决议使公司存续的，对该项决议未投票同意的股东可以依据本章程规定的程序要求公司按照合理的价格收购其股权。见《公司法》（2023年修订）第89条、第162条，以及本书第六章"股东"第六节"异议股东回购请求权"。

六、公司章程的对内约束力

依据《公司法》（2023年修订）第5条的规定，"公司章程对公司、股东、董事、监事、高级管理人员具有约束力"。

（1）公司章程对公司的约束力。公司是法律拟定的"法人"，法人的行为能力、意思表示能力、承担法人权利及义务均需依据公司章程运行、体现、履行。公司依据公司章程依据相应程序形成公司决议;公司依据公司章程相应程序授权法定代表人或者代理人执行公司决议;公司依据公司章程相应程序履行相应的法律责任和义务。

(2)公司章程对股东的约束力。公司依据公司章程对股东要求履行出资义务、股东或者控股股东对公司承担禁止同业竞争的义务;股东对公司行使股东知情权、异议股东回售权、派生诉讼权等。

(3)公司章程对"董监高"的约束力。"董监高"依据《公司法》以及公司章程对公司负有相应的勤勉义务、忠实义务;"董监高"有权依据公司章程获取报酬、免受不当解聘等;股东对董事监事的选聘拥有选举权等。

如,《公司法》(2023年修订)第15条第2款"公司为公司股东或者实际控制人提供担保的,应当经股东会决议"就是公司内部取缔性规定,违反该规定,在公司内部不发生效力。如果给公司带来损失,责任人需承担相应责任,自不待言。

七、公司章程的对外效力

因为《民法典》第504条①要求相对人需要尽相应的"应当知道"之审查义务,所以也决定了不同情况下的公司章程的对外效力。在商务活动中,这种相对人的审查义务,如何在具体案件中具体考量,需要具体分析。该考量的难点主要在公司相对人是否知道或者应当知道公司章程,以及是否应当知道章程中的具体条款。由于公司章程是应当在工商管理部门登记的,通常的商务人士、商务法人等是能够在公示系统查阅到商务交易对方的公司章程的。所以对于商务人士、商业法人来说,还需要考量该商务人士、商业法人等在与公司进行商业往来时,应以是否"应当知道"对方公司章程与商业活动相关的具体条款为考量点。所以笔者认为,这种"应当知道"对不同的主体,以及结合合同是否重大,应当有不同的标准。如果是一个没有任何商业经验的普通人,他在小额简单的商业交往中,就没有必要"应当知道"交易对方的公司章程。而一个大型公司(如大型上市商业银行)在重大商业合同(如重大担保贷款合同),对商务活动相对方的公司章程,包括公司章程的具体条款,通常应当负有相应的"应当知道"之责任。

八、公司章程与股东协议的关系

实践中,在设立公司前,投资人之间通常会签订一份投资协议,统一各自的投资意向;然后再商榷是否设立公司,设立公司的意愿初步一致时,大家又会签订一份股东协议,约定设立公司的分工等;再然后,在具体设立公司时候,才考虑制定

---

① 《民法典》第504条【越权订立的合同效力】:法人的法定代表人或者非法人组织的负责人超越权限订立的合同,除相对人知道或者应当知道其超越权限外,该代表行为有效,订立的合同对法人或者非法人组织发生效力。

公司章程。

《公司法》(2023年修订)第43条规定:"有限责任公司设立时的股东可以签订设立协议,明确各自在公司设立过程中的权利和义务。"第93条规定:"股份有限公司……发起人应当签订发起人协议,明确各自在公司设立过程中的权利和义务。"设立及发起时的股东协议主要以约定如何设立公司为目的,公司章程主要是以公司经营运营为目的。多份股东协议之间、股东协议与公司章程之间约定不一致时,应参考如下原则:

1. 在相同当事人之间的投资协议、股东协议之间出现不一致或者条款相互冲突时,应当视为当事人之间对相应的约定进行了修订。这时,应当依据签订时间在后的协议为准。

2. 在相同当事人签订投资协议、股东协议之后,相同当事人之间作为股东设立公司、制定或者通过的公司章程规定不一致的,同样以时间在后的达成意思一致的文件为准。

3. 在设立公司过程中或者在公司设立后出现不是原投资人的新股东时,投资协议或股东协议与公司章程规定不一致的,原投资人与新股东之间,以及新股东之间,应当以公司章程规定为准。

4. 在设立公司过程中或者在公司设立后出现不是原投资人的新股东时,投资协议或股东协议与公司章程规定不一致的,原投资人之间原则上可以以公司章程规定为准。但原投资人之间构成特殊约定的除外。原投资人之间的特别约定应认定为原投资人之间以投资协议为基础达成一致行动,然后作为一致行动人与新股东协商一致,设立公司、制定或者通过公司章程。[1]

5. 关于股东与公司、股东与董监高、公司与董监高之间,以及与公司债权人利益相关的纠纷,应当以公司章程规定为准。[2]

九、公司章程的登记与生效

公司章程自股东会会议审议通过之日对公司内部生效,对外生效以法律规定之。以相对人需要对公司章程尽相应的"应当知道"之审查义务时,发生效力。这里的"应当知道"可能包括:在工商行政管理机关登记之日、在公开网站发布之日、在明确告知相对人之日等相对人"应当知道"之日。

---

[1] 上海宏胜物业有限公司与吴某某公司决议纠纷上诉案【上海市第二中级人民法院(2012)沪二中民四(商)终字第68号民事判决书】。

[2] 美国华盈有限公司与海城智胜镁制品有限公司、海城市后英经贸集团有限公司公司决议纠纷再审案【最高人民法院(2017)最高法民再76号民事裁定书】;北京承乾房地产开发有限责任公司与历山投资有限公司、北京荟宏房地产开发有限责任公司、北京兆泰集团股份有限公司股东资格确认纠纷案【北京市高级人民法院(2017)京民初117号民事判决书】。

## 十、公司章程的仲裁条款

股东与公司之间、股东之间、公司与董监高之间,基于公司章程及有关法律、行政法规所规定的权利义务发生的与公司事务有关的争议,属于《仲裁法》第2条规定的"平等主体的公民、法人和其他组织之间发生的合同纠纷和其他财产权益纠纷,可以仲裁"。

两点提示:

(一)仲裁条款的约定不适用"资本多数决"(少数服从多数),即如选择仲裁条款,需要全体股东同意。在设立时选择仲裁条款的,应当经初始股东(发起人)全体同意;在公司设立后选择仲裁条款的,应当经股东会会议全体股东同意。章程仲裁条款经全体股东同意后,受让股权股份成为股东的,应当视为接受公司章程之规定。

(二)法律明确规定由人民法院审理的事项不能约定仲裁,即不适用仲裁。如解散公司案件和公司清算案件,被解散、清算的案件当事人是目标公司自身,且解散、清算公司案件中还可能会涉及目标公司其他事务以及案外利害关系人等,所以公司解散、清算的请求只能向人民法院提出,适用民事诉讼程序。[①] 现行法律并未赋予仲裁机构解散公司的裁决权,其有关公司解散的仲裁协议并不能发生相应的法律效力。

## 十一、新法修订

(一)电子通信会议方式。《公司法》(2023年修订)增加第24条:"公司股东会、董事会、监事会召开会议和表决可以采用电子通信方式,公司章程另有规定的除外。"

(二)允许程序轻微瑕疵。《公司法》(2023年修订)增加第26条第1款的"但书"规定,"股东会、董事会的会议召集程序或者表决方式仅有轻微瑕疵,对决议未产生实质影响的",不影响会议决议的效力。

(三)会议决议的不成立。《公司法》(2023年修订)增加第27条,"未召开股东会、董事会会议作出决议;股东会、董事会会议未对决议事项进行表决;出席会议的人数或者所持表决权数未达到本法或者公司章程规定的人数或者所持表决权数;同意决议事项的人数或者所持表决权数未达到本法或者公司章程规定的人数或者所持表决权数"的,公司股东会、董事会决议不成立。

---

① 参见《最高人民法院关于撤销中国国际经济贸易仲裁委员会(2009)CIETACBJ裁决(0355)号裁决案的请示的复函》(2011年4月22日 〔2011〕民四他字第13号)。

**【相关法规】**

● 《中华人民共和国公司法》(2023年修订)①

**第5条** 设立公司应当依法制定公司章程。公司章程对公司、股东、董事、监事、高级管理人员具有约束力。

**第24条** 公司股东会、董事会、监事会召开会议和表决可以采用电子通信方式,公司章程另有规定的除外。

**第25条** 公司股东会、董事会的决议内容违反法律、行政法规的无效。

**第26条** 公司股东会、董事会的会议召集程序、表决方式违反法律、行政法规或者公司章程,或者决议内容违反公司章程的,股东自决议作出之日起六十日内,可以请求人民法院撤销。但是,股东会、董事会的会议召集程序或者表决方式仅有轻微瑕疵,对决议未产生实质影响的除外。

未被通知参加股东会会议的股东自知道或者应当知道股东会决议作出之日起六十日内,可以请求人民法院撤销;自决议作出之日起一年内没有行使撤销权的,撤销权消灭。

**第27条** 有下列情形之一的,公司股东会、董事会的决议不成立:(一)未召开股东会、董事会会议作出决议;(二)股东会、董事会会议未对决议事项进行表决;(三)出席会议的人数或者所持表决权数未达到本法或者公司章程规定的人数或者所持表决权数;(四)同意决议事项的人数或者所持表决权数未达到本法或者公司章程规定的人数或者所持表决权数。

**第28条** 公司股东会、董事会决议被人民法院宣告无效、撤销或者确认不成立的,公司应当向公司登记机关申请撤销根据该决议已办理的登记。

股东会、董事会决议被人民法院宣告无效、撤销或者确认不成立的,公司根据该决议与善意相对人形成的民事法律关系不受影响。

**第45条** 设立有限责任公司,应当由股东共同制定公司章程。

**第46条** 有限责任公司章程应当载明下列事项:(一)公司名称和住所;(二)公司经营范围;(三)公司注册资本;(四)股东的姓名或者名称;(五)股东的

---

① 《中华人民共和国公司法》于1993年12月29日由第八届全国人民代表大会常务委员会第五次会议通过,根据1999年12月25日第九届全国人民代表大会常务委员会第十三次会议《关于修改〈中华人民共和国公司法〉的决定》第一次修正,根据2004年8月28日第十届全国人民代表大会常务委员会第十一次会议《关于修改〈中华人民共和国公司法〉的决定》第二次修正,于2005年10月27日由第十届全国人民代表大会常务委员会第十八次会议第一次修订,根据2013年12月28日第十二届全国人民代表大会常务委员会第六次会议《关于修改〈中华人民共和国海洋环境保护法〉等七部法律的决定》第三次修正,根据2018年10月26日第十三届全国人民代表大会常务委员会第六次会议《关于修改〈中华人民共和国公司法〉的决定》第四次修正,于2023年12月29日由第十四届全国人民代表大会常务委员会第七次会议第二次修订。

出资额、出资方式和出资日期;(六)公司的机构及其产生办法、职权、议事规则;(七)公司法定代表人的产生、变更办法;(八)股东会认为需要规定的其他事项。

股东应当在公司章程上签名或者盖章。

**第94条** 设立股份有限公司,应当由发起人共同制订公司章程。

**第95条** 股份有限公司章程应当载明下列事项:(一)公司名称和住所;(二)公司经营范围;(三)公司设立方式;(四)公司注册资本、已发行的股份数和设立时发行的股份数,面额股的每股金额;(五)发行类别股的,每一类别股的股份数及其权利和义务;(六)发起人的姓名或者名称、认购的股份数、出资方式;(七)董事会的组成、职权和议事规则;(八)公司法定代表人的产生、变更办法;(九)监事会的组成、职权和议事规则;(十)公司利润分配办法;(十一)公司的解散事由与清算办法;(十二)公司的通知和公告办法;(十三)股东会认为需要规定的其他事项。

● **《山东省高级人民法院关于审理公司纠纷案件若干问题的意见(试行)》(鲁高法发〔2007〕3号)**

4. 发起人之间在设立公司过程中产生的纠纷按照发起人协议或投资协议处理,未订立发起人协议或投资协议的,按照公司章程处理。发起人协议或投资协议被确认无效的,按照有关法律规定处理。

公司成立后,发起人协议或投资协议与公司章程规定不一致的,以公司章程规定为准。但发起人之间有特殊约定的除外。

● **《到境外上市公司章程必备条款》(1994年9月29日)**

**第163条** 凡境外上市外资股股东与公司之间,境外上市外资股股东与公司董事、监事、经理或者其他高级管理人员之间,境外上市外资股股东与内资股股东之间,基于公司章程及有关法律、行政法规所规定的权利义务发生的与公司事务有关的争议或者权利主张,国务院证券主管机构未就争议解决方式与境外有关证券监管机构达成谅解、协议的,有关当事人可以依照法律、行政法规规定的方式解决,也可以双方协议确定的方式解决。

到香港上市的公司,应当将下列内容载入公司章程:

(一)凡境外上市外资股股东与公司之间,境外上市外资股股东与公司董事、监事、经理或者其他高级管理人员之间,境外上市外资股股东与内资股股东之间,基于公司章程、《公司法》及其他有关法律、行政法规所规定的权利义务发生的与公司事务有关的争议或者权利主张,有关当事人应当将此类争议或者权利主张提交仲裁解决。

前述争议或者权利主张提交仲裁时,应当是全部权利主张或者争议整体;所有由于同一事由有诉因的人或者该争议或权利主张的解决需要其参与的人,如果其身份为公司或公司股东、董事、监事、经理或者其他高级管理人员,应当服从仲裁。

有关股东界定、股东名册的争议,可以不用仲裁方式解决。

(二)申请仲裁者可以选择中国国际经济贸易仲裁委员会按其仲裁规则进行仲裁,也可以选择香港国际仲裁中心按其证券仲裁规则进行仲裁。申请仲裁者将争议或者权利主张提交仲裁后,对方必须在申请者选择的仲裁机构进行仲裁。

如申请仲裁者选择香港国际仲裁中心进行仲裁,则任何一方可以按香港国际仲裁中心的证券仲裁规则的规定请求该仲裁在深圳进行。

(三)以仲裁方式解决因(一)项所述争议或者权利主张,适用中华人民共和国的法律;但法律、行政法规另有规定的除外。

(四)仲裁机构作出的裁决是终局裁决,对各方均具有约束力。

●《最高人民法院关于撤销中国国际经济贸易仲裁委员会(2009)CIETACBJ裁决(0355)号裁决案的请示的复函》(最高人民法院〔2011〕民四他字第13号)

一、青岛嘉成工程有限公司与维意爱姆公司之间签订的《青岛维意爱姆机械设备有限公司合资合同》中未订立有效的仲裁条款,青岛嘉成工程有限公司未同意就该合同争议进行仲裁,故仲裁庭无权管辖因该合同引起的争议。涉案《合资公司合同》是由青岛嘉成工程有限公司、维意爱姆公司、西门斯特公司三方签订,存在明确有效的仲裁条款,仲裁庭可以就该合同引起的争议进行裁决。

二、根据《中华人民共和国公司法》第181条的规定,仲裁机构裁决解散公司没有法律依据,属于无权仲裁的情形。

三、涉案仲裁裁决是在认定两个合资合同无效并解散合资企业的基础上作出,整体不可分,应根据《中华人民共和国仲裁法》第70条、《中华人民共和国民事诉讼法》第258条第1款第(一)、(四)项之规定,予以撤销。

●《广西壮族自治区高级人民法院民二庭关于审理公司纠纷案件若干问题的裁判指引》(桂高法民二〔2020〕19号)

6.【分层次效力】公司章程体现了较强的合同属性,但承认公司章程的合同属性,并不意味着将其完全等同于一般民事合同,两者仍有区别。公司章程本质上具有三个不同层次的法律效力,一是合同意义上的权利义务关系,二是侵权责任意义上的请求权基础,三是司法不应直接介入的自治范围。

本部分的内容(第7条至第10条)可以不限于对公司章程文本的理解,而是扩展理解整个公司治理结构中各方主体之间的法律关系与权利义务内容。

7.【股东与公司之间的合同效力:双务合同关系】公司章程的双务合同法律效力体现在:(1)请求给付之效力。一方面,公司有权诉请股东履行出资义务,具体包括:①请求股东按期、足额缴纳公司章程中规定的各自所认缴的出资额,以货币出资的,请求足额存入公司的银行账户;以非货币财产出资的,请求依法办理财产权移转手续;以房屋、土地使用权或知识产权等财产出资的,请求实际交付;已交付公司使用但未办理变更手续的,请求在指定的合理期间内办理权属变更手续(《公司法》第28条,《公司法司法解释三》①第10条)。②以非货币出资高估作价的,或以劳务、信用、自然人姓名、商誉、特许经营权、划拨土地使用权、设定担保的财产等不具有合法性、可转让性和可评估性的对象作价出资的,或以其他公司股权出资但又不符合法定作价出资条件的,或公司成立后股东抽逃出资或抽回股本的,均属于股东未履行或未全面履行出资义务,公司有权请求其补足或返还出资本息(《公司法》第27、35条,《公司登记管理条例》第14条,《公司法司法解释三》第8、9、11、12、14条)。③即使股东转让了股权,只要其未履行或未全面履行出资义务,公司仍有权请求其继续履行出资义务(《公司法司法解释三》第18条)。另一方面,股东有权诉请公司满足其股东权利的实现。具体包括:红利分配请求权(《公司法》第34、166条);新股优先认购权(《公司法》第34条);剩余财产分配请求权(《公司法》第186条第2款);异议回购请求权(《公司法》第74条);优先购买权(《公司法》第71、72条);请求确认股东资格、请求签发出资证明书并记载于股东名册、请求变更公司登记(《公司法》第31、32、73条,《公司法司法解释三》第22、23条);等等。(2)对待给付之效力。具体体现为三种牵连关系:①成立上的牵连关系,即一方的债务因无效或被撤销而归于消灭时,对方的债务亦因而消灭,由此涉及根本违约与解除合同的问题。具体体现为:有限责任公司的股东未履行出资义务或者抽逃全部出资,经催告及合理期间后,公司可通过股东会决议解除该股东的股东资格(《公司法司法解释三》第17条);股份有限公司的认股人未按期缴纳所认股份的股款,经催缴及合理期间后,公司发起人可以对该股份另行募集(《公司法司法解释三》第6条);如果股东无法获得出资对价即股东资格或股东权利的,股东有请求返还出资的权利,依据《公司法》第89条,公司未能完成募集设立的,认股人有权请求返还所缴股款本息。②履行上的牵连关系,即一方履行的欠缺或瑕疵将减损该方请求对方履行的权利,由此涉及同时履行与先后履行抗辩权。具体体现为:股东在充实其认缴出资之前其股权将受到一定限制,例如,股东的利润分配请求权与新股优先认购权是按照其"实缴"而非"认缴"的出资比例享有权利(《公司法》第34条);股东未履行或者未全面履行出资义务或者抽逃出资,公司有权根据公司章程或者股东会决议,对其利润分

---

① 指《最高人民法院关于适用〈中华人民共和国公司法〉若干问题的规定(三)》(2010年12月6日最高人民法院审判委员会第1504次会议通过,根据2014年2月17日最高人民法院审判委员会第1607次会议《关于修改关于适用〈中华人民共和国公司法〉若干问题的规定的决定》第一次修正,根据2020年12月23日最高人民法院审判委员会第1823次会议通过的《最高人民法院关于修改〈最高人民法院关于破产企业国有划拨土地使用权应否列入破产财产等问题的批复〉等二十九件商事类司法解释的决定》第二次修正)。下同。

配请求权、新股优先认购权、剩余财产分配请求权等股东权利作出相应的合理限制(《公司法司法解释三》第16条);股东出资应当完成实际交付,未实际交付的可能无法享有相应股东权利,但完成实际交付但未办理权属变更登记的,仍可以享有相应股东权利(《公司法司法解释三》第10条)。③存续上的牵连关系,即一方的给付因不可归责于当事人的事由而减损或灭失后,另一方的给付义务是否受影响,由此涉及风险负担的问题。双务合同的风险负担规则原则上采"交付主义"(《民法典》第604条)。股东出资应当移转所有权并实际交付,只要股东完成了交付出资的义务,风险即转移给公司,即使交付公司的财产发生减损或灭失,股东也有权要求公司认可其股东资格并给付相应的股东权利。(3)固有权利之效力。公司章程的自治边界在于至少要保持出资法律关系的对价属性或双务属性。公司章程不应排除股东固有权利,公司为股东提供的股权应当保有最基本的财产属性,具体体现在:股权的转让权能不得排除;股东知情权不得排除。

8.【股东与股东之间的合同效力:共同法律行为】就公司章程中的股东出资义务(包括出资数额、出资方式、出资期限等)而言,涉及股东与股东之间的共同法律行为,这一内容实质上来源于发起人之间的发起协议或出资协议,反映了发起人之间的共同合意。这种共同法律行为的效力体现为:(1)发起人是指为设立公司而签署公司章程、向公司认购出资或者股份并履行公司设立职责的人,包括有限责任公司设立时的股东(《公司法司法解释三》第1条)。(2)发起人股东之间就出资义务互负连带保证责任,该出资包括货币以及非货币财产形式,但非发起人股东与其他股东之间不负连带保证责任(《公司法》第30条、《公司法司法解释三》第13条)。(3)发起人不履行或不完全履行出资义务的,构成对发起协议的违约,已按期缴足出资的发起人有权请求其继续履行出资义务并依据发起协议或章程承担违约责任(《公司法》第28条、《公司法司法解释三》第13条)。(4)通过公司增资或股权转让成为新股东的,也可视为对发起协议或出资协议的加入,但后入股东却无须与其他发起人承担连带责任。(5)发起人之间对公司设立过程中所产生的债务、费用及损害赔偿责任承担连带责任;对返还认股人已缴股款及利息承担连带责任(《公司法》第94条、《公司法司法解释三》第2条至第5条)。(6)对于股东之间在章程中约定的营业期限或其他公司解散事由,任何股东均可诉请人民法院对公司予以强制清算(《公司法》第183条、《公司法司法解释二》[①]第7条)。

---

[①] 指《最高人民法院关于适用〈中华人民共和国公司法〉若干问题的规定(二)》(2008年5月5日最高人民法院审判委员会第1447次会议通过,根据2014年2月17日最高人民法院审判委员会第1607次会议《关于修改关于适用〈中华人民共和国公司法〉若干问题的规定的决定》第一次修正,根据2020年12月23日最高人民法院审判委员会第1823次会议通过的《最高人民法院关于修改〈最高人民法院关于破产企业国有划拨土地使用权应否列入破产财产等问题的批复〉等二十九件商事类司法解释的决定》第二次修正)。下同。

9.【侵权责任意义上的请求权基础】除合同属性之外,公司章程包含的侵权责任请求权基础主要涉及:(1)就公司章程中的董事、监事及高级管理人员的职权或职责而言,涉及公司与董监高人员、股东与董监高人员之间的关系,这一内容来源于董监高人员的受信义务,即忠实义务与勤勉义务(《公司法》第148、149条),当他们在履职时违反受信义务损害公司利益或损害股东利益的,公司或股东对他们享有损害赔偿请求权。(2)就公司章程中关于股东不得侵害公司利益的规定,涉及股东滥用股东权利造成公司损失后,公司对股东享有损害赔偿请求权,该救济权利源于法人的独立财产权,本质上属于财产权侵权法律关系(《公司法》第20条)。(3)就公司章程中关于股东不得侵害其他股东利益的规定,涉及股东滥用股东权利造成其他股东损失后,受损股东对滥用权利的股东享有损害赔偿请求权,该救济权利以竞合的方式来源于股权的财产权属性以及股东之间基于共同出资所形成的合同关系(《公司法》第20条)。

10.【公司自治与司法介入的界限】公司章程可分为两类章程记载事项:一类是明确含有请求权基础的例如股东出资义务、股东个人权利及其实现规则、董监高人员职权与职责等内容;另一类是关于公司内部治理的机构规则、程序规则、运行规则或其他公司情况说明。就后者而言,原则上无须司法介入,不得直接诉请人民法院予以执行;而仅提供事后司法救济,即对于内容上或程序上违反公司章程的股东会决议或董事会决议,股东有权在法定期限内请求法院予以撤销或确认不成立。

●《私募投资基金合同指引2号(公司章程必备条款指引)》(2016年7月15日)

第五点第(十八)项 【一致性】章程应明确规定当章程的内容与股东之间的出资协议或其他文件内容相冲突时,以章程为准。若章程有多个版本且内容相冲突,以在中国基金业协会备案的版本为准。

**【典型案例】**

● **宋某军与西安市大华餐饮有限公司股东资格确认纠纷再审案**
【陕西省高级人民法院(2014)陕民二申字第00215号】
再审申请人(一审原告):宋某军。
被申请人(一审被告):西安市大华餐饮有限公司(以下简称"大华公司")。
2004年5月,大华公司由国有企业改制为有限责任公司,宋某军系大华公司员工,出资2万元成为大华公司的自然人股东。改制后大华公司初始章程第14条规定:"公司股权不向公司以外的任何团体和个人出售、转让。公司改制一年后,经董事会批准后可在公司内部赠予、转让和继承。持股人死亡或退休经董事会批准后方可继承、转让或由企业收购,持股人若辞职、调离或被辞退、解除劳动合同的,人走股留,所持股份由企业收购……"该公司章程经大华公司全体股东签名通过。

2006年6月3日,宋某军向公司提出解除劳动合同,并申请退出其所持有的公司的2万元股份。2006年8月28日,经大华公司法定代表人赵某锁同意,宋某军领到退出股金款2万元整。2007年1月8日,大华公司召开2006年度股东大会,大会应到股东107人,实到股东104人,代表股权占公司股份总数的93%,会议审议通过了宋某军、王某青、杭某国三位股东退股的申请并决议"其股金暂由公司收购保管,不得参与红利分配"。

宋某军提起诉讼请求依法确认其具有大华公司的股东资格。

【一审】一审法院判令驳回原告宋某军要求确认其具有被告大华公司股东资格之诉讼请求。

【二审】二审法院驳回上诉,维持原判。

【再审】陕西省高级人民法院认为:

一、关于大华公司的公司章程中关于"人走股留"的规定,是否违反了《公司法》的禁止性规定,该章程是否有效

1.《大华公司章程》第14条规定:"公司股权不向公司以外的任何团体和个人出售、转让。公司改制一年后,经董事会批准后可以公司内部赠与、转让和继承。持股人死亡或退休经董事会批准后方可继承、转让或由企业收购,持股人若辞职、调离或被辞退、解除劳动合同的,人走股留,所持股份由企业收购。"依照《公司法》(2013年修正)第25条第2款"股东应当在公司章程上签名、盖章"的规定,有限公司章程系公司设立时全体股东一致同意并对公司及全体股东产生约束力的规则性文件,宋某军在公司章程上签名的行为,应视为其对前述规定的认可和同意,该章程对大华公司及宋某军均产生约束力。

2. 基于有限责任公司封闭性和人合性的特点,由公司章程对公司股东转让股权作出某些限制性规定,系公司自治的体现。在本案中,大华公司进行企业改制时,宋某军之所以成为大华公司的股东,原因在于宋某军与大华公司具有劳动合同关系,如果宋某军与大华公司没有建立劳动关系,则没有成为大华公司股东的可能性。同理,《大华公司章程》将是否与公司具有劳动合同关系作为取得股东身份的依据继而作出"人走股留"的规定,符合有限责任公司封闭性和人合性的特点,亦系公司自治原则的体现,不违反公司法的禁止性规定。

3.《大华公司章程》第14条关于股权转让的规定,属于对股东转让股权的限制性规定而非禁止性规定,宋某军依法转让股权的权利没有被公司章程所禁止,大华公司章程不存在侵害宋某军股权转让权利的情形。

综上,《大华公司章程》不违反《公司法》的禁止性规定。

二、关于大华公司回购宋某军股权是否违反《公司法》的相关规定,大华公司是否构成抽逃出资

《公司法》(2023年修订)第89条所规定的异议股东回购请求权具有法定的行使条件,异议股东有权要求公司回购其股权,对应的是公司是否应当履行回购异议股东股权的法定义务。而本案属于大华公司是否有权基于公司章程的约定及与宋某军的合意而回购宋某军股权,对应的是大华公司是否具有回购宋某军股权的权利,二者性质不同,《公司法》(2023年修订)第89条不能适用于本案。

在本案中,宋某军于2006年6月3日向大华公司提出解除劳动合同申请并于同日手书《退股申请》,提出"本人要求全额退股,年终盈利与亏损与我无关",该《退股申请》应视为其真实意思表示。大华公司于2006年8月28日退还其全额股金款2万元,并于2007年1月8日召开股东大会审议通过了宋某军等三位股东的退股申请,大华公司基于宋某军的退股申请,依照公司章程的规定回购宋某军的股权,程序并无不当。另外,《公司法》所规定的抽逃出资专指公司股东抽逃其对于公司出资的行为,公司不能构成抽逃出资的主体,宋某军的这一再审申请理由不能成立。

2015年3月25日,陕西省高级人民法院驳回宋某军的再审申请。

【简析】有限责任公司初始章程对股权转让进行限制,明确约定公司回购条款,只要不违反公司法等法律强制性规定,可认定为有效。有限责任公司按照初始章程约定,支付合理对价回购股东股权,且通过转让给其他股东等方式进行合理处置的,人民法院应予支持。

● **中海石油化学股份有限公司与山西华鹿阳坡泉煤矿有限公司等公司解散纠纷再审申请案**

【最高人民法院民事裁定书(2016)最高法民再202号】

再审申请人(一审原告、二审被上诉人):中海石油化学股份有限公司(以下简称"中海石油公司")。

被申请人(一审被告、二审上诉人):山西华鹿阳坡泉煤矿有限公司(以下简称"阳坡泉煤矿")。

被申请人(一审第三人、二审上诉人):山西华鹿热电有限公司(以下简称"华鹿热电公司")。

中海石油公司通过受让华鹿热电公司持有的阳坡泉煤矿49%的股份,成为阳坡泉煤矿的股东,华鹿热电公司仍持有阳坡泉煤矿51%的股权。2010年阳坡泉煤矿发生透水事故停产。华鹿热电公司与中海石油公司委任的阳坡泉煤矿董事、总经理、矿长发生激烈冲突等,致使阳坡泉煤矿一直处于瘫痪状态。鉴于阳坡泉煤矿

长期不能召开董事会和股东会,公司决策完全失灵,经营管理发生严重困难,且通过其他途径不能解决。

中海石油公司提起诉讼,请求依法判决解散阳坡泉煤矿。

阳坡泉煤矿、华鹿热电公司提出管辖权异议称:《阳坡泉煤矿公司章程》中明确约定,本章程各方发生的与本章程有关的任何争议,均应提交中国国际经济贸易仲裁委员会仲裁解决。

【一审】一审法院认为,根据《公司法》第183条,《公司法司法解释二》第1、24条,《民事诉讼法》(2012年修正)第26条规定,因公司解散提起的诉讼,由公司住所地人民法院管辖,故一审法院对本案有管辖权。

据此,一审法院裁定裁定驳回阳坡泉煤矿和华鹿热电公司对本案管辖权提出的异议。

【二审】二审法院认为,华鹿热电公司和中海石油公司系阳坡泉煤矿的股东,《阳坡泉煤矿公司章程》第108条约定:"本章程各方(包括但不限于公司及股东)因执行本章程所发生的或与本章程有关的任何争议,首先应争取友好协商解决。如果争议发生后【30】日内协商解决不成,则任何一方可将有关争议提至中国国际经济贸易仲裁委员会,按照申请仲裁时该仲裁委员会现行有效的仲裁规则进行仲裁。仲裁地点在深圳。该仲裁裁决是终局的,对双方均有约束力。"第95条规定了公司解散的情形。依据《仲裁法》第5、16条的规定,本案当事人已经达成了仲裁协议,本案纠纷应当依照约定的方式,依法向中国国际经济贸易仲裁委员会申请仲裁解决。

据此,二审法院撤销一审裁定,驳回中海石油公司的起诉。

【再审】最高人民法院认为,《公司法》第182条规定:"公司经营管理发生严重困难,继续存续会使股东利益受到重大损失,通过其他途径不能解决的,持有公司全部股东表决权百分之十以上的股东,可以请求人民法院解散公司。"第180条规定:"公司因下列原因解散:……(五)人民法院依照本法第一百八十二条的规定予以解散。"据此,在公司陷入僵局、已无法实现自治的情况下,符合条件的股东可以请求人民法院解散公司。现行法律并未赋予仲裁机构解散公司的裁决权。因仲裁机构裁决解散公司没有法律依据,即便阳坡泉煤矿的公司章程规定了公司解散事宜,且约定因执行本章程所发生的或与本章程有关的任何争议均可提请中国国际经济贸易仲裁委员会进行仲裁,其有关公司解散的仲裁协议亦不能发生相应法律效力。华鹿热电公司有关本案应提交仲裁解决,人民法院不应受理的主张不能成立。

2016年5月5日,最高人民法院撤销二审裁定,维持一审裁定。

【简析】由于公司解散涉及公司债权人、债务人等其他相关利益主体之权益,不是仅由公司股东之间约定就可以处理之事宜,仲裁机构不能基于公司股东之间的约定受理公司解散事宜。在公司陷入僵局、已无法实现自治的情况下,符合条件的股东可以请求人民法院解散公司。现行法律并未赋予仲裁机构解散公司的裁决权,仲裁机构裁决解散公司没有法律依据。

● **美国华盈有限公司诉海城智胜镁制品有限公司公司决议纠纷再审案**

【最高人民法院民事裁定书(2017)最高法民再76号】

再审申请人(一审原告、二审被上诉人):美国华盈有限公司(以下简称"华盈公司")。

被申请人(一审被告、二审上诉人):海城智胜镁制品有限公司(以下简称"镁制品公司")。

一审第三人:海城市后英经贸集团有限公司(以下简称"经贸公司")。

华盈公司是与经贸公司签订的《中外合资经营海城智胜镁制品有限公司合同》,设立镁制品公司。公司运营中,华盈公司提起镁制品公司的公司决议纠纷诉讼。镁制品公司提出管辖异议,认为华盈公司与经贸公司签订的中外合资合同订有仲裁条款,本案争议应仲裁解决。

【一审】一审法院经认为,《仲裁法》第4条规定,"当事人采用仲裁方式解决纠纷,应当双方自愿,达成仲裁协议"。仲裁的前提是当事人双方自愿达成仲裁协议或合同中约定仲裁条款,而本案中华盈公司是与经贸公司签订的《中外合资经营海城智胜镁制品有限公司合同》,合同中约定的仲裁条款并非华盈公司与镁制品公司之间的约定,该约定对镁制品公司没有约束力,故镁制品公司因华盈公司与经贸公司签订的中外合资合同中约定了仲裁条款而提出管辖异议的该项理由缺乏相关法律的支持。

据此,一审法院裁定驳回镁制品公司对本案管辖权提出的异议。

【二审】二审法院认为,1991年经贸公司与华盈公司签订的中外合资合同约定,凡因执行本合同所发生的或与本合同有关的一切争议,双方应通过友好协商解决;如果协商不能解决,应提交中国国际经济贸易仲裁委员会,根据该会的仲裁程序进行仲裁。

据此,二审法院撤销一审裁定,驳回华盈公司的起诉。

【再审】最高人民法院认为,本案是中外合资经营企业一方股东请求确认公司决议效力纠纷案件。合资公司的董事会是公司内部最高权力机关,董事会决议系公司意志行为,法律效果归属于公司,针对董事会决议的诉讼结果也直接由公司承受。因此,根据《公司法》第22条的规定,确定公司决议纠纷案件是以公司为被告。

仲裁管辖权的基础是双方当事人的意思自治,争议提交仲裁解决须有当事人一致的仲裁愿意,这主要体现在当事人之间经协商一致签订仲裁协议(仲裁条款),仲裁协议(仲裁条款)的核心是当事人愿意将争议提交仲裁的意思表示。而本案所涉合资合同仲裁条款的当事人为中外合资经营企业的股东,仲裁事项是股东之间因履行合资合同而产生的争议,不包括股东和公司之间的公司决议效力纠纷。本案镁制品公司并非合资合同仲裁条款的当事人,华盈公司以其为被告,不应受该仲裁条款的约束,华盈公司的再审请求成立,本案纠纷应由辽宁省大连市中级人民法院管辖。

2017年3月17日,最高人民法院裁定撤销二审裁定,维持一审裁定。

【简析】公司决议纠纷的被告应为公司,仲裁管辖是当事人意思自治,本例中,公司未参与仲裁协议的约定,所以公司不受股东之间仲裁条款的约束。

● 北京承乾房地产开发有限责任公司与历山投资有限公司股东资格确认纠纷再审案

【最高人民法院民事裁定书(2019)最高法民申3945号】

再审申请人(一审原告):北京承乾房地产开发有限责任公司(以下简称"承乾公司")。

被申请人(一审被告):历山投资有限公司(以下简称"历山公司")。

一审第三人:北京荟宏房地产开发有限责任公司(以下简称"荟宏公司");北京兆泰集团股份有限公司(以下简称"兆泰公司")。

2000年1月31日,承乾公司注册成立。2005年10月21日,承乾公司股权变更且增资后的股本结构为:历山公司持股人民币1.12亿元,持股比例50%;荟宏公司持股人民币1.0752亿元,持股比例48%;兆泰公司持股人民币448万元,持股比例2%。

2012年至2017年间,各当事人之间发生三起仲裁案件。

(1)2012年10月19日,荟宏公司和兆泰公司向中国国际经济贸易仲裁委员会(中国贸仲)提出仲裁申请,请求裁决终止《合资合同》及《合资合同修改协议》。仲裁庭于2013年7月4日作出裁决终止《合资合同》及《合资合同修改协议》。

(2)荟宏公司、兆泰公司共同提出仲裁请求:确认《股权转让及增资扩股协议》及《股权转让及增资扩股补充协议》中与历山公司有关的各项条款已于2014年1月16日解除;或者裁决解除上述协议项下与历山公司有关的全部条款。仲裁庭于2016年2月1日作出裁决:荟宏公司、兆泰公司与历山公司签订的《股权转让及增资扩股协议》及《股权转让及增资扩股补充协议》中与历山公司有关的各项条款于2014年1月16日解除。

(3)荟宏公司、兆泰公司共同提出仲裁请求:解除荟宏公司、兆泰公司与历山公司签订的《增资协议书》中与历山公司有关的各项条款。仲裁庭于2017年9月

8日作出裁决:确认本案争议项下《增资协议书》中与历山公司有关的各项条款于本裁决作出之日起解除。

承乾公司提起诉讼请求判决确认历山公司不再享有承乾公司股东资格。理由为,历山公司与承乾公司的《合资合同》《股权转让及增资扩股协议》等均已被中国国际经济贸易仲裁委员会裁决解除,依据《合同法》关于合同解除后果的相关规定,认为历山公司成为承乾公司股东的合同依据和实体依据已经消灭,在承乾公司内部,历山公司已不具有承乾公司股东的资格,不再享有组织法意义上的股东权利,从而提起股东资格确认纠纷诉讼。

【一审】一审法院认为,中国国际经济贸易仲裁委员会作出的0464号裁决、0176号裁决、1121号裁决终止或解除了历山公司与荟宏公司、兆泰公司签订的《合资合同》《合资合同修改协议》《股权转让及增资扩股协议》《股权转让及增资扩股补充协议》《增资协议书》中与历山公司有关的各项条款。前述系列协议系中外股东就投资设立中外合资经营企业承乾公司达成一致所形成的合同关系,对合同相对方具有约束力;前述系列协议终止或解除后,历山公司与荟宏公司、兆泰公司中外股东之间关于向承乾公司投资的合作关系终止,由此产生的法律后果由前述系列协议约定及《合同法》相关规定调整。

历山公司作为承乾公司股东,其享有的股权本质是股东与公司之间的法律关系。历山公司与荟宏公司、兆泰公司中外股东进行的包括制定公司章程、决定公司经营范围、资本总额、出资方式、认缴股款、选举公司领导机关、申请公司设立登记等在内的创设承乾公司的行为,应当由具有组织法性质的《公司法》调整;在承乾公司设立之后,公司章程也成为规范公司与股东之间、股东之间关系的准则。本案中,承乾公司诉请确认历山公司不再享有承乾公司股东资格并退出承乾公司,涉及公司设立、股东出资、确认股东资格等公司与股东之间的关系;如果历山公司退出承乾公司,还将出现公司资本减少、股东持股比例变化等属于公司重大事项变化的情形,根据《承乾公司章程》《承乾公司章程修正案》的规定,该等事项亦应通过公司内部治理程序解决。即使因承乾公司陷入公司僵局而无法通过内部治理程序解决前述问题,《公司法》亦规定有相应的解决途径。因此,承乾公司以前述系列协议终止或解除而迳行要求确认历山公司不再享有承乾公司股东资格并退出承乾公司的诉讼请求,不符合《公司法》及《承乾公司章程》《承乾公司章程修正案》的相关规定。

据此,一审法院判决驳回承乾公司的全部诉讼请求。

【再审】最高人民法院认为,历山公司与荟宏公司、兆泰公司等就历山公司受让承乾公司股权等事项,签订了《合资合同》《股权转让及增资扩股协议》等合同,并订立了《承乾公司章程》;之后,行政主管部门批复同意了历山公司受让上述股权以及承乾公司由内资企业变更为中外合资企业等事项,并向承乾公司颁发了相应证照;历山公司亦足额缴纳了其认缴的出资与增资等。以上事实可以证明历山公司已经取得了承乾公司的股东资格,故原判决关于历山公司股东资格的认定,理据充分。

后承乾公司股东之间发生争议并引发多起诉讼、仲裁案件,其中中国国际经济贸易仲裁委员会先后作出了三份仲裁裁决,内容为终止涉案《合资合同》《合资合同修改协议》;解除涉案《股权转让及增资扩股协议》《股权转让及增资扩股补充协议》中与历山公司有关的条款;以及解除《增资协议书》中与历山公司有关的条款等。对于上述合同终止解除的后果,应当依据合同约定、履行情况和合同性质来综合判定。本案中,历山公司系根据合同所涉的股权转让、公司注册资本增加等约定内容,先后通过行政审批、工商变更以及缴纳出资等履约行为合法取得了股东资格,尚无证据证明该股东资格因法定或约定等事由被剥夺。而承乾公司提出的否定历山公司股东资格、退还出资款等主张将涉及公司设立、股东出资、确认股东资格等公司与股东之间的组织关系,可能引发公司资本减少、股东持股比例变化等重大事项的纠纷。故原判决就股东认缴出资等公司创设行为适用承乾公司作为中外合资企业并购设立当时施行的2004年8月28日第二次修正的《公司法》来调整,就承乾公司设立之后的股东与公司、股东与股东之间的关系准则适用公司章程规定来处理认定,并无不当;最终认定承乾公司以涉案合同终止解除为由提出历山公司不再享有承乾公司股东资格的主张,不符法律和章程规定,不予支持,亦无不当。

2019年9月27日,最高人民法院裁定驳回承乾公司的再审申请。

【简析】协议共同开办公司的合资合作合同被终止,并不必然产生公司解散或者清算的效力、不必然影响公司章程的有效性,也不产生公司股东资格丧失的效果。

● **青岛宏和置业有限公司与王某梅公司决议纠纷二审民事判决书**
【山东省青岛市中级人民法院民事判决书(2020)鲁02民终7817号】

上诉人(原审被告):青岛宏和置业有限公司,法定代表人:李某真,经理。

被上诉人(原审原告):王某梅。

被告青岛宏和置业有限公司成立于2008年1月23日,公司股东及出资、占股比例情况为:法定代表人李某真认缴出资1100万元,持股比例55%;原告王某梅认缴出资600万元,持股比例30%;董某认缴出资240万元,持股比例12%;李某萍出资60万元,持股比例3%。公司经营期限至2020年1月23日。后在公司经营过程中,原告与公司及其他股东因利润分配等产生争议,于2019年7月1日起诉,要求被告回购其的股权[案号:(2019)鲁02民初1137号]。在诉讼过程中,原告查阅公司工商登记材料,得知公司于2018年7月19日作出延长公司经营期限至2030年1月22日决议,并修改了《公司章程》,办理了工商变更登记。

原告提起诉讼,要求确认被告于2018年7月19日作出的关于延长公司经营期限的股东会决议不成立。

【一审】一审法院认为,股东会决议是股东会就公司事项通过的议案,其成立后所产生的效力关系公司的经营发展以及股东的切身利益,因此《公司法》及其解释对股东会议的召集、会议通知、会议记录、议事方式和表决程序等作了详尽规定。《公司法司法解释四》第5条规定:"股东会或者股东大会、董事会决议存在下列情形之一,当事人主张决议不成立的,人民法院应予支持:(一)公司未召开会议的,但依据公司法第三十七条第二款或者公司章程规定可以不召开股东会或者股东大会而直接作出决定,并由全体股东在决定文件上签名、盖章的除外;(二)会议未对决议事项进行表决的;(三)出席会议的人数或者股东所持表决权不符合公司法或者章程规定的;(四)会议的表决结果未达到公司法或者公司章程规定的通过比例的;(五)导致决议不成立的其他情形。"因此,根据上述规定,结合原、被告诉辩主张,本案被告是否于2018年7月19日实际召开了股东会议,并就公司延长经营期限是否进行了合法表决,是关键的争议焦点。庭审中被告提交了临时股东会会议记录、股东会决议各一份拟证明公司召开了股东会议并作出了决议,但是其在(2019)鲁02民初1137号案件中向法院提交的股东会会议记录、股东会决议与本次提交的不同,且被告对为何出现两个版本的股东会会议记录、股东会决议也未作出合理解释,依照证据规则的相关规定,该证据存疑,一审法院不予采信。另被告提交录像证据一份,但该录像经庭审播放,仍然不能反映出公司于当日召开股东会议,并就延长经营期限进行表决的情况。被告提交的其他证据亦不能充分证明公司实际召开了股东会,并进行决议表决。故被告对其主张,应承担举证不能的责任。

一审法院认定被告公司未依法履行通知原告召开临时股东会的义务,在未实际召开股东会会议,也并未就延长公司经营期限进行合法表决的情况下,虚构股东会决议,并修改《公司章程》,因此股东会决议不成立。

据此,一审法院判决:被告青岛宏和置业有限公司2018年7月19日的股东会决议不成立。被告于本判决生效后十日内到登记机关撤销延长公司经营期限的登记,恢复公司经营期限至变更登记前状态。

【二审】山东省高级人民法院认为,本案争议涉及的董某、兰某、赵某签署的2018年7月19日《青岛宏和置业有限公司股东会决议》以及《青岛宏和置业有限公司临时股东会决议》不成立。

一、本案争议涉及的股东会,没有根据《公司法》以及《公司章程》的约定,由有权召集股东会议的主体来召集会议,而由不具备股东会议召集权的上诉人来召集股东会议,在会议召集方面违反《公司法》以及《公司章程》的规定。

《公司法》第 39 条规定:"股东会会议分为定期会议和临时会议。定期会议应当依照公司章程的规定按时召开。代表十分之一以上表决权的股东,三分之一以上的董事,监事会或者不设监事会的公司的监事提议召开临时会议的,应当召开临时会议。"

上诉人的《公司章程》第 16 条约定:"股东会会议分为定期会议和临时会议。定期会议每六个月召开一次。代表十分之一以上表决权的股东,执行、董事提议召开临时会议的,应当召开临时会议。"

上诉人属于无权召集本案争议涉及的股东会会议的主体,是上述争议股东会决议不成立的原因之一。

二、自 2018 年 7 月 19 日 9 时 26 分 25 秒,股东董某进入即墨宾馆贵宾楼二楼会客室开始,赵某作为股东李某真的代理人以及股东会主持人、兰某作为股东李某萍的代理人、张某作为股东王某梅的代理人,至 2018 年 7 月 19 日 9 时 31 分 08 秒,共历时 4 分 43 秒,上述四人在一起的 4 分 43 秒内,没有就《关于召开临时股东会的通知》内涉及的三项表决内容进行讨论。

三、自 2018 年 7 月 19 日 9 时 26 分 25 秒,股东董某进入即墨宾馆贵宾楼二楼会客室开始,赵某作为股东李某真的代理人以及股东会主持人、兰某作为股东李某萍的代理人、张某作为股东王某梅的代理人,至 2018 年 7 月 19 日 9 时 31 分 08 秒,共历时 4 分 43 秒,上述四人在一起的 4 分 43 秒内,赵某与张某关于股东以及记录人授权方面进行了交流。自参会人员聚齐之时起,至 9 时 29 分 41 秒,历时 3 分 16 秒,主持人赵某宣布暂时休会,回去把资料补齐再说。是否继续开会以及继续开会的时间没有公开宣布,也没有通过其他方式进行通知王某梅或其代理人是否继续开会以及继续开会时间。在此情况下,即使其他三人继续开会,决议也依法不能成立。

四、上诉人提交的董某、兰某、赵某签署的 2018 年 7 月 19 日《青岛宏和置业有限公司股东会决议》以及《青岛宏和置业有限公司临时股东会决议》,存在其他影响决议成立的情况:

1. 上诉人在二审中主张:赵某暂时宣布休会,但没有明确再次恢复开会的时间。并且,除张某外,其他三个股东以及股东代表实际都没有离开过即墨宾馆,只是离开了会议室。会议现场休会后,各代理人及股东董某均在会议室外即墨宾馆内,未离开,等张某离开即墨宾馆后,即在 10 时 40 分左右恢复开会。

上诉人所主张的赵某等三人的行为,明显属于主观上有使王某梅或其代理人无法参加股东会的意图,客观上形成了王某梅或其代理人无法参加股东会的事实。

2. 王某梅作为股东之一,收到了股东会议通知,有权自己或委托代理人参加股东会,上诉人所主张的赵某等三人的行为,明显属于主观上有使王某梅或其代理人无法参加股东会的意图,客观上形成了王某梅或其代理人无法参加股东会的事实。王某梅的代理人张某并无上诉人主张的拒绝提交授权委托书和大闹会场的情况。

上诉人提供录像显示,张某作为王某梅授权的代表参加会议,与赵某就参会人员授权进行了讨论,上诉人主张张某拒绝交付授权委托书以及大闹会场,上诉人此主张与其提交的现场录像明显不一致,上诉人也无其他证据证实其主张。

3. 上诉人所主张的2018年7月19日股东会,存在两份参加会议主体不同的会议记录,股东董某以及其丈夫赵某功分别在两份内容相同的股东会会议记录签字,2017年7月19日股东会决议以及记录本身真实性存疑,2017年7月19日股东会决议依法不能成立。

2020年8月6日,山东省高级人民法院判决驳回上诉,维持原判。

● **湖南通达交通发展有限公司与李某洲等公司决议撤销纠纷二审民事判决书**

【湖南省常德市中级人民法院民事判决书(2020)湘07民终2301号】

上诉人(原审被告):湖南通达交通发展有限公司(以下简称"通达公司"),法定代表人:汤某平,该公司董事长。

被上诉人(原审原告):李某洲;郭某生。

通达公司成立于1998年5月14日,系有限责任公司。2019年7月27日,通达公司召开股东会议形成决议,通过《通达公司章程修正案》,公司股东变更为汤某平(占股35.3%)、石某(占股12%)、汤某军(占股11%)、郭某生(占股11%)、汤某鹏(占股1%)、陈某玲(占股1%)、朱某勇(占股1%)、李某洲(占股27.7%)。

2020年6月12日,通达公司股东石某通过微信发送股东会议通知给李某洲、郭某生,该会议通知载明:"经公司董事会研究决定,拟定于2020年6月20日上午10∶38在公司大会议室召开股东会,会议主要议题:1.董事会、监事换届事宜;2.董事会工作报告;3.审计报告;4.本届财务收支报告;5.公司章程部分条款修改说明。"

2020年6月20日,通达公司召开股东会,李某洲、郭某生认为未于会议召开15日以前通知,拒绝到会,参加案涉通达公司股东会的人员有通达公司公司章程上载明的股东汤某平、石某、汤某军、汤某鹏、陈某玲(以上股东代表60.3%表决权)及非股东罗某等 14 人,会后,通达公司发出《湖南通达交通发展有限公司公告》。

李某洲、郭某生提起诉讼,请求判决撤销通达公司股东会于 2020 年 6 月 20 日作出的股东会决议。

【一审】一审法院判决:一、撤销通达公司 2020 年 6 月 20 日股东会议作出的"第七届董事会由汤某平、汤某鹏、陈某玲组成,经董事会推荐汤某平同志任湖南通达交通发展有限公司第七届董事会董事长,第七届执行监事由石某担任"的决议;二、撤销通达公司 2020 年 6 月 20 日股东会议作出的"原章程第三章第 6 条股东名称(或:姓名)、出资方式、出资额、出资时间:由股东代表登记备案变更为全体股东登记备案"的决议。

【二审】湖南省常德市中级人民法院认为,本案二审的争议焦点为:2020 年 6 月 20 日作出的《股东会决议》是否应当予以撤销?

《公司法》第 22 条规定,"股东会或者股东大会、董事会的会议召集程序、表决方式违反法律、行政法规或者公司章程,或者决议内容违反公司章程的,股东可以自决议作出之日起六十日内,请求人民法院撤销"。本案《股东会决议》是否应当予以撤销涉及以下两方面问题。

一、会议召集程序问题

依据《公司法》第 41 条和《通达公司章程》第 19 条的规定,召开股东会会议,应当于会议召开 15 日前通知全体股东。通达公司未于会议召开 15 日以前通知公司股东李某洲、郭某生,股东会议召集程序违反法律和公司章程的规定。但依据本案事实,李某洲、郭某生提前 8 天接到会议通知,并按时到达会场,李某洲、郭某生不参加会议并表决,行使的是自己的权利处分,通达公司通知时间不足并不影响李某洲、郭某生享有的股东参会的相关权利,且对决议不产生实质影响,通达公司通知时间不足系召集程序存在轻微瑕疵。《公司法司法解释四》第 4 条规定:"股东请求撤销股东会或者股东大会、董事会决议,符合民法典第八十五条、公司法第二十二条第二款规定的,人民法院应当予以支持,但会议召集程序或者表决方式仅有轻微瑕疵,且对决议未产生实质影响的,人民法院不予支持。"因此,股东李某洲、郭某生不能以召集程序仅有轻微瑕疵请求撤销股东会或董事会决议。

二、表决方式及决议内容问题

通达公司于 2020 年 6 月 20 日召开股东会,到会 14 人,未到会 3 人。二审新证据证明到会的 14 人均为通达公司现有股东。《公司法》第 42 条规定,股东会会议由股东按照出资比例行使表决权。到会 14 人的出资比例代表三分之二以上表决权,表决方式不违反法律、行政法规或者公司章程。会议形成《湖南通达交通发展有限公司公告》《关于组建公司第七届经营班子的决定》《湖南通达交通发展有限公司章程修改说明》。决议内容亦不违反公司章程。

通达公司的上诉请求成立，予以支持。

2020年12月21日，湖南省常德市中级人民法院判决撤销一审法院民事判决。

# 第二节　公司的名称

**【示范条款】**

### 1.2.1　公司名称

**公司注册名称：【中文全称】。**

**【英文全称】。**

**【注释】**可以根据具体情况，选择相应的名称模式，具体适用条件见【条款解读】。

**【条款解读】**

一、一个成功的企业，要开创出自己的名牌，首先必须打出自己响亮的名称，公司的名称好比一面旗子，它所代表的是公司在大众中的形象，是公司走向成功的第一步。公司名称的响亮度能让更多人识别企业，了解产品；公司有了较高知名度和良好信誉，才能吸引更多客户，产生更大效益。《公司法》(2023年修订)第6条规定："公司应当有自己的名称。公司名称应当符合国家有关规定。公司的名称权受法律保护。"

二、按照我国法律的要求，公司一般注册名称应当是"行政区划+字号+行业或者经营特点+组织形式"的结构。

1. 其中的"行政区划"，是指企业所在地省(包括自治区、直辖市，下同)或者市(包括州，下同)或者县(包括市辖区，下同)行政区划名称。

2. 其中的"字号"，是指企业的商号，是构成企业的核心要素，应当由两个以上的汉字组成，它是一个企业区别于其他企业或其他社会组织的标志。企业名称在同一登记主管机关辖区内不得与已登记注册的同行业企业名称相同或者近似。

3. 其中的"行业"，是指企业应根据自己的经营范围或经营方式确定名称中的行业或经营特点的字词。该字词应当具体反映企业生产、经营、服务的范围、方式或特点。

《企业名称登记管理规定》第9条规定："企业名称中的行业或者经营特点应当根据企业的主营业务和国民经济行业分类标准标明。国民经济行业分类标准中没有规定的，可以参照行业习惯或者专业文献等表述。"这里所说的国民经济行业分类标准,是指由国家统计局制定的《国民经济行业分类与代码》(GB/T4754-2002),将社会经济活动分为门类、大类、中类、小类。

4. 其中的"组织形式",是指依据《公司法》要求在中华人民共和国境内设立的有限责任公司和股份有限公司两种组织形式。其中"有限责任公司"的股东以其认缴的出资额为限对公司承担责任;"股份有限公司"的股东以其认购的股份为限对公司承担责任。有限责任公司,必须在公司名称中标明"有限责任公司"或者"有限公司"字样。股份有限公司,必须在公司名称中标明"股份有限公司"或者"股份公司"字样。

三、如果已经取得公司的控股企业的许可,则可以使用公司控股企业的现有"字号"为公司的字号,可以为"字号+行政区划+行业或者经营特点+组织形式"模式。

公司是以国务院批准设立,或者在国家市场监督管理总局登记,或者注册资金不少于5000万元人民币的,公司名称中可以不含"行政区划",由"字号+行业或者经营特点+组织形式"模式构成。

公司的名称中也可以不含"行业或者经营特点",由"字号+行政区划+组织形式"模式构成,或者由"字号+组织形式"模式构成。

四、少数民族文字与外文名称

公司的名称应当使用汉字。民族自治地方的公司,公司名称可以同时使用本民族自治地方通用的民族文字。公司名称也可以同时使用外文名称,其外文名称应当与中文名称相一致,并报登记主管机关登记注册。

五、新法修订

公司名称权。《公司法》(2023年修订)增加了第6条,明确"公司的名称权受法律保护"。

## 【相关法规】

● 《中华人民共和国公司法》(2023年修订)

**第6条** 公司应当有自己的名称。公司名称应当符合国家有关规定。公司的名称权受法律保护。

**第7条** 依照本法设立的有限责任公司,应当在公司名称中标明有限责任公司或者有限公司字样。

依照本法设立的股份有限公司,应当在公司名称中标明股份有限公司或股份公司字样。

● 《中华人民共和国民法典》

第58条　法人应当依法成立。

法人应当有自己的名称、组织机构、住所、财产或者经费。法人成立的具体条件和程序,依照法律、行政法规的规定。

设立法人,法律、行政法规规定须经有关机关批准的,依照其规定。

第1013条　法人、非法人组织享有名称权,有权依法决定、使用、变更、转让或者许可他人使用自己的名称。

● 《企业名称登记管理规定》(2020年修订,国务院令第734号)
● 《企业名称登记管理规定实施办法》(国家市场监督管理总局令第82号)

## 第三节　公司的住所

【示范条款】

1.3.1　公司住所

公司住所为【地址】,邮政编码【　】。

【条款解读】

一、公司住所是指公司的主要办事机构所在地

公司主要办事机构一般是指公司董事会等公司机关的办公地。公司可以建立多处生产、营业场所,但是经公司登记机关登记的公司住所只能有一个,并且这个公司住所应当是在为其登记的公司登记机关的辖区内。公司的住所是公司章程载明的地点,是公司章程的必要记载事项,具有公示效力。公司住所记载于公司章程,才具有法律效力,是公司注册登记的必要事项之一。

二、公司住所的法律意义

1. 公司住所是诉讼管辖的依据

《民事诉讼法》规定,对法人或其他组织提起的民事诉讼,由被告所在地人民法院管辖。因此,公司住所是涉及公司利益案件确定地域管辖法院的依据。

《民法典》第63条规定:"法人以其主要办事机构所在地为住所。依法需要办理法人登记的,应当将主要办事机构所在地登记为住所。"法人的主要办事机构与公司登记住所不一致时,参照(2020)最高法知民辖终291号案件[①],最高人民法院

---

① 参见本节典型案例。

认为登记的住所具有公示公信力:"登记公示核心意旨均在于增强市场信息透明度、维护市场交易安全、优化市场营商环境,因为这些属于市场经济的内在要求,市场经济的本质归根结底乃信用经济和法治经济。如果法人在登记部门初始登记或变更登记的信息不可信赖,公众势必不得不自力调查法人的各项情况与登记信息是否一致,由此必然导致社会交易成本的提升和交易负担的加重,显然不符合市场交易透明化、规范化、法治化和可预期化的市场经济要求。合同一方当事人基于对登记部门公示的法人登记信息的信赖而确定该法人住所,进而当与该法人发生合同纠纷时以此确定管辖法院寻求司法救济,自为法律所允许,此亦是民事活动应当遵循诚信原则的应有之义。"从该判例可以看出,为了提高立案效率,注册地法院作为管辖法院具有选择上的优先性。

2. 公司住所是送达和收受法律文书的地址

《民事诉讼法》规定,诉讼文书应直接交给受送达人,直接送达诉讼文书有困难的,可委托其他人民法院代为送达或者邮寄送达。受送达人拒绝接受诉讼文书的,可以留置送达。无论是直接送达、委托送达、邮寄送达、留置送达,对公司而言,均以其住所地为诉讼文书送达和收受的处所。因此确定了公司住所地,法院就可以及时地、迅速地送达各种诉讼文书,为公司或其他当事人维护自己的合法权益提供保障。

3. 公司住所是确定登记机关、税收机关等登记管理机关管辖的依据

根据《公司登记管理条例》关于登记管辖的规定,除依法应由国家市场监督管理总局或省自治区直辖市市场监督管理局核准注册的公司之外,其他公司由所在市县市场监督管理局核准登记。因此,确定了公司的住所地,也就确定了该公司的登记管理机关。公司在进行纳税申报时,也应向公司住所地的税务机关申报缴纳。

4. 公司住所是确定债权债务的接受地和履行地的依据

《民法典》第511条第(三)项规定,对履行地点不明确的债务,给付货币的,在接受货币一方所在地履行,其他标的在履行义务一方的所在地履行。这里的所在地,就公司而言即为公司住所。

5. 公司住所是召开股东会会议、债券持有人会议等会议的场所

一般来说公司的股东会会议、债券持有人会议都应在公司住所召开,这样才能方便全体股东、债券持有人、董事、监事以及高级管理人员到会。在交通便利的情况下,公司董事会也可以根据实际情况将上述会议安排在非公司住所召开。但特殊情况下召集的股东会会议等会议,如10%持股比例的股东自行召集的股东会会议,由于这种自行召集本身就不是与公司具体管理机关董事会达成一致的会议,为避免给其他股东的到会带来不便,以及方便董事、监事、高级管理人员的到会,这时的股东会会议仅应在公司住所地召开。

**6. 公司住所是有关公司文件的备置场所**

公司的股东名册、公司章程、财务会计报告等资料应当置备于公司住所供股东查阅。

**7. 在涉外民事法律关系中，公司住所是确认准据法的依据之一**

在涉外民事诉讼中，当按属人法原则适用当事人本国法律时，一般按公司的住所确定适用何国法律。

## 三、民用住宅地址是否可以注册公司

目前各地市场监督管理部门的要求不一样，大部分地方是规定登记地址必须是商务用途的办公楼才可以，不允许以住宅房登记。少数地方针对注册地址的要求没有那么严格，住宅一样可以登记，但是需要租赁合同、租赁凭证等。

**【相关法规】**

● 《中华人民共和国民法典》

第63条　法人以其主要办事机构所在地为住所。依法需要办理法人登记的，应当将主要办事机构所在地登记为住所。

第65条　法人的实际情况与登记的事项不一致的，不得对抗善意相对人。

● 《最高人民法院关于适用〈中华人民共和国民事诉讼法〉的解释》

第3条　公民的住所地是指公民的户籍所在地，法人或者其他组织的住所地是指法人或者其他组织的主要办事机构所在地。

法人或者其他组织的主要办事机构所在地不能确定的，法人或者其他组织的注册地或者登记地为住所地。

● 《上海市高级人民法院、上海市市场监督管理局关于企业确认诉讼文书送达地址并承诺相应责任的实施意见》

第2条　上海市各级人民法院向本市登记注册的各类企业进行诉讼文书送达，适用本意见。各类企业分支机构、农民专业合作社及分支机构、个体工商户参照本意见执行。（适用范围）

第3条　企业在本市办理设立、变更、备案等登记注册业务或申报年报时，市场监管部门向企业告知填报诉讼文书送达地址以及承诺相关责任的内容。企业可通过国家企业信用信息公示系统，在线填报确认企业诉讼文书送达地址，并承诺对填报内容真实性以及送达地址可以及时有效接收诉讼文书负责。（填报方式）

第4条　企业在线填报确认诉讼文书送达地址的，依法以其注册登记的住所（含合伙企业主要经营场所）为其默认的送达地址，同时可以提供一个备用送达地址，企业填报的电子邮箱信息作为其电子送达地址。（默认送达地址）

企业未在线填报确认诉讼文书送达地址的,视为以默示方式确认其注册登记的住所为诉讼文书送达地址。(默认送达地址)

● **《上海市高级人民法院关于印发〈立案问题解答(二)〉的通知》(沪高法立〔2017〕5号)**

由于从法人的不同场所中寻找法人的管理中心、经营中心或实际经营地来确定法人的住所,在进入实体审理前会引发大量管辖争议,从而大量消耗有限的司法资源,影响诉讼的效率和程序的公正,因此统一采用"登记地标准"认定法人住所。

● **《上市公司股东大会规则》(2022年修订,中国证券监督管理委员会公告〔2022〕13号)**

**第20条** 公司应当在公司住所地或公司章程规定的地点召开股东大会。

## 【典型案例】

● **金华多胜网络科技有限公司等计算机软件开发合同纠纷二审民事裁定书**

【最高人民法院(2020)最高法知民辖终291号】

上诉人(原审被告):上海触控科技发展有限公司(以下简称"触控公司")。

被上诉人(原审原告):金华多胜网络科技有限公司(以下简称"多胜公司")。

国家企业信用信息公示系统关于触控公司的企业信用信息公示报告显示,触控公司成立于2014年2月25日,该公司登记的住所是"上海市宝山区上大路××号××室",负责其信用信息的登记机关为上海市宝山区市场监督管理局,该公司登记的企业通信地址自2014年至2018年始终为"上海市宝山区某办公楼"。

多胜公司诉触控公司计算机软件开发合同纠纷一案,被上海市知识产权法院立案。

触控公司诉称,本案中触控公司直接签订的全部协议共计三份,均将北京的联系地址写入合同,具体为"北京市朝阳区某办公楼",该地址触控公司至今仍在使用。触控公司之所以将合同的联系地址确定为北京,正是因为其主要办事机构在北京,涉案协议足以证明触控公司的主要办事机构在北京。遂提出管辖异议。

【一审】一审法院认为触控公司为上海市宝山区某办公楼,裁定一审法院管辖。

【二审】最高人民法院认为:《民事诉讼法司法解释》第3条第2款规定:"法人或者其他组织的主要办事机构所在地不能确定的,法人或者其他组织的注册地或者登记地为住所地。"根据该条规定,在根据法人住所地确定地域管辖连结点时,应当首选法人的主要办事机构所在地,只有在主要办事机构所在地无法确定时,才将其登记地确定为其住所,进而确定地域管辖连结点。

公司在登记机关办理主体信息登记时，住所是被要求登记的事项之一，公司选择以何地登记为其住所是具有法律后果的民事行为。公司办理住所登记应当符合下列要求：1.公司的住所须是其主要办事机构所在地；2.经公司登记机关登记的公司住所只能有一个；3.公司的住所应当在其公司登记机关辖区内。由此意味着，一方面，公司在市场监督管理部门办理公司主要事项登记时，对所填写的内容具有一定的自主选择权；另一方面，公司在办理登记时应当合理预见，一旦其将所填写的信息（例如住所信息）向登记部门提交，后者会根据其提交的信息对外公示，社会公众也会对代表国家行使市场监管公权力的登记部门所发布的法人登记信息产生合理信赖。

公司设立时在登记机关所作的登记具有对外公示效力，将产生公信力，善意的公众基于对登记机关就法人登记事项所作的公示而产生的信赖利益应受保护。故一旦法人在存续期间原先登记的事项发生变化，其应当依法履行变更登记的手续，否则不得对抗善意不知情的相关公众。总体而言，以上关于公司法人住所事项登记、变更事项登记和相关法律后果的规定，核心意旨均在于增强市场信息透明度、维护市场交易安全、优化市场营商环境，因为这些属于市场经济的内在要求，市场经济的本质归根结底乃信用经济和法治经济。如果法人在登记部门初始登记或变更登记的信息不可信赖，公众势必不得不自力调查法人的各项情况与登记信息是否一致，由此必然导致社会交易成本的提升和交易负担的加重，显然不符合市场交易透明化、规范化、法治化和可预期化的市场经济要求。

因此，将法人在市场监管登记部门登记的住所作为确定民事诉讼地域管辖连结点的依据，于法有据。合同一方当事人基于对登记部门公示的法人登记信息的信赖而确定该法人住所，进而当与该法人发生合同纠纷时以此确定管辖法院寻求司法救济，自为法律所允许，此亦是民事活动应当遵循诚信原则的应有之义。

2020年8月4日，最高人民法院判决驳回上诉，维持原裁定。

**【简析】** 登记注册地具有公示公信力。从该判例可以看出，基于对登记内容的信赖而向注册地起诉同样为最高人民法院观点所认可。为了提高立案效率，注册地法院作为管辖法院具有选择上的优先性。

● **股东会通知案例**

青岛盘古智能制造股份有限公司关于召开2023年第一次临时股东大会的通知[①]

证券代码：301456　　　证券简称：盘古智能　　公告编号：2023-010

---

[①] 参见《青岛盘古智能制造股份有限公司关于召开2023年第一次临时股东大会的通知》，载巨潮资讯网：http://www.cninfo.com.cn/new/disclosure/detail?orgId=9900047323&announcementId=1217449783&announcementTime=2023-08-02%2011:44，最后访问日期：2024年6月8日。

一、召开会议的基本情况

1. 股东大会届次:2023年第一次临时股东大会
2. 股东大会的召集人:公司董事会
3. 会议召开的合法、合规性:本次股东大会会议的召开符合有关法律、行政法规、部门规章、规范性文件和公司章程的规定。
4. 会议召开的日期、时间:
(1)现场会议召开时间:2023年8月17日(星期四)14:00
(2)网络投票时间:2023年8月17日

其中,通过深圳证券交易所交易系统进行网络投票的具体时间为2023年8月17日9:15—9:25,9:30—11:30,13:00—15:00;通过深圳证券交易所互联网投票系统进行网络投票的具体时间为2023年8月17日9:15—15:00。

5. 会议的召开方式:现场投票+网络投票
(1)现场投票:股东本人出席现场会议或者通过授权委托书委托他人出席现场会议;
(2)网络投票:本次股东大会通过深圳证券交易所交易系统和深圳证券交易所互联网投票系统向全体股东提供网络形式的投票平台,股权登记日登记在册的公司股东可以在网络投票时间内通过上述系统行使表决权。

公司股东只能选择现场投票(现场投票可以委托代理人代为投票)和网络投票中的一种表决方式。同一表决权出现重复投票表决的,以第一次有效投票结果为准。

6. 会议的股权登记日:2023年8月11日
7. 出席对象:(1)截至2023年8月11日下午收市后,在中国证券登记结算有限责任公司深圳分公司登记在册的公司股东或其合法代表人;(2)公司董事、监事和高级管理人员;(3)公司聘请的律师;(4)根据相关法规应当出席股东大会的其他人员。
8. 会议地点:山东省青岛市高新区科海路77号青岛盘古智能制造股份有限公司办公楼一层会议室。

发布日期:二〇二三年八月二日

【简析】上市公司的股东大会召开,通常以公司注册地址为会议地点。

## 第四节　公司的注册资本

**【示范条款】**

1.4.1　公司的注册资本

**公司注册资本为【人民币/港币/美元】【数字】元。**

【注释】通常情况公司注册资本都应当以人民币表示。外商投资企业的注册资本既可以人民币表示，亦可选择以其他可自由兑换的外币表示。

**【条款解读】**

一、公司资本制度

公司资本制度有三种类型：法定资本制度、授权资本制度、折中资本制度。

由于公司资本对公司有着极其重要的意义，为保护债权和交易安全，各国公司立法都将其作为一项重要内容加以规范，对公司资本各具特色规定，形成了不同的公司资本制度。西方国家目前已经形成法定资本制度、授权资本制度和折中资本制度三种类型。

法定资本制(Statutory Capital System)又称确定资本制，是指公司设立时，必须在章程中对公司的资本总额作出明确规定，并须由股东全部认足，否则公司不能成立。因法定资本制中的公司资本，是公司章程载明且已全部发行的资本，所以在公司成立后，要增加资本时必须履行一系列的法律手续，即由股东会会议作出决议，变更公司章程中的资本数额，并办理相应的变更登记手续。法定资本制由法国、德国的公司法首创，后为意大利、瑞士、奥地利等国家的公司法所接受，成为大陆法系国家公司法中的一种典型资本制度。

授权资本制(Authorized Capital System)，是指在公司设立时，资本总额虽然记载于公司章程，但并不要求发起人全部发行，只需认缴其中的一部分，公司即可成立；未认缴的部分可授权董事会根据公司经营发展的需要随时发行，不必经股东会决议，也无须变更章程。授权资本制为英、美公司法所创设，其中美国是典型的实行授权资本制的国家。

折中资本制，又称认可资本制或许可资本制，是指公司资本总额在公司设立时仍由章程明确规定，但股东只需认足一定比例的资本数额，公司即可成立；其余部分授权董事会在一定期限内发行，其发行总额不得超过法律限制的资本制度。折中资本制是介于法定资本制和授权资本制之间的一种新型资本制度，是两种制度的有机结合。目前，德国、日本以及我国台湾地区的公司法在一定程度上实行了这一制度,以德国和日本最为典型。

对于三种公司资本制度的优劣,一般认为:法定资本制具有确保公司资本真实、可靠,从而保障债权人利益和维护交易安全的优点;但比较僵化,从而影响公司的效益。授权资本制则具有更大的灵活性,更符合现代经济发展的要求,但容易造成公司的滥设和公司资本的虚空;同时,将新股发行权赋予董事会,对股东利益的保护欠缺周全。折中资本制吸收了法定资本制和授权资本制的优点,并克服了两者的弊端,被看作是一种更具优越性的资本制度,同时被认为是我国公司资本制度改革完善的发展趋势。

二、我国资本制度

我国目前采用的注册资本认缴登记制,仍然属于法定资本制度的范围。其主要内容包括:

1. 放宽注册资本登记条件

除法律、行政法规以及国务院决定对特定行业注册资本最低限额另有规定的外,取消有限责任公司最低注册资本3万元、一人有限责任公司最低注册资本10万元、股份有限公司最低注册资本500万元的限制。不再限制公司设立时全体股东(发起人)的首次出资比例,不再限制公司全体股东(发起人)的货币出资金额占注册资本的比例,不再规定公司股东(发起人)缴足出资的期限。

特定行业注册资本最低限额规定主要体现在证券法对证券公司最低注册资本的规定、商业银行法对商业银行最低注册资本的规定、保险法对保险公司最低注册资本的要求、国际货物运输代理业管理规定对设立国际货物代理公司最低注册资本的要求等领域。

2. 注册资本认缴出资记载于公司章程且实缴情况需向社会公示

实行注册资本认缴登记制,公司股东认缴的出资总额或者发起人认购的股本总额(即公司注册资本)应当在工商行政管理机关登记。公司股东(发起人)应当对其认缴出资额、出资方式、出资期限等自主约定,并记载于公司章程。

有限责任公司的股东以其认缴的出资额为限对公司承担责任,股份有限公司的股东以其认购的股份为限对公司承担责任。

公司应当将股东认缴出资额或者发起人认购股份、出资方式、出资期限、缴纳情况通过市场主体信用信息公示系统向社会公示。公司股东(发起人)对缴纳出资情况的真实性、合法性负责。

3. 暂不实行注册资本认缴登记制的行业

现行法律、行政法规以及国务院决定明确规定实行注册资本实缴登记制的银行业金融机构、证券公司、期货公司、基金管理公司、保险公司、保险专业代理机构和保险经纪人、直销企业、对外劳务合作企业、融资性担保公司、募集设立的股份有限公司,以及劳务派遣企业、典当行、保险资产管理公司、小额贷款公司实行注册资本认缴登记制问题,另行研究决定。在法律、行政法规以及国务院决定未修改前,暂按现行规定执行。

表1-1 实行注册资本实缴登记制的行业

| 序号 | 名　　称 | 依　　据 |
| --- | --- | --- |
| 1 | 采取募集方式设立的股份有限公司 | 《公司法》 |
| 2 | 商业银行 | 《商业银行法》 |
| 3 | 外资银行 | 《外资银行管理条例》 |
| 4 | 金融资产管理公司 | 《金融资产管理公司条例》 |
| 5 | 信托投资公司 | 《银行业监督管理法》 |
| 6 | 财务公司 | 《银行业监督管理法》 |
| 7 | 金融租赁公司 | 《银行业监督管理法》 |
| 8 | 汽车金融公司 | 《银行业监督管理法》 |
| 9 | 消费金融公司 | 《银行业监督管理法》 |
| 10 | 货币经纪公司 | 《银行业监督管理法》 |
| 11 | 村镇银行 | 《银行业监督管理法》 |
| 12 | 贷款公司 | 《银行业监督管理法》 |
| 13 | 农村信用合作联社 | 《银行业监督管理法》 |
| 14 | 农村资金互助社 | 《银行业监督管理法》 |
| 15 | 证券公司 | 《证券法》 |
| 16 | 期货公司 | 《期货交易管理条例》 |
| 17 | 基金管理公司 | 《证券投资基金法》 |
| 18 | 保险公司 | 《保险法》 |
| 19 | 保险专业代理机构、保险经纪人 | 《保险法》 |
| 20 | 外资保险公司 | 《外资保险公司管理条例》 |
| 21 | 直销企业 | 《直销管理条例》 |
| 22 | 对外劳务合作企业 | 《对外劳务合作管理条例》 |
| 23 | 融资性担保公司 | 《融资性担保公司管理暂行办法》 |
| 24 | 劳务派遣企业 | 2013年10月25日国务院第28次常务会议决定 |

(续表)

| 序号 | 名称 | 依据 |
|---|---|---|
| 25 | 典当行 | 2013年10月25日国务院第28次常务会议决定 |
| 26 | 保险资产管理公司 | 2013年10月25日国务院第28次常务会议决定 |
| 27 | 小额贷款公司 | 2013年10月25日国务院第28次常务会议决定 |

三、注册资本的币种

注册资本一般以人民币表示。外商投资公司的注册资本既可以用人民币表示，也可以用其他可自由兑换的外币表示。

四、注册资本币种的转换

注册资本币种的变更，通常由如下两种情况引起：

1. 如果由于股权转让，外商投资公司的外方投资者退出，就会使外商投资公司转为非外商投资公司。这时，由于非外商投资公司只能以人民币表示注册资本，就必须一并办理注册资本币种的变更登记。

2. 注册资本币种的变更也会发生在中外合资企业改制上市之时。这是由于我国上市公司的股票无论是 A 股[①]还是 B 股[②]，均是以人民币为面值。其中，A 股是以人民币标明面值，并以人民币认购和买卖；B 股是以人民币表明面值，以外币认购和买卖。如果原中外合资企业的注册资本是以外汇表示，在申报上市时首要的工作就是将注册资本由美元表示，变更为以人民币表示。

由于中国人民银行公布的外汇汇率是一个变量，公司设立日的汇率和外商投资公司转为非外商投资公司变更日的汇率就会有一个差异。所以外商投资公司转为非外商投资公司时，如何处理变更日的外汇汇率与设立日的外汇汇率差别，而不违反资本充实原则，实践操作中，有两种模式选择。一种模式是以变更日和设立日两个外汇汇率中较低的汇率为折算汇率，选择一个较低的注册资本金额。另一种模式是按照变更日的外汇汇率为折算汇率表示注册资本，如果变更日的汇率较高，则差额作为资本公积；如果变更日的汇率较低，则其中汇率差异形成的差额由股东增资补足(具体见本节【典型案例】)。

五、新法修订

(一)五年内完成出资。《公司法》(2023年修订)要求全体股东认缴的出资额

---

[①] A 股，即人民币普通股，是指由中国境内公司发行，在中国境内(上海、深圳)证券交易所上市交易，供境内机构、组织或个人(从2013年4月1日起，中国境内港澳台居民可开立 A 股账户)以人民币认购和交易的普通股股票。

[②] B 股的正式名称是人民币特种股票。它是以人民币标明面值，以外币认购和买卖，在中国境内(上海、深圳)证券交易所上市交易的外资股。B 股公司的注册地和上市地都在境内。

由股东按照公司章程的规定自公司成立之日起五年内缴足,《公司法》(2023年修订)自2024年7月1日起施行。《公司法》(2023年修订)施行前已登记设立的公司,出资期限超过本法规定的期限的,除法律、行政法规或者国务院另有规定的外,应当逐步调整至本法规定的期限以内;对于出资期限、出资额明显异常的,公司登记机关可以依法要求其及时调整。具体实施办法由国务院规定。

(二)出资的加速到期。《公司法》(2023年修订)新增第54条,在公司不能清偿到期债务时,公司或者已到期债权的债权人有权要求已认缴出资但未届出资期限的股东提前缴纳出资。

## 【相关法规】

● 《中华人民共和国公司法》(2023年修订)

**第47条** 有限责任公司的注册资本为在公司登记机关登记的全体股东认缴的出资额。全体股东认缴的出资额由股东按照公司章程的规定自公司成立之日起五年内缴足。

法律、行政法规以及国务院决定对有限责任公司注册资本实缴、注册资本最低限额、股东出资期限另有规定的,从其规定。

**第54条** 公司不能清偿到期债务的,公司或者已到期债权的债权人有权要求已认缴出资但未届出资期限的股东提前缴纳出资。

**第266条** 本法自2024年7月1日起施行。

本法施行前已登记设立的公司,出资期限超过本法规定的期限的,除法律、行政法规或者国务院另有规定外,应当逐步调整至本法规定的期限以内;对于出资期限、出资额明显异常的,公司登记机关可以依法要求其及时调整。具体实施办法由国务院规定。

● 《国务院关于印发注册资本登记制度改革方案的通知》(国发〔2014〕7号)

二、放松市场主体准入管制,切实优化营商环境

(一)实行注册资本认缴登记制。公司股东认缴的出资总额或者发起人认购的股本总额(即公司注册资本)应当在工商行政管理机关登记。公司股东(发起人)应当对其认缴出资额、出资方式、出资期限等自主约定,并记载于公司章程。有限责任公司的股东以其认缴的出资额为限对公司承担责任,股份有限公司的股东以其认购的股份为限对公司承担责任。公司应当将股东认缴出资额或者发起人认购股份、出资方式、出资期限、缴纳情况通过市场主体信用信息公示系统向社会公示。公司股东(发起人)对缴纳出资情况的真实性、合法性负责。

......

现行法律、行政法规以及国务院决定明确规定实行注册资本实缴登记制的银行业金融机构、证券公司、期货公司、基金管理公司、保险公司、保险专业代理机构和保险经纪人、直销企业、对外劳务合作企业、融资性担保公司、募集设立的股份有限公司,以及劳务派遣企业、典当行、保险资产管理公司、小额贷款公司实行注册资本认缴登记制问题,另行研究决定。在法律、行政法规以及国务院决定未修改前,暂按现行规定执行。

【典型案例】

● **在变更日和设立日两个外汇汇率中,以较低的汇率为折算汇率**

【摘要】江苏太平洋精锻科技股份有限公司[①](以下简称"精锻科技")是于2011年8月26日在深圳证券交易所上市的上市公司,上市代码300258。精锻科技的前身是一家中外合资企业,注册资本以美元表示。由于我国上市公司的股票均是以人民币为面值,也即注册资本以人民币表示,所以在申报上市时首先要将注册资本由美元表示,变更为以人民币表示。精锻科技的模式主要是在变更日和设立日两个外汇汇率中,选取较低的汇率为折算汇率。

(一)1992年12月,江苏泰县粉末冶金厂和美国檀岛合资设立中外合资企业——江苏太平洋精密锻造有限公司(以下简称"太平洋有限",系精锻科技前身)。太平洋有限设立时注册资本210万美元,其中:泰县粉末冶金厂以实物资产作价出资157.5万美元(占75%股权),美国檀岛以货币52.5万美元出资(占25%股权),公司注册资本210万美元。1993年12月30日,合营各方均按照合同条款规定缴足资本,并由扬州泰县会计师事务所出具泰会外(1993)039号《投入资本验证报告》验证。

(二)1996年9月,太平洋有限增资。1996年1月11日,太平洋有限董事会决议通过,注册资本由210万美元变更为500万美元,由股东同比例增资。1996年8月19日,江苏姜堰会计师事务所出具苏姜会审(1996)052号《验资报告》,"经审验,美国檀岛投资到位";1996年9月9日,江苏姜堰会计师事务所出具苏姜会审(1996)053号《验资报告》,"经审验,公司注册资本500万美元,合营各方均已按变更后合同、章程、协议缴足了股本"。

(三)2009年4月,夏汉关等11名自然人受让美国檀岛所持25%股份,太平洋有限变更为内资企业。2008年12月31日,太平洋有限董事会决议通过,美国檀岛

---

① 参见《江苏太平洋精锻科技股份有限公司首次公开发行股票并在创业板上市招股说明书》,载巨潮资讯网:http://www.cninfo.com.cn/new/disclosure/detail?plate=szse&orgId=9900020054&stockCode=300258&announcementId=59820966&announcementTime=2011-08-16%2006:30,最后访问日期:2024年6月8日。

将其所持25%的股权转让给夏汉关等11名自然人。2009年4月3日,姜堰市光明会计师事务所出具了姜明会验(2009)第052号《验资报告》,"经审验,截至2008年12月31日,美国檀岛将所持25%的股权,以87.5万美元转让给夏汉关等11位自然人,并办理了相关股权交割手续。太平洋有限注册资本由500万美元变更为3417.30万元人民币"。

(四)2009年11月,太平洋有限增资。2009年11月16日,太平洋有限股东会决议通过,将注册资本由3417.3万元增加至3797万元,江苏鼎鸿、青岛厚土、上海石基和汇智创投作为新股东,由江苏鼎鸿以货币出资1518800元(占增资后注册资本的4%),青岛厚土以货币出资759400元(占增资后注册资本的2%),上海石基以货币出资759400元(占增资后注册资本的2%),汇智创投以货币出资759400元(占增资后注册资本的2%)。

2009年11月26日,苏州岳华会计师事务所有限公司出具苏州岳华验字(2009)1201号《验资报告》,对上述注册资本增资事宜予以验证确认。

(五)2009年12月,太平洋有限注册资本勘误更正。

1. 2009年4月,太平洋有限由中外合资企业变更为内资企业时的注册资本勘误更正。

2009年12月11日,太平洋有限召开股东会,就2009年4月由中外合资企业变更为内资企业时的注册资本更正事宜作出决议。由中外合资企业变更为内资企业时,因姜堰市光明会计师事务所在2009年4月3日出具的姜明会验字(2009)第052号《验资报告》中,将原注册资本500万美元按股权交割日的汇率折算为34173000元人民币,进行了工商变更登记。而注册资本、实收资本应按投入时的汇率折算为36246315元人民币,造成了注册资本少登记2073315元。股东会决议同意,对从中外合资企业变更为内资企业时的注册资本,按投入时入账汇率折算为36246315元人民币,各股东出资比例不变。

2009年12月25日,姜堰市光明会计师事务所出具姜明会验(2009)第221号《验资报告》,经更正认定,截至2008年12月31日,公司注册资本合计应为人民币3624.6315万元,实收资本应为人民币3624.6315万元。本验资报告将替代姜明会验字(2009)第052号《验资报告》,对公司实收资本更正予以确认。

2. 2009年11月,太平洋有限增资时的注册资本勘误更正。

2009年12月11日,太平洋有限召开股东会,就2009年11月增资时的注册资本更正事宜作出决议,鉴于对2009年4月由中外合资企业变更为内资企业时的注册资本进行更正,2009年11月,吸收江苏鼎鸿等4名投资人,增加注册资本后,将投资人投资后的注册资本更正为人民币40273684元,各股东投资比例不变。

2009年12月25日,苏州岳华会计师事务所出具苏州岳华验字(2009)1341号

《验资报告》,对苏州岳华验字(2009)1201号《验资报告》(注:2009年公司增资时的验资报告)中确认的实收资本予以更正。

就上述注册资本更正事宜,泰州市姜堰工商行政管理局出具了《公司勘误核准通知书》(公司变更〔2009〕第12290004号),并换发了企业法人营业执照。

【简析】由于我国上市公司的股票均是以人民币为面值,也即注册资本以人民币表示,所以在申报上市时首先要将注册资本由美元表示,变更为以人民币表示。精锻科技的模式主要是以变更日和设立日两个外汇汇率中,较低的汇率为折算汇率。通过选择较低的折算汇率保障了注册资本的充实。该公司已经于2011年成功上市,得到了有关监管部门和社会公众的认可。

● **按照变更日的外汇汇率为准,差异由股东增资补足**

【摘要】杭州兴源过滤科技股份有限公司[1](以下简称"兴源过滤")是于2011年9月27日在深圳证券交易所上市的上市公司,上市代码300266。兴源过滤的前身同样是一家中外合资企业,注册资本以美元表示,所以在申报上市时也是首先要将注册资本由以美元表示,变更为以人民币表示。兴源过滤的模式主要是按照变更日的外汇汇率为准表示注册资本,中间的差异由股东增资补足。

1992年7月15日兴源过滤的前身——杭州兴源过滤机有限公司(以下简称"杭州兴源")成立,注册资本为50万美元,杭州会计师事务所于1992年10月8日出具杭会一(1992)字第251号《验资报告书》,验证各方出资均已到位。

2004年11月,经余杭区对外贸易经济合作局批准,杭州兴源由中外合资企业变更为内资企业,并按照变更登记时的汇率进行了注册资本登记。根据《外商投资企业投资者股权变更的若干规定》,因企业投资者股权变更而使中方投资者获得企业全部股权的,在申请变更登记时,企业应按拟变更的企业类型的设立登记要求向登记机关提交有关文件。因此,杭州兴源本次企业类型变更时应当委托验资机构对变更前的实收资本进行验资。《中外合资经营企业法实施条例》(2001年修订,已失效)的规定,"外国合营者出资的外币,按缴款当日中国人民银行公布的基准汇率折算成人民币或者套算成约定的外币"。杭州兴源本次企业类型变更时,系按照变更时的即时汇率(2004年11月外汇汇率:1美元=8.30元人民币)将注册资本50万美元折算为415万元人民币。

而按照杭州兴源成立时的历史汇率折合人民币271万元(1992年7月外汇汇

---

[1] 参见《杭州兴源过滤科技股份有限公司首次公开发行股票并在创业板上市招股说明书》,载深圳证券交易所网:http://www.szse.cn/disclosure/listed/bulletinDetail/index.html?f20ed6cd-04e2-400c-8d93-2376735b20e9,最后访问日期:2024年6月8日;《北京市观韬律师事务所关于杭州兴源过滤科技股份有限公司首次公开发行股票并在创业板上市的补充法律意见书》,载深圳证券交易所网:http://www.szse.cn/disclosure/listed/bulletinDetail/index.html?afda19a6-2686-4cae-9d84-d77d90f36bd2,最后访问日期:2024年6月8日。

率:1美元=5.42人民币元)。杭州兴源本次企业类型变更时系按照变更时的即时美元汇率将注册资本50万美元直接折算为415万元人民币,即时汇率与历史汇率不同而引起的注册资本差额部分属于增加注册资本,应经股东大会审议通过、进行验资并向公司登记主管机关提交《验资报告》,但杭州兴源本次变更未按照前述程序进行,本次变更程序存在瑕疵。

杭州兴源股东已于2004年10月9日将此次增加的注册资本及实收资本人民币144万元出资到位,上述出资行为未经验资。

2011年1月18日,中汇会计师对该事项进行了验资复核并出具了中汇会专(2011)0051号《验资复核报告》。根据该《验资复核报告》,验证注册资本增加部分为人民币144万元,股东已于2004年10月9日出资到位。

中介机构认为:杭州兴源变更企业类型时的增资过程没有及时履行验资手续,存在法律瑕疵。但是,鉴于本次增资资金已于2004年10月9日出资到位,注册资本已经充实,该瑕疵对发行人的有效存续及本次发行上市不构成障碍。

【简析】由于我国上市公司的股票均是以人民币为面值,也即注册资本以人民币表示,所以在申报上市时首先要将注册资本由以美元表示,变更为以人民币表示。兴源过滤的模式主要是按照变更日的外汇汇率为准表示注册资本,中间的差异由股东增资补足。通过股东的补足,保障注册资本充实。该公司也已经于2011年成功上市,得到了有关监管部门和社会公众的认可。

## 第五节 法定代表人

【示范条款】

1.5.1 法定代表人

【按照公司章程规定代表公司执行公司事务的董事/董事长/总裁[①]】为公司的法定代表人。

1.5.2 法定代表人缺位的替补

按照公司章程规定代表公司执行公司事务的董事不能履行职务时,由公司董事长接任法定代表人职责;董事长不能履行职务时,由公司副董事长接任法定代表人职责;副董事长不能履行法定代表人职务时,由总裁接任法定代表人职责。

【注释】公司可以根据自身具体情况,以如下备选条款自行设定法定代表人履

---

[①] 在《公司法》条文中称为"经理"的职位,在不同公司的具体实践中,会有"总经理""总裁""首席执行官""CEO"等多种称谓,本书统一称为"总裁"。

行职责时的缺位替补方式。

"1.5.2 总裁不能履行法定代表人职责时,由董事长履行法定代表人职责;董事长不能履行职务时,由公司副董事长接任法定代表人职责。"

"1.5.2 董事长不能履行职务时,由公司副董事长接任法定代表人职责;副董事长不能履行法定代表人职务时,由总裁接任法定代表人职责。"

1.5.3 法定代表人的任免

法定代表人由公司【董事会/股东会/股东】任命及解除,【董事会/股东会/股东】可以随时解除法定代表人的职务。一切与本条款相反的规定均视为未作订立。

【注释】由于法定代表人职位的重要性,建议在章程中明确"一切与本条款相反的规定均视为未作订立"。

1.5.4 法定代表人的代表权

法定代表人以公司名义从事的民事活动,其法律后果由公司承受。

公司章程或者股东会对法定代表人职权的限制,不得对抗善意相对人。

1.5.5 法定代表人责任

法定代表人因执行职务造成他人损害的,由公司承担民事责任。公司承担民事责任后,依照法律或者公司章程的规定,可以向有过错的法定代表人追偿。

1.5.6 法定代表人的变更

公司法定代表人变更,应当由【董事会秘书】在新法定代表人产生后【30】日内办理在工商登记机关的有关变更登记。

法定代表人依据本章程程序产生后,即发生法律效力,在公司内部产生法定代表人变更的法律效果。这里的"公司内部"包括公司、股东、董事、监事、高级管理人员等。

在未完成工商登记变更之前新任法定代表人对第三人的公示效力,依法律规定之。

1.5.7 法定代表人的辞职

法定代表人的辞呈应经由董事会秘书,向其任命机关提交。

担任法定代表人的董事或者经理辞任的,视为同时辞去法定代表人。

法定代表人辞任的,公司应当在法定代表人辞任之日起【30】日内确定新的法定代表人。

1.5.8 公司与法定代表人诉讼

公司与现任法定代表人发生诉讼,以及与公司发生诉讼的原被告双方法定代表人为同一人时,公司的代表权由【监事会主席】行使。

【注释】如果公司法定代表人是由公司总裁担任时,发生本条款之诉讼时,也可由公司董事长或者执行董事行使公司代表权。

### 1.5.9　不得担任法定代表人的情形

有下列情形之一的,不得担任法定代表人:1.无民事行为能力或者限制民事行为能力的;2.正在被执行刑罚或者正在被执行刑事强制措施的;3.正在被公安机关或者国家安全机关通缉的;4.因犯有贪污贿赂罪、侵犯财产罪或者破坏社会主义市场经济秩序罪,被判处刑罚,执行期满未逾 5 年的;因犯有其他罪,被判处刑罚,执行期满未逾 3 年的;因犯罪被判处剥夺政治权利,执行期满未逾 5 年的;5.担任因经营不善破产清算的企业的法定代表人或者董事、经理,并对该企业的破产负有个人责任,自该企业破产清算完结之日起未逾 3 年的;6.担任因违法被吊销营业执照的企业的法定代表人,并对该企业违法行为负有个人责任,自该企业被吊销营业执照之日起未逾 3 年的;7.个人负债数额较大,到期未清偿的;8.法律法规规定不得担任法定代表人的其他情形。

**【条款解读】**

一、法定代表人是公司的"代表人"

法定代表人是指依照法律或者法人组织章程规定,代表法人行使职权的负责人。公司的法定代表人对内处于公司管理核心的地位,对外代表公司,以公司的名义对外实施行为是公司的行为,该行为的法律后果由公司承担。

在对外关系上,法定代表人对外以法人名义进行民事活动时,其与法人之间并非代理关系,而是代表关系。法定代表人对外的职务行为即为法人行为,其后果由法人承担。法定代表人是公司的机关,法定代表人执行公司对外业务中不具有独立的人格,其代表公司所为的法律行为是公司自己的行为,自然应由公司承担其后果。[①]

《法国商事公司法》第 113 条:董事长负责全面领导公司的工作,并对此承担责任,在公司和第三人的关系中,董事长代表公司。除法律明确赋予股东会议的权力以及法律特别留给董事会的权力外,在公司宗旨的范围内,董事长拥有在任何情况下以公司名义进行活动的最广泛的权力。在与第三人的关系中,公司甚至对董事长的不属于公司宗旨范围内的行为负责,只有公司举证证明第三人已经知道,或者根据当时情况不可能不知道,该行为已经超越公司宗旨范围的情况才除外,仅仅公布章程不足以构成此种证据。限制这些权力的章程的规定或者董事会的决定不能

---

① 参见梁慧星:《民法总论》,法律出版社 1996 年版,第 130 页。

对抗第三人。①

## 二、法定代表人是"法定"的代表人

法定代表人的代表职权来自法律或组织章程的规定,是一种"规则"规定的明确授权,不另需法人的授权委托书。《民法典》第61条:"依照法律或者法人章程的规定,代表法人从事民事活动的负责人,为法人的法定代表人。法定代表人以法人名义从事的民事活动,其法律后果由法人承受。法人章程或者法人权力机构对法定代表人代表权的限制,不得对抗善意相对人。"法定代表人的代表权是基于法律或者组织章程天然形成的,在法人的权利能力和行为能力范围内,法定代表人享有代表法人的绝对自由。也有学者认为,我国公司法上的代表人实际上具有法定和章定的双重属性。由于是公司代表人应当登记,也只能是"登记代表人"或者"注册代表人",而不宜在法律上直接称之为"法定代表人"。②

## 三、法定代表人应是自然人

法定代表人只能是自然人,且该自然人只有代表法人从事民事活动和民事诉讼活动时才具有这种身份。法人是法律上拟制的人,其本身不具有自然状态上的行为能力,法人的行为只有通过自然人才能得以体现和实施,自然人代表法人的行为最终由法人享有权利并承担相应义务。所以,客观上要求在法人与自然人之间建立一种法律制度,以协调解决二者之间的法律关系,实现法人的意志。法定代表人制度的建立解决了法人的意志如何通过自然人实施的问题。

## 四、我国实行的是单一法定代表人制

法定代表人是中国特色的法律制度。其源起于全民所有制企业的需要,由1986年的《民法通则》(已失效)所确认,经2021年的《民法典》延续至今。我国法定代表人制度的重要特征是唯一性,公司仅能由一个人代表,其行为视同为公司的行为,其他人经过授权后的行为是代理行为。

## 五、法定代表人越权

在法人意欲限制法定代表人的代表权时,应在公司章程中明文作出特别的规定。但是在发生了法定代表人超越组织章程规定的权限时,法人不得以对法定代表人的内部职权限制对抗善意第三人(《民法典》第61条)。这是因为从交易安全角度考虑,法定代表人越权,公司应当承担其交易后果。也就是说,法人对法定代表人代表权的限制并不发生必然的对外效力,即法定代表人的越权行为仍是有效代表行为,除非相对人是恶意的,知道或者应当知道法定代表人超越了代表权限。

---

① 参见卞耀武主编:《法国公司法规范》,李萍译,法律出版社1999年版,第113页。
② 参见施天涛:《公司法论》(第二版),法律出版社2006年版,第357页。

### 六、法定代表人的任命与解除

法定代表人的任免一般应当为公司董事会,在有限责任公司也可由股东会或者某一股东直接任命。由于法定代表人是公司的外在代表人,所以公司章程应当明晰法定代表人的任命和解除机关,并明晰"一切相反的规定均视为未作订立"。

《法国商事公司法》第 110 条:董事会从其成员中选举一名董事长。董事长应是一个自然人,否则,任命无效。董事会确定董事长的报酬。董事长的任期不得超过其担任董事职务的期限。董事长可连选连任。董事会可随时解除董事长的职务。一切相反的规定均视为未作订立。[①]

### 七、法定代表人的卸任

一般来说法定代表人的卸任情形有:1.因任期届满而卸任。一般来说,法定代表人自聘任其的董事会届满而任期届满,部分有限责任公司章程规定法定代表人直接由股东会或者某一特定股东直接任命的除外。2.因任命机关解聘而卸任。公司章程应明确,法定代表人因任命机关解聘而卸任,防止公司出现不必要的争议或者诉讼。3.因辞职而卸任。法定代表人的辞呈应经由董事会秘书向其任命机关提交。4.因不能履行职责或者死亡而卸任。

### 八、法定代表人的变更

有限责任公司或者股份有限公司更换法定代表人需要由股东会或者董事会召开会议作出决议。在原法定代表人不能或者不履行职责,致使股东会或者董事会不能依照法定程序召开的,可以由半数以上的董事推选一名董事或者由出资最多或者持有最大股份表决权的股东或其委派的代表召集和主持会议,依法作出决议。

有限责任公司实行委派制的,更换法定代表人以有权委派的股东以决定文件直接变更。

公司依据公司章程形成了任命新法定代表人的决议(或者决定)之后,即具有法律效力,新法定代表人取得法定代表人的资格,并产生法定代表人变更的法律效果。对于公司股东、董事、监事、高级管理人员及其他公司职工之间因法定代表人任免产生的内部争议,应以有效的董事会或者股东会任免决议为准。

### 九、法定代表人的登记

《公司法》(2023 年修订)第 32 条规定,"公司登记事项包括:(五)法定代表人的姓名",因此公司法定代表人变更应当办理变更登记。对法定代表人变更事项进行登记,其意义在于向社会公示公司意志代表权的基本状态。法定代表人变更后,还要依法办理有关变更登记,虽然公司办理法定代表人变更登记手续,不是法定代表人产生的必要条件,但是不进行变更登记对外不具有公示力。工商登记的

---

[①] 参见卞耀武主编:《法国公司法规范》,李萍译,法律出版社 1999 年版,第 70 页。

法定代表人对外具有公示效力,如果涉及公司以外的善意相对人因公司代表权而产生的外部争议,应以工商登记为准。

从工商机关对公司变更登记的审查形式来看,公司办理法定代表人变更登记手续,不是法定代表人产生的必要条件。因为作为公司登记的工商机关,办理登记的主要内容之一是对申请者所提供的申请内容,依法进行审查。我国目前的公司登记实际上采取的是形式审查为主,实质审查为辅的原则。并且股东会和董事会决议的效力,不属于行政审查权限范围。法定代表人的产生是依据公司法和公司章程的规定,董事会或者股东会形成决议,选举公司新的法定代表人,免去公司原法定代表人职务,即产生变更法定代表人之效果。

有限责任公司或者股份有限公司更换法定代表人需要由股东会或者董事会召开会议作出决议,而原法定代表人不能或者不履行职责,致使股东会或者董事会不能依照法定程序召开的,可以由半数以上的董事推选一名董事或者由出资最多或者持有最大股份表决权的股东或其委派的代表召集和主持会议,依法作出决议。

《公司法》(2023年修订)第35条第3款规定:"公司变更法定代表人的,变更登记申请书由变更后的法定代表人签署。"

十、法定代表人的缺位

公司章程应当明确,法定代表人不能履行法定代表人职责时的具体替补程序,防止公司代表权出现真空。

法定代表人不能履行法定代表人职责一般是指,法定代表人被司法羁押、严重疾病或者死亡、丧失任职资格,以及公司不能与其取得业务联系等不能履行法定代表人职责之情势。

为防止严重情势发生,公司也可以设定二到三级的替补流程,避免公司代表权出现真空的尴尬局面。

《法国商事公司法》第112条:在董事长临时不能分身或者死亡的情况下,董事会可以授权一名董事行使董事长职务。因临时不能分身的,授权限于限定的期限;授权可重复。因死亡的,授权的有效期至选出新董事长时止。[1]

十一、法定代表人与公司印鉴

关于法定代表人签字与公司公章,在实际实践和相关案例中,通常认为,"法定代表人代表公司签订合同的行为,其签字与公司公章具有同等效力,对公司具有约束力,该行为的一切经济利益及法律后果均由公司承担"[2]。

---

[1] 参见卞耀武主编:《法国公司法规范》,李萍译,法律出版社1999年版,第70页。
[2] 青海玉林矿业有限责任公司与北京鑫京龙科技有限公司、杨某奇建设工程施工合同纠纷上诉案【青海省高级人民法院民事判决书(2015)青民一终字第155号】。

而关于公司公章与法定代表人发生冲突时,又分为两种:一是公司与法定代表人无冲突。公司无变更法定代表人的意向,也不是公司与法定代表人之间的纠纷。冲突原因是公司公章管理人越权,侵占公司印鉴。二是冲突本身就是公司与法定代表人的冲突,指公司拟变更法定代表人的意向,或者诉讼本身就是公司与法定代表人之间的纠纷。第二种情况后文讨论。

关于第一种情况,在公司与法定代表人无冲突的情况下,发生印鉴与法定代表人的冲突,应当以法定代表人签署的有效文件为准。因为公司印鉴的具体管理人通常不会是公司的法定代表人,但该公司印鉴管理人,则通常本身就是经过公司的法定代表人授权印鉴管理人而获取公司印鉴的事实管理的。如果发生股东、董事、经理及他人侵占公司印鉴,公司起诉要求其返还印鉴并赔偿损失的,人民法院应予支持。该等诉讼,以及印鉴被侵占期间公司需要参加的其他诉讼,公司以法定代表人签署之文件起诉或应诉的,人民法院应予准许。[①] 在印鉴被侵占期间公司法定代表人可以直接通知相对人,否定公司印鉴的效力。

### 十二、公司与法定代表人的诉讼

关于前述的第二种情况,公司与现任法定代表人发生冲突,又分两种。

(一)公司有权机关(股份公司的董事会、有限公司法定代表人选举制的股东会或者董事会、有限公司法定代表人委派制的股东)拟变更法定代表人,与拟被变更的法定代表人发生冲突。这时应当依据公司章程规定,任命新的法定代表人。新任法定代表人自获得任命之时,即对公司和原任法定代表人等产生法定效力。

(二)公司与法定代表人诉讼(如向法定代表人追索公司损失、行使公司归入权等),以及与公司发生诉讼的对方,其法定代表人与公司现任法定代表人为同一人。这时,建议公司章程明确规定,法定代表人与公司发生冲突时,公司的代表权由非法定代表人的其他人员(如非法定代表人的董事、总裁或者监事会主席)担任,或者由公司股东会会议决议指定公司诉讼中的代表人。

### 十三、新法修订

(一)董事、经理均为可以被任命为法定代表人。《公司法》(2023 年修订)第 10 条第 1 款,将原规定的"董事长、执行董事、经理(总裁)"之一为法定代表人,修订为任一董事或者经理(总裁)均可被任命为法定代表人。

(二)明确法定代表人的代表权。《公司法》(2023 年修订)新增第 11 条,明确"法定代表人以公司名义从事的民事活动,其法律后果由公司承受。公司章程或者

---

[①] 参见山东省高级人民法院《关于审理公司纠纷案件若干问题的意见(试行)》(鲁高法发〔2007〕3 号)第 85 条;江西省高级人民法院《关于审理公司纠纷案件若干问题的指导意见》(赣高法〔2008〕4 号)第 70 条。

股东会对法定代表人职权的限制,不得对抗善意相对人"。

(三)新法定代表人签署变更申请文件。在2018年《公司法》制度下,时常会出现原法定代表人不予配合,给公司法定代表人变更办理工商登记变更手续带来不便。这时,通常是新法定代表人持有关变更决议证明其法定代表人身份,由新法定代表人签署变更申请文件。《公司法》(2023年修订)直接规定"公司变更法定代表人的,变更登记申请书由变更后的法定代表人签署"。

**【相关法规】**

● 《中华人民共和国民法典》

**第81条第3款** 执行机构为董事会或者执行董事的,董事长、执行董事或者经理按照法人章程的规定担任法定代表人;未设董事会或者执行董事的,法人章程规定的主要负责人为其执行机构和法定代表人。

● 《中华人民共和国公司法》(2023年修订)

**第10条** 公司的法定代表人按照公司章程的规定,由代表公司执行公司事务的董事或者经理担任。

担任法定代表人的董事或者经理辞任的,视为同时辞去法定代表人。

法定代表人辞任的,公司应当在法定代表人辞任之日起三十日内确定新的法定代表人。

**第11条** 法定代表人以公司名义从事的民事活动,其法律后果由公司承受。

公司章程或者股东会对法定代表人职权的限制,不得对抗善意相对人。

法定代表人因执行职务造成他人损害的,由公司承担民事责任。公司承担民事责任后,依照法律或者公司章程的规定,可以向有过错的法定代表人追偿。

**第32条** 公司登记事项包括:(一)名称;(二)住所;(三)注册资本;(四)经营范围;(五)法定代表人的姓名;(六)有限责任公司股东、股份有限公司发起人的姓名或者名称。

公司登记机关应当将前款规定的公司登记事项通过国家企业信用信息公示系统向社会公示。

**第35条** 公司申请变更登记,应当向公司登记机关提交公司法定代表人签署的变更登记申请书、依法作出的变更决议或者决定等文件。

公司变更登记事项涉及修改公司章程的,应当提交修改后的公司章程。

公司变更法定代表人的,变更登记申请书由变更后的法定代表人签署。

● 《中华人民共和国企业破产法》

**第15条** 自人民法院受理破产申请的裁定送达债务人之日起至破产程序终

结之日,债务人的有关人员承担下列义务:(一)妥善保管其占有和管理的财产、印章和账簿、文书等资料;(二)根据人民法院、管理人的要求进行工作,并如实回答询问;(三)列席债权人会议并如实回答债权人的询问;(四)未经人民法院许可,不得离开住所地;(五)不得新任其他企业的董事、监事、高级管理人员。

前款所称有关人员,是指企业的法定代表人;经人民法院决定,可以包括企业的财务管理人员和其他经营管理人员

**第128条** 债务人有本法第31、32、33条规定的行为,损害债权人利益的,债务人的法定代表人和其他直接责任人员依法承担赔偿责任(第31、32、33条主要规定的是企业在破产过程中有如恶意减少自身财产损害债权人利益等行为)。

● 《中华人民共和国税收征收管理法》

**第44条** 欠缴税款的纳税人或者他的法定代表人需要出境的,应当在出境前向税务机关结清应纳税款、滞纳金或者提供担保。未结清税款、滞纳金,又不提供担保的,税务机关可以通知出境管理机关阻止其出境。

● 《最高人民法院关于适用〈中华人民共和国民事诉讼法〉执行程序若干问题的解释》(2020年修正,法释〔2020〕21号)

**第24条第1款** 被执行人为单位的,可以对其法定代表人、主要负责人或者影响债务履行的直接责任人员限制出境。

● 《最高人民法院关于限制被执行人高消费及有关消费的若干规定》(2015年修正,法释〔2015〕17号)

**第3条** 被执行人为自然人的,被采取限制消费措施后,不得有以下高消费及非生活和工作必需的消费行为:(一)乘坐交通工具时,选择飞机、列车软卧、轮船二等以上舱位;(二)在星级以上宾馆、酒店、夜总会、高尔夫球场等场所进行高消费;(三)购买不动产或者新建、扩建、高档装修房屋;(四)租赁高档写字楼、宾馆、公寓等场所办公;(五)购买非经营必需车辆;(六)旅游、度假;(七)子女就读高收费私立学校;(八)支付高额保费购买保险理财产品;(九)乘坐G字头动车组列车全部座位、其他动车组列车一等以上座位等其他非生活和工作必需的消费行为。

被执行人为单位的,被采取限制消费措施后,被执行人及其法定代表人、主要负责人、影响债务履行的直接责任人员、实际控制人不得实施前款规定的行为。因私消费以个人财产实施前款规定行为的,可以向执行法院提出申请。执行法院审查属实的,应予准许。

● 《最高人民法院关于在审理经济纠纷案件中涉及经济犯罪嫌疑若干问题的规定》(2020年修订,法释〔2020〕17号)

**第5条** 行为人盗窃、盗用单位的公章、业务介绍信、盖有公章的空白合同

书,或者私刻单位的公章签订经济合同,骗取财物归个人占有、使用、处分或者进行其他犯罪活动构成犯罪的,单位对行为人该犯罪行为所造成的经济损失不承担民事责任。

行为人私刻单位公章或者擅自使用单位公章、业务介绍信、盖有公章的空白合同书以签订经济合同的方法进行的犯罪行为,单位有明显过错,且该过错行为与被害人的经济损失之间具有因果关系的,单位对该犯罪行为所造成的经济损失,依法应当承担赔偿责任。

● 《全国法院民商事审判工作会议纪要》(法〔2019〕254号)

17.【违反《公司法》第16条构成越权代表】为防止法定代表人随意代表公司为他人提供担保给公司造成损失,损害中小股东利益,《公司法》第16条对法定代表人的代表权进行了限制。根据该条规定,担保行为不是法定代表人所能单独决定的事项,而必须以公司股东(大)会、董事会等公司机关的决议作为授权的基础和来源。法定代表人未经授权擅自为他人提供担保的,构成越权代表,人民法院应当根据《合同法》第50条关于法定代表人越权代表的规定,区分订立合同时债权人是否善意分别认定合同效力:债权人善意的,合同有效;反之,合同无效。

18.【善意的认定】前条所称的善意,是指债权人不知道或者不应当知道法定代表人超越权限订立担保合同。《公司法》第16条对关联担保和非关联担保的决议机关作出了区别规定,相应地,在善意的判断标准上也应当有所区别。一种情形是,为公司股东或者实际控制人提供关联担保,《公司法》第16条明确规定必须由股东(大)会决议,未经股东(大)会决议,构成越权代表。在此情况下,债权人主张担保合同有效,应当提供证据证明其在订立合同时对股东(大)会决议进行了审查,决议的表决程序符合《公司法》第16条的规定,即在排除被担保股东表决权的情况下,该项表决由出席会议的其他股东所持表决权的过半数通过,签字人员也符合公司章程的规定。另一种情形是,公司为公司股东或者实际控制人以外的人提供非关联担保,根据《公司法》第16条的规定,此时由公司章程规定是由董事会决议还是股东(大)会决议。无论章程是否对决议机关作出规定,也无论章程规定决议机关为董事会还是股东(大)会,根据《民法总则》第61条第3款关于"法人章程或者法人权力机构对法定代表人代表权的限制,不得对抗善意相对人"的规定,只要债权人能够证明其在订立担保合同时对董事会决议或者股东(大)会决议进行了审查,同意决议的人数及签字人员符合公司章程的规定,就应当认定其构成善意,但公司能够证明债权人明知公司章程对决议机关有明确规定的除外。

债权人对公司机关决议内容的审查一般限于形式审查,只要求尽到必要的注意义务即可,标准不宜太过严苛。公司以机关决议系法定代表人伪造或者变造、决议程序违法、签章(名)不实、担保金额超过法定限额等事由抗辩债权人非善意的,人民法院一般不予支持。但是,公司有证据证明债权人明知决议系伪造或者变造的除外。

19.【无须机关决议的例外情况】存在下列情形的,即便债权人知道或者应当知道没有公司机关决议,也应当认定担保合同符合公司的真实意思表示,合同有效:(1)公司是以为他人提供担保为主营业务的担保公司,或者是开展保函业务的银行或者非银行金融机构;(2)公司为其直接或者间接控制的公司开展经营活动向债权人提供担保;(3)公司与主债务人之间存在相互担保等商业合作关系;(4)担保合同系由单独或者共同持有公司三分之二以上有表决权的股东签字同意。

20.【越权担保的民事责任】依据前述3条规定,担保合同有效,债权人请求公司承担担保责任的,人民法院依法予以支持;担保合同无效,债权人请求公司承担担保责任的,人民法院不予支持,但可以按照担保法及有关司法解释关于担保无效的规定处理。公司举证证明债权人明知法定代表人超越权限或者机关决议系伪造或者变造,债权人请求公司承担合同无效后的民事责任的,人民法院不予支持。

21.【权利救济】法定代表人的越权担保行为给公司造成损失,公司请求法定代表人承担赔偿责任的,人民法院依法予以支持。公司没有提起诉讼,股东依据《公司法》第151条的规定请求法定代表人承担赔偿责任的,人民法院依法予以支持。

●**《山东省高级人民法院关于审理公司纠纷案件若干问题的意见(试行)》(鲁高法发〔2007〕3号)**

85.股东、董事、经理及他人侵占公司印鉴,公司起诉要求其返还印鉴并赔偿损失的,人民法院应予支持。

前款之诉讼,以及印鉴被侵占期间公司需要参加的其他诉讼,公司以法定代表人签署之文件起诉或应诉的,人民法院应予准许。公司法定代表人变更但未办理工商登记变更手续的,新法定代表人可以持有关变更决议证明其法定代表人身份。

86.公司股东会、股东大会或董事会根据公司章程规定决议变更法定代表人的,自决议生效之日,新法定代表人取得代表资格。但未变更工商登记的,不得对抗第三人。

诉讼中,公司法定代表人变更的,由新法定代表人继续进行诉讼。但原法定代表人已经进行的诉讼行为有效。

当事人因法定代表人变更产生争议并形成诉讼的,新法定代表人代表公司起诉或应诉的其他案件应中止审理。

● 《江西省高级人民法院关于审理公司纠纷案件若干问题的指导意见》(赣高法〔2008〕4号)

70. 法定代表人、股东、董事、经理及他人侵占公司印鉴、证照的,属于损害公司权益纠纷,公司起诉要求其返还印鉴、证照并赔偿损失的,人民法院应予支持。

前款之诉讼,以及印鉴、证照被侵占期间公司需要参加的其他诉讼,公司以法定代表人签署文件起诉或应诉的,人民法院应予准许。公司法定代表人变更但未办理工商登记变更手续的,新法定代表人可以持有关变更决议证明其法定代表人身份。

71. 公司股东会、股东大会或董事会根据公司章程规定决议变更法定代表人的,自决议生效之日,新法定代表人取得代表资格。但未变更工商登记的,不得对抗第三人。

诉讼中,公司法定代表人变更的,由新法定代表人继续进行诉讼。但原法定代表人已经进行的诉讼行为有效。

当事人因法定代表人变更产生争议并形成诉讼的,新法定代表人代表公司起诉或应诉的其他案件应中止审理。

【典型案例】

● 安徽省明光市海港凹圻矿业有限公司与金某玲等公司决议纠纷上诉案

【安徽省滁州市中级人民法院(2010)滁民二终字第0052号民事判决】

上诉人(被告):金某玲;嵇某成。

被上诉人(原告):安徽省明光市海港凹圻矿业有限公司(以下简称"凹圻公司")。

凹圻公司由常某林、金某玲、嵇某成等12名股东出资成立。

2008年4月6日,常某林等10人召开公司股东会,作出选举新一届董事成员5名、监事2名,要求金某玲从作出股东会决议之日起交出公司印章、账目及一切相关手续,并公布3年来的公司账目等决议。

2009年7月25日,常某林等5名董事召开公司董事会,会议作出了选举常某林为公司法定代表人、任董事长职务,免去金某玲法定代表人的职务和嵇某成公司总经理的职务,责令金某玲、嵇某成交出公司的公章、合同章、账目、营业执照、财务专用章、发票专用章、董事会章、法人印章、公司房屋产权证等决议。金卫玲以法定代表人变更必须经变更登记,自己作为公司法定代表人,至今工商登记未变更,自己仍是公司的法定代表人为由,拒不依法履行股东会和董事会决议,不向新任董事长移交公章、账目、营业执照等。

凹圮公司于2009年8月27日提起诉讼,请求法院裁判。

【一审】一审法院审认为:在2009年7月25日形成的董事会决议选举常某林为凹圮公司法定代表人、免去金某玲法定代表人职务后,根据新董事长产生后上届董事长任期终止的公司章程的规定,金某玲已不再是凹圮公司的法定代表人。

法定代表人的产生办法由公司相关会议决议产生,该决议形成之日即发生效力,对公司全体股东具有约束力,此时决议形成的法定代表人即具有相应的民事权利能力和民事行为能力。从登记机关对法定代表人的变更登记仅从形式上进行审查来看,公司未办理法定代表人名称变更手续,并不影响常某林已享有的凹圮公司法定代表人职权。公司办理法定代表人变更手续,不是公司法定代表人产生的必要条件,也不是法定代表人履行职务的时间依据。从时间逻辑上看,也只是产生新的法定代表人后才涉及旧法定代表人的变更问题。

一审法院判决金某玲、嵇某成于本判决生效之日起10日内将涉案公司印鉴、证照交付凹圮公司。

【二审】安徽省滁州市中级人民法院认为,凹圮公司于2009年7月25日召开董事会,形成董事会决议,选举常某林为公司法定代表人、董事长,免去金某玲法定代表人的职务。在董事会选出常某林为公司新的法定代表人后,虽未经工商机关的变更登记,但公司法定代表人的具体决定权在公司,工商机关的变更登记虽有对公司法定代表人的资格的审查性质,但其最为主要的作用是对外公示作用。

凹圮公司在2004年12月24日修改公司章程时已选举常某林为公司的董事,且经过工商机关的工商登记,据此可以认定常某林没有法律禁止担任董事的情形。同时,金某玲和嵇某成没有提供证据证明常某林在2004年12月24日之后出现了法定的、担任公司法定代表人的禁止性情形,因此常某林依法可以担任公司的法定代表人。

常某林的公司法定代表人资格虽未经工商机关的变更登记,对外不具有公示力。但其依据公司董事会的决议,并向相对人出示该董事会决议的情况下,其法定代表人身份可以被认定。

综上,安徽省滁州市中级人民判决驳回上诉,维持原判。

【简析】1. 公司依据公司章程形成了任命新法定代表人决议之后,即具有法律效力,新法定代表人取得法定代表人的资格,并产生法定代表人变更的法律效果。对于公司、股东、董事、监事、高级管理人员及其他公司职工之间因法定代表人任免产生的内部争议,则应以有效的董事会或者股东会任免决议为准。

2. 法定代表人产生不以变更登记为必要条件。法定代表人的产生是依据《公司法》和公司章程的规定,董事会形成决议,选举公司新的法定代表人,免去公司原法定代表人职务。但公司办理法定代表人变更登记手续,不是法定代表人产生的必要条件。

3. 法定代表人变更后,理应依法进行变更登记,不进行变更登记对外不具有公示力。

● **大拇指环保科技集团(福建)有限公司与中华环保科技集团有限公司股东出资纠纷案**

【最高人民法院民事裁定书(2014)民四终字第20号】

上诉人(原审被告):新加坡中华环保科技集团有限公司(以下简称"环保科技公司"),代表人:Hamish Alexander Christie,该公司清盘人。

被上诉人(原审原告):大拇指环保科技集团(福建)有限公司(以下简称"大拇指公司"),法定代表人:洪某,该公司董事长。

大拇指公司于2004年成立,为外国法人独资的有限公司。该公司自成立始,公司的名称、住所、法定代表人、股东名称、投资总额与注册资本等进行了数次变更。2005年9月至今,该公司股东为环保科技公司。2012年12月18日,大拇指公司的法定代表人变更登记为洪某。

环保科技公司于2001年在新加坡注册成立,公司类别为股份有限上市公司。2010年6月4日,新加坡高等法院作出法庭命令,应环保科技公司的申请,裁定环保科技公司进入司法管理程序,委任Hamish为环保科技公司的司法管理人。

2008年6月30日,大拇指公司章程将投资总额由2.3亿元增至5亿元,注册资本由1.3亿元增至3.8亿元。2012年3月12日办理了营业执照变更登记,变更后,注册资本为3.8亿元,实收资本234616431.4元。至2013年7月25日,环保科技公司对大拇指公司尚有145383568.6元的出资款未到位。环保科技公司并未如期完成注资,随即又与大拇指公司的实际控制人产生了矛盾。

环保科技公司作为大拇指公司唯一股东,委派保某为大拇指公司董事长和法定代表人,要求变更大拇指公司董事长及法定代表人。

大拇指公司董事会未执行唯一股东的决议,由其实际控制人利用相关文件完成了法定代表人变更登记,并请求法院判令环保科技公司履行股东出资义务,缴付增资款4500万元。

本案起诉时,环保科技公司已经对大拇指公司的法定代表人进行了更换,其新任命的大拇指公司法定代表人明确表示反对大拇指公司提起本案诉讼。

【一审】一审法院认为,关于大拇指公司起诉的意思表示是否真实的问题:大拇指公司系中国法人,其起诉状及其委托律师参加诉讼的授权委托书均加盖了该公司的公章,环保科技公司对大拇指公司公章的真实性没有提出异议,仅以环保科技公司作为唯一股东已经就大拇指公司包括法定代表人、董事在内的管理层进行更换,新任的大拇指公司"法定代表人"向法庭作出撤诉的意思表示,因大拇指公司实际控制人拒不交出公章,导致新"法定代表人"无法就撤诉申请盖章等为由,否定大拇指公司提起本案诉讼的意思表示。该院认为,在适用中国法律的前提下,工商登记的信息具有公示公信的效力。认定大拇指公司的法定代表人仍应以工商登记为准,在无证据证明保某被登记为大拇指公司的法定代表人前,其代表大拇指公司作出撤诉的意思表示不具有法律效力,故不予认可。大拇指公司提起诉讼的目的在于请求其唯一股东履行增资所确定的出资义务,环保科技公司不予主动履行,反而向有关部门提出减资申请,以抵销大拇指公司的请求,环保科技公司与大拇指公司显然存在利益冲突。在此情况下,大拇指公司起诉主张权利,起诉状及授权委托书盖有公司公章,并不违反中国法律规定,亦不能就此否认大拇指公司提起本案诉讼系真实意思。因此,环保科技公司关于大拇指公司起诉没有法律效力的抗辩主张不成立,不予采纳。

据此,一审法院判决:环保科技公司应于判决生效之日起十日内向大拇指公司缴纳出资款4500万元。

【二审】最高人民法院认为:

一、关于本案双方当事人的诉讼代表权以及代理人的代理资格是否有效的问题

《民事诉讼法》(2012年修正)第48条第2款规定,"法人由其法定代表人进行诉讼"。环保科技公司系新加坡法人,其已经按照新加坡法律先后进入司法管理以及清盘程序,环保科技公司的司法管理人以及清盘人是否有权代表公司参加本案诉讼,应当按照新加坡法律的有关规定进行认定。根据《新加坡公司法》227G(2)以及272(2)(a)的规定,环保科技公司的司法管理人以及清盘人均有权代表公司进行相关诉讼,亦有权委托代理人参加诉讼。因此,大拇指公司就环保科技公司诉讼代表权及其代理人资格提出的异议不能成立。

大拇指公司系中国法人,其提供了中国工商行政管理机关登记的法定代表人的身份证明,并提供了加盖大拇指公司公章的授权委托书,符合中国民事诉讼法的有关规定,大拇指公司的代理人有权参加本案诉讼。环保科技公司就大拇指公司的代理人资格提出的异议亦不能成立。

二、关于本案是否应当中止审理的问题

环保科技公司在本案一审受理后另行提起了数个关联诉讼,虽然部分案件涉及大拇指公司法定代表人是否适格的问题,但本案的争议焦点之一就是工商登记的法定代表人与股东任命的法定代表人谁能代表大拇指公司意志的问题。鉴于环保科技公司在本案中已经就该问题提出了实质性抗辩,本案审理范围当然包括大拇指公司法定代表人是否适格的问题,本案应当对该问题作出认定,无须以其他案

件的审理结果为依据。因此,本案不存在中国民事诉讼法规定的中止审理的情形,环保科技公司关于本案应中止审理的上诉理由不能成立,对其该项主张不予支持。

三、关于大拇指公司提起本案诉讼的意思表示是否真实的问题

大拇指公司是环保科技公司在中国境内设立的外商独资企业,按照《公司法》(2005年修订)和《外资企业法》(已失效)及其实施细则的有关规定,大拇指公司属于一人公司,其内部组织机构包括董事和法定代表人的任免权均由其唯一股东环保科技公司享有。

环保科技公司进入司法管理程序后,司法管理人作出了变更大拇指公司董事及法定代表人的任免决议。根据《新加坡公司法》227G的相关规定,在司法管理期间,公司董事基于公司法及公司章程而获得的权力及职责均由司法管理人行使及履行。因此,本案中应当对环保科技公司的司法管理人作出的上述决议予以认可。

根据《公司法》第46条第(二)项的规定,公司董事会作为股东会的执行机关,有义务执行股东会或公司唯一股东的决议。大拇指公司董事会应当根据其唯一股东环保科技公司的决议,办理董事及法定代表人的变更登记。由于大拇指公司董事会未执行股东决议,造成工商登记的法定代表人与股东任命的法定代表人不一致的情形,进而引发了争议。

《公司法》第13条规定,公司法定代表人变更应当办理变更登记。本院认为,法律规定对法定代表人变更事项进行登记,其意义在于向社会公示公司意志代表权的基本状态。工商登记的法定代表人对外具有公示效力,如果涉及公司以外的第三人因公司代表权而产生的外部争议,应以工商登记为准。而对于公司与股东之间因法定代表人任免产生的内部争议,则应以有效的股东会任免决议为准,并在公司内部产生法定代表人变更的法律效果。因此,环保科技公司作为大拇指公司的唯一股东,其作出的任命大拇指公司法定代表人的决议对大拇指公司具有拘束力。

本案起诉时,环保科技公司已经对大拇指公司的法定代表人进行了更换,其新任命的大拇指公司法定代表人明确表示反对大拇指公司提起本案诉讼。因此,本案起诉不能代表大拇指公司的真实意思,应予驳回。环保科技公司关于本案诉讼的提起并非大拇指公司真实意思的上诉理由成立。

鉴于大拇指公司的起诉应予驳回,对于保某代表大拇指公司申请撤诉是否应予准许、本案是否违反"一事不再理"原则以及环保科技公司是否应当履行出资义务等问题,均无须再行审理。

2014年6月11日,最高人民法院裁定:撤销一审民事判决;驳回大拇指公司的起诉。

【简析】任免公司法定代表人未经登记仍有对内效力。(《公司法》第13条规定,公司法定代表人变更应当办理变更登记。)对法定代表人变更事项进行登记,其意义在于向社会公示公司意志代表权的基本状态。工商登记的法定代表人对外具有公示效力,如果涉及公司以外的第三人因公司代表权而产生的外部争议,应以工商登记为准。而对于公司与股东之间因法定代表人任免产生的内部争议,则应以有效的股东会任免决议为准,并在公司内部产生法定代表人变更的法律效果。

公司法定代表人登记中"未变更工商登记的,不得对抗第三人"的"第三人"应为善意第三人。民法保护的善意第三人是指,该不知真实权利状态的第三人在对权利外观的合理信赖情况下,作出的法律行为有效,目的是保护交易安全。本例中无该"第三人"。

● **上海前所光电科技有限公司与李某等股权转让纠纷上诉案**
【上海市第二中级人民法院民事判决书(2015)沪二中民四(商)终字第1129号】
上诉人(原审原告):李某。

被上诉人(原审被告):上海前所光电科技有限公司(以下简称"前所公司"),法定代表人:李某;孙某。

前所公司系于2007年12月18日成立的有限责任公司。2011年10月25日,前所公司的持股情况为黄某占20%、陈某占2.6%、孙某占9.4%、原告李某占68%。前述各方于当日分别订立股权转让协议。同日,受让后的全体股东召开股东会,选举原告李某为前所公司的执行董事、经理,担任法定代表人。

2012年11月19日,原告李某与被告孙某签订股权转让协议,李某的68%股权转让给孙某,并自股权转让协议签订之日起,李某不再承担前所公司的任何责任和义务,原由李某承担的前所公司的责任和义务,由孙某承担。

原告李某提起诉讼,请求确认其持有的前所公司68%股份由被告孙某持有,两名被告应共同至上海市工商行政管理局普陀分局办理股权变更手续;确认原告不再担任被告前所公司的法定代表人和执行董事,两名被告应共同办理被告前所公司的法定代表人和执行董事工商变更登记。

【一审】一审法院认为,鉴于原告李某与被告孙某已就股权转让事宜达成一致,并通过股东会决议。该《股权转让协议》应属合法、有效。两名被告应与原告共同办理相应股权变更登记手续。

关于原告要求确认不再由其担任前所公司法定代表人并办理工商变更登记的主张,本院认为:1.公司法定代表人的变更须据公司章程并经内部决议予以确定,此为公司内部治理事务,而向工商部门申请办理变更登记系行政事项,法院均不应介入。2.公司具有商主体的属性。在运营过程中,法定代表人不仅是公司内部的高级管理者,还是有权代表公司对外开展经营活动等行使职权的特殊人员。若允许法定代表人在公司存续期间因其内部纠纷发生缺位,则必然引发市场秩序混乱、危害交易安全。3.法律、行政法规并未将法定代表人限制于本公司股东范围内,故原告丧失前所公司的股东身份与该公司法定代表人的任职不具有直接、必然的因果关系。综上,原告虽已向前所公司提出辞去法定代表人的请求,但在未经公司内部决议选举新一任法定代表人的情况下,原告要求确认其不再担任法定代表人并办理工商变更登记的主张,于法无据,本院不予支持。

据此,一审法院判决:确认原告李某持有的被告前所公司68%股份归被告孙某所有,被告孙某、前所公司应于本判决生效之日起十日内至上海市工商行政管理局普陀分局办理被告孙某受让原告李某出资额为人民币8160000元的股权转让变更手续;对原告李某的其余诉讼请求不予支持。

【二审】上海市第二中级人民法院认为,依据《公司法》第45条第2款、《公司登记管理条例》(已失效)第30条、《企业法人法定代表人登记管理规定》(已失效)第7条的规定,有限责任公司或者股份有限公司更换法定代表人需要由股东会、股东大会或者董事会召开会议作出决议。由此可见,依据法律及行政法规的规定,公司变更法定代表人,应当由公司股东会或董事会作出决议或决定,此系前提条件。根据前所公司章程规定,前所公司法定代表人即执行董事人选的变更,应当经由公司股东会形成决议。

在本案审理中,尚无证据显示李某作为前所公司执行董事及法定代表人,按照前所公司章程规定,为及时解决系争事项,行使其召集公司股东会或临时会议的权利。因此,就本案争议事项,前所公司内部救济途径实质尚未穷尽。

从李某提供现有证据看,其中内容均未涉及免除李某执行董事及法定代表人的内容。尤其是在前所公司股东先前基于不同阶段的股权转让,先后就公司法定代表人任免事项均形成并签署过股东会决议的情况下,在李某提供的涉案证据中,却均未涉及争议事项的安排,不能排除就前所公司法定代表人的任免事项各股东并未与李某达成共识的可能。因此,原审判决认定李某虽已向前所公司提出辞去法定代表人的请求,但在未经前所公司内部决议的情况下,李建请求确认其不再担任前所公司法定代表人并办理工商变更登记的主张,于法无据,不予支持。

2015年10月30日,上海市第二中级人民法院驳回上诉,维持原判。

【简析】公司变更法定代表人,应当由公司股东会或董事会作出决议或决定。有关公司治理中的内部事务,应当穷尽内部救济之途径。在没有穷尽内部救济之前,法院不应介入。

公司具有商主体的属性。在运营过程中,法定代表人不仅是公司内部的高级管理者,还是有权代表公司对外开展经营活动等行使职权的特殊人员。若允许法定代表人在公司存续期间因其内部纠纷发生缺位,则必然引发市场秩序混乱、危害交易安全。

法律、行政法规并未将法定代表人限制于本公司股东范围内,故原告丧失前所公司的股东身份与该公司法定代表人的任职不具有直接、必然的因果关系。

● 重庆新工汽车零部件有限公司与於某芬等公司登记纠纷案
【重庆市高级人民法院民事裁定书(2015)渝高法民申字第01819号】
再审申请人(一审原告、二审上诉人):於某芬;文某芳;伍某润。
被申请人(一审被告、二审被上诉人):重庆新工汽车零部件有限公司(以下简称"新工公司"),法定代表人:王某中。
於某芬等为新工公司实名登记的股东。
於某芬等提起诉讼,请求法院以判决的形式免去新工公司法定代表人。
【一审】一审法院裁定本案不属于人民法院受理范围。
【二审】二审法院裁定本案不属于人民法院受理范围。
【再审】重庆市高级人民法院认为:本案争议焦点是於某芬、文某芳、伍某润的诉讼请求是否属于人民法院受理案件范围。《公司法》第13条规定,"公司法定代表人依照公司章程的规定,由董事长、执行董事或者经理担任,并依法登记"。新工公司章程规定,股东代表大会选举董事,董事会选举董事长,董事长为公司的法定代表人。现代企业管理中,公司主要通过内部自治和自我调节机制来保持顺畅运作,公司自治要求尽量减少司法对公司治理的干预。法定代表人的任免为公司的内部管理事务,应由公司依据法律与公司章程规定自主决定。於某芬、文某芳、伍某润要求法院以判决的形式免去新工公司法定代表人并无法律依据,该诉讼请求不属于人民法院受理案件的范围。

2015年11月11日,重庆市高级人民法院裁定本案不属于人民法院受理范围。

【简析】现代企业管理中,公司主要通过内部自治和自我调节机制来保持顺畅运作,公司自治要求尽量减少司法对公司治理的干预。法定代表人的任免为公司的内部管理事务,应由公司依据法律与公司章程规定自主决定。

● 重庆新工汽车零部件有限公司与於某芬等股东资格确认纠纷上诉案
【重庆市第五中级人民法院民事裁定书(2016)渝05民终3810号】
上诉人(原审原告):於某芬;文某芳;伍某润。
被上诉人(原审被告):重庆新工汽车零部件有限公司(以下简称"新工公司"),法定代表人:王某中。
王某中是被上诉人新工公司的股东和法定代表人,於某芬、文某芳、伍某润是新工公司的股东。

三位原告认为新工公司从 2007 年 9 月由王某中家人经营,三位股东 16 年无分红,12 年无股息,起诉请求确认新工公司法人代表王某中不是公司股东,公司应由於某芬、文某芳、伍某润共同管理,充分行使股东各项权利。

【一审】一审法院裁定驳回原告诉讼请求。

【二审】重庆市第五中级人民法院认为,王某中在被上诉人公司改制中,通过股权转让协议方式,从案外人即新工公司改制前的其他职工处受让了该公司股权并成为股东。在没有通过合法程序被确认无效的情况下,王某中的股权受让行为符合该公司改制的相关规定、章程,且不违反法律规定,王某中因对该公司享有合法股权而具有合法、有效的股东身份。该股东身份的获取与上诉人於某芬、文某芳、伍某润没有直接的利害关系。因此,上诉人请求确认新工公司法人代表王某中不是公司股东,不符合提起民事诉讼的条件。上诉人请求被上诉人新工公司应由於某芬、文某芳、伍某润进行管理经营并充分行使股东权利,因该部分事项属于公司自治的范畴,公司自治要求尽可能减少公权力或其他外部力量对公司事务的干预,故上诉人的该部分请求也不属于民事案件受理范围。

2016 年 6 月 16 日,重庆市第五中级人民法院判决驳回上诉,维持原裁定。

【简析】公司管理经营事项属于公司自治的范畴,公司自治要求尽可能减少公权力或其他外部力量对公司事务的干预。

● **韦某兵与新疆宝塔房地产开发有限公司等请求变更公司登记纠纷案**
【最高人民法院(2022)最高法民再 94 号】
再审申请人(一审原告、二审上诉人):韦某兵。
被申请人(一审被告、二审被上诉人):新疆宝塔房地产开发有限公司(以下简称"宝塔房地产公司"),法定代表人:韦某兵。
被申请人(一审被告、二审被上诉人):新疆宝塔投资控股有限公司(以下简称"宝塔投资公司");新疆嘉鸿投资有限公司(以下简称"嘉鸿公司")。

宝塔房地产公司于 2013 年 3 月 26 日成立,宝塔投资公司和嘉鸿公司为其股东,韦某兵担任宝塔房地产公司的董事长及法定代表人。

2017 年 7 月 18 日,宝塔石化集团下发《关于干部免职的决定》,免除韦某兵宝塔房地产公司董事长、法定代表人职务。2017 年 7 月 20 日,宝塔投资公司依据宝塔石化集团上述干部免职决定,向韦某兵发出《免职通知书》,免去韦某兵公司董事长、法定代表人职务。该《免职通知书》还载明:"本公司作为新疆宝塔房地产开发有限公司的控股股东,有权决定该公司董事长、法定代表人任免。本公司已将对你的免职决定通知另一股东新疆嘉鸿投资有限公司,该公司未提出异议。本通知自发出之日生效。"韦某兵被免职后,未在该公司工作,也未从公司领取报酬。

韦某兵向宝塔石化集团和宝塔房地产公司提出变更登记的请求,但该诉求被置之不理,韦某兵被迫继续"挂名"宝塔房地产法定代表人,已经严重损害其利益,故诉至法院,请求依法保护其权益。

【一审】一审法院认为,公司法定代表人是依照公司章程的规定,由董事长、执行董事或者经理担任,并依法登记。公司法定代表人变更,应当办理变更登记。公司变更法定代表人的,应当自变更决议或者决定做出之日起三十日内申请变更登记。本案中,原告未提交宝塔房地产公司公司章程,不能证明该公司对于法定代表人任免的规定。原告韦某兵起诉要求宝塔房地产公司将工商登记的法定代表人进行变更,但其未提交有效证据证明宝塔房地产公司曾作出决议或决定将公司法定代表人进行变更登记,其应当对此承担举证不能的法律后果。

据此,一审法院判决驳回原告韦某兵的诉讼请求。

【二审】二审法院认为,当事人对自己提出的诉讼请求所依据的事实,应当提供证据加以证明。《公司法》第13条规定:"公司法定代表人依照公司章程的规定,由董事长、执行董事或者经理担任,并依法登记。公司法定代表人变更,应当办理变更登记。"本案中,韦某兵未提交宝塔房地产公司的公司章程,不能证明该公司对于法定代表人任免的规定,也未提交宝塔房地产公司作出决议或决定将公司法定代表人进行变更登记的有效证据,宝塔投资公司、嘉鸿公司未拒绝办理变更登记,韦某兵的诉求不符合《公司法》的相关规定。

据此,二审法院判决:驳回上诉,维持原判。

【再审】最高人民法院审查认为:宝塔房地产公司应当为韦某兵办理法定公司代表人工商变更登记,理由如下:

一、宝塔房地产公司已经终止与韦某兵之间的法定代表人委托关系,韦某兵已经不具有代表公司的法律基础。法定代表人是对外代表公司意志的机关之一,登记的法定代表人依法具有公示效力,但就公司内部而言,公司和法定代表人之间为委托法律关系,法定代表人行使代表人职权的基础为公司权力机关的授权,公司权力机关终止授权则法定代表人对外代表公司从事民事活动的职权终止,公司依法应当及时办理工商变更登记。

本案中,嘉鸿公司明确其知晓并同意公司决定,因此,可以认定宝塔房地产公司两股东已经就韦某兵免职作出股东会决议并通知了韦某兵,该决议符合宝塔房地产公司章程规定,不违反法律规定,依法产生法律效力,双方的委托关系终止,韦某兵已经不享有公司法定代表人的职责。依据《公司法》第13条的规定,宝塔房地产公司应当依法办理法定代表人变更登记。

二、宝塔房地产公司怠于履行义务,对韦某兵的权益造成了损害,依法应当办理法定代表人变更登记。按照原国家工商行政管理局制定的《企业法人法定代表人登记管理规定》(1999年修正,已失效)第6、7条之规定,宝塔房地产公司只需提交申请书以及对原法定代表人的免职文件、新法定代表人的任职文件,以及股东会、股东大会或者董事会召开会议作出决议即可自行办理工商变更登记。

本案中,韦某兵被免职后,其个人不具有办理法定代表人变更登记的主体资格,宝塔房地产公司亦不依法向公司注册地工商局提交变更申请以及相关文件,导致韦某兵在被免职后仍然对外登记公示为公司法定代表人,在宝塔房地产公司相关诉讼中被限制高消费等,已经给韦某兵的生活造成实际影响,侵害了其合法权益。除提起本案诉讼外,韦某兵已无其他救济途径,故韦某兵请求宝塔房地产公司办理工商变更登记,依法有据,应予支持。

至于本案判决作出后,宝塔房地产公司是否再选任新的法定代表人,属于公司自治范畴,本案不予处理。

另外,宝塔投资公司、嘉鸿公司仅是宝塔房地产公司的股东,且其已经就免除韦某兵法定代表人作出决议,依法也非办理变更登记的义务主体,韦某兵请求该两公司办理或协助办理法定代表人工商变更登记,依据不足,不予支持。

2022年5月17日,最高人民法院判决宝塔房地产公司于本判决生效之日起三十日内为韦某兵办理公司法定代表人变更登记。

【简析】法定代表人在公司已经终止与其委托关系后怠于履行、不及时协助办理变更工商登记义务给其造成实际影响和权益损害的,可依法诉讼。

# 第二章 经营宗旨和经营范围

**【示范条款】**

2.1.1 经营宗旨

公司的经营宗旨:【 】。

2.1.2 经营范围

经依法登记,公司的经营范围:【 】。

【注释】公司的经营范围中属于法律、行政法规规定须经批准的项目,应当依法经过批准。

**【条款解读】**

经营宗旨是指企业经营活动的主要目的和意图,表明企业思想和企业行为,是企业长期的发展方向、目标、目的、自我设定的社会责任和义务。

经营范围是指国家允许企业生产和经营的商品类别、品种及服务项目,反映企业业务活动的内容和生产经营方向,是企业业务活动范围的法律界限,体现企业民事权利能力和行为能力的核心内容。

**【相关法规】**

● 平安银行股份有限公司经营宗旨

【平安银行股份有限公司(SZ.000001)章程(2020年6月版)】

第15条 本行的经营宗旨:适应我国社会主义市场经济体制发展的要求,遵守国家有关法令和各项金融法规,自主经营各项商业银行业务,为股东谋取最大的经济利益,同时促进经济的发展。

● 上海浦东发展银行股份有限公司经营宗旨

【上海浦东发展银行股份有限公司(SH.600000)章程(2020年版)】

第15条 本公司的经营宗旨为:根据平等、自愿、公平和诚实信用原则,依法开展各项金融服务业务;在审慎经营、稳健发展的前提下,为股东及相关利益者谋取最大经济利益,并以此促进和支持国民经济发展和社会全面进步。

本公司以效益性、安全性、流动性为经营原则，实行自主经营，自担风险，自负盈亏，自我约束。

● **中国宝安集团股份有限公司经营宗旨**

【中国宝安集团股份有限公司(SZ.000009)章程(2021年6月版)】

**第12条** 本公司的经营宗旨：建设一个以新材料为主的高科技产业集团。为顾客创造价值，为股东创造财富，为员工创造机会，为社会创造效益。

● **万科企业股份有限公司经营宗旨**

【万科企业股份有限公司(SZ.000002)章程(2021年8月版)】

**第12条** 公司的经营宗旨：以不断探索促进经济发展；用规范化操作保证在市场竞争中成功，实施科学管理方法和理念使公司得以长足发展。积极践行绿色发展理念，实现股东、客户、员工和社会等利益相关方的价值最大化，推动公司持续健康发展。

# 第三章　党组织

【示范条款】

3.1.1　党组织建设

根据《公司法》《中国共产党章程》的规定,在公司设立中国共产党的委员会,开展党的活动。党组织是公司法人治理结构的有机组成部分。公司坚持党的建设与经营管理同步谋划、党的组织及工作机构同步设置、党组织负责人及党务工作人员同步配备、党的工作同步开展,明确党组织在决策、执行、监督各环节的权责和工作方式,实现体制对接、机制对接、制度对接和工作对接,发挥党组织的领导核心和政治核心作用。

3.1.2　党组织构成

公司党总支[①]设置、任期、基本任务和职责等按党内相关文件规定执行。公司党委会成员为【人数】人,其中书记1名,必要时可设副书记【1】名。党总支成员与董事会、经理层成员实行"双向进入、交叉任职",【书记】、【董事长/总裁】由一人担任。

党组织机构设置及其人员编制纳入公司管理机构和编制。公司为党组织活动提供必要条件,并将党组织工作经费纳入公司预算,从公司管理费中列支。

【注释】本条款为国有企业的要求,民营企业以具体情况规定。

3.1.3　党组织职责

公司党总支根据《中国共产党章程》和《中国共产党国有企业基层组织工作条例(试行)》等党内法规履行以下职责:1.加强公司党的政治建设,坚持和落实中国特色社会主义根本制度、基本制度、重要制度,教育引导全体党员始终在政治立场、政治方向、政治原则、政治道路上同以习近平同志为核心的党中央保持高度一致;2.深入学习和贯彻习近平新时代中国特色社会主义思想,学习宣传党的理论,贯彻执行党的路线方针政策,监督、保证党中央重大决策部署和上级党组织决议在公司贯彻落实;3.研究讨论公司重大经营管理事项,支持股东、董事会、监事会和高级管

---

[①]　指按照中共党组织建设设立的党委、党组、党总支委员会、党支部委员会。

理层依法行使权力;4.加强对公司选人、用人的领导和把关,抓好公司领导班子建设和干部队伍、人才队伍建设;5.践行公司党风廉政建设主体责任,领导、支持公司纪检委员履行监督执纪问责职责,严明政治纪律和政治规矩,推动全面从严治党向基层延伸;6.加强基层党组织建设和党员队伍建设,团队带领职工群众积极投身公司改革发展;7.领导公司思想政治工作、精神文明建设、统一战线工作,领导公司工会、妇女组织等群团组织;8.党总支职责范围内的其他有关事项。

【注释】本条款为国有企业的要求,民营企业以具体情况规定。

### 3.1.4 指导程序

党总支坚持党的民主集中制原则,健全党总支集体领导制度,完善并认真执行党总支议事决策规则和"三重一大"决策制度,保证党总支决策的民主化、科学化、程序化。党总支研究讨论是董事会、经理层决策重大问题的前置程序,重大经营管理事项必须经党总支研究讨论后,再由董事会或经理层作出决定。

【注释】本条款为国有企业的要求,民营企业以具体情况规定。

【条款解读】

一、公司治理中党的建设

根据《公司法》《中国共产党章程》的规定,应在公司设立党委,开展党的活动。

党委设置、任期按党内相关文件规定执行。党组织机构设置及其人员编制纳入公司管理机构和编制。公司应当为党组织活动提供必要条件和经费保障。

公司党组织发挥政治核心作用,围绕"把方向、管全局、保落实"的方针开展工作。公司党组织保证监督党和国家的方针政策在本公司的贯彻执行;支持董事会、监事会和经理层依法行使职权;全心全意依靠职工群众,支持职工代表大会开展工作;参与公司重大问题的决策;加强党组织的自身建设,领导公司思想政治工作、精神文明建设和工会等群众组织。

二、"三重一大"

"三重一大"是指,重大事项决策、重要干部任免、重要项目安排、大额资金的使用。"三重一大"最早源于1996年第十四届中央纪委第六次全会公报,是对党员领导干部在政治纪律方面提出的四条要求中的第二条纪律要求。

为全面贯彻党的十七大和十七届四中全会精神,切实加强国有企业反腐倡廉建设,进一步促进国有企业领导人员廉洁从业,规范决策行为,提高决策水平,防范决策风险,保证国有企业科学发展,凡属重大决策、重要人事任免、重大项目安排和大额度资金运作("三重一大")事项必须由党委集体作出决定。

**【相关法规】**

● 《中华人民共和国公司法》(2023年修订)

第18条  在公司中,根据中国共产党章程的规定,设立中国共产党的组织,开展党的活动。公司应当为党组织的活动提供必要条件。

第170条  国家出资公司中中国共产党的组织,按照中国共产党章程的规定发挥领导作用,研究讨论公司重大经营管理事项,支持公司的组织机构依法行使职权。

● 《关于进一步推进国有企业贯彻落实"三重一大"决策制度的意见》(中办发〔2010〕17号)

(二)"三重一大"事项坚持集体决策原则。国有企业应当健全议事规则,明确"三重一大"事项的决策规则和程序,完善群众参与、专家咨询和集体决策相结合的决策机制。国有企业党委(党组)、董事会、未设董事会的经理班子等决策机构要依据各自的职责、权限和议事规则,集体讨论决定"三重一大"事项,防止个人或少数人专断。要坚持务实高效,保证决策的科学性;充分发扬民主,广泛听取意见,保证决策的民主性;遵守国家法律法规、党内法规和有关政策,保证决策合法合规。

(三)重大决策事项,是指依照《公司法》《全民所有制工业企业法》《企业国有资产法》《商业银行法》《证券法》《保险法》以及其他有关法律法规和党内法规规定的应当由股东大会(股东会)、董事会、未设董事会的经理班子、职工代表大会和党委(党组)决定的事项。主要包括企业贯彻执行党和国家的路线方针政策、法律法规和上级重要决定的重大措施,企业发展战略、破产、改制、兼并重组、资产调整、产权转让、对外投资、利益调配、机构调整等方面的重大决策,企业党的建设和安全稳定的重大决策,以及其他重大决策事项。

(四)重要人事任免事项,是指企业直接管理的领导人员以及其他经营管理人员的职务调整事项。主要包括企业中层以上经营管理人员和下属企业、单位领导班子成员的任免、聘用、解除聘用和后备人选的确定,向控股和参股企业委派股东代表,推荐董事会、监事会成员和经理、财务负责人,以及其他重要人事任免事项。

(五)重大项目安排事项,是指对企业资产规模、资本结构、盈利能力以及生产装备、技术状况等产生重要影响的项目的设立和安排。主要包括年度投资计划,融资、担保项目,期权、期货等金融衍生业务,重要设备和技术引进,采购大宗物资和购买服务,重大工程建设项目,以及其他重大项目安排事项。

(六)大额度资金运作事项,是指超过由企业或者履行国有资产出资人职责的机构所规定的企业领导人员有权调动、使用的资金限额的资金调动和使用。主要包括年度预算内大额度资金调动和使用,超预算的资金调动和使用,对外大额捐赠、赞助,以及其他大额度资金运作事项。

（七）"三重一大"事项提交会议集体决策前应当认真调查研究,经过必要的研究论证程序,充分吸收各方面意见。重大投资和工程建设项目,应当事先充分听取有关专家的意见。重要人事任免,应当事先征求国有企业和履行国有资产出资人职责机构的纪检监察机构的意见。研究决定企业改制以及经营管理方面的重大问题、涉及职工切身利益的重大事项、制定重要的规章制度,应当听取企业工会的意见,并通过职工代表大会或者其他形式听取职工群众的意见和建议。

● 《关于扎实推动国有企业党建工作要求写入公司章程的通知》( 组通字〔2017〕11 号)

一、着力抓好国有独资、全资和国有资本绝对控股企业党建工作要求写入章程。国有独资、全资和国有资本绝对控股企业要带头落实中央部署,带头将党建工作要求写入公司章程,为党组织有效开展工作、发挥作用提供制度保障。要根据党章、公司法和中央有关规定,在公司章程中明确党建工作总体要求,写明党组织的设置形式、地位作用、职责权限,写明党务工作机构及人员配备、党建工作经费保障等内容和要求,明确党委(党组)研究讨论企业重大问题的运行机制,一般应就党组织单设一章,使党建工作要求在公司章程中得到充分体现。对于境外上市的,要注意防范相关法律风险,妥善做好工作。

二、稳步推进国有资本相对控股的混合所有制企业章程修改工作。这类企业资本构成多元、管理模式多样、党建工作发展不平衡,要指导推动企业高度重视党的建设工作,建立健全党的组织、积极开展党的工作,并结合企业股权结构、经营管理实际,区分上市公司和非上市公司不同情况,把党建工作基本要求写入公司章程,防止简单化、一刀切。要注意听取其他股东包括机构投资者的意见,做好释疑解惑工作,使章程修改过程成为宣传贯彻党的路线方针政策的过程,成为凝聚共同愿景、汇聚各方力量的过程。要通过章程修改,推动企业党建工作制度化、规范化,促进党组织围绕生产经营开展活动、发挥作用。

● 《中国共产党国有企业基层组织工作条例( 试行)》( 2019 年 12 月 30 日中共中央发布)

第3条　国有企业党组织工作应当遵循以下原则:(一)坚持加强党的领导和完善公司治理相统一,把党的领导融入公司治理各环节;(二)坚持党建工作与生产经营深度融合,以企业改革发展成果检验党组织工作成效;(三)坚持党管干部、党管人才,培养高素质专业化企业领导人员队伍和人才队伍;(四)坚持抓基层打基础,突出党支部建设,增强基层党组织生机活力;(五)坚持全心全意依靠工人阶级,体现企业职工群众主人翁地位,巩固党执政的阶级基础。

**第4条** 国有企业党员人数100人以上的,设立党的基层委员会(以下简称党委)。党员人数不足100人、确因工作需要的,经上级党组织批准,也可以设立党委。

党员人数50人以上、100人以下的,设立党的总支部委员会(以下简称党总支)。党员人数不足50人、确因工作需要的,经上级党组织批准,也可以设立党总支。

正式党员3人以上的,成立党支部。正式党员7人以上的党支部,设立支部委员会。

经党中央批准,中管企业一般设立党组,中管金融企业设立党组性质党委。

**第5条** 国有企业党委由党员大会或者党员代表大会选举产生,每届任期一般为5年。党总支和支部委员会由党员大会选举产生,每届任期一般为3年。任期届满应当按期进行换届选举。根据党组织隶属关系和干部管理权限,上级党组织一般应当提前6个月提醒做好换届准备工作。

中央企业直属企业(单位)党组织换届选举工作,以中央企业党委(党组)为主指导,审批程序按照党内有关规定办理。中央企业及其直属企业(单位)召开党员代表大会,可以为党组织隶属地方党组织的下一级企业(单位)分配代表名额。

**第6条** 国有企业党委一般由5至9人组成,最多不超过11人,其中书记1人、副书记1至2人。设立常务委员会的,党委常务委员会委员一般5至7人、最多不超过9人,党委委员一般15至21人。党委委员一般应当有3年以上党龄,其中中央企业及其直属企业(单位)、省属国有企业的党委委员应当有5年以上党龄。

国有企业党总支一般由5至7人组成,最多不超过9人;支部委员会由3至5人组成,一般不超过7人。正式党员不足7人的党支部,设1名书记,必要时可以设1名副书记。党支部(党总支)书记一般应当有1年以上党龄。

**第7条** 国有企业党组织书记、副书记以及设立常务委员会的党委常务委员会委员,一般由本级委员会全体会议选举产生。选举结果报上级党组织批准。

中央企业党委(党组)认为有必要时,可以调动或者指派直属企业(单位)党组织负责人。

**第8条** 国有企业党委设立纪律检查委员会或者纪律检查委员,党总支和支部委员会设立纪律检查委员。

**第9条** 国有企业在推进混合所有制改革过程中,应当同步设置或者调整党的组织,理顺党组织隶属关系,同步选配好党组织负责人和党务工作人员,有效开展党的工作。

**第 10 条**　为执行某项任务临时组建的工程项目、研发团队等机构,党员组织关系不转接的,经上级党组织批准,可以成立临时党组织。临时党组织领导班子成员由批准其成立的党组织指定。

**第 11 条**　国有企业党委(党组)发挥领导作用,把方向、管大局、保落实,依照规定讨论和决定企业重大事项。主要职责是:(一)加强企业党的政治建设,坚持和落实中国特色社会主义根本制度、基本制度、重要制度,教育引导全体党员始终在政治立场、政治方向、政治原则、政治道路上同以习近平同志为核心的党中央保持高度一致;(二)深入学习和贯彻习近平新时代中国特色社会主义思想,学习宣传党的理论,贯彻执行党的路线方针政策,监督、保证党中央重大决策部署和上级党组织决议在本企业贯彻落实;(三)研究讨论企业重大经营管理事项,支持股东(大)会、董事会、监事会和经理层依法行使职权;(四)加强对企业选人用人的领导和把关,抓好企业领导班子建设和干部队伍、人才队伍建设;(五)履行企业党风廉政建设主体责任,领导、支持内设纪检组织履行监督执纪问责职责,严明政治纪律和政治规矩,推动全面从严治党向基层延伸;(六)加强基层党组织建设和党员队伍建设,团结带领职工群众积极投身企业改革发展;(七)领导企业思想政治工作、精神文明建设、统一战线工作,领导企业工会、共青团、妇女组织等群团组织。

**第 12 条**　国有企业党支部(党总支)以及内设机构中设立的党委围绕生产经营开展工作,发挥战斗堡垒作用。主要职责是:(一)学习宣传和贯彻落实党的理论和路线方针政策,宣传和执行党中央、上级党组织和本组织的决议,团结带领职工群众完成本单位各项任务。(二)按照规定参与本单位重大问题的决策,支持本单位负责人开展工作。(三)做好党员教育、管理、监督、服务和发展党员工作,严格党的组织生活,组织党员创先争优,充分发挥党员先锋模范作用。(四)密切联系职工群众,推动解决职工群众合理诉求,认真做好思想政治工作。领导本单位工会、共青团、妇女组织等群团组织,支持它们依照各自章程独立负责地开展工作。(五)监督党员、干部和企业其他工作人员严格遵守国家法律法规、企业财经人事制度,维护国家、集体和群众的利益。(六)实事求是对党的建设、党的工作提出意见建议,及时向上级党组织报告重要情况。按照规定向党员、群众通报党的工作情况。

**第 13 条**　国有企业应当将党建工作要求写入公司章程,写明党组织的职责权限、机构设置、运行机制、基础保障等重要事项,明确党组织研究讨论是董事会、经理层决策重大问题的前置程序,落实党组织在公司治理结构中的法定地位。

**第 14 条**　坚持和完善"双向进入、交叉任职"领导体制,符合条件的党委(党组)班子成员可以通过法定程序进入董事会、监事会、经理层,董事会、监事会、经理层成员中符合条件的党员可以依照有关规定和程序进入党委(党组)。

党委(党组)书记、董事长一般由一人担任,党员总经理担任副书记。确因工作需要由上级企业领导人员兼任董事长的,根据企业实际,党委书记可以由党员总经理担任,也可以单独配备。

不设董事会只设执行董事的独立法人企业,党委书记和执行董事一般由一人担任。总经理单设且是党员的,一般应当担任党委副书记。

分公司等非独立法人企业,党委书记和总经理是否分设,结合实际确定。分设的一般由党委书记担任副总经理、党员总经理担任党委副书记。

中央企业党委(党组)配备专职副书记,专职副书记一般进入董事会且不在经理层任职,专责抓好党建工作。规模较大、职工和党员人数较多的中央企业所属企业(单位)和地方国有企业党委,可以配备专职副书记。国有企业党委(党组)班子中的内设纪检组织负责人,一般不兼任其他职务,确需兼任的,报上级党组织批准。

国有企业党组织实行集体领导和个人分工负责相结合的制度,进入董事会、监事会、经理层的党组织领导班子成员必须落实党组织决定。

**第15条** 国有企业重大经营管理事项必须经党委(党组)研究讨论后,再由董事会或者经理层作出决定。研究讨论的事项主要包括:(一)贯彻党中央决策部署和落实国家发展战略的重大举措;(二)企业发展战略、中长期发展规划,重要改革方案;(三)企业资产重组、产权转让、资本运作和大额投资中的原则性方向性问题;(四)企业组织架构设置和调整,重要规章制度的制定和修改;(五)涉及企业安全生产、维护稳定、职工权益、社会责任等方面的重大事项;(六)其他应当由党委(党组)研究讨论的重要事项。

国有企业党委(党组)应当结合企业实际制定研究讨论的事项清单,厘清党委(党组)和董事会、监事会、经理层等其他治理主体的权责。

具有人财物重大事项决策权且不设党委的独立法人企业的党支部(党总支),一般由党员负责人担任书记和委员,由党支部(党总支)对企业重大事项进行集体研究把关。

● **《国有企业公司章程制定管理办法》(国资发改革规〔2020〕86号)**

**第4条** 国有企业公司章程的制定管理应当坚持党的全面领导、坚持依法治企、坚持权责对等原则,切实规范公司治理,落实企业法人财产权与经营自主权,完善国有企业监管,确保国有资产保值增值。

**第6条** 总则条款应当根据《公司法》等法律法规要求载明公司名称、住所、法定代表人、注册资本等基本信息。明确公司类型(国有独资公司、有限责任公司等);明确公司按照《中国共产党章程》规定设立党的组织,开展党的工作,提供基础保障等。

**第8条**　出资人机构或股东、股东会条款应当按照《公司法》《企业国有资产法》等有关法律法规及相关规定表述,载明出资方式,明确出资人机构或股东、股东会的职权范围。

**第9条**　公司党组织条款应当按照《中国共产党章程》《中国共产党国有企业基层组织工作条例(试行)》等有关规定,写明党委(党组)或党支部(党总支)的职责权限、机构设置、运行机制等重要事项。明确党组织研究讨论是董事会、经理层决策重大问题的前置程序。

设立公司党委(党组)的国有企业应当明确党委(党组)发挥领导作用,把方向、管大局、保落实,依照规定讨论和决定企业重大事项;明确坚持和完善"双向进入、交叉任职"领导体制及有关要求。设立公司党支部(党总支)的国有企业应当明确公司党支部(党总支)围绕生产经营开展工作,发挥战斗堡垒作用;具有人财物重大事项决策权的企业党支部(党总支),明确一般由企业党员负责人担任书记和委员,由党支部(党总支)对企业重大事项进行集体研究把关。

对于国有相对控股企业的党建工作,需结合企业股权结构、经营管理等实际,充分听取其他股东包括机构投资者的意见,参照有关规定和本条款的内容把党建工作基本要求写入公司章程。

# 第四章 公司治理

## 第一节 公司治理框架

**【示范条款】**

4.1.1 公司治理结构

公司应建立能够确保股东充分行使权利的公司治理结构。公司的治理结构应确保所有股东,特别是中小股东享有平等地位。股东按其持有的(股权)股份[①]享有平等的权利,并承担相应的义务。

4.1.2 公司的机关

公司机关有:股东会、董事会、监事会、总裁,以及法定代表人等。

本章程所称高级管理人员是指公司的总裁、副总裁、董事会秘书、财务负责人等。

【注释】公司可以根据实际情况,在章程中确定属于公司高级管理人员的人员。

**【条款解读】**

一、公司治理结构,指为实现公司最佳经营业绩,基于公司所有权与经营权而形成相互制衡关系的结构性制度安排。

在我国,公司治理结构模型主要为:股东会、董事会和监事会、总裁(经理层)三层架构模式。公司内设机构由董事会、监事会和总裁等机构组成,分别履行公司战略决策职能、纪律监督职能和经营管理职能,三者在遵照职权相互制衡前提下,客观、公正、专业地开展公司治理,对股东会负责,以维护和争取公司实现最佳的经营业绩。股东会、董事会和监事会以形成决议的方式履行职能,总裁(经理层)以行政决定和执行力予以履行职能。

---

① 在我国,关于出资份额,有限责任公司中称为"股权",股份有限公司中称为"股份"。

## 二、股东会

股东会由全体股东组成,是公司的最高权力机构和最高决策机构。

## 三、董事会和监事会

董事会是股东会闭会期间的办事机构,下设战略委员会、审计委员会、提名委员会、薪酬与考核委员会等专门委员会。

监事会是股东会闭会期间的监督机构。

## 四、总裁(经理层)

总裁(经理层)对董事会负责,设副总裁、财务总监、法务总监等职位,一般实行总裁负责制,其他高级管理人员均对总裁负责。其中,基于公司财务的重要性和相对独立性,可以单列财务总监对总裁的汇报系统。

## 五、董事会秘书

由于股东会、董事会和监事会都以形成决议的方式履行职能,所以设公司秘书服务股东会、董事会、监事会。

## 六、内部审计的汇报体系

内部审计分为对总裁报告制、对董事会报告制和对股东会报告制三种。对总裁报告制,可能会影响内部审计的客观性和相对独立性,而对股东会报告制,则可能影响内部审计的及时性、效力和效果。一般来说,内部审计中对董事会报告制较普遍。

## 七、通常的公司治理结构架构图如图(见图4-1):

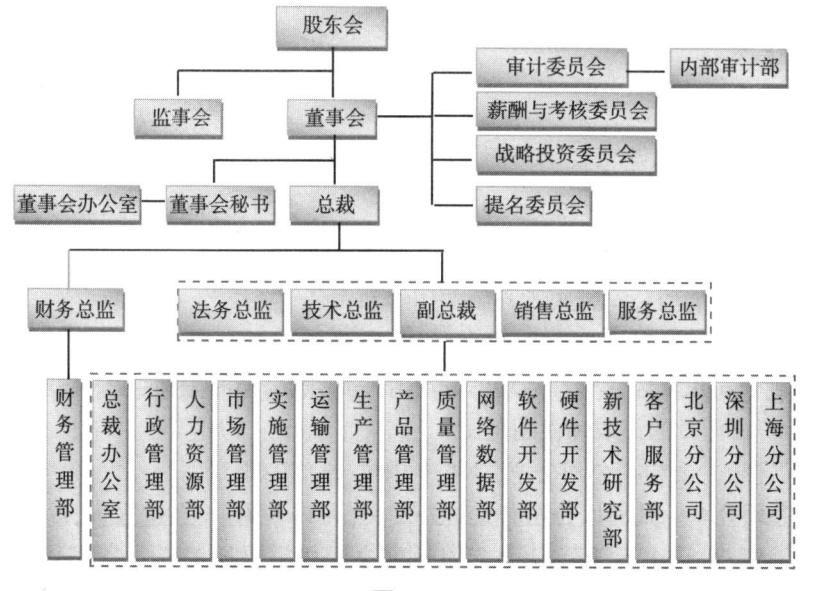

图 4-1

## 第二节　公司印鉴与文件

**【示范条款】**

4.2.1　公司印鉴的启用与管理

公司公章的使用由法定代表人审批，印章的管理按照董事会通过的有关印章管理制度执行。

4.2.2　公司行为的代表

公司通过以下任一方式代表公司行为：1. 加盖公司印章的书面文件。2. 法定代表人以公司名义签字的文件。3. 依据公司章程通过的股东会决议、董事会决议、监事会决议。4. 以上方式的组合。

【注释】代表公司行为的具体方式中可以不选择本条第3项。

4.2.3　文件效力

依照第4.2.1条之规定作出的不同文件相互冲突时，除以下情形外，按照法定代表人以公司名义签字的文件为准：1. 依据公司章程第1.5.3条通过的关于任命新法定代表人的股东会决议、董事会决议或者股东直接任命文件。2. 依据公司章程第1.5.8条公司的代表权由监事会主席行使的监事会决议。3. 监事会依据公司章程第10.2.7条通过的聘请律师事务所、会计师事务所的监事会决议。

**【条款解读】**

一、公司印章的重要性

1. 公司印章是公司身份和权力的证明。盖有公司印章的文件，是受法律保护的有效文件，同时意味着公司对文件的内容承担法律责任。公司印章如被他人盗用或冒用，很可能给公司带来不必要的纠纷和责任。

2. 公司印章是公司经营管理活动中行使职权的重要凭证和工具。印章的管理，关系到公司正常经营管理活动的开展，甚至影响公司的生存。

二、公司印章的组成和使用范围

公司印章主要包括公司公章、业务专用章、部门专用章等。

1. 公司公章。凡属以公司名义对外发文、开具介绍信、报送报表，以及公司宣传、公司管理、公司决策、行政事务等有关文书一律需要加盖公司公章。通常也称为行政公章。

公司法人公章在所有印章中具有最广泛的使用范围，是法人权利的象征。在现行的立法和司法实践中,审查是否盖有公章成为判断民事活动是否成立和生效的重要标准。除法律有特殊规定外(如发票的盖章),均可以公司公章代表法人意志,对外签订合同及其他法律文件,其具有极高的法律效力。

2. 部门专用章。凡属内部行文、通知以及部门与公司、部门与部门业务范围内的工作文件等,一律加盖部门专用章。部门专用章不直接对外使用,对外一般不具有法律效力。

3. 合同专用章。凡属经营类的合同、协议等文本,一般使用公司合同专用章。有些公司不设合同专用章,直接用公司公章。有些公司会设多个合同专用章,一般会在印面标注"合同专用章(1)、合同专用章(2)"的编号。

在合同、协议的签订中,公司公章和合同专用章具有同等法律效力。《最高人民法院关于在审理经济纠纷案件中涉及经济犯罪嫌疑若干问题的规定》第4条将公章与合同专用章并列使用,也足以说明公章与合同专用章在合同签订方面的效力是相同的。

4. 财务专用章。凡属公司票据,包括支票、汇票的出具等财务会计业务的,需要加盖财务专用章。财务专用章通常称为银行大印鉴。

5. 发票专用章。凡属公司营业发票业务的,需要加盖发票专用章。《发票管理办法》明确发票只能加盖发票专用章。

6. 法定代表人章,用于行政公章的加盖以及某些特定的用途,通常也称行政小印章、银行小印鉴。

三、公司印章的管理

在现实生活中,经常有因印章管理不严而出现问题的情况。如在空白便笺上随便加盖公司公章,导致别有用心的人借此填写欠条,从而惹上官司。毫不夸张地说,即使公司生产经营效益很好,如果印章管理不妥,也很有可能使公司财产受到重大的损失。公司印章的保管牵涉公司的命运,千万不可忽视。特别是规模较大的公司,其印章的管理更为重要。如果有一天,因公司印章管理不善而出问题,导致被人告上法庭,或被人利用手中印章贪污、挪用巨款,到时才意识到印章管理的重要为时已晚。印章管理需要未雨绸缪,防患于未然。所以对此要有一套比较规范的制度:

1. 建立专人保管制度,增强印章保管人的责任感,发生问题也有利于查找原因和追究责任。对财务章和会计人员向银行预留印鉴的私人印章,应由出纳和会计分别保管,切不可由出纳一人统管。

2. 应设立印章使用登记制度,登记簿应由印章保管人专人保管和登记。

3. 严禁在空白贷款合同或协议便笺上加盖公章。

4. 严禁私自将印章带出公司,确有必要携带公章外出使用时,建议应有两人以上,并经专项审批程序。

四、印章被盗、丢失的处理

如果发生公司印章被盗,公司应当履行如下程序。完整履行如下程序的,对于被盗印章被使用而发生的纠纷,公司不承担责任。

1. 报案。首先因为公章在公安机关有备案,所以丢失后第一步应该由法人代表携带身份证原件及复印件、工商营业执照副本原件及复印件到丢失地点所属派出所报案,领取报案证明。

2. 公告。接着要让公众知晓丢失的公章已经作废,所以公章丢失后的第二个步骤就是持报案证明原件及复印件、工商营业执照副本原件及复印件在公司所在地市级以上公开发行的报纸上作登报声明,声明公章作废。在哪个报纸刊登声明可询问当地市场监督管理局,各地规定不同。

3. 新章。应该持工商营业执照副本复印件、公司出具的刻章证明、派出所报案回执、登报声明的复印件等,到公安局治安科办理新刻印章并备案。

五、公司印鉴的效力

在我国,由于印章文化的传承,一般情况下公司加盖公司公章的文件即产生代表公司意思的效力。从司法角度和对第三人效力的角度来讲,法定代表人的签字与加盖公司公章具有同等法律效力。但是,在特殊情况下,如公司印鉴失控,特别是在公司对公司印鉴控制人提出交付公司印鉴的权利主张时,应当以法定代表人的签字为准。简单地以公司印鉴代表公司,就违背了公司的意思。

美国《纽约州民法典草案》第 356 条(行为模式)规定:法人可以通过以下四种方式表达公司法人意思主张:1. 盖有法人印章的书面文件;2. 经授权的代理人签字的书面文件;3. 发起人、董事长或者其他管理人员的决议;4. 经授权的代理人。[1]

【相关法规】

● 《国务院关于国家行政机关和企业事业单位印章的规定》(国发[1999]25 号)

14. 企业事业单位、社会团体的印章,直径不得大于 4.5 厘米,中央刊五角星,五角星外刊单位名称,自左而右环行。制发办法由公安部会同有关部门另行制定。

15. 国家行政机关和企业事业单位、社会团体印章所刊名称,应为法定名称。如名称字数过多不易刻制,可以采用规范化简称。地区(盟)行政公署的印章,冠省(自治区)的名称。自治州、市、县级人民政府的印章,不冠省(自治区、直辖

---

[1] 参见〔美〕戴维·达德利·菲尔德:《纽约州民法典草案》,田甜译,中国大百科全书出版社 2007 年版,第 73 页。

市)的名称。市辖区人民政府的印章冠市的名称,乡(镇)人民政府的印章,冠县级行政区域的名称。

22. 国家行政机关和企业事业单位、社会团体的其他专用印章(包括经济合同章、财务专用章等),在名称、式样上应与单位正式印章有所区别,经本单位领导批准后可以刻制。

23. 印章制发机关应规范和加强印章制发的管理,严格办理程序和审批手续。国家行政机关和企业事业单位、社会团体刻制印章,应到当地公安机关指定的刻章单位刻制。

24. 国家行政机关和企业事业单位、社会团体的印章,如因单位撤销、名称改变或换用新印章而停止使用时,应及时送交印章制发机关封存或销毁,或者按公安部会同有关部门另行制定的规定处理。

25. 国家行政机关和企业事业单位、社会团体必须建立健全印章管理制度,加强用印管理,严格审批手续。未经本单位领导批准,不得擅自使用单位印章。

● 《上海市高级人民法院关于审理公司纠纷案件若干问题的解答》(沪高法民二〔2006〕8号)

4. 因对公司印章控制权引发的纷争如何确定案件性质的问题

鉴于公司印章一般具有对外代表公司意志的表象,因此,因公司印章控制权引发的纷争,其实质涉及公司内部治理中对公司控制权的争夺,故此类案件宜作为公司纠纷案件由民商事审判庭予以管辖,而不宜作为普通的财产返还诉讼案件确定管辖。此类案件的案由可确定为损害公司权益纠纷。

● 《山东省高级人民法院关于审理公司纠纷案件若干问题的意见(试行)》(鲁高法发〔2007〕3号)

85. 股东、董事、经理及他人侵占公司印鉴,公司起诉要求其返还印鉴并赔偿损失的,人民法院应予支持。

前款之诉讼,以及印鉴被侵占期间公司需要参加的其他诉讼,公司以法定代表人签署之文件起诉或应诉的,人民法院应予准许。公司法定代表人变更但未办理工商登记变更手续的,新法定代表人可以持有关变更决议证明其法定代表人身份。

● 《江西省高级人民法院关于审理公司纠纷案件若干问题的指导意见》(赣高法〔2008〕4号)

70. 法定代表人、股东、董事、经理及他人侵占公司印鉴、证照的,属于损害公司权益纠纷,公司起诉要求其返还印鉴、证照并赔偿损失的,人民法院应予支持。

前款之诉讼,以及印鉴、证照被侵占期间公司需要参加的其他诉讼,公司以法定代表人签署文件起诉或应诉的,人民法院应予准许。公司法定代表人变更但未办理工商登记变更手续的,新法定代表人可以持有关变更决议证明其法定代表人身份。

## 【细则示范】

● 公司印章管理细则

**第1条** 为保证公司印章使用的合法性、严肃性和可靠性,杜绝违法行为,维护公司利益,特制定本管理细则。

**第2条** 本管理细则中的公司印章是指在公司发行或管理的文件、凭证文书等与公司权利义务有关的文件上,因需以公司名称或有关部门名义证明其权威性而使用的印章。

**第3条** 公司印章包括:1. 公章,包括行政章、法定代表人章等;2. 业务专用章,包括合同专用章、发票专用章等;3. 部门专用章;4. 其他公司印章。

**第4条** 公司公章的刻制由【董事会秘书处/办公室/综合管理部】提出,报董事会审议,并由【董事会秘书处/办公室/综合管理部】为该印章的管理责任人。

印章管理岗位人员签订法律风险岗位承诺书,明确印章管理岗位的法律风险防控职责.

**第5条** 公司业务专用章、部门业务章等其他公司印章的刻制由【董事会秘书处/办公室/综合管理部】提出,报【董事会/总裁】审议,并【董事会秘书处/办公室/综合管理部】为该印章的管理责任人。【董事会秘书处/办公室/综合管理部】应当在议案中说明印章种类、名称、形式、使用范围及管理权限等。

**第6条** 公司印章的刻制,由【董事会秘书处/办公室/综合管理部】开具介绍信,并办理刻制手续。公章的形体和规格,应遵守国家有关规定。

**第7条** 新印章启用前要由【董事会秘书处/办公室/综合管理部】做好戳记,并留样保存登记,建立印章登记台账内,该印章登记台账应永久保存。

**第8条** 公司印章启用由【董事会/总裁】下发启用通知,注明启用日期、管理责任人、使用单位和使用细则。公司业务专用章、部门业务章等其他公司印章的使用按照启用时【董事会/总裁】批准的使用细则使用。

**第9条** 公司印章必须有专人保管。

1. 公司的公章:由【董事会秘书处/办公室/综合管理部】保管,各业务专用公章、各部门公章由总裁授权具体保管部门,各部门指定专人专柜保管,并将保管公章人员名单报董事会秘书处备案。

2. 合同章:合同章由【董事会秘书处/办公室/综合管理部/财务部】保管,主要用于公司签订各类合同,盖章前须领取并填写《印章使用申请表》,经由业务主管副总裁审批,总裁审核后盖章并在《印章使用申请表》中签批,经手人在《印章使用登记簿》签字后用印。《印章使用申请表》与《印章使用登记簿》同期留档。

3. 法人私章:法人私章由公司出纳保管,主要用于银行汇票、现金支票等业务,使用时凭审批的支付申请或取汇款凭证方可盖章。

4. 财务章:由【财务部经理/负责人】保管,主要用于银行汇票、现金支票等需要加盖银行预留印鉴的业务或发票,发票专用章主要用于发票盖章。

5. 其他职能部门章:其他职能部门章,主要由各部门内部使用,已经刻制的职能部门章,须由部门负责人进行保管并严格该章的使用。

**第10条**　公司印章保管须有记录,注明公章名称、颁发部门、枚数、收到日期、启用日期、领取人、保管人、批准人、图样等信息。

**第11条**　公司任何人不得私自用章、不准携带公章外出、不准盖出空白信笺。对不符合本章程规定的,印章保管人员有权拒绝盖章或提出建议意见。对违反用章规定或弄虚作假获得印章造成不利后果或经济损失的,公司及公司股东均有权追究当事人的法律责任及由此引起的一切经济损失。

**第12条**　严禁员工私自将公章带出公司使用。未经批准,不允许将印章携带外出,特殊情况下需携带外出时,必须指定监印人随同。

公章外出期间,申请用印人只可将公章用于申请事由,并对公章的使用后果承担一切责任。

**第13条**　公章管理人因事离岗时,须由部门主管指定人员暂时代管,以免贻误工作。

**第14条**　公章保管必须安全可靠,须加锁保存。公章不可私自委托他人代管,更不得随意交与他人保管使用,否则公章管理人承担由此引起的一切经济损失。

**第15条**　公章管理人应妥善保管公章,不得随意乱放。下班时间和节假日期间应采取防盗措施。公章保管有异常现象或遗失的,应保护现场,及时汇报,配合查处。

**第16条**　公章移交须办理手续,签署移交证明,注明移交人、接交人、监交人、移交时间、图样等信息。

**第17条**　公司印章的使用由印章管理人掌管。印章管理人必须严格控制用印范围和仔细检查用印申请单上是否有批准人的印章,如因印章管理人的疏忽导致公司印章外流或其他不利于公司的事项发生,公司及股东有权追究该管理人的法律责任。

**第18条**　建立公司公章用章登记制度,严格审批手续,不符合规定签发的文件,董事会秘书处有权拒绝用印。

**第19条**　使用公司公章时依照以下手续进行:1.需盖章时,持需盖章文件及填写了使用目的、盖印期限、日期和盖印数量等规定内容的《印章使用申请表》，经所属部门的负责人报【董事会秘书处/办公室/综合管理部】批准；2. 接到申请的【董事会秘书处/办公室/综合管理部】确认手续完备和申请单上填写无误后，将其与文件一起交【法定代表人/总裁】批复；3.【法定代表人/总裁】在对上述过程及文件的效用进行审查，批复后由【董事会秘书处/办公室/综合管理部】盖章；4. 由印章使用人员登记用章时间、用章事项、用章件数、批准人、经办人等项目。重要事项用章，原件需复印留底存查由【董事会秘书处/办公室/综合管理部】保管。

**第 20 条**　严禁填盖空白合同、协议、证明、介绍信、发票等文件。如遇特殊情况，必须经【法定代表人/总裁】同意，而且公章使用人应在《公章使用登记表》上写明文件份数，在文件内容实施后，应再次进行核准登记。公章使用人因故不再使用预先盖章的空白文件、资料时，应将文件、资料退回行政部（或办公室），办理登记手续。在使用预先盖章的空白文件、资料过程中，公章使用人应承担相应的工作责任。

**第 21 条**　公章一般应在上班时间内使用，如无特殊情况，下班后停止使用公章。

**第 22 条**　企业在遇到仿冒本单位或项目部印章的情况时，企业印章管理部门要及时将有关情况通报法律管理部门，由法律管理部门按法律规定解决。基本做法如下：1. 及时向公安机关报案，追究仿冒人的法律责任。2. 在相关报纸上发布澄清声明，及时知会潜在客户。3. 及时通知仿冒合同的相对人，陈述相关事实，解除相关合同；如果相对人不予配合，要及时向当地法院申请，通过法律途径认定合同无效，解除相关合同。

**第 23 条**　每年年终公司印章管理人负责将公章使用情况登记表复印件送【董事会秘书处/办公室/综合管理部】存档。

**第 24 条**　公司所属部门发生变更或被撤销后，印章统一管理部门必须收缴部门印章及用印记录；所属分公司注销并完成工商注销手续后，必须收缴分公司包括行政印章、合同专用章、财务专用章、负责人名章等在内的全部印章及用印记录；项目部关闭后，项目部印章及用印记录必须全部上缴至【董事会秘书处/办公室/综合管理部】。【董事会秘书处/办公室/综合管理部】会同法律部门将收缴的印章统一销毁，用印记录由【董事会秘书处/办公室/综合管理部】按档案管理规定存档。

**第 25 条**　公章停用须经董事会批准，并及时将停用公章送【董事会秘书处/办公室/综合管理部】封存或销毁，并由【董事会秘书处/办公室/综合管理部】登记和保管公章上交、存档、销毁的印章登记台账。

**第 26 条**　公司应当定期检查印章使用情况。印章管理部门应按照印章管理规定组织法律、监察等部门对所属单位印章使用情况进行检查。违反规定者，公司将追究相关人员的责任;给公司造成一定经济损失或不良社会影响者,公司将追究其法律责任。

**【典型案例】**

● **宿迁市金圆五金交电化工有限公司与张某民公司证照返还纠纷上诉案**

【江苏省宿迁市中级人民法院民事判决书(2013)宿中商终字第 0042 号】

上诉人(原审被告):张某民。

被上诉人(原审原告):宿迁市金圆五金交电化工有限公司(以下简称"金圆公司")法定代表人:王某军,该公司董事长。

金圆公司于 2000 年改制为有限责任公司,登记股东人数 50 人,董事 7 名,分别为:吴某中、李某林、张某民、王某军、徐某良、宋某法和张某。公司登记的法定代表人、董事长为张某民。公司章程规定董事长为公司的法定代表人。

2006 年 10 月 9 日,王某军、徐某良等金圆公司部分(十分之一以上股权)股东发出《召开临时股东会通知书》,要求在 2006 年 10 月 24 日上午 8 点召开临时股东会,讨论:进一步明确股东的权利义务及公司经营现状,讨论公司以后发展方向、经营方针。

2006 年 10 月 12 日,王某军、张某和徐某良 3 名董事提议召开临时董事会,并向被告张某民送达了《召开临时董事会通知书》,内容载明:"张董事长:根据《公司法》及金圆公司章程相关规定,现有十分之一以上股东提议召开临时股东大会一事,鉴于长期不召开全员董事会,致使公司多数董事对公司经营状况和相关问题不了解,现由王某军、张某、徐某良 3 名董事提议请在 5 日内安排召开公司临时董事会会议。"

2006 年 10 月 13—14 日,金圆公司召开了董事会会议,7 名董事均到场参加,并请监事会列席。开会过程中,王某军提出"未能发放一次完整工资导致公司成为空壳公司,董事长与总经理对此有着不可推卸的责任",故建议"免去张某民董事长职务,同意宋某法辞去总经理职务"。张某民对上述意见表示"再作讨论",同时提议休会并离席,吴某中、李某林二位董事也表示同意并一并离席。王某军向张某民表示"提议休会只是你个人意见,我们视同你弃权,不会影响会议继续进行"。

张某民等三人离席后,徐某良提出"董事长不履行职责,由副董事长代行职权"。该次会议中,徐某良、张某、宋某法、王某军四人通过表决,形成了董事会决议如下:免去张某民同志金圆公司董事长职务,同意宋某法同志辞去总经理请求,由王某军同志行使董事长职权,主持全面工作。

2006 年 10 月 24 日,张某民主持召开临时股东大会。形成"金圆公司第二届第一次临时股东大会决议",主要内容如下:该次会议应到 149 人,实到 99 人,授权委托 12 人,合计 111 人,符合法定人数,会议有效。会议期间就部分股东反映最强烈的几个问题进行表决,并以 99 票赞成 12 票弃权获得通过:一、免去原董事长张某民董事长职务;……

另,金圆公司的印章(公章和财务印章)分别保管在公司办公室主任郭某军和财务科长欧阳某处。营业执照张贴于公司内。上述印章和营业执照的支配、使用权为张某民享有。

另,2011 年 5 月 25 日王某军与宋某法、徐某良共同诉至宿城区人民法院,要求张某民将印章和营业执照返还给金圆公司。

宿迁市宿城区人民法院经过审理,于 2011 年 8 月 25 日作出(2011)宿城商初字第 0388 号民事判决,认定:"金圆公司于 2006 年 10 月 14 日召开的董事会会议所形成的决议内容并不违反法律、行政法规的规定,应认定为合法有效。据此,张某民已经不再担任公司的董事长,依据公司章程的规定也不再是公司的法定代表人。张某民原在董事会的职权已经转由王某军行使。"据此判决张某民向金圆公司返还印章和营业执照,并由原告王某军代为接收。

江苏省宿迁市中级人民法院经过审理,认为王某军、宋某法及徐某良三人作为金圆公司的股东及董事无权以其个人名义提起返还之诉,故裁定撤销(2011)宿城商初字第 0388 号民事判决,驳回王某军、宋某法及徐某良三人的起诉。

2012 年 5 月 4 日,王某军以金圆公司的法定代表人身份再拟诉状并签名,以金圆公司为原告,向原审法院提起诉讼。

案件一审期间,即 2011 年 5 月 28 日,张某民会同另三位董事吴某中、李某林、张某召开董事会会议,决定"推举张某民同志继续担任金圆公司董事长"。

【一审】一审法院认为:

一、关于王某军在诉状中签字并提起诉讼的行为能否代表金圆公司

原审法院认为:金圆公司诉张某民返还证照系侵权之诉,由于印章及营业执照系公司的专属物品,应当由公司根据内部规章制度进行管理和使用,对于非法侵占公司印章及营业执照的行为,应当以公司的名义、以其法定代表人签名的诉状提起诉讼。王某军主张其通过 2006 年 10 月 14 日的董事会决议被选举为金圆公司的法定代表人,故在其诉状无法加盖公司公章的情况下,其持公司股东会、董事会的决议和授权,在诉状上签名并以公司为原告提起诉讼符合法律规定。

二、关于 2006 年 10 月 14 日的董事会决议是否合法有效

原审法院认为,2006 年 10 月 14 日的董事会决议是在依合法程序召开的董事会会议基础上形成的,内容亦不违反法律规定,应当认定为合法有效。理由如下:
1. 2006 年 10 月 12 日,临时董事会的召集人在会前向张某民发出了书面通知,张某

民亦按时参加并主持了次日召开的会议,表明其对本次会议的通知程序并无异议。2. 在王某军提议免去张某民董事长职务时,张某民拒绝讨论并提出休会,后与另两名董事离开会场,该行为应当视为其不履行董事长职务,王某军作为副董事长继续主持会议,并和剩余的三名董事进行表决,该行为系履行职务的正当行为。3. 张某民在前述决议作出后并未按照《公司法》第22条的规定以临时董事会召集程序不合法为由行使撤销权,而是于2006年10月24日参加并主持了股东大会,之后亦未在法定期限内行使撤销权。现期限已过,被告主张董事会决议违反公司法的规定而无效显然缺乏法律依据。因此2006年10月12日董事会决议程序合法,内容亦不违反法律规定,应认定为合法有效。

三、关于被告张某民是否负有返还公司印章及营业执照的义务

原审法院认为:营业执照是确认公司具有独立以自己名义享有权利、承担义务的主体资格的法律凭证,公章是公司对外进行活动的能够代表公司进行意思表示的法律凭证,二者均是公司的专用物品。公司股东、董事、经理及其他人侵占公司印鉴、财务账册的,公司可以侵占者为被告要求返还。公司公章被侵占,公司应以其法定代表人签名的诉状起诉。根据查明的事实,张某民是金圆公司印章及营业执照的实际控制人,其已经在2006年10月14日的董事会决议中被免去董事长职务,显然没有权利占有、支配、使用公章及营业执照。故张某民负有将金圆公司的印章及营业执照返还给该公司的义务。

对于2011年5月28日的董事会决议,系张某民在金圆公司提起诉讼后,且在未通知和召集王某军及宋某法、徐某良三人的情况下,会同公司董事吴某中、李某林和张某召开的。该行为系恶意规避《公司法》第22条第2款的规定,属相互串通,损害他人的合法权益,故其作出的决议应认定为无效。

据此,一审法院判决张某民于本判决生效之日起十日内向金圆公司返还印鉴及证照。

【二审】江苏省宿迁市中级人民法院认为:

一、关于2006年10月14日的董事会决议是否合法有效

2006年10月14日的董事会决议是在依合法程序召开的董事会会议基础上形成的,内容亦不违反法律规定,应当认定为合法有效。理由如下:1. 此次董事会会议符合《公司法》和公司章程关于临时董事会会议召集程序的规定,7名董事也均参加了会议,董事参与权和表达权得到了保障。2. 王某军等人关于罢免张某民董事长职务的提议未在会前合理期限内通知全体董事,应认定该提议为临时提议,属于程序瑕疵。决议形成后,张某民虽然在法定期间内对金圆公司提起诉讼,请求法院确认该董事会决议无效,但是,宿迁市宿城区人民法院认为,原告张某民在庭审中拒绝宣读诉状及陈述诉讼请求的行为,是一种消极的诉讼行为,该行为直接导致

庭审活动无法进行,属于原告对其诉讼权利的放弃,其法律后果等同于拒不到庭或未经许可中途退庭,裁定按原告张某民自动撤回起诉处理。之后张某民未再起诉请求撤销 2006 年 10 月 14 日的董事会决议。故该董事会决议的瑕疵不影响董事会决议效力的认定。3. 如董事长可以随意提议休会,对董事长不利的决议将不会出现,故张某民提议休会,应认定其不履行董事长职责,张某民等 3 名董事离席行为,应认定为放弃行使表决权利。4. 判断董事会决议效力,也应考量如董事会会议程序正当,表决结果是否相同。本案中,如董事会会议正常进行,决议结果也应是一致的。综上,应认定该决议合法有效。

二、2011 年 5 月 28 日的董事会决议选举张某民为金圆五交化公司的董事长是否合法有效

江苏省宿迁市中级人民法院认为:2011 年 5 月 28 日董事会决议应认定不成立。此次董事会决议是张某民等 4 名董事在诉讼期间作出的,会议未通知王某军等 3 名董事参加,参会人数未达到公司章程要求,故应认定该决议存在重大瑕疵,达到了连决议是否存在都无法认可的程度,应认定决议不存在。该种情形也不适用《民法通则》(已失效) 关于恶意串通、损害第三人利益的民事行为无效的规定,因公司法是特别法,在公司法对董事会决议效力有明确规定的情况下,应优先适用公司法的规定。同时,公司董事会意思冲突是常态,如引入恶意串通、损害第三人利益的规定认定董事会决议效力,将可能导致司法对公司自治的不当干预。该决议也不属于可撤销决议,《公司法》第 22 条规定,股东请求法院撤销公司瑕疵决议的期间是自公司决议作出之日起 60 日,该期间为不变期间,如认定该决议属于可撤销决议,将极有可能导致股东丧失对具有重大瑕疵的董事会决议的撤销权。

三、关于王某军能否代表金圆公司提起对张某民的诉讼

江苏省宿迁市中级人民法院认为:金圆公司诉张某民返还证照系侵权之诉,由于印章及营业执照系公司的专属物品,应当由公司根据内部规章制度进行管理和使用,对于非法侵占公司印章及营业执照的行为,公司是唯一拥有诉权的合法当事人,应当以公司的名义提起诉讼。在现有的法律框架下,公司的诉讼代表权专属于公司法定代表人,而本案实质即为解决公司法定代表人问题。根据《公司法》及金圆公司章程规定,董事长为公司的法定代表人。在名义上法定代表人与实质法定代表人发生冲突时,应以实质的法定代表人作为公司的诉讼代表人。王某军通过合法有效的 2006 年 10 月 14 日的董事会决议被选举为金圆公司的董事长,即为公司实质的法定代表人,故虽然因本案未决之原因王某军无法在诉状上加盖公司印章,但其仍有权代表金圆公司提起对张某民的诉讼。

2013 年 12 月 17 日,江苏省宿迁市中级人民法院驳回上诉,维持原判。

【简析】不太建议董事在召开董事会时离席,这种董事离席行为,很可能会被

认定为放弃行使表决权利。

董事会会议具有重大瑕疵,如果达到了连决议是否存在都无法认可的程度,不应归属于可撤销决议,而应认定决议不存在。《公司法》(2023年修订)第26条规定,股东请求法院撤销公司瑕疵决议的期间是自公司决议作出之日起60日,该期间为不变期间,如认定该决议属于可撤销决议,将极有可能导致股东丧失对具有重大瑕疵的董事会决议的撤销权。

● **北京贝瑞德生物科技有限公司诉吕某公司证照返还纠纷案**
【北京市第二中级人民法院(2013)二中民终字第17025号】
上诉人(原审被告):吕某。
被上诉人(原审原告):北京贝瑞德生物科技有限公司(以下简称"贝瑞德公司"),法定代表人:王某博,执行董事。

贝瑞德公司是有限责任公司,成立于2011年11月28日,注册资本200万元,实收资本200万元,法定代表人为吕某。公司股东为王某博和吕某,其中王某博出资190万元,吕某出资10万元。

2013年4月3日,王某博通过特快专递向吕某送达2013年第一次临时股东大会会议通知,主要内容为:95%表决权的股东及监事王某博提议,决定召开贝瑞德公司2013年第一次临时股东大会会议,会议时间是2013年4月21日9:00,会议地点是北京市某办公楼,议题为审议贝瑞德公司更换执行董事的议案以及更换监事的议案。2013年4月7日,吕某签收了该通知。

2013年4月21日,贝瑞德公司2013年第一次临时股东大会如期召开。出席会议的股东及股东代表1人,代表公司95%的表决权。会议由王某博提议召开并召集、主持,会议形成决议:执行董事和公司法定代表人由吕某变更为王某博等。

2013年4月21日作出执行董事决议,解除吕某贝瑞德公司总经理等全部职务,并以邮件、短信的方式通知吕某立即办理交接,吕某不返还公司证照、印鉴。

贝瑞德公司诉至法院,请求判令吕某返还贝瑞德公司的证照、印鉴等。

【一审】一审法院判决吕某于判决生效后10日内向贝瑞德公司返还印鉴、证照等。

【二审】北京市第二中级人民法院认为,股东会是有限责任公司的权力机构,股东会会议由股东按照出资比例行使表决权,股东依法通过召开股东会会议的形式对公司进行管理,有效的股东会决议对公司全体股东和高级管理人员均具有约束力。

吕某作为贝瑞德公司股东及时任执行董事、经理,应当遵守并执行股东会决议的内容。对于吕某上诉称王某博召开的股东会因召集人不具备资格不能被认为是合法股东会,本院认为:王某博于2013年4月21日召开的股东会已形成决议,虽然该股东会在召集程序上存在违反法律规定及公司章程之处,但吕某并未在决议作出之日起60日内申请撤销该临时股东会决议,因此该决议应为有效。

根据2013年4月21日的股东会决议,王某博已成为贝瑞德公司新任法定代表人及执行董事,其所作出的《执行董事决定书》亦对公司全体人员具有约束力,根据该决定书的内容,吕某被解除经理职务,并被要求立即与新任贝瑞德公司经理的王某博进行交接。对于吕某上诉称贝瑞德公司的证照、印鉴均不由其掌握,因此无能力返还上述证照的上诉理由,本院认为:由于吕某认可自2013年2月27日起至今上述证照及材料一直由贝瑞德公司的经营层、行政部门掌管,吕某亦未向王某博办理交接手续,在诉讼中吕某也提交了盖有贝瑞德公司公章的相关材料,因此,以上事实及依据说明吕某对证照仍实际控制,其仍然负有向贝瑞德公司交还上述印鉴、证照的义务,在此种情况下,贝瑞德公司诉请公司原法定代表人吕某返还公司经营所需公章、证照等文件,有事实及法律依据。

另,吕某上诉还称王某博以公司名义起诉不具备诉讼主体资格。对此,本院认为:公司外部纠纷应遵从商事外观主义,以工商登记作为认定原则,由于本案系公司证照返还纠纷,系公司内部纠纷,并基于原法定代表人吕某不认可股东会决议效力且未配合办理移交手续等原因,未能及时办理工商变更,以致工商登记与股东会选任的不同法定代表人同时存在,对于法定代表人的选任及判断谁能代表公司意志,应属于公司内部纠纷,应尊重公司章程规定,以公司内部有效决议文件来确定公司意志和公司意志代表。因此,王某博以公司名义提起诉讼,其行为应可以代表公司意志。

2013年12月18日,北京市第二中级人民法院驳回上诉,维持原判。

【简析】企业法人营业执照、公章、财务账册等相关证照资料是企业法人进行生产经营和对外交易的重要凭证,对外代表公司意志,是公司的表象,公司对其拥有所有权。公司证照一般由法定代表人实际占有控制,当法定代表人发生变化时,原法定代表人持有的公司证照应当返还给公司。

● 中青投资咨询(无锡)有限公司诉成某德等公司证照返还纠纷案

【江苏省高级人民法院(2013)苏商外终字第0035号】

上诉人:(原审被告):成某德;胡某昌。

被上诉人(原审原告):中青投资咨询(无锡)有限公司(以下简称"中青无锡公司")。

中青无锡公司于2008年3月26日核准设立,注册资本1000万港元,系中青投资有限公司(以下简称"中青公司")出资设立的全资子公司。中青公司原委任成某德担任中青无锡公司的执行董事、法定代表人职务,聘任胡某昌担任中青无锡公司的总经理。

2011年5月13日,中青公司作出董事会决议,主要内容为:1.中青公司是中青无锡公司的独家出资人,决定撤换成某德担任中青无锡公司法定代表人及执行董事职务,即时生效;2.撤换胡某昌担任中青无锡公司的总经理职务,即时生效;3.委任陈某进出任中青无锡公司的法定代表人及执行董事职务、代替胡某昌出任总经理职务,即时生效。同时,陈某进依据中青无锡公司章程作出免除胡某昌担任中青无锡公司总经理职务的决定。

2011年10月18日,中青无锡公司委托律师分别向成某德、胡某昌发律师函,要求成某德、胡某昌交还公司证照、印鉴章、财务账册给中青无锡公司,并要求成某德配合办理法定代表人工商登记变更手续,律师函因无法送达被退回。

中青无锡公司股东利益,请求法院判令成某德、胡某昌返还中青无锡公司的证照、印鉴章、财务账册等。

【一审】一审法院认为:

一、关于本案中青无锡公司诉讼主体是否适格

《公司法》第4条规定:"公司股东依法享有资产收益、参与重大决策和选择管理者等权利。"中青公司作为中青无锡公司的全额投资者,通过董事会决议作出免除成某德的中青无锡公司法定代表人和执行董事职务并任命陈某进担任中青无锡公司法定代表人和执行董事的决定符合公司章程和法律的规定。虽然中青无锡公司尚未办理法定代表人的工商变更手续,但工商变更仅仅是形式要件,2011年5月13日的董事会决议一经作出就具有法律约束力,董事会决议作出后,成某德已丧失了作为管理者代表中青无锡公司对外行使职权、履行职务的资格,陈某进则有权作为管理者代表中青无锡公司对外行使职权、履行职务,其当然可以代表中青无锡公司提起民事诉讼。

二、关于成某德、胡某昌是否返还中青无锡公司的证照、印鉴章、财务账册

1. 公司证照、印章是确认公司能够独立以自己的名义享有权利承担义务,对外进行活动的有形代表和法律凭证,上述财产理所当然属于中青无锡公司所有。

2. 董事、监事、高级管理人员应当遵守法律、行政法规和公司章程,对公司负有忠实义务和勤勉义务。有限责任公司作为法人组织,其证照、印鉴章、财务账册等必定是为公司具体的管理人员掌管、占有和使用。公司的法定代表人和总经理是公司的经营管理者,是公司财产的法定管理人。中青无锡公司设立之后,成某德作为法定代表人,胡某昌作为总经理,基于法律和公司章程的授权,获得了中青无锡公司经营管理权,必然也是该公司证照、印鉴章、财务账册的占有者、使用者和管理者。作为经营管理者,其职责之一就是善意保管公司财物,即使成某德、胡某昌

不直接保管中青无锡公司的证照、印鉴章、财务账册;但无论由谁来保管,都是源自公司董事长或总经理的授权,无论成某德、胡某昌是直接占有还是授权他人保管,其对中青无锡公司的证照、印鉴章、财务账册都有监管的法定责任。

3. 成某德虽辩称其不参与中青无锡公司具体经营管理,该公司证照、印鉴章、财务账册不是由其直接保管,但其有责任积极说明上述公司财物具体委托何人保管,并应对上述证照、印鉴章、财务账册的去向承担说明义务或者举证责任。

4. 2011年5月13日的董事会决议作出后,成某德、胡某昌失去了管理者的职权,已经无权再继续持有该公司证照、印章、财务账册。成某德、胡某昌负有离任交接的义务,即应当积极配合中青无锡公司办理财物移交手续,并配合办理工商变更登记。如果上述财物确实由中青无锡公司的其他管理人员保管,其也应当负责追回,并办理移交手续。

据此,一审判决成某德、胡某昌于本判决生效后十日内返还或负责追回中青无锡公司的证照、印鉴章、财务账册。

【二审】江苏省高级人民法院经认为:

一、陈某进有权代表中青无锡公司提起本案诉讼

中青公司作为中青无锡公司的唯一股东,有权任免中青无锡公司的法定代表人。中青公司董事会作出决议免除了成某德的中青无锡公司法定代表人和执行董事职务,并任命陈某进担任中青无锡公司的法定代表人和执行董事。该决议符合法律和公司章程的规定,应为有效。陈某进作为中青无锡公司的法定代表人,有权代表公司在起诉状中签名,提起本案诉讼。成某德、胡某昌主张,陈某进虽由中青无锡公司的股东任命,但未办理工商登记,不能对外行使法定代表人的权利。公司法定代表人的变更登记属于备案性质,未办理变更登记并不影响陈某进担任中青无锡公司的法定代表人的效力。成某德、胡某昌的上述主张没有法律依据,不予支持。

二、成某德、胡某昌应返还中青无锡公司的证照、印鉴章和财务账册

公司证照、印鉴章和财务账册是公司法定代表人和其他高级管理人员行使职务的重要凭证,应归中青无锡公司所有。成某德、胡某昌在任职期间,行使中青无锡公司的经营管理权,掌管公司证照、印鉴章和财务账册。根据《公司法》第148条的规定,成某德作为中青无锡公司的执行董事、法定代表人,胡某昌作为总经理,对公司负有忠实义务和勤勉义务。本院认为成某德、胡某昌负有保管公司证照、印鉴章和财务账册的义务。成某德、胡某昌对其履行保管义务的情况应承担举证责任,即负有说明公司证照、印鉴章和财务账册去向的义务。在成某德、胡某昌未能举证证明的情况下,应视为其实际占有公司证照、印鉴章和财务账册。成某德、胡某昌主张其并未参与公司的实际经营管理,由其他人员直接保管证照、印鉴章和财

务账册。即使由他人保管,也是受成某德、胡某昌的指示,辅助其保管公司证照、印鉴章和财务账册,因此仍应视为成某德、胡某昌实际占有。成某德、胡某昌被免去中青无锡公司的职务后,无权继续占有公司证照、印鉴章和财务账册。

2013年12月21日,江苏省高级人民法院驳回上诉,维持原判。

● **上海视臻信息技术有限公司诉李某东等损害公司利益责任纠纷案**

【上海市闵行区人民法院民事判决书(2013)闵民二(商)初字第1645号】

原告:上海视臻信息技术有限公司(以下简称"视臻公司"),诉讼代表人,徐某,该公司监事。

被告:李某东;胡某;上海昊辰信息科技有限公司(以下简称"昊辰公司")。

视臻公司于2011年2月17日成立,为有限责任公司,股东李某东持有50%股权、徐某持有10%股权、吴某华持有40%股权。胡某与李某东系夫妻关系。法定代表人、执行董事为胡某,监事为徐某,总经理为李某东。

公司在经营过程中,由于股东之间产生矛盾,引发多起诉讼。现视臻公司停止经营,但尚未解散。

2012年11月15日,昊辰公司成立,为有限责任公司,注册资本10万元。本次诉讼前,昊辰公司登记的股东为胡某、胡某丹,胡某持有80%股权。诉讼中,胡某将其持有的80%股权转让给了他人,公司法定代表人、执行董事也由胡某变更为周某。

原告公司监事徐某根据公司章程授予的职权作为原告的诉讼代表人对胡某、李某东提起诉讼。原告认为,胡某和李某东的行为严重违反其作为公司执行董事的忠实义务,对其严重损害公司利益的行为,应当承担赔偿责任。胡某和李某东没有合法依据,擅自转移原告资产的行为,构成对原告财产权的侵害,应当归还原告相应的资产,并赔偿该行为给原告造成的损失。要求:1.李某东、胡某返还原告公司资产(现金95万元、价值113万元的库存电子零部件、办公桌和电脑桌、税控机1台、部分购销合同原件、部分财务记账凭证);2.李某东、胡某赔偿原告与奥林巴斯公司于2013年4月9日签订的买卖合同的损失114149元;3.昊辰公司对第1项、第2项诉讼请求承担连带清偿责任;4.昊辰公司获得的全部经营收入归原告所有;5.李某东、胡某对第4项诉讼请求承担连带清偿责任。

庭审中,被告胡某陈述税控机1台、部分公司合同、公司成立至2013年3月期间的财务记账凭证以及现金95万元现由其保管。

【一审】上海市闵行区人民法院认为:

一、按照法律规定,当公司利益遭受侵害时,监事可以依照法律规定,以公司名义提起诉讼。本案原告是公司,并不是监事个人,被告分别是原告的法定代表人(执行董事)、总经理,故原告监事作为本次诉讼的诉讼代表人代表公司并无不妥。

二、虽然由于股东纷争致使原告停止经营，但原告尚未解散，还在存续期间。胡某虽然是原告的法定代表人，但个人保管公司财物显属不当，应予返还。

三、如果公司发现其董事、高级管理人员从事了违反竞业限制业务的经营行为，那么公司便对董事、高级管理人员享有诉权，具体表现在两个方面：1.首先是行使归入权，要求确认董事、高级管理人员从事竞业经营所得的收入归公司所有，这一方面是对公司利益的恢复，另一方面也是对违反竞业限制义务的处罚；2.其次是要求赔偿损失，如果公司还因为董事、高级管理人员的竞业经营遭受损失，可以要求赔偿。由于《公司法》没有专门就竞业限制诉讼规定特殊的举证责任分配规则，因此，竞业限制诉讼的举证责任需要按照一般的举证分配规则，即"谁主张，谁举证"的规则来确定，而不适用举证责任倒置规则。原告诉请的昊辰公司营业收入，属于昊辰公司所有。被告胡某虽然持有80%的股权，但昊辰公司具有独立人格，该营业收入不属胡某所有，昊辰公司不应该承担归入责任。即使以经济效果之归属作为竞业方式的划分标准，昊辰公司应该承担的也是损害赔偿责任。本案中，原告诉请昊辰公司的营业收入归原告所有，不符合《公司法》（2005年修订）第149条第2款的规定，不能获得本院的支持。

2014年1月26日，上海市闵行区人民法院判决被告胡某于本判决生效之日起十日内归还视臻公司款项95万元、税控机1台、公司合同、2011年2月17日至2013年3月期间的公司财务记账凭证。

【简析】当公司利益遭受侵害时，监事可以依照法律规定，以公司名义提起诉讼。

● **上海视臻信息技术有限公司与李某东解散纠纷案**
【上海市金山区人民法院民事判决书（2013）金民二（商）初字第1346号】
原告：李某东。
被告：上海视臻信息技术有限公司（以下简称"视臻公司"）。
第三人：吴某华；徐某。

原告诉称，视臻公司成立之初，股东约定第一年不分红，第二年开始分红，但至今股东之间未就财务报表和分红金额达成一致意见。视臻公司处于无章、无证、无资金、无办公场地、无人、无股东会等情况，且已不具备正常公司运营条件，处于名存实亡的状态，公司继续存续势必给原告造成更大的损失，且通过其他途径不能解决。

原告提起诉讼要求判令解散视臻公司。

【一审】上海市金山区人民法院认为：

一、根据庭审查明的情况和当事人的当庭陈述可以看出，现虽被告暂无经营场所和人员,但这并不能成为公司解散的法定事由,且关于公司证照的情况,股东之间正通过司法途径予以解决。因此,不能排除公司以后走上正轨的可能。

二、被告公司股东之间确实存在冲突,但冲突并非公司解散的充分条件,只有当股东之间的这种冲突具有长期和不可缓和性,并造成公司经营管理发生严重困难,股东会或无法有效召集,形成股东会僵局,公司的一切事务处于瘫痪状态时,方可引发公司的解散。

三、被告公司在成立后召开过股东会决议并形成相关的股东会决议,公司的股权亦发生过变更。现虽股东之间产生一定冲突,但如果双方股东以积极的态度,各自切实履行业已生效的相关民事判决,厘清各方的债权债务关系,共同忠诚于公司事业,届时公司经营和治理僵局的状况应有改观。

四、公司立法和司法提倡最大限度维持公司的存续,在各方股东尚未履行与公司经营和治理救济密切相关民事判决的情况下,现时解散公司还为时尚早。在公司运作过程中,各自均存在一定过错,即刻解散公司是消极的做法,只会使矛盾更趋对立,公司股东的矛盾和利益之争也更难得到化解。因此,各方当事人现时只有自觉履行已生效法院判决,以此争取改善乃至消除相互之间的隔阂,才是积极摆脱公司困境的可取路径。

根据我国《公司法》第183条的规定,股东请求解散公司之诉,存在一个前置性条件,即通过其他途径不能解决。原告称公安机关未予受理其报案,故无法通过司法途径解决。公司法规定的其他途径指的是公司内部救济,实际上现股东之间进行的诉讼正是通过公司内部救济途径来解决现存的公司困境。

2014年3月31日,上海市金山区人民法院判决驳回原告李某东要求解散被告视臻公司的诉讼请求。

【简析】公司立法和司法提倡最大限度维持公司的存续。公司股东之间存在冲突并非公司解散的充分条件,只有当股东之间的这种冲突具有长期和不可缓和性,并造成公司经营管理发生严重困难,形成股东会僵局,公司的一切事务处于瘫痪状态时,方可引发公司的解散。

● **上海视臻信息技术有限公司与潘某娟公司证照返还纠纷上诉案**
【上海市第一中级人民法院民事判决书(2014)沪一中民四(商)终字第819号】
上诉人(原审被告):潘某娟。
被上诉人(原审原告):上海视臻信息技术有限公司(以下简称"视臻公司"),法定代表人:胡某。

视臻公司于2011年2月注册,注册资金人民币300万元,法定代表人为胡某,股东3人。法定代表人胡某的丈夫李某东出资150万元,占股比例50%;被告潘某娟出资120万元,占股比例40%;徐某出资30万元,占股比例10%。被告潘某娟的股份于2011年12月转让给其母亲吴某华。

被告潘某娟是公司财务兼出纳,公司在银行办理基本户和一般户都是由被告去银行办理。而被告在办理完基本户和一般户后再也没有把营业执照、税务登记证、企业组织机构代码证、公章、财务章、法人章交还给原告。

为履行股东及监事职责,原告公司股东、监事徐某发函给吴某华、潘某娟,要求吴某华、潘某娟在2013年8月31日前将所持有的全部公司证照交由徐某持有、保管,直至公司利益得以维护且公司摆脱僵局,该函落款日期为2013年8月10日。2013年8月29日,徐某发电子邮件给吴某华、潘某娟,告知已收到原告公司证照一套。

【一审】一审法院认为:本案系争的原告公司的公司营业执照、公司税务登记证、公司组织机构代码证、公司组织机构代码证IC卡、公司公章等,均属于原告的财物。根据既已查明的事实,原告诉请返还的上述物件原由被告实际控制,在原告提起本案诉讼及被告收到本案应诉材料后,被告转交给公司监事徐某。被告并非原告的法定代表人,除非公司内部有特别约定,否则从法定代表人的职权角度而论,亦应由原告的法定代表人具体持有或安排持有,被告理应返还原告上述物件。在本案诉讼期间,被告将上述物件转移,显属恶意转移本案标的物,应由被告负责从徐某处取回。若被告认为法定代表人或股东已损害原告公司或公司股东利益的,可另案主张,与本案无关。

据此,一审法院判决被告潘某娟于本判决生效之日起十日内将原告视臻公司的证照及印鉴返还视臻公司。

【二审】上海市第一中级人民法院认为:

一、关于视臻公司是否具备本案适格主体资格的问题

潘某娟对视臻公司在没有加盖公司公章的情况下提起本案诉讼的事实提出异议,对此,本院认为,根据我国《民法通则》(已失效)第38条、《民事诉讼法》(2012年修正)第48条、《公司法》第13条的规定,法定代表人作为最基础的公司意志代表机关,是法人当然的诉讼意志代表主体。公章是公司对外作出意思表示的重要外在表现形式,但法律并未规定公章本身能够直接代表公司意志。本案中,视臻公司起诉目的就在于要求其财务潘某娟返还公司公章,在法定代表人与公司公章分离的情况下,法定代表人胡某以公司名义作出的诉讼行为,应视为公司的诉讼行为。原审法院认定视臻公司具备合法的主体资格参加本案诉讼,并不违反相关法律规定,潘某娟此项上诉请求,本院不予采信。

二、关于潘某娟是否负有返还系争标的物的责任问题

1. 系争标的物属于视臻公司的财物,潘某娟因工作需要使用系争标的物,属于合法持有行为,但在其办理完相关业务后或在公司要求其返还系争标的物时,潘

某娟负有及时返还的责任。2.潘某娟现称其已将系争标的物交给股东吴某华,并由吴某华转交给徐某,故其无法返还。对于系争标的物的去向,虽有潘某娟提供的徐某出具的申明书表明系争标的物现由徐某保管,但鉴于徐某、吴某华均未到庭接受法庭的质询,且结合潘某娟在一、二审中多次不同的陈述,本院对于系争标的物现有保管状况难以作出准确判断。3.虽然视臻公司未提供证据表明股东间就系争标的物应由谁保管作出过书面约定,但是从徐某远在美国、吴某华年事已高且潘某娟是从李某东处取得系争标的物的事实表明,系争标的物一直是由李某东或法定代表人胡某保管。出于公司正常经营的需要,作为财务的潘某娟在使用完毕系争标的物后仍应按公司的管理惯例将系争标的物归还给李某东或胡某管理,而无权就系争标的物应由谁保管代公司作出决策。潘某娟不但在使用完毕后未及时归还系争标的物,还在接到本案应诉材料后仍拒不归还系争标的物,其行为显有恶意。

2014年7月10日,上海市第一中级人民法院驳回上诉,维持原判。

【简析】除非公司内部有特别约定,从法定代表人的职权角度而论,公司证照、印章应由法定代表人具体持有或安排持有。

● **上海昌城实业有限公司与严某华公司证照返还纠纷上诉案**

【上海市第二中级人民法院民事判决书(2014)沪二中民四(商)终字第885号】

上诉人(原审被告):严某华。

被上诉人(原审原告):上海昌城实业有限公司(以下简称"昌城公司"),法定代表人:王某华。

昌城公司于1996年11月12日经上海市工商行政管理局宝山分局注册登记成立。法定代表人为严某华,注册及实收资本为人民币500万元,经营期限至2013年12月28日。公司股东包括陈某兴(持股93%)、张某成(持股1.6%)、严某华(持股1.2%)、唐某根(持股1.2%)、王某华(持股1%)、赵某英(持股1%)、盛某虎(持股1%)。

2013年11月15日下午,昌城公司召开临时股东会会议,全体股东(其中股东陈某兴委托张某出席)出席会议。会上,严某华表示:"目前选举执行董事和法(定)代表(人)、监事人选不适宜。"严某华中途离席,未在会议记录上签字确认。其余股东均在该会议记录上签字确认。该次会议选举王某华担任执行董事、盛某虎担任监事,形成《昌城公司临时股东会决议》,内容为:同意选举王某华为公司执行董事,担任上海昌城实业有限公司的法定代表人;同意选举盛某虎为公司监事,向上海市工商局宝山分局办理有关变更手续。

2013年12月16日,昌城公司根据《昌城公司临时股东会决议》的内容通知严某华携公司印章配合办理昌城公司相关工商变更手续,但遭严某华拒绝,致办理不成。

为此,昌城公司起诉请求判令严某华向昌城公司返还公司公章。

【一审】一审法院认为:根据我国《公司法》的相关规定,股东会是由全体股东共同组成的,对公司经营管理和各种涉及公司及股东利益的事项拥有最高决策权的公司权力机构。通过法定程序形成的股东会决议如果存在法定无效或者被撤销情形的,当事人可以提起公司决议效力确认或者公司决议撤销之诉。昌城公司依照法定程序召开股东会议并于 2013 年 11 月 15 日形成《昌城公司临时股东会决议》,决议内容包括将昌城公司的法定代表人由严某华变更为王某华等。严某华未对该决议的效力提起过诉讼,该决议合法有效,并体现了昌城公司的法人意志,昌城公司的法定代表人依法变更为王某华。因此,由王某华签字可以代表昌城公司提起本案诉讼。

严某华确认昌城公司的公章现仍由其保管,故昌城公司有权要求其返还公章。严某华有关因股东陈某兴涉嫌犯罪、由其保管公章有利于防止国有资产流失的抗辩,由于公章的所有权并非公司某一股东所有,而是属于公司所有,故公司有权依据股东会决议自行或者指派他人保管,以开展经营活动,故严某华的辩称依据不足,不予采信。

据此,一审法院判决严某华应于判决生效之日起七天内返还昌城公司公章一枚。

【二审】上海市第二中级人民法院认为:

一、就昌城公司提供的证据可以表明张某在参加 2013 年 11 月 15 日临时股东会前即已取得了陈某兴的授权。严某华对此虽有异议,但无反证。故本院对其抗辩意见不予采纳。

二、如若严某华认为 2013 年 11 月 15 日的临时股东会存在表决程序或决议内容违法等情形的,应当在法律规定的期限内及时提起决议撤销之诉或确认决议内容无效之诉,以维护自身的合法权益。但截至目前,严某华并未提供其已提起了相关诉讼的证据。鉴于本案审理的是证照返还诉讼,并非决议撤销或确认无效的诉讼,故临时股东会决议的程序或内容的合法性问题并不属于本案的审理范围。

三、严某华称其未及时针对临时股东会的表决程序或决议内容提起相关诉讼的原因是其从不知晓《昌城公司临时股东会决议》的内容。但根据昌城公司提供的证据,昌城公司已及时向其告知了股东会决议内容。况且,即便之前确不知晓,其最迟在昌城公司提起本案原审诉讼时也应当已经知晓,而至今亦无证据显示其对于股东会表决程序及决议内容曾提起过相关诉讼,故本院对于严某华此节抗辩亦不予采信。

四、昌城公司控股股东陈某兴被刑事羁押的事实与本案中昌城公司形成《昌城公司临时股东会决议》变更法定代表人以及要求原法定代表人严某华向公司返还公司印章一节并不冲突。严某华对其所称的,公司在此时变更法定代表人系为了争夺公司印章并损害公司利益一节,亦无证据佐证。且公司的印章本就属于公司,而非某个股东个人。故在目前并无证据推翻《昌城公司临时股东会决议》内容有效性的情况下,该决议所形成的要求严某华向公司返还印章的公司意志具有法律效力。原审法院据此支持昌城公司的诉讼请求于法有据,本院予以支持。

2014年8月19日,上海市第二中级人民法院驳回上诉,维持原判。

【简析】被撤销法定代表人资格的占有人有义务返还原公司的证照。公司的印章本属于公司,而非某个股东个人,故在并无证据推翻《昌城公司临时股东会决议》内容有效性的情况下,该决议所形成的要求原法定代表人向公司返还印章的公司意志具有法律效力。

公司公章作为公司的财产,应当由公司法定代表人或者经营管理者保管,公司依法对其享有所有权。在公司证照返还纠纷中,公司股东会决议效力并非审理范围。当事人认为股东会决议无效的,可以向人民法院提起确认公司决议无效之诉。股东会决议未经人民法院确认无效,具有法律效力。

● **李某东诉上海视臻信息技术有限公司公司决议撤销纠纷案**

【上海市金山区人民法院民事判决书(2014)金民二(商)初字第759号】

原告:李某东。

被告:上海视臻信息技术有限公司(以下简称"视臻公司",法定代表人:胡某)。

第三人:吴某华;徐某。

视臻公司2014年1月14日的股东会决议书载明:经公司监事徐某召集,2014年1月14日,公司分别于旧金山和上海以视频会议方式举行了公司年度定期股东会议。全体股东应到三人,实到两人,股东李某东未到。经会议讨论,出席会议的股东吴某华、徐某一致同意作出如下决议:1.免去胡某公司执行董事一职,并根据公司章程规定不再担任公司法定代表人;2.选举贾某娣担任公司执行董事,并根据公司章程规定出任公司法定代表人;3.继续聘请徐某担任公司监事;4.未发现公司财务潘某娟损害公司利益的情形;5.公司的公章、证照、UKEY等财物继续由公司监事徐某持有;6.继续聘请徐某担任技术总监,全面负责新产品开发;7.目前不考虑对公司进行解散,待可能损害公司利益的情形消失后再行讨论。吴某华、徐某合计持有公司50%的股权,决议由公司监事徐某根据会议记录制作,股东会决议书日期为2014年1月14日,有吴某华、徐某的签名及被告公司公章。

2014年1月25日寄交的EMS快递单载明的内件品名为信函,寄件人为吴某华,收件人为李某东,查询单显示2014年1月27日栾某乍代收。

上海市工商行政管理局于2014年7月18日作出的《行政复议决定书》(沪工商复字〔2014〕第23号)认定:视臻公司内部各持有公司50%股权的股东就公司法定代表人的人选存在争议。视臻公司提交的变更公司法定代表人的申请材料不齐全且不符合法定形式,上海市工商行政管理局金山分局决定不予受理,并告知其应当补正的材料,其行为符合相关法律的规定。经全面审查,上海市工商行政管理局认为视臻公司的复议申请理由不能成立,决定维持上海市工商行政管理局金山分局作出的具体行政行为。

《行政复议决定书》查明:2013年11月24日,胡某通知公司全体股东召开股东会议;2013年12月16日,股东李某东出席股东会议,其他股东未参加,会议决定继续聘任胡某为公司执行董事,任期三年。2014年1月14日,股东吴某华、徐某通过视频召开股东会议,股东李某东未参加,会议决定解除胡某执行董事职务,并聘任贾某娣为公司新任执行董事兼法定代表人。2014年3月17日,贾某娣委托他人至上海市工商行政管理局金山分局,上海市工商行政管理局金山分局下属注册科工作人员向其说明了变更登记所需材料及文书要求,没有收取申请材料。2014年3月31日,上海市工商行政管理局金山分局收到贾某娣代表视臻公司通过EMS提交的关于公司法定代表人变更登记材料及复印件。因视臻公司各占50%的股东之间就法定代表人的人选存在争议,贾某娣法定代表人身份无法确定,且未能提交营业执照副本,申请材料不齐全且不符合法定形式,上海市工商行政管理局金山分局决定不予受理,并于2014年4月8日出具了《不予受理通知书》。

原告提起诉讼,请求判令撤销2014年1月14日视臻公司形成的股东会决议。

【一审】上海市金山区人民法院认为:股东会或者股东大会、董事会的会议召集程序、表决方式违反法律、行政法规或者公司章程,或者决议内容违反公司章程的,股东可以自决议作出之日起六十日内,请求人民法院撤销。

一、对于第三人吴某华提出第一条抗辩意见。第三人吴某华、徐某召开股东会的时间为2014年1月14日,距离原告起诉日期2014年4月1日确实已经超过六十日。但法律的本意应当是合乎一般人所能理解的范围与程度。如果股东对于股东会的召开及股东会决议的形成根本不知情,此时再要求股东在作出决议六十日内提出撤销显然不合情理。按照第三人吴某华的抗辩逻辑,任何公司控股股东只要在召开股东会前后不履行告知其他股东的义务,其他股东就无法履行撤销权,这显然与立法的本意相悖。本案中,第三人吴某华辩称曾提前十五日电话通知原告、胡某,但并未提交相关证据;其于2014年1月25日寄交的信函即是2014年1月14日股东会决议书,这也有待证明,况且该邮件并非原告、胡某签收,故原告、胡某对于其次此次股东会的召开、决议的形成并不知情。原告称接到上海市工商行政管理局金山分局电话通知,才得知2014年1月14日股东会决议书的内容。2014年3月17日,案外人贾某娣委托他人至上海市工商行政管理局金山分局办理公司法定代表人变更登记,故原告知道2014年1月14日股东会决议书内容的时间应当是在2014年3月17日之后。按此时间节点计算,并未超过法律规定六十日的期间。

二、对于第三人吴某华提出第二条抗辩意见。结合(2013)浦民二(商)初字第2309号民事判决书、(2014)沪一中民四(商)终字第819号民事判决书、第三人吴某华抗辩中提及的其他法律文书,以及《行政复议决定书》(沪工商复字〔2014〕第23号),被告公司股东之间对法定代表人等事项存在较大争议。但这不是胡某不能作为公司法定代表人、不能履行法定代表人职责的充分理由。法律尊重工商行政管理部门登记公司法定代表人的公示效力,何况(2014)沪一中民四(商)终字第819号民事判决书也认可胡某代表被告的诉讼效力,再结合被告公司章程第十七条、第二十一条,故某娟仍是公司的法定代表人,有权代表被告出庭应诉。

三、对于第三人吴某华提出第三条抗辩意见。公司章程第十二条"应当于会议召开十五日以前通知全体股东"的规定,第三人吴某华辩称曾提前十五日电话通知原告、胡某,但并未提交相关证据。第三人徐某召集2014年1月14日股东会不符合公司章程第十三条"股东会会议由执行董事召集并主持"的规定,第三人吴某华也未提交证据证明胡某有"不能履行或者不履行召集股东会会议职责"的情形。相反,根据上海市工商行政管理局《行政复议决定书》认定的内容:2013年11月24日,胡某通知公司全体股东召开股东会议;2013年12月16日,公司召开了股东会,会议决定继续聘任胡某为公司执行董事,任期三年。可见,该股东会决定与2014年1月14日股东会决议内容有明显冲突。本院有理由相信,第三人徐某召集2014年1月14日股东会是公司股东之间争议的结果,而并非胡某不能履行或者不履行召集股东会会议的职责。故本院对第三人吴某华的该抗辩不予采信。

2014年10月23日,上海市金山区人民法院判决撤销视臻公司于2014年1月14日形成的股东会决议。

● **上海视臻信息技术有限公司诉徐某公司利益责任纠纷案**

【上海市徐汇区人民法院民事判决书(2014)徐民二(商)初字第503号】

原告:上海视臻信息技术有限公司(以下简称"视臻公司"),法定代表人:胡某。

被告:徐某。

原告视臻公司诉称,胡某为视臻公司法定代表人,李某东担任视臻公司总经理并负责经营管理；徐某、吴某华不在视臻公司担任任何职务，也不参与具体事务。但徐某在视臻公司经营过程中，在没有视臻公司股东会决议、总经理李某东也未认可的情况下，非正常报销614018.7元款项，严重损害了视臻公司的合法权益。

视臻公司提起诉讼请求判令徐某返还报销钱款614018.7元。审理中，原告将诉讼请求变更为判令徐某返还报销钱款614072.57元。

被告诉称，被告报销款项主要由三部分组成：一是代购设备款；二是视臻公司奖金；三是股东分红。徐某为视臻公司股东，并担任公司技术总监，奖金和分红均由视臻公司以报销形式代办，且徐某的报销手续符合视臻公司的规定及一贯做法。徐某长期居住在美国，视臻公司以合乎报销流程的方式支付徐某报销款，徐某无任何主动行为，仅是被动接受，不存在损害公司利益之说。还有，原告举证的报销凭证上的"徐某"签名均非徐某所签，报销凭证也非徐某提交，原告诉请主张的614072.57元中徐某仅收到通过银行转账的438838.86元。最后，原告若认为损害公司利益也应寻求公司内部救济。

【一审】上海市徐汇区人民法院认为：

一、胡某以视臻公司法定代表人身份代表视臻公司作为原告起诉本案，该原告是否具备适格主体资格？

本院认为，根据《民法通则》（已失效）第38条、《民事诉讼法》（2012年修正）第48条第2款的规定，法定代表人作为最基础的公司意志代表机关，是法人当然的诉讼意志代表主体。公章是公司对外作出意思表示的重要外在形式，但法律并未规定公章本身能够直接代表公司意志。现工商行政管理机关登记的视臻公司法定代表人为胡某，该登记具有公示效力且登记内容符合公司章程的约定；在工商行政管理机关登记的法定代表人未予变更以及视臻公司未形成有效股东会决议撤换法定代表人的情况下，被告未能提供相应业已改选法定代表人的有效反证。故本院认可胡某仍为视臻公司的法定发表人，有权代表视臻公司起诉，本案起诉原告具备适格的主体资格。

二、被告是否应当返还报销款项？

本院认为，本案系一般侵权纠纷。原告要求被告返还报销钱款614072.57元，须举证证明被告的报销行为同时具备违法行为、损害事实、违法行为与损害事实存在因果关系、主观过错四个要件。对此，被告自认收到银行转账款项合计438838.86元，对于其余175233.71元款项，原告未能举证证明该款项为被告所收取，原告要求被告返还该175233.71元款项的主张显然不能成立。

对于被告自认收到的438838.86元款项，被告是否应当予以返还？对此，法院认为：1.该部分款项对应的报销凭证中"徐某"签名均非由被告所为，报销凭证并非被告提交，在案证据也不足以反映被告系上述报销行为的经手人或共谋人，故本院仅凭被告被动收款的行为难以认定被告具有侵占视臻公司财产的过错。2. 上述款项视臻公司均已记账，该记账事实本身代表视臻公司财务审查已认可了该部分支出。即便该报销行为损害了视臻公司的财产利益，其后果也应由报销行为的直接经手人和审批人承担。3. 视臻公司由于股东、高级管理人员之间矛盾不断，导致视臻公司财务资料几易其手，财务主管人员也几易其人，企业财务管理制度根本未能贯彻落实。该现象直接导致了本案纠纷的产生，故视臻公司应就其自身财务管理混乱一事自行承担相应后果。综上，被告收取上述438838.86元款项的行为，难言构成侵权。

原告主张被告报销诉争款项，未经李某东签字，不符合《公司管理制度》的规定。然原告并未进一步举证其已按劳动合同法的规定将《公司管理制度》予以公示或告知员工，故该管理制度并不具备法定生效要件，对被告不具有约束力。

被告作为视臻公司股东和监事，在本案中未损害视臻公司利益。

2015年4月24日，上海市徐汇区人民法院判决驳回视臻公司的诉讼请求。

### ● 上海视臻信息技术有限公司与徐某公司解散纠纷案

【上海市第一中级人民法院民事判决书(2016)沪01民终4309号】

上诉人(原审原告):徐某;吴某华。

被上诉人(原审被告)上海视臻信息技术有限公司(以下简称"视臻公司")，法定代表人:胡某，执行董事。

原审第三人:李某东。

原告诉称，2013年8月26日，第三人向贵院提起公司解散纠纷，原告徐某和吴某华作为公司股东由于在公司出现问题后垫付了大量的资金，希望通过继续经营弥补损失，上海市金山区人民法院(2013)金民二(商)初字第1346号民事判决以"解散公司还为时尚早"判决驳回李某东要求解散公司的诉讼请求。

2013年9月27日，原告徐某以监事身份代表被告起诉第三人、胡某及昊辰公司损害公司利益责任纠纷，上海市闵行区人民法院(2013)闵民二(商)初字第1645号民事判决"胡某虽是视臻公司的法定代表人，但个人保管公司财物显属不当，应予返还"。该判决生效至今，胡某未归还过任何擅自保管的财物，包括公司营运资金95万元、税控机1台、公司合同、2011年2月17日至2013年3月期间的公司财务记账凭证。

被告自2012年起公司股东之间的冲突不具有可缓和性，原告徐某、吴某华作为小股东无法运作公司以达到继续经营的目的，公司已长期处于不经营状态，治理机构失效，且近三年不能作出有效的股东会决议，管理发生严重困难，一切事务处于瘫痪状态，公司早已名存实亡。如继续存续会使股东利益遭受重大的损失。故起诉被告及第三人,要求解散被告公司。

被告视臻公司辩称,现在公司一切运行正常,可以正常决策。如果任何股东要求召开股东会,都可以进行,任何议题都可以讨论,公司运行没有困难,不同意解散公司。

第三人李某东述称:1.公司现在正常经营,两年内召开了股东会的,经营管理没有发生困难;2.2013年,是由于法律知识欠缺,才提出的公司解散,现认识到公司解散不利于股东和公司,已改变原有想法;3.现公司"三证"已重新办理,业务也重新展开,公司经营正常,不同意解散公司。

【一审】一审法院认为:根据法律规定,公司经营管理发生严重困难,继续存续会使股东利益遭受重大的损失,通过其他途径不能解决的,持有公司全部股东表决权百分之十以上的股东,可以请求人民法院解散公司。徐某、吴某华认为视臻公司近三年不能作出有效的股东会决议,由此说明公司经营管理发生严重困难。本案中,视臻公司股东徐某、吴某华一方的出资比例分别是10%和40%,而另一方股东李某东的出资比例为50%,按照法律及公司章程对股东会表决权的规定,如果双方在股东会上持相反意见,则股东会无法形成有效的决议。该院注意到,徐某、吴某华一方与李某东一方之间的多起诉讼确能反映双方存在矛盾冲突,但李某东一方曾于2013年和2014年提议召开股东会,特别是2014年的股东会,李某东一方不仅向徐某、吴某华的户籍地和国内房产权利登记地址寄发了股东会通知,还出具了有关股东会决议,这至少表明了李某东一方试图通过股东会这一形式来缓解或避免公司经营管理困难的态度,相反徐某、吴某华对此未作出相应的努力。股东会不仅是有限责任公司的权力机构,也是股东之间直接协商解决股东、董事僵局的有效途径之一。现徐某、吴某华在近两年内既未主动提议召开股东会,也未参加对方提议召开的股东会,说明不能排除通过这一途径解决僵局的可能性。该院在(2013)金民二(商)初字第1346号公司解散纠纷案件的民事判决书中,也强调了公司的内部救济途径,本案当事人首先应当寻求这一方式,但自该案判决生效后,徐某、吴某华未作此尝试,不能证明徐某、吴某华已穷尽其他途径来合理解决僵局。徐某、吴某华要求原审法院直接解散视臻公司,不符合公司解散之诉法律的程序要求。

公司解散的条件之一为公司继续存续会使股东利益遭受重大的损失,现徐某、吴某华未提供证据证明这一事实要件的成立,相反,视臻公司提供了与案外人的合同来证明其处于正常经营之中,公司履行该合同由此取得利益的可能。有限责任公司成立以后,人民法院是否可以依公司法第182条的规定判决解散,应当保持相当慎重的态度。就本案查明的事实而言,解散公司并非当前解决股东之间的矛盾和利益之争的最佳方式,该院认定不宜直接判令视臻公司解散。

据此,一审法院判决驳回徐某、吴某华要求解散视臻公司的诉讼请求。

【二审】上海市第一中级人民法院认为,基于徐某、吴某华的上诉主张,本案的争议焦点在于视臻公司是否符合司法解散的条件。

一、视臻公司已持续四年未召开股东会,亦未形成有效的股东会决议,股东会机制已经失灵。《公司法司法解释二》第1条第1款规定,公司持续两年以上无法召开股东会或者股东大会,公司经营管理发生严重困难的;或股东表决时无法达到法定或者公司章程规定的比例,持续两年以上不能作出有效的股东会或者股东大会决议,公司经营管理发生严重困难的,单独或者合计持有公司全部股东表决权10%以上的股东,以上述事由之一提起解散公司诉讼,并符合《公司法》第182条规定的,人民法院应予受理。该规定既是人民法院受理解散公司诉讼案件的形式审查依据,也是判断公司是否符合解散条件的实体审查依据。根据上述规定,公司持续两年以上无法召开股东会,或股东大会以及股东表决时无法达到法定或者公司章程规定的比例,持续两年以上不能作出有效的股东会或者股东大会决议这两种具体情形,均属于判断公司是否出现股东僵局的重要参考因素。本案中,徐某、吴某华在视臻公司中占有50%股份,而李某东亦占50%的股份,徐某、吴某华与李某东之间拥有对等的表决权,同时,视臻公司章程规定股东会的决议须经代表二分之一以上表决权的股东通过,因此,视臻公司只有在徐某、吴某华与李某东意见一致的情况下才能作出有效的股东会决议。只要徐某、吴某华与李某东的意见存有分歧、互不配合,就无法形成有效表决,进而影响公司的运作。即便李某东单方面召集股东会,但如果徐某、吴某华不予配合,则事实上无法形成有效的股东会决议。与此同时,从2012年开始,徐某、吴某华与李某东及法定代表人胡某的矛盾激化并不断升级,进一步影响到视臻公司内部机制的运作,且李某东亦曾提起过解散公司之诉。鉴于此,本院认定视臻公司不能也不再通过股东会决议的方式管理公司,形成了股东僵局,股东会机制已经失灵。

二、视臻公司的监督机构无法正常行使监督职权。根据公司章程,视臻公司不设监事会而仅设监事,由徐某担任,但是现有证据表明,徐某已不能正常行使监事职权,且徐某在依据章程规定要求视臻公司促使胡某履行返还公司财产的生效判决时却未获配合。可见,由于徐某、吴某华与李某东、胡某之间的矛盾,视臻公司的监督机构实际上已无法发挥监督的作用。

三、公司本身是否处于盈利状况并非判断公司经营管理是否发生严重困难的必要条件。根据我国《公司法》第182条以及《公司法司法解释二》第1条的相关规定,公司经营管理发生严重困难主要是指管理方面存有严重内部障碍,如股东会机制失灵、无法就公司的经营管理进行决策等,不应理解为资金缺乏、亏损严重等经营性困难。本案中,在视臻公司的内部机制已无法正常运行、无法对公司的经营作出决策的情况下,即使尚未处于亏损状况也不能改变该公司的经营管理已陷入困境的局面。因此,视臻公司与李某东以公司仍在盈利为由,认为视臻公司的经营管理尚未发生严重困难的观点,本院不予采纳。

综上,本院认定视臻公司的权力机构、执行机构、监督机构均无法正常运行,视臻公司的经营管理已发生严重困难。

四、视臻公司继续存续会使股东徐某、吴某华的利益受到重大损失。股东通过参与公司决策、行使股东权利来争取利益的最大化、保证收益的及时获取。公司的经营管理如果出现严重困难,则有可能影响公司的正常运转以及股东权利实现通道的畅通,进而对股东的利益构成严重损害。本案中,视臻公司的内部运作机制早已失灵。徐某、吴某华虽为持有视臻公司50%股份的股东,但其股东权长期处于被剥夺的状态。由于视臻公司长期无法召开股东会并形成有效的股东会决议,徐某、吴某华并不能通过行使表决权来参与公司决策,徐某作为视臻公司监事亦不能有效地行使监督权。因此本院认定徐某、吴某华作为股东的合法权益将遭到损害,如果这样的局面继续存续,徐某、吴某华的合法权益将进一步遭受重大损失。

五、视臻公司的僵局通过其他途径长期无法解决。徐某、吴某华及李某东在四年时间内已产生多起争讼,且李某东亦曾向原审法院提出过解散公司之诉,原审法院及本院也从慎用司法手段强制解散公司的角度出发,给予各方当事人充分的时间进行调解,并组织当事人探寻化解僵局的办法,但均无成效。据此,本院认为视臻公司的股东已穷尽了其他救济途径,仍无法打破公司僵局,符合通过司法程序解散公司的条件。在此情况下,如果再要求徐某、吴某华继续通过其他途径解决矛盾,不符合《公司法司法解释二》第5条"当事人不能协商一致使公司存续的,人民法院应当及时判决"的规定,也有违公司司法解散前置程序的立法本意。

六、徐某、吴某华持有视臻公司50%的股份,符合我国公司法关于提起公司解散诉讼的股东须持有公司10%以上股份的条件。

综上所述,由于视臻公司股东李某东与另一方股东徐某、吴某华之间存有较大矛盾,且彼此不愿妥协而处于僵持状况,导致公司股东会等内部机制不能按照约定程序作出决策,视臻公司长期陷入无法正常运转的僵局,现有僵局如继续存续,将进一步损害股东的利益,在此情况下,徐某、吴某华作为持股50%的股东提出解散公司,有事实与法律依据,应予支持。

2016年7月27日,上海市第一中级人民法院判决解散被上诉人视臻公司。

● 创游科技(上海)有限公司与沈某公司证照返还纠纷上诉案

【上海市第一中级人民法院民事判决书(2014)沪一中民四(商)终字第1151号】

上诉人(原审被告):沈某。

被上诉人(原审原告):创游科技(上海)有限公司(以下简称"创游公司")。

创游公司成立于2012年9月。成立时,沈某任执行董事、法定代表人,创游公司公章及其名章均在沈某处。股东冯某持股比例5%、谈某锋持股比例85%、沈某持股比例10%。

2013年6月4日,创游公司监事冯某以监事身份向沈某邮寄《关于提议召开临时股东会会议的函》,主要内容:考虑到公司目前的经营状况及未来发展需要,提议召开股东会,就公司减少注册资本、股权结构调整及执行董事、监事变更事宜予以审议,特提请执行董事沈某在5个工作日内召集并主持股东会;如未在5个工作日内召集或拒绝,本监事将依据公司法及公司章程自行召集主持股东会。沈某收到冯某函,但未召集股东开会。

2013年6月13日,冯某以监事身份向沈某邮寄《创游公司股东会会议通知》,通知于2013年7月4日召开股东会会议,审议关于变更执行董事及法定代表人的议案,拟选举冯某为公司执行董事及法定代表人,任期自本次股东会决议通过之日起三年,沈某不再担任公司执行董事及法定代表人的职务等。

2013年7月4日,创游公司股东会召开,股东谈某锋、冯某、沈某委托代理人参加并在《创游公司临时股东会决议》签字。股东会决议载明,选举冯某为公司执行董事及法定代表人,任期自本次股东会决议通过之日起三年,沈某不再担任公司执行董事及法定代表人的职务;……表决结果为股东谈某锋、冯某同意上述全部事项,占公司有表决权股数90%,沈某反对上述全部事项,占公司有表决权股数10%。

同日,沈某的委托代理人作出书面声明,称目前创游公司股东内部涉及诉讼,并直接影响大股东谈某锋的股东问题,基于此,对于本次股东会作出的所有决议,本代理人一概不予认可。

创游公司于2013年1月9日在报刊上刊登《遗失声明》,并另行刻制公章。《遗失声明》内容为本公司于2012年12月31日遗失法人章、公章各一枚,自2012年12月31日起本公司原有法人章、公章无效。

创游公司提起诉讼请求判令沈某返还创游公司公章及其名章。

庭审中,创游公司撤回其请求返还法定代表人章即沈某名章的诉讼请求。

审理中,沈某向上海市嘉定区人民法院(以下简称"嘉定法院")起诉上海市工商行政管理局嘉定分局撤销行政登记,请求判令恢复其作为被上诉人的执行董事、法定代表人的身份。嘉定法院已立案受理。

【一审】一审法院认为：公司公章不仅是公司的财产，其更是具有对外代表公司意志的表象，应当由公司法定代表人或经营管理者保管。原来沈某保管创游公司公章正是基于其为创游公司执行董事、法定代表人。经创游公司股东会决议，变更执行董事、法定代表人为他人，沈某并未就股东会决议提出确认无效的诉讼，故沈某关于股东会决议无效，其仍然是创游公司执行董事、法定代表人，继续控制公章合理合法的抗辩缺乏依据，原审法院不予采信。沈某应当向创游公司返还公章。

据此，一审法院判决沈某于判决生效之日起十日内向创游公司返还公章一枚。

【二审】上海市第一中级人民法院认为：

1. 关于上诉人是否应当向被上诉人返还公章

公司公章作为公司的财产，应当由公司法定代表人或者经营管理者保管，公司依法对其享有所有权。上诉人原系被上诉人执行董事、法定代表人，其之前保管被上诉人公章有合法依据。后被上诉人股东会决议对公司执行董事、法定代表人进行了变更，上诉人不再担任被上诉人的执行董事、法定代表人。

上诉人主张被上诉人股东会决议内容违反了《公司法》及公司章程的规定，应属无效，上诉人仍是公司执行董事、法定代表人。本院认为，本案系公司证照返还纠纷，公司股东会决议效力并非本案审理范围。上诉人认为被上诉人股东会决议无效，可以向人民法院提起确认公司决议无效之诉，但至今上诉人并未提起该项诉讼，故被上诉人股东会决议未经人民法院确认无效，具有法律效力。上诉人的该项主张本院难以采信。根据被上诉人股东会决议，被上诉人执行董事、法定代表人已变更为他人，上诉人继续持有被上诉人公章缺乏依据，原审法院认为上诉人应当向被上诉人返还公章的意见，本院予以认同。

2. 关于上诉人主张在原审中其以提起行政诉讼为由要求原审法院对本案中止审理，原审法院不予准许违反了法定程序

根据上诉人的陈述，其向嘉定法院提起的行政诉讼系撤销工商登记案件，公司法定代表人等工商变更登记仅具有对外的公示效力，撤销工商登记并不产生公司股东会决议无效的法律后果，被上诉人股东会决议仍具有法律效力。故在原审审理中上诉人虽然已提起行政诉讼，但本案并不需要以该行政案件的审理结果为依据，上诉人的申请不符合相关法律规定的中止诉讼的情形，原审法院对上诉人申请中止本案审理不予准许，符合法定程序。况且二审审理中，上诉人表示该行政案件已审理终结，嘉定法院驳回了上诉人的诉讼请求。

2014年8月21日，上海市第一中级人民法院驳回上诉，维持原判。

【简析】公司公章不仅是公司的财产，其更是具有对外代表公司意志的表象，应当由公司法定代表人或经营管理者保管，公司依法对其享有所有权。

在公司证照返还纠纷中，公司股东会决议效力并非审理范围。当事人认为股

东会决议无效的,可以向人民法院提起确认公司决议无效之诉。股东会决议未经人民法院确认无效,具有法律效力。

● 宿迁市金圆五金交电化工有限公司与欧阳某公司证照返还纠纷上诉案
【江苏省宿迁市中级人民法院民事判决书(2017)苏 13 民终 1398 号】
上诉人(原审被告):欧阳某。
被上诉人(原审原告):宿迁市金圆五金交电化工有限公司(以下简称"金圆公司"),法定代表人:王某军,董事长。

(2013)宿中商终字第 0042 号民事判决书中认定,金圆公司的财务印章保管在公司财务科长欧阳某处。2007 年 4 月 3 日,金圆公司董事会决议中涉及免除欧阳某财务科长的职务,该决议经过公司董事王某军、徐某良、宋某法和张某法表决通过。该次董事会决议后,金圆公司多次就此财务印章及财务资料移交事宜通知欧阳某均未果,因而成讼。

庭审中,欧阳某陈述:……欧阳某在金圆公司改制前就是一直是财务负责人,改制后是财务科长,至今仍是财务科长……

【一审】一审法院认为:公司财务印章及财务资料均作为公司的专属物,均应由公司依法根据公司内部规章制度进行管理和使用。本案中,欧阳某自 2000 年起作为金圆公司的财务科长本有权占有公司财务印章及财务资料,但金圆公司已通过 2007 年 4 月 3 日的董事会决议免除了欧阳某的财务科长职务,该决议由公司四名董事表决通过,并就财务印章及财务资料移交事宜多次通知欧阳某。另外,2007 年 4 月 3 日的董事会决议形成后至今,金圆公司其他股东并未对此决议提起撤销之诉或确认无效之诉。故金圆公司有权要求欧阳某移交公司的财务印章及 2000 年起的财务资料。

据此,一审法院判决:欧阳某于判决生效之日起十日内向金圆公司移交公司的财务印章及 2000 年起的财务资料。

【二审】江苏省宿迁市中级人民法院认为,欧阳某应当向金圆公司返还公司财务专用章和财务账册。理由如下:

一、金圆公司于 2014 年 4 月 6 日召开临时股东会,会前按照法定程序向包括吴某、李某、张某民、张某法、欧阳某在内的各股东送达了《召开临时股东会通知书》,召开会议到场的股东人数也符合《公司法》和公司章程的规定,会后也以公示的方式公告了该次股东会决议的内容,故该次股东会召集程序合法,形成的决议也无违反法律、行政法规强制性规定的内容,故决议合法有效。根据该决议,欧阳某应当将公司改制以来的账务和会计资料以及相关的证件交回金圆公司。

二、关于欧阳某主张的 2007 年 4 月 3 日董事会召集程序不合法,决议内容无效的问题。本院认为,不论该次董事会召集程序是否合法、内容是否存在无效情形,因本案二审判决欧阳某返还公司证照的依据是2014年4月6日的股东会决议,而并非2007年4月3日董事会决议。

三、关于欧阳某主张金圆公司于2014年4月25日召开董事会并形成决议,由欧阳某继续担任财务科长一职,故其有权继续保管公司财务专用章和财务账册的问题。本院认为,因2014年4月6日股东会上已经决议免除张某民、吴某二人的董事职务,故2014年4月25日召开的董事会仅有两名具有合法身份的董事到场,该次董事会召开程序不合法,故未形成有效决议。至于(2015)宿城商初字第715号民事裁定书也只是暂时推定该次董事会有效,且该份裁定书最终对吴某、张某法、张某民、李某要求确认2014年4月25日董事会决议有效的起诉予以驳回,故一审未中止本案的审理,并无不妥。

2017年6月30日,江苏省宿迁市中级人民法院驳回上诉,维持原判。

### ● 上海卓昺实业发展有限公司与姚某云等公司解散纠纷二审民事判决书

【上海市第二中级人民法院民事判决书(2017)沪02民终9814号】

上诉人(原审被告):上海卓昺实业发展有限公司(以下简称"卓昺公司"),法定代表人:彭某嘉,执行董事。

上诉人(原审第三人):彭某嘉。

被上诉人(原审原告):姚某云。

2015年5月18日,姚某云与彭某嘉共同出资成立卓昺公司,注册资本为200万元,双方各出资100万元,各持股50%,彭某嘉任法定代表人。同日形成的股东会决议选举彭某嘉为执行董事,姚某云为监事。卓昺公司章程载明,公司有下列情形之一的,可以解散:1.公司经营期限届满;2.股东决议解散;3.因公司合并或者分立需要解散的……

2016年10月起,姚某云与彭某嘉之间的矛盾逐渐显现。为公司经营管理需要,公司设置了两枚网银U盾,由姚某云与彭某嘉各持一枚。双方矛盾发生后,彭某嘉将姚某云所持的U盾予以注销,致姚某云无法掌握公司资金进出的信息。

2016年10月28日,姚某云向公安机关报案称其至公司时,发现公司的门锁以及门禁密码已被更换。

公司自成立之日起未召开股东大会。

姚某云依据《公司法》第182条及最高院相关司法解释所规定的公司经营发生困难陷入僵局提起诉讼,请求人民法院解散卓昺公司。

【一审】一审庭审中,姚某云提出退股、减资或将其股权转让给彭某嘉等调解方案。一审法院也从维持公司存续的角度出发,组织双方进行调解,但均未达成一致意见。

一审法院认为,本案系公司解散纠纷,根据《公司法》的规定,公司股东提起公司解散纠纷,必须符合以下条件:1. 持有公司全部股东表决权百分之十以上的股东请求;2. 公司经营管理发生严重困难,继续存续会使股东利益受到重大损失;3. 通过其他途径不能解决。

双方的主要争议在于卓昙公司的经营管理是否发生严重困难。对此,一审法院认为,公司法规定的"公司经营管理发生严重困难",其侧重点在于考察公司内部管理机制是否正常运作,即股东间或公司管理人员之间是否由于利益冲突和矛盾导致公司的有效运行失灵,如股东会机制失灵、无法就公司的经营管理进行决策等。即使公司处于盈利状态,但也因股东会机制失灵,内部管理存有严重障碍,使公司的一切事务处于瘫痪状态的,可以认定公司经营管理发生严重困难。本案中,卓昙公司的股东仅有姚某云和彭某嘉两人,且各占50%的股份。姚某云既是股东,也是监事,其因公司门禁密码被更换而无法进入公司、网银U盾被注销致无法查看公司资金的运作情况,已无法正常行使监事职权,发挥监督作用。姚某云以公司监事身份以公司的名义两次提起诉讼,进一步说明两股东之间矛盾已处于不可调和之状态。因此,只要两名股东的意见存有分歧、互不配合,就无法形成有效表决,即无法通过股东会决议的方式管理公司,股东会机制已经失灵,可以认定公司经营管理发生严重困难。

尽管公司僵局并不必然导致公司解散,凡有其他途径能维持公司存续的,都不应轻易解散公司。但是,一审法院在审理中多次征询双方意见,试图通过调解维系公司,但均未达成最终合意。由于两股东之间已无互相信任与合作的基础,已经丧失了人合基础,如继续维系,姚某云的股东权益将会在僵持中逐渐耗损。相较而言,解散公司能为双方股东提供退出机制,避免股东利益受损。

据此,一审法院判决解散卓昙公司。

【二审】上海市第二中级人民法院认为,本案系公司解散纠纷,案件争议焦点为应否司法解散卓昙公司。

一、关于卓昙公司经营管理是否发生严重困难。卓昙公司、彭某嘉称,自卓昙公司设立之初,姚某云与彭卓嘉即各持50%股权,本案争议发生之前两股东并无争议,由彭某嘉一人负责公司经营管理,姚某云不曾参与公司经营,无召开股东会形成股东决议的必要,公司并未陷入管理僵局。本院认为,公司经营管理困难主要是公司权力运行发生严重困难,公司股东会等权力机构和管理机构无法正常运行,无法对公司的事项作出决议。本案中,姚某云与彭某嘉的持股比例和现实矛盾,客观上使得非实际经营管理人姚某云无法通过召开股东会并形成决议的形式享有股东应有的参与公司经营决策、管理和监督等法定权利,其股东利益可能受到损失,由此可以认定卓昙公司的经营管理发生严重困难。

二、姚某云与彭某嘉已尝试通过退股、减资、股权转让等途径解决本案未果,双方已无继续合作的信任基础,卓昙公司的人合性业已丧失,若卓昙公司继续存续,双方的利益均将受损。卓昙公司、彭某嘉称,卓昙公司尚有未收回的货款,彭某嘉为卓昙公司投入了所有时间和精力,若卓昙公司解散,将使卓昙公司和彭某嘉的利益受损。对此,本院认为,卓昙公司的解散并不影响其存续期间相关经营业务债权的合法实现,而公司应否继续存续,需要综合考量兼顾公司利益和各股东的利益。

2017年11月3日,上海市第二中级人民法院驳回上诉,维持原判。

【简析】公司法规定的"公司经营管理发生严重困难",其侧重点在于考察公司内部管理机制是否正常运作,即股东间或公司管理人员之间是否由于利益冲突和矛盾导致公司的有效运行失灵,如股东会机制失灵、公司权力运行发生严重困难,公司股东会等权力机构和管理机构无法正常运行,无法对公司的事项作出决议等。即使公司处于盈利状态,但也因股东会机制失灵,内部管理存有严重障碍,使公司的一切事务处于瘫痪状态的,可以认定公司经营管理发生严重困难。

● **上海铭源数康生物芯片有限公司诉姚某公司证照返还纠纷案**
【上海市第一中级人民法院民事判决书(2017)沪01民终14862号】

上诉人(原审原告):上海铭源数康生物芯片有限公司(以下简称"铭源数康公司"),法定代表人:姚某,董事长。

被上诉人(原审被告):姚某。

2005年2月24日,铭源数康公司成立,性质为有限责任公司(外国法人独资),股东为HD公司(注册于英属维尔京群岛,现任董事为邓某),现登记法定代表人为姚某。2016年8月12日,HD公司形成公司决议(邓某签字),决定免去姚某担任的铭源数康公司董事长及法定代表人职务;委派杨某为铭源数康公司董事、董事长、法定代表人职务,铭源数康公司公章、营业执照交由杨某保管。HD公司,股东为PLimited。

原告起诉请求:判令姚某返还铭源数康公司的公章及企业法人营业执照原件。

【一审】一审法院认为,被告向原告返还系争证照的前提是,被告实际占有并控制系争证照,但本案中,本院无法认定上述事实,故本院对原告的诉讼请求无法支持。具体来说:

一、从举证责任角度看,现原告诉请被告返还系争证照,其应当举证证明系争证照由被告实际占有并控制的事实,如系争证照的材料交接手续或相关文件记载由被告管理系争证照等,但原告并未提供任何证据证明上述事实,故原告应当承担举证不能的不利后果。

二、从法院审查角度看,在公司经营过程中,公司证照通常由公司专门机关或人员保管,因此,法院应当对是否实际占有或依据相关内部文件占有公司证照进行实质审查,不宜以公司整体控制权的判断来代替对证照控制及占有的认定。原因有二:1.公司内部管理实际情况通常比较复杂,且公司控制权的争夺亦系错综复杂,公司证照可能保管于不同的机构与个人手中,难以推定全部由公司实际控制人控制及占有;2.系争证照虽然特殊,但仍属物的范畴,存有具体形态,亦存在遗失或灭失的可能,如无证据,而直接推定公司实际控制人实际控制或占有系争证照,显然有失公平。

本案中,被告仅系原告的原法定代表人,尚无证据证明其是原告的实际控制人,在无证据证明的情况下,更不能推定系争证照由其实际控制及占有。

三、从实际履行角度看,在原告无法举证证明系争证照确实在被告处的前提下,实际履行过程中,亦会存在客观履行不能的问题,因此,原告的请求亦不应得到支持。

关于被告所提及的法定代表人变更须经审批的辩称,一审法院认为,现行法律并未明确规定外资企业法定代表人的变更必须经原审批机关批准,故本院对被告的该项辩称不予采纳。

需要说明的是,公司证照返还多是对公司控制权的争夺,但公司控制权争夺的途径存有多种,原告可另行主张权利。

据此,一审法院判决驳回原告铭源数康公司的诉讼请求。

【二审】上海市第一中级人民法院认为:尽管姚某为公司原法定代表人,但铭源数康公司并未提供证据证明姚某实际持有公章、营业执照等相关证照材料或者该些证照材料在姚某处,故姚某返还公章、营业执照的前提不存在,铭源数康公司的上诉请求不能成立,应予驳回。

2018年1月16日,上海市第一中级人民法院驳回上诉,维持原判。

【简析】公司证照返还纠纷的权利人应证明被告确实持有该公司证照。

● **苏某滨与龙岩市红邦水电有限公司公司证照返还纠纷再审案**
【最高人民法院民事裁定书(2019)最高法民申2444号】

再审申请人(一审被告、二审上诉人):苏某滨。

被申请人(一审原告、二审被上诉人):龙岩市红邦水电有限公司(以下简称"红邦公司"),法定代表人:陈某斌,董事长。

红邦公司成立于2001年11月16日,苏某滨为红邦公司的股东、董事。红邦公司在经营过程中,将红邦公司公章、土地使用权证、营业执照、开户许可证、取水许可证等证照及印鉴交由苏某滨保管使用至今。

红邦公司提起诉讼,请求判令苏某滨立即将红邦公司的公章、营业执照、土地使用权证、开户许可证、取水许可证等证照及印鉴归还给红邦公司。

苏某滨诉称,苏某滨持有公司证照,是股东会决议的结果,是有权占有。理由如下:1.公司证照保管和使用属于公司自治范围,可以由公司章程自行规定,或者由公司股东会、董事会作出决议。2.苏某滨是公司的大股东和董事,其经公司股东会决议保管公司证照。股东会决议保留在公司,公司不对外出示,苏某滨无法提供,但从这几年公司证照使用情况来看,可得知各方认可苏某滨有保管权,存在股东会决议。3.股东会决议属于公司文件,应保存在公司,但受陈某斌控制的公司,不认可存在股东会决议,与这几年证照使用的情况不符,应对其作出不利的推定。4.苏某滨继续保管公司证照的基础没有变,也不存在损害公司利益需要变更保管的情形。

【一审】一审法院认为:依照法律或者法人章程的规定,代表法人从事民事活动的负责人,为法人的法定代表人。公司法定代表人作为公司意志代表,在不与公司章程、授权冲突的前提下,有权行使对内管理公司运营、对外代表公司履行职务等行为;有权代表公司就公司证照返还纠纷提起诉讼,并自持或授权他人持有公司各种印鉴。公司证照及印鉴依法均属红邦公司所有,故作为法人主体的红邦公司有权要求苏某滨将公司证照及印鉴等物品返还公司。现苏某滨继续保管使用红邦公司公章、土地使用权证、营业执照、开户许可证、取水许可证等证照及印鉴没有合法依据,苏某滨有责任将上述物品返还公司。

据此,一审法院判决苏某滨应于判决发生法律效力之日起十日内向红邦水公司返还证照及印鉴。

【二审】二审法院认为,公司证照对外代表着公司的意志,是公司的表象。公司拥有证照的所有权,但为了方便公司内部的经营管理,公司证照往往由不同的公司机关或者人员占有、控制,如公司股东情况或者经营情况发生变化,之前有权占有、控制公司证照的人员可能无权继续占有而应当返还公司证照。本案陈某斌作为红邦公司法定代表人,有权代表公司提起诉讼。苏某滨认为其持有公司证照是股东会决议的结果,但并未提交相关股东会决议作为证据。苏某滨认为上述股东会决议由陈某斌保管,也应提交证据证明。因此,在公司诉请返还证照的情况下,苏某滨继续有权占有、管理公司证照的依据不足,原审判决苏某滨返还红邦公司的证照并无不当。

据此,二审法院驳回上诉,维持原判。

【再审】最高人民法院认为,公司法定代表人作为代表公司从事民事活动的负责人,在不与公司章程、授权冲突的前提下,有权行使对内管理公司运营、对外代公司履行职务等行为。本案中,陈某斌作为法定代表人有权代表红邦公司就公司证照返还提起诉讼。一审、二审法院认定陈某斌作为法定代表人有权代表红邦公司就公司证照返还提起诉讼,有法律依据。

苏某滨申请再审主张本案系陈某斌假借公司名义、损害苏某滨及公司利益而引发的纠纷。首先,陈某斌在工商登记信息上确系红邦公司的法定代表人,依法享有公司法定代表人的权利,苏某滨没有举证证明陈某斌系假借公司名义诉讼;其次,苏某滨主张陈某斌损害苏某滨和公司利益,并没有提交证据予以证明,故苏某滨的该项申请再审理由缺乏事实和法律依据。

苏某滨申请再审主张其持有公司证照是有权占有,是基于股东会决议的结果,股东会决议属于公司文件,受到陈某斌控制。但是,在一审、二审阶段以及申请再审期间,苏某滨均没有提供证据证明其该项主张。二审法院以苏某滨没有证据证明其为有权占有为由,认定苏某滨继续占有、管理公司证照依据不足,该认定并无不当。

2019年5月29日,最高人民法院裁定驳回再审申请。

【简析】法定代表人有权代表公司就公司证照返还提起诉讼。公司法定代表人作为代表公司从事民事活动的负责人,在不与公司章程、授权冲突的前提下,有权行使对内管理公司运营、对外代表公司履行职务等行为。

为了方便公司内部的经营管理,公司证照往往由不同的公司机关或者人员占有、控制,如公司股东情况或者经营情况发生变化,之前有权占有、控制公司证照的人员可能无权继续占有而应当返还公司证照。公司法定代表人,有权代表公司提起诉讼,追索公司证照返还。

● **宿迁市金圆五金交电化工有限公司与张某民等公司决议纠纷二审民事判决书**

【江苏省宿迁市中级人民法院民事判决书(2019)苏13民终1064号】

上诉人(原审原告):张某民;吴某中。

被上诉人(原审被告):宿迁市金圆五金交电化工有限公司(以下简称"金圆公司"),法定代表人:王某军,董事长。

原审原告:欧阳某;李某林;张某法。

2014年4月6日,金圆公司召开第三届一次临时股东会并形成决议。主要内容如下:公司现有股东146人,实到股东84人,委托8人,共计92人。会议通过举手表决一致通过以下决议:1.免去王某健、郭某军、张某涛三人监事职务。选举产生管某、付某田、虞某媛三名监事,虞某媛任监事会主席。2.通过监事会向大会提议免去张某民、吴某中二人的董事职务,由王某军、宋某法、张某法、徐某良、李某林五名董事组成新一届董事会。王某军继续担任董事长、法人代表。
3.通过张某民、吴某中、欧阳某等人利用职务之便侵害公司利益、挪用资金、职务侵占的犯罪嫌疑向公安机关报案,追究其经济和刑事责任并免去一切职务;通过《金圆公司管理条例》,要求欧阳某将公司改制以来的账务和会计资料以及相关证件交回公司。

张某民、吴某中、李某林、张某法、欧阳某提出诉讼请求:确认金圆公司2014年4月6日作出的股东会决议无效(庭审中,变更为确认金圆公司2014年4月6日作出的股东会决议不成立)。

【一审】一审法院认为,金圆公司的股本应为原始股东实际出资34.2万元。公司章程规定,股东按照出资比例行使表决权,一般事项需经50%以上的表决权通过。案涉股东会决议,赞成股东所持表决权已超过50%,应认定成立有效。原告诉称其他不成立理由,于法无据,不予支持。

据此,一审法院判决:驳回吴某中、张某民、李某林、张某法、欧阳某的诉讼请求。

【二审】江苏省宿迁市中级人民法院认为争议焦点是,金圆公司2014年4月6日股东会决议是否成立。

本案中,张某民、吴某中主张金圆公司2014年4月6日股东会决议不成立,与此相关的实质理由为,该次股东会出席会议的股东人数未达股东人数的50%、通过决议的股东所持表决权未达全部表决权的50%。对上述理由,应根据《金圆公司章程》的相关规定作出判断。

《公司法》及《金圆公司章程》对出席股东会的人数未作特别规定,故本案中应重点审查股东会决议表决通过是否达到了公司章程规定的表决权比例。《金圆公司章程》第21条规定:股东会对公司增加或者减少注册资本,合并、分立、解散、变更公司形式、修改公司章程作出决议时,必须经代表三分之二以上表决权的股东通过。第22条规定:股东会对其他事项作出决议必须经过50%以上表决权股东通过。第23条规定:股东会会议由股东按照出资比例行使表决权。

争议股东会决议的表决事项并非《金圆公司章程》规定必须经代表三分之二以上表决权的股东通过的事项,故应审查该次股东会决议是否经过代表50%表决权的股东通过。

张某民、吴某中认为金圆公司的股本总额为37.2万元,金圆公司认为其股本总额为34.2万元,双方主张存在3万元的差距,争议在于唐某英是否向金圆公司有效出资3万元并取得股东资格。

本院认为,根据《金圆公司章程》第20条的规定,公司增加或减少注册资本必须经代表三分之二以上表决权的股东通过。唐某英并非金圆公司的原始股东,按照张某民、吴某中的主张,唐某英对金圆公司出资3万元,系该公司新增股东。金圆公司吸纳唐某英作为股东,只能通过增加注册资本的方式进行。因张某民等人未按章程规定召开股东会对增资行为进行表决,其吸纳唐某英作为公司新股东未经过金圆公司股东所持表决权三分之二通过,后金圆公司于2006年10月24日召开股东会认定唐某英对金圆公司的"债转股"无效,符合公司法及该公司章程规定,故在计算表决权时不应计算唐某英所谓出资3万元。张某民、吴某中称金圆公司第一次股东会确认了唐某英的股东资格,没有证据证明,本院不予采信。

经统计,出席或委托他人出席2014年4月6日金圆公司股东会的股东为92人,张某民、吴某中主张孟某玲、周某、许某华、于某珍四人签名系伪造,但经本院核实,孟某玲、周某均认可其本人签名的真实性,故即便不考虑许某华、于某珍签名的真实性(二人出资各为1000元),通过决议所持表决权也超过金圆公司全体股东表决权的50%(18万元/34.2万元)。张某民、吴某中上诉称2014年4月6日股东会表决结果未达到公司法和公司章程规定的比例,与事实不符,本院不予采信。对于张某民、吴某中的其他上诉理由,本院认为同样不能成立。理由如下:1.对于股东会召集程序问题,属股东会决议是否可撤销问题,与决议是否成立无关。2.2003年12月23日金圆公司董事会作出决议决定增资扩股,因董事会无权决定该事项,故该次董事会决议不能导致张公民等股权增加的法律后果。

2019年6月11日,江苏省宿迁市中级人民法院驳回上诉,维持原判。

● **福建省中森置业有限公司与陈某全公司证照返还纠纷二审民事判决书**
【福建省三明市中级人民法院民事判决书(2020)闽04民终1398号】
上诉人(原审原告):福建省中森置业有限公司(以下简称"中森公司"),法定代表人:林某涵,执行董事。

被上诉人(原审被告):陈某全;陈某龙。

2010年10月13日,林某涵、陈某龙各出资1000万元注册成立中森公司,各占股50%。林某涵任该公司执行董事兼总经理、任公司法定代表人,陈某龙任监事。公司成立后,聘任陈某全(陈某龙的父亲)为公司经理。中森公司公章、公司合同专用章、公司财务专用章各一枚,由陈某全进行管理使用。

中森公司营业期间,林某涵、陈某龙对公司经营、管理、印章管理产生争议,双方于2016年11月28日签订《中森公司股东合作协议书》,约定公司聘任陈某全为总经理,负责上京商贸中心项目的具体实施,公司公章、财务专用章由林某涵、陈某龙共管。

此后,林某涵作为中森公司股东及法定代表人对中森公司合同专用章仍由陈某全管理存在异议,遂诉至一审法院。

【一审】一审法院认为：股东会系公司的最高权力机构，中森公司股东(出资人)之间形成的相关协议、管理制度等文件，从性质上分析，具备股东会决议的属性，体现了各股东的契约关系与共同意志。中森公司的合同专用章作为公司印章之一，具有对外代表公司意志的表象，林某涵代表中森公司请求返还合同专用章，其实质为公司内部治理中各股东之间对公司控制权的争夺。而公司内部的治理结构问题，属于公司内部自行调整的范围。中森公司成立后，林某涵、陈某龙就公司经营、财务共管制度达成合意，公司公章、财务专用章由林某涵、陈某龙共管，但对公司合同专用章的管理并未作出具体约定。陈某全接受中森公司授权，代表中森公司管理合同专用章，代签各类借款、担保合同等，并非"无权占有"。而是依据各股东之间约定的公司内部治理结构，特别是中森公司对作为公司经理陈某全的授权，故中森公司向陈某全提出的返还合同专用章的诉讼请求，不予支持。

据此，一审法院判决，驳回中森公司的诉讼请求。

【二审】福建省三明市中级人民法院认为：结合陈某全的任职情况、职权范围及中森公司合同专用章制作后即由陈某全进行管理使用之事实，可认定中森公司已授权陈某全管理使用中森公司合同专用章。本案现有证据尚不足以证明陈某全有损害公司利益的行为。本案中，林某涵、陈某龙各持股50%，中森公司的公司章程或相关文件并未规定该公司合同专用章的保管人。鉴于陈某全既为中森公司的经理(总经理)，又是中森公司50%股权持有人陈某龙的父亲，林某涵代表中森公司请求陈某全、陈某龙返还中森公司合同专用章给林某涵，其实质为公司内部治理中林某涵、陈某龙两股东之间对公司控制权的争夺。本案诉讼前，林某涵、陈某龙已就公司公章、财务章由林某涵、陈某龙共管达成合意，但双方对公司合同专用章的管理并未达成合意。股东会系公司的最高权力机构。在中森公司已授权陈某全管理使用公司合同专用章且公司股东会未就公司合同专用章保管事宜另行决议的情况下，中森公司要求陈某全返还公司合同专用章给中森公司法定代表人林某涵保管的上诉请求不成立。

2020年9月15日，福建省三明市中级人民法院驳回上诉，维持原判。

● **北京汇都投资有限公司与马某粮等公司证照返还纠纷二审民事判决书**
【北京市第三中级人民法院民事判决书(2020)京03民终4927号】

上诉人(原审原告)：北京汇都投资有限公司(以下简称"汇都公司")，法定代表人：杨某芳，总经理。

被上诉人(原审被告)：曹某芹；马某粮。

2005年7月7日，汇都公司成立，马某粮以货币方式投入800万元人民币，占公司注册资本总额的80%；杨某芳以货币方式投入100万元人民币，占公司注册资本总额的10%;李某兰以货币方式投入100万元人民币,占公司注册资本总额的10%,曹某芹任公司会计。对于汇都公司主张的公司证照,曹某芹称其将制作的所有资料均已移交给马某粮,包括总账、明细账、记账凭证、原始凭证、资产负债表、资产损益表,公司未制作日记账及现金流量表,马某粮认可曹某芹所述。各方均认可马某粮将上述材料存放于汇都公司财务档案室内并上锁。钥匙由马某粮和曹某芹保管。因杨某芳无法进入财务档案室,2018年12月,杨某芳曾撬锁进入,马某粮报警,在(2019)京0117民初1591号案件中有出警记录像佐证。因一直无法查阅汇都公司的账目情况,杨某芳以汇都公司名义诉至法院要求马某粮、曹某芹返还财务账册等资料。

【一审】一审法院认为:公司存续期间,应当拥有公章、法定代表人专用章、财务专用章、财务账册等证照、印鉴及材料。前述物品属于公司财产的一部分,且不同程度上代表公司,具有重要意义。虽然前述物品的所有权属于公司,但一般而言,为方便公司经营管理,公章等物品往往由不同的公司机关或专人实际占有、保管。因公司证照返还引发的纠纷,表面上是返还证照等原物,但实质上往往涉及公司内部治理中对公司控制权的争夺。通常情况下,公司证照返还纠纷多发生于公司相关人员出现变化后,以前有权保管、持有公司证照的人员可能不再有权保管、持有公司证照,此时应当将公司证照返还给公司。如果相关人员不履行返还证照义务,则发生公司证照返还纠纷。本案中,汇都公司、曹某芹均认可曹某芹现任职汇都公司会计,且财务资料存放在公司档案室,处于公司办公场所范围内,无须再返还公司,故对汇都公司要求返还公司证照的诉讼请求,一审法院不予支持。

据此,一审法院判决驳回汇都公司的诉讼请求。

【二审】北京市第三中级人民法院认为:汇都公司上诉主张马某粮、曹某芹返还2005年至2019年的财务会计报告、财务账簿、会计凭证,但各方均认可财务资料存放于汇都公司档案室,该档案室处于汇都公司办公场所范围内,且亦无证据显示马某粮、曹某芹存在占有上述财务资料损害汇都公司利益等情形。汇都公司以公司证照返还为由提起诉讼,一般而言,公司印章等财物管理属于公司意思自治的范围,涉及因公司印章等财物保管及控制等事项而产生的纠纷时,司法应秉持谨慎谦抑为原则。本案中,汇都公司的三位登记股东本身具有身份关系,同时结合案涉财务账册存放于汇都公司办公地点之事实,对于汇都公司要求返还公司证照的诉讼请求,本院不予支持。

2020年9月15日,北京市第三中级人民法院驳回上诉,维持原判。

【简析】公司印章等财物管理属于公司意思自治的范围,涉及因公司印章等财物保管及控制等事项而产生的纠纷时,司法应秉持谨慎谦抑为原则。

● **无锡市能惠金属材料有限公司与邓某公司证照返还纠纷二审民事判决书**
【江苏省无锡市中级人民法院民事判决书(2020)苏 02 民终 3662 号】
上诉人(原审被告):邓某。

被上诉人(原审原告):无锡市能惠金属材料有限公司(以下简称"能惠公司"),法定代表人:丁某凤,执行董事。

2011 年 12 月 20 日,陈某、邓某出资设立能惠公司,公司注册资本为 1000 万元,陈某出资 800 万元,邓某出资 200 万元;由邓某担任经理、执行董事、法定代表人。2018 年 12 月 8 日,法院判决确认登记于邓某名下的能惠公司 20%的股份归陈某所有。

2019 年 7 月 26 日,能惠公司召开股东会并作出决议:免去邓某执行董事、经理职务,任命丁某凤为执行董事等。

能惠公司提起诉讼,请求判令邓某向其返还公司证照、印鉴。庭审中,邓某认可能惠公司的公章、财务章、法定代表人章、营业执照、开户许可证、财务会计资料均在邓某处,税务登记证和银行账户网银密钥不在邓某处。

【一审】一审法院判决邓某于判决发生法律效力之日起 10 日内向能惠公司返还公司印鉴、证照及账册。

【二审】江苏省无锡市中级人民法院认为,邓某应当归还能惠公司案涉证照等资料,不存在不归还的正当理由。

一、邓某自 2019 年 7 月 26 日能惠公司股东会决议免去其执行董事、经理,任命丁某凤为法定代表人起,在能惠公司已不具有任何职务。2018 年 12 月 8 日,邓某在能惠公司的股权也已明确归陈某所有,不再是能惠公司股东。因此,邓某已无任何基于与能惠公司之间的身份关系占有能惠公司案涉证照等资料的依据。

二、邓某上诉提出其已举报陈某涉嫌经济犯罪,案涉证照等属于刑事案件重要证据,应待刑事案件侦查完毕再作处理。对此,因相关侦查部门并未作出扣押案涉证照等的决定,故由邓某继续占有案涉证照等也没有任何法律依据。

2020 年 9 月 27 日,江苏省无锡市中级人民法院驳回上诉,维持原判。

## 第三节 董事、监事、高级管理人员资格概述

**【示范条款】**

4.3.1 董监高资格
公司董事、监事、高级管理人员为自然人。
公司董事、监事、高级管理人员应具有良好的品行和声誉,具备与其职责相适

应的专业知识和工作经验,符合法律法规规定的条件。

【注释】第二款有限责任公司自行选择适用。

4.3.2 资格限制

有下列情形之一的,不得担任公司的董事、监事、高级管理人员:1. 无民事行为能力或者限制民事行为能力;2. 因贪污、贿赂、侵占财产、挪用财产或者破坏社会主义市场经济秩序,被判处刑罚,或者因犯罪被剥夺政治权利,执行期满未逾 5 年,被宣告缓刑的,自缓刑考验期满之日起未逾 2 年;3. 担任破产清算的公司、企业的董事或者厂长、经理,对该公司、企业的破产负有个人责任的,自该公司、企业破产清算完结之日起未逾 3 年;4. 担任因违法被吊销营业执照、责令关闭的公司、企业的法定代表人,并负有个人责任的,自该公司、企业被吊销营业执照、责令关闭之日起未逾 3 年;5. 个人因所负数额较大债务到期未清偿被人民法院列为失信被执行人;6. 法律、行政法规或部门规章规定的其他内容。

股东委派董事和监事(有限责任公司)、公司股东会选举董事和监事、民主程序选举职工董事和职工监事、公司董事会聘任高级管理人员,均应遵守上述规定的条件。

如果公司未按上述条件委派、选举董事、监事或者聘任高级管理人员,则该委派行为、选举行为和聘任行为无效。

公司董事、监事、高级管理人员在任职期间出现上述所列情形的,公司应当解除其职务。

4.3.3 董事选举制

董事由股东会选举或更换,任期【年数】。董事任期届满,可连选连任。

董事任期从就任之日起计算,至本届董事会任期届满时为止。董事任期届满未及时改选,在改选出的董事就任前,原董事仍应当依照法律、行政法规、部门规章和本章程的规定,履行董事职务。

【注释】有限责任公司施行董事委派制的,不适用本条第一款。

公司章程应规定规范、透明的董事选聘程序。董事会成员中可以有公司职工代表,公司章程应明确本公司董事会是否可以由职工代表担任董事,以及职工代表担任董事的名额。董事会中的职工代表由公司职工通过职工代表大会、职工大会或者其他形式民主选举产生后,直接进入董事会。

4.3.4 监事选举制

监事由股东会会议选举或更换,任期【年数】。监事任期届满,可连选连任。

监事任期从就任之日起计算,至本届监事会任期届满时为止。监事任期届满未及时改选,在改选出的监事就任前,原监事仍应当依照法律、行政法规、部门规章和本章程的规定,履行监事职务。

【注释】有限责任公司施行监事委派制的,不适用本条第一款。

公司章程应规定规范、透明的监事选聘程序。监事会成员中应当有公司职工代表,公司章程应明确职工代表担任监事的名额。监事会中的职工代表由公司职工通过职工代表大会、职工大会或者其他形式民主选举产生后,直接进入监事会。

### 4.3.5 董事委派制

**董事由公司股东委派(仅限有限责任公司),任期由委派该董事的股东确定。**

【注释】股份有限公司不施行董事委派制,只有有限责任公司可以施行董事委派制。施行董事委派制的有限责任公司,由公司股东在公司章程明确规定各股东委派董事的名额、委派与解除程序等。

这时董事会成员中可以有公司职工代表,即职工董事。公司章程规定公司董事是否可以由职工代表担任董事,以及职工代表担任董事的名额。董事会中的职工代表由公司职工通过职工代表大会、职工大会或者其他形式民主选举产生后,直接进入董事会。

### 4.3.6 监事委派制

**监事由公司股东委派(仅限有限责任公司),任期由委派该监事的股东确定。**

【注释】股份有限公司不施行监事委派制,只有有限责任公司可以施行监事委派制。施行监事委派制的有限责任公司,由公司股东在公司章程明确规定各股东委派监事的名额、委派与解除程序等。

监事会成员中应当有公司职工代表,即职工监事。公司章程规定职工代表担任监事的名额。监事会中的职工代表由公司职工通过职工代表大会、职工大会或者其他形式民主选举产生后,直接进入监事会。

### 4.3.7 无因解聘董事

**股东会可以决议解任董事、监事,决议作出之日解任生效。无正当理由,在任期届满前解任董事、监事的,该董事、监事可以要求公司予以赔偿。**

【注释】"无因解聘董事"是《公司法》(2023年修订)的新增条款。

**【条款解读】**

一、为了维护公司、股东、债权人的利益,维护社会经济秩序的稳定,有必要对公司的董事、监事、高级管理人员的任职资格作出限制。依据《公司法》(2023年修订)的规定,对公司的董事、监事、高级管理人员的任职资格作出如下限制:

(一)无民事行为能力或者限制民事行为能力

我国《民法典》第 18—22 条对民事行为能力分为：

1. 完全无民事行为能力的人，指不满八周岁的未成年人和不能辨认自己行为的精神病人。

2. 限制民事行为能力的人，指八周岁以上的未成年人，以及不能完全辨认自己行为的精神病人。

3. 十六周岁以上的未成年人，以自己的劳动收入为主要生活来源的，视为完全民事行为能力人。

也就是说，不满十八周岁(十六周岁以上不满十八周岁，以自己的劳动收入为主要生活来源的除外)的自然人，以及精神病人(含不能辨认和不能完全辨认自己行为)，均不得担任公司董事、监事、高级管理人员。

(二)经济犯罪未逾五年

《公司法》(2023 年修订)第 178 条第 1 款第(二)项规定"因贪污、贿赂、侵占财产、挪用财产或者破坏社会主义市场经济秩序，被判处刑罚，执行期满未逾五年"的人，不得担任公司的董事、监事、高级管理人员。其中，贪污贿赂犯罪在《刑法》分则的第八章、侵犯财产犯罪在《刑法》分则的第五章、破坏社会主义市场经济秩序犯罪在《刑法》分则第三章。

这里的"执行期满"应指判处刑罚、执行期满，包括缓刑期间的自然人、缓刑期间撤销缓刑、免予刑事处罚等情形。

(三)剥夺政治权利未逾五年或者缓刑期满未逾二年

《公司法》(2023 年修订)第 178 条第 1 款第(二)项规定"因犯罪被剥夺政治权利，执行期满未逾五年，被宣告缓刑的，自缓刑考验期满之日起未逾二年"的人，不得担任公司的董事、监事、高级管理人员。

丧失政治权利的人员应当限制其在一定期限内的商业行为能力。依据《刑法》第 54、56 条的规定，被剥夺政治权利的，在执行期间(剥夺政治权利的效力当然施用于主刑执行期间)，以及执行期满未逾五年，不得担任公司的董事、监事、高级管理人员。

《刑法》第 58 条规定："附加剥夺政治权利的刑期，从徒刑、拘役执行完毕之日或者从假释之日起计算；剥夺政治权利的效力当然施用于主刑执行期间。被剥夺政治权利的犯罪分子，在执行期间，应当遵守法律、行政法规和国务院公安部门有关监督管理的规定，服从监督；不得行使本法第五十四条规定的各项权利。"

(四)负有破产责任的董事、厂长、经理未逾三年

《公司法》(2023 年修订)第 178 条第 1 款第(三)项规定"担任破产清算的公司、企业的董事或者厂长、经理，对该公司、企业的破产负有个人责任的，自该公司、

企业破产清算完结之日起未逾三年"的人,负有破产责任的人员亦应当限制其在一定期限内的商业行为能力,不得担任公司的董事、监事、高级管理人员。

(五)负有责任的吊销营业执照、责令关闭之法定代表人未逾三年

《公司法》(2023年修订)第178条第1款第(四)项规定"担任因违法被吊销营业执照、责令关闭的公司、企业的法定代表人,并负有个人责任的,自该公司、企业被吊销营业执照之日起未逾三年"的人,同样应当限制其在一定期限内的商业行为能力,不得担任公司的董事、监事、高级管理人员。

(六)个人所负数额较大的债务到期未清偿

《公司法》(2023年修订)第178条第1款第(五)项规定"个人所负数额较大的债务到期未清偿被人民法院列为失信被执行人"的人,个人所负到期债务较大并不能清偿,反映出个人的经济状况和个人信誉均不好,不适合接受股东之管理委托,由此类人担任公司的管理职务,不利于维护公司利益和股东利益,因此其不得担任公司的董事、监事、高级管理人员。

(七)行业特殊要求

在我国一些特殊行业,有关业务主管部门对不同的董事、监事、高级管理人员有特殊资格要求。

1.《期货公司董事、监事和高级管理人员任职管理办法》(2022年8月12日中国证监会令第202号)

2.《保险公司董事、监事和高级管理人员任职资格管理规定》(2021年6月3日中国保监会令2021年第6号)

二、新法修订

无因解聘董事。《公司法司法解释五》①第3条第1款规定:"董事任期届满前被股东会或者股东大会有效决议解除职务,其主张解除不发生法律效力的,人民法院不予支持。"《公司法》(2023年修订)正式明确了股东会有权无因解聘董事,被解聘董事可以要求予以赔偿。

**【相关法规】**

● 《中华人民共和国公司法》(2023年修订)

第71条 股东会可以决议解任董事,决议作出之日解任生效。

---

① 指《最高人民法院关于适用〈中华人民共和国公司法〉若干问题的规定(五)》,2019年4月22日最高人民法院审判委员会第1766次会议审议通过,根据2020年12月23日最高人民法院审判委员会第1823次会议通过的《最高人民法院关于修改〈最高人民法院关于破产企业国有划拨土地使用权应否列入破产财产等问题的批复〉等二十九件商事类司法解释的决定》修正。

无正当理由,在任期届满前解任董事的,该董事可以要求公司予以赔偿。

**第178条** 有下列情形之一的,不得担任公司的董事、监事、高级管理人员:(一)无民事行为能力或者限制民事行为能力;(二)因贪污、贿赂、侵占财产、挪用财产或者破坏社会主义市场经济秩序,被判处刑罚,或者因犯罪被剥夺政治权利,执行期满未逾五年,被宣告缓刑的,自缓刑考验期满之日起未逾二年;(三)担任破产清算的公司、企业的董事或者厂长、经理,对该公司、企业的破产负有个人责任的,自该公司、企业破产清算完结之日起未逾三年;(四)担任因违法被吊销营业执照、责令关闭的公司、企业的法定代表人,并负有个人责任的,自该公司、企业被吊销营业执照、责令关闭之日起未逾三年;(五)个人因所负数额较大债务到期未清偿被人民法院列为失信被执行人。

违反前款规定选举、委派董事、监事或者聘任高级管理人员的,该选举、委派或者聘任无效。

董事、监事、高级管理人员在任职期间出现本条第一款所列情形的,公司应当解除其职务。

**第179条** 董事、监事、高级管理人员应当遵守法律、行政法规和公司章程。

● **《公司法司法解释五》(2020年修正)**

**第3条** 董事任期届满前被股东会或者股东大会有效决议解除职务,其主张解除不发生法律效力的,人民法院不予支持。

董事职务被解除后,因补偿与公司发生纠纷提起诉讼的,人民法院应当依据法律、行政法规、公司章程的规定或者合同的约定,综合考虑解除的原因、剩余任期、董事薪酬等因素,确定是否补偿以及补偿的合理数额。

● **《最高人民法院、最高人民检察院关于缓刑犯在考验期满后五年内再犯应当判处有期徒刑以上刑罚之罪应否认定为累犯问题的批复》(高检发释字〔2020〕1号)**

被判处有期徒刑宣告缓刑的犯罪分子,在缓刑考验期满后五年内再犯应当判处有期徒刑以上刑罚之罪的,因前罪判处的有期徒刑并未执行,不具备《刑法》第65条规定的"刑罚执行完毕"的要件,故不应认定为累犯,但可作为对新罪确定刑罚的酌定从重情节予以考虑。

● **《中华人民共和国企业破产法》**

**第15条** 自人民法院受理破产申请的裁定送达债务人之日起至破产程序终结之日,债务人的有关人员承担下列义务:(一)妥善保管其占有和管理的财产、印章和账簿、文书等资料;(二)根据人民法院、管理人的要求进行工作,并如实回答询问;(三)列席债权人会议并如实回答债权人的询问;(四)未经人民法院许可,不得离开住所地;(五)不得新任其他企业的董事、监事、高级管理人员。

前款所称有关人员,是指企业的法定代表人;经人民法院决定,可以包括企业的财务管理人员和其他经营管理人员。

**第125条** 企业董事、监事或者高级管理人员违反忠实义务、勤勉义务,致使所在企业破产的,依法承担民事责任。

有前款规定情形的人员,自破产程序终结之日起三年内不得担任任何企业的董事、监事、高级管理人员。

**第135条** 其他法律规定企业法人以外的组织的清算,属于破产清算的,参照适用本法规定的程序。

● **《"构建诚信 惩戒失信"合作备忘录》(文明办〔2014〕4号)**

一、信用惩戒的对象:信用惩戒对象为最高人民法院失信被执行人名单库中所有失信被执行人,以及被人民法院发出限制高消费令的其他被执行人(以下统称失信被执行人)。失信被执行人为自然人时,即为被执行人本人;失信被执行人为单位时,还包括其法定代表人、主要负责人、影响债务履行的直接责任人。

二、信用惩戒的内容:根据最高人民法院《关于限制被执行人高消费的若干规定》和《关于公布失信被执行人名单信息的若干规定》,最高人民法院统一在"全国法院失信被执行人名单信息公布与查询平台"上对失信被执行人发出限制高消费令,与相关部门一道,对失信被执行人限制高消费,并采取其他信用惩戒措施。

三、信用惩戒的范围:一是禁止部分高消费行为,包括禁止乘坐飞机、列车软卧。二是实施其他信用惩戒,包括限制在金融机构贷款或办理信用卡(以上两条的法律依据为最高人民法院司法解释)。三是失信被执行人为自然人的,不得担任企业的法定代表人、董事、监事、高级管理人员等(此条的法律依据为《公司法》第146条和国务院《企业法人法定代表人登记管理规定》第4条)。

● **《国家工商行政管理总局关于进一步做好企业法人法定代表人任职限制规定执行工作的通知》(工商企字〔2010〕82号)**

一、准确理解、严格执行任职限制的规定

《公司法》《公司登记管理条例》(已失效)、《企业法人法定代表人登记管理规定》(已失效)等有关企业法人法定代表人任职限制的规定,对于从源头上规范市场秩序,维护交易安全,促进市场主体有序退出,保障经济社会健康稳定发展,具有重要意义。各级工商行政管理部门要进一步组织深入学习相关规定,做到准确理解,严格执行,切实保障当事人合法权益,维护企业准入和退出秩序。

依照《公司法》等有关规定,企业法人法定代表人出现不得担任法定代表人情形时,在法定限制期内,应限制其在已任职的企业法人中继续担任法定代表人,并限制其任其他企业法人的法定代表人。要严格依法将身份限制范围控制在法定代表人,不得扩大至股东。

对任职限制期届满的,应通过设置自动解除程序,及时解除对法定代表人的任职限制,不得延长限制时间。实施任职限制所依据的吊销营业执照处罚决定或关闭决定被撤销的,由作出该吊销营业执照处罚决定或配合执行关闭决定的工商行政管理部门及时撤销任职限制措施。

二、加强任职限制信息的归集和管理

要加强对企业法人法定代表人任职限制信息的规范管理,确保任职限制信息数据记录及时、准确、完整。

企业法人因违法被吊销营业执照或被责令关闭的,作出吊销营业执照处罚决定或配合执行关闭决定的工商行政管理部门,应按照总局数据汇总要求,及时将企业法人及法定代表人的相关信息录入业务管理系统。

各省级工商行政管理局应每日将相关信息备份到总局数据中心省级局前置机备份库,确保全系统相关信息每日更新,及时形成全国范围的企业法人法定代表人任职限制信息。各省级工商行政管理局应每日下载相关信息,并更新至本地数据库,为严格执法提供准确、及时的数据保障。

## 【典型案例】

### ● 北京数雨文化传播有限公司诉张某瑞股东出资纠纷案

【北京市朝阳区人民法院民事判决书(2016)京 0105 民初 22299 号】

原告:北京数雨文化传播有限公司(以下简称"数雨公司"),法定代表人:金某兰,执行董事。

被告:张某瑞。

数雨公司成立于 2013 年 4 月 17 日,注册资本 100 万元,成立时登记的股东及其出资为金某兰、河某海各出资 50 万元。2014 年 9 月 15 日,金某兰将其持有的数雨公司出资额 10 万元转让给张某瑞,河某海将其持有的数雨公司出资额 50 万元转让给张某瑞。2014 年 9 月 15 日的数雨公司章程规定金某兰出资数额 40 万元、出资时间 2014 年 9 月 12 日、出资方式货币,张某瑞出资数额 60 万元、出资时间 2014 年 9 月 12 日、出资方式货币。

张某瑞未支付股权转让对价,也未向数雨公司出资。

2015 年 7 月 23 日,金某兰与张某瑞签署股东会备忘录,内容为:张某瑞取得数雨公司 60%股权未支付对价。张某瑞承诺在数雨公司与昆仑公司之间的承揽合同纠纷一案一审判决书下达之日起 2 日内,向数雨公司缴纳 60 万元出资。同一时间,金某兰承诺认缴未缴清的出资额10万元。该昆仑公司与数雨公司承揽合同纠纷于2015年8月24日作出民事判决书。2015年10月19日,金某兰告知张某瑞数雨公司领取了该判决书。

数雨公司起诉,要求张某瑞缴纳出资款60万元。张某瑞诉称数雨公司应当召开股东会会议,确认张某瑞有公司经营权,之后再由张某瑞履行出资义务。

【一审】北京市朝阳区人民法院认为:股东应当按期足额缴纳公司章程中规定的各自所认缴的出资额。按照数雨公司章程规定,张某瑞应当于2014年9月12日以货币方式认缴60万元出资,按照数雨公司股东会备忘录的约定,张某瑞缴纳出资款的条件也已成就,故数雨公司要求张某瑞缴纳出资款的诉讼请求合法有据,本院予以支持。

2016年6月27日,北京市朝阳区人民法院判决被告张某瑞于本判决生效后10日内向原告数雨公司缴纳出资款60万元。

● 北京数雨文化传播有限公司与金某兰公司决议纠纷案

【北京市朝阳区人民法院民事判决书(2016)京0105民初66500号】

原告:金某兰。

被告:北京数雨文化传播有限公司(以下简称"数雨公司"),法定代表人:金某兰,执行董事。

第三人:张某瑞。

2016年6月16日,张某瑞、金某兰召开股东会,并作出股东会记录。根据股东会记录,张某瑞提出要求重新选举公司执行董事,金某兰不同意。同日,数雨公司作出股东会决议,张某瑞在该股东会决议股东签字处签字,会议决议如下:选举股东张某瑞为公司新一届执行董事,同时更改为公司法定代表人;选举公司新一届监事,目前人选空缺,待下次股东会时另行选举;金某兰交出公司经营权,同时交出公司所有证照、印章、资料及办公用品。

金某兰起诉称:张某瑞未按约定出资,不具有股东会会议表决权,且该《股东会决议》是虚构的。现金某兰诉至法院,要求确认数雨公司作出的2016年6月16日股东会决议无效

【一审】北京市朝阳区人民法院认为:《公司法》第146条规定,有下列情形之一的,不得担任公司的董事、监事、高级管理人员:(五)个人所负数额较大的债务到期未清偿。公司违反前款规定选举、委派董事、监事或者聘任高级管理人员的,该选举、委派或者聘任无效。董事、监事、高级管理人员在任职期间出现本条第一款所列情形的,公司应当解除其职务。本案中,张某瑞对数雨公司负有的偿还借款及出资义务至今未履行或未全部履行,相关债务均已进入强制执行阶段,数额较

大,且张某瑞亦认可其无力履行,故数雨公司2016年6月16日股东会作出的关于变更张某瑞为法定代表人并要求金某兰向张某瑞交出公司经营权的决议无效。

2016年12月15日,北京市朝阳区人民法院判决被告数雨公司2016年6月16日《股东会决议》中关于"选举股东张某瑞为公司新一届执行董事,同时更改为公司法定代表人;金某兰交出公司经营权,同时交出公司所有证照、印章、资料及办公用品"的决议内容无效。

【简析】违反《公司法》第146条规定选举、委派董事、监事或者聘任高级管理人员的,该选举、委派或者聘任无效。董事、监事、高级管理人员在任职期间出现本条第一款所列情形的,公司应当解除其职务。

● 北京数雨文化传播有限公司与张某瑞股东知情权纠纷二审民事判决书
【北京市第三中级人民法院民事判决书(2017)京03民终4361号】
上诉人(原审被告):北京数雨文化传播有限公司(以下简称"数雨公司",法定代表人:金某兰,执行董事)。

被上诉人(原审原告):张某瑞。

张某瑞向法院起诉请求:数雨文化公司提供自2013年4月17日公司成立之日起至法院判决生效之日止的会计账簿及原始会计凭证、公司对外签署的所有合同、协议以及对内签订的所有劳动合同,供其查阅。

【一审】原审法院认为:依据《公司法》第33条规定,张某瑞作为数雨公司工商登记的股东,依法享有股东知情权,有权查阅公司会计账簿。数雨公司提出的张某瑞未履行出资义务和偿还借款义务、不能行使股东知情权的抗辩意见缺乏法律依据,一审法院不予采信。同时,张某瑞以诉讼方式向数雨公司提出书面请求并说明理由,数雨公司拒绝其查阅,张某瑞撤诉后再次提起诉讼要求查阅会计账簿已经满足法律规定的前置条件。

据此,一审法院判决数雨文化公司于判决生效之日起10日内置备自公司成立之日起至法院判决生效之日止的会计账簿及原始凭证于其办公场所供张某瑞查阅。

【二审】北京市第三中级人民法院认为:

股东知情权是股东享有的对公司经营管理等重要情况或信息真实了解和掌握的权利,是股东依法行使资产收益、参与重大决策和选择管理者等权利的基础性权利。本案中,双方争议焦点是:张某瑞行使股东知情权是否具有不正当目的。

数雨公司上诉认为张某瑞具有不正当查账目的因而拒绝提供查阅,本院针对数雨公司的主要理由分别评判如下:1.数雨公司主张其是三起刑事案件的被害人,张某瑞均作为证人被传唤,并且与犯罪嫌疑人是朋友关系,张某瑞行使股东查阅权系为犯罪嫌疑人掩饰犯罪。本院认为,数雨公司所述刑事案件并未有公安机关作出结论性意见,本院无法认定其与本案具有关联性,亦不能据此证明张某瑞行使股东知情权具有不正当目的。2.数雨公司主张张某瑞以公司名义与合作单位签署终止租赁协议导致公司蒙受损失。张某瑞表示其签署协议系为避免数雨公司进一步损失。本院认为,公司在经营过程中发生的商事行为,属于公司自治范畴,股东之间在经营决策上的争议并不足以作为公司排除股东行使查阅权的直接理由。3.数雨公司主张张某瑞向人民法院起诉请求解散公司、请求变更公司工商登记,损害公司利益。本院认为,解散公司请求权及变更工商登记请求权系股东法定权利,人民法院会依据法律规定及事实情况进行裁判,不能作为股东不正当查账目的之判断因素。关于数雨公司提出的其他理由,亦未提供完整、充足、有效的证据。张某瑞表示其请求查阅公司会计账簿及原始凭证系为了解公司项目款项去向及亏损原因,该目的正当,亦不构成对数雨文化公司合法权益的损害。因此,数雨公司主张张某瑞具有不正当查账目的拒绝提供查阅的上诉理由,无事实和法律依据,本院不予采信。

另,关于数雨公司在本案审理阶段另案提出的股权转让协议无效及股权转让协议撤销等可能影响张某瑞股东资格的诉讼,因上述诉讼尚未审理终结,在现任股东资格未经法定程序予以否定之前,基于工商登记的公示效力,本院对张某瑞的知情权请求予以支持。

2017年9月20日,北京市第三中级人民法院驳回上诉,维持原判。

【简析】作为股东,依法享有股东知情权,有权查阅公司会计账簿。股东是否履行出资义务、是否负有对公司之偿还借款义务、是否提起解散公司之诉等,均不构成影响其行使股东知情权的抗辩。

## 第四节 董事、监事、高级管理人员责任

【示范条款】

4.4.1 董监高对公司有忠实义务

董事、监事、高级管理人员对公司负有忠实义务,不得利用职权牟取不正当利益,并应采取措施避免自身利益与公司利益冲突。

4.4.2 忠实义务

董事、监事、高级管理人员对公司负有下列忠实义务:1.不得利用职权收受贿赂或者其他非法收入,不得侵占公司的财产;2.不得挪用公司资金;3.不得将公司

资产或者资金以其个人名义或者其他个人名义开立账户存储;4.不得违反本章程的规定,未经股东会或董事会同意,将公司资金借贷给他人或者以公司财产为他人提供担保;5.不得违反本章程的规定或未经股东会同意,与本公司订立合同或者进行交易;6.未经股东会同意,不得利用职务便利,为自己或他人谋取本应属于公司的商业机会,自营或者为他人经营与本公司同类的业务;7.不得接受与公司交易的佣金归为己有;8.不得擅自披露公司秘密;9.不得利用其关联关系损害公司利益;10.法律、行政法规及本章程规定的其他忠实义务。

董事、监事、高级管理人员违反本条规定所得的收入或者约定取得的收益,应当归公司所有;给公司造成损失的,应当承担赔偿责任。

### 4.4.3 董监高对公司有勤勉义务

董事、监事、高级管理人员对公司负有勤勉义务,执行职务应当为公司的最大利益尽到管理者通常应有的合理注意。

### 4.4.4 勤勉义务

董事、监事、高级管理人员对公司负有下列勤勉义务:1.应谨慎、认真、勤勉地行使公司赋予的权利,以保证公司的商业行为符合国家法律、行政法规以及国家各项经济政策的要求,商业活动不超过营业执照规定的业务范围;2.应公平对待所有股东;3.及时了解公司业务经营管理状况;4.应当对公司定期报告签署书面确认意见,保证公司所披露的信息真实、准确、完整;5.应当如实向监事会提供有关情况和资料,不得妨碍监事会或者监事行使职权;6.法律、行政法规及本章程规定的其他勤勉义务。

### 4.4.5 董事监事辞职

董事、监事可以在任期届满以前提出辞职,董事辞职应向董事会、监事会提交书面辞职报告。

如因董事、监事的辞职导致公司董事会、监事会低于法定最低人数时,在改选出的董事、监事就任前,原董事、监事仍应当依照法律、行政法规、部门规章和本章程规定,履行董事、监事职务。

除前款所列情形外,董事、监事辞职自辞职报告送达董事会、监事会时生效。

### 4.4.6 董事离任

董事、监事辞职生效或者任期届满,应向董事会、监事会办妥所有移交手续,其对公司和股东承担的忠实义务,在任期结束后并不当然解除,在本章程规定的合理期限内仍然有效。

【注释】董事、监事对公司的商业秘密保密等忠实义务在其任职结束后仍然有效,直至该秘密成为公开信息。其他义务的持续期间应当根据公平的原则决定,视事件发生与离任之间时间的长短,以及与公司的关系在何种情况和条件下结束而定。

公司章程可以规定董事辞职生效或者任期届满后承担忠实义务的具体期限。

### 4.4.7 董监高的身份

未经本章程规定或者董事会的合法授权,任何董事不得以个人名义代表公司或者董事会行事。董事以其个人名义行事时,在第三方会合理地认为该董事在代表公司或者董事会行事的情况下,该董事应当事先声明其立场和身份。

### 4.4.8 董监高的赔偿责任

董事、监事、高级管理人员执行公司职务时违反法律、行政法规、部门规章或本章程的规定,给公司造成损失的,应当承担赔偿责任。损害股东利益的,股东可以向人民法院提起诉讼。

### 4.4.9 董监高的薪酬

董事及高级管理人员的报酬数额和方式由董事会提出方案报请股东会会议决定,监事报酬数额和方式由监事会提出方案报请股东会会议定。

### 4.4.10 绩效评价

公司应建立董事、监事和高级管理人员的绩效评价标准和程序。

董事和高级管理人员的绩效评价由董事会或其下设的薪酬与考核委员会负责组织。在董事会或薪酬与考核委员会对董事个人进行评价或讨论其报酬时,该董事应当回避。

监事的评价采取监事会自我评价与相互评价相结合的方式进行。在监事会对监事个人进行评价或讨论其报酬时,该监事应当回避。

### 4.4.11 董事会监事会述职

董事会、监事会应当向股东会会议报告董事、监事履行职责的情况、绩效评价结果及其薪酬情况。

### 4.4.12 董监高责任保险

董事会可以根据公司具体业务运营为董事、监事、高级管理人员任职期间因执行公司职务承担的赔偿责任投保责任保险。公司为董事、监事、高级管理人员投保责任保险或者续保后,董事会应当向股东会报告责任保险的投保金额、承保范围及保险费率等内容。

**【条款解读】**

一、董事、监事、高级管理人员的忠实义务

所谓董事、监事、高级管理人员的忠实义务,是指董事、监事、高级管理人员在管理公司、经营业务、履行职责时,必须代表全体股东为公司最大利益努力工作,当自身利益与公司利益发生冲突时,必须以公司利益为重,不得将自身利益置于公司利益之上。

《公司法》(2023年修订)第181、182、183、184条列举了八种违反忠实义务的行为和一项概括性的规定。具体包括:侵占公司财产、挪用公司资金;将公司资金以个人名义或者其他个人名义开立账户存储;利用职权贿赂或者收受其他非法收入;接受他人与公司交易的佣金归为己有;擅自披露公司秘密;违反公司章程或者未经董事会、股东会同意,本人或者与本人有利害关系的第三者与本公司订立合同或者交易;未经董事会或者股东会同意,利用职务便利为自己或者他人谋取属于公司的商业机会;未经董事会或者股东会同意,自营或者为他人经营与所任职公司同类的业务;等等。

1. 不得"侵占公司财产、挪用公司资金"[见《公司法》(2023年修订)第181条第1款第(一)项]。

董事、监事、高级管理人员不得侵占公司财产,不得将公司资金挪给公司外部人使用,不得将公司资金挪给自己使用,不得将资金留存于公司但擅自改变资金用途。

2. 不得"将公司资金以个人名义或者其他个人名义开立账户存储"[见《公司法》(2023年修订)第181条第1款第(二)项]。

不管是未经股东会或董事会授权或批准,还是所谓的"经股东会或者董事会授权或批准",均不得以个人或他人名义存储公司资金。例如,公司为减少账面收入而授权董事以个人名义存储公司资金,或者为公司利益而以董事名义开设小金库。此做法同样违反公司法的规定,却未必损害公司利益。

3. 不得"利用职权贿赂或者收受其他非法收入"[见《公司法》(2023年修订)第181条第1款第(三)项]。

4. 不得"接受他人与公司交易的佣金归为己有"[见《公司法》(2023年修订)第181条第1款第(四)项]。

5. 不得"擅自披露公司秘密"[见《公司法》(2023年修订)第181条第1款第(五)项]。

董事、监事、高级管理人员,应妥当保护公司秘密,不得擅自对外披露。例如,对于上市公司董事未经法定程序而泄露公司秘密的,监管机关可能直接追究董事违反信息披露义务的责任。

6. 不得"违反公司章程或者未经董事会、股东会同意,本人或者与本人有利害关系的第三者与本公司订立合同或者交易"［见《公司法》(2023年修订)第182条］。

这里的交易乃指利益冲突的交易,即董事直接或间接地与公司所进行的交易,包括与董事有利害关系的第三者与公司所做的交易。在有利益冲突之情形,董事难免从自身利益出发,利用职权为自己谋取私利,从而损害公司利益。

与董事、监事、高级管理人员有利害关系的第三者包括董事、监事、高级管理人员的近亲属,董事、监事、高级管理人员或者其近亲属直接或者间接控制的企业,以及与董事、监事、高级管理人员有其他关联关系的关联人。

7. 不得"未经董事会或者股东会同意,利用职务便利为自己或者他人谋取属于公司的商业机会"［见《公司法》(2023年修订)第183条］。

董事基于其职位接触到大量的商业信息,应将其提供给公司,以促进公司利益的发展,不得置公司利益于不顾,而谋取私利。董事若从事与公司所营业务具有竞争性的业务,则不仅仅在利益上与公司存在冲突,还可能滥用应当属于公司的商业机会。但是有下列情形之一的除外:1.向董事会或者股东会报告,并按照公司章程的规定经董事会或者股东会决议通过;2.根据法律、行政法规或者公司章程的规定,公司不能利用该商业机会。

《德国股份公司法》第88条第1项规定:未经监事会许可,董事会成员既不允许经商,也不允许在公司业务部门中为本人或他人的利益从事商业活动。未经许可,他们不得担任其他商业公司的董事会成员,或者业务领导人,或者无限责任股东。监事会的许可只能授予某些商业部门或商业公司或某种商业活动。[1]

8. 不得"未经董事会或者股东会同意,自营或者为他人经营与所任职公司同类的业务"［见《公司法》(2023年修订)第184条］。

9. 不得"违反对公司忠实义务的其他行为"(此为概括性"兜底条款")。

另,《公司法》(2023年修订)第22条规定:"公司的控股股东、实际控制人、董事、监事、高级管理人员不得利用其关联关系损害公司利益。违反前款规定,给公司造成损失的,应当承担赔偿责任。"上述规定也是对公司董事忠实义务的要求。[2]

---

[1] 参见《德国股份法、德国有限责任公司法、德国公司改组法、德国参与决定法》,杜景林、卢谌译,中国政法大学出版社2000年版,第39页。

[2] 福建福日电子股份有限公司与丘某良等公司债权人利益责任纠纷案【广东省深圳市中级人民法院民事判决书(2014)深中法涉外终字第36号】。

## 二、董事、监事、高级管理人员的勤勉义务

所谓董事、监事、高级管理人员的勤勉义务,是各国《公司法》普遍规定的董监高必须履行的一项积极义务,要求董监高负有以善良管理人的注意来处理公司事务的义务。勤勉义务要求公司董监高在行使职权时应当以一定的标准尽职尽责管理公司的业务,违反该义务的董监高应当承担相应的法律责任。现在经济活动的复杂性,难以判断董监高在经营决策时是否尽到了合理谨慎的注意义务,同时董监高的勤勉义务具有主观性,所谓"合理""勤勉"的界定并不明确。经营活动具有风险性,决定了不能把所有的经营不利后果,都归结于董监高未尽勤勉义务。对于勤勉义务的判断标准未作具体规定。《公司法》(2023年修订)第125条第2款规定:"董事应当对董事会的决议承担责任。董事会的决议违反法律、行政法规或者公司章程、股东会决议,给公司造成严重损失的,参与决议的董事对公司负赔偿责任;经证明在表决时曾表明异议并记载于会议记录的,该董事可以免除责任。"第188条规定:"董事、监事、高级管理人员执行公司职务时违反法律、行政法规或者公司章程的规定,给公司造成损失的,应当承担赔偿责任。"

《德国有限责任公司法》43条要求:董事在公司的事务上应尽通常商人之注意。[1]《美国标准公司法》第8.30节规定:董事行为准则:a)董事会的所有成员在履行其职责时应,(1)善良行事;且(2)以其合理地认为符合公司最大利益的方式行事。b)董事会或者委员会成员在行使其决策职能或者监察职能时,应当以一名在类似情况下合理人所应有的谨慎来履行职责。[2]

## 三、董事、监事对股东责任与对公司责任的混同

董事、监事选举机制意味着董事、监事与特定股东之间存在紧密联系。董事、监事虽然是公司机关或机关成员,但在个别股东提名、全体股东投票的选举机制下,董事、监事通常会同时系特定股东的利益相关方和股东的利益代表者。董事、监事在履行职责时,应更愿意倾听、尊重特定股东的意见,并且他们通常是特定股东在公司运营中的具体特定股东利益执行人。

如,我国《企业国有资产监督管理暂行条例》第22条规定:"国有资产监督管理机构依照公司法的规定,派出股东代表、董事,参加国有控股的公司、国有参股的公司的股东会、董事会。国有控股的公司、国有参股的公司的股东会、董事会决定公司的分立、合并、破产、解散、增减资本、发行公司债券、任免企业负责人等重大事项时,国有资产监督管理机构派出的股东代表、董事,应当按照国有资产监督管理

---

[1] 参见《德国股份法、德国有限责任公司法、德国公司改组法、德国参与决定法》,杜景林、卢谌译,中国政法大学出版社2000年版,第193页。

[2] 参见《最新美国标准公司法》,沈四宝编译,法律出版社2006年版,第101页。

机构的指示发表意见、行使表决权。国有资产监督管理机构派出的股东代表、董事,应当将其履行职责的有关情况及时向国有资产监督管理机构报告。"按照该规定,董事在按照指示发表意见并及时报告中,必然形成与特定股东形成特殊联系,在决策和执行业务中也会受制于特定股东的意见。

四、公司利益与股东利益冲突的处理

公司董事、监事应当对公司整体利益承担忠实及勤勉义务,董事、监事应站在公司整体利益立场上忠实履行职责,而不应仅对个别股东承担忠实义务。

1. 股东"指使"董事违反忠实义务。我国《刑法》第169条之一在第1款规定董事等背信损害上市公司利益罪后,在第2款中特别规定"上市公司的控股股东或者实际控制人,指使上市公司董事、监事、高级管理人员实施前款行为的,依照前款的规定处罚"。

2. 董事、监事"协助"股东损害公司利益。根据《公司法司法解释三》第14条第1款的规定,公司的股东、董事、高级管理人员只要实施了协助股东抽逃出资的行为,即应承担连带责任。

3. 董事、监事兼任股东而损害公司利益。此类情况常见于私人投资的公司中,针对董事、监事兼任股东而违反忠实义务者,可以撇开某人的股东身份,直接依据其董事、监事身份而追究其违反忠实义务的责任。

五、对董事、监事、高级管理人员的诉讼

董监高违反忠实义务或勤勉义务而给公司造成损害,或董监高直接侵害公司利益的,公司可以原告身份直接向法院起诉,请求董监高承担责任。这一起诉的决定,可由公司的董事会作出,也可由公司的监事会作出,还可以由公司的股东会会议决议作出。在英国和美国,董事会拥有强大的权力,可以决定公司是否对董监高违反义务的行为提起诉讼。

六、责任保险

在现代市场经济条件下,对董事、监事、高级管理人员等经营者的风险、义务、责任日益加重。为了最大限度地激励优秀的经营者大胆从事工商业活动,为股东谋取最大的盈利,现代公司治理中,西方国家已经逐步确立了对董事、经理经营中的某些过失责任运用保险机制,以分散其风险的董事经理责任保险制度。目前在我国,商业保险公司已经开设有上市公司董事、监事及高级管理人员责任保险,具体承保被保险人在履行董事、监事及高级管理人员的职责时,因主观过失行为导致的在公司公告招股说明书、财务会计报告等公开披露文件中,出现的虚假记载、误导性陈述或者重大遗漏,致使投资者(股东)在证券交易中遭受的损失。《公司法》(2023年修订)第193条也规定公司可以为董事在其任职期间因执行公司职务承担的赔偿责任投保责任保险。

七、董事、监事与公司之间的劳动关系识别

依据《劳动和社会保障部关于确立劳动关系有关事项的通知》的规定,认定劳动关系的标准为:(一)用人单位和劳动者符合法律、法规规定的主体资格;(二)用人单位依法制定的各项劳动规章制度适用于劳动者,劳动者受用人单位的劳动管理,从事用人单位安排的有报酬的劳动;(三)劳动者提供的劳动是用人单位业务的组成部分。董事(职工董事除外)是由股东会会议选举或者股东直接委派,通过董事会向股东会会议汇报公司运营情况和执行股东会会议决议等。也就是说,董事、监事是公司股东的代表,代表公司股东管理公司,这与执行公司的具体工作任务并不完全等同。所以单纯的董事、监事身份不能认定与公司存在劳动关系。其中,董事按照是否在公司具体管理中任职,可分为内部董事和外部董事。

1. 内部董事。内部董事,也称执行董事、全职董事、常务董事,是公司内部管理人员,在公司里从事经营管理工作。比如董事同时兼任公司总裁或CEO等,这些情况下董事就与单位存在劳动关系,应当订立劳动合同。即使该执行董事没有明确的高级管理人员职务,只要他在事实上从事了公司的经营工作,就与公司构成劳动关系。职工董事也应为内部董事,职工董事与公司构成劳动关系,自不待言。

2. 外部董事。外部董事,也称非执行董事、非常务董事,不在公司从事经营管理工作,除了在公司担任董事,通常还有其他的身份、工作,对他来说担任公司的董事只是兼职。非执行董事又有独立和不独立之分类,其中独立的非执行董事就是通常所说的"独立董事"。外部董事不在公司担任任何经理层职务,不参与公司日常经营活动,不执行具体的工作任务,因此外部董事与公司不存在劳动关系。

《关于国有独资公司董事会建设的指导意见(试行)》(国资发改革〔2004〕229号)规定:"外部董事指由非本公司员工的外部人员担任的董事。外部董事不在公司担任除董事和董事会专门委员会有关职务外的其他职务,不负责执行层的事务。"

八、关于董事、监事收入征税问题

1.《征收个人所得税若干问题的规定》第八条规定:"个人由于担任董事职务所取得的董事费收入,属于劳务报酬所得性质,按照劳务报酬所得项目征个人所得税。"

2. 个人在公司(包括关联公司)任职、受雇,同时兼任董事、监事的,应将董事费、监事费与个人工资收入合并,统一按工资、薪金所得项目缴纳个人所得税。

**【相关法规】**

● 《中华人民共和国公司法》(2023年修订)

第180条 董事、监事、高级管理人员对公司负有忠实义务,应当采取措施避免自身利益与公司利益冲突,不得利用职权牟取不正当利益。

董事、监事、高级管理人员对公司负有勤勉义务,执行职务应当为公司的最大利益尽到管理者通常应有的合理注意。

公司的控股股东、实际控制人不担任公司董事但实际执行公司事务的,适用前两款规定。

**第 181 条** 董事、监事、高级管理人员不得有下列行为:(一)侵占公司财产、挪用公司资金;(二)将公司资金以其个人名义或者以其他个人名义开立账户存储;(三)利用职权贿赂或者收受其他非法收入;(四)接受他人与公司交易的佣金归为己有;(五)擅自披露公司秘密;(六)违反对公司忠实义务的其他行为。

**第 182 条** 董事、监事、高级管理人员,直接或者间接与本公司订立合同或者进行交易,应当就与订立合同或者进行交易有关的事项向董事会或者股东会报告,并按照公司章程的规定经董事会或者股东会决议通过。董事、监事、高级管理人员的近亲属,董事、监事、高级管理人员或者其近亲属直接或者间接控制的企业,以及与董事、监事、高级管理人员有其他关联关系的关联人,与公司订立合同或者进行交易,适用前款规定。

**第 183 条** 董事、监事、高级管理人员,不得利用职务便利为自己或者他人谋取属于公司的商业机会。但是,有下列情形之一的除外:(一)向董事会或者股东会报告,并按照公司章程的规定经董事会或者股东会决议通过;(二)根据法律、行政法规或者公司章程的规定,公司不能利用该商业机会。

**第 184 条** 董事、监事、高级管理人员未向董事会或者股东会报告,并按照公司章程的规定经董事会或者股东会决议通过,不得自营或者为他人经营与其任职公司同类的业务。

**第 185 条** 董事会对本法第 182 条至第 184 条规定的事项决议时,关联董事不得参与表决,其表决权不计入表决权总数。出席董事会会议的无关联关系董事人数不足三人的,应当将该事项提交股东会审议。

**第 186 条** 董事、监事、高级管理人员违反本法第 181 条至第 184 条规定所得的收入应当归公司所有。

**第 187 条** 股东会要求董事、监事、高级管理人员列席会议的,董事、监事、高级管理人员应当列席并接受股东的质询。

**第 188 条** 董事、监事、高级管理人员执行职务违反法律、行政法规或者公司章程的规定,给公司造成损失的,应当承担赔偿责任。

**第 189 条** 董事、高级管理人员有前条规定的情形的,有限责任公司的股东、股份有限公司连续 180 日以上单独或者合计持有公司 1% 以上股份的股东,可以书面请求监事会向人民法院提起诉讼;监事有前条规定的情形的,前述股东可以书面请求董事会向人民法院提起诉讼。

监事会或者董事会收到前款规定的股东书面请求后拒绝提起诉讼,或者自收到请求之日起 30 日内未提起诉讼,或者情况紧急、不立即提起诉讼将会使公司利益受到难以弥补的损害的,前款规定的股东有权为公司利益以自己的名义直接向人民法院提起诉讼。

他人侵犯公司合法权益,给公司造成损失的,本条第 1 款规定的股东可以依照前两款的规定向人民法院提起诉讼。

公司全资子公司的董事、监事、高级管理人员有前条规定情形,或者他人侵犯公司全资子公司合法权益造成损失的,有限责任公司的股东、股份有限公司连续 180 日以上单独或者合计持有公司 1%以上股份的股东,可以依照前三款规定书面请求全资子公司的监事会、董事会向人民法院提起诉讼或者以自己的名义直接向人民法院提起诉讼。

**第 190 条** 董事、高级管理人员违反法律、行政法规或者公司章程的规定,损害股东利益的,股东可以向人民法院提起诉讼。

**第 191 条** 董事、高级管理人员执行职务,给他人造成损害的,公司应当承担赔偿责任;董事、高级管理人员存在故意或者重大过失的,也应当承担赔偿责任。

**第 192 条** 公司的控股股东、实际控制人指示董事、高级管理人员从事损害公司或者股东利益的行为的,与该董事、高级管理人员承担连带责任。

**第 193 条** 公司可以在董事任职期间为董事因执行公司职务承担的赔偿责任投保责任保险。

公司为董事投保责任保险或者续保后,董事会应当向股东会报告责任保险的投保金额、承保范围及保险费率等内容。

● 《中华人民共和国刑法》(2023 年修正)

第 169 条之一第 1 款规定"背信损害上市公司利益罪"时,列明五项违反背信损害上市公司利益的行为:(一)无偿向其他单位或者个人提供资金、商品、服务或者其他资产的;(二)以明显不公平的条件,提供或者接受资金、商品、服务或者其他资产的;(三)向明显不具有清偿能力的单位或者个人提供资金、商品、服务或者其他资产的;(四)为明显不具有清偿能力的单位或者个人提供担保,或者无正当理由为其他单位或者个人提供担保的;(五)无正当理由放弃债权、承担债务的;(六)采用其他方式损害上市公司利益的。

● 《公司法司法解释五》(2020 年修正,法释〔2020〕18 号)

**第 1 条** 关联交易损害公司利益,原告公司依据《民法典》第 84 条、《公司法》第 21 条规定请求控股股东、实际控制人、董事、监事、高级管理人员赔偿所造成的损失,被告仅以该交易已经履行了信息披露、经股东会或者股东大会同意等法律、行政法规或者公司章程规定的程序为由抗辩的,人民法院不予支持。

公司没有提起诉讼的,符合《公司法》第 151 条第 1 款规定条件的股东,可以依据《公司法》第 151 条第 2 款、第 3 款规定向人民法院提起诉讼。

**第 2 条** 关联交易合同存在无效、可撤销或者对公司不发生效力的情形,公司没有起诉合同相对方的,符合《公司法》第 151 条第 1 款规定条件的股东,可以依据《公司法》第 151 条第 2 款、第 3 款规定向人民法院提起诉讼。

● 《中华人民共和国劳动合同法》(2012 年修正)

**第 24 条** 竞业限制的人员限于用人单位的高级管理人员、高级技术人员和其他负有保密义务的人员。竞业限制的范围、地域、期限由用人单位与劳动者约定,竞业限制的约定不得违反法律、法规的规定。

在解除或者终止劳动合同后,前款规定的人员到与本单位生产或者经营同类产品、从事同类业务的有竞争关系的其他用人单位,或者自己开业生产或者经营同类产品、从事同类业务的竞业限制期限,不得超过二年。

● 《广西壮族自治区高级人民法院民二庭关于审理公司纠纷案件若干问题的裁判指引》(桂高法民二〔2020〕19 号)

12.【股东与高级管理人员身份重叠时的责任认定】公司正式任命的董事、高级管理人员同时也是该公司股东时,其在管理和经营公司过程中,给公司造成损失的,应当以《公司法》第 148、149 条规定的忠实与勤勉义务为认定其责任的标准。公司没有正式任命的股东,或任命的职务与实际职权不相符的股东,利用其实际影响力与地位,或利用其管理公司公章、法定代表人印章等便利,在管理和经营公司过程中,给公司造成损失的,也应当以忠实与勤勉义务为认定其责任的标准。

上述规则的原理在于:公司股东权利主要分为共益权和自益权,前者主要表现为参会权、表决权、知情权、质询监督权等,后者主要表现为股利分配权、剩余财产分配权等财产性受益权,故公司股东并不当然享有直接管理和经营公司的权力和地位。股东利用其职权、便利或实际影响力与地位,在管理和经营公司过程中损害公司利益的,这并非属于滥用股东权利,该行为的发生并非基于股东身份而是基于其实际作为公司高级管理人员的身份,其涉嫌的不当行为实质上属于公司高级管理人员的失职行为。

上述规则区别于股东滥用权利损害公司利益的情形,股东滥用权利一般表现为:控股股东或部分股东利用股东会多数决规则通过实际上损害公司利益的股东会决议。

34.【责任主体的范围及实质判断标准】勤勉义务的法定主体限于:董事、监事、经理、副经理、财务负责人以及上市公司董事会秘书和公司章程规定的其他人员(《公司法》第 216 条)。

但任何实际上享有或行使董事、高级管理人员职权的人员,都可以属于勤勉义务的责任主体。具体有两类情形:(1)名义不适格但实质适格。例如,名为公司部门经理(负责人)或办公室主任(负责人),但实际上享有总经理或副经理的职位或职权。(2)不显名的实质适格。例如股东、控股股东或实际控制人未在公司中显名任职,但在公司经营中却实际享有管控与决策权,他们实质上行使了公司董事、高级管理人员的职权,因为股权本身并无直接参与公司经营管理的权能,故不应简单依据《公司法》第 20 条来判断其是否滥用股东权利而承担相关责任,而是应当以公司法及章程关于董事、高级管理人员的忠实与勤勉义务作为判断标准。

35.【合谋主体的排除】董事、高级管理人员可能并非独自完成侵害行为,其可能与《公司法》第 147、216 条所列明的勤勉义务法定主体之外的人员主观合谋或行动上一致配合,对此应结合侵害方式区分对待:(1)董事、高级管理人员不忠于公司最佳利益、利用职权之便直接侵害公司利益,该种行为本质上属于故意侵权,与一般侵权行为无异,董事、高级管理人员与其他人员进行主观合谋或行动上一致配合的,两者可以构成《民法典》第 1168 条规定的共同侵权行为。(2)董事、高级管理人员在执行公司职务时违反勤勉义务,造成公司利益受损,对于参与合谋或协助的其他人员,例如公司其他一般职员、股东或公司外第三人等,他们既不享有公司决定性管控权,也不受勤勉义务的规制或督促,故不应与董事、高级管理人员共同承担违反勤勉义务责任。就其行为可另行评价,法院应依其过错及因果关系等要件判断其是否承担一般侵权责任。

36.【侵害行为的特定性】董事、高级管理人员违反勤勉义务侵害公司利益的方式具有特定性,正是由于他们拥有超出其他人员的对公司各项事务的决定性管控权,故特定的侵害方式体现在董事、高级管理人员实际运用该决定性管控权侵害公司合法利益。

37.【勤勉义务的基本依据】勤勉义务的具体内容原则上应限于法律法规、公司章程所规定的职责职权,但人民法院在适用相关职责规范时,可通过解释与类推方法适当地扩展、细化,并适当加入对行为人善管义务、注意义务的裁量判定。

38.【交接中的勤勉义务】董事、高级管理人员应以公司最佳利益为准,其是公司经营管理事务的直接责任人,即使董事、高级管理人员处于职位交替阶段,也应相互处理好交接事宜,勤勉维护好公司利益。就新任董事、高级管理人员而言,其在被任命之时即负有勤勉职责,应积极与原任进行接洽并主动提请和办理交接事宜,故新任董事、高级管理人员人员负有实现交接行为的积极义务;就原任而言,其在离职时也应维护好原职务中的公司利益,这是忠实义务和勤勉义务的合理延伸,其应中止积极的经营决策行为,转而以保全现有利益为主要职责,同时协助新任处理善后事宜,负有配合交接、说明及照顾等被动义务。

人民法院可以依据上述交接义务,在因新旧董事、高级管理人员交接不当而造成公司利益受损的纠纷中,妥善认定各方的义务与责任份额。

39.【因果关系规则】判断职务行为与损失之间的因果关系时,原则上可不采纳一般侵权责任中的"相当因果关系"规则,而应主要采"事实因果"或"条件因果"规则,即决策行为与公司利益损失具有事实上的直接因果关系即可,而无须具备"相当性"所要求的通常性或高度盖然性。

40.【利益损失的已然性】承担违反勤勉义务责任的前提是公司已实际遭受利益损失,这不仅指物权、知识产权等公司固有利益遭受实际损失,也包括债权性利益达到已遭受损失的程度。

债权性利益属于金钱给付或可转化为金钱给付的债权,金钱之债的债务人暂遇经济困难而无资力给付的,仅导致履行迟延,并无给付不能。只有当债务人确定无可供执行财产或遗产之后,或在确定破产财产分配方案或确定重整清偿率之后,未完全受偿的金钱本息债权才具备"已然性",就此方能认定相关董事、高级管理人员的职务行为已导致了公司利益损失,进而明确损失具体数额。

● 《劳动和社会保障部关于确立劳动关系有关事项的通知》(劳社部发〔2005〕12号)

一、用人单位招用劳动者未订立书面劳动合同,但同时具备下列情形的,劳动关系成立:(一)用人单位和劳动者符合法律、法规规定的主体资格;(二)用人单位依法制定的各项劳动规章制度适用于劳动者,劳动者受用人单位的劳动管理,从事用人单位安排的有报酬的劳动;(三)劳动者提供的劳动是用人单位业务的组成部分。

二、用人单位未与劳动者签订劳动合同,认定双方存在劳动关系时可参照下列凭证:(一)工资支付凭证或记录(职工工资发放花名册)、缴纳各项社会保险费的记录;(二)用人单位向劳动者发放的"工作证""服务证"等能够证明身份的证件;(三)劳动者填写的用人单位招工招聘"登记表""报名表"等招用记录;(四)考勤记录;(五)其他劳动者的证言等。

其中,(一)、(三)、(四)项的有关凭证由用人单位负举证责任。

● 《国家税务总局关于明确个人所得税若干政策执行问题的通知》(国税发〔2009〕121号)

二、关于董事费征税问题:(一)《国家税务总局关于印发〈征收个人所得税若干问题的规定〉的通知》(国税发〔1994〕089号)第八条规定的董事费按劳务报酬所得项目征税方法,仅适用于个人担任公司董事、监事,且不在公司任职、受雇的情形。(二)个人在公司(包括关联公司)任职、受雇,同时兼任董事、监事的,应将董事费、监事费与个人工资收入合并,统一按工资、薪金所得项目缴纳个人所得税。

● 《征收个人所得税若干问题的规定》(中华人民共和国国家税务总局令第40号)

八、关于董事费的征税问题

个人由于担任董事职务所取得的董事费收入,属于劳务报酬所得性质,按照劳务报酬所得项目征收个人所得税。

● 《国务院国有资产监督管理委员会关于国有独资公司董事会建设的指导意见(试行)》(国资发改革〔2004〕229号)

(九)外部董事指由非本公司员工的外部人员担任的董事。外部董事不在公司担任除董事和董事会专门委员会有关职务外的其他职务,不负责执行层的事务。

外部董事与其担任董事的公司不应存在任何可能影响其公正履行外部董事职务的关系。本人及其直系亲属近两年内未曾在公司和公司的全资、控股子企业任职,未曾从事与公司有关的商业活动,不持有公司所投资企业的股权,不在与公司同行业的企业或与公司有业务关系的单位兼职等。

(十)专门在若干户中央企业担任外部董事职务的为专职外部董事。除外部董事职务外,在中央企业或其他单位还担任其他职务的为兼职外部董事,该单位应出具同意其兼任外部董事职务并在工作时间上予以支持的有效文件。外部董事本人应保证有足够的时间和精力履行该职务。

(十一)国资委选聘外部董事,可以特别邀请国内外知名专家、学者、企业家;可以从中央企业有关人员中挑选;可以面向社会公开选聘。逐步建立外部董事人才库制度,向全社会、国内外公开信息,自愿申请入库,经审核符合条件的予以入库,国资委从人才库中选聘外部董事。

(十二)除特别邀请的外部董事外,外部董事任职前需参加国资委或国资委委托有关单位举办的任职培训。

(十三)外部董事应是公司主营业务投资、企业经营管理、财务会计、金融、法律、人力资源管理等某一方面的专家或具有实践经验的人士。

(十四)除专职外部董事外,外部董事任期结束后不再续聘的为自动解聘,国资委不承担为其另行安排职务的义务。

(十五)确定外部董事的薪酬应充分考虑其担任的职务和承担的责任。外部董事薪酬由国资委确定,由所任职公司支付。外部董事在履行职务时的出差、办公等有关待遇比照本公司非外部董事待遇执行。除此以外,外部董事不得在公司获得任何形式的其他收入或福利。

● 《上海证券交易所上市公司自律监管指引第 1 号——规范运作(2023 年 12 月修订)》(上证发〔2023〕193 号)

3.3.1 董事审议提交董事会决策的事项时,应当主动要求相关工作人员提供详备资料、作出详细说明。董事应当在调查、获取作出决策所需文件和资料的基础上,充分考虑所审议事项的合法合规性、对上市公司的影响(包括潜在影响)以及存在的风险,以正常合理的谨慎态度勤勉履行职责并对所议事项表示明确的个人意见。对所议事项有疑问的,应当主动调查或者要求董事会提供决策所需的更充足的资料或者信息。

董事应当就待决策的事项发表明确的讨论意见并记录在册后,再行投票表决。董事会的会议记录和表决票应当妥善保管。

董事认为相关决策事项不符合法律法规的,应当在董事会会议上提出。董事会坚持作出通过该等事项的决议的,异议董事应当及时向本所以及相关监管机构报告。

3.3.2 董事应当亲自出席董事会会议,因故不能亲自出席董事会会议的,应当审慎选择并以书面形式委托其他董事代为出席,一名董事不得在一次董事会会议上接受超过两名董事的委托代为出席会议,独立董事不得委托非独立董事代为出席会议。涉及表决事项的,委托人应当在委托书中明确对每一事项发表同意、反对或者弃权的意见。董事不得作出或者接受无表决意向的委托、全权委托或者授权范围不明确的委托。

在审议关联交易事项时,非关联董事不得委托关联董事代为出席会议。

董事对表决事项的责任,不因委托其他董事出席而免除。

3.3.3 董事 1 年内亲自出席董事会会议次数少于当年董事会会议次数三分之二的,上市公司监事会应当对其履职情况进行审议,就其是否勤勉尽责作出决议并公告。

亲自出席,包括本人现场出席或者以通讯方式出席。

3.3.4 董事会审议授权事项时,董事应当对授权的范围、合法合规性、合理性和风险进行审慎判断,充分关注是否超出公司章程、股东大会议事规则和董事会议事规则等规定的授权范围,授权事项是否存在重大风险。

董事应当对授权事项的执行情况进行持续监督。

3.3.5 董事会审议定期报告时,董事应当认真阅读定期报告全文,重点关注其内容是否真实、准确、完整,是否存在重大编制错误或者遗漏,主要财务会计数据是否存在异常情形;关注董事会报告是否全面分析了公司的财务状况与经营成果,是否充分披露了可能对公司产生影响的重大事项和不确定性因素等。

董事应当依法对定期报告签署书面确认意见,不得委托他人签署,也不得以对定期报告内容有异议、与审计机构存在意见分歧等为理由拒绝签署。

董事无法保证定期报告内容的真实、准确、完整或者对定期报告内容存在异议的,应当在书面确认意见中发表意见并说明具体原因,公司董事会和监事会应当对所涉及事项及其对公司的影响作出说明并公告。

3.3.6 董事应当严格执行并督促高级管理人员执行股东大会决议、董事会决议等相关决议。

在执行过程中发现下列情形之一时,董事应当及时向上市公司董事会报告,提请董事会采取应对措施:(一)实施环境、实施条件等出现重大变化,导致相关决议无法实施或者继续实施可能导致公司利益受损;(二)实际执行情况与相关决议内容不一致,或者执行过程中发现重大风险;(三)实际执行进度与相关决议存在重大差异,继续实施难以实现预期目标。

3.3.7 监事应当对上市公司董事、高级管理人员遵守法律法规、本指引和公司章程以及执行公司职务、股东大会决议等行为进行监督。董事、高级管理人员应当如实向监事提供有关情况和资料,不得妨碍监事行使职权。

监事在履行监督职责过程中,对违反前款相关规定或者决议的董事、高级管理人员,可以提出罢免建议。

3.3.8 高级管理人员应当严格执行股东大会决议、董事会决议等相关决议,不得擅自变更、拒绝或者消极执行相关决议。

高级管理人员在执行相关决议过程中发现无法实施、继续执行可能有损上市公司利益,或者执行中发生重大风险等情形的,应当及时向总经理或者董事会报告,提请总经理或者董事会采取应对措施,并提请董事会按照相关规定履行信息披露义务。

3.3.9 财务负责人对财务报告编制、会计政策处理、财务信息披露等财务相关事项负有直接责任。

财务负责人应当加强对公司财务流程的控制,定期检查公司货币资金、资产受限情况,监控公司与控股股东、实际控制人等关联人之间的交易和资金往来情况。财务负责人应当监控公司资金进出与余额变动情况,在资金余额发生异常变动时积极采取措施,并及时向董事会报告。

财务负责人应当保证公司的财务独立,不受控股股东、实际控制人影响,若收到控股股东、实际控制人及其他关联人占用、转移资金、资产或者其他资源等侵占公司利益的指令,应当明确予以拒绝,并及时向董事会报告。

3.3.10 监事审议上市公司重大事项、高级管理人员进行上市公司重大事项决策的,参照本节董事对重大事项审议的相关规定执行。

3.3.11　董事、监事和高级管理人员发现上市公司或者公司董事、监事、高级管理人员、股东、实际控制人等存在涉嫌违反法律法规或其他损害公司利益的行为时,应当要求相关方立即纠正或者停止,并及时向董事会或者监事会报告、提请核查,必要时应当向本所报告。

董事、监事和高级管理人员获悉公司控股股东、实际控制人及其关联人发生本所《股票上市规则》第4.5.3条相关情形时,应当及时向公司董事会或者监事会报告,并督促公司按照有关规定履行信息披露义务。公司未及时履行信息披露义务,或者披露内容与实际情况不符的,相关董事、监事和高级管理人员应当立即向本所报告。

3.3.12　董事、监事和高级管理人员应当在其职责范围内尽到合理注意义务,不得单纯以对公司业务不熟悉或者对相关事项不了解为由主张免除责任。

董事、监事和高级管理人员采取有效措施消除违规行为不良影响,或者在违规行为被发现前,积极主动采取或要求公司采取纠正措施,并向本所或者相关监管机构报告,或者在违规行为所涉期间,由于不可抗力、失去人身自由等原因无法正常履行职责的,本所将在责任认定上作为情节考虑。

● 《到境外上市公司章程必备条款》

● 《到香港上市公司章程必备条款》(体改生〔1993〕92号)

【典型案例】

● 济南东方管道设备有限公司与李某滨请求公司收购股份纠纷一审民事判决书

【山东省章丘市人民法院民事判决书(2012)章商初字第1801号】

原告:李某滨。

被告:济南东方管道设备有限公司(以下简称"东方公司"),法定代表人:李某钧,董事长。

被告东方公司成立于2002年12月18日,注册资本1500万元。公司董事会由五名股东组成,其中原告李某滨持股4.33%、李某钧持股61.67%。李某钧担任公司董事长,为公司法定代表人。该公司自2008年至2012年度,连续五年盈利。其中,被告公司2011年的净资产为3933万元。

原告李某滨诉称,公司成立以来企业管理存在严重问题,董事会从不按公司章程召开股东会,财务账目不公开,利润不分配。原告作为公司小股东,多次要求公司召开股东会分配利润,但均未得到实现。原告根据《公司法》之规定与公司多次协商,要求公司回购原告股权,但公司回避原告的请求,拒不研究与答复,严重侵犯了原告合法的股东权利,现原告为维护自己的合法权益,特诉至贵院,请求法院依法判令被告按照216.5万元收购原告持有的被告公司4.33%的股权。

【一审】山东省章丘市人民法院认为,按照法律规定,公司连续五年不向股东分配利润,而公司该五年连续盈利,并且符合本法规定的分配利润条件的,对股东会该项决议投反对票的股东可以请求公司按照合理的价格收购其股权。本案原告李某滨仅占被告公司4.33%股权,在公司其他股东不提议召开临时股东会,被告公司又不按照法律规定及公司章程召开股东会的情况下,原告作为持股比例不足十分之一的小股东无权提议召开临时股东会。但是,被告已表示不同意与原告协商利润分配和股权收购问题,这使得被告公司是否曾经召开股东会已毫无实际意义。被告虽未实际召开股东会对《公司法》第75条第1款第(一)项内容进行决议,但已经满足"连续五年不分配利润"和"连续五年盈利"的收购条件,故本院认为原告已经具备要求被告收购原告股权的条件。

另,被告公司称2011年其公司净资产为3933万元,原告在庭审时对此表示认可。故本院认为原告李某滨的股权价值为,1702989元(3933万元×4.33%)。

2013年12月9日,山东省章丘市人民法院判决被告东方公司于本判决生效之日起10日内按照1702989元的价格收购原告李某滨持有的被告东方公司4.33%的股权。

● **上海天恩桥绝缘材料有限公司与张某明等损害公司利益责任纠纷上诉案**
【上海市第二中级人民法院民事判决书(2013)沪二中民四(商)终字第1414号】
上诉人(原审被告):张某明。
被上诉人(原审原告):上海天恩桥绝缘材料有限公司(以下简称"天恩桥公司"),法定代表人:张某明,委托代理人:徐某泉。
被上诉人(原审第三人):上海炬烽绝缘材料有限公司(以下简称"炬烽公司"),法定代表人:陈某英。

2003年10月10日,张某明、徐某泉和叶某荣出资设立天恩桥公司。其中,张某明和徐某泉各认缴出资20万元,叶某荣认缴出资10万元。张某明担任公司的执行董事及法定代表人。经营范围包括:生产加工绝缘材料、五金、塑料制品、销售建材、化工材料(危险品除外)、橡塑制品;涉及许可经营的凭许可证经营。公司章程中约定:执行董事、高级管理人员不得有下列行为:……未经股东会同意,利用职务便利为自己或者他人谋取属于公司的商业机会,自营或者为他人经营与所任职公司同类的业务。2010年下半年,天恩桥公司停止经营。徐某泉于2012年8月7日向原审法院诉请要求解散天恩桥公司,原审法院于2012年9月25日作出

(2012)青民二(商)初字第1332号民事判决书,判令解散天恩桥公司。2013年4月22日,天恩桥公司被工商行政管理部门吊销营业执照。

炬烽公司于2008年2月25日经上海市工商行政管理局青浦分局核准设立,公司类型为一人有限责任公司,注册资本10万元,股东为张某,陈某英担任法定代表人。公司的经营范围包括:绝缘材料、五金加工;涉及行政许可的,凭许可证经营。炬烽公司于2008年1月8日决定聘任张某明为公司监事。2008年7月21日,张某明与张某、潘某庆签订《协议书》一份,约定:炬烽公司总投资为28.50万元,三人各投资9.5万元,张某明占有40%股权,张某和潘某庆各占有30%股权;企业的盈亏均按上述股份比例由三人分配承担;张某明负责产品的销售及资金回笼,并以销售额的6%作为外协费用。2009年7月1日,张某明与张某、潘某庆再次签订《协议书》,约定:自2009年7月1日起,炬烽公司由张某明与潘某庆承包生产经营,张某留股离司,承包人张某明与潘某庆每年12月31日前支付张某设备租用费及股金周转费3万元。

上海锦彤电工材料有限公司(以下简称"锦彤公司")于2010年8月19日经上海市工商行政管理局青浦分局核准设立,注册资本10万元,股东为张某及周某泉,两人各出资5万元,周某泉担任法定代表人。张某为张某明之子,周某泉为张某明的亲家。该公司经营范围包括:销售电工材料、五金交电、绝缘材料、机电设备;以下经营范围限分支经营:生产加工绝缘材料;企业经营涉及行政许可的,凭许可证件经营。

天恩桥公司认为:张某明、徐某泉及叶某荣于2003年10月投资设立天恩桥公司后,张某明于2008年1月又与他人创办了炬烽公司,并成为该公司控股股东,其将天恩桥公司的生产技术、配方、客户资料透露给炬烽公司,影响天恩桥公司的生产经营。张某明另于2010年8月和其子、亲家创办锦彤公司。张某明在担任天恩桥公司法定代表人期间,参股经营其他公司,违反了我国《公司法》规定的竞业禁止条款,应将其所得收入判归天恩桥公司所有。炬烽公司年产值为250万元左右,张某明从中得到了6%的外协费用,加上其分红,估算为30万元,故天恩桥公司诉至原审法院,请求判令张某明赔偿天恩桥公司损失30万元。

【一审】一审法院认为:天恩桥公司虽被法院判令解散并被工商行政管理部门吊销营业执照,但并未影响其诉讼主体资格。公司董事、监事、高级管理人员应当遵守法律、行政法规和公司章程,对公司负有忠实义务和勤勉义务。忠实义务的内容包括禁止利用职务便利为自己或者他人谋取属于公司的商业机会,自营或者为他人经营与所任职公司同类的业务。张某明自天恩桥公司成立之日起担任法定代表人、执行董事,直至该公司于2010年下半年停止经营时,其行为应当受到竞业禁止的限制。法律规定的"同类业务",采取的是较为宽松的标准,其范围既包括与所任职的公司完全相同的经营业务,也可以是同种或类似的业务,并非指完全一致的产品。炬烽公司注册登记的经营范围为"绝缘材料、五金加工",与天恩桥公司登记的经营范围属于同一类别,故应认定其与天恩桥公司为同类营业。张某明违反竞业禁止的法律规定,天恩桥公司对其所得收入行使公司的归入权于法有据。炬烽公司的财务报表并不能反映真实的经营情况,张某明据此主张其未取得分红的意见应不予采信。

天恩桥公司对于张某明在炬烽公司处的收入应当承担举证责任,但其未能举证证明所主张的6%外协费用、账户提现、开具增值税发票抵销的利润系张某明的分红所得。依据股东张某未参与公司经营期间每年取得分红3万元的情况、张某明的持股比例及炬烽公司的陈述,酌定张某明自2008年至2010年下半年天恩桥公司停止经营期间从炬烽公司处获得股东分红10万元,该款应归天恩桥公司所有。

据此,一审判决张某明应于判决生效之日起十日内赔偿天恩桥公司10万元。

【二审】上海市第二中级人民法院认为:

一、天恩桥公司是否具有诉讼主体资格

企业法人被吊销营业执照后,该企业法人的民事主体资格并未立即丧失,吊销营业执照系剥夺公司的生产经营权,是对企业法人的民事权利能力和民事行为能力的一种限制,在清算程序结束并办理了工商注销登记后,主体才归于消灭。因此,天恩桥公司在被吊销营业执照后至其清算程序结束被工商行政管理部门予以注销前,其仍然享有民事诉讼主体资格,可以作为民事诉讼主体参加诉讼活动。

二、张某明违反竞业禁止义务应予赔偿金额的认定

根据我国《公司法》的规定,董事、高级管理人员除经股东会或者股东大会同意外,不得利用职务便利为自己或者他人谋取属于公司的商业机会,自营或者为他人经营与所任职公司同类的业务。因此,公司的董事、监事、高级管理人员应当对公司负有忠实、勤勉义务及竞业禁止义务,具体包括禁止自营或为他人从事与公司营业有竞争性的活动,禁止利用职务便利谋取属于公司的商业机会。同时,根据《公司法》的规定,董事、高级管理人员违反上述竞业禁止义务所得的收入应当归公司所有。对于张某明在炬烽公司所得收入的确定,因张某明对于炬烽公司自2008年1月至2010年12月三年期间的销售额并无异议,故其对于该公司成本支出的认定应承担举证义务,据此确定上述期间炬烽公司的利润及张某明的所得收入,但其未能提供相关的证据予以证明,且张某明对于期间支取的54万元亦未能举证证明系用于公司经营的成本支出。因此,原审法院依据该公司另一股东张某未参与公司经营期间每年分红的情况、张某明的持股比例及炬烽公司的陈述,酌定

张某明在上述期间从炬烽公司处获得股东分红的金额为10万元,并无不当,该违反竞业禁止义务所得的收入应当归天恩桥公司所有。

2014年1月16日,上海市第二中级人民法院驳回上诉,维持原判。

● **上海美福集网络科技有限公司与胡某科损害公司利益责任纠纷上诉案**

【上海市第一中级人民法院民事判决书(2013)沪一中民四(商)终字第2071号】

上诉人(原审原告):上海美福集网络科技有限公司(以下简称"美福集公司")。

被上诉人(原审被告):胡某科。

美福集公司于2007年9月18日注册登记设立,公司的经营范围为软件的研发、制作及销售;与科学技术信息相关的咨询服务;技术服务和技术培训业务。《公司章程》12.2规定执行董事、总经理及其他高级管理人员不得从事以下行为:……12.2.5未经公司股东会同意,自营或者为他人经营与本公司同类的业务,或利用职务便利为自己或者他人谋取属于公司的商业机会。另公司章程中对于高级管理人员未作详细界定。

胡某科自2008年9月起至美福集公司处工作,历任销售经理和资深销售经理,并于2012年8月1日被任命为销售总监。2013年4月11日协议书约定美福集公司、胡某科协议解除劳动合同关系。

2012年8月27日由陈某、胡某科作为股东注册登记设立了上海硕鑫企业管理有限公司(以下简称"硕鑫公司"),公司经营范围为:企业管理咨询、计算机、网络技术领域内的技术开发、技术服务、技术咨询、技术转让、翻译服务、会务服务、展览展示服务,设计、制作、代理各类广告,利用自有媒体发布广告,电子商务,商务咨询、创意服务,公关活动组织策划、企业营销策划、市场信息咨询与调查。

2013年5月20日胡某科将其所持有的硕鑫公司的股权转让给了案外人陈某信,目前硕鑫公司的股权结构为陈某、陈某信。

【一审】一审法院认为,《公司法》所规定的法定竞业限制义务,主要是指董事、高级管理人员在任职期间对其任职公司负有的忠实义务。竞业限制业务的主体为公司的董事、高级管理人员,并不包括作为公司负责人的监事。高级管理人员是指公司的经理、副经理、财务负责人、上市公司董事会秘书和公司章程规定的其他人员。结合本案美福集公司、胡某科之间确实存在劳动合同关系,并历任销售经理、资深销售经理、中国区销售总监一职,但美福集公司的公司章程中对于高级管理人员并未作出明确约定,故高级管理人员的认定仍应以公司法所规定的为准,而本案中仅以上述职务难以认定胡某科为美福集公司的高级管理人员,胡某科并不负有对美福集公司的法定竞业限制义务,而美福集公司、胡某科之间亦未通过签订竞业限制协议的方式来约束胡某科在一定期限、一定区域的自主择业权。美福集公司主张要求胡某科承担赔偿责任缺乏相应的事实及法律依据。

据此,一审法院判决驳回美福集公司的诉讼请求。

【二审】上海市第一中级人民法院认为,本案争议焦点是胡某科在美福集公司任职期间是否应确认为公司高级管理人员,对美福集公司负有竞业禁止的忠实义务。

一、公司法规定公司董事、高级管理人员不得在未经股东会或者股东大会同意的情况下,利用职务便利为自己或者他人谋取属于公司的商业机会,自营或者为他人经营与所任职公司同类的业务,即负有法定竞业禁止义务的仅限于公司董事、高级管理人员。公司法对高级管理人员采用了列举方式进行界定,即公司的经理、副经理、财务负责人、上市公司董事会秘书和公司章程规定的其他人员。然而,美福集公司与胡某科并未直接签订劳动合同而是通过中智公司以劳务派遣的方式至美福集公司工作,虽然胡某科在美福集公司任职期间曾担任中国区销售总监一职,但该职务并不属于公司法列明的前四类高级管理人员,且美福集公司章程也未对公司高级管理人员作出明确规定,故按照公司法的规定,胡某科不能认定为公司的高级管理人员,对公司不负有法定的竞业禁止义务。

二、美福集公司与胡某科之间亦无有关竞业禁止的约定,即胡某科对公司不负有约定的竞业禁止义务。

2014年1月22日,上海市第一中级人民法院驳回上诉,维持原判。

【简析】公司董事、监事、高级管理人员依据公司章程对公司负有竞业禁止的忠实义务,非董监高人员只有在与公司之间签订有关竞业禁止的约定的情况下,才产生竞业禁止义务。

● **南京强新企业有限公司与程某军等损害公司利益责任纠纷上诉案**
【江苏省南京市中级人民法院民事判决书(2014)宁商终字第405号】
上诉人(原审原告):南京强新企业有限公司(以下简称"强新公司")。
被上诉人(原审被告):程某军;吴某;南京欧典工贸有限公司(以下简称"欧典公司")。

2004年11月30日,经南京市秦淮区对外贸易经济合作局批准,强新公司吸收合并南京强生家具有限公司(以下简称"强生公司")。强生公司员工程某军、吴某的劳动关系因此转入强新公司,程某军任业务部经理,吴某任企划部经理并自2005年起任协理。其二人与强新公司签订的最后一期劳动合同约定的劳动合同期限均截至2017年11月30日止。2012年9月20日,强新公司以程某军、吴某擅自兼营公司同类业务并有其他重大违反公司规章制度的行为,向程某军、吴某分别发出

《解除劳动合同通知书》。

原告强新公司诉称,2003年3月31日,程某军、吴某与案外人王某连共同投资设立了欧典公司,欧典公司经营的业务为家具、木制品的加工销售,其利用程某军、吴某在强新公司担任高级管理人员的便利,攫取本属于强新公司的商业机会,实际业务开展大部分由程某军直接操作。程某军在强新公司工作期间,利用强新公司的工作条件及电脑等设备,直接操作欧典公司的家具销售业务。仅2008年一年,程某军直接操作欧典公司家具业务经营额高达621万元。欧典公司明知程某军、吴某高级管理人员身份,仍利用其工作便利获得的商业机会谋取不当利益,已构成对强新公司权益的共同侵害。依据工商部门备案的欧典公司财务报表,自2003年程某军、吴某参与成立欧典公司起,至2012年9月20日程某军、吴某被强新公司解除劳动关系止,欧典公司已侵害强新公司合法权益获取利润超过500万元。2012年9月20日,因程某军、吴某上述行为,强新公司通知程某军、吴某解除劳动合同关系,并办理了登记备案手续,双方劳动合同关系依法解除。

强新公司诉至法院请求判令程某军、吴某赔偿强新公司500万元,欧典公司承担连带赔偿责任。

程某军、吴某一审辩称:依据法律对高级管理人员概念的规定,程某军、吴某不是强新公司的高级管理人员。其二人在强新公司任职期间,并没有利用职务便利为自己或他人谋取强新公司的商业机会,强新公司也没有证据证明其商业机会被程某军、吴某利用。

欧典公司一审辩称:程某军、吴某并非强新公司的高级管理人员,其二人是欧典公司的挂名股东,没有参与欧典公司的经营,也没有提供强新公司的商业信息,更没有参与欧典公司分配。欧典公司成立后主要从事肥皂花的进出口、密封圈的进出口等,家具做得比较少。

【一审】一审法院认为:强新公司提供的干股名单以及程某军代表强新公司签订的合同等证据,不足以证明程某军为强新公司高级管理人员。吴某在强新公司担任协理,强新公司虽认为协理相当于公司副总经理,但未能提供相关聘书或其他证据证明强新公司系按照章程规定的任命副总经理的程序任命吴某担任协理一职。因此,程某军、吴某不属于法律规定的公司高级管理人员。

据此,一审法院判决驳回强新公司的诉讼请求。

【二审】江苏省南京市中级人民法院认为:根据《公司法》第216条第(一)项的规定:"高级管理人员,是指公司的经理、副经理、财务负责人,上市公司董事会秘书和公司章程规定的其他人员。"该法条所指公司经理、副经理在商事实践中可对应公司的总经理和副总经理。

本案中,强新公司提供的证据仅能证明程某军系该公司业务经理,而依法律规定及该公司章程的规定,业务经理均不属于公司高级管理人员,故强新公司上诉称程某军为公司高级管理人员证据不足。强新公司章程中规定有副总经理。一审诉讼中,强新公司提供的提级通知,仅能证明吴某系该公司协理,强新公司法定代表人及总经理并未依据公司章程的规定任命吴某为副总经理,说明在该公司的实际运作中并未设立该职位。而协理之职与前述法条规定的公司高级管理人员亦不相符。强新公司一审中提供的任命吴某为协理的任命书,为其单方打印,并非任命书原件,不能证明吴某作为协理因分管相关五个重要部门而相当于副总经理;干股名单仅为打印件,且强新公司称该名单仅为公司讨论件,并未实际实施,故其证明效力不足,不能证明程某军、吴某为公司高级管理人员。另外,强新公司亦未通过签订书面协议的方式为程某军、吴某设定忠实义务及竞业禁止义务,故强新公司上诉称程某军、吴某为公司高级管理人员,应承担因违反忠实义务与竞业禁止义务给该公司利益造成的损害赔偿责任,证据不足,本院不予采信。强新公司上诉称程某军系吴某配偶,欧典公司明知两人为该公司股东,均构成共同侵权而应承担连带责任,亦均欠缺事实与法律根据,本院不予采信。

2014年5月6日,江苏省南京市中级人民法院驳回上诉,维持原判决。

【简析】高级管理人员所指的公司经理、副经理在商事实践中可对应公司的总经理和副总经理,业务经理不属于公司高级管理人员。在公司章程未列明高级管理人员包括总经理助理、公司协理的情况下,总经理助理、公司协理不是公司高级管理人员。

● **北京法博洋国际科技发展有限公司与陈某联等公司解散纠纷案**
【最高人民法院民事裁定书(2015)民申字第846号】

再审申请人(一审被告、二审被上诉人):北京法博洋国际科技发展有限公司(以下简称"法博洋公司"),法定代表人:陈某联(CHONLANEVICTOR)。

再审申请人(一审第三人):张某彤;刘某颖。

被申请人(一审原告、二审上诉人):陈某联。

法博洋公司工商登记注册资料载明:企业法定代表人为陈某联,公司外方投资者为法兰西共和国公民陈某联,出资额为折合80万元人民币的欧元,占公司注册资本的80%,中方投资者为张某彤、刘某颖,出资额各为人民币10万元,各占公司注册资本的10%,陈某联任公司董事长兼总经理,张某彤任公司副董事长,刘某颖任公司董事。

《法博洋公司章程》规定:董事会由3名董事组成,三方各委派一名董事,董事任期四年,经选举可以连任,三方在委派和更换董事人选时,应书面通知董事会。董事会是合营公司的最高权力机构,决定合营公司的一切重大事宜。董事长是公司的法定代表人。各方有义务确保其委派的董事出席董事会年会和临时会议；董事因故不能出席董事会会议，应出具委托书，委托他人代表其出席会议。如果一方或数方所委派的董事不出席董事会会议也不委托他人代表出席会议，致使董事会5天内不能就法律、法规和本章程所列之公司重大问题或事项作出决议，则其他方（通知人）可以向不出席董事会会议的董事及委派他们的一方或数方（被通知人）按照该方法定地址（住所）再次发出书面通知，敦促其在规定日期内出席董事会会议。前条所述之敦促通知应至少在确定召开会议日期的60日前，以双挂号函方式发出，并应当注明在本通知发出的至少45日内被通知人应书面答复是否出席董事会会议。如果被通知人在通知规定期限内仍未答复是否出席董事会会议，则应视为被通知人弃权，在通知人收到双挂号函回执后，通知人所委派的董事可召开董事会特别会议，即使出席该董事会特别会议的董事达不到举行董事会会议的法定人数，经出席董事会特别会议的全体董事一致通过，仍可就公司重大问题或事项作出有效决议。

后陈某联与张某彤、刘某颖就法博洋公司的经营管理发生分歧，张某彤、刘某颖利用管理法博洋公司印章、文件等重要物品的便利，多次擅自对法博洋公司经营管理相关事宜作出处理，造成陈某联无法对公司进行实际管理的严重后果。陈某联曾多次口头或以书面形式向法博洋公司提出查阅、复制财务资料的要求，但第三人张某彤、刘某颖控制法博洋公司在无正当理由的情况下，竟拒绝了陈某联的要求。后陈某联以股东知情权纠纷为由将法博洋公司诉至北京市第一中级人民法院（以下简称"本院"）。2009年8月19日，本院作出（2009）一中民初字第5147号民事判决，判令法博洋公司将自2006年4月25日至判决生效之日止的财务会计报告提供给陈某联查阅、复制。判决生效后，法博洋公司在第三人张某彤、刘某颖的控制下，仍然拒绝为陈某联提供相关财务会计报告。

陈某联认为法博洋公司各股东、董事之间对公司的经营管理存在严重分歧已经无法解决，从而直接导致法博洋公司经营管理发生严重困难，该公司继续存续势必造成股东利益的严重受损，陈某联作为持有法博洋公司80%股权的股东，依法可以向人民法院请求解散该公司。

陈某联提起诉讼请求判令法博洋公司解散。

【一审】一审法院认为：本案为公司解散纠纷。陈某联系法兰西共和国公民，本案为原告方主体涉外的民事案件。关于法律适用问题中的主体资格确认问题，本院认为，依据《涉外民事关系法律适用法》第12条关于自然人的民事行为能力适用经常居住地法律的规定，陈某联居住在中华人民共和国领域内，依据中华人民共和国相关法律规定，陈某联具有民事行为能力。刘某颖、张某彤具有民事行为能力。法博洋公司在我国注册登记成立，依据前述法律规定具有民事行为能力。

依据《公司法司法解释二》第1条的规定,公司管理机制失灵,包括股东会僵局、董事会僵局及经营管理严重困难导致股东利益受损等情形,系公司司法解散的事由。而股东知情权、利润分配请求权等并不属于公司司法解散的事由,故本案中陈某联起诉状中提到知情权受损的问题,本院在本案中不予审查。

一、关于《公司法司法解释二》第1条第1款第(一)、(二)项规定的公司因股东会僵局而解散

因本案中的法博洋公司是陈某联与张某彤、刘某颖共同设立的中外合资企业,合资企业章程中规定董事会是公司的最高权力机构,并未规定设立股东会,故法博洋公司不存在《公司法司法解释二》第1条第1款第(一)、(二)项所列举的公司持续两年以上无法召开股东会或者股东大会和股东表决无法达到法定或约定比例,持续两年以上不能作出有效股东会决议的情况。

二、关于法博洋公司是否属于《公司法司法解释二》第1条第1款第(三)项规定的董事会僵局的问题

陈某联在起诉书中主张与张某彤、刘某颖之间长期冲突,认为无法召开董事会,董事长期冲突且无法通过股东会或者股东大会解决。对此本院认为,《法博洋公司章程》对于因一方不出席董事会而致使董事会不能作出决议的已经作出了相应的制度安排,即使一方不出席董事会,按照上述规定,董事会仍能够召开并作出决议,依然可以运行。即一方不出席董事会,并不能导致董事会运行机制的失灵。张某彤、刘某颖按照企业章程的规定,发出敦促通知,虽然敦促通知并未严格按照双挂号信的方式发出,但是可以认定陈某联已经收到了敦促通知,可以认定法博洋公司已经按照章程的规定召开了董事会,并作出了决议,并不能认定法博洋公司董事会僵局而无法作出决议。

三、关于法博洋公司是否属于公司经营管理严重困难,股东利益受损的问题

从《公司法》第182条和《公司法司法解释二》第1条所列解散公司之诉的内容可以看出,公司经营发生严重困难是一项必备条件。经营管理严重困难并非资金缺乏、亏损严重等经营性困难,而是管理方面的严重内部障碍,即公司管理机制失灵,无法就公司经营管理进行决策。股东利益受损亦并非个别股东利益受损,而是指公司管理机制失灵造成出资者整体利益受损。正如本院对法博洋公司董事会运行机制的论述一样,法博洋公司仍能依照章程的规定召开董事会,并未出现因公司管理机制失灵而经营管理严重困难的情况。

据此,一审法院裁判驳回原告陈某联的诉讼请求。

【二审】北京市高级人民认为,《公司法》第182条和《公司法司法解释二》第1条第1款规定既是公司解散诉讼的立案受理条件,同时也是判决公司解散的实质审查条件。

一、法博洋公司经营管理是否发生严重困难

对于中外合资经营企业，中外股东之间具有良好合作意愿和稳定的协助关系是公司存续的必要条件。一旦在公司存续过程中，中外双方利益发生冲突，彼此不愿妥协，董事会将无法按照法定程序作出任何有效决议。作为公司的议事机关，董事会的有效决策是公司得以正常经营管理的前提和基础，在董事会因董事对立无法形成有效决议时，公司势必陷入经营管理无法正常进行的状态。

本案中的法博洋公司是陈某联与张某彤、刘某颖共同设立的中外合资经营企业，《法博洋公司章程》第19条规定董事会是公司的最高权力机构，决定合营公司的一切重大事宜。公司章程并未规定设立股东会，召开董事会会议即是合营企业作出经营决策的方式。修改公司章程，增加或减少注册资本，股权质押，公司合并、分立、解散、清算或变更公司形式，抵押公司资产须经董事会全体董事一致通过。《法博洋公司章程》第22条规定，董事会年会和临时会议应当有全体董事人数的三分之二以上董事出席方能举行，必须包括中外两方董事。每名董事享有一票表决权，但决定公司经营方针和投资计划，审议批准公司财务预决算方案，审议批准公司利润分配方案和弥补亏损方案，审议批准总裁的工作报告，聘任或解聘公司总裁、总经理、副总经理、经理、财务负责人，及其报酬和待遇等事项须经中外两方董事通过决定。

从《法博洋公司章程》规定的议事规程可以看出，对于公司重大经营事项的决定，必须由公司三位董事一致通过或是经中外两方董事通过，中外任何一方单方召开的董事会会议都不可能满足公司章程规定的要求。唯一可以例外的，未达到董事会会议法定人数，亦能作出有效决议的就是《法博洋公司章程》第24、25条规定的董事会特别会议。就法博洋公司目前的状况看，从2009年至今，在长达5年的时间里，公司中外股东多次尝试召开董事会来打破公司面临的管理僵局，但均因对方不出席相关会议而未能形成符合章程规定的有效决议。虽然张某彤、刘某颖在2012年2月20日、2014年5月15日两次召开董事会特别会议，但正如本判决前面所述，因陈某联已按公司章程的规定按期作出了不参加会议的书面回复，该两次会议的召开并不符合公司章程的规定。特别会议无法召开，也就无法在董事缺席的情况下对公司的重大事项作决定。同时，由于中外两方投资者矛盾冲突严重，不可调和，即便是均参加董事会会议，中外两方也无法就公司重大事项达成一致意见。

因此，在法博洋公司董事会无法召开、法定代表人无法选任、主营业务停滞，所谓的董事会会议决议均是各自召开、各自决议、决议内容完全冲突，而中外董事又无法就解决这些问题达成一致意见的情况下，可以认定法博洋公司目前已处于《公司法司法解释二》第1条第1款第(三)项规定的经营管理发生严重困难的公司僵局情形，并且不存在相应解决机制。

## 二、法博洋公司继续存续是否会使股东利益受到重大损失

从法博洋公司目前的经营情况看,在公司僵局形成后,公司经营即陷入非常态模式。在中方单方经营管理期间,法博洋公司主营业务停滞,持续亏损,公司经营能力和偿债责任能力显著减弱。同时,法博洋公司中外股东矛盾冲突严重,股东间已经丧失信任,合作基础早已破裂。由于双方间的冲突,公司资产也因业务无法正常开展,公司及股东间的长期诉讼而受到严重损耗。陈某联作为持股80%的大股东,不能基于其投资享有适当的公司经营管理权及投资收益权,其股东权益受到重大损失。现法博洋公司的持续性僵局已经穷尽其他途径仍未能化解,如继续维系法博洋公司,股东权益只会在僵持中逐渐耗竭。相较而言,解散法博洋公司能为双方股东提供退出机制,避免股东利益受到不可挽回的重大损失。

## 三、公司解散是否影响法博洋公司通过司法程序要求陈某联对法博洋公司的侵权行为予以赔偿

法博洋公司在人民法院判决解散后,应依据《公司法》第183条和《公司法司法解释二》第7条的规定,自行组织清算或者另行申请人民法院对公司进行清算。同时,《公司法司法解释二》第10条还规定,公司依法清算结束并办理注销登记前,有关公司的民事诉讼,应当以公司的名义进行。公司成立清算组的,由清算组负责人代表公司参加诉讼;尚未成立清算组的,由原法定代表人代表公司参加诉讼。因此,判令法博洋公司解散,并不影响法博洋公司与陈某联之间侵权案件的审理。

综上所述,陈某联持有法博洋公司80%股权,具有提出解散公司之诉的法定资格。在法博洋公司经营管理发生严重困难,公司的存续将造成陈某联利益继续遭受重大损失,并无法通过其他途径解决公司僵局的情况下,陈某联要求解散法博洋公司,符合《公司法》第182条之规定,应予准许。张某彤、刘某颖不解散法博洋公司的诉讼请求于法无据,本院不予支持。

据此,二审法院判决解散法博洋公司,驳回张某彤、刘某颖的诉讼请求。

【再审】最高人民法院认为:

北京高院根据《法博洋公司章程》的约定,认为召开董事会特别会议有两个前提条件:其一,被通知人在规定期限内未答复是否出席会议;其二,会议通知人收到寄发敦促通知的双挂号函回执,并根据陈某联明确回复拒绝参加张某彤主持召开的董事会等事实,认定2012年2月20日由张某彤主持召开的董事会特别会议及作出的决议并不符合公司章程规定是正确的。北京高院根据查明的事实,认定法博洋公司已处于《公司法司法解释二》第1条第1款第(三)项规定的经营管理严重困难的公司僵局情形,并且不存在相应解决机制,且如继续维系法博洋公司,股东权益只会在僵持中逐渐耗竭,受到重大损失,陈某联要求解散法博洋公司,符合

《公司法》的相关规定,依法判决解散法博洋公司,认定事实和适用法律均是正确的。

2015年5月22日,最高人民法院驳回法博洋公司、张某彤、刘某颖的再审申请。

● **深圳市众杰通贸易有限公司与司徒某、黄某玲等公司利益责任纠纷上诉案**
【广东省深圳市中级人民法院民事判决书(2014)深中法商终字第1733号】
上诉人(原审被告):司徒某。
被上诉人(原审原告):黄某玲。
被上诉人(原审被告):深圳市众杰通贸易有限公司(原名称为深圳市润彤菱镁矿制品有限公司)(以下简称"众杰通公司")。

2002年4月8日,黄某玲与司徒某共同设立深圳市高科城实业有限公司(以下简称"高科城公司"),注册资本人民币200万元,其中黄某玲出资98万元,持股比例49%,任公司监事;司徒某出资102万元,持股比例51%,任公司执行董事、法定代表人。高科城公司经营范围为:兴办实业、国内商业、物资供销业、自营进口业务。2003年7月10日,高科城公司设立分公司卡板厂,经营项目为:托卡板、防火板销售,技术研究、开发、生产及销售卡/托板、玻镁植纤防火板。2010年5月,卡板厂由司徒某申请注销。

2009年5月18日,司徒某和案外人深圳市润彤投资有限公司共同设立深圳市润彤菱镁矿制品有限公司(以下简称"润彤公司")(众杰通公司原称)。润彤公司注册资本200万元,司徒某出资80万元,持股比例40%;深圳市润彤投资有限公司出资120万元,持股比例60%。经营范围:菱镁矿制品、菱镁耐火材料的生产加工、销售、技术开发,公司董事为陈某、邱某和司徒某。

2010年8月17日,司徒某将其40%的股权以1元的价格转让给何某某,2010年12月29日,进行了变更登记,何某某系司徒某妻子何某艳的父亲。2011年6月29日,公司董事变更为陈某、邱某、何某某。2013年6月24日,公司股东变更为庄某某一人,监事邝某某是前卡板厂员工、技术骨干。根据司徒某以及润彤公司的陈述,均表示司徒某没有在润彤公司领取工资、红利,也没有其他收入。根据中勤万信会计师事务所深圳分所的审计,由于高科城公司及卡板厂董事会、股东会会议机制不健全,会计基础工作、会计核算不规范,所以不能核实高科城公司和卡板厂的财务报表是否公允地反映了企业的资产财务状况,不能核实高科城公司和卡板厂是否存在经营亏损。

黄某玲的原审诉讼请求为:1.司徒某停止担任润彤公司董事职务,退出其岳父何某某在润彤公司代为持有的40%股份;2.司徒某在润彤公司的全部收入10万元归高科城公司所有;3.司徒某赔偿因其侵权行为给高科城公司造成的损失20万元,润彤公司承担连带责任。

【一审】一审法院认为,公司董事、高级管理人员应对公司负有忠实义务、勤勉义务,不得自营或者为他人经营与所任职公司同类的业务。

本案润彤公司无论是从经营范围、产品名称还是宣传图片,与高科城公司卡板厂均存在同一性或类似性,属于经营同类业务的公司。司徒某作为高科城公司的执行董事,在卡板厂2009年5月至2010年5月的存续期间,出任润彤公司的股东和董事,违反了作为高科城公司董事应负的忠实义务、勤勉义务,从地域、市场等各方面均对高科城公司造成了影响,侵犯了高科城公司的权利。虽然《公司法》没有明确规定董事违反法定竞业禁止义务应承担损害赔偿责任,但第149条规定"董事、监事、高级管理人员执行公司职务时违反法律、行政法规或者公司章程的规定,给公司造成损失的,应当承担赔偿责任",根据"举轻以明重"的释法原理,既然因执行公司职务违反规定给公司造成损失都要予以赔偿,那么从事公司法所明确禁止的行为给公司造成损害的,无疑更应该承担赔偿责任,故本案司徒某因违反竞业禁止义务应对高科城公司承担赔偿责任。

具体的赔偿数额,虽然举证责任的一般规则为"谁主张、谁举证",但现代民法的价值取向是保护弱者、追求实质正义,所以举证责任分配应兼顾诚信原则和公平原则。在本案中,黄某玲作为高科城公司的监事和小股东,不参与公司的经营管理,缺乏举证能力和举证条件;反观司徒某,作为公司的执行董事和法定代表人,直接经营管理公司,应承担一定的举证责任,证明其在润彤公司任职未侵犯高科城公司的权利。但司徒某在经营管理高科城公司期间,由于会议机制不健全,会计基础工作、会计核算不规范,导致高科城公司的财务数据失真,不能客观公允地反映公司的实际经营状况,难以准确判断司徒某违反竞业禁止义务的行为给高科城公司造成的具体损失,故该院综合考虑黄某玲的主张、司徒某的侵权情节、同类业务经营期间等因素,酌定司徒某赔偿高科城公司损失6万元。

关于黄某玲要求司徒某停止担任润彤公司董事的职务、退出其岳父何某某代为持有润彤公司40%股份,因司徒某已经没有在润彤公司担任董事,润彤公司的股权也已经由案外人庄某某全部持有,黄某玲的该主张没有事实依据,该院不予支持。

关于黄某玲要求司徒某在润彤公司的收入10万元归高科城公司所有的主张,因黄某玲未能提供任何司徒某在润彤公司有收入的证据,司徒某与润彤公司也不予认可,故黄某玲此项主张该院不予支持。

关于黄某玲要求润彤公司对司徒某给高科城公司造成损失承担连带责任的主张,没有法律依据,该院依法予以驳回。

据此,一审法院判决司徒某应在判决生效之日起十日内赔偿高科城公司损失

6万元;驳回黄某玲的其他诉讼请求。

【二审】广东省深圳市中级人民法院认为:本案系董事损害公司利益责任纠纷。黄某玲是高科城公司的股东兼监事,其认为司徒某身为高科城公司的董事,侵犯了高科城公司的利益应赔偿因此给高科城公司造成的损失,因而以高科城公司股东的身份请求自己以监事的身份行使《公司法》第53条第(六)项规定的职权对司徒某提起诉讼。二审双方当事人争议的焦点问题是司徒某是否有侵犯高科城公司的利益及是否应承担赔偿责任。

一、《公司法》第147条规定,董事对公司负有忠实义务和勤勉义务;第148条规定,董事不得未经股东会同意,自营或为他人经营与所任职公司同类的业务。而根据查明的事实,司徒某在任职高科城公司董事期间,同时出任润彤公司的股东及董事,润彤公司成立于高科城公司下设卡板厂之后,但润彤公司在经营范围、产品名称及宣传图片等方面均与高科城公司卡板厂存在类似性,属于经营同类业务的公司,故司徒某显已违反《公司法》关于董事对公司忠实、勤勉义务的规定及《公司法》明令禁止的董事经营同类业务的行为,应依法承担相应的侵权法律责任。

二、司徒某作为高科城公司的执行董事,直接经营管理高科城公司,而在其担任润彤公司股东及董事期间又将高科城公司下属卡板厂申请注销,不仅如此,由于未能建立健全的会计机制,会计核算不规范,高科城公司的财务数据失真也直接导致法院无法通过审计高科城公司的财务账册的方式来确定高科城公司的实际经营情况,以及查明是否有因司徒某违反竞业禁止义务给高科城公司造成损失及损失的具体情况,故原判综合黄某玲的主张、司徒某的侵权情节及同类业务经营期间等因素酌定由司徒某赔偿高科城公司损失6万元并无不妥。

司徒某上诉主张其从未在润彤公司领取过工资、红利或其他收入,故即使存在《公司法》第148条第1款规定的行为也不应承担法律责任,因于法无据,本院不予支持。

2015年7月10日,广东省深圳市中级人民法院驳回上诉,维持原判。

【简析】当发生董事损害公司利益之情事时,公司监事可以作为原告,以责任董事和公司为被告,提起诉讼。

● **济南东方管道设备有限公司与李某滨等损害公司利益责任纠纷二审民事判决书**

【山东省高级人民法院民事判决书(2015)鲁商终字第532号】

上诉人(原审原告):济南东方管道设备有限公司(以下简称"东方公司",法定代表人:李某钧,董事长)。

上诉人(原审被告):李某滨。

被上诉人(原审被告):济南东方泰威机械设备有限公司(以下简称"泰威公司")。

东方公司经营范围为 D1 级第一类压力容器,D2 级第二类低、中压容器的制造、销售;A(1)(3)、B 级钢制无缝管件、B1 级钢制有缝管件、B 级锻制管件(限机械加工)、A(1)(3)、B 级锻制法兰、锻制管件的锻坯,B 级锻制法兰(限机械加工)、B 级其他组合装置(仅限过滤器、混合器)的制造、销售(以上项目在审批机关批准的经营期限内经营);弹簧、水喷淋冷却装置、非标件的生产、销售(未取得专项许可的项目除外)。李某滨系东方公司的董事并担任东方公司的副总经理,负责销售工作。

泰威公司系 2012 年 6 月 20 日成立的有限责任公司(自然人投资或控股),李某滨系出资人之一,占公司注册资本的 55%,李某滨担任泰威公司的执行董事、经理,系公司的法定代表人。公司的经营范围为石油化工设备及配件与附件、管道配件与附件、机床配件的生产、销售;紧固件、垫片、阀门与钢材的销售。2012 年 9 月 24 日,泰威公司股东会决定免去李某滨执行董事兼经理职务,不再担任公司法定代表人,选举李某滨担任公司执行董事,聘任孟某浦为公司经理并担任法定代表人。泰威公司的经营范围与东方公司的经营范围部分相同或相似。

2012 年 12 月 30 日,东方公司在其公司网站发布《关于李某滨副总经理离职的声明》,载明李某滨已于 2012 年 7 月自动离职,不再担任东方公司副总经理职务及与本公司解除劳动合同关系。东方公司工商登记显示李某滨目前仍为东方公司董事。

原审法院(2014)济民三初字第 865 号案件,系东方公司以李某滨等人侵害其商业秘密纠纷而提起的诉讼。

根据章丘市地方税务局自然人收入额显示,自 2013 年 8 月 31 日至 2015 年 5 月 31 日,李某滨在泰威公司的工资薪金所得为 71300 元。

东方公司诉讼请求第一项中判令被告停止侵权的具体内容为:李某滨停止担任泰威公司的执行董事并自泰威公司将出资撤回,李某滨、泰威公司停止利用东方公司的客户谋取商业利益。

东方公司主张泰威公司的主营业务收入应为东方公司的损失,东方公司主营业务的减少也应为其公司的损失,李某滨、泰威公司应连带赔偿;李某滨在泰威公司领取了薪金,该薪金属于违反竞业禁止的收入,该部分薪金应属于东方公司所有。

东方公司请求判令李某滨及泰威公司停止侵权并赔偿东方公司经济损失 1000 万元。

【一审】一审法院认为,李某滨违反竞业禁止的法律规定,构成了侵权,而该侵权系持续的侵权,至东方公司提起诉讼之时,侵权并未终止,故东方公司提起的诉讼并未超过诉讼时效。

《公司法》第 147 条第 1 款规定："董事、监事、高级管理人员应当遵守法律、行政法规和公司章程,对公司负有忠实义务和勤勉义务。"第 148 条第 1 款第(五)项规定,董事、高级管理人员不得未经股东会或者股东大会同意,利用职务便利为自己或者他人谋取属于公司的商业机会,自营或者为他人经营与所任职公司同类的业务。上述内容系我国法律对董事、高级管理人员竞业禁止义务的规定。所谓竞业禁止,是指对与权利人有特定关系之人的特定竞争行为的禁止。我国《公司法》要求公司董事、监事、高级管理人员应当对公司负有忠实和勤勉义务,要求董事、监事、高级管理人员在执行公司业务时或担任公司职位期间需全心全意为公司服务,以公司最佳利益为出发点行事,不得追求公司利益以外的利益,不得追求个人利益。因此,董事、高级管理人员对公司负有竞业禁止义务,既包含禁止自营或为他人从事与公司营业有竞争性的活动,也包含禁止利用职务便利谋取属于公司的商业机会。本案李某滨系东方公司的董事、副总经理,属于东方公司的高级管理人员,其在东方公司担任董事期间,发起成立泰威公司并担任泰威公司的执行董事、法定代表人和经理职务,后虽然不担任泰威公司法定代表人,但仍担任泰威公司执行董事。而泰威公司与东方公司的经营范围部分相同,属同类经营。李某滨的行为已构成对东方公司竞业禁止义务的违反,其担任泰威公司的执行董事的行为违反了法律规定。东方公司请求判决李某滨停止担任泰威公司的执行董事符合法律规定,原审法院予以支持;但其请求李某滨自泰威公司将出资撤回,没有法律依据,不予支持。东方公司无证据证明李某滨、泰威公司利用东方公司的客户谋取商业利益,故对东方公司请求李某滨、泰威公司停止利用东方公司的客户谋取商业利益的主张,原审法院不予支持。

《公司法》第 148 条第 2 款规定："董事、高级管理人员违反前款规定所得的收入应当归公司所有。"该条规定了公司对董事、高级管理人员的违法所得有权行使归入权。所谓归入权,是指公司可以要求董事、高级管理人员把其为个人利益或为他人利益而获得的竞业收入、报酬归于公司,把董事、高级管理人员竞业的交易,视为公司的交易。法律之所以赋予公司归入权,主要是因为董事、高级管理人员的竞业行为给公司造成的损失往往是潜在的,公司很难证明自己的实际损失,行使归入权便可对违反竞业禁止义务的董事、高级管理人员予以惩戒,并补偿自己可能的损失。本案李某滨在担任泰威公司执行董事期间,自 2013 年 8 月 31 日至 2015 年 5 月 31 日的工资薪金所得为 71300 元,对于东方公司要求应将李某滨的该部分薪金属于东方公司所有的主张,系其对公司归入权的正当行使,原审法院予以支持。

东方公司未有证据证明泰威公司的主营业收入系泰威公司开展同业竞争业务所得,而且我国《公司法》规定的赔偿主体仅为侵权的董事、高级管理人员,并不包括侵权的董事、高级管理人员所就任的公司,故东方公司主张泰威公司的主营业务收入应为东方公司的损失,东方公司主营业务的减少也应为其公司的损失,从而要求李某滨、泰威公司连带赔偿的诉讼请求于法无据,原审法院不予支持。

据此,一审判决,被告李某滨停止担任被告泰威公司执行董事。被告李某滨、被告泰威公司于本判决生效之日起2个月内到工商管理机关办理被告李某滨不再担任被告泰威公司执行董事的工商登记变更手续。被告李某滨于本判决生效之日起10日内赔偿原告东方公司经济损失71300元。驳回原告东方公司的其他诉讼请求。

【二审】山东省高级人民法院认为:

一、关于李某滨是否构成竞业禁止的问题

本院认为本案李某滨在担任东方公司的董事、副总经理期间,属于东方公司的高级管理人员,其发起成立了泰威公司并担任泰威公司的执行董事、法定代表人和经理职务,此后其虽然不担任泰威公司法定代表人,但仍担任泰威公司执行董事。而泰威公司与东方公司的经营范围部分相同,属同类经营。李某滨的以上行为违反了《公司法》第147条和第148条第1款第(五)项规定的相应的忠实义务。东方公司请求判决李某滨停止担任泰威公司的执行董事符合法律规定,原审法院对此予以支持并无不当。

二、关于泰威公司是否应与李某滨共同承担责任的问题

上诉人东方公司上诉主张,泰威公司与李某滨构成共同侵权,应当共同承担责任。本院认为根据《公司法》的规定,违反忠实义务的赔偿责任主体仅为侵权的董事、高级管理人员,并不包括其所就任的公司。东方公司要求泰威公司连带赔偿的上诉请求没有事实和法律依据,本院不予支持。

三、关于原审判决认定的侵权赔偿数额是否正确的问题

原审法院基于李某滨在担任泰威公司执行董事期间的工资薪金所得为71300元,判决将该部分薪金属东方公司所有。上诉人李某滨主张,其以上工资所得不应作为侵权赔偿数额。本院认为,《公司法》第148条第2款规定:"董事、高级管理人员违反前款规定所得的收入应当归公司所有。"本案中,已经认定李某滨违反公司法相关规定担任同业企业的法定代表人或执行董事,因此认定其工资所得为其所得收入,归东方公司所有并无不当。

关于上诉人东方公司上诉所称原审判决的赔偿数额过低,应判令赔偿其至少350万元的上诉主张,因其未能提交相应的证据证明其损失实际数额,以及其损失与李某滨相应的违反董事及高级管理人员忠实义务的行为存在因果关系,因此,上诉人东方公司主张的其他损失因没有法律和事实依据,其上诉主张不能成立,本院不予支持。

2015年12月28日,山东省高级人民法院驳回上诉,维持原判。

【简析】认定公司商业机会应当考虑以下几个方面的因素:一是商业机会与公司经营活动有无关联;二是第三人有无给予公司该商业机会的意愿;三是公司对该商业机会有期待利益,没有拒绝或者放弃。

根据《公司法》的规定,违反忠实义务的赔偿责任主体仅为侵权的董事、高级管理人员,并不包括侵犯其商业机会的公司。

● **山东海之杰纺织有限公司与艾哈迈德损害公司利益责任纠纷再审民事裁定书**

【最高人民法院民事裁定书(2020)最高法民申640号】

再审申请人(一审原告、二审上诉人):山东海之杰纺织有限公司(以下简称"海之杰公司"),法定代表人:阿齐兰·阿·阿齐兰,董事长。

被申请人(一审被告、二审被上诉人):艾哈迈德·盖博(以下简称"盖博",阿拉伯埃及共和国人)。

海之杰公司系阿齐兰·宾·阿布杜拉兄弟公司(以下简称"阿布杜拉兄弟公司")投资的独资公司,盖博自2011年1月在海之杰公司任总经理职务。《海之杰公司章程》第37条规定:"独资公司实施董事会领导下的总经理负责制。总经理对董事会全面负责。执行董事会的各项决议、章程、组织领导独资公司的日常生产技术和经营管理工作。"第43条规定:"总经理的具体职责:1.按照公司的章程,根据董事会会议通过的各项决议、规定和一系列制度,组织公司的生产经营活动。2.组织编制公司的发展计划、年度经营计划、各项经营目标和利润指标,通过董事会审议,并经董事会批准后负责执行和实施。3.主持制定公司的经营管理规章制度,劳动工资制度、职工考勤升级与奖罚制度草案送交董事会审议,并经董事会批准后执行。4.组织制定公司财务制度及提出资金筹措年度预算、决算草案、基建计划,送交董事会审议,监督控制公司的财务收支状况。5.按董事会通过的经营目标和年度经营计划编制年、季、月生产经营进度表,并组织实施负责完成董事会提出的各项技术经济指标。6.提出适合公司的机构设想,送交董事会审议批准,订立下设部门的职责条例,聘用部门经理报董事会备案,并按董事会通过的有关规定,决定该类人员的工资待遇、福利、奖惩及提升。7.按各主管部门的要求提交统计报表。8.负责做好其他应做的经营管理工作,全权处理董事会授权范围内的有关正常业务,以公司的名义签发各种文件,办理董事会委托的其他事宜。"

2011年1月8日,祥辉国际实业(香港)公司(以下简称"祥辉公司")向海之杰公司传真合同一份,载明:以下资料乃我公司向贵公司订购货品之内容,请核对有关资料,核对无误后请盖章签署后坐实,双方各一份正本留存。合同约定,货品为男装长袖衬衫,总数量 65280 件,总价款 647557.60 美金,交货期 2011 年 4 月 29 日。海之杰公司在该合同上加盖公司印章,祥辉公司未加盖公司印章。

为履行上述合同,盖博指示海之杰公司的计划部经理 M 分别于 2011 年 1 月 20 日、2011 年 2 月 22 日与黄冈市金律纺织有限公司(以下简称"金律公司")签订《产品采购合同》各一份。合同约定海之杰公司向金律公司采购亚麻棉交织提花染色布,合同总价款 2949344.31 元。经海之杰公司的计划部经理 M 向海之杰公司的投资人阿布杜拉兄弟公司请示后,安排将祥辉公司订购的男装长袖衬衫全部生产完毕。后祥辉公司在验货时,提出衬衫的包装纸箱层数不够、吊牌的厚度不够等问题,因而不予提货。后期海之杰公司无法联系上祥辉公司,该批衬衫未能出售成功。

2013 年 12 月 23 日至 31 日,盖博带领公司采购人员到广州库存市场采购、验收和运输光坯布,共向周某等 15 位供应商采购布匹,价款(含运费)共计 1283892 元。

2014 年 3 月盖博从海之杰公司离职。

祥辉公司商业登记号码 381××××3915,2009 年 5 月 1 日已退出(结束)营业。

海之杰公司向一审法院起诉请求:判令盖博赔偿给海之杰公司造成的损失人民币 200 万元。

一审庭审中,海之杰公司一方的证人 M 出庭作证称,在海之杰公司与祥辉公司订立采购合同时,其担任计划部经理;当时盖博已确认好可以生产,但因为不熟悉订单中间人,其又向总部进行了确认,总部在沙特;衣服生产出来后,祥辉公司验货员验货,验货人员说包装纸箱层数不够、吊牌厚度不够,海之杰公司答复纸箱和吊牌的问题可以换,但是最后祥辉公司没有与海之杰公司联系。

【一审】一审法院认为:盖博系阿拉伯埃及共和国人,因此本案属于涉外商事纠纷案件,依法应按照涉外案件相关法律规定进行审理。本案系损害公司利益责任纠纷,属侵权纠纷,因盖博未到庭参加诉讼,双方就适用的法律无法达成一致意见,法院确认本案侵权行为地法律即中华人民共和国法律作为审理本案实体问题的准据法。

《公司法》第 147 条规定,"董事、监事、高级管理人员应当遵守法律、行政法规和公司章程,对公司负有忠实义务和勤勉义务"。盖博作为海之杰公司的总经理,对海之杰公司应负有忠实和勤勉义务。海之杰公司主张盖博在担任海之杰公司总经理期间,严重违反公司财务制度,采购低劣产品,且在祥辉公司未付定金和预付款情况下指示海之杰公司采购金律公司产品,后衬衫无法出售,给公司造成经济损失 200 余万元。

对此法院认为,盖博作为海之杰公司的总经理,与祥辉公司签订衬衫销售合同,与金律公司签订布匹采购合同,以及带领人员到广州采购光坯布的行为,均是其为开展公司经营而履职的行为。虽然其在履职过程中，在对合同相对方的资格审查、对采购标的物的质量审查方面存在瑕疵，仅能说明其经营判断行为存在过失，但是并无证据证明其主观上具有损害公司利益的过错，并不能因此认定盖博的行为违反了对公司的忠实和勤勉义务，因此而造成的损失，不应由盖博承担。并且在履行与祥辉公司的衬衫销售合同过程中，系经由海之杰公司的计划部经理M向海之杰公司的投资人阿布杜拉兄弟公司请示后才安排进行生产。现衬衫生产完毕后未能出售成功，系祥辉公司对衬衫的包装纸箱层数、吊牌的厚度等提出异议，拒不收货造成。海之杰公司可向祥辉公司主张违约责任，要求其赔偿损失，盖博不应负有赔偿责任。

据此，一审法院判决驳回海之杰公司的诉讼请求。

【二审】二审法院认为：本案系损害公司利益责任纠纷，焦点问题是盖博是否违反公司高级管理人员的忠实义务和勤勉义务而给海之杰公司造成损失。

《公司法》第147条规定，"董事、监事、高级管理人员应当遵守法律、行政法规和公司章程，对公司负有忠实义务和勤勉义务"。据此，盖博在担任海之杰公司总经理职务期间，对公司负有忠实义务和勤勉义务。忠实义务是指高级管理人员应以公司利益最大化为目的，诚信履职，不得掺杂个人私利或为第三人谋利；勤勉义务是指高级管理人员应尽到普通人在类似情况下应有的谨慎、注意义务，尽职维护公司利益。本案中，根据海之杰公司提交的公司章程第37、43条的规定，盖博与祥辉公司签订衬衫合同，与金律公司签订布匹采购合同，以及带领人员到广州采购光坯布的行为，均是其为开展公司经营而履职的行为，没有超越《海之杰公司章程》规定的职责范围。一审证人M作为负责与金律公司签订涉案采购合同的海之杰公司的计划部经理，出庭作证称，其在生产涉案衬衫前，请示了投资人阿布杜拉兄弟公司，生产完成后，祥辉公司的验货员验过货，但因包装纸、吊牌的问题，未予提货。据此，可以认定，在涉案衬衫生产前，海之杰公司向投资人作了请示，无论投资人对请示是形式审查还是实质审查，都可以证实投资人对海之杰公司生产涉案衬衫是知情的，盖博没有隐瞒或规避内部审批的主观故意；生产完成后，祥辉公司派人验过货，未能出售成功的原因是对包装、吊牌有异议，拒不收货，并非因为海之杰公司主张的祥辉公司没有验货或祥辉公司已经停止经营。海之杰公司提交的证明祥辉公司已于2009年5月1日退出经营的调查资料，但该证据未经过公证和转递，不能作为认定本案事实的依据。

海之杰公司主张，盖博违反公司内部审核、财务等制度，但没有提供相关的财务制度。即便如海之杰公司所主张的，盖博在与祥辉公司签订、履行合同以及采购产品的质量审查方面存在问题，仅说明盖博的经营判断行为存在瑕疵，不能证明盖博存在主观上故意违反公司的内部审核制度，损害公司利益，行为上存在未尽职履行的情形;且海之杰公司也没有证据证实盖博在履行总经理职务期间,存在获利的情况。

因此,海之杰公司主张盖博违反高级管理人员的忠实和勤勉义务,没有事实根据和法律依据,本院不予支持。海之杰公司如认为公司遭受损失,可向祥辉公司等供应商主张违约责任,要求其赔偿损失,盖博不应负有赔偿责任。

据此,驳回上诉,维持原判。

【再审】最高人民法院认为:关于盖博是否违反忠实义务和勤勉义务以及是否应当对海之杰公司在案涉交易中的损失承担赔偿责任的问题。从《公司法》(2005年修订)的规定来看,第148第1款规定:"董事、监事、高级管理人员应当遵守法律、行政法规和公司章程,对公司负有忠实义务和勤勉义务。"第149条列举了董事、高级管理人员违反对公司忠实义务的具体情形。从上述法律规定来看,忠实义务是指公司高级管理人员应当忠实履行职责,其自身利益与公司利益发生冲突时,应当维护公司利益,不得利用高级管理人员的地位牺牲公司利益为自己或者第三人牟利。勤勉义务是指公司高级管理人员履行职责时,应当为公司的最佳利益,具有一个善良管理人的细心,尽一个普通谨慎之人的合理注意。从海之杰公司的具体诉请和依据的事实来看,其并未提供证据证明盖博在履行总经理职务期间存在获利情况,故其实际上针对的是盖博违反勤勉义务而非忠实义务。因此,本案审查的重点问题是:盖博在海之杰公司案涉交易中是否违反勤勉义务以及是否应当对海之杰公司在案涉交易中的损失承担赔偿责任。

从法律规定来看,《公司法》(2005年修订)仅原则性规定了公司高级管理人员的勤勉义务,并未规定违反勤勉义务的具体情形。综观公司法实践,勤勉义务所要求的尽一个普通谨慎之人在类似情况下应尽到的合理注意,是一个经过实践而被逐渐总结出来的标准。面对市场不断变化的商事交易实践,如果要求每一个经营判断都是正确的,会令公司高级管理人员过于小心谨慎,甚至裹足不前,延误交易机会,降低公司经营效率,最终不利于实现公司和股东权益。特别是在不涉及公司高级管理人员个人利益与公司利益冲突等可能违反忠实义务的情形下,公司高级管理人员依照法律和公司章程履行经营管理职责的行为,应受到法律的认可和保护。盖博作为海之杰公司的总经理,具有依照法律和公司章程主持公司生产经营管理工作的职权。从海之杰公司在原审中提交的《海之杰公司章程》的具体内容来看,海之杰公司赋予了总经理组织领导公司日常生产技术和经营管理工作的广泛职权。案涉交易中,包括海之杰公司与祥辉公司签订衬衫供货合同、与金律公司签订《产品采购合同》、在广州采购光坯布,均系盖博为开展公司日常经营而履行总经理职权的行为,并未超越海之杰公司章程规定的职责范围。原判决认定盖博未违反公司高级管理人员的忠实义务和勤勉义务,并无不当。海之杰公司主张盖博承担因案涉交易给海之杰公司造成的损失,不符合《公司法》(2005年修订)第150条关于"董事、监事、高级管理人员执行公司职务时违反法律、行政法规或者公司章程的规定,给公司造成损失的,应当承担赔偿责任"的规定。

1. 在案涉衬衫生产前,海之杰公司已请示其股东阿布杜拉兄弟公司。无论阿布杜拉兄弟公司对请示是形式审查还是实质审查,都可以证明其对海之杰公司生产案涉衬衫是知情的。且根据海之杰公司一方的证人在原审庭审中的证言,案涉衬衫未能出售成功的原因是祥辉公司对包装、吊牌有异议而拒绝收货。原判决认定并非因祥辉公司没有验货或者祥辉公司已经停止经营导致衬衫未能出售成功,具有事实依据。

2. 对于盖博任职期间在广州所采购的光坯布,因海之杰公司所提交《损失价值公估报告》的保险评估机构不具有光坯布质量鉴定的资质,故不能依据该公估报告认定案涉光坯布存在质量问题,也就不能因此证明盖博采购光坯布的行为导致海之杰公司发生的具体损失。且海之杰公司虽主张盖博违反公司内部审核、财务等制度以及存在虚假陈述、推卸责任行为,但没有提供相关的财务制度等证据。故原判决认定盖博不负赔偿责任,并无不当。

2020年6月30日,最高人民法院裁定驳回再审申请。

【简析】忠实义务是指公司高级管理人员应当忠实履行职责,其自身利益与公司利益发生冲突时,应当维护公司利益,不得利用高级管理人员的地位牺牲公司利益为自己或者第三人牟利。

●《渤海财产保险股份有限公司公司董事、监事及高级管理人员职业责任保险条款》部分条款[①]

**第二条** 凡依照中华人民共和国法律(不包括港澳台地区法律)设立的公司均可以作为本保险合同的被保险公司,其董事、监事及公司章程中规定的高级管理人员均可作为本保险合同的被保险个人。被保险公司、被保险个人均属于被保险人的范畴。

**第三条** 被保险个人在执行职务的过程中,由于单独或共同的过错行为导致第三者遭受经济损失,依照中华人民共和国法律(不包括港澳台地区法律)应承担的经济赔偿责任,且被保险个人不能从被保险公司获得赔偿的,保险人按本保险合同的约定负责赔偿。

但保险人承担上述赔偿责任时,以被保险个人引起索赔的过错行为发生于本保险合同约定的溯及日后,并且第三者在保险期间内首次向被保险个人提出

---

① 参见《渤海财产保险股份有限公司公司董事、监事及高级管理人员职业责任保险条款》,载中国保险行业协会网:http://www.iachina.cn/col/col3861/index.html,最后访问日期:2024年6月18日。

索赔为前提。

第四条 被保险个人在执行职务的过程中,由于单独或共同的过错行为导致第三者遭受经济损失,依照中华人民共和国法律(不包括港澳台地区法律)应承担的经济赔偿责任,且被保险个人依照法律要求或许可,可以从被保险公司获得补偿的,保险人按本保险合同的约定,代表被保险公司在被保险个人所受损失范围内负责赔偿。

但保险人承担上述赔偿责任时,以被保险个人引起索赔的过错行为发生于本保险合同约定的溯及日后,并且第三者在保险期间内首次向被保险个人提出索赔为前提。

第五条 被保险个人因执行职务过程中的过错行为被提起索赔时,其配偶如因配偶身份或因与被保险个人共同拥有财产而被连带提起索赔或被执行财产,保险人对其配偶的损失视同被保险个人的损失,按本保险合同负责赔偿。但因被保险个人的配偶本人的过错行为所致的赔偿责任,则不在本保险合同保障范围内。

第六条 在发生保险责任范围内的事故后,被保险个人因被提起诉讼发生的经保险人事先书面同意的诉讼费用,保险人在本保险合同约定的范围内负责赔偿,但该诉讼费用包含在本保险合同载明的赔偿限额内,不另外计算。经被保险个人申请,保险人在认为必要时,对已书面同意的诉讼费用可先行垫付。

第七条 若被保险个人死亡、完全丧失民事行为能力、财务困难时,第三者对其继承人或法定代理人提出索赔,索赔原因是被保险个人在执行职务过程中的过错引起的,保险人将该索赔视同第三者对被保险个人的索赔,适用于本条款的规定。

第八条 保险人对下列各项针对被保险人的索赔不负赔偿责任:(一)由被保险个人或以被保险个人名义提出的索赔,但以下情况不在此限:由被保险个人之外的其他人以被保险公司名义所提出的衍生性索赔案件,且被保险人就该索赔并未参与或提供协助;(二)被保险个人因获知内幕消息,而买卖被保险公司的证券获得不当得利的行为;(三)为获取利益,而对政治团体、政府或军方官员、客户、债权人或债务人或其代表、利益关系人支付款项、佣金、赠与、贿赂的行为;(四)非法获取个人利益或好处;(五)保证或对外担保;(六)任何罚款或惩罚性赔偿。

第九条 保险人对于针对被保险人由于下列行为被提起的索赔或与此等行为有直接或间接关系,又或系由此等行为引申或衍生而成的索赔事故的,不负赔偿责任:(一)被保险人以受托人、管理人的身份在管理或经营退休金、年金、分红、职工福利基金或其他职工福利项目时违反职责或合同义务的行为所导致的索赔。(二)任何不忠诚、欺诈、犯罪、恶意、故意行为及非职务行为。(三)直接或间接造成任何人的疾病、伤残、死亡、精神伤害,或任何有形财产的损失,包括财产不能使用的损失或任何间接损失。(四)被保险人对外签订协议所约定的责任,但即使没有该协议,被保险人依法仍应承担的赔偿责任不在本款责任免除范围内。(五)(1)实际或被指称或威胁将污染源释出、渗漏或处理污染源时污染动产、不动产、大气或水源;(2)被保险人受指示或受请求或自行进行测试、监控、清除、处理污染源或予以解毒或中和;包括但不限于上述(1)或(2)情况导致被保险公司或其相关机构、其证券持有人或其债权人发生财务损失而被提起的索赔。(六)核辐射、核污染、核反应或其他同位素、废弃物的污染。

第十条　保险人对基于下列情况或事实,又或与此等情况或事实有直接或间接关系,又或系由此等情况或事实引申或衍生而成的索赔事故的,不负赔偿责任:(一)在本保险合同生效日前被保险个人已知悉或应知悉的第三者索赔,或已被威胁或暗示提出的索赔;(二)在本保险合同生效日前,已经发生且被保险个人亦已知悉或应当知悉的过错行为;(三)对于属于以往保险合同的承保责任范围,在以往保险合同下已提出索赔,但因索赔金额超出以往保险合同的最高赔偿限额而未获赔偿的部分。

第十一条　保险人对基于下列情况或事实,又或与此等情况或事实有直接或间接关系,又或系由此等情况或事实所引申或衍生而成的索赔事故的,不负赔偿责任:(一)由本保险合同列明的主要股东向被保险个人提出的任何索赔事故;(二)由任何第三者针对被保险公司提出的索赔事故。

第十二条　索赔请求必须同时符合以下两个条件,否则保险人不予受理:(一)被保险个人在中华人民共和国境内的过错行为引致索赔请求;(二)索赔请求在中华人民共和国境内提出。

第十三条　其他不属于本保险责任范围内的损失、费用和责任,保险人不负责赔偿。

第四十九条　本合同中除非文意另有所指,下列词语具有如下含义:……4.被保险个人:指本保险合同上载明的过去、现任或未来的公司董事、监事及公司章程规定的高级管理人员。5.过错行为:指被保险个人在以其被保险个人的身份执行职务过程中的失职、过失、错误、与事实不符的陈述、误导股东的陈述、应作为而不作为及其他过错行为。……12.损失的定义不包括下列事项:(1)被保险公司(包括其董事会或董事会设立之委员会)为调查或评估索赔案件或可能发生的索赔案件所发生的费用;(2)依法应缴纳的罚款或其他惩罚性的违约金;(3)依法不得投保的部分。

●《民安保险(中国)有限公司民安董(监)事及高级职员责任保险条款》部分条款①

**第二条** 被保险公司及其任何子公司,均可作为本保险合同的被保险人。

被保险人指任何过去、现在或未来是被保险公司的董(监)事、高级职员、董事会秘书或其他职员(但仅以该职员为履行其公司管理职责为限)的自然人。

被保险人还应包括:Ⅰ.被保险公司董(监)事、高级职员、董事会秘书或职员(但仅以该职员为履行其公司管理职责为限)的合法配偶;Ⅱ.被保险公司已死亡的董(监)事、高级职员、董事会秘书或职员(但仅以该职员为履行其公司管理职责为限)的遗产管理人、继承人或法定代理人,但以赔偿请求须是基于其任职期间的不当行为而产生的为限;Ⅲ.被保险公司董(监)事、高级职员、董事会秘书或职员(但仅以该职员为履行其公司管理职责为限)丧失行为能力时的法定代理人。

被保险人不应包括:Ⅰ.破产管理人或清算人;Ⅱ.政府任命的管理人;Ⅲ.外部审计人员;Ⅳ.退休金计划或员工福利金计划的受托人或管理人。

或上述人员的雇员。

**第三条** 在保险期间内,被保险人因本保险合同承保的不当行为而首次被他人提出赔偿请求,被保险人由此依法应负经济赔偿责任时,保险人同意依照本保险合同的约定对被保险人负赔偿责任.被保险公司如根据有关公司补偿的法律、法规、规则或协议必须先行支付或赔偿被保险人的损失时,保险人对被保险公司的相应损失也负赔偿责任。

**第五条** 保险人对任何针对被保险人因可归因于下述原因所产生的赔偿请求或调查不负赔偿责任:

(1)Ⅰ.被保险人欺诈、不诚实或犯罪行为;对该行为的认定如有异议,以法院或行政机关的判决、认定为准。Ⅱ.被保险人实际获得的不当得利。Ⅲ.被保险人事实上自买自卖投保公司有价证券所得的利润。

(2)本保险合同承保明细表所载的赔偿请求起算日以前已发生的任何诉讼、仲裁或行政程序或与以前已发生的任何诉讼、仲裁或行政程序事实相同或实质上相同的主张。

(3)本保险合同生效日之前已向其他保险合同提出赔偿请求的事实、情形、行为或疏忽。

(4)被保险公司或被保险人在本保险合同生效日前已知悉的可能导致赔偿请

---

① 参见《民安保险(中国)有限公司民安董(监)事及高级职员责任保险条款》,载中国保险行业协会网:http://www.iachina.cn/col/col3359/index.html,最后访问日期:2024年6月18日。

求的事实、情形、行为或疏忽。

（5）由被保险人或被保险公司或其代表所提出的赔偿请求,但下列赔偿请求保险人仍予以赔付：Ⅰ.雇佣行为责任；Ⅱ.由被保险公司的单一股东或股东集体以被保险公司和/或被保险人的名义提出的赔偿请求,但以被保险公司或被保险人未参与、要求或协助为限；Ⅲ.由破产接管人、清算人、提出的赔偿请求,但以被保险公司或被保险人未参与、要求或协助为限；Ⅳ.对共同责任的分担或补偿的赔偿请求,但以该对共同责任的分担或补偿的赔偿请求直接产生于本保险合同项下的赔偿请求为限。

（6）针对任何担任下列职务的个人所提出的任何赔偿请求：Ⅰ.退休金计划或员工福利金计划的受托人或管理人；Ⅱ.外部审计人员。

（7）Ⅰ.以任何方式与无论由于何种原因造成的与污染有关的任何伤害、损害、支出、费用、责任或法律义务,包括由股东提出或衍生性的可归因于污染或由其产生的赔偿请求。污染包括事实的、被指控的或潜在存在于环境或排放到环境中的任何物质,若该等物质具有或被指控具有使环境变得不纯净、有害或危险的效果。环境包括任何空气、土地、建筑物及建筑物内部的空气、水道或水（包含地下水）；Ⅱ.核辐射或放射性危险物质。

（8）任何针对下列事项的赔偿请求：Ⅰ.任何人的人身伤害、疾病、死亡或精神损害,但事实的或被指控的雇佣行为责任的精神损害赔偿请求不在此限；Ⅱ.任何有形财产的损害或毁损,包括财产使用价值的损失。

**第十七条** 被保险人应严格遵守《公司法》《民法》等法律法规及国家有关消防、安全、生产操作、劳动保护等方面的规定,加强管理,采取合理的预防措施,尽力避免或减少责任事故的发生。

保险人可以对被保险人遵守前款约定的情况进行检查,向投保人、被保险人提出消除不安全因素和隐患的书面建议,投保人、被保险人应该认真付诸实施。

投保人、被保险人未按照约定履行上述安全义务的,保险人有权要求增加保险费或者解除合同。

**第十八条** 在保险合同有效期内,保险标的的危险程度显著增加的,被保险人应当按照合同约定及时通知保险人,保险人可以按照合同约定增加保险费或者解除合同。

被保险人未履行前款约定的通知义务的,因保险标的的危险程度显著增加而发生的保险事故,保险人不承担赔偿保险金的责任。

## 第五节　董事会秘书

**【示范条款】**

4.5.1　董秘的设立

董事会设董事会秘书。董事会秘书是公司高级管理人员,对董事会负责。

4.5.2　董秘资格

董事会秘书应当具有必备的专业知识和经验,由董事会聘用。

本章程第4.3.2条规定不得担任公司董事、监事、高级管理人员的情形适用于董事会秘书。

【注释】可以规定为:董事会秘书应具备下述条件:1.具有大学专科以上学历,从事秘书、管理、股权事务等工作三年以上;2.具备财务、税务、法律、金融、企业管理等方面的知识;3.具有良好的个人品质,严格遵守法律、法规及职业操守,能够忠诚地履行职责,并具有良好的沟通技巧和灵活的处事能力。

4.5.3　董秘职责

董事会秘书的主要职责是:1.准备和递交国家有关部门要求董事会和股东会会议出具的报告和文件;2.组织筹备董事会会议和股东会会议,参加股东会会议、董事会会议、监事会会议及高级管理人员相关会议,负责董事会会议和股东会会议记录,保证记录的准确性,并在会议记录上签字,负责保管会议文件和记录;3.接待、联系股东,向股东及时提供公司有关资料及告知有关通知;4.负责公司股权管理事务,保管公司股东名册资料,保管公司董事、监事、高级管理人员、控股股东及其董事、监事、高级管理人员持有本公司股份的资料;5.帮助公司董事、监事、高级管理人员了解法律法规、公司章程等有关规定;6.协助董事会依法行使职权,在董事会决议违反法律法规、公司章程有关规定时,把情况记录在会议记录上,并将会议记录立即提交公司全体董事和监事;7.公司章程规定的其他职责。

4.5.4　工作条件

公司应当为董事会秘书履行职责提供便利条件,董事、监事、财务负责人及其他高级管理人员和相关工作人员应当支持、配合董事会秘书的工作。

董事会秘书为履行职责,有权了解公司的财务和经营情况,参加有关会议,查阅公司文件,并要求公司有关部门和人员及时提供相关资料和信息。

4.5.5　董秘兼职

公司董事或者其他高级管理人员可以兼任公司董事会秘书。

公司监事不得兼任公司董事会秘书,公司聘请的会计师事务所的注册会计师和律师事务所的律师不得兼任公司董事会秘书。

#### 4.5.6 董秘职责的专属性

董事会秘书由董事长提名,经董事会聘任或者解聘。

董事兼任董事会秘书的,如某一行为需由董事、董事会秘书分别作出时,则该兼任董事及公司董事会秘书的人不得以双重身份作出。

#### 4.5.7 董秘的解聘

公司董事会解聘董事会秘书应当具有充分理由,主要指董事会秘书有下列情形之一的:1. 在执行职务时出现重大错误或疏漏,给公司或投资者造成重大损失;2. 违反国家法律法规、公司章程和本所有关规定,给公司或投资者造成重大损失;3. 不宜担任董事会秘书的其他情形。

董事会秘书对解聘处罚不服的,可以通过股东会会议申诉。

#### 4.5.8 董秘的离任

董事会秘书离任前,应当接受董事会、监事会的离任审查,在监事会的监督下移交有关档案文件、正在办理的事项以及其他待办理事项。

公司在董事会秘书聘任时应当与其签订保密协议,要求其承诺一旦在离任后持续履行保密义务直至有关信息公开披露为止。

#### 4.5.9 董秘的空缺

董事会秘书发生空缺时,公司应当尽快确定聘任新的董事会秘书。公司在正式聘任新任董事会秘书之前,由公司【指定一名董事或者高级管理人员】代行董事会秘书职责。

**【条款解读】**

一、董事会秘书

董事会秘书是指掌管董事会文书并协助董事会成员处理日常事务的人员,负责董事会会议及股东会会议的会议文件、记录的保管等事宜。其对外负责公司联系股东及信息披露事宜,对内负责筹备董事会会议和股东会会议。董事会秘书是公司高级管理人员,对董事会负责。

二、董事会秘书任职资格的要求

董事会秘书是公司高级管理人员,首先要符合有关高级管理人员任职资格的规定,并且还应该具备一定的专业知识,不仅要掌握有关法律法规,还要熟悉公司章程、信息披露规则,掌握财务、税务、法律、金融、企业管理及行政管理等方面的有关知识。

与对董事的丰富经验要求和行业专家要求不同,对董事会秘书要求的是一种比较全方位的商业综合技能水平。董事会秘书的主要工作是运用自己的综合商业知识技能,为董事提供后勤等方面的帮助。

三、董事会秘书的职责

1. 负责公司股东会会议和董事会会议的筹备、文件保管,即按照法定程序筹备股东会会议和董事会会议,准备和提交有关会议文件和资料和会议安排。

2. 负责保管公司股东名册、董事名册,大股东及董事、监事和高级管理人员持有本公司股票的资料,以及股东会会议、董事会会议文件和会议记录等。

3. 负责办理信息披露事务。督促公司制定并执行信息披露管理制度和重大信息的内部报告制度,促使公司和相关当事人依法履行信息披露义务,按照有关规定向有关机构定期报告和临时报告。

4. 负责有关保密工作,制订保密措施,促使董事、监事和其他高级管理人员以及相关知情人员在信息披露前保守秘密,并在内幕信息泄露时及时采取补救措施。

5. 协助和安排董事、监事、高级管理人员的培训和学习。

6. 协调董事之间、董事与监事之间、董事与高级管理人员之间的联络和沟通。

7. 如遇不当之情事,应及时汇报全体董事及监事会。

四、董事会秘书的作用

董事会秘书制度的运用,其价值在于对公司治理有着重要的作用。就公司内部治理而言,董事会秘书具有广泛涉及公司内部运作程序的职权。公司程序性和辅助性事务的集中行使改变了公司权力分散于单个机关或个人行使的不利局面,使得公司董事等经营人员能够将更多的精力投入公司经营中去,使得公司信息沟通和决策执行的渠道更为畅通,从而提高了公司的运作效率,促进了公司的运作规范。同时,权力的集中行使也使得董事会秘书成为公司大量具体经营活动的直接经手人和见证人,对公司经营管理人员的权力具有制约的作用,保护了投资者的合法权益,确保了股东利益的安全。再就外部治理而言,董事会秘书作为公司机关,代表公司与公司登记机关和监督机关进行沟通,使得与公司相关主体的知情权得以保障。

五、董事会秘书的任免

董事会秘书人选的确定必须经董事长提名,董事会聘任,董事长只有提名权,董事会才有聘任权。

董事会秘书在执行职务时,因个人行为造成重大错误或失误,给公司和投资造成重大损失或违反法律、法规、公司章程及证券交易所的规章制度,造成严重后果和恶劣影响,以及出现其他不宜担任董事会秘书的情形时,由董事会终止对其之聘任。

董事会秘书对解聘处罚不服的,可以通过股东会会议申诉。

六、董事会秘书的职业操守

1. 扎实的专业知识。只有这样,才能有效地行使董事会秘书的职责,为董事会提供全面的专业意见,保障公司规范化运作,从而确立董事会秘书在公司的地位及作用。

2. 良好的职业操守。董事会秘书应当遵守公司章程,承担高级管理人员的有关法律责任,对公司负有诚信和勤勉义务,不得利用职权为自己或他人谋取利益。董事会秘书作为专业人士,遵守职业操守,保持个人的品格和地位是履行专业职能的首要条件。

3. 合格的保密意识。董事会秘书作为公司的高级管理人员,知道很多公司在决策与投资方面的安排,保守公司的秘密,避免公司对股价有影响的消息通过非正常的渠道传播。当得知公司作出或者可能作出违反有关法律、法规的决议时,应及时提醒公司有关人员,并拿出解决问题的办法。这样做一方面可以提升公司董事会对董事会秘书的信任程度,另一方面也能有效地防范风险。

4. 协助指导公司依法运营,协助董事及经理在行使职权时切实履行境内外法律、法规、公司章程及其他有关规定。在知悉公司作出或可能作出违反有关规定的决议时,有义务及时提醒。

5. 做好董事之间及与监事会的联络,注重工作方法,对董事一视同仁,提供同等专业意见,与董事保持良好的关系,提高董事对董事会秘书的信任程度。争取董事会成员对董事会秘书工作的理解和支持,建立良好的工作环境。

6. 及早提供工作预案,提高工作技巧,对董事会的议案要事先提出专业意见,在议案有可能违反有关法律、法规时,要在会前表明自己的观点,协助董事会在不违反有关法律、法规的前提下,提出解决问题的方案。不要等到董事会议上提出反对意见,避免在董事会议上引起争议。如需要请专业会计师或专业律师提供意见,应在会前安排专业人士到场。

## 【相关法规】

● 《上海证券交易所股票上市规则(2024年4月修订)》(上证发〔2024〕51号)

● 《深圳证券交易所股票上市规则(2024年修订)》(深证上〔2024〕339号)

## 【细则示范】

● 董事会秘书工作细则

第1条 为了进一步提高公司治理水平,规范公司董事会秘书的运作和职责权限,根据《公司法》等法律法规以及本公司章程的有关规定,并结合公司的实际情况,制定本工作制度。

**第 2 条** 公司董事会设董事会秘书,董事会秘书是公司高级管理人员,对公司和董事会负责,应忠实、勤勉地履行职责,不得利用职权为自己或他人谋取利益。法律、法规及公司章程对公司高级管理人员的有关规定,适用于董事会秘书。

**第 3 条** 公司董事会秘书负责以公司名义办理信息披露、公司治理、股权管理等其相关职责范围内的事务,享有相应的工作职权。

**第 4 条** 公司设立董事会办公室,由董事会秘书分管,配备专职人员协助董事会秘书工作,处理公司规范运作、公司治理、信息披露、投资者关系管理等事务。

**第 5 条** 董事会秘书由董事长提名,由董事会聘任或者解聘。董事会秘书任期三年,聘期自聘任之日起,至本届董事会任期届满止,可连聘连任。

公司董事会应当在原任董事会秘书离职后三个月内聘任董事会秘书。

**第 6 条** 董事会秘书的任职资格:1.具有良好的职业道德和个人品质;2.具备履行职责所必需的财务、管理、法律等专业知识;3.具备履行职责所必需的工作经验;4.取得有关法律法规规范性文件的资格要求。

**第 7 条** 有下列情形之一的人士不得担任公司董事会秘书:1.有《公司法》第146条规定的任何一种情形的;2.公司现任监事;3.不适合担任董事会秘书的其他情形。

**第 8 条** 公司解聘董事会秘书应当具备充足的理由,不得无故将其解聘。

**第 9 条** 公司董事会秘书具有下列情形之一的,公司应当自相关事实发生之日起一个月内将其解聘:1.本制度第7条规定的任何一种情形;2.连续三个月以上不能履行职责;3.在履行职责时出现重大错误或疏漏,后果严重的;4.违反法律法规或其他规范性文件,后果严重的;5.公司董事会认为不宜继续担任董事会秘书的其他情形。

**第 10 条** 董事会秘书辞职时,应提前一个月通知公司董事会并说明原因。

**第 11 条** 公司董事会秘书被解聘或辞职离任的,应当接受公司董事会和监事会的离任审查,并办理有关档案文件、具体工作的移交手续。

董事会秘书辞职后未完成离任审查、文件和工作移交手续的,仍应承担董事会秘书职责。

**第 12 条** 公司董事会秘书空缺期间,董事会应当指定一名董事或高级管理人员代行董事会秘书的职责。

董事会未指定代行董事会秘书职责的人员或董事会秘书空缺期间超过三个月之后,由公司法定代表人代行董事会秘书职责,直至公司聘任新的董事会秘书。

**第 13 条** 公司董事或其他高级管理人员可以兼任公司董事会秘书。董事兼任董事会秘书的,如某一行为需由董事、董事会秘书分别作出时,则该兼任董事及董事会秘书的人不得以双重身份作出。

第14条　公司董事会秘书负责公司信息披露管理事务,包括:1.负责公司信息对外发布;2.制定并完善公司信息披露事务管理制度;3.督促公司相关信息披露义务人遵守信息披露相关规定,协助相关各方及有关人员履行信息披露义务;4.负责公司未公开重大信息的保密工作;5.关注媒体报道,主动向公司及相关信息披露义务人求证,督促董事会及时披露或澄清。

第15条　公司董事会秘书应协助公司董事会加强公司治理机制建设,包括:1.组织筹备并列席公司董事会会议及其专门委员会会议、监事会会议和股东会会议;2.建立健全公司内部控制制度;3.积极推动公司避免同业竞争,减少并规范关联交易事项;4.积极推动公司建立健全激励约束机制;5.积极推动公司承担社会责任。

第16条　公司董事会秘书负责公司投资者关系管理事务,完善公司投资者的沟通、接待和服务工作机制。

第17条　董事会秘书负责公司股权管理事务,包括:1.保管公司股东持股资料;2.督促公司董事、监事、高级管理人员及其他相关人员遵守公司股份买卖相关规定;3.其他公司股权管理事项。

第18条　公司董事会秘书应协助公司董事会制订公司资本市场发展战略,协助筹划或者实施公司资本市场再融资或者并购重组事务。

第19条　公司董事会秘书负责公司规范运作培训事务,组织公司董事、监事、高级管理人员及其他相关人员接受相关法律法规和其他规范性文件的培训。

第20条　公司董事会秘书应提示公司董事、监事、高级管理人员履行忠实、勤勉义务。

第21条　公司应当为董事会秘书履行职责提供便利条件,公司董事、监事、高级管理人员和相关工作人员应当配合董事会秘书的履职行为。

第22条　公司董事会秘书为履行职责,有权了解公司的财务和经营情况,查阅其职责范围内的所有文件,并要求公司有关部门和人员及时提供相关资料和信息。

第23条　公司召开总裁办公会以及其他涉及公司重大事项的会议,应及时告知董事会秘书列席,并提供会议资料。

第24条　公司董事会秘书应当与公司签订保密协议,承诺在任期期间及离任后,持续履行保密义务直至有关信息对外披露为止,但涉及公司违法违规行为的信息不属于前述应当履行保密的范围。

第25条　董事会秘书在任职期间因工作失职、渎职或违法违规,给公司造成不良影响的,公司视情节轻重可以对其采取责令检讨、通报批评、警告、经济处罚、限制股权激励、损失赔偿等内部问责措施。

**第 26 条** 本细则未尽事宜,或者与本细则生效后颁布、修改的有关法律、法规、规范性文件相冲突的,按有关法律、法规、规范性文件的规定执行。

**第 27 条** 本细则自公司董事会通过之日起施行。

**第 28 条** 本细则解释权属公司董事会。

# 第五章 股权/股份

## 第一节 出资的认缴

**【示范条款】**

5.1.1 注册资本的认缴

公司注册资本由全体股东认缴。股东应当按期足额缴纳各自所认缴的出资额。全体股东认缴的出资额由股东自公司成立之日起五年内缴足。

5.1.2 出资额及出资比例

股东姓名或者名称及其认缴的出资额：

| 股东姓名或者名称 | 认缴的出资额(万元) | 股权比例(%) |
| --- | --- | --- |
|  |  |  |
|  |  |  |
|  |  |  |
| 合计 |  | 100% |

5.1.3 分期出资

股东的出资分_____期缴纳。

第一次出资：

| 股东姓名或者名称 | 本次出资金额(万元) | 出资方式 | 出资时间 | 本次出资比例(%) |
| --- | --- | --- | --- | --- |
|  |  |  |  |  |
|  |  |  |  |  |
|  |  |  |  |  |
| 合计 |  |  |  | 100% |

第二次出资：

| 股东姓名或者名称 | 本次出资金额(万元) | 本次出资后累计出资金额(万元) | 出资方式 | 出资时间 | 本次出资后累计出资比例(%) |
|---|---|---|---|---|---|
|  |  |  |  |  |  |
|  |  |  |  |  |  |
|  |  |  |  |  |  |
| 合计 |  |  |  |  | 100% |

第三次出资：

| 股东姓名或者名称 | 本次出资金额(万元) | 本次出资后累计出资金额(万元) | 出资方式 | 出资时间 | 本次出资后累计出资比例(%) |
|---|---|---|---|---|---|
|  |  |  |  |  |  |
|  |  |  |  |  |  |
|  |  |  |  |  |  |
| 合计 |  |  |  |  | 100% |

【注释】《公司法》(2023年修订)第47条规定,全体股东认缴的出资额由股东按照公司章程的规定自公司成立之日起五年内缴足。

鉴于股东出资期限是一个比较重要的事项,直接涉及股东权益,为防止股东滥用表决权,发生不公允的股东出资期限变更,可规定"同意全体股东或者部分股东出资期限缩短或者延长的相关决议需经股东会决议一致通过"。

【条款解读】

一、股东出资是一个国家公司法律体系的核心制度之一

我国《公司法》施行的是法定资本制度,又称注册资本制度,强调的是资本的确定性和真实性。现行《公司法》的法定资本制度包含两个概念:注册资本和实收资本。其中,注册资本,是指在公司登记机关依法登记的全体股东认缴的出资额或全体发起人认购或实缴的股本总额。实收资本是指在公司登记机关依法登记的全体股东或者发起人实际交付的出资额或者股本总额。

注册资本是一个公司最基本的资产,确定和维持公司一定数额的资本,对于确保公司基本的债务清偿能力,保障债权人利益和交易安全具有重要价值。股东出资是公司资本确定、资本维持原则的基本要求,出资是股东最基本、最重要的义务。股东应当按期足额缴纳公司章程中规定的各自所认缴的出资额。以货币出资

的,应当将货币出资足额存入公司在银行开设的账户;以非货币财产出资的,应当依法办理财产权的转移手续。

二、关于发起人和股东对公司资本不足的补缴责任

有限责任公司的股东和董事对公司资本不足额承担补缴的连带责任。有限责任公司的股东对公司资本不足额承担补缴责任的立法依据是股东不履行出资义务。出资种类的不同以及是否为设立时的出资不影响对这种责任的追究。股东间对公司资本不足额承担补缴连带责任是由于有限责任公司设立时股东之间存在特殊关系,同时也是为了加强股东之间的相互监督。有限责任公司的董事对公司资本不足额承担补缴连带责任是由于公司董事在公司经营管理中具有重要的地位和作用。公司成立后,因公司的虚假出资或抽逃出资造成股东出资显著低于公司章程所规定数额的,负有责任的公司董事应承担连带责任。

三、新法修订

（一）完善有限责任公司的认缴制度,规定5年内必须实缴。2018年《公司法》规定,除募集设立的股份公司外,其他公司实行的是认缴资本制,股东只要认缴注册资本或股本即可,对于认缴的数额和期限不作要求。《公司法》（2023年修订）在有限责任公司认缴制度的基础上,对出资期限作了限制,全体股东认缴的出资额由股东按照公司章程规定自公司成立之日起五年内缴足。也就是说,股东认缴期限最长为五年。

（二）取消股份有限公司的认缴制度。2018年《公司法》规定,发起设立的股份有限公司实行的也是认缴资本制。《公司法》（2023年修订）规定,发起人应当在公司成立前按照其认购的股份全额缴纳股款。

**【相关法规】**

● 《中华人民共和国公司法》（2023年修订）

**第47条** 有限责任公司的注册资本为在公司登记机关登记的全体股东认缴的出资额。全体股东认缴的出资额由股东按照公司章程的规定自公司成立之日起五年内缴足。

法律、行政法规以及国务院决定对有限责任公司注册资本实缴、注册资本最低限额、股东出资期限另有规定的,从其规定。

**第49条** 股东应当按期足额缴纳公司章程规定的各自所认缴的出资额。

股东以货币出资的,应当将货币出资足额存入有限责任公司在银行开设的账户;以非货币财产出资的,应当依法办理其财产权的转移手续。

股东未按期足额缴纳出资的,除应当向公司足额缴纳外,还应当对给公司造成

的损失承担赔偿责任。

**第 50 条**　有限责任公司设立时,股东未按照公司章程规定实际缴纳出资,或者实际出资的非货币财产的实际价额显著低于所认缴的出资额的,设立时的其他股东与该股东在出资不足的范围内承担连带责任。

**第 51 条**　有限责任公司成立后,董事会应当对股东的出资情况进行核查,发现股东未按期足额缴纳公司章程规定的出资的,应当由公司向该股东发出书面催缴书,催缴出资。

未及时履行前款规定的义务,给公司造成损失的,负有责任的董事应当承担赔偿责任。

**第 52 条**　股东未按照公司章程规定的出资日期缴纳出资,公司依照前条第一款规定发出书面催缴书催缴出资的,可以载明缴纳出资的宽限期;宽限期自公司发出催缴书之日起,不得少于六十日。宽限期届满,股东仍未履行出资义务的,公司经董事会决议可以向该股东发出失权通知,通知应当以书面形式发出。自通知发出之日起,该股东丧失其未缴纳出资的股权。

依照前款规定丧失的股权应当依法转让,或者相应减少注册资本并注销该股权;六个月内未转让或者注销的,由公司其他股东按照其出资比例足额缴纳相应出资。

股东对失权有异议的,应当自接到失权通知之日起三十日内,向人民法院提起诉讼。

**第 53 条**　公司成立后,股东不得抽逃出资。

违反前款规定的,股东应当返还抽逃的出资;给公司造成损失的,负有责任的董事、监事、高级管理人员应当与该股东承担连带赔偿责任。

**第 54 条**　公司不能清偿到期债务的,公司或者已到期债权的债权人有权要求已认缴出资但未届出资期限的股东提前缴纳出资。

**第 98 条第 1 款**　发起人应当在公司成立前按照其认购的股份全额缴纳股款。

● **《公司法司法解释三》(2020 年修正)**

**第 13 条**　股东未履行或者未全面履行出资义务,公司或者其他股东请求其向公司依法全面履行出资义务的,人民法院应予支持。

公司债权人请求未履行或者未全面履行出资义务的股东在未出资本息范围内对公司债务不能清偿的部分承担补充赔偿责任的,人民法院应予支持;未履行或者未全面履行出资义务的股东已经承担上述责任,其他债权人提出相同请求的,人民法院不予支持。

股东在公司设立时未履行或者未全面履行出资义务,依照本条第一款或者第二款提起诉讼的原告,请求公司的发起人与被告股东承担连带责任的,人民法院应予支持;公司的发起人承担责任后,可以向被告股东追偿。

股东在公司增资时未履行或者未全面履行出资义务,依照本条第1款或者第二款提起诉讼的原告,请求未尽《公司法》第147条第1款规定的义务而使出资未缴足的董事、高级管理人员承担相应责任的,人民法院应予支持;董事、高级管理人员承担责任后,可以向被告股东追偿。

**第18条** 有限责任公司的股东未履行或者未全面履行出资义务即转让股权,受让人对此知道或者应当知道,公司请求该股东履行出资义务、受让人对此承担连带责任的,人民法院应予支持;公司债权人依照本规定第13条第2款向该股东提起诉讼,同时请求前述受让人对此承担连带责任的,人民法院应予支持。

受让人根据前款规定承担责任后,向该未履行或者未全面履行出资义务的股东追偿的,人民法院应予支持。但是,当事人另有约定的除外。

● 《最高人民法院关于民事执行中变更、追加当事人若干问题的规定》(2020年修正)

**第17条** 作为被执行人的营利法人,财产不足以清偿生效法律文书确定的债务,申请执行人申请变更、追加未缴纳或未足额缴纳出资的股东、出资人或依公司法规定对该出资承担连带责任的发起人为被执行人,在尚未缴纳出资的范围内依法承担责任的,人民法院应予支持。

**第19条** 作为被执行人的公司,财产不足以清偿生效法律文书确定的债务,其股东未依法履行出资义务即转让股权,申请执行人申请变更、追加该原股东或依公司法规定对该出资承担连带责任的发起人为被执行人,在未依法出资的范围内承担责任的,人民法院应予支持。

● 《广西壮族自治区高级人民法院民二庭关于审理公司纠纷案件若干问题的裁判指引》(桂高法民二〔2020〕19号)

1.【公司资本制原则及其地位】公司资本制是公司制度的基石。公司资本制原则包括:资本确定(充实)原则、资本维持原则、资本不变原则。理论上统称为"资本三原则",其并不旨在保证注册资本等同于公司实际资产或公司清偿能力,其更强调的是规范出资人缴付出资、规范公司法人运营或调整自身资产,使公司具备和彰显独立财产、独立利益以及独立人格,以使得债权人能够与一个足够独立的民事主体进行交易。

"资本三原则"重点关注"出资"的两类动态过程:一是出资人将特定财产转入公司名下的"权利移转过程";二是公司名下的资本随着公司经营而产生的"资产变化过程"。前者主要涉及"股东出资纠纷"与"公司增资纠纷"案由,具体包含虚假出资、出资不足、逾期出资、抽逃出资等情形;后者主要涉及"损害公司利益责任纠纷""损害公司债权人利益责任纠纷""公司关联交易损害责任纠纷""公司减资纠纷"等案由。

2.【股东退股中的资本维持】股东退股涉及撤回出资,进而牵涉公司资本的减少,故基于对债权人利益保护,公司资本制对股东退股予以一定限制:(1)股东通过公司股东会决议同意其退股、或通过主张异议股东回购请求权退股的(《公司法》第74条),须通过法定减资程序保障公司债权人利益(《公司法》第177条);(2)股东通过公司解散退股的,须通过法定清算程序保障公司债权人利益(《公司法》第183条);(3)股东通过全部出让股权的方式退出公司,不涉及公司资本减少,无须受限于公司资本管制,但出让股东未全面出资就转让股权的,仍负担补足出资义务(《公司法司法解释三》第18条)。

3.【股权转让中的资本维持】股权转让合同的双方当事人是股权出让方与股权受让方,目标公司并非合同当事人,目标公司不应承担股权受让方的股款支付义务。合同当事人约定由目标公司履行支付义务的,或约定目标公司为股权受让方的股款支付义务承担保证责任或提供担保的,可能使目标公司资产直接受到减损,成为一种变相抽逃出资的行为,违反公司资本维持原则,最终将损害目标公司独立财产与债权人利益,故人民法院可以根据个案情况认定该类约定为无效。

但如果该目标公司参照公司法关于公司提供担保的相关规定(《公司法》第16条)履行了相应程序,且没有明显损害目标公司债权人利益情形的,则不应认定为无效。

4.【公司受损与股东受损的区辨】公司外部第三人损害公司利益造成资产贬损进而致使公司股东所持有的股权在客观上价值遭受贬损的,该股东无权直接起诉要求侵害一方赔偿损失。公司作为独立法人,股东并不能对公司的财产直接享有自由支配权,法律上也不允许财产混同,故公司本身遭受不法损害并不等于股东同时也遭受不法损害,股东就此不直接享有独立诉权,但股东以派生诉讼起诉的除外。

公司内部的董事、高级管理人员违反法律、行政法规或者公司章程的规定损害股东利益的(《公司法》第152条),或公司股东滥用股东权利给其他股东造成损失的(《公司法》第20条),受损股东据此享有独立诉权。

5.【追索抽逃出资的请求权基础的区别】《公司法司法解释三》第12条规定公司、股东均可起诉相关股东的抽逃出资行为,但公司诉请与股东诉请这两者所依据的法律关系与请求权基础并不一样:对于公司诉请,股东完成缴纳的出资属于公司的法人独立财产,股东抽逃出资的行为实际上是对公司独立财产的侵犯,故公司的请求权基础本质上属于侵权损害赔偿之诉;对于股东诉请,股东之间基于共同设立公司的共同法律行为,相互间形成持续的出资法律关系,故股东之间有权互相督促并请求履行出资义务。因此,前一法律关系中,原告主体应当为公司;后一法律关系中,原告主体应当为公司股东。

当公司与股东同时起诉时,人民法院应注意释明并固定当事人地位与诉请。如果两者仅诉请追回已被抽逃的出资并返还公司的,可以由公司与股东作为共同原告合并审理;如果股东还另诉请相关违约责任的或公司还另诉请对于因抽逃出资造成的相关损失予以赔偿的,则人民法院应当注意向当事人释明并由其择一诉请。

公司与股东共同诉请特定股东出资不实、出资不足、虚假出资或逾期出资的(《公司法司法解释三》第13条),同样应当注意请求权基础的区别,处理方式参照本条第二款。

## 【典型案例】

### ● 乐某群与天津国电海运有限公司等执行异议之诉二审民事判决书

【天津市高级人民法院(2018)津民终423号】

上诉人(一审原告):乐某群。

被上诉人(一审被告):天津国电海运有限公司(以下简称"国电公司")。

一审第三人:江苏乐氏燃料有限公司(以下简称"乐氏公司")。

2014年7月15日,乐氏公司设立,公司类型为自然人独资的有限责任公司,法定代表人为乐某群,注册资本1000万元,乐某群认缴出资额1000万元,出资方式为货币出资,出资时间是2016年7月20日。后乐氏公司于2016年7月18日修改公司章程,将出资时间变更为2026年7月20日。2018年1月22日,乐某群与案外人陆某远签订股权转让协议。协议约定,乐某群将持有的乐氏公司1000万元(其中已缴0元)占公司注册资本100%的股权以0元转让给陆某远。

因乐氏公司未履行生效法律文书所确定的义务,国电公司于2018年3月16日向一审法院提出申请追加乐某群作为案件的被执行人。一审法院执行裁定认定乐某群存在未足额缴纳其认缴的出资即转让股权的行为,进而追加其为被执行人。

乐某群起诉请求:判令不得追加乐某群为被执行人

【一审】一审法院认为:

第一、在案件执行过程中,乐某群于2017年11月30日签收执行通知书及执行财产申报令,却于2018年1月22日向案外人陆某远以0元转让股权,乐某群显然已经违背了其向乐氏公司出资并以出资对外承担责任的承诺。

第二、对于乐某群主张其出资期限未到的问题,结合公司法的相关法律精神并综合本案具体案情,应认定乐某群的股东出资责任加速到期。理由如下:(1)《公司法》第 28 条规定,股东应当按期足额缴纳公司章程中规定的各自所认缴的出资额。因此该义务为法定义务。目前有限责任公司的设立实行注册资本认缴制度,股东可以自主约定出资额、出资方式、出资期限,但股东的出资义务只是暂缓缴纳,而非永久免除。(2)《公司法司法解释二》第 22 条规定:"公司解散时,股东尚未缴纳的出资均应作为清算财产。股东尚未缴纳的出资,包括到期应缴未缴的出资,以及依照公司法第二十六条和第八十条的规定分期缴纳尚未届满缴纳期限的出资。公司财产不足以清偿债务时,债权人主张未缴出资股东,以及公司设立时的其他股东或者发起人在未缴出资范围内对公司债务承担连带清偿责任的,人民法院应依法予以支持。"据此,公司以其全部财产对公司的债务承担责任,包括已经缴纳的部分出资和认缴后尚未到期的出资。本案中作为执行依据的(2017)津 72 民初 449 号民事判决书所涉合同的签订、履行以及案件的诉讼审理,均发生在乐某群经营乐氏公司期间。公司财产不足以清偿到期债务时,尚未缴足出资的股东应当按照法律规定承担相应的责任。(3)《公司法司法解释三》第 18 条第 1 款规定:"有限责任公司的股东未履行或者未全面履行出资义务即转让股权,受让人对此知道或者应当知道,公司请求该股东履行出资义务、受让人对此承担连带责任的,人民法院应予支持;公司债权人依照本规定第十三条第二款向该股东提起诉讼,同时请求前述受让人对此承担连带责任的,人民法院应予支持。"本案中,乐某群即存在未履行出资即转让股权的情形。

乐氏公司作为被执行人无财产清偿债务,乐某群作为公司股东未依法履行出资义务即转让股权,应当按照法律规定承担相应责任。

据此,一审法院裁定,追加乐某群为被执行人符合法律规定。

【二审】天津市高级人民法院认为,本案系案外人执行异议之诉,本案的焦点为:乐氏公司在不能清偿到期债务的情况下,作为股东的乐某群未实际缴纳出资即转让股权,应否被追加为被执行人。

根据《公司法》第 3 条第 2 款、第 28 条第 1 款的规定,有限责任公司的设立实行注册资本认缴制,股东虽然可以依据公司章程自行决定如何缴纳出资,但无论是一次性缴纳还是分期缴纳,均应按期足额缴纳。乐某群作为乐氏公司设立时的股东,负有足额缴纳出资的义务。根据《公司法司法解释三》第 13 条第 2 款的规定,乐某群在转让乐氏公司股权之前负有足额缴纳出资的义务。乐氏公司章程对股东出资时间所作变更,亦不应对抗国电公司的权利主张。本案中作为执行依据的民事判决所涉合同的签订、履行以及案件的诉讼,均发生在乐某群经营乐氏公司期间,故在乐氏公司财产不足以清偿到期债务时,乐某群作为尚未缴足出资的股东应当在未依法缴足出资的范围内承担责任。

在乐氏公司作为被执行人无财产可供执行的情况下,乐某群作为公司股东未依法履行出资义务即转让股权的,应当依法承担相应责任。一审法院在执行案件中依照《最高人民法院关于民事执行中变更、追加当事人若干问题的规定》第19条的规定,追加乐某群为被执行人,并无不当。

2018年12月21日,天津市高级人民法院驳回上诉,维持原判。

【简析】公司发生对外债务后,通过修改公司章程对股东出资时间作出的变更,不应对抗债权人的权利主张;未实缴出资的股东转让股权的,仍需对公司债务承担出资加速到期的清偿责任。

### ● 曾某与甘肃华慧能数字科技有限公司等股权转让纠纷二审民事判决书
【最高人民法院第六巡回法庭(2019)最高法民终230号】

上诉人(一审原告):曾某。

被上诉人(一审被告):甘肃华慧能数字科技有限公司(以下简称"甘肃华慧能公司"),法定代表人:魏某涛,该公司执行董事。

被上诉人(一审被告):冯某;冯某坤。

2015年10月27日,曾某作为甲方,甘肃华慧能公司作为乙方,双方签订了一份《股权转让协议》,该协议中与本案纠纷相关的主要内容有:深圳市华慧能照明科技有限公司(以下简称"深圳华慧能公司")于2009年10月19日成立,注册资金5000万元,甲方占100%股权。现甲方自愿将其所持有的合营公司70%股权转让给乙方,乙方自愿受让。(1)协议生效后1个工作日内,乙方委托有资质的中介机构对合营公司进行实地财务尽职调查。若《财务尽职调查报告》显示合营公司资产负债、内部控制、经营管理等的真实状况与甲方事前所介绍的相差在合理范围以内,本协议下述条款双方继续履行。否则,乙方有权单方面终止本协议……(2)乙方取得中介机构《财务尽职调查报告》后1个工作日内,甲乙方共同在公证部门办理、取得《股权转让协议》的公证书,并在其工商登记部门办理上述股权的转让变更手续,即甲方将其持有的合营公司70%股权转让给乙方,合计3500万元。合营公司的法定代表人变更为温某晗。……

协议签订后,深圳华慧能公司向工商管理部门申请变更登记,将70%股权变更到甘肃华慧能公司名下,并修改了公司章程。

2015年8月31日,曾某当庭提交了深圳正理会计师事务所出具的深正审字[2015]第055号审计报告,其中会计报表附注13载明:深圳华慧能公司投资者曾某约定出资额5000万元,实际出资额5000万元。

2015年10月31日,深圳正理会计师事务所出具深正审字[2015]第060号财务尽职调查报告,其中第二项公司基本情况载明:……注册资本5000万元,实收资本1601万元(为公司实际出资额)。

原告曾某主张被告仅支付了1200万元股权转让款,剩余2300万元至今尚未支付。因此原告提起诉讼,请求判令被告甘肃华慧能公司立即向原告支付股权转让款2300万元人民币及逾期支付违约金,被告冯某、冯某坤对上述债务承担补偿赔偿责任。

被告对于剩余2300万元股权转让款未支付的事实未提出异议。

另外,甘肃华慧能公司申报的注册资金为5000万元,被告冯某、冯某坤是该公司股东,却未实际缴纳注册资本。

【一审】一审法院认为,原告曾某与被告甘肃华慧能公司签订的《股权转让协议》是当事人的真实意思表示,协议内容不违反法律禁止性规定,因此该协议合法有效。根据双方提交的证据,审计报告系双方签订股权转让协议前作出的,且在庭审中作为曾某证明自己出资到位的证据予以出示,因而可以认定曾某对于"公司资产负债、内部控制、经营管理等的真实状况"的介绍中包含了出资到位的内容。但《股权转让协议》签订后,2015年10月31日深圳正理会计师事务所出具的深正审字[2015]第060号财务尽职调查报告中载明:……注册资本5000万元,实收资本1601万元(为公司实际出资额)。该财务尽职调查报告反映出曾某向深圳华慧能公司实际出资1601万元,与注册资金5000万元之间的欠缴额为3399万元。综上,曾某对深圳华慧能公司存在欠缴出资的事实,该事实对甘肃华慧能公司受让股权的相关利益具有实质影响。曾某认为,双方签订《股权转让协议》时,甘肃华慧能公司明知股权出资存在瑕疵仍然愿意受让的理由,因与相关证据显示的时间节点不相符,本院不予支持。

在曾某所转让的股权存在欠缴出资3399万元的情形下,曾某认为甘肃华慧能公司应当通过另行起诉的方式解决,甘肃华慧能公司则主张在本案中暂停支付,待曾某补足出资后再行支付剩余股权转让款。该争议属于权利如何行使的分歧,如果在当事人没有约定的情形下,甘肃华慧能公司通过另行起诉的方式更符合公司法立法本意。而在本案中,由于股权转让协议签订前的审计报告与签订后的财务尽职调查报告中关于深圳华慧能公司出资情况的结论不同,显然会影响受让人的判断和对价款的确定。因此,双方在《股权转让协议》中明确约定了受让方的权利保护内容,在实际履行中,受让方在签订协议后作出的财务尽职调查报告中发现了重大股权瑕疵,根据《股权转让协议》中"有权单方面终止本协议"的约定,甘肃华慧能公司暂停支付剩余股权转让款具有合同约定基础。在当事人约定优先的情形下,甘肃华慧能公司依据《股权转让协议》的约定,主张暂停支付剩余股权转让款的抗辩理由成立,本院予以支持。

综上,由于深圳华慧能公司的出资存在重大瑕疵,且曾某不能证明在股权转让协议签订前甘肃华慧能公司明知其出资不实仍然愿意受让股权,根据《股权转让协议》第1条规定,股权受让人甘肃华慧能公司有权终止履行,因此曾某的诉讼请求本院不予支持。

判决驳回原告曾某的诉讼请求。

【二审】最高人民法院认为:

一、关于甘肃华慧能公司应否支付剩余股权转让款及逾期支付违约金的问题

曾某与甘肃华慧能公司签订的《股权转让协议》第1条第1项规定:"本协议生效后的1个工作日内,甘肃华慧能公司委托有资质的中介机构对合营公司进行实地财务尽职调查。若《财务尽职调查报告》显示合营公司资产负债、内部控制、经营管理等的真实状况与曾某事前所介绍的相差在合理范围以内,本协议下述条款双方继续履行。否则,甘肃华慧能公司有权单方面终止本协议。"依据上述协议约定,在《财务尽职调查报告》作出后,甘肃华慧能公司若认定目标公司资产不实、股东瑕疵出资,可通过终止合同来保护自己的权利。但甘肃华慧能公司并未实际行使该项合同权利,其在《财务尽职调查报告》作出后,明知目标公司实收资本与注册资本不符,仍选择继续支付股权转让款,应视为其对合同权利作出了处分。甘肃华慧能公司虽然认为在曾某出资不实的情况下,其有权选择何时终止合同,其拒付剩余股权转让款是以实际行动终止合同,但鉴于本案目标公司股权已经实际变更,甘肃华慧能公司虽然以终止合同提出抗辩,但并不符合法定合同解除条件,对其主张本院不予支持。

现行《公司法》确立了认缴资本制,股东是否足额履行出资义务不是股东资格取得的前提条件,股权资格的取得具有相对独立性。股东出资不实或者抽逃资金等瑕疵出资情形不影响股权的设立和享有。在本案中,曾某已依约将所持目标公司70%的股权变更登记在甘肃华慧能公司名下,履行了股权转让的合同义务。甘肃华慧能公司通过股权受让业已取得目标公司股东资格,曾某的瑕疵出资并未影响其股东权利的行使。此外,股权转让关系与瑕疵出资股东补缴出资义务分属不同的法律关系。在本案中,甘肃华慧能公司以股权转让之外的法律关系为由拒付股权转让价款没有法律依据。对于甘肃华慧能公司因受让瑕疵出资股权而可能承担的相应责任,其可另寻法律途径解决。

综上,一审判决认定甘肃华慧能公司有权拒付转让款理据不足。曾某已依约转让股权,甘肃华慧能公司未按约支付对价构成违约,应依照《合同法》(已失效)第60、107条的规定向曾某支付股权转让款。

对于曾某主张的逾期支付违约金,虽然《股权转让协议》未就甘肃华慧能公司逾期支付股权转让款的违约责任作出约定,但曾某一审诉讼请求中要求按照银行同期贷款利率计算上述"违约金",鉴于甘肃华慧能公司逾期支付剩余股权转让款

实际上造成了曾某资金被占用期间的利息损失,根据《合同法》(已失效)第 107 条的规定,上述利息损失应由甘肃华慧能公司负担。

二、关于冯某、冯某坤应否承担补充责任的问题

在本案中,甘肃华慧能公司原股东冯某、冯某坤的认缴出资期限截至 2025 年 12 月 31 日。《公司法》第 28 条规定,股东应当按期足额缴纳公司章程中规定的各自所认缴的出资额。股东享有出资的"期限利益",公司债权人在与公司进行交易时有机会在审查公司股东出资时间等信用信息的基础上综合考察是否与公司进行交易,债权人决定交易即应受股东出资时间的约束。《公司法司法解释三》第 13 条第 2 款规定的"未履行或者未全面履行出资义务"应当理解为"未缴纳或未足额缴纳出资",出资期限未届满的股东尚未完全缴纳其出资份额不应认定为"未履行或者未全面履行出资义务"。本案中,冯某、冯某坤二人转让全部股权时,所认缴股权的出资期限尚未届满,不构成《公司法司法解释三》第 13 条第 2 款、第 18 条规定的"未履行或者未全面履行出资义务即转让股权"的情形,且曾某并未举证证明其基于冯某、冯某坤的意思表示或实际行为并对上述股东的特定出资期限产生确认或信赖,又基于上述确认或信赖与甘肃华慧能公司产生债权债务关系。曾某主张冯某、冯某坤二人在未出资本息范围内对甘肃华慧能公司债务不能清偿的部分承担补充赔偿责任的实质是主张冯某、冯某坤的出资加速到期,该上诉请求没有法律依据,本院不予支持。

2019 年 5 月 10 日,最高人民法院判决甘肃华慧能公司于本判决生效之日起 10 日内向曾某支付股权转让款 2300 万元及逾期支付股权转让款利息;驳回曾某的其他诉讼请求。

## 第二节 出 资

【示范条款】

5.2.1 现金人民币出资

股东以人民币货币出资的,将货币足额存入公司在银行开立的账户。

5.2.2 现金外汇出资

股东以美元(港币、欧元、英镑等非人民币)出资的,将货币足额存入公司在银行开立的账户,折合汇率以出资日中国人民银行公布的外汇牌价中间价为准。

5.2.3 以外币为记账本位币

(仅限外商投资企业)公司注册资本以美元(港币、欧元、英镑等非人民币)为记账本位币时,股东以人民币等非记账本位币出资的,将货币足额存入公司在银行

开立的账户,折合汇率以出资日中国人民银行公布的外汇牌价中间价为准。

5.2.4 非现金出资

股东以实物、知识产权、土地使用权、股权、债权等可以用货币估价并可以依法转让的非货币财产作价出资的,应当经过具有评估资格的资产评估机构评估作价,并依法办理其财产权的转移手续。

5.2.5 出资验收

股东以非现金方式出资时,应当依法办理其财产权的转移手续,由公司董事会查验并提交验收议案,验收议案需经公司股东会会议普通决议(或者特别决议等)审议通过。

【条款解读】

一、货币出资

货币出资,又称现金出资,是指股东(发起人)直接以流通的货币单位出资。现金出资是最常见的一种资本出资方式。现金出资的价值确定、准确、客观,是一种最通常、最便捷、最明晰的出资方式,交款便捷,可以任意切割份额,无须重新估价,具有非现金出资无法比拟的便利。

二、以借贷取得的货币出资

股东可以以自己的名义借贷的现金出资。也就是说,法律并不禁止投资人以以自己名义取得的贷款进行投资。

三、以可自由兑换货币的非本位货币出资

我国公司法没有明确规定"货币"的范围是否包括非本位货币。从理论上讲,货币出资应当包括非本位货币出资。从实践中来看,一般来说美元、港币、欧元等在国际市场能够进行自由兑换的货币完全可以作为公司的出资标的。

关于非本位货币出资的计价原则。在实践中,以非本位货币出资一般是根据出资时的外汇牌价将非本位币折算为本位币计价的。《企业会计制度》第 80 条规定,"投资者投入的外币,合同没有约定汇率的,按收到出资额当日的汇率折合;合同约定汇率的,按合同约定的汇率折合,因汇率不同产生的折合差额,作为资本公积处理"。

这里需要注意的是,出资协议、公司章程中的折算汇率不宜简单地被确定为一个固定汇率。因为汇率是一个随时会发生变动的变量,如果事先约定的确定汇率在实际出资日低于当日的外汇牌价,那么会出现一个补交出资差额的问题,并且这种补交责任,需要由各发起股东承担连带责任。

四、以不可自由兑换的货币出资

不能自由兑换的货币,特别是战争地区以及外汇管制严格的国家的货币不能被视为公司法上的货币。笔者认为,根据公司经营的需要,如公司主要业务活动本身就是与该外汇管制国家进行贸易往来,该"外汇管制货币"是公司经营所需要的,那么这些"外汇管制货币"可以作为出资,只是这些"外汇管制货币"出资不应按照"货币"出资流程,而应该以"非货币财产"出资流程,对该"外汇管制货币"进行价值评估作价后,以评估作价金额入资。

五、非货币出资的要件

《公司法》(2023年修订)第48条规定,股东可以用货币出资,也可以用实物、知识产权、土地使用权、股权、债权等可以用货币估价并可以依法转让的非货币财产作价出资;但是,法律、行政法规规定不得作为出资的财产除外"。由此可见,非货币出资需要满足以下要求:

1. 对公司的有用性

用于出资的非货币财产应当具有确定的商业价值,即"对公司的有用性"。股东以实物折价出资入股的,其出资应当是能够作为资本直接用于该公司生产经营所需的物品,包括交通工具、办公用房、办公用品和生产经营所需设备、原材料及产品等。股东的非货币财产出资必须是公司生产经营活动所必不可少的。

2. 可以用货币估价

用于出资的非货币财产应当具有货币价值上的可计量性和价值确定性。无法用货币估价的财产,既无法确认股东是否履行了出资义务,也无法考量股东的具体出资比例。

3. 可以依法转让

用于出资的非货币财产应当具有可转让性。

六、实物出资

实物出资一般是指以房屋、建筑物、机器设备和材料等实物出资。需要注意的是,验证其产权归属,并按照国家有关规定在资产评估或价值鉴定或各出资者商定的基础上审验其价值。

七、知识产权出资

从我国加入的WTO《与贸易有关的知识产权协定》(即TRIPS协议)来看,知识产权的范围包括:著作权及其相关权利;商标权;地理标记权;工业品外观设计权;专利权;集成电路布图设计权;未公开信息专有权(商业秘密权)。我国参加的《保护工业产权巴黎公约》规定,工业产权的保护对象包括发明专利、实用新型、外观设计、商标、服务标记、厂商名称(即商号)、货源标记、原产地名称等。按照我国已经加入的WTO中的规则,法律应当按上述范围全面保护工业产权。

实践中已经出现了作为著作权之一的计算机软件等知识产权出资入股的需求和现象。1996年1月1日起执行,中国注册会计师协会发布的《独立审计实务公告第 1 号——验资》允许所有"知识产权"的出资入股。

八、净资产出资

实务中经常出现以净资产出资的形式。国有企业整体改制或者部分改制基本上都是以净资产出资的方式完成。《公司法》(2023 年修订)第 108 条规定,"有限责任公司变更为股份有限公司时,折合的实收股本总额不得高于公司净资产额"。这也是净资产出资的一种,在会计实务中已经广泛应用这种出资形式。

在净资产出资中也应注意的是,一般的会计报表是基于假设公司持续经营所编制的,在"净资产=总资产−负债"公式中的总资产包含:待摊费用、待处理流动资产净损失、待处理固定资产净损失、开办费、长期待摊费用等无实际权益的会计计量性质的"资产"。如果一个会计主体的会计报表无法满足公司持续经营,前述这些所谓的会计计量性质的"资产"就需要重新考量。

九、以对"第三人"的债权出资

公司登记机关对债权出资并未采取完全禁止的态度,一般要求此类出资必须履行必要的法律手续,但"无法实现的债权不能用作出资""预期债权不能作为出资"。

最高人民法院对债权出资采取的是"原则禁止、例外许可"制度。参见《最高人民法院关于企业的开办单位所划拨的债权能否作为该企业注册资金的答复》。

十、以对公司的债权出资

一般认为此时的债权应当是真实发生的、需要偿付的债权,并且必须有充实的实体资产予以支撑。禁止用已经"资不抵债"的债权作为出资。在验资时,应当与对应的实体资产一起进行评估或者审计。

十一、净资产出资中的以对"第三人"的债权出资

在实务中,广泛存在的所谓净资产出资方式中,出资者是以持有的总资产交付给拟设立公司,并按净资产值计价入股。其中,总资产中的流动资产就包含应收账款、预付账款、其他应收款等对第三人的债权。

十二、股权出资

出资人以其他公司的股权出资,应当符合下列条件:(1)出资的股权由出资人合法持有并依法可以转让;(2)出资的股权无权利瑕疵或者权利负担;(3)出资人已履行关于股权转让的法定手续;(4)出资的股权已依法进行了价值评估。

十三、价格评估问题

股东以非货币出资应当由资产评估机构评估确定其资产价值,国有资产评估结果依法须由有关行政主管部门确认的,由法律、行政法规、规章规定的部门进行确认;非国有资产评估结果或者依法不需要进行确认的国有资产评估结果,由股东或者发起人认可,验资机构进行验证。

## 十四、新法修订

《公司法》(2023年修订)对"可用货币估价并可依法转让"的非货币资产范围进行了修订,明确新增了"股权、债券"的列举项。

## 【相关法规】

● 《中华人民共和国公司法》(2023年修订)

**第48条** 股东可以用货币出资,也可以用实物、知识产权、土地使用权、股权、债权等可以用货币估价并可以依法转让的非货币财产作价出资;但是,法律、行政法规规定不得作为出资的财产除外。

对作为出资的非货币财产应当评估作价,核实财产,不得高估或者低估作价。法律、行政法规对评估作价有规定的,从其规定。

● 《公司法司法解释三》(2020年修正)

**第1条** 为设立公司而签署公司章程、向公司认购出资或者股份并履行公司设立职责的人,应当认定为公司的发起人,包括有限责任公司设立时的股东。

**第2条** 发起人为设立公司以自己名义对外签订合同,合同相对人请求该发起人承担合同责任的,人民法院应予支持;公司成立后合同相对人请求公司承担合同责任的,人民法院应予支持。

**第3条** 发起人以设立中公司名义对外签订合同,公司成立后合同相对人请求公司承担合同责任的,人民法院应予支持。

公司成立后有证据证明发起人利用设立中公司的名义为自己的利益与相对人签订合同,公司以此为由主张不承担合同责任的,人民法院应予支持,但相对人为善意的除外。

**第4条** 公司因故未成立,债权人请求全体或者部分发起人对设立公司行为所产生的费用和债务承担连带清偿责任的,人民法院应予支持。

部分发起人依照前款规定承担责任后,请求其他发起人分担的,人民法院应当判令其他发起人按照约定的责任承担比例分担责任;没有约定责任承担比例的,按照约定的出资比例分担责任;没有约定出资比例的,按照均等份额分担责任。

因部分发起人的过错导致公司未成立,其他发起人主张其承担设立行为所产生的费用和债务的,人民法院应当根据过错情况,确定过错一方的责任范围。

**第5条** 发起人因履行公司设立职责造成他人损害,公司成立后受害人请求公司承担侵权赔偿责任的,人民法院应予支持;公司未成立,受害人请求全体发起人承担连带赔偿责任的,人民法院应予支持。

公司或者无过错的发起人承担赔偿责任后,可以向有过错的发起人追偿。

**第6条** 股份有限公司的认股人未按期缴纳所认股份的股款,经公司发起人催缴后在合理期间内仍未缴纳,公司发起人对该股份另行募集的,人民法院应当认定该募集行为有效。认股人延期缴纳股款给公司造成损失,公司请求该认股人承担赔偿责任的,人民法院应予支持。

**第7条** 出资人以不享有处分权的财产出资,当事人之间对于出资行为效力产生争议的,人民法院可以参照民法典第311条的规定予以认定。

以贪污、受贿、侵占、挪用等违法犯罪所得的货币出资后取得股权的,对违法犯罪行为予以追究、处罚时,应当采取拍卖或者变卖的方式处置其股权。

**第8条** 出资人以划拨土地使用权出资,或者以设定权利负担的土地使用权出资,公司、其他股东或者公司债权人主张认定出资人未履行出资义务的,人民法院应当责令当事人在指定的合理期间内办理土地变更手续或者解除权利负担;逾期未办理或者未解除的,人民法院应当认定出资人未依法全面履行出资义务。

**第9条** 出资人以非货币财产出资,未依法评估作价,公司、其他股东或者公司债权人请求认定出资人未履行出资义务的,人民法院应当委托具有合法资格的评估机构对该财产评估作价。评估确定的价额显著低于公司章程所定价额的,人民法院应当认定出资人未依法全面履行出资义务。

**第10条** 出资人以房屋、土地使用权或者需要办理权属登记的知识产权等财产出资,已经交付公司使用但未办理权属变更手续,公司、其他股东或者公司债权人主张认定出资人未履行出资义务的,人民法院应当责令当事人在指定的合理期间内办理权属变更手续;在前述期间内办理了权属变更手续的,人民法院应当认定其已经履行了出资义务;出资人主张自其实际交付财产给公司使用时享有相应股东权利的,人民法院应予支持。

出资人以前款规定的财产出资,已经办理权属变更手续但未交付给公司使用,公司或者其他股东主张其向公司交付、并在实际交付之前不享有相应股东权利的,人民法院应予支持。

**第11条** 出资人以其他公司股权出资,符合下列条件的,人民法院应当认定出资人已履行出资义务:(一)出资的股权由出资人合法持有并依法可以转让;(二)出资的股权无权利瑕疵或者权利负担;(三)出资人已履行关于股权转让的法定手续;(四)出资的股权已依法进行了价值评估。

股权出资不符合前款第(一)、(二)、(三)项的规定,公司、其他股东或者公司债权人请求认定出资人未履行出资义务的,人民法院应当责令该出资人在指定的合理期间内采取补正措施,以符合上述条件;逾期未补正的,人民法院应当认定其未依法全面履行出资义务。

股权出资不符合本条第1款第(四)项的规定,公司、其他股东或者公司债权人请求认定出资人未履行出资义务的,人民法院应当按照本规定第九条的规定处理。

**第 12 条**　公司成立后,公司、股东或者公司债权人以相关股东的行为符合下列情形之一且损害公司权益为由,请求认定该股东抽逃出资的,人民法院应予支持:(一)制作虚假财务会计报表虚增利润进行分配;(二)通过虚构债权债务关系将其出资转出;(三)利用关联交易将出资转出;(四)其他未经法定程序将出资抽回的行为。

**第 13 条**　股东未履行或者未全面履行出资义务,公司或者其他股东请求其向公司依法全面履行出资义务的,人民法院应予支持。

公司债权人请求未履行或者未全面履行出资义务的股东在未出资本息范围内对公司债务不能清偿的部分承担补充赔偿责任的,人民法院应予支持;未履行或者未全面履行出资义务的股东已经承担上述责任,其他债权人提出相同请求的,人民法院不予支持。

股东在公司设立时未履行或者未全面履行出资义务,依照本条第1款或者第2款提起诉讼的原告,请求公司的发起人与被告股东承担连带责任的,人民法院应予支持;公司的发起人承担责任后,可以向被告股东追偿。

股东在公司增资时未履行或者未全面履行出资义务,依照本条第1款或者第2款提起诉讼的原告,请求未尽公司法第147条第1款规定的义务而使出资未缴足的董事、高级管理人员承担相应责任的,人民法院应予支持;董事、高级管理人员承担责任后,可以向被告股东追偿。

**第 14 条**　股东抽逃出资,公司或者其他股东请求其向公司返还出资本息、协助抽逃出资的其他股东、董事、高级管理人员或者实际控制人对此承担连带责任的,人民法院应予支持。

公司债权人请求抽逃出资的股东在抽逃出资本息范围内对公司债务不能清偿的部分承担补充赔偿责任、协助抽逃出资的其他股东、董事、高级管理人员或者实际控制人对此承担连带责任的,人民法院应予支持;抽逃出资的股东已经承担上述责任,其他债权人提出相同请求的,人民法院不予支持。

**第 15 条**　出资人以符合法定条件的非货币财产出资后,因市场变化或者其他客观因素导致出资财产贬值,公司、其他股东或者公司债权人请求该出资人承担补足出资责任的,人民法院不予支持。但是,当事人另有约定的除外。

**第 16 条**　股东未履行或者未全面履行出资义务或者抽逃出资,公司根据公司章程或者股东会决议对其利润分配请求权、新股优先认购权、剩余财产分配请求权等股东权利作出相应的合理限制,该股东请求认定该限制无效的,人民法院不予支持。

**第 17 条**　有限责任公司的股东未履行出资义务或者抽逃全部出资,经公司催告缴纳或者返还,其在合理期间内仍未缴纳或者返还出资,公司以股东会决议解除该股东的股东资格,该股东请求确认该解除行为无效的,人民法院不予支持。

在前款规定的情形下,人民法院在判决时应当释明,公司应当及时办理法定减资程序或者由其他股东或者第三人缴纳相应的出资。在办理法定减资程序或者其他股东或者第三人缴纳相应的出资之前,公司债权人依照本规定第13条或者第14条请求相关当事人承担相应责任的,人民法院应予支持。

**第 18 条**　有限责任公司的股东未履行或者未全面履行出资义务即转让股权,受让人对此知道或者应当知道,公司请求该股东履行出资义务、受让人对此承担连带责任的,人民法院应予支持;公司债权人依照本规定第13条第2款向该股东提起诉讼,同时请求前述受让人对此承担连带责任的,人民法院应予支持。

受让人根据前款规定承担责任后,向该未履行或者未全面履行出资义务的股东追偿的,人民法院应予支持。但是,当事人另有约定的除外。

**第 19 条**　公司股东未履行或者未全面履行出资义务或者抽逃出资,公司或者其他股东请求其向公司全面履行出资义务或者返还出资,被告股东以诉讼时效为由进行抗辩的,人民法院不予支持。

公司债权人的债权未过诉讼时效期间,其依照本规定第十三条第2款、第十四条第2款的规定请求未履行或者未全面履行出资义务或者抽逃出资的股东承担赔偿责任,被告股东以出资义务或者返还出资义务超过诉讼时效期间为由进行抗辩的,人民法院不予支持。

**第 20 条**　当事人之间对是否已履行出资义务发生争议,原告提供对股东履行出资义务产生合理怀疑证据的,被告股东应当就其已履行出资义务承担举证责任。

● **《独立审计实务公告第 1 号——验资》**(独立审记实务公告第 1 号)

**第 11 条**　对于投资者投入的资本,注册会计师应按其不同的出资方式,分别采用下列方法验证:(一)以货币资金投入的,应在被审验单位开户银行出具的收款凭证及银行对账单等的基础上审验投入资本。对于股份有限公司向社会公开募集的股本,还应审验承销机构的承销协议和募股清单。(二)以房屋、建筑物、机器设备和材料等实物资产投入的,注册会计师应清点实物,验证其财产权归属。实物的作价应按照国家有关规定,分别在资产评估确认或价值鉴定或各投资者协商一致并经批准的价格基础上审验。(三)以工业产权、非专利技术和土地使用权等无形资产投入的,注册会计师应验证其财产权归属。无形资产的作价应按照国家有关规定,分别在资产评估确认或各投资者协商一致并经批准的价格基础上审验。

**第 16 条**　验资报告包括以下基本内容:(一)标题。标题统一规范为"验资报告";(二)收件人。收件人为验资业务的委托人;(三)范围段。范围段应当说明验资范围、被审验单位责任与验资责任、验资依据、已实施的主要验资程序等;(四)意见段。意见段应当明确说明注册会计师的验资意见;(五)签章和会计师事务所地址。验资报告应由注册会计师签名盖章,并加盖会计师事务所公章;(六)报告日期。验资报告日期是指注册会计师完成外勤审验工作的日期;(七)附件。验资报告附件包括"投入资本(股本)明细表""验资事项说明"以及注册会计师认为必要的其他附件。

**第17条** 注册会计师在范围段中应明确说明,提供真实、合法、完整的验资资料,保护资产的安全、完整是被审验单位的责任;按照本公告要求,出具真实、合法的验资报告是注册会计师的责任。

**【典型案例】**

● **以对公司的债权作为对公司的出资**

河南豫光金铅股份有限公司(以下简称"豫光金铅")是于2002年7月30日在上海证券交易所上市的上市公司,上市代码600531。豫光金铅的前身是河南豫光金铅集团有限责任公司(以下简称"豫光集团"),1999年11月8日,豫光集团、中国黄金总公司等五家公司的发起人发起设立豫光金铅时,各发起人通过协商约定,其中中国黄金总公司以对豫光集团636万元的债权和404万元的现金(共1040万元)作为对豫光金铅的出资。

笔者担任了该公司首次公开发行股票及上市的专项法律顾问,为该公司出具了《关于河南豫光金铅股份有限公司2001年股票公开发行与上市的法律意见书》《律师工作报告》以及《补充法律意见书》等。笔者在就中国证券监督管理委员会下发〔2001〕279号《关于河南豫光金铅股份有限公司公开发行股票申请文件反馈意见的函》(以下简称《反馈意见》)时出具了如下法律意见:

……

二、关于《反馈意见》第19条,"请律师就中国黄金总公司将债权转为636万元的出资的合法性出具明确法律意见"。

(一)经办律师调查的情况

(1)1993年4月,中国黄金总公司(以下简称"黄金公司")与河南省济源黄金冶炼厂(河南豫光金铅集团有限责任公司前身,以下简称"济源黄金冶炼厂")签订了一份借款合同,约定为支持黄金产业的发展,黄金公司提供给济源黄金冶炼厂636万元借款。黄金公司分别于1993年5月6日、7月6日、8月7日、9月2日及1994年9月22日和12月26日汇入济源黄金冶炼厂80万元、20万元、20万元、366万元、50万元、100万元。六笔汇款共计636万元。

（2）1999年11月3日，经亚太资产评估事务所亚资评报字〔1999〕第38号资产评估报告（以下简称"评估报告"）确认，豫光金铅拟申报投入股份公司（筹）的资产和负债为："在评估基准日1999年8月31日持续经营前提下，企业申报的总资产为38165.03万元，负债为25999.53万元，净资产12165.50万元；调整后总资产账面值为38165.03万元，负债为25999.53万元，净资产为12165.50万元；评估后的总资产为37106.64万元，负债为25999.53万元，净资产为11107.10万元。"

评估报告的附件之一——武汉三正会计师事务所有限责任公司1999年9月29日武会股字（99）054号审计报告确认，拟成立的股份有限公司1999年8月31日资产负债表为：总资产为38650301.03元，负债为259995380.76元（其中长期应付款636万元），所有者权益为121654920.27元。

评估报告在其附件《资产评估说明》中确认拟投入资产中"长期应付款"项目为"申报值636万元，内容为应付黄金公司的款项，经查所签订的合同等有关资料，账实相符，情况属实，调整后账面值为申报值"（《资产评估说明》P13）；"调整后的账面值为636万元，情况属实，以核实后的账面值为评估值"（《资产评估说明》P41）。

评估报告的"资产评估结果分类汇总表"第59项列明：长期应付款636万元。

评估报告的"长期应付款清查评估明细表"第1项列明：机构名称，中国黄金总公司；账面价值636万元；调整后价值636万元；评估价值636万元。

（3）1999年11月8日，豫光集团、黄金公司、济源市财务开发公司、河南省济源市金翔铅盐有限公司、天水荣昌工贸有限责任公司等五家公司的发起人发起设立股份有限公司时，各发起人通过协商，在发起人协议第13条第2项约定：由黄金公司以636万元债权和404万元现金（共1040万元）作为对股份公司的出资。

（4）1999年12月8日，河南省国有资产管理局豫国资企字〔1999〕第30号批复确认：豫光金铅（筹）总股本为8181.62万股（每股净资产1.54元），其中黄金公司持有676万股（其中债权转投资636万元，现金404万元），占总股本的8.26%，为国有法人股。

（5）1999年12月21日，河南省人民政府豫股批字〔1999〕28号《关于设立河南豫光金铅股份有限公司的批复》批准同意"黄金公司入股676万股（由债权转投资636万元、现金出资404万元折股）"的出资方式。

（6）1999年12月24日，武汉三正会计师事务所有限责任公司武会股字（99）062号验资报告确认：截至1999年12月24日止，股份公司（筹）已收到其发起股东投入的资本总额12587.1万元，其中股本8181.62万元，资本公积4405.48万元。与上述投入资本相关的货币资金为844万元，净资产为11743.1万元（豫光集团11107.10万元、黄金公司投入636万元），与投入的净资产相关的资产总额为

37106.64万元(即:评估报告评估确认的资产总额37106.64万元),负债总额为25363.54万元。

(7)发行人已经于2000年1月6日,经河南省工商行政管理局依据《公司法》已被修改,2004年修正第27条第3款"公司登记机关对符合本法规定条件的,予以登记,发给公司营业执照"之规定,发给了股份公司营业执照。

(二)补充调查的材料

(1)1993年4月28日,黄金公司与济源黄金冶炼厂的借款合同

(2)1993年5月6日、7月6日、8月7日、9月2日及1994年9月22日和12月26日的汇票进账单或信汇凭证。

(三)结论意见

(1)黄金公司该笔636万元债权转投资的出资形式,在现行有效的法律法规和规范性文件中没有禁止性规定。

(2)黄金公司债权转投资,是财产权利形式发生变化,价值并未发生变化,且履行了必要和充分的法律手续。

(3)2001年1月21日修订的《独立审计实务第1号——验资》第12条第4项已经确认了验资实务中"出资者的债权转增实收资本(股本)"的具体验资方式。

(4)经办律师认为,黄金公司债权转投资的行为,符合国家和股份公司各发起人的利益,不损害其他主体的利益,不违反现行有效的法律法规和规范性文件的规定,履行了必要和充分的法律手续,不存在法律纠纷,因此是合法的。

……

该公司已经于2002年在上海证券交易所成功上市,代码600531,简称"豫光金铅"。

## 第三节 验 资

【示范条款】

5.3.1 验资登记

股东的首次出资经依法设立的验资机构验资后,授权公司董事会向公司登记机关报送公司登记申请书、公司章程、验资证明等文件,申请设立登记。

【条款解读】

一、权属转移

《公司法》(2023年修订)第49条规定,"股东应当按期足额缴纳公司章程规定的

各自所认缴的出资额。股东以货币出资的,应当将货币出资足额存入有限责任公司在银行开设的账户;以非货币财产出资的,应当依法办理其财产权的转移手续"。

二、非货币财产的权属证明

用于出资的非货币财产都必须出具有效的权属证明。以实物、工业产权等作价出资的,出资者应当出具拥有所有权和处置权的有效证明。实践中,往往以第三人出具的货物所有权凭证、购货发票、权利证书等作为证明。

## 【相关法规】

● 《北京市高级人民法院关于审理公司纠纷案件若干问题的指导意见》(京高法发〔2008〕127号)

第1条 出资人或者发起人以房屋、土地使用权、船舶、车辆、知识产权等非货币财产出资,未依有关法律规定办理权属转移手续的,应认定股东未履行出资义务。但在一审法庭辩论终结前补办有关权属转移手续的除外。

上述财产补办了权属转移手续,且在此之前财产已经交付公司实际使用的,人民法院应当认定实际交付的时间为履行出资义务的时间。

● 《山东省高级人民法院关于审理公司纠纷案件若干问题的意见(试行)》(鲁高法发〔2007〕3号)

7. 股东不得以劳务、信用、自然人姓名、商誉、特许经营权或者设定担保的财产作价出资。

8. 集体土地使用权不得作为出资。但符合《中华人民共和国土地管理法》第60条规定情形的除外。

9. 股东以其享有的划拨土地使用权出资,在一审法庭辩论终结前依法补办土地使用权出让手续并缴纳土地出让金的,人民法院可以认定股东履行了出资义务。

10. 股东以房屋、土地使用权、船舶、车辆、知识产权等财产作价出资,未依有关法律规定办理权属转让手续的,应认定股东未履行出资义务。但在一审法庭辩论终结前补办有关权属转让手续的除外。

上述财产补办了权属转让手续,且在此之前财产已经交付公司实际使用的,人民法院可以认定实际交付的时间为履行出资义务的时间。

股东以上述财产作价出资,拒不办理权属转让手续的,公司可以请求人民法院判令股东限期办理权属转让手续或承担同等价值的给付。

● 《浙江省高级人民法院民事审判第二庭关于公司法适用若干疑难问题的理解》(浙法民二〔2010〕21号)

3. 对公司或第三人的债权作为公司注册资本投入,其效力如何?《公司法》第

24条和第80条对股东的出资方式作了列举性的规定,即股东可以用货币出资,也可以用实物、工业产权、非专利技术、土地使用权作价出资。债权出资不在此列。债权为请求权,而任何请求权的行使都有风险性。鉴于普通债权并不都具有实存性、普遍性和可变现性,如果容许其作为注册资本投入,将与我国公司资本确定原则和资本充实原则不符。因此,债权不宜作为公司的注册资本投入,但法律、行政法规和司法解释有特别规定的除外。

4. 集体土地使用权能否出资？以土地使用权出资,实质上就是土地使用权从出资者向公司的让渡,而依据现行法律的规定,能够作为财产权进行转让的只是国有土地的使用权。因此,如果集体组织欲以集体所有的土地对外投资,则必须首先将集体土地通过国家征用的途径变为国有土地,再从国家手里通过土地出让的方式获得国有土地的使用权,才能进行有效的出资。

5. 未完全履行土地使用权出资义务应如何救济？土地使用权的出资不仅需要交付,而且还需采取法定的权利移转形式即过户登记。实践中,只实际交付土地而未办产权登记或只办理了产权登记而未实际交付土地的情况相当普遍,它们都属于出资义务的部分履行或未完全履行。

(1)已办理土地过户手续但未交付土地。由于土地的交付是土地使用权出资的重要要求,只是完成了土地的过户登记而未实际交付土地,将构成对公司利益和股东权益事实上的侵犯。出资者将对公司的出资承担违约责任,公司或其他股东亦有权要求该出资者履行土地交付义务和赔偿由此给公司造成的财产损失。同时,因出资的土地使用权由公司享有,公司债权人亦有权诉请对此项土地使用权予以强制执行。

(2)已交付土地但未办理土地过户登记手续。此种情况下,公司虽获得了土地占有和利用的实际财产利益,但这种占有和利用却未得到法律的肯定和保护,是极不稳定和极不安全的。这种出资只是事实上的出资而非法律上的出资,构成出资义务的不履行行为。因此,公司或其他股东应有权要求该出资人履行土地的登记过户义务,若出资人拒绝登记,甚至以未办登记过户为由而要求收回土地的行为属于违约行为,当事人同样可通过诉讼寻求司法救济,请求强制登记过户。

(3)既未交付土地,亦未办理土地过户手续。此行为属于完全不履行土地出资义务的行为,构成公司法上的违法行为,并产生相应的法律责任,包括该股东继续出资的责任、其他股东或公司的发起人连带认缴的责任,以及由此给公司造成的损害赔偿责任。

● 《江西省高级人民法院关于审理公司纠纷案件若干问题的指导意见》(赣高法〔2008〕4号)

8. 股东以房屋、土地使用权、船舶、车辆、知识产权等财产作价出资,未依有关法律规定办理权属转让手续,应认定股东未履行出资义务。但在一审法庭辩论终结前补办有关权属转让手续的除外。股东内部另有约定的,股东可依据约定追究相关股东的责任,但不得以内部约定对抗外部第三人。

上述财产补办了权属转让手续,且在此之前财产已经交付公司实际使用的,人民法院可以实际交付的时间为履行出资义务的时间。

股东以上述财产作价出资,拒不办理权属转让手续的,公司可以请求人民法院判令股东限期办理权属转让手续或承担同等价值的给付。

● 《中国注册会计师审计准则第1602号——验资》(财会〔2006〕4号)

**第14条** 对于出资者投入的资本及其相关的资产、负债,注册会计师应当分别采用下列方法进行审验:(一)以货币出资的,应当在检查被审验单位开户银行出具的收款凭证、对账单及银行询证函回函等的基础上,审验出资者的实际出资金额和货币出资比例是否符合规定。对于股份有限公司向社会公开募集的股本,还应当检查证券公司承销协议、募股清单和股票发行费用清单等。(二)以实物出资的,应当观察、检查实物,审验其权属转移情况,并按照国家有关规定在资产评估的基础上审验其价值。如果被审验单位是外商投资企业,注册会计师应当按照国家有关外商投资企业的规定,审验实物出资的价值。(三)以知识产权、土地使用权等无形资产出资的,应当审验其权属转移情况,并按照国家有关规定在资产评估的基础上审验其价值。如果被审验单位是外商投资企业,注册会计师应当按照国家有关外商投资企业的规定,审验无形资产出资的价值。(四)以净资产折合实收资本的,或以资本公积、盈余公积、未分配利润转增注册资本及实收资本的,应当在审计的基础上按照国家有关规定审验其价值。(五)以货币、实物、知识产权、土地使用权以外的其他财产出资的,注册会计师应当审验出资是否符合国家有关规定。(六)外商投资企业的外方出资者以本条第(一)项至第(五)项所述方式出资的,注册会计师还应当关注其是否符合国家外汇管理有关规定,向企业注册地的外汇管理部门发出外方出资情况询证函,并根据外方出资者的出资方式附送银行询证函回函、资本项目外汇业务核准件及进口货物报关单等文件的复印件,以询证上述文件内容的真实性、合规性。

**第15条** 对于出资者以实物、知识产权和土地使用权等非货币财产作价出资的,注册会计师应当在出资者依法办理财产权转移手续后予以审验。

**第34条** 验资报告具有法定证明效力,供被审验单位申请设立登记或变更登记及据以向出资者签发出资证明时使用。

验资报告不应被视为对被审验单位验资报告日后资本保全、偿债能力和持续经营能力等的保证。委托人、被审验单位及其他第三方因使用验资报告不当所造成的后果，与注册会计师及其所在的会计师事务所无关。

## 第四节　瑕疵出资的责任

【示范条款】

5.4.1　瑕疵股权

（有限责任公司）设立时，股东未按照公司章程规定实际缴纳出资，或者实际出资的非货币财产的实际价额显著低于所认缴的出资额的，设立时的其他股东与该股东在出资不足的范围内承担连带责任。

（股份有限公司）发起人不按照其认购的股份缴纳股款，或者作为出资的非货币财产的实际价额显著低于所认购的股份的，其他发起人与该发起人在出资不足的范围内承担连带责任。

5.4.2　瑕疵股权的催缴

公司成立后，董事会应当对股东的出资情况进行核查，发现股东未按期足额缴纳公司章程规定的出资的，应当由公司向该股东发出书面催缴书，催缴出资。

未及时履行前款规定的义务，给公司造成损失的，负有责任的董事应当承担赔偿责任。

5.4.3　瑕疵股权的权益限制

出资不足的股东在补足差额之前，不得享有未补足部分的股权利益，包括投票权、利润分配请求权、新股优先认购权、剩余财产分配请求权等。

5.4.4　出资不足的赔偿责任

出资不足的股东，应当承担在补足差额之前，给公司带来的利益损失的赔偿责任。

利益损失包括资金利息损失，具体损失由公司董事会负责核算和追索。

5.4.5　股东除权

股东未按照公司章程规定的出资日期缴纳出资，公司发出书面催缴书催缴出资的，可以载明缴纳出资的宽限期；宽限期自公司发出催缴书之日起，不得少于60日。

宽限期届满,股东仍未履行出资义务的,公司经董事会决议可以向该股东发出失权通知,通知应当以书面形式发出。自通知发出之日起,该股东丧失其未缴纳出资的股权。

依照前款规定丧失的股权应当依法转让,或者相应减少注册资本并注销该股权;六个月内未转让或者注销的,由公司其他股东按照其出资比例足额缴纳相应出资。

## 【条款解读】

一、瑕疵股权的股东资格

股东应当足额出资是股东对公司的基本义务,也是法定义务。我国现行公司法规定的是法定资本制下的认缴制,即认购出资可分期缴纳,不要求一次性履行出资义务,只要全体股东首次出资额达到一定比例、不低于注册资本最低限额,则公司即为设立。瑕疵出资的股东是指已经记载于股东名册,但该股东违反公司法和公司章程的规定,未足额出资或者出资的财产有瑕疵。由于股东是否足额出资并非公司成立的要件,所以,瑕疵出资的出资人也应取得股东资格,享有股东权利。

二、瑕疵股权的类型

1. 出资不足瑕疵,是指股东只足额缴纳了第一期出资,而以后各期均未缴纳或只缴纳了部分,从而导致公司注册资本不实。

2. 出资价值瑕疵,是指实物、权利等非货币出资的评估价值高于评估对象实际价值之情形。

3. 出资权利瑕疵,是指用于出资的有形或无形财产的所有权、使用权等存在着权利上的瑕疵,如已出卖他人或已抵押他人等。

4. 出资形式瑕疵,是指以不符合法定要求的出资形式进行出资的情形。《公司法》(2023年修订)第48条规定,"股东可以用货币出资,也可以用实物、知识产权、土地使用权、股权、债权等可以用货币估价并可以依法转让的非货币财产作价出资"。由此,违反以上规定的其他形式的出资,便构成出资形式瑕疵。又如,《法国商事公司法》第38条第2款规定,有限责任公司之股份原则上不得以技艺出资方式认购。

三、瑕疵股权的股东权利限制

瑕疵出资的股东虽然载明于公司股东名册,但由于瑕疵出资中的出资并未全部到位,因此其股东权利也是有瑕疵的股东权利。依据权利义务相一致原则,其股东权利只能在出资范围内行使,未出资部分不得行使。否则,有悖于公平原则,既侵害了其他股东的权利,又不利于出资的缴纳和追缴,同时也不利于维护经济秩序和保障交易安全。基于股权平等原则和瑕疵出资股东出资违约的事实,瑕疵出资股东的权利应受到限制。如瑕疵出资股东的利润分配请求权、新股优先认购权、剩余财产分配请求权等股东权利应当受到相应的合理限制。即使瑕疵出资者事后补足了出资,也只能在补足出资后行使该部分出资的股东权利。

《公司法司法解释三》第16条规定:"股东未履行或者未全面履行出资义务或者抽逃出资,公司根据公司章程或者股东会决议对其利润分配请求权、新股优先认购权、剩余财产分配请求权等股东权利作出相应的合理限制,该股东请求认定该限制无效的,人民法院不予支持。"据此可见,瑕疵出资的股东,其股东权利应当受到相应限制。

四、瑕疵股权的赔偿责任

瑕疵股权的赔偿责任是指股东因出资不符合公司章程约定,应当承担在补足差额之前,给公司带来的利益损失。这种利益损失包括资金利息损失,具体损失由公司董事会负责核算和追索。

五、瑕疵股权的填补义务

有限责任公司成立后,发现作为设立公司出资的非货币财产的实际价额显著低于公司章程所定价额的,应当由交付该出资的股东补足其差额;公司设立时的其他股东承担连带责任。

股份有限公司成立后,发起人未按照公司章程的规定缴足出资的,应当补缴;其他发起人承担连带责任。

有限责任公司设立时的股东,以及股份有限公司的发起人应对公司出资的充实承担担保责任。二者共同承担的相互担保出资义务的履行,可以确保公司资本的充足和可靠,确保公司实收资本与公司章程所规定资本相一致。

六、新法修订

(一)新增注册资本催缴制度。《公司法》(2023年修订)提出了董事对公司及公司债权人的信义义务,以及董事应当及时督促股东按期足额出资,合理控制公司不能清偿到期债务的风险。《公司法》(2023年修订)第51条明确规定:"有限责任公司成立后,董事会应当对股东的出资情况进行核查,发现股东未按期足额缴纳公司章程规定的出资的,应由公司向该股东发出书面催缴书,催缴出资。未及时履行前款规定的义务,给公司造成损失的,负有责任的董事应当承担赔偿责任。"

(二)股东失权制度。《公司法司法解释三》规定了股东未履行全部出资义务或抽逃全部出资时,经公司催告缴纳或者返还,其在合理期间内仍未缴纳或者返还出资,公司可以通过股东会决议的形式解除该股东的资格,即股东除名。但适用情形仅限于股东未履行全部出资义务或抽逃全部出资时,对于股东部分未履行出资义务或抽逃部分出资时的情形没有规定。

《公司法》(2023年修订)第52条明确规定了未履行出资义务股东的失权制度,针对股东未缴纳出资部分的股权。股东失权程序为:董事会先发出书面催缴书催缴,催缴书上可载明不少于60日的宽限期;宽限期届满,股东仍未履行出资义务的,公司经董事会决议可以向该股东发出失权通知,自通知发出之日起,该股东丧失其未缴纳出资的股权;对于丧失的股权,应当履行转让或减资注销程序,六个月内未转让或注销的,由公司其他股东按出资比例足额缴纳相应出资。同时,《公司法》(2023年修订)还规定了失权股东的救济程序,失权股东可以自接到失权通知之日起30日内向法院提起诉讼。

(三)瑕疵股权的转让。《公司法》(2023年修订)新增第88条,该条规定:"股东转让已认缴出资但未届出资期限的股权的,由受让人承担缴纳该出资的义务;受让人未按期足额缴纳出资的,转让人对受让人未按期缴纳的出资承担补充责任。未按照公司章程规定的出资日期缴纳出资或者作为出资的非货币财产的实际价额显著低于所认缴的出资额的股东转让股权的,转让人与受让人在出资不足的范围内承担连带责任;受让人不知道且不应当知道存在上述情形的,由转让人承担责任。"

**【相关法规】**

● 《中华人民共和国公司法》(2023年修订)

**第50条** 有限责任公司设立时,股东未按照公司章程规定实际缴纳出资,或者实际出资的非货币财产的实际价额显著低于所认缴的出资额的,设立时的其他股东与该股东在出资不足的范围内承担连带责任。

**第51条** 有限责任公司成立后,董事会应当对股东的出资情况进行核查,发现股东未按期足额缴纳公司章程规定的出资的,应当由公司向该股东发出书面催缴书,催缴出资。

未及时履行前款规定的义务,给公司造成损失的,负有责任的董事应当承担赔偿责任。

**第52条** 股东未按照公司章程规定的出资日期缴纳出资,公司依照前条第一款规定发出书面催缴书催缴出资的,可以载明缴纳出资的宽限期;宽限期自公司发出催缴书之日起,不得少于60日。宽限期届满,股东仍未履行出资义务的,公司经董事会决议可以向该股东发出失权通知,通知应当以书面形式发出。自通知发出之日起,该股东丧失其未缴纳出资的股权。

依照前款规定丧失的股权应当依法转让,或者相应减少注册资本并注销该股权;六个月内未转让或者注销的,由公司其他股东按照其出资比例足额缴纳相应出资。

股东对失权有异议的,应当自接到失权通知之日起30日内,向人民法院提起诉讼。

**第88条** 股东转让已认缴出资但未届出资期限的股权的,由受让人承担缴纳该出资的义务;受让人未按期足额缴纳出资的,转让人对受让人未按期缴纳的出资承担补充责任。

未按照公司章程规定的出资日期缴纳出资或者作为出资的非货币财产的实际价额显著低于所认缴的出资额的股东转让股权的,转让人与受让人在出资不足的范围内承担连带责任;受让人不知道且不应当知道存在上述情形的,由转让人承担责任。

**第99条** 发起人不按照其认购的股份缴纳股款,或者作为出资的非货币财产的实际价额显著低于所认购的股份的,其他发起人与该发起人在出资不足的范围内承担连带责任。

**第266条** 本法自2024年7月1日起施行。

本法施行前已登记设立的公司,出资期限超过本法规定的期限的,除法律、行政法规或者国务院另有规定外,应当逐步调整至本法规定的期限以内;对于出资期限、出资额明显异常的,公司登记机关可以依法要求其及时调整。具体实施办法由国务院规定。

● **《公司法司法解释三》(2020修正)**

**第13条** 股东未履行或者未全面履行出资义务,公司或者其他股东请求其向公司依法全面履行出资义务的,人民法院应予支持。

公司债权人请求未履行或者未全面履行出资义务的股东在未出资本息范围内对公司债务不能清偿的部分承担补充赔偿责任的,人民法院应予支持;未履行或者未全面履行出资义务的股东已经承担上述责任,其他债权人提出相同请求的,人民法院不予支持。

股东在公司设立时未履行或者未全面履行出资义务,依照本条第1款或者第2款提起诉讼的原告,请求公司的发起人与被告股东承担连带责任的,人民法院应予支持;公司的发起人承担责任后,可以向被告股东追偿。

股东在公司增资时未履行或者未全面履行出资义务,依照本条第1款或者第2款提起诉讼的原告,请求未尽公司法第147条第1款规定的义务而使出资未缴足的董事、高级管理人员承担相应责任的,人民法院应予支持;董事、高级管理人员承担责任后,可以向被告股东追偿。

**第14条** 股东抽逃出资,公司或者其他股东请求其向公司返还出资本息、协助抽逃出资的其他股东、董事、高级管理人员或者实际控制人对此承担连带责任的,人民法院应予支持。

公司债权人请求抽逃出资的股东在抽逃出资本息范围内对公司债务不能清偿的部分承担补充赔偿责任、协助抽逃出资的其他股东、董事、高级管理人员或者实际控制人对此承担连带责任的,人民法院应予支持;抽逃出资的股东已经承担上述责任,其他债权人提出相同请求的,人民法院不予支持。

**第17条** 有限责任公司的股东未履行出资义务或者抽逃全部出资,经公司催告缴纳或者返还,其在合理期间内仍未缴纳或者返还出资,公司以股东会决议解除该股东的股东资格,该股东请求确认该解除行为无效的,人民法院不予支持。

在前款规定的情形下,人民法院在判决时应当释明,公司应当及时办理法定减资程序或者由其他股东或者第三人缴纳相应的出资。在办理法定减资程序或者其他股东或者第三人缴纳相应的出资之前,公司债权人依照本规定第13条或者第14条请求相关当事人承担相应责任的,人民法院应予支持。

● **《北京市高级人民法院关于审理公司纠纷案件若干问题的指导意见》**(京高法发〔2008〕127号)

**第2条** 有限责任公司股东未履行或未完全履行出资义务,公司请求其补足出资,或者公司债权人请求其在瑕疵出资范围内对公司债务承担连带清偿责任,人民法院应予支持;出资义务人以诉讼时效抗辩的,不予支持。

● **《山东省高级人民法院关于审理公司纠纷案件若干问题的意见(试行)》**(鲁高法发〔2007〕3号)

11. 本意见所称瑕疵出资包括虚假出资和抽逃出资。股东未按期足额缴纳出资、在公司成立前非法将其缴纳的出资款全部或部分抽回,或者作为出资的非货币财产的实际价额显著低于公司章程所定价额的,构成虚假出资;股东在公司成立后非法将其缴纳的出资全部或部分抽回的,构成抽逃出资,但根据出资款的来源、抽逃的时间等足以证明股东有虚假出资意图的视为虚假出资。

公司违反《公司法》第167条第1、2款规定分配利润,或者制作虚假财务会计报表虚增利润进行分配的,违法分配的利润视为抽逃出资。

12. 公司或公司债权人主张股东瑕疵出资,并举出对瑕疵出资行为产生合理怀疑的初步证据或有关线索的,应由该股东对不存在瑕疵出资承担举证责任。

股东出资或补充出资后,未经依法设立的验资机构验资并出具证明的,由该股东对出资或补充出资是否到位承担举证责任。

股东以非货币财产出资或补充出资时未经评估作价的,公司或公司债权人主张财产实际价额显著低于公司章程所定价额,并申请评估鉴定的,人民法院应予准许。但该股东有充分证据证明财产实际价额与公司章程所定价额相符的除外。

13. 股东瑕疵出资的,公司有权要求其补缴出资,并赔偿损失。

公司怠于行使上述权利的,公司其他股东可根据《公司法》第152条之规定提起诉讼。

14. 公司设立时,发起人虚假出资的,其他发起人承担连带补缴责任。该责任不因其他发起人转让股权而免除。

股东抽逃出资的,帮助抽逃出资的股东、董事、经理、其他高级管理人员承担连带责任。

公司新增资本时,股东虚假出资的,负有责任的董事、经理、其他高级管理人员承担连带责任。

以上三款规定的责任人承担责任后,可向瑕疵出资的发起人或股东追偿,也可以要求其他连带责任人清偿其应当分担的份额。

15. 股东瑕疵出资的,公司不能清偿债务时,公司债权人有权要求该股东在瑕疵出资范围内对公司债务承担补充赔偿责任。

前款所称"不能清偿"是指对公司的存款、现金、有价证券、成品、半成品、原材料、交通工具、房屋、土地使用权等可以方便执行的财产执行完毕后,债务仍未得到清偿的状态。

16. 本意见第13、14、15条规定的责任人已经承担了与其责任范围相符的公司债务的,其对公司或公司债权人不再承担责任。

17. 瑕疵出资股东可以补充出资。但在公司债权人要求瑕疵出资股东对公司债务承担责任的诉讼中,股东向公司补充出资的,不产生对抗该债权人的法律效力。

18. 瑕疵出资股东对公司享有到期债权的,该股东或公司可以依据《合同法》第99、100条之规定以该债权抵销相应的瑕疵出资。但下列情形除外:(1)公司已经进入破产程序的;(2)公司债权人已经提起要求瑕疵出资股东对公司债务承担责任的诉讼的。

19. 公司股东会、股东大会形成利润分配决议且利润分配符合法定条件的,对于瑕疵出资股东依法所应分取的利润,该股东或公司可主张以其抵销相应的瑕疵出资。

公司股东会、股东大会未形成利润分配决议或决议不分配利润的,瑕疵出资股东仅以公司有可分配利润为由主张已经补缴出资的,人民法院不予支持。

20. 公司章程规定股东分期缴纳出资的,出资期限届满前,公司或公司债权人向该股东主张权利的,人民法院不予支持。

公司进入破产或清算程序的,股东未到期的出资义务视为到期。

21. 公司未按照《公司法》第178条之规定通知债权人,或者未按照债权人的要求清偿债务或提供相应的担保即减少注册资本的,公司债权人可以要求股东在各自收回出资的范围内对减资前的公司债务连带承担补充赔偿责任。

22. 股东虚假出资导致公司的实收资本低于《公司法》规定的最低注册资本限额的,股东应对公司债务承担无限清偿责任。公司设立时的其他发起人承担连带责任。

23. 公司追究股东瑕疵出资民事责任的,不受《民法通则》第135条诉讼时效的限制。

公司债权人要求股东在瑕疵出资范围内对公司债务承担补充赔偿责任的,诉讼时效自债权人知道或应当知道股东瑕疵出资之日起算。公司债权人在债务履行期届满前知道或应当知道股东瑕疵出资的,诉讼时效自债务履行期届满之次日起算。

● **《江西省高级人民法院关于审理公司纠纷案件若干问题的指导意见》(赣高法〔2008〕4号)**

9. 本意见所称瑕疵出资包括虚假出资和抽逃出资。股东未按期足额缴纳出资、在公司成立前非法将其缴纳的出资款全部或部分抽回,或者作为出资的非货币财产未经评估作价且实际价额显著低于公司章程所定价额的,构成虚假出资;股东在公司成立后非法将其缴纳的出资全部或者部分抽回的,构成抽逃出资,但根据出资款的来源、抽逃的时间等足以证明股东有虚假出资意图的视为虚假出资。

公司违反《公司法》第167条第1、2款规定分配利润,或者制作虚假财务会计报表虚增利润进行分配的,违法分配的利润视为抽逃出资。

10. 公司债权人主张股东瑕疵出资,并举出对瑕疵出资行为产生合理怀疑的初步证据或有关线索的,应由该股东对不存在瑕疵出资承担举证责任。

股东出资或补充出资后,未经依法设立的验资机构出具证明的,由该股东对出资或补充出资是否到位承担举证责任。股东以非货币财产出资或补充出资未经评估作价的,公司或公司债权人主张财产实际价额显著低于公司章程所定价额,并申请评估鉴定的,人民法院应予准许。但该股东有充分证据证明财产实际价额与公司章程所定价额相符的除外。

11. 股东瑕疵出资的,公司有权要求其补缴出资,并赔偿损失。

公司怠于行使上述权利的,公司其他股东可根据《公司法》第152条之规定提起诉讼。

12. 公司设立时,发起人虚假出资的,其他发起人承担连带补缴责任。该责任不因其他发起人转让股权而免除。

股东抽逃出资的,帮助抽逃出资的股东、董事、经理、其他高级管理人员承担连带责任。

公司新增资本时,股东虚假出资的,负有责任的股东、董事、经理、其他高级管理人员承担连带责任。

以上三款规定的责任人承担责任后,可向瑕疵出资的发起人或股东追偿,也可以向其他连带责任人要求清偿其应当分担的份额。

13. 股东瑕疵出资的,公司不能清偿债务时,公司债权人有权要求该股东在瑕疵出资范围内对公司债务承担补充赔偿责任。

前款所称"不能清偿"是指对公司的存款、现金、有价证券、成品、半成品、原材料、交通工具、房屋、土地使用权等可以方便执行的财产执行完毕后,债务仍未能得到清偿的状态。

14. 本意见第11、12、13条规定的责任人已经承担了与其责任范围相符的公司债务的,其对公司或公司债权人不再承担责任。

15. 瑕疵出资股东可以补充出资。但在公司债权人要求瑕疵出资股东对公司债务承担责任的诉讼中,股东向公司补充出资的,不产生对抗债权人的法律效力。

16. 公司股东会、股东大会形成利润分配决议且利润分配符合法定条件的,对于瑕疵出资股东依法所应分取的利润,该股东或公司可主张以其抵销相应的瑕疵出资。

公司股东会、股东大会未形成利润分配决议或决议不分配利润的,瑕疵出资股东仅以公司有可分配利润为由主张已经补缴出资的,人民法院不予支持。

17. 公司章程依法规定股东分配缴纳出资的,出资期限届满前,公司或公司债权人向该股东主张权利的,人民法院不予支持。

公司进入破产或清算程序的,股东未到期的出资义务视为到期。

18. 公司未按照《公司法》第178条之规定通知债权人,或者未按照债权人的要求清偿债务或提供相应的担保即减少注册资本的,公司债权人可以要求股东在各自收回出资的范围内对减资前的公司债务连带承担补充赔偿责任。

19. 股东虚假出资导致公司的实收资本低于《公司法》规定的最低注册资本限额,公司不具备独立的法人资格,股东应对公司债务承担无限清偿责任。公司设立时其他发起人承担连带责任。

20. 公司追究股东瑕疵出资民事责任的,诉讼时效期间的计算适用《民法通则》第137条之规定。

公司债权人要求股东在瑕疵出资范围内对公司债务承担补充赔偿责任的,诉讼时效自债权人知道或应当知道股东瑕疵出资之日起算。公司债权人在债务履行期限届满前知道或应当知道股东瑕疵出资的,诉讼时效自债务履行期限届满之次日起算。

●《陕西省高级人民法院民二庭关于公司纠纷、企业改制、不良资产处置及刑民交叉等民商事疑难问题的处理意见》(陕高法〔2007〕304号)

二、虚假出资与抽逃出资的责任

虚假出资是指股东表面上出资而实际未出资或未足额出资,本质特征是股东未支付相应对价或未足额支付对价而取得公司股权。抽逃出资则是指股东在公司成立后将所缴出资全部或部分暗中撤回。

关于虚假出资股东的民事责任承担问题。虚假出资股东除了要对公司其他股东承担违约责任,以及对公司的差额补充责任,还要对公司债权人承担债务清偿责任。虚假出资股东对公司债权人的民事责任可以分为两种情形:(1)各股东实际缴纳的注册资本之和未达到法定最低限额的。此种情况下的公司仍属于公司设立阶段,尚不具备独立的法人资格,各股东在公司设立过程中的关系视同合伙,所以对此期间发生的虚假出资行为,应当按照合伙关系对共同的债务承担无限连带责任。(2)各股东实际缴纳的注册资本之和未达到公司章程规定的数额,但已达到法定最低限额的,此种情况下,由于公司已经达到法定的最低资本限额,已经具备独立法人资格,由未履行出资义务的股东在其出资不足的范围内向债权人承担清偿责任,已经履行出资义务的股东在未履行出资义务的股东不能履行的范围内,向债权人承担连带清偿责任。

关于抽逃出资股东的民事责任问题。首先,抽逃出资的股东应对已足额出资股东承担违约责任。其次,对公司负有归还所抽逃的出资的责任。再次,对公司债权人承担清偿责任。具体来说:股东在公司成立之初尚未正常经营之前即将资本抽逃,使公司所余净资产达不到法定最低注册资本额的,在公司不能清偿债务时,应由股东承担无限清偿责任。在公司成立后,股东以各种方式抽逃资本的,在公司不能清偿债务时,股东应在所抽逃出资范围内承担清偿责任。

在债权人要求虚假出资或抽逃出资的股东承担民事责任的案件中,一般来说股东虚假出资或抽逃出资的行为不易为外人察觉,公司的业务往来账册、资产负债表等关键证据均保存于公司内部,作为原告的债权人难免存在举证方面的困难和障碍,因而对虚假出资或抽逃出资的正确认定是审判过程中的难点。所以,对于股东是否虚假出资或抽逃出资,虽然原则上仍应当由债权人举证,但不宜过于苛刻,只要其能举出使人对股东虚假出资或抽逃出资的行为产生合理怀疑的初步证据或者有关线索即可。然后,人民法院可以要求被告提供相关证据,以证明其不存在虚假出资或抽逃出资的行为;否则,可以认定其存在虚假出资或抽逃出资的行为。

## 第五节　有限责任公司的出资证明书

**【示范条款】**

5.5.1　股东权利

股东作为公司的所有者,享有法律、行政法规和公司章程规定的合法权利。

5.5.2　出资证明书的签发

公司成立后,公司董事会应在【5】个工作日向股东签发出资证明书,载明下列事项:(1)公司名称;(2)公司成立日期;(3)公司注册资本;(4)股东的姓名或者名称;(5)股东的住所或者通知地址;(6)股东认缴和实缴的出资额、出资方式和出资日期;(7)出资证明书的编号和核发日期;(8)出资证明书由公司法定代表人签名并加盖公司印章。

5.5.3　出资证明书的效力

出资证明书是证明股东权益的凭证,从出资证明书的核发之日起股东便可对公司行使股东权。

5.5.4　出资证明书的变更

发生公司增加资本、股东股权转让等出资情况变更事项时,公司董事会应当在收回原出资证明书后【5】日内向股东签发变更后的出资证明书。

5.5.5　出资证明书的补办

股东出资证明书丢失、失窃或者毁损的,公司可以发行新的出资证明书。

补发新的出资证明书时,公司可以要求丢失、失窃或者毁损出资证明书的股东向公司出具充分的保函,如果该丢失、失窃或者毁损,或者新的出资证明书导致针对公司的不当权利请求时,应当对公司进行赔偿。

**【条款解读】**

一、应当在公司成立后签发出资证明书

有限责任公司向股东签发的出资证明书载明了股东的权益,是代表股东权益的书面凭证。按照《公司法》(2023年修订)第55条的规定,有限责任公司应当于公司成立后签发出资证明书,不能在公司成立前提前签发。出资证明书的签发是以公司成立为前提的,首先有公司的成立,才有公司股东、才有股东利益、才有代表股东利益的证明文书。

二、出资证明书所载事项

1. 公司名称

公司名称不仅是公司章程绝对必要记载的事项,也是此证明书应当对何种公司主张权利的具体指向。

2. 公司登记日期

公司登记日期即公司领取营业执照的日期,从公司的登记日期起,公司的股东就可以对公司行使股东权,如果没有公司登记日期,就难以表明股东行使股东权的日期,会给股东行使股东权造成一定的困难。

3. 公司注册资本

公司注册资本为在公司登记机关登记的全体股东认缴的出资额。出资证明书载明公司注册资本,股东便可清楚其出资额所占公司注册资本的比例,有利于掌握其在公司权益分配中所应享有的份额,以便于行使自己的股东权。

4. 股东的姓名或者名称

有限责任公司必须将股东的姓名记载于出资证明书之上,因为有限责任公司本身是一种资合和人合相结合的公司,并且更注重于人的因素。如果一旦产生纠纷,出资证明书上没有记载股东的姓名或者名称,就可能引起诉讼的困难,不利于保护股东或者债权人的利益。

5. 股东的住所或者通知地址

股东的住所或者通知地址是送达股东文件及有关通知的地址。

6. 股东的认缴和实缴出资额、出资方式和出资日期

7. 出资证明书的编号和核发日期

出资证明书的核发日期是一个极为重要的法律事实,从出资证明书的核发之日起股东便可对公司行使股东权。

8. 出资证明书由公司法定代表人签名并加盖公司印章

公司的出资证明书必须加盖公司的印章。公司的出资证明书没有加盖公司的印章的,不具有法律效力,不受法律的保护。公司法之所以规定出资证明书必须加盖公司印章,一方面表明股东已经向公司缴纳了出资,公司的股东权益一旦被侵犯即受法律的保护;另一方面也证明公司收到了股东所缴纳的财产,这就要求公司必须履行自己的义务即保证公司股东的权益。

三、出资证明书的遗失

如果出资证明书遗失,公司应当签发新的证书或者遗失证明文件。但是为防止出现两份重复的出资证明文件,进而引来双重的股东权利要求,公司可以要求遗失文件的股东承诺"遗失责任",即如果该丢失、失窃或者毁损的出资证明书重新出现导致针对公司的不当权利请求时,原遗失股东应当对公司进行补偿。

《特拉华州普通公司法》第 167 条【股份证书遗失、被盗或者损毁；发行新证书或者无证书股份】：宣称公司发行的股份证书丢失、失窃或者毁损的，公司可以发行新的股份证书或者无证书股份。发行新的股份证书或者无证书股份的公司可以要求丢失、失窃或者毁损股份证书的主人或者合法代表人向公司出具充分的保函，如果该丢失、失窃或者毁损，或者新的股份证书或者无证书股份的发行导致针对公司的权利请求时，应对公司进行补偿。①

**【相关法规】**

● 《中华人民共和国公司法》（2023 年修订）

**第 55 条** 有限责任公司成立后，应当向股东签发出资证明书，记载下列事项：（一）公司名称；（二）公司成立日期；（三）公司注册资本；（四）股东的姓名或者名称、认缴和实缴的出资额、出资方式和出资日期；（五）出资证明书的编号和核发日期。

出资证明书由法定代表人签名，并由公司盖章。

● 《北京市高级人民法院关于审理公司纠纷案件若干问题的指导意见（试行）》（京高法发〔2004〕50 号）

11. 如何确认有限责任公司股东资格？股东资格是投资人取得和行使股东权利并承担股东义务的基础。依据《公司法》的相关规定，有限责任公司股东资格的确认，涉及实际出资数额、股权转让合同、公司章程、股东名册、出资证明书、工商登记等。确认股东资格应当综合考虑多种因素，在具体案件中对事实证据的审查认定，应当根据当事人具体实施民事行为的真实意思表示，选择确认股东资格的标准。

● 《北京市高级人民法院关于审理公司纠纷案件若干问题的指导意见》（京高法发〔2008〕127 号）

**第 3 条** 当事人在民事诉讼中直接请求确认有关行政机关关于股权登记或者审批行为无效，或者请求撤销该行政行为的，人民法院应告知其通过行政诉讼解决，裁定驳回民事起诉。

**第 4 条** 公司内部关系中股东之间、股东与公司之间的诉讼，当事人请求确认公司工商登记的股东不具有股东资格、判令公司办理变更股权工商登记的，法院应根据公司法的相关规定、公司股东应当具备的各项条件对相关主体是否具有股东资格进行判断，并作出实体认定和判决，不能以案件属于行政诉讼受案范围、不属于民事诉讼范畴为由裁定驳回起诉。

---

① 参见《特拉华州普通公司法》，徐文彬等译，中国法制出版社 2010 年版，第 63 页。

●《山东省高级人民法院关于审理公司纠纷案件若干问题的意见(试行)》(鲁高法发〔2007〕3号)

24. 请求确认股东资格的案件,应当以公司为被告,与案件争议股权有利害关系的人可以作为第三人参加诉讼。

25. 当事人就股东资格发生争议提起诉讼的,案由应确定为股东资格确认纠纷。

26. 当事人对股东资格发生争议时,人民法院应结合公司章程、股东名册、工商登记、出资情况、出资证明书、是否实际行使股东权利等因素,充分考虑当事人实施民事行为的真实意思表示,综合对股东资格作出认定。

27. 股东名册记载之股东,人民法院应认定其具有股东资格。但有其他证据证明股东名册记载错误的除外。

28. 公司未置备股东名册,或股东名册未予记载,但在公司章程上签名并为公司章程记载为股东的,人民法院应认定其具有股东资格。

股东仅以未被股东名册记载为由主张收回出资或拒绝承担补缴出资义务的,人民法院不予支持。

29. 出资人虽未签署公司章程,但已经按照发起人协议或投资协议实际出资,并被工商登记记载为股东,出资人主张不具有股东资格,要求收回出资的,人民法院不予支持。

30. 出资人按照发起人协议或投资协议向公司出资后,未签署公司章程,其出资额亦未构成公司注册资本的组成部分,出资人要求确认股东资格的,人民法院不予支持。

上述情形,出资人向公司要求收回出资并支付相应利息的,人民法院应予支持。但出资人已经实际行使股东权利的,公司可以要求该出资人退还行使股东权利期间所取得的财产利益。

32. 当事人仅以股东瑕疵出资为由主张其不具备股东资格的,人民法院不予支持。

33. 公司经股东会决议增资,并与第三人签订增资协议收取股款后,拒不办理股东名册和工商登记变更手续的,该第三人申请解除增资协议,要求收回出资并支付相应利息的,人民法院应予支持。但第三人已经实际行使股东权利的,公司可以要求该第三人退还行使股东权利期间所取得的财产利益。

34. 公司未经股东会决议与第三人签订增资协议收取股款,并办理股东名册、工商登记变更手续的,该第三人请求确认股东资格的,人民法院不予支持。但股东会事后决议追认,或者享有公司三分之二以上表决权的股东实际认可该第三人享有并行使股东权利的除外。

35. 股权转让合同生效后,受让人的股东资格自转让人或受让人将股权转让事实通知公司之日取得。但股权转让合同对股权的转让有特殊约定,或者股权转让合同无效、被撤销或解除的除外。

股东将同一股权多次转让的,人民法院应认定取得工商变更登记的受让人具有股东资格。

股东将同一股权多次转让,且均未办理工商登记变更手续的,股权转让通知先到达公司的受让人取得股东资格。

39. 股东资格未被工商登记所记载的,不具有对抗第三人的法律效力。

工商登记所记载之股东不得以其实际不具备股东资格为由对抗第三人,但被冒名登记的除外。

公司债权人依照有关法律规定向被工商登记记载为股东的名义出资人主张权利的,人民法院应予支持。实际出资人直接享有并行使股东权利的,债权人有权要求实际出资人和名义出资人承担连带责任。

40. 人民法院依法对股权采取冻结保全措施的,股东的表决权、知情权等共益权以及新股认购权、优先购买权等不受影响。

41. 股东请求公司签发出资证明书、记载于股东名册和公司章程、办理工商登记变更手续,公司拒绝办理,股东起诉请求公司履行义务的,人民法院应予支持。

42. 人民法院的生效裁判文书已对股东资格或股权变动予以确认,第三人以未办理工商登记变更手续为由进行抗辩的,人民法院不予支持。但未办理工商登记变更手续前,生效裁判文书所确认的股东不得对股权进行处分。

43. 当事人请求人民法院确认股东资格的,不受《民法通则》第135条诉讼时效的限制。

● **《上海市高级人民法院关于审理涉及公司诉讼案件若干问题的处理意见(二)》(沪高法民二〔2003〕15号)**

二、处理股权确认纠纷的相关问题

1. 有限责任公司出资人履行出资义务或者股权转让的受让人支付受让资金后,公司未向其签发出资证明书、未将其记载于公司股东名册或者未将其作为公司股东向公司登记机关申请登记的,出资人或者受让人提起诉讼,请求判令公司履行签发、记载或申请登记义务的,人民法院应予支持。

● **《江西省高级人民法院关于审理公司纠纷案件若干问题的指导意见》(赣高法〔2008〕4号)**

21. 请求确认股东资格的案件,应当以公司为被告,与案件争议股权有利害关系的人可以作为第三人参加诉讼。

22. 当事人就股东资格发生争议提起诉讼的,案由应确定为股东资格确认纠纷。

23. 当事人对股东资格发生争议时,人民法院应结合公司章程、股东名册、工商登记、出资情况、出资证明书、是否实际行使股东权利、履行股东义务等因素,充分考虑当事人实施民事行为的真实意思表示,综合对股东资格作出认定。

24. 公司内部或股东之间要求确认股东资格的,对股东名册记载之股东,人民法院应当认定其具有股东资格。但有其他证据证明股东名册记载不当的除外。

25. 公司未置备股东名册,或股东名册未予记载,但在公司章程上签名并为公司章程记载为股东的,人民法院应认定其具有股东资格。

股东仅以未被股东名册记载为由主张收回出资或拒绝承担补缴出资义务的,人民法院不予支持。

26. 出资人虽未签署公司章程,但已经按照发起人协议或投资协议实际出资的,并被工商登记记载为股东或被记载于公司股东名册,出资人主张不具有股东资格,要求收回出资的,人民法院不予支持。

33. 股东资格未被工商登记所记载的,不具有对抗第三人的法律效力。

工商登记所记载之股东不得以其实际不具备股东资格为由对抗第三人,但被冒名登记的除外。

公司债权人依照有关法律规定向被工商登记记载为股东的名义出资人主张权利的,人民法院应予支持。实际出资人直接享有并行使股东权利的,债权人有权要求实际出资人和名义出资人承担连带责任。

34. 依法受让股权或已实际出资的股东请求公司签发出资证明书、记载于股东名册和公司章程、办理工商登记变更手续,公司拒绝办理的,股东起诉请求公司履行义务的,人民法院应予支持。

35. 当事人请求人民法院确认股东资格的,不受《民法通则》第 135 条诉讼时效的限制。

● **《陕西省高级人民法院民二庭关于公司纠纷、企业改制、不良资产处置及刑民交叉等民商事疑难问题的处理意见》(陕高法〔2007〕304 号)**

一、股权确认和股权转让问题。

关于股权确认的标准,在审判实践中争议很大,主要有以下三种观点:一是以是否实际出资作为股权确认的标准;二是以股东名册的记载作为确认股东资格的依据;三是以公司登记机关的登记内容作为股权确认的根据。对此问题,我们倾向于认为股东出资证明、股东名册、工商登记均是确认股东资格的重要依据,最终依据哪一标准确认股东资格主要取决于争议当事人的不同而有所区别:对于公司与股东之间发生的股权纠纷,一般应以股东名册作为认定股东资格的依据;对当事人均为股东的,则应侧重审查投资的事实;在第三人对公司股东的认定上,则应主要审查工商登记,因为工商登记对善意第三人具有宣示股东资格的功能,第三人基于对工商登记的信赖作出商业判断。对于实际股东的问题,我们认为虽然名义股东与实际股东之间的约定不能对抗公司,但如果公司或公司的绝大多数股东均明知名义股东与实际股东之间的关系而未表示异议,则实际股东可以直接向公司主张权利。关于瑕疵出资股东的资格问题,如果瑕疵出资并不导致公司设立无效,一般情况下不宜轻易否定瑕疵股东的资格。

●《广西壮族自治区高级人民法院民二庭关于审理公司纠纷案件若干问题的裁判指引》(桂高法民二〔2020〕19号)

15.【股东协议与股权登记存在冲突的情形】股东之间协议确定的股比与股权登记中记载的股比存在不一致的,在处理公司与股东之间或股东与股东之间的内部纠纷时,应当以股东之间的约定为准。理由在于:股东之间关于股比调整或股比变动的约定,具有股权转让合同的性质,其可以在内部生效并约束订约当事人股东;而股权登记效力属于对抗效力,主要保护外部善意的公司债权人,其不必然与股权的实际权属或实际股比完全一致。

## 第六节 有限责任公司的股权转让

【示范条款】

5.6.1 股权内部转让

股东之间可以相互转让其部分出资,但是转让前应当告知其他股东,通知方式由股东会决定。

5.6.2 股权外部转让

股东向股东以外的人转让其出资时,应当将注明拟转让的股权数量、价格、支付方式和期限等的转让意向书面通知其他股东,其他股东在同等条件下有优先购买权。

前款书面转让意向不得撤销或者变更。如因该股东原因撤销或者变更该转让意向,给公司或者其他股东带来损失的,由该股东承担赔偿责任。

5.6.3 优先受让权

关于5.6.2条的股权转让,其他股东自接到书面通知之日起三十日内未答复的,视为放弃优先购买权。

多个股东拥有并主张优先购买权的,协商确定各自的购买比例。协商不成的,按照他们各自的出资比例分配。

5.6.4 对外转让股权的数量和价格

对外转让的股权不得超过书面转让意向中的股权数量,不得低于书面转让意向中的股权价格。

5.6.5 未经通知其他股东之股权转让的效力

拟转让股权的股东,未经提前通知其他股东,直接将股权转让的,为可撤销行为。拥有优先购买权的其他股东有权自知道或者应当知道股权转让事由之日起一年之内行使撤销权,并按交易条件购买该股权。该撤销权和优先购买权应当同时行使。

公司股东可以对前述转让股权的全部或者部分主张撤销权和优先购买权。

5.6.6 股权的继承

自然人股东死亡后,其继承人有下列情况之一的,不得继承被继承人所持有的股权,由公司以合理的价格回购:(1)因贪污、贿赂、侵占财产、挪用财产或者破坏社会主义市场经济秩序,被判处刑罚,执行期满未逾5年,或者因犯罪被剥夺政治权利,执行期满未逾5年;(2)担任破产清算的公司、企业的董事或者厂长、经理,对该公司、企业的破产负有个人责任的,自该公司、企业破产清算完结之日起未逾3年;(3)担任因违法被吊销营业执照、责令关闭的公司、企业的法定代表人,并负有个人责任的,自该公司、企业被吊销营业执照之日起未逾3年。

【注释】章程制定者可以自行选择是否选取以上条款,或者另行规定。

若允许继承股东资格,可规定多位继承人的股权继承次序,以及股东人数因此突破有限公司法定股东人数上限时的处理方案。

若不允许继承股东资格,可规定其股权应当由公司或者其他股东以合理价格(明确股权价格的具体确定方式)进行收购,继承人只能继承因此产生的股权转让款等。也可以根据情况增加以下限制:"继承人有下列情形之一的,不得继承被继承人的股权:(1)不具有中国国籍,也不具有在中国的长期居住权;(2)为无民事行为能力或者限制民事行为能力人的;(3)个人所负数额较大的债务到期未清偿;(4)一份股权有两个以上继承人,必须分割股权的。"

5.6.7 股权的析产

股东因婚姻关系解除等,进行共有财产析产,不视为对外转让、不受对外转让股权的相关限制。

【注释】章程制定者可以自行选择是否选取以上条款,或者另行规定。如可以规定共有人析产发生股权变化的处理方式,如因离婚导致一方要求分割另一方名下股权的具体处理方案。

### 5.6.8 股权转让的变更登记

公司应该积极协助股东对按照本章程规定转让的股权进行变更登记、并及时出具新的出资证明书等。

### 5.6.9 股权的质押

公司不接受本公司的股权作为质押权的标的。

**【条款解读】**

一、有限责任公司股权的内部转让自由

有限责任公司是股东基于彼此的信赖而建立起来的,兼有资合与人合的特点。为了维持公司股东的彼此信赖,为了维护公司内部的稳定性,保持股东间良好的合作关系,股东在转让股权时,应首先考虑在公司现有的股东间进行股权转让。根据公司法的有关规定,公司股东内部股权的相互转让不受限制,可以转让部分,也可以转让全部,但需经交易方以外的其他股东同意,不存在优先购买权的问题,只要通知公司及其他股东即可。

股权的内部转让不会导致股东组成的变更,涉及的法律关系较为简单,这既不会影响到公司的资合性质,也因未增加新的股东,股东之间原有信赖关系并未遭到破坏,故其人合性依然完好无损。因为股权的内部转让采取自由主义,故公司法没有设定也没有必要设定强制性的规范,只要转让方和受让方就股权转让的比例、价格、时间等事项达成协议即可,内部转让完全自由,其他股东无权干涉。

二、有限责任公司股权的外部转让

股东对非公司的股东转让股权,应当告知其他股东,其他股东有优先购买权。

1. 转让人应以书面形式通知其他股东征求意见

就股权的外部转让事项,转让人应当通知其他股东,并以书面形式作出。采用书面形式,可以做到有据可查,避免在实践中发生股权转让后,其他股东以未收到股权转让通知妨碍其优先购买权为由,主张撤销股权转让协议。

转让意向也不得撤销或者变更。如果拟转让股东随意撤销或者变更转让意向,将可能构成缔约过失责任。因此有必要规定,如因该拟转让股东原因撤销或者变更该转让意向,给其他股东带来损失的,由该拟转让股东承担赔偿责任。

2. 其他股东享有优先购买权

考虑到有限责任公司人合性的特点,我国公司法赋予了其他股东优先购买权。所谓优先购买权,是指在同等条件下,公司股东对转让人所转让的股权享有先于股东外受让人先行购买的权利。两个以上股东主张行使优先购买权的,协商确定各自的购买比例,协商不成的,按照转让时各自的出资比例行使优先购买权。这样的明确规定,避免了股东间优先购买权的冲突,可以使股东顺利实现优先购买权,从而保障股权顺利转让。

为保障优先购买权的落实,实际股权交易时的股权价格不得低于书面转让意向中的股权价格。同时考虑到股东在提出书面转让意向时,并不一定有已经协商一致的全额认购股权受让意向对象,所以在实际交易时,应当允许拟转让股东在不低于书面转让意向中转让价格的情况下,仅部分转让成立拟转让的股权。

三、未经通知其他股东之股权转让的法律效力

《公司法》(2023年修订)第84条规定了股东转让股权的条件,如果发生未经通知其他股东便向非股东转让股权的情况,我国公司法并未明确规定这种情况下股权转让的法律效力。在法律没有规定或法律规定不明确的情况下,可以通过公司章程来完成,这时可以通过章程自治之机制,明确法律责任和不同的法律效果。

1. 如果是在其他股东已经明确表示反对转让并提出购买其不同意转让的股权,或者虽同意转让股权但明确表示行使优先购买权的情况下,拟转让股权的股东仍不顾其他股东的反对,强行将股权转让给非股东,应将该行为定性为无效行为。

2. 除上述情况外,其他未经半数以上股东同意向非股东转让股权的行为属于可撤销行为,没有对拟股权转让表示同意和没有放弃优先购买权的其他股东有权自知道或者应当知道股权转让事由之日起一年之内行使撤销权。

四、公司不接受本公司的股权作为质押权的标的

质押,属于担保的一种形式,即债务人或者第三人在不转移所有权的前提下,将某一动产或权利转由债权人占有和控制,以保证债权人权利的实现;在债务人不履行债务时,债权人有权以该动产或者权利折价,或者以变卖、拍卖该动产或者权利的价款优先受偿。因此,质押权的设立,是以债权人可以取得质押权标的物的所有权为前提的。而公司法规定,除了法定特殊情况,公司是不得拥有本公司股权的,因此,本公司的股权是不能作为质押权标的用来对公司债权进行担保的;即使设立了以本公司股权为质押权标的的担保,最终也无法实现。因此,公司法禁止公司接受本公司的股权作为质押权标的。

五、股权转让与股权变更登记

为了规范公司行为,我国公司法及《公司登记管理条例》(已失效)专门规定了公司登记程序。有限责任公司股权转让后,应当依法办理公司内部股东变更登记以及工商变更登记。

按照《公司法》(2023年修订)第87条的规定,有限责任公司股权转让后,公司

应当注销原股东的出资证明书,向新股东签发出资证明书,并相应修改公司章程和股东名册中有关股东及出资额的记载。对公司章程的该项修改不需要再由股东会表决。公司内部股东变更登记完成后,公司还应当自股权转让之日起30日内到工商行政管理部门申请变更登记。

需要注意的是,有限责任公司股权转让后,未经工商变更登记,股权转让的效力不受影响,只是不得对抗第三人。

就股权转让而言,我国《公司法》及《公司登记管理条例》(已失效)并未规定股权转让合同必须在办理工商变更登记后才能生效,因此,变更登记不是股权转让的充分必要条件。公司股权转让变更登记与公司设立登记的性质完全不一样,它是一种宣示性登记。这种宣示性登记,以公司确认和变更股权为基础,工商变更登记仅是对外宣示而已。当工商变更登记的内容与公司股东名册登记内容不一致时,应当将公司股东名册的登记内容作为确认股权的依据,当事人不得以工商变更登记的内容对抗公司股东名册的记录。股权变更以后没有进行工商变更登记的,不得对抗第三人。

六、关于股权的继承

有限责任公司具有人合性和资合性的特点,是基于股东之间的相互信任设立的,如法律不加限制地允许股东的继承人继承股东资格,可能会导致因新旧股东的不合而产生纠纷等。为保护继承人合法的继承权,我国公司法规定,股东的合法继承人可以继承股东资格。考虑到有限责任公司"人合性"的特点,我国公司法同时又规定,如果公司章程另外规定合法继承人不能继承股东资格的,那么被继承人所持有的股权,由公司以合理的价格回购,回购的相应价格拨付给其合法继承人。如此两面兼顾,有利于维护社会和谐。而对于是否限制以及限制股权的继承,则可由章程制定者自行考量。示范条款中的限制性规定由章程制定者自行选择。

七、新法修订

《公司法》(2023年修订)在对外股权转让的程序中,取消了"经其他股东过半数同意"的程序性要求,但仍保留了其他股东30天的答复期和其他股东的优先购买权之规定。对其他股东的优先购买权没有实质变化,但对转让程序进行了简化。

**【相关法规】**

● 《中华人民共和国公司法》(2023年修订)

**第84条** 有限责任公司的股东之间可以相互转让其全部或者部分股权。

股东向股东以外的人转让股权的,应当将股权转让的数量、价格、支付方式和期限等事项书面通知其他股东,其他股东在同等条件下有优先购买权。股东自接到书面通知之日起30日内未答复的,视为放弃优先购买权。两个以上股东行使优先购买权的,协商确定各自的购买比例;协商不成的,按照转让时各自的出资比例行使优先购买权。

公司章程对股权转让另有规定的,从其规定。

第85条　人民法院依照法律规定的强制执行程序转让股东的股权时,应当通知公司及全体股东,其他股东在同等条件下有优先购买权。其他股东自人民法院通知之日起满20日不行使优先购买权的,视为放弃优先购买权。

第86条　股东转让股权的,应当书面通知公司,请求变更股东名册;需要办理变更登记的,并请求公司向公司登记机关办理变更登记。公司拒绝或者在合理期限内不予答复的,转让人、受让人可以依法向人民法院提起诉讼。

股权转让的,受让人自记载于股东名册时起可以向公司主张行使股东权利。

第87条　依照本法转让股权后,公司应当及时注销原股东的出资证明书,向新股东签发出资证明书,并相应修改公司章程和股东名册中有关股东及其出资额的记载。对公司章程的该项修改不需再由股东会表决。

● 《公司法司法解释四》(2020年修正)

第16条　有限责任公司的自然人股东因继承发生变化时,其他股东主张依据公司法第71条第3款规定行使优先购买权的,人民法院不予支持,但公司章程另有规定或者全体股东另有约定的除外。

第18条　人民法院在判断是否符合公司法第71条第3款及本规定所称的"同等条件"时,应当考虑转让股权的数量、价格、支付方式及期限等因素。

● 《上海市高级人民法院关于审理涉及公司诉讼案件若干问题的处理意见(三)》(沪高法民二〔2004〕2号)

(二)处理股权因被继承、析产或者赠与而与其他股东优先购买权产生纠纷的问题

继承人、财产析得人或受赠人因继承、析产或者赠与可以获得有限责任公司的股份财产权益,但不当然获得股东身份权,除非其他股东同意其获得股东身份。未取得股东身份的继承人、财产析得人或受赠人将股份对外转让的,其他股东在同等条件下享有优先购买权。

(三)处理多个股东之间行使优先购买权产生纠纷的问题

股东无论对内或者对外转让股权时,其他股东在同等条件下均有优先购买权。在多个股东同时要求行使优先购买权时,如果公司能够形成股东会议决议的,从其决议;没有股东会议决议的,可按各个股东的出资比例进行配售。

- ●《北京市高级人民法院关于审理公司纠纷案件若干问题的指导意见(试行)的通知》(京高法发〔2004〕50号)

12. 有限责任公司自然人股东死亡,其继承人能否直接主张继承股东资格?

有限责任公司作为具有人合性质的法人团体,股东资格的取得必须得到其他股东作为一个整体即公司的承认或认可。有限责任公司的自然人股东死亡后,其继承人依法可以继承的是与该股东所拥有的股权相对应的财产权益。如果公司章程规定或股东会议决议同意该股东的继承人可以直接继受死亡股东的股东资格,在不违反相关法律规定的前提下,法院应当判决确认其股东资格,否则应当裁定驳回其起诉。

【典型案例】

● 北京新橙博瑞文化传媒有限公司等公司解散纠纷一审民事判决书

【北京市昌平区人民法院民事判决书(2019)京0114民初10210号】

原告:北京韦伯创合品牌顾问股份有限公司(以下简称"韦伯公司")。

被告:北京新橙博瑞文化传媒有限公司(以下简称"新橙公司")。

第三人:青岛海尔文化产业发展有限公司(以下简称"海尔文化公司")。

海尔文化公司(甲方)和韦伯公司(乙方)基于共同投资举办合资经营企业,特签订《合资合同》,合同约定甲乙双方依本合同所合资经营之公司,名称为"新橙公司"。新橙公司于2014年10月14日设立,注册资本为100万元,其中,韦伯公司出资49万元,持股49%,海尔文化公司出资51万元,持股51%。

后新橙公司历经几次人事变更,但两大股东对公司的经营管理始终无法达成一致,双方决定于2016年10月份解散公司,并着手确定清算方案及清算组人员名单,后因双方未能对清算组人员达成一致,公司未能解散清算。此后,新橙公司经营管理陷入僵局,两大股东丧失信任。2019年4月15日,韦伯公司召集召开新橙公司临时股东大会,就《解散公司的议案》《公司成立清算组进行清算的议案》《公司清偿欠付刘某债务的议案》进行审议,三项提案审议均未通过。

原告韦伯公司向本院提出诉讼请求解散新橙公司。

【一审】北京市昌平区人民法院认为,本案争议焦点在新橙公司是否符合公司法规定的司法解散的情形。

韦伯公司主张解散新橙公司的主要理由有以下四点:一是新橙公司两大股东的冲突无法解决,股东会已不能体现韦伯公司的意志;二是新橙公司的董事会已经失灵,目前新橙公司仅有的两名董事均由海尔文化公司提名,韦伯公司丧失对公司的经营管理权;三是新橙公司继续存续会使韦伯公司股东利益受到重大损失;四是新橙公司出现的僵局通过其他途径已无法解决。

本院据此分析如下：

第一、两大股东的冲突无法解决不属于《公司法司法解释二》（已被修改）第1条规定的解散公司的法定事由。

第二、对于韦伯公司以"新橙公司的董事会已经失灵，韦伯公司丧失对公司的经营管理权"为由申请解散公司，对此本院认为，新橙公司现任两名董事确系海尔文化公司提名，董事会组成人员中没有韦伯公司提名人员，但根据《合资合同》及公司章程的规定，韦伯公司具有提名董事的权利却并未行使，因此该理由并不属于法律规定的公司解散的法定事由。

第三、对于韦伯公司以"新橙公司继续存续会使韦伯公司股东利益受到重大损失"为由申请公司解散，从韦伯公司提交的证据来看，并不能证明新橙公司继续存在会使韦伯公司的股东利益受到重大损失。

第四、对于韦伯公司以"新橙公司出现的僵局通过其他途径已无法解决"为由申请解散公司，该项并不属于法律规定的公司解散的法定事由。

2019年7月23日，北京市昌平区人民法院驳回原告韦伯公司的诉讼请求。

● **东莞市思辰汽车养护有限公司与袁某珊等股权转让纠纷一审民事判决书**

【广东省东莞市第一人民法院民事判决书（2020）粤1971民初8886号】

原告：袁某珊。

被告：郭某霞；东莞市思辰汽车养护有限公司（以下简称"思辰公司"）。

被告思辰公司于2016年12月26日在广东省东莞市注册成立。2017年9月9日，被告郭某霞（转让方、甲方）与原告袁某珊（受让方、乙方）签订了一份《公司股份转让协议》，协议约定甲方100%的公司股权平均分作100股，甲方转让10股给乙方，每股作价12000元转让给乙方，合计12万元。乙方同意按此价格购买上述股份。原告袁某珊、被告郭某霞确认原告袁某珊已向被告郭某霞支付了股权转让款12万元。

原告袁某珊要求解除《公司股份转让协议》，要求被告郭某霞返还股权转让款12万元及支付资金占用利息、将股权登记回被告郭某霞名下。

【一审】广东省东莞市第一人民法院认为，本案的争议焦点在于：原告袁某珊要求解除《公司股份转让协议》，要求被告郭某霞返还股权转让款12万元及支付资金占用利息、将股权登记回被告郭某霞名下有无法律依据。

案涉《公司股份转让协议》的合同目的是进行股权转让。原告袁某珊已向被告郭某霞支付了《公司股份转让协议》约定的股权转让款12万元，被告郭某霞也已将对应的思辰公司10%的股权变更登记至原告袁某珊名下，该《公司股份转让协议》的主要内容已经履行完毕。

原告袁某珊成为被告思辰公司的股东后，其作为股东的权利义务应由公司章程规定。若原告袁某珊认为被告郭某霞存在未实缴出资、未按时召开股东会、隐匿财务账册等情况,可依据法律法规及公司章程等另循法律途径解决。但原告袁某珊要求解除已履行完主要内容的《公司股份转让协议》,并要求被告郭某霞返还已收取的股权转让款12万元,并要求将已受让的股权登记回被告郭某霞名下等行为,没有事实和法律依据,本院不予支持。

综上,广东省东莞市第一人民法院判决驳回原告袁某珊的全部诉讼请求。

【简析】前股东存在未实缴出资、未按时召开股东会、隐匿财务账册等行为,可依据法律法规及公司章程等另循法律途径解决。前股东的前述行为不构成股权转让撤销原因。

● 上海赛卓实业有限公司与张某顺等公司盈余分配纠纷二审民事判决书

【上海市第一中级人民法院民事判决书(2020)沪01民终405号】

上诉人(原审原告):张某顺。

被上诉人(原审被告):上海赛卓实业有限公司(以下简称"赛卓公司");陆某红;张某军。

2011年3月6日,张某顺及陆某红、张某军三人共同创立了赛卓公司并制订了赛卓公司的公司章程。公司注册资本为890万元,张某顺出资445万元,陆某红、张某军各出资222.5万元。张某顺在一审诉讼中请求判决:(1)赛卓公司向张某顺支付利润暂计1300万元(以实际查明为准);(2)陆某红、张某军对赛卓公司的付款义务承担连带责任。

【一审】一审法院认为,本案的争议焦点在于:(1)在无股东会决议的前提下,张某顺是否有权要求赛卓公司分配利润;(2)陆某红、张某军有无滥用股东权利导致赛卓公司不分配利润的行为。

一、对于第一项争议焦点,一审法院认为,本案张某顺主张赛卓公司分配利润,系行使股东的利润分配请求权。在公司形成分配决议前,抽象的利润分配请求权属于期待状态,抽象的利润分配请求权向具体的利润分配请求权转化的条件是"股东会决议通过"。具体到本案中,张某顺及陆某红、张某军作为赛卓公司的股东,未达成关于公司利润分配的股东会决议,张某顺提交的投资收益分析报告也不能视为股东会分配利润的决议。在决议形成之前,利润分配请求权还仅是消极性权利,除非其本身受到直接剥夺或不公平限制才得以积极行使,《公司法司法解释四》第15条但书部分的规定即针对此种情形。"不分配利润给其他股东造成损失"虽属消极事实,根据《民诉法解释》(2015年已被修改)第91条的规定,应由请求主张分配利润的股东承担证明责任。张某顺有权就其抽象的利润分配请求权向法院提起主张,但应举证证明其他股东违反法律规定滥用股东权利导致公司不分配利润给其造成损失。

二、对于第二项审议焦点，一审法院认为，本案中，赛卓公司未作出利润分配的有效决议，该种利润分配请求权，不仅受到股东分配利润意愿的影响，更受到公司现金流量、财务状况等多重因素的制约。分配利润系公司自治及商业判断的范畴，且公司法已经安排了股权转让、异议股东回购请求权等制度，司法强制介入公司利润分配必须有其正当性，该正当性表现为股东积极行使公司自治范畴内的权利无法达到其正当目的，且其他股东违反法律规定滥用股东权利致其损失。本案中，张某顺并未举证证明陆某红、张某军存在滥用股东权利的情形。张某顺作为赛卓公司占股50%的股东，未证明其曾向公司提出召开利润分配表决的股东会会议的要求。张某顺未积极在公司自治范畴内行使其股东权利，张某顺也未证明其他股东存在滥用股东权利的情形，法院难以直接介入对公司利润进行强制分配，故张某顺的诉讼请求，一审法院难以支持。

据此，一审法院判决驳回张某顺的全部诉讼请求。

【二审】上海市第一中级人民法院认为，本案的争议焦点是张某顺请求分配公司利润的请求是否能够得到支持。

根据《公司法司法解释四》第15条之规定，股东未提交载明具体分配方案的股东会或者股东大会的有效决议，请求公司分配利润的，人民法院应当驳回其诉讼请求，但违反法律规定滥用股东权利导致公司不分配利润，给其他股东造成损失的除外。现赛卓公司未召开股东会，也未形成分配利润的股东会决议，但张某顺主张陆某红、张某军存在滥用股东权利导致公司不分配利润的行为，符合《公司法司法解释四》第15条之规定。对此，本院认为，《公司法司法解释四》第15条中的"但书"条款所指向的是大股东排挤小股东、董事会内部人员控制等原因下，导致公司不分配利润，股东之间的利益安排严重失衡，非公司自治所能解决，必须通过公司法强制性规定加以干预，具体包括给在公司任职的股东或者其指派的人发放与公司规模、营业业绩、同行业薪酬水平明显不符的过高薪酬，变相给该股东分配利润；购买与经营不相关的服务或者财产提供股东消费或者使用，变相分配利润；为了不分配利润，隐瞒或者转移公司利润以及其他可能导致公司利润分配不公的行为等。

2020年3月30日，上海市第一中级人民法院判决驳回上诉，维持原判。

【简析】滥用股东权利导致公司不分配利润的行为主要有：大股东排挤小股东、董事会内部人员控制等，导致股东之间的利益安排严重失衡，非公司自治所能解决，必须通过公司法强制性规定加以干预，具体包括给在公司任职的股东或者其指派的人发放与公司规模、营业业绩、同行业薪酬水平明显不符的过高薪酬，变相给该股东分配利润；购买与经营不相关的服务或者财产提供股东消费或者使用，变相分配利润；为了不分配利润，隐瞒或者转移公司利润以及其他可能导致公司利润分配不公的行为。

● **北京新橙博瑞文化传媒有限公司等与刘某损害公司利益责任纠纷二审民事判决书**

【北京市第一中级人民法院民事判决书(2021)京01民终5383号】

上诉人(原审原告)：北京新橙博瑞文化传媒有限公司(以下简称"新橙公司")。

被上诉人(原审被告)：刘某。

原审第三人：北京成翼文化传媒股份有限公司(以下简称"成翼公司")。

2014年10月14日,新橙公司设立。设立后由刘某担任新橙公司的法定代表人、董事及总经理,负责组织领导新橙公司的日常经营管理工作,对新橙公司董事会负责。

原告新橙公司诉称,2017年10月,新橙公司通过公开渠道发现,2015年5月23日至2016年11月22日期间,刘某以新橙公司名义将新橙公司承租的位于海淀区某处办公场所无偿租赁给成翼公司使用。上述无偿租赁给成翼公司使用的房屋系刘某于2015年5月23日承租。原告为租赁案涉房屋支出房屋租金、物业费、互联网使用费、等各项装修款共计1497993.15元。然而,新橙公司高额租赁并装修的案涉房屋却给予成翼公司无偿使用一事,刘某作为事发期间新橙公司的总经理、法定代表人及董事并未向新橙公司董事会或股东会提及。刘某擅自将案涉房屋无偿租给他人使用的行为给新橙公司造成了重大的经济损失,应当按照实际损失进行赔偿,并提起诉讼。

被告刘某辩称,第一、案涉房屋的租金和物业费及其他费用都是真实的,是新橙公司在实际使用,由新橙公司的员工开展经营活动,公司员工都在那里办公,并未无偿出租给成翼公司。承租房屋实际上是一个大开间,其中2102A房间是新橙公司的原注册地址。第二、刘某没有损害新橙公司的利益,其尽到了忠诚勤勉的义务。案涉房屋就是新橙公司在使用,而成翼公司只是基于与新橙公司存在合作关系,因而使用其中一个部分。虽然未收取成翼公司的房租,但是成翼公司为新橙公司提供了人员支持和客户资源,双方实际上是资源共享并合署办公,这有利于新橙公司的业务拓展并扩大公司影响,也是双赢的。

第三人成翼公司述称,该纠纷是损害公司利益责任的纠纷,成翼公司既不是新橙公司的股东,也不是新橙公司的高级管理人员,因此该纠纷与成翼公司无关。成翼公司在2015年因为与新橙公司的合作关系,故而使用新橙公司的部分办公场所,成翼公司为此给新橙公司提供了一些合作机会,介绍了部分关系,并让新橙公司借用成翼公司的团队,双方属于互利互惠,这样新橙公司就不再向他们收取房租了,这本质上不是免费使用,是互惠行为,新橙公司已经使用了成翼公司的资源。

**【一审】**一审法院认为:

一、刘某在担任新橙公司的总经理、董事期间,以新橙公司的名义租赁案涉房屋系刘某履行公司职务的行为。从现查明的事实来看,案涉房屋在新橙公司诉讼请求的期间内一直为新橙公司工商登记的住所地;刘某作为新橙公司的总经理,主持新橙公司的日常生产经营管理工作。因此,刘某代表新橙公司租赁案涉房屋,系履行职务的行为,系其在履行职务过程中合理的商业判断,并不违反法律法规或者新橙公司章程的规定。

二、成翼公司在新橙公司租赁案涉房屋期间,曾经刘某允许使用过上述房屋,且成翼公司认可为无偿租赁。刘某不能证明其系为新橙公司的利益或为新橙公司生产经营管理工作的需要而允许成翼公司使用相关房屋。刘某作为新橙公司的董事和高级管理人员,未经新橙公司股东会、董事会决议通过,将新橙公司承租的上述房屋交给成翼公司使用,违反了其作为董事、高级管理人员对公司的忠实和勤勉义务,超越了其作为董事、高级管理人员的职权,违反了新橙公司章程,构成了损害新橙公司利益的行为。同时,在本案案涉房屋租赁使用关系发生时,刘某担任新橙公司的董事、总经理并担任法定代表人,其允许成翼公司使用新橙公司承租房屋的行为,可能导致公司利益发生转移,刘某利用其关联关系如给新橙公司造成损失的,应当承担赔偿责任。

三、从本案现有证据来看,虽然在本案审理过程中,新橙公司、成翼公司均认可双方之间存在房屋租赁法律关系,但对于房屋租赁面积和期限存在争议,且新橙公司表示其保留要求成翼公司承担义务的权利;同时,不论是成翼公司主张的相关报告书中载明的"无偿租赁",还是有其他对价的租赁,新橙公司均不予认可。因此,本院认为,因为新橙公司与成翼公司之间房屋租赁合同的争议,不属于本案审理范围,故而刘某的前述损害新橙公司利益的行为是否会给新橙公司造成实际损失以及损失数额的大小问题,在新橙公司、成翼公司对于双方之间的房屋租赁法律关系存在巨大争议的情况下,本案依据现有证据不能确定。

综上,虽然刘某存在损害新橙公司利益的行为,但新橙公司并未提交充分证据证明其因此遭受的损失,故对于新橙公司的诉讼请求,证据不足,本院不予支持。

据此,一审法院判决驳回原告新橙公司的全部诉讼请求。

**【二审】**北京市第一中级人民法院认为,董事、监事、高级管理人员的忠实义务,是指董事、监事、高级管理人员管理公司、经营业务、履行职责时,必须代表全体股东为公司最大利益努力工作,最大限度地将保护公司的利益作为衡量自己执行职务的标准。当自身利益与公司利益发生冲突时,必须以公司利益为重,不得将自身利益或者与自己有利害关系的第三人的利益置于公司利益之上。董事、监事、高级管理人员违反忠实义务的行为主要表现为,将自己的利益置于股东和公司利益之上或利用职权为自己谋取私利。董事、监事、高级管理人员的勤勉义务,是指公司的董事、监事、高级管理人员在行使职权、作出决策时,以一个合理的、谨慎的人在相似情形下所应表现的谨慎、注意和技能为其所应为的行为,履行其职责。

本案中,新橙公司主张刘某同时违反了忠实义务和勤勉义务,对此本院认为:

一、刘某在作为新橙公司总经理、董事期间,代表新橙公司租赁案涉办公场所,进行装修,接入网络等行为,系其履行职务的行为,在案证据尚未证明刘某存在损害新橙公司利益的行为。

二、案涉房屋地址曾作为新橙公司法定住所地登记于工商档案信息材料中,且新橙公司亦在该注册地点实际办公,新橙公司从未就此提出异议,亦可说明其对刘某租赁案涉房屋的行为予以认可。

三、刘某虽然未经新橙公司股东会、董事会决议,将案涉办公场所交付成翼公司使用,但通过刘某提交的电子邮件显示,成翼公司的业务团队对新橙公司的业务提供了一定支持,成翼公司虽然使用案涉办公场所未交纳任何费用,但成翼公司关于并非无偿使用案涉办公场所的主张具有一定事实依据,且新橙公司并未举证证明刘某存在恶意损害新橙公司利益的故意。

四、新橙公司主张刘某是英智沃华公司股东,英智沃华公司在 2012 年 5 月 4 日之前是成翼公司股东,刘某为成翼公司牟利即是为其关联公司牟利,通过查明事实可知,成翼公司在使用案涉办公场所之前,英智沃华公司即已不再是成翼公司股东,故新橙公司上述主张并无事实依据,并且新橙公司亦未能提供有效证据证明刘某在本案诉争租赁事宜中利用职权为自己谋取了私利。

综上所述,新橙公司关于刘某违反了高级管理人员对公司的忠实和勤勉义务从而要求刘某赔偿其损失的上诉请求,并无事实及法律依据,本院不予支持。

2021 年 11 月 30 日,北京市第一中级人民法院驳回上诉,维持原判。

【简析】董事、监事、高级管理人员的忠实义务,是指董事、监事、高级管理人员管理公司、经营业务、履行职责时,必须代表全体股东为公司最大利益努力工作,最大限度地将保护公司的利益作为衡量自己执行职务的标准。当自身利益与公司利益发生冲突时,必须以公司利益为重,不得将自身利益或者与自己有利害关系的第三人的利益置于公司利益之上。董事、监事、高级管理人员违反忠实义务的行为主要表现为,将自己的利益置于股东和公司利益之上或利用职权为自己谋取私利。董事、监事、高级管理人员的勤勉义务,是指公司的董事、监事、高级管理人员在行使职权、作出决策时,以一个合理的、谨慎的人在相似情形下所应表现的谨慎、注意和技能为其所应为的行为,履行其职责。

## 第七节　股份有限公司的股份发行

**【示范条款】**

5.7.1　公司股份

公司的股份采取股票的形式,股票是公司签发的证明股东所持股份的凭证。

5.7.2　面额股

公司的资本划分为股份,公司的全部股份采用面额股,以【人民币】标明面值,每一股的金额相等。

【注释】公司股票可以选择采用面额股或者无面额股之一,即或者全部股票为面额股股票,或者全部股票为无面额股股票。

公司可以通过修改公司章程,将已发行的面额股全部转换为无面额股,或者将无面额股全部转换为面额股。

中外合资企业设立的股份公司可以以外币为面值。

5.7.3　无面额股

公司的资本划分为股份,公司的全部股份采用无面额股。

采用无面额股的,应当将发行股份所得股款的二分之一以上计入注册资本。

【注释】公司股票可以选择采用面额股或者无面额股之一,即或者全部股票为面额股股票,或者全部股票为无面额股股票。

5.7.4　同股同权

公司股份的发行,实行公开、公平、公正的原则,同种类的每一股份应当具有同等权利。

同次发行的同种类股票,每股的发行条件和价格应当相同;任何单位或者个人所认购的股份,每股应当支付相同价额。

5.7.5　类别股

公司可以发行下列与普通股权利不同的类别股:1.优先或者劣后分配利润或者剩余财产的股份;2.每一股的表决权数多于或者少于普通股的股份;3.转让须经公司同意等转让受限的股份;4.国务院规定的其他类别股。

公开发行股份的公司不得发行前款第 2 项、第 3 项规定的类别股。

公司发行本条第 1 款第 2 项规定的类别股的,对于监事或者审计委员会成员的选举和更换,类别股与普通股每一股的表决权数相同。

#### 5.7.6 类别股的记载

**发行类别股的公司,应当在公司章程中载明以下事项:1. 类别股分配利润或者剩余财产的顺序;2. 类别股的表决权数;3. 类别股的转让限制;4. 保护中小股东权益的措施;5. 股东会认为需要规定的其他事项。**

【注释】存在特别表决权股份的公司,应当在公司章程中明确以下事项:1. 特别表决权股份的持有人资格;2. 特别表决权股份拥有的表决权数量与普通股份拥有的表决权数量的比例安排;3. 持有人所持特别表决权股份能够参与表决的股东会事项范围;4. 特别表决权股份锁定安排及转让限制;5. 特别表决权股份与普通股份的转换情形等事项。

发行优先股的公司,应当在公司章程中明确以下事项:1. 优先股股息率采用固定股息率或浮动股息率,并相应明确固定股息率水平或浮动股息率的计算方法;2. 公司在有可分配税后利润的情况下是否必须分配利润;3. 如果公司因本会计年度可分配利润不足而未向优先股股东足额派发股息,差额部分是否累积到下一会计年度;4. 优先股股东按照约定的股息率分配股息后,是否有权同普通股股东一起参加剩余利润分配,以及参与剩余利润分配的比例、条件等事项;5. 其他涉及优先股股东参与公司利润分配的事项;6. 除利润分配和剩余财产分配外,优先股是否在其他条款上具有不同的设置;7. 优先股表决权恢复时,每股优先股股份享有表决权的具体计算方法。

公开发行优先股的,还应当在公司章程中明确:1. 采取固定股息率;2. 在有可分配税后利润的情况下,必须向优先股股东分配股息;3. 未向优先股股东足额派发股息的差额部分应当累积到下一会计年度;4. 优先股股东按照约定的股息率分配股息后,不再同普通股股东一起参加剩余利润分配。商业银行发行优先股补充资本的,可就第2项和第3项事项另作规定。

#### 5.7.7 股份的存管

**公司发行的股份,在【证券登记机构名称】集中存管。**

【注释】上市公司必备条款,非上市公司根据情况选择适用。

#### 5.7.8 发起人的股份

**公司发起人为【各发起人姓名或者名称】、认购的股份数分别为【股份数量】、出资方式和出资时间为【具体出资方式和时间】。**

【注释】已成立1年或1年以上的公司,发起人已将所持股份转让的,无须填入发起人的持股数额。

#### 5.7.9 股本结构

**公司股份总数为【股份数额】,公司的股本结构为:普通股【数额】股,其他种类**

股【数额】股。

### 5.7.10 不为股东提供资助

公司或公司的子公司不以赠与、垫资、担保、补偿或贷款等形式,对购买或者拟购买公司股份的人提供任何资助,公司实施员工持股计划的除外。

**【条款解读】**

一、同股同权

《公司法》(2023年修订)第143条规定,股份的发行,实行公平、公正的原则,同类别的每一股份应当具有同等权利。具体而言,股份有限公司发行股份时应当做到:1.当公司向社会公开募集股份时,应就有关股份发行的信息依法公开披露。其中,包括公开招股说明书,财务会计报告等。2.同次发行的股份,每股的发行条件和价格应当相同。任何单位或者个人所认购的股份,每股应当支付相同价额。3.发行的同种股份,股东所享有的权利和利益应当是相同的。

二、不低价发行股票

《公司法》(2023年修订)第148条规定:"面额股股票的发行价格可以按票面金额,也可以超过票面金额,但不得低于票面金额。"

股票的发行价格是指股票发行时所使用的价格,也是投资者认购股票时所支付的价格。股票的发行可以分为平价发行、溢价发行和折价发行。平价发行是指股票的发行价格与股票的票面金额相同,也称为等价发行、券面发行。溢价发行是指股票的实际发行价格超过其票面金额,以超过票面金额发行股票所得溢价款,应列入公司资本公积金。折价发行是指股票的发行价格低于股票的票面价格。由于折价发行不符合资本充实原则,在我国,禁止折价发行股票。

三、新法修订

(一)无面额股票。《公司法》(2023年修订)允许发行无面额股票。发行无面额股的,应当将发行股份所得股款的二分之一以上计入注册资本。

(二)类别股权。《公司法》(2023年修订)新增了类别股条款。规定了三种类别股和一个兜底性条款。1.优先股,指优先或者劣后分配利润或者剩余财产的股份;2.特别表决权股,指每一股的表决权数多于或者少于普通股的股份;3.转让受限股,指转让须经公司同意等转让受限的股份;4.其他,指国务院规定的其他类别股。

**【相关法规】**

●《中华人民共和国公司法》(2023年修订)

第142条　公司的资本划分为股份。公司的全部股份,根据公司章程的规定择一采用面额股或者无面额股。采用面额股的,每一股的金额相等。

公司可以根据公司章程的规定将已发行的面额股全部转换为无面额股或者将无面额股全部转换为面额股。

采用无面额股的,应当将发行股份所得股款的二分之一以上计入注册资本。

第143条　股份的发行,实行公平、公正的原则,同类别的每一股份应当具有同等权利。

同次发行的同类别股份,每股的发行条件和价格应当相同;认购人所认购的股份,每股应当支付相同价额。

第144条　公司可以按照公司章程的规定发行下列与普通股权利不同的类别股:(一)优先或者劣后分配利润或者剩余财产的股份;(二)每一股的表决权数多于或者少于普通股的股份;(三)转让须经公司同意等转让受限的股份;(四)国务院规定的其他类别股。

公开发行股份的公司不得发行前款第二项、第三项规定的类别股;公开发行前已发行的除外。

公司发行本条第1款第(二)项规定的类别股的,对于监事或者审计委员会成员的选举和更换,类别股与普通股每一股的表决权数相同。

第145条　发行类别股的公司,应当在公司章程中载明以下事项:(一)类别股分配利润或者剩余财产的顺序;(二)类别股的表决权数;(三)类别股的转让限制;(四)保护中小股东权益的措施;(五)股东会认为需要规定的其他事项。

第146条　发行类别股的公司,有本法第116条第3款规定的事项等可能影响类别股股东权利的,除应当依照第116条第3款的规定经股东会决议外,还应当经出席类别股股东会议的股东所持表决权的三分之二以上通过。

公司章程可以对需经类别股股东会议决议的其他事项作出规定。

第147条　公司的股份采取股票的形式。股票是公司签发的证明股东所持股份的凭证。

公司发行的股票,应当为记名股票。

第148条　面额股股票的发行价格可以按票面金额,也可以超过票面金额,但不得低于票面金额。

# 第八节 股份有限公司的股份增发和回购

## 【示范条款】

### 5.8.1 股份增发

公司根据经营和发展的需要,依照法律、法规的规定,经股东会分别作出决议,可以采用下列方式增加资本:1.公开发行股份;2.非公开发行股份;3.向现有股东派送红股;4.以公积金转增股本;5.法律、行政法规规定的其他方式。

【注释】上市公司必备条款,非上市公司根据情况选择适用。

### 5.8.2 股份增发的决议

公司发行新股,股东会应当对下列事项作出决议:1.新股的种类及数额;2.新股的发行价格;3.新股发行的起止日期;4.向原有股东发行新股的种类及数额。

公司可以减少注册资本。公司减少注册资本的,应当按照《公司法》以及其他有关规定和本章程规定的程序办理。

### 5.8.3 股份回购的条件

公司不得收购本公司股份。但是,有下列情形之一的除外:1.减少公司注册资本;2.与持有本公司股票的其他公司合并;3.将股份用于员工持股计划或者股权激励;4.股东因对股东会作出的公司合并、分立决议持异议,要求公司收购其股份;5.将股份用于转换公司发行的可转换为股票的公司债券;6.公司为维护公司价值及股东权益所必需。

【注释】发行优先股的公司,还应当在公司章程中对回购优先股的选择权由发行人或股东行使、回购的条件、价格和比例等作出具体规定。发行人按公司章程规定要求回购优先股的,必须支付所欠全部股息,但商业银行发行优先股补充资本的除外。

### 5.8.4 股份回购的方式

公司收购本公司股份,可以通过【公开的集中交易】方式,或者法律、行政法规规定的其他方式进行。

### 5.8.5 回购股份的转让与注销

公司因本章程第5.8.3条第1、2项的原因收购本公司股份的,应当经股东会决议;公司因本章程第5.8.3条第3、5、6项规定的情形收购本公司股份的,可以依照本章程的规定或者股东会的授权,经三分之二以上董事出席的董事会会议决议。

公司依照第 5.8.3 条规定收购本公司股份后,属于第 1 项情形的,应当自收购之日起【10】日内注销;属于第 2、4 项情形的,应当在【6】个月内转让或者注销属于第 3 项情形的,公司合计持有的本公司股份数不得超过本公司已发行股份总额的【10%】,并应当在【3】年内转让或者注销。

【注释】上市公司必备条款,非上市公司根据情况选择适用。

公司按本条规定回购优先股后,应当相应减记发行在外的优先股股份总数。

## 【条款解读】

一、股份的增发

股份有限公司增资,原股东享有优先认购权。所谓股东新股优先认购权是指股东基于其公司股东的资格和地位,在公司发行新股时,优先于一般人按照自己原有的持股比例认购新股的权利。股东可以行使该权利,也可以转让他人。依据《公司法》(2023 年修订)第 151 条第 4 项的规定,股份有限公司新发行股份(增资),原股东享有优先认购权。公司发行新股的股东会决议,应当确定本次股份增发向原有股东发行新股的种类及数额。

二、股份回购

股份回购是指公司利用现金等方式,购回本公司发行在外的一定数额的股份的行为。公司在股份回购完成后可以将所回购的股份注销。根据《公司法》(2023 年修订)第 162 条的规定,公司存在下列情形之一的,可以收购本公司股份:

1. 减少公司注册资本。按照公司法有关条款的规定,公司成立以后股东是不得抽回出资的。在此种情况下,公司成立以后,若要减少公司的注册资本,只能通过以公司的名义购买本公司股份,再将该部分股份注销的形式。因此,对于公司以减少注册资本的形式收购本公司股份的,法律是允许的。

2. 与持有本公司股份的其他公司合并。公司的股份可以为其他公司所持有,当公司与拥有本公司股份的其他公司进行吸收合并时,被合并的其他公司的所有资产都归公司所有,其他公司所拥有的本公司股份自然也为本公司所有。

3. 将股份奖励给本公司职工。近年来,为了激励公司职工,很多股份有限公司都推行职工持股计划,即奖励职工持有部分本公司股份,以把职工利益与公司利益联系在一起,激励职工更好地为公司工作。为了推行这一计划,公司就需要收购本公司的股份,再将其发放给职工。

4. 因股东行使回购请求权,要求公司收购其股份。《公司法》(2023 年修订)第 89 条规定了有限责任公司股东的回购请求权,即在公司出现法定情形时,股东可以请求公司以合理价格回购其所拥有的股权,从而达到离开公司的目的。这是针对有限责任公司股权流动性差而作出的规定,以防止在出现公司损害股东利益时,股东没有救济措施同时也不能通过向他人转让股权而离开公司的情况。股份有限公司的股份是可以自由转让的,当股东对公司经营情况不满时,可以直接转让其股权而离开公司。因此,法律对股份有限公司股东的股份回购请求权,只作了有限度的规定,即股东在对股东会作出的公司合并、分立决议持异议时,可以要求公司收购其股份。当股东行使这项权利时,公司就会拥有本公司的股份。

公司因减少注册资本、与持有本公司股份的其他公司合并、推行职工持股计划而收购本公司股份的,都应当由股东会作出决议,这也是和股东会的职权相吻合的。而股东的股份回购请求权,属于股东的权利,股东依法提出这一要求时,公司就应当收购其股份,不需要通过股东会作出决议。

三、股份回购后的处置

我国实行的是法定资本制度,坚持资本充实原则。虽然允许公司在特定情况下收购本公司股份,但按照公司法有关条款的规定,回购的股份不享有表决权、不得参加红利分配。绝大多数情况下,公司将回购的股票作为"库藏股"保留,不再属于发行在外的股票,且不参与每股收益的计算和分配。实际上,这部分股份是处于虚置状态的,因此,公司在依法回购本公司股份后,应当及时处理,防止股份长期处于虚置状态,影响公司运营。

根据《公司法》(2023年修订)第162条的规定,公司因减少注册资本而收购本公司股份的,应当自收购之日起10日内将该部分股份注销;公司因与持有本公司股份的其他公司合并以及因股东行使回购请求权而收购本公司股份的,应当自收购之日起6个月内转让或者注销;公司为推行职工持股计划而收购本公司股份的,应当在3年内转让给职工。

公司为奖励职工而收购本公司股份的,只是公司经营计划的一部分,不应对公司的股份构成以及公司运营情况产生较大影响。因此,《公司法》(2023年修订)规定,公司为将股份奖励给职工而收购本公司股份的,收购的股份数额不得超过已经发行股份总额的10%。

**【相关法规】**

● 《中华人民共和国公司法》(2023年修订)

**第162条** 公司不得收购本公司股份。但是,有下列情形之一的除外:(一)减少公司注册资本;(二)与持有本公司股份的其他公司合并;(三)将股份用于员工持股计划或者股权激励;(四)股东因对股东会作出的公司合并、分立决议持异议,要求公司收购其股份;(五)将股份用于转换公司发行的可转换为股票的公司债券;(六)上市公司为维护公司价值及股东权益所必需。

公司因前款第一项、第二项规定的情形收购本公司股份的,应当经股东会决议;公司因前款第三项、第五项、第六项规定的情形收购本公司股份的,可以按照公司章程或者股东会的授权,经三分之二以上董事出席的董事会会议决议。

公司依照本条第1款规定收购本公司股份后,属于第一项情形的,应当自收购之日起10日内注销;属于第二项、第四项情形的,应当在6个月内转让或者注销;属于第三项、第五项、第六项情形的,公司合计持有的本公司股份数不得超过本公司已发行股份总数的10%,并应当在3年内转让或者注销。

上市公司收购本公司股份的,应当依照《中华人民共和国证券法》的规定履行信息披露义务。上市公司因本条第1款第三项、第五项、第六项规定的情形收购本公司股份的,应当通过公开的集中交易方式进行。

公司不得接受本公司的股份作为质权的标的。

## 第九节　股份有限公司的股份转让

**【示范条款】**

5.9.1　股份的转让

公司的股份可以依法转让。

5.9.2　自我股份的质押禁止

公司不接受本公司的股份作为质押权的标的。

5.9.3　股份转让限制

发起人持有的本公司股份,自公司成立之日起【1】年内不得转让,公司公开发行股份前已发行的股份,自公司股票在证券交易所上市交易之日起1年内不得转让。

公司董事、监事、高级管理人员应当向公司申报所持有的本公司的股份(含优先股股份)及其变动情况,在任职期间每年转让的股份不得超过其所持有本公司同一种类股份总数的【25%】;所持本公司股份自公司股票上市交易之日起【1】年内不得转让。上述人员离职后半年内,不得转让其所持有的本公司股份。

**【注释】** 公司章程可以对公司董事、监事、高级管理人员转让其所持有的本公司股份(含优先股股份)作出其他限制性规定。

5.9.4　短线交易归入权

公司董事、监事、高级管理人员、持有本公司股份【5%】以上的股东,将其持有的本公司股票在买入后【6】个月内卖出,或者在卖出后【6】个月内又买入,由此所得收益归本公司所有,本公司董事会将收回其所得收益。但是,证券公司因包销购入售后剩余股票而持有【5%】以上股份的,卖出该股票不受【6】个月时间限制。

前款所称董事、监事、高级管理人员、自然人股东持有的股票或者其他具有股权性质的证券,包括其配偶、父母、子女持有的及利用他人账户持有的股票或者其他具有股权性质的证券。

公司董事会不按照本条第 1 款规定执行的,股东有权要求董事会在【30】日内执行。公司董事会未在上述期限内执行的,股东有权为了公司的利益以自己的名义直接向人民法院提起诉讼。

公司董事会不按照第 1 款的规定执行的,负有责任的董事依法承担连带责任。

【注释】上市公司必备条款,非上市公司任意选择适用。

## 【条款解读】

一、股份转让

股份有限公司是最典型的资合公司,公司资本分为均等的股份并以股票的形式表现出来。股份有限公司股东股权的转让表现为股票的转让与交易。

为了规范股份有限公司的股权转让,使股票交易市场走向有序化,我国公司法对股份有限公司股票的转让与交易作了必要的限制,即必须在依法设立的证券交易所进行。其中,记名股票由股东以背书方式或法律、行政法规规定的其他方式转让,并由公司将受让人的姓名或者名称及住所记载于股东名册;而不记名股票的转让,则由股东在依法设立的证券交易所将该股票权利交付给受让人即发生转让的效力。这就意味着,股票的转让必须经过证券经纪商,而不得在交易双方之间直接进行。

二、公司不接受本公司的股权作为质押权的标的

质押,属于担保的一种形式,即债务人或者第三人在不转移所有权的前提下,将某一动产或权利转由债权人占有和控制,以保证债权人权利的实现;在债务人不履行债务时,债权人有权以该动产或者权利折价,或者以变卖、拍卖该动产或者权利的价款优先受偿。因此,质押权的设立,是以债权人可以取得质押权标的物的所有权为前提的。

《公司法》(2023 年修订)第 162 条规定,除法定情形外,公司不得收购本公司股份。第 5 款规定:"公司不得接受本公司的股份作为质权的标的。"限制公司收购自身股份,主要是因为如果公司持有自身股份将导致公司资本的减少,损害公司债权人的利益;此外,如果允许公司收购自身的股份,就有可能出现公司利用回购公司股票操纵股票价格的情形,从而影响证券交易的安全。禁止公司接受本公司的

股票作为质押权的标的,同样是因为这样可能导致公司资本的减少,影响公司资本的充实性。并且即使是设立了以本公司股权为质押标的的质押担保,实际上公司也不能实现这种担保,对公司的债权人保护没有任何的意义。

三、发起人的股份转让限制

《公司法》(2023年修订)第160条第1款规定,"公司公开发行股份前已发行的股份,自公司股票在证券交易所上市交易之日起一年内不得转让"。

由于发起人对公司具有重要的影响,为了保护公司和其他股东、公众的利益,防止发起人利用设立公司进行投机活动,保证公司成立后一段时间内处于的稳定经营状态,各国公司法都规定发起人的股份在一定时间内不得转让。

四、公司董事、监事、高级管理人员股份的转让限制

公司董事、监事、高级管理人员应当向公司申报所持有的本公司的股份及其变动情况,在任职期间每年转让的股份不得超过其所持有本公司股份总数的25%;所持本公司股份自公司股票上市交易之日起1年内不得转让。上述人员离职后半年内,不得转让其所持有的本公司股份。公司章程可以对公司董事、监事、高级管理人员转让其所持有的本公司股份作出其他限制性规定。

《公司法》(2023年修订)第160条第2款规定:"公司董事、监事、高级管理人员应当向公司申报所持有的本公司的股份及其变动情况,在就任时确定的任职期间每年转让的股份不得超过其所持有本公司股份总数的百分之二十五;所持本公司股份自公司股票上市交易之日起一年内不得转让。上述人员离职后半年内,不得转让其所持有的本公司股份。公司章程可以对公司董事、监事、高级管理人员转让其所持有的本公司股份作出其他限制性规定。"规定这一限制,一方面是为了防止该类人员利用内幕信息从事股票交易非法牟利;另一方面也可以将其利益与公司的经营管理状况进行联系,促使其尽力经营公司事业。

五、短线交易的收益归入权

短线交易是指上市公司的董事、监事、高级管理人员及大股东,在法定期间内,对公司上市股票买入后再行卖出或卖出后再行买入,以谋取不正当利益的行为。短线交易收益归入权,是指公司依法享有的,请求短线交易主体返还其所得收益,将公司有关短线交易所得收益归公司所有的权利。短线交易与归入权是密不可分的。短线交易是归入权产生的前提,归入权的产生是短线交易的法律后果。

我国《证券法》第44条规定:"上市公司、股票在国务院批准的其他全国性证券交易场所交易的公司持有百分之五以上股份的股东、董事、监事、高级管理人员,将其持有的该公司的股票或者其他具有股权性质的证券在买入后六个月内卖出,或者在卖出后六个月内又买入,由此所得收益归该公司所有,公司董事会应当收回其所得收益。但是,证券公司因购入包销售后剩余股票而持有百分之五以上

股份，以及有国务院证券监督管理机构规定的其他情形的除外。前款所称董事、监事、高级管理人员、自然人股东持有的股票或者其他具有股权性质的证券，包括其配偶、父母、子女持有的及利用他人账户持有的股票或者其他具有股权性质的证券。公司董事会不按照第一款规定执行的，股东有权要求董事会在三十日内执行。公司董事会未在上述期限内执行的，股东有权为了公司的利益以自己的名义直接向人民法院提起诉讼。公司董事会不按照第一款的规定执行的，负有责任的董事依法承担连带责任。"

短线交易收益归入权制度的立法目的，在于预防内幕人利用内幕信息从事内幕交易。它是一种民事救济手段，通过使短线交易行为人承担民事责任，有效地预防内幕交易的发生，保障证券市场稳定健康的发展。因此，短线交易收益归入权制度，是维护证券市场稳定和保障投资者利益的一项重要制度。

六、短线交易收益归入权的行使

公司作为短线交易收益归入权的权利主体已无疑义，但公司是法律拟制的法人主体，需要通过其内部机关具体行使权利。在我国，归入权由如下主体行使，其内容为：1.公司董事会直接收回短线交易利润；2.公司董事会不收回的，股东有权要求董事会在30日之内执行；3.30日之内董事会不执行的，股东有权以自己的名义向人民法院提出诉讼。

由此可见，我国短线交易收益归入权的行使主体是公司董事会，当公司董事会怠于行使权力时，股东可以直接以自己的名义起诉。我国公司董事会及股东都是行使短线交易收益归入权的主体。

设定公司股东在特定条件下可以作为短线交易收益归入权的行使主体，提起股东派生诉讼的原因在于：1.董事会决议的作出采取表决制，现实中董事本身即可能成为短线交易的获益者，基于自身利益的考虑，很可能怠于作出行使短线交易收益归入权的决议或使决议无法达成。2.股东作为公司的所有者，其自身利益与公司利益在根本上是一致的，与董事相比，更有主张行使短线交易收益归入权的可能性。3.短线交易的判断标准极为客观，一目了然，因而发生股东滥诉的可能性较小。

七、新法修订

《公司法》(2023年修订)取消了股份有限公司"发起人持有的本公司股份，自公司成立之日起一年内不得转让"的规定。

**【相关法规】**

●《中华人民共和国公司法》(2023年修订)

**第160条** 公司公开发行股份前已发行的股份，自公司股票在证券交易所上市交易之日起一年内不得转让。法律、行政法规或者国务院证券监督管理机构对上市公司的股东、实际控制人转让其所持有的本公司股份另有规定的,从其规定。

公司董事、监事、高级管理人员应当向公司申报所持有的本公司的股份及其变动情况,在就任时确定的任职期间每年转让的股份不得超过其所持有本公司股份总数的百分之二十五;所持本公司股份自公司股票上市交易之日起一年内不得转让。上述人员离职后半年内,不得转让其所持有的本公司股份。公司章程可以对公司董事、监事、高级管理人员转让其所持有的本公司股份作出其他限制性规定。

股份在法律、行政法规规定的限制转让期限内出质的,质权人不得在限制转让期限内行使质权。

●《上市公司董事、监事和高级管理人员所持本公司股份及其变动管理规则》(2024年修订,中国证券监督管理委员会公告〔2024〕9号)

# 第六章　股　东

## 第一节　股东资格

**【示范条款】**

### 6.1.1　股东名册

公司董事会应当置备股东名册,记载下列事项:1.股东的姓名或者名称及住所;2.(有限责任公司)股东的出资额,或者(股份有限公司)股东所持股份数;3.(有限责任公司)出资证明书编号,或者(股份有限公司)股东所持股票的编号。4.股东取得其(股权)股份的日期。

(股份有限公司)发行无记名股票的,公司应当记载其股票数量、编号及发行日期。

【注释】上市公司示范条款:"公司依据证券登记机构提供的凭证建立股东名册,股东名册是证明股东持有公司股份的充分证据。股东按其所持有股份的种类享有权利,承担义务;持有同一种类股份的股东,享有同等权利,承担同种义务。公司应当与证券登记机构签订股份保管协议,定期查询主要股东资料以及主要股东的持股变更(包括股权的出质)情况,及时掌握公司的股权结构。"

### 6.1.2　股东名册的效力

股东名册是证明股东持有公司股份的充分证据,记载于股东名册的股东,可以依据股东名册主张行使股东权利。

### 6.1.3　股东名册的变更

公司董事会应当将股东的姓名或者名称向公司登记机关登记;股权登记事项发生变更的,应当自收到有关股权变动文书(包括但不限于新增出资完成、股权转让通知等)之日起【30】日内办理变更登记。

未经登记或者变更登记的,不得对抗第三人。

【条款解读】

一、股东名册

股东名册是指由公司置备的,记载股东个人信息和股权信息的法定簿册。股权具有可转让性,而股权转让又是在广大投资者(包括公司股东内部和原股东之外)之间进行的,公司根本无法确切地知道在某个时间点上的真实股东是谁。在公司需要根据章程规定,向股东报告财务状况、发放股息、派发新股或者通知召开股东会会议等时,就需要一个确定的股东名单,这就是股东名册。《公司法》(2023年修订)第56条规定:"有限责任公司应当置备股东名册,记载下列事项:(一)股东的姓名或者名称及住所;(二)股东认缴和实缴的出资额、出资方式和出资日期;(三)出资证明书编号;(四)取得和丧失股东资格的日期。记载于股东名册的股东,可以依股东名册主张行使股东权利。"第102条规定:"股份有限公司应当制作股东名册并置备于公司。股东名册应当记载下列事项:(一)股东的姓名或者名称及住所;(二)各股东所认购的股份种类及股份数;(三)发行纸面形式的股票的,股票的编号;(四)各股东取得股份的日期。"

一般情况下,股东名册上载明的股东即应推定为公司的股东,但股东名册并不是判断股东资格的唯一证据,因为股东名册的记载是公司的法定义务,对义务的履行只能由公司证明,并且股东名册的记载只在公司内部,即公司与股东之间具有公示作用,而不具有创设权利的功能,股东资格的取得依出资等一系列法律行为来实现。所以股东名册仅是证明股东资格证据的一种,即使股东名册未作记载的股东,也不必然不具有股东资格,因为不能排除公司履行义务不当情形的存在。因此,公司不能以股东名册未记载为由对抗真正权利人主张股东资格。虽未在股东名册记载,但能以其他证据,如工商行政机关的登记等证明出资人或者受让人股东身份的,应认定出资人或者受让人具有股东资格。

二、股东名册的权利推定效力

在与公司的关系上,只有记载在股东名册上的人,才能成为公司的股东,此即股东名册的权利推定效力。在股东名册上记载为股东的人,无须向公司出示股票或者出资证明书,也没有必要向公司举证自己的实质性权利,仅凭股东名册记载本身就可主张自己为股东。公司也没有义务查证股权的实际持有人,仅向股东名册上记载的名义上的股东履行各种义务即可。股东名册的权利推定效力,是股东名册最重要的法律效力,任何取得公司股份的人只有在其姓名记入公司股东名册时,才能成为公司的股东。公司只与登记在册的股东打交道,哪怕该股东的股份已经转让给他人,在受让人未将其姓名登记在股东名册上之前,公司可以认为名义所有人是股份的唯一所有人。《德国股份法》第67条第2款规定:"在与公司的关系上,只有在股票名册上作为股东登记的人,才被视为公司股东。"正因为股东名册具有权利推定效力,因此,股东名册上记载的股东具有形式上的股东资格或者说具有名义所有人的地位。

三、股东名册具有免责效力

基于股东名册具有权利推定效力,股东名册上记载的股东具有形式上的股东资格。因此,公司向形式上的股东发出会议通知、分配红利、分配剩余财产、确认表决权、确认新股认购权时,即使该形式上的股东并非实质上的股东,公司也是被免责的。股东名册的免责效力也及于股东的住所等其他记载事项,如公司对股东的通知或者催告,发至股东名册上记载的住所即可。如果股东名册上记载的住所不准确或者发生变更,以致股东不能收到通知,公司不承担责任。

四、股东名册的工商登记

工商登记并非股东资格取得的必要条件,在公司内部确认股东资格不需要以工商登记为必要。而工商登记主要是对第三人产生效力。我国公司法规定,公司股东登记具有对抗第三人的效力,如果公司出资人未经工商登记或股东转让股权后未作工商变更登记,就不具有对抗第三人的效力。更直接地说,工商登记是保护善意第三人最重要的形式条件,公司、股东和股份受让人以外的善意第三人,完全可以仅以工商登记来认定出资人或受让人的股东资格,而不考虑其他形式条件或实质条件。

当股东名册记载的股东与工商登记的股东不一致时,一般应分为对内关系和对外关系两种情况认定股东资格:1.在对内关系上,即股东资格的争议发生于公司与股东、股东与股东或股份出让人与受让人之间,也就是在存在第三人时,工商登记只具有对外公示的功能和证明的效力,应当以股东名册作为认定股东资格的依据。2.在对外关系上,工商登记是对抗第三人最主要的证据。公司设立时,全体股东须共同签署公司章程并经工商登记。当股权登记事项发生变更时,公司也应当及时办理工商变更登记。因此,在工商登记中记载有股东名称或姓名的人可以主张其具有股东资格,从而对抗公司、其他股东和第三人。同样,善意第三人完全可以仅以工商登记来认定出资人或受让人的股东资格,而不考虑其他形式条件或实质条件。这主要是为了保护善意第三人,从而保护交易的安全。

## 第二节 股权登记日

【示范条款】

### 6.2.1 股权登记日

公司召开股东会会议、分配股利、清算及从事其他需要确认股东身份的行为时,由董事会或股东会会议召集人确定股权登记日,股权登记日收市后登记在册的股东为享有相关权益的股东。

## 【条款解读】

股东名册上的记载随着股权的转让而处于不断变化之中。而公司在召开股东会会议或者决定盈余分配时,必须保持公司股东的确定性,以便股东会会议得以顺利召开,分配方案得以确定并顺利实施。股东名册的封闭和股权登记日制度就是保持公司股东确定性的两种方法。

股东名册的封闭是指公司为确定参加股东会会议的人选,或者其他可以行使股东权或职权的权利人,而在一定期间停止股东名册的记载。

股权登记日是指公司为确定参加股东会会议的人选,或者其他可行使股东权的权利人而规定的"某个日期",股权登记日结束时的在册股东为公司股东。公司在送股、派息或配股或召开股东会会议的时候,需要确定一个具体日期,界定哪些主体可以参加分红、参与配股或者具有收受会议通知、参加会议以及投票权等权利,确定的具体日期就是股权登记日。也就是说,在股权登记日这一天工作日结束时,仍持有该公司的股权(股票)的投资者是可以享有此次分红或参与此次配股的股东。这部分股东名册由公司或者公司委托的证券登记公司统计在案,届时将所应送的红股、现金红利或者配股权划到这部分股东的账上。也只有于股权登记日在册的股东,才享有股东会会议的收受会议通知权、参加股东会会议权和表决投票权。

需要说明的是,在我国,上市公司发行的均为记名股票,股东名单在中国证券登记结算有限责任公司登记,该公司在上海和深圳设有分公司,分别负责登记上海证券交易所和深圳证券交易所两个交易所上市公司的股东名单。

《特拉华州普通公司法》第213条规定:

(一)为了便于公司确认有权收到股东会会议通知或者会议延期通知的股东,董事会可以确定一个通知权登记日,通知权登记日不得早于董事会通过确定股东通知权登记日决议的日期,且不得早于会议召开日期之前60日,不得少于会议召开日之前10日。

董事会已确定通知权登记日的,该日期也是确定有会议表决权的股东的表决权登记日,除非董事会在确定通知权登记日的同时作出决定,由一个迟于该登记日期的、在会议召开日或者之前的日期作为确认有会议表决权的股东的表决权登记日。

董事会没有确定通知权登记日的,确认具有接收股东会会议通知权的通知权登记日或者确定股东表决权的表决权登记日,为会议通知发出日的前一日下班之时,股东放弃接收通知权的,为会议召开日的前一日下班之时。

对具有股东会会议通知权的通知权登记日或者具有表决权的表决权登记日的确认,适用于会议延期;但对于在延期会议上有表决权的股东的确认,董事会可以确定新的登记日期,并应当同时将具有延期会议通知权的通知权登记日,规定为确认根据本款上述规定的有权在延期会议上表决的股东的表决权登记日,或者规定为早于该通知权登记日的日期。

(二)为了便于公司确认有权不经开会而只以书面形式对公司行为表示同意的股东,董事会可以确定一个书面表决表决权登记日,该日期不得早于董事会确定该股东登记日期的决议通过日,也不得超过决议通过日之后的 10 日。

(三)为了便于公司确认有权接收股息或者其他分配的支付或者权利分配的股东,或者针对股份改变、转换或者置换,或者为了其他合法行为的目的有权行使权利的股东,董事会可以确定一个股权登记日,登记日期不得早于董事会确定该股权登记日的决议通过日,也不得超过该决议通过日之后的 60 日。没有确定上述股权登记日的,为了上述目的确认股东的股权登记日,为董事会相关决议通过的当日下班之时。[1]

**【相关法规】**

● 《上市公司股东大会规则》(2022 年修订,中国证券监督管理委员会公告〔2022〕13 号)

第 18 条 股东大会通知中应当列明会议时间、地点,并确定股权登记日。股权登记日与会议日期之间的间隔应当不多于七个工作日。股权登记日一旦确认,不得变更。

## 第三节 股东权利义务概述

**【示范条款】**

### 6.3.1 股东权利概述

公司股东享有下列权利:1. 依照其所持有的股份份额获得股利和其他形式的利益分配;2. 依法请求、召集、主持、参加或者委派股东代理人参加股东会,并行使相应的表决权;3. 对公司的经营进行监督,提出建议或者质询;4. 依照法律、行政法

---

[1] 参见《特拉华州普通公司法》,徐文彬等译,中国法制出版社 2010 年版,第 84 页。

规及本章程的规定转让、赠与或质押其所持有的股份;5.查阅本章程、股东名册、公司债券存根、股东会会议记录、董事会会议决议、监事会会议决议、财务会计报告;6.公司终止或者清算时,按其所持有的股份份额参加公司剩余财产的分配;7.对股东会作出的公司合并、分立决议持异议的股东,要求公司收购其股份;8.法律、行政法规、部门规章或本章程规定的其他权利。

【注释】发行优先股的公司,应当在章程中明确优先股股东不出席股东会会议,所持股份没有表决权,但具有以下情况的除外:1.修改公司章程中与优先股相关的内容;2.一次或累计减少公司注册资本超过10%;3.公司合并、分立、解散或变更公司形式;4.发行优先股;5.公司章程规定的其他情形。

发行优先股的公司,还应当在公司章程中明确规定:公司累计三个会计年度或者连续两个会计年度未按约定支付优先股股息的,优先股股东有权出席股东会,每股优先股股份享有公司章程规定的表决权。对于股息可以累积到下一会计年度的优先股,表决权恢复直至公司全额支付所欠股息。对于股息不可累积的优先股,表决权恢复直至公司全额支付当年股息。公司章程可以规定优先股表决权恢复的其他情形。

### 6.3.2 股东义务概述

公司股东承担下列义务:1.遵守法律、行政法规和本章程的规定;2.依其所认购的股份和入股方式缴纳股金;3.除法律、行政法规规定的情形外,不得退股;4.不得滥用股东权利损害公司或者其他股东的利益;不得滥用公司法人独立地位和股东有限责任损害公司债权人的利益;5.法律、行政法规及本章程规定应当承担的其他义务。

公司股东滥用股东权利给公司或者其他股东造成损失的,应当依法承担赔偿责任。公司股东滥用公司法人独立地位和股东有限责任,逃避债务,严重损害公司债权人利益的,应当对公司债务承担连带责任。

### 6.3.3 对股东的诉讼

如果有证据表明股东违反以上义务导致公司利益受损,公司或其他股东均可向该名股东追究相应的法律责任及由此引发的一切经济损失。

### 6.3.4 股份质押的报告

持有公司5%以上股份有表决权的股东,将其持有的股份进行质押的,应当自该事实发生当日,向公司作出书面报告。

【注释】上市公司必备条款,非上市公司根据情况选择适用。

## 【条款解读】

一、股东权利概述

《公司法》(2023年修订)第4条第2款规定:"公司股东对公司依法享有资产收益、参与重大决策和选择管理者等权利。"总体来说,股东权利分为自益权和共益权两类。

出资者(股东)向公司出资后,其已不能直接支配已作投资的资产,其权利仅为从公司经营该资产的成果中获得收益、参与公司重大决策以及选择公司具体经营管理者等。股东会是公司的权力机构,由全部股东组成,是对公司经营管理和各种涉及公司及股东利益的事项拥有最高决策权的机构。对有限责任公司而言,全体股东有权对有关公司的组织机构、资产收益、重大决策等事项进行真实有效的协商,通过共同的协议来制定符合公司发展要求的治理规则。

1. 自益权,即股东基于自己的出资而享受利益的权利。如获得股息红利的权利,公司解散时分配财产的权利,以及不同意其他股东转让出资额时的优先受让权。这是股东为了自己的利益而行使的权利。

2. 共益权,即股东基于自己的出资而享有的参与公司经营管理的权利,如表决权、监察权、请求召开股东会的权利、查阅会计表册权等。这是股东为了公司利益,同时兼为自己利益而行使的权利。

二、股东义务概述

股东义务是指股东应当履行有限责任公司章程上规定的股东各项义务,股东义务主要有:1.遵守公司章程。2.按期缴纳所认缴的出资。3.对公司债务负有限责任。有限责任公司的股东以其认缴的出资额为限对公司承担责任;股份有限公司的股东以其认购的股份为限对公司承担责任。股东对公司的债务只以其出资额为限负有间接责任,即股东不必以自己个人的财产对公司债务承担责任。4.出资填补义务。有限责任公司成立后,发现作为设立公司出资的非货币财产的实际价额显著低于公司章程所定价额的,应当由交付该出资的股东补足其差额;公司设立时的其他股东承担连带责任。股份有限公司成立后,发起人未按照公司章程的规定缴足出资的,应当补缴;其他发起人承担连带责任。公司成立后,发现作为设立公司出资的非货币财产的实际价额显著低于公司章程所定价额的,应当由交付该出资的发起人补足其差额;其他发起人承担连带责任。5.在公司核准登记后,不得擅自抽回出资。6.对公司及其他股东诚实信任。7.其他依法应当履行的义务。

## 第四节 股东查阅复制权

【示范条款】

6.4.1 查阅资格

在公司股东名册登记在册的股东,有权依据公司章程的规定查阅或者复制公司的有关信息。

6.4.2 查阅申请

股东提出查阅前条所述有关信息或者索取资料的,应当向公司提供证明其持有公司股份的种类以及持股数量的书面文件,公司核实股东身份后,按照股东的要求予以提供。

6.4.3 查阅复制范围

股东有权查阅、复制公司及公司全资子公司的公司章程、股东名册、股东会会议记录、董事会会议决议、监事会会议决议和财务会计报告。

【注释】章程制定者可以适当考量是否扩大股东的查阅复制范围。

6.4.4 账簿凭证查阅

(有限责任公司的股东/股份有限公司连续180天以上单独或者合并持有公司3%以上股份的股东)有权要求查阅公司及公司全资子公司的会计账簿、会计凭证。股东要求查阅公司的会计账簿、会计凭证的,应当向公司董事会提出书面申请,说明查阅目的及查阅范围。

上市公司股东查阅、复制相关材料的,应当遵守《中华人民共和国证券法》等法律、行政法规的规定。

【注释】股份有限公司可以对拥有会计账簿、会计凭证查阅权的股东的持股比例规定更低的比例,扩大拥有会计账簿、会计凭证查阅权股东的范围。

6.4.5 不提供的查阅

非经司法程序或者股东会决议,董事会无权向股东提供如下事项的查阅:董事会会议记录、监事会会议记录、总裁办公会会议记录、销售策划和经营计划等。

【注释】章程制定者可以结合公司的商业秘密及交易安全之需要,明确限定不对股东提供查阅复制的范围。

6.4.6 查阅目的的正当性

公司董事会有权审查股东查阅会计账簿、会计凭证的目的是否正当,审查的依据和理由包括但不限于：1.是否承诺保密义务；2.股东的查阅目的是否明晰、查阅目的与查阅范围是否相关；3.查阅信息获得的必要性以及是否无法从其他渠道获得；4.股东是否在与公司有竞争关系的公司有投资或者任职。

公司董事会认为股东查阅会计账簿、会计凭证不具有正当目的，可能损害公司合法利益的，可以拒绝提供查阅，并应当自股东提出书面请求之日起【15】日内书面答复股东并说明理由。

### 6.4.7 查阅范围的相关性

股东应当在会计账簿、会计凭证书面查阅申请中说明希望查阅的范围，希望查阅的范围应当与查阅目的直接相关。

公司有权对无关信息进行技术性屏蔽。

### 6.4.8 查阅时间和地点

股东应在公司通常的营业时间，在公司主要办公地或者公司规定的合理地点查阅或者复制。

董事会有权限制股东查阅时间的长短，要求股东支付合理的查阅、复制费用。

### 6.4.9 委托查阅

股东委托专业机构查阅的，仅限于委托依法在中国注册并经合法年检的律师事务所及会计师事务所等中介机构。

【注释】是否对股东查阅复制权的委托权进行一定的限制，由章程制定者自行选择。

### 6.4.10 保密义务

股东对查阅内容有保密义务，股东不得传播或者不当利用查阅的信息。

【条款解读】

由于所有权与经营权的分离，一般来说公司是由控股股东以及少数参与经营的股东或者职业经理人具体经营。而人数较多的中小股东，一般是不参加公司具体经营的，他们在公司经营事务之外。这些中小股东需要获取公司的经营信息，以便维护自己的所有权利益。也只有在了解公司情况的基础上，才能在公司作出重大经营决策时，通过股东会会议行使自己的表决权，达到维护股东利益的目的。所以，法律应当赋予这些不执行公司业务的股东知情权，以便他们能够了解公司的经营状况、盈利情况。同时，赋予股东知情权也有利于加强股东对公司经营管理人员的监督，考量经营者是否以公司的利益最大化为己任。"查账权不仅可以还小股东一个明白,还可以还控股股东和公司高管一个清白。"[1]股东知情权的有效行使,是股东权有效实现的基本保障。

这种股东的知情权,即公司股东了解公司信息的权利,又分为股东查阅权和股东质询权。本节讨论股东查阅权,股东质询权在下一节继续讨论。

一、股东查阅权的主体资格

主张股东知情权诉讼的应当而且只能是公司记录在册的股东,包括经过工商备案登记而具有公示效力的股东和未经工商备案登记但公司的股东名册中明确记载的股东。除此之外的人,包括已转让股权的股东,均不具备主张查阅权的主体资格。

1. 已经转让股权的原股东

查阅权的主体应仅限于现任股东,这是因为查阅权是股东基于股东资格而取得,随着股东身份的丧失而消灭,是附属于股东身份的权利。因此一旦该身份丧失,则不得再行向公司主张,无论其主张查阅了解的资料是否是其担任股东期间的材料或其主张是否有合理的理由。已转让股权的股东在股权转让后立即丧失公司股东资格,因而无权查阅原公司的文档。(1)查阅权的存在以股东身份的存在为前提,股权转让后就不再是公司的股东,行使知情权的实质要件已经丧失。(2)转让股权的人,已经与公司脱离了股权关系,如果允许原股东继续对公司行使知情权,将对公司的正常经营造成不利影响,甚至会导致公司商业秘密外泄,危及公司和现有股东的利益。

《公司法司法解释四》第7条规定,原股东在特定情形下可以主张知情权,而非一概不予准许。实务中,比较常见的主张是,脱离股东身份的原股东主张股权价值或公司经营状态等被公司的控制方或股权受让方隐瞒,错误的信息导致其放弃股东身份、转让股权,其合法权益受到侵害。对于此类主张,若股东能够提供初步证据证明,法院应予支持。

2. 瑕疵出资股东

股东对公司未履行出资义务,或者未足额履行出资义务,或者在公司成立后又抽逃资金的,应当按照公司法的规定履行相应的义务。瑕疵出资股东依法承担补足出资责任和对已出资股东的违约责任,但并不直接导致其丧失股东资格。股东知情权系股东固有的基本权利,股东虽然存在出资瑕疵,但在其未丧失公司股东身份之前仍可按照公司法或公司章程的规定行使相应的股东权,除非公司章程或股东与公司之间另有约定,否则一般不能以股东出资存在瑕疵为由否定其应享有的知情权。

---

[1] 刘俊海:《新公司法的制度创新:立法争点与解释难点》,法律出版社2006年版,第203页。

二、有限责任公司股东的查阅复制权

依据《公司法》(2023年修订)第57条第1款的规定,有限责任公司股东的查阅复制权范围包括:公司章程、股东名册、股东会会议记录、董事会会议决议、监事会会议决议和财务会计报告。

1. 公司章程本身是一个需要在公司登记机关备案的文件,是一种公示性文件。股东对其拥有查阅复制权自然是不言而喻的。

2. 股东名册是掌握股东信息的资料,记载有关股东及其股权状况的信息。

3. 就股东会来说,股东本身就是股东会有权出席会议的人员,是股东会整个会议过程的核心和灵魂。股东出席股东会,是一种出席权利,而董事、监事、高级管理人员的出席(列席),是一种出席(列席)义务。所以,会议主持人及会议记录人对股东会的会议记录,更多的是一种职责,而"股东"才是构成股东会会议记录的本源。故此,股东有权拥有股东会会议记录的查阅权和复制权。

4. 董事会会议决议是董事会会议的成果,这种成果本身是为股东服务的。并且董事会会议决议的结果也应当由公司具体执行,是由公司承担其执行责任的。股东作为公司所有权的主体,有权利得知公司的具体执行任务。

5. 监事会会议决议是监事会会议的成果,这种成果本身也是为股东服务的。监事会会议决议的结果也应当由公司具体执行,是由公司承担其执行责任的。股东作为公司所有权的主体,有权利得知公司的具体执行任务。

6. 财务会计报告是反映公司财务状况以及经营成果和现金流量的经营状况之文件。从《公司法》(2023年修订)第209条的规定看,有限责任公司本身就有义务依照公司章程规定的期限将财务会计报告送交公司股东。

上述公司资料对公司经营管理的影响较小,所以任何股东均可以在不需要说明目的的情况下查阅和复制。

按照《公司法》(2023年修订)第57条第5款的规定,股东查阅复制权的对象包括公司的全资子公司。

三、股份有限公司股东的查阅复制权

依据《公司法》(2023年修订)第110条的规定,股份有限公司股东有权查阅、复制公司章程、股东名册、股东会会议记录、董事会会议决议、监事会会议决议、财务会计报告,对公司的经营提出建议或者质询。第209条第2款规定,股份有限公司的财务会计报告应当在召开股东会年会的20日前置备于本公司,供股东查阅;公开发行股份的股份有限公司应当公告其财务会计报告。

股份有限公司股东具有股权分散、人数较多、随时转让的资合性特征。为方便股东查阅和复制,股份有限公司应当将公司章程、股东名册、股东会会议记录、董事会会议决议、监事会会议决议、财务会计报告置备于本公司。

四、有限责任公司股东的查阅权

依据《公司法》(2023年修订)第57条第2款规定,有限责任公司股东可以要求查阅公司会计账簿、会计凭证。股东要求查阅公司会计账簿、会计凭证的,应当向公司提出书面请求,说明目的。公司有合理根据认为股东查阅会计账簿、会计凭证有不正当目的,可能损害公司合法利益的,可以拒绝提供查阅,并应当自股东提出书面请求之日起15日内书面答复股东并说明理由。公司拒绝提供查阅的,股东可以向人民法院提起诉讼。

股东对会计账簿、会计凭证查阅权的对象包括公司及公司的全资子公司。

五、股份有限公司股东的查阅权

依据《公司法》(2023年修订)第110条第2款的规定,股份有限公司连续180日以上单独或者合计持有公司3%以上股份的股东要求查阅公司的会计账簿、会计凭证的,适用本法[《公司法》(2023年修订)]第57条第2、3、4款的规定。公司章程对持股比例有较低规定的,从其规定。

六、会计凭证、会计账簿、财务会计报告之间的区别

我们可以从我国《会计法》的规定来看,"会计凭证""会计账簿""财务会计报告"之间的区别与联系。

《会计法》第13条规定,会计凭证、会计账簿、财务会计报告和其他会计资料,必须符合国家统一的会计制度的规定。这说明了"会计凭证""会计账簿""财务会计报告"三者在会计业务方面是一种递进生成的关系,而在法律分类上是一种并列的关系。财政部公布的《会计基础工作规范》第三章"会计核算"就是由四个小节构成:第一节"会计核算一般要求"、第二节"填制会计凭证"、第三节"登记会计账簿"、第四节"编制财务报告",更说明了这种分类关系。

按照财政部、国家档案局公布的《会计档案管理办法》的分类,这三类会计资料的范围包括:(一) 会计凭证类:原始凭证、记账凭证。(二) 会计账簿类:总账、明细账、日记账、固定资产卡片及其他辅助性账簿。(三) 财务会计报告类:月度、季度、半年度、年度财务会计报告。

1. 会计凭证是记录经济业务事项的发生和完成情况,明确经济责任,并作为记账依据的书面证明。任何一个企业对所发生的每一项经济业务事项都必须按照规定的程序和要求,由经办人员填制或取得会计凭证。会计凭证分为原始凭证和记账凭证。

2. 会计账簿是由具有一定格式、相互联系的账页所组成,用来分时、分类地全面记录一个企业经济业务事项的会计簿籍。会计账簿有:序时账簿(现金日记账、银行存款日记账)、分类账簿(总分类账和明细分类账)、备查账簿(可以由单位根据需要进行设置)等。

3. 财务会计报告是由三张主表,即资产负债表、利润表和现金流量表,以及相关附表、附注组成。资产负债表是反映企业在某一特定日期财务状况的报表;利润表是反映一定会计期间经营成果的报表;现金流量表是反映企业一定会计期间现金和现金等价物流入和流出的报表。

七、会计凭证、会计账簿、财务会计报告之间的联系

1. 会计账簿是根据会计凭证来登记的。可以说,没有会计凭证,就无法完成会计账簿的登记。会计凭证是分清经济业务责任的最重要的依据。

2. 财务会计报告是根据会计账簿来填制的。没有会计账簿,也就无法完成财务会计报告的填制。

3. 会计凭证是整个会计数据的来源,保证会计凭证的真实准确才能保证会计账簿和会计报表的真实准确。

4. 会计账簿是对会计凭证的分类汇总,只有会计凭证,没有会计账簿就不能直观地看出具体的收入、成本、费用、银行存款和现金等科目的变动。

5. 财务会计报告是根据会计账簿而填制的,财务会计报告可以在不需要了解具体经济业务的情况下,简单明确地看出企业的财务状况。比如,通过资产负债表可以看出企业的资金结构,通过利润表可以看出企业的盈利状况,通过现金流量表可以看出企业每个月现金的流向及其金额。

6. 会计账簿登记必须以经过审核的会计凭证为依据,并符合有关法律、行政法规和国家统一的会计制度的规定,会计凭证包括原始凭证和记账凭证。《会计法》第9条第1款规定:"各单位必须根据实际发生的经济业务事项进行会计核算,填制会计凭证,登记会计账簿,编制财务会计报告。"第14条第1款规定:"会计凭证包括原始凭证和记账凭证。"第15条第1款规定:"会计账簿登记,必须以经过审核的会计凭证为依据,并符合有关法律、行政法规和国家统一的会计制度的规定。会计账簿包括总账、明细账、日记账和其他辅助性账簿。"依据《会计法》的前述规定,会计账簿与会计凭证虽然并不一致,但公司会计凭证是制作公司会计账簿的基础,也是会计账簿记录内容的真实性得以验证的依据。

7. 会计凭证是会计账簿编制的依据,二者密不可分,会计账簿的真实性和完整性只有通过原始凭证才能反映出来。会计账簿是依据原始凭证制作的,倘若股东在查阅会计账簿后对某项支出有疑问,如果不能查阅原始凭证,将导致无从核对。若财务会计报告存在造假的情况,会计账簿也同样存在造假的情况,而查阅会计凭证,能使真相大白。会计凭证是会计账簿的原始依据,是一个公司经营情况的最真实反映,公司的具体经营过程只有通过查阅会计凭证才能知晓,如果股东查阅权的范围仅限于会计账簿,作为公司的股东特别是中小股东,将难以了解公司真实的经营情况,亦无法保障股东作为投资者享有收益权和管理权之权源的知情权。

股东只有通过查阅会计凭证与会计账簿,并将二者相比对,才能客观真实地了解公司状况。

八、查阅目的的正当性要求

"正当性目的"要求是诚信原则在商事领域的延伸和演化,是对股东知情权的实质性检验标准。股东只有具有善意、正当、合理的目的时,才有可能正确地行使查阅或质询的权利,才有可能避免恶意股东的侵权行为。例如,调查公司的财务状况,调查股利分配政策的妥当性,调查股份的真实价值,调查公司管理层经营活动中的不法行为、不妥行为,调查董事的失职行为,调查公司合并、分立或开展其他重组活动的必要性与可行性,调查股东提起股东代表诉讼的证据,消除在阅读公司财务会计报告中产生的疑点等,均属股东查阅会计账簿的正当目的。

不正当目的,是指股东为保护自身或公司合法权益之外的其他一切目的,诸如为公司的竞争对手刺探公司秘密,为敲诈公司经营者而吹毛求疵、寻找公司经营中的细微技术瑕疵等。但是,公司不能仅以某股东对经营者不甚友好即推定其会计账簿查阅权之行使有不正当的目的。

要求股东查阅目的的正当性是因为股东查账权的行使,有时可能会给公司正常经营带来损害:1.如果股东过于频繁地行使查账权,可能会使公司经营管理者疲于应付,妨碍公司业务的正常开展。2.如果股东缺乏必要的专业知识,对公司会计账簿的查阅并不能必然使其真正了解公司财务状况,反而可能带来不必要的误解,并误导股东正确行使权利,对公司正确决策产生不利影响,也可能会给公司经营管理者带来更繁重的解释负担。3.保守公司商业秘密同样是股东应负的法律义务,但并不是说股东有权知悉公司的商业秘密。如果股东通过查账所知悉的公司商业秘密无法得到有效保护,则有可能损害公司正当的商业利益。

《美国标准商事公司法》第16.02节规定:1.该要求的作出是善意的、出于正当目的;2.就其目的和要求检查的记录作出了合理的具体陈述;且3.该记录与其目的有直接联系。[①]

《公司法司法解释四》第8条提出了三种具体化的不正当目的和一个兜底条款:

1.【股东同业竞争】:"股东自营或者为他人经营与公司主营业务有实质性竞争关系业务的,但公司章程另有规定或者全体股东另有约定的除外。"

2.【股东可能通报信息损害公司利益】:"股东为了向他人通报有关信息查阅公司会计账簿,可能损害公司合法利益的。"

3.【股东曾在三年内通报信息损害公司利益】:"股东在向公司提出查阅请求

---

① 参见《最新美国标准公司法》,沈四宝编译,法律出版社2006年版,第237页。

之日前的三年内,曾通过查阅公司会计账簿,向他人通报有关信息损害公司合法利益的。"

4.【兜底条款】:"股东有不正当目的的其他情形。"

实践中,最常见的"不正当目的"主要是"股东自营或者为他人经营与公司主营业务有实质性竞争关系业务"。公司经营管理者具体应当综合考量该申请查阅的股东另行投资企业的业务种类、经营范围、生产规模等客观因素,并结合本公司产品类别、业务同质化程度、客户流失等情况,对该股东投资的其他企业与公司之间是否存在实质性竞争关系予以审慎认定,进而判断该股东行使知情权的真实目的。

需要注意的是,是否具有不正当目的或侵犯商业秘密应由公司承担举证责任。

九、查阅股东的保密义务

股东查阅权立法始终要平衡公司和股东之间的利益,法律在赋予股东查阅权的同时,也应当科以股东必要的义务,防止股东滥用查阅权从而危及公司利益。查阅权保护的是股东的知情权,股东在获得相关信息后如何合理利用该信息,则成为查阅权立法当中应当考虑的重要问题之一。

依据我国公司法的现行规定和司法实践,就有限责任公司而言,股东可以查阅的资料,除了会计账簿的其他信息,多数可以通过公开渠道获得。当然,有限责任公司的部分股东会会议记录、董事会会议决议、监事会会议决议无须到相关主管机关登记或者备案,因而会计账簿和那些未经登记或者备案的股东会会议记录、董事会会议决议、监事会会议决议应当纳入保密的范围。就股份有限公司而言,又分为两种情况,非上市公司应当适用前述关于有限责任公司股东保密义务之要求;上市公司由于股东查阅的资料均已公开,已无保密之必要。当然,如果修改现行公司法,扩展股东查阅权的范围,允许股东依正当目的查阅公司的任何账簿记录,则保密义务应根据该种账簿记录是否已经公开而采取不同的要求。必须注意的是,美国特拉华州给行使查阅权之股东以保密义务,并不是简单的保密,而是限制股东传播或者利用该信息。

十、委托中介机构查阅会计凭证

依据《公司法》(2023年修订)第57条第3、4款,第110条第2款的规定,股东查阅公司会计账簿、会计凭证的,可以委托会计师事务所、律师事务所等中介机构进行。股东及其委托的会计师事务所、律师事务所等中介机构查阅、复制有关材料,应当遵守有关保护国家秘密、商业秘密、个人隐私、个人信息等法律、行政法规的规定。

《公司法司法解释四》第10条第2款亦规定,股东依据人民法院生效判决查阅公司文件材料的,在该股东在场的情况下,可以由会计师、律师等依法或者依据执业行为规范负有保密义务的中介机构执业人员辅助进行。

一方面,公司的会计账簿、会计凭证等财务资料具有很强的专业性和复杂性,作为股东,未必具有专业的会计知识,如果不允许股东委托专业人员进行查阅,股东知情权将无法行使,流于形式。

另一方面,在公司股东是公司、企业法人等非自然人时,也只能委托自然人行使查阅权。此时委托的公司员工或者法人职工,实际的受托范围是很宽泛的。在实践案例中,在公司作为股东的情况下,允许委托公司员工作为受托人,而不限定于专业人士。

1. 公司股东基于实际操作的原因,不可避免地需要委托员工代为行使权利。

2. 客观而言,无法排除股东确实无法自行在场行使权利的情况,特别是在判决有期限限定的情况下更是如此。

3. 委托本来就是法律所允许的当事人扩张自己行为的合法方式,且法律后果也由本人承担。

十一、查阅条件

通常情况下,股东应在正常的营业时间内到公司的主要办公地点或公司规定的其他合理地点进行查阅。这样可以避免股东在营业时间、地点之外查阅给公司增加额外的负担,公司亦不应在查阅地点上给股东设置不利障碍。从保障公司合法权益、防止泄露商业秘密的角度考虑,股东不得将有关财会资料带离公司经营场所,即查阅和检查应在公司的营业场所内进行。

十二、查阅费用

一般情况下,股东查阅公司文件,应由申请股东自己负担相关费用,并且该笔费用不得超过公司向股东提供的劳动和材料成本。

十三、股东知情权的行使方式

1. 查阅、复制

针对《公司法》(2023年修订)第57条第1款规定的公司章程、股东名册、股东会会议记录、董事会会议决议、监事会会议决议、财务会计报告,股东既有权要求查阅,也有权进行复制。

2. 仅限查阅

《公司法》(2023年修订)第57条第2款规定,会计账簿、会计凭证,股东仅能查阅,不能复制。

十四、公司股东以公司其他股东或公司董事、监事、高级管理人员为被告,提起知情权诉讼

股东知情权属于股东为自身或股东的共同利益对公司经营中的相关信息享有知晓和掌握的权利。公司应当按照公司法及有关章程的规定,履行向股东报告和

披露相关信息的义务。因此,知情权的义务主体是公司,涉及股东知情权纠纷的诉讼应当以公司为被告。即使是公司其他股东、董事、监事或高级管理人员拒绝履行相关义务导致股东知情权受到侵害的,也应当由公司承担责任。故股东以公司其他股东、董事、监事或高级管理人员为被告提起知情权纠纷诉讼的,人民法院不应受理。

十五、对股东知情权的不当限制

股东知情权是股东的基本权利,亦是法定权利。有些公司以公司章程的形式对股东知情权进行了限缩性规定,如:"特定股东放弃知情权条款""会计账簿查阅权放弃条款""一切查阅请求须经公司同意条款"等。对于这些限制性条款,应当根据《公司法司法解释四》第9条,综合考量该种限制的合理性,认定是否构成对股东知情权的实质性剥夺,对于实质性剥夺股东知情权的相关规定,应认定为无效。

十六、对国外立法的参考

《特拉华州普通公司法》第220条规定:【账簿和记录的查阅】……

(二)股东经宣誓并提出书面要求、说明目的后,有权在通常的上班时间亲自或者通过律师或者其他代理人,为任何适宜目的检查并复制、摘抄下列文件:

(1)公司股份账簿、股东名单、其他账簿和记录;

……

股东不是股份公司股份的登记持有人的,或者不是股份公司成员的,经宣誓提出的查阅要求,应当载明以何种身份作为股东,并附上拥有收益性股份的证明文件,声明文件的真实、正确。适宜目的,指与股东身份有关的利益合理联系的目的。律师或者其他代理人主张查阅权的,经宣誓作出的查阅要求应当附有授权书,或者授权行为人代表股东从事该行为的其他书面文件。经宣誓提出的查阅要求应当提交于公司位于本州的注册办事处,或者公司的主营业地。

(三)股东、股东代表的律师或者其他代理人根据本条第2款规定提出查阅要求的,如果公司、公司高级职员或者代理人拒绝,或者自提出要求后5个工作日内没有答复,股东可以向衡平法院申请,要求签发命令强制查阅。衡平法院对确定申请人是否具备查阅权享有专属管辖权。衡平法院可以以简易程序命令公司允许股东查阅公司股份账簿、现有股东名单、其他账簿和记录,允许进行复制或者摘抄;也可以以股东首先向公司支付取得、提供该名单的合理费用为条件,以及法院认为适宜的其他条件,命令公司向股东提供自某个具体日期的股东名单。

股东要求查阅股东账簿或者股东名单以外的公司账簿和记录的,需要首先证明:(1)自己的股东身份;(2)已经满足本条规定的文件查阅要求的形式和方式;(3)要求的查阅是为了适宜目的。

股东要求查阅公司股份账簿或者股东名单,并且证明了自己的股东身份,满足了本条规定的文件查阅要求的形式和方式的,由公司承担查阅不是为了适宜目的的举证责任。法院可以斟酌规定查阅的限制或者条件,或者提供法院认为公平适宜的其他救济或者进一步的救济。法院可以命令将账簿、文件和记录、有关摘录,或者经充分认证的副本,按照规定的条款和条件存放在本州。[1]

十七、新法修订

(一)对会计凭证的查阅权。依据《公司法》(2023年修订)第57条第2款和第110条第2款的规定,股东的查阅范围包括会计凭证。

(二)委托专业机构查阅。依据《公司法》(2023年修订)第57条第3、4款和第110条第2款的规定,股东查阅公司会计账簿、会计凭证的,可以委托会计师事务所、律师事务所等中介机构进行。股东及其委托的会计师事务所、律师事务所等中介机构查阅、复制有关材料,应当遵守有关保护国家秘密、商业秘密、个人隐私、个人信息等法律、行政法规的规定。

(三)股份有限公司股东对会计账簿、会计凭证的查阅权。《公司法》(2023年修订)第110条第2款新增了"连续一百八十日以上单独或者合计持有公司百分之三以上股份的股东"有权要求查阅公司的会计账簿、会计凭证。

(四)查阅复制权及于公司的全资子公司

依据《公司法》(2023年修订)第57条第5款、第110条第3款的规定,股东的查阅复制权和对会计账簿、会计凭证的查阅权的对象包括公司及公司的全资子公司。

**【相关法规】**

● 《中华人民共和国公司法》(2023年修订)

第57条 股东有权查阅、复制公司章程、股东名册、股东会会议记录、董事会会议决议、监事会会议决议和财务会计报告。

股东可以要求查阅公司会计账簿、会计凭证。股东要求查阅公司会计账簿、会计凭证的,应当向公司提出书面请求,说明目的。公司有合理根据认为股东查阅会计账簿、会计凭证有不正当目的,可能损害公司合法利益的,可以拒绝提供查阅,并应当自股东提出书面请求之日起十五日内书面答复股东并说明理由。公司拒绝提供查阅的,股东可以向人民法院提起诉讼。

股东查阅前款规定的材料,可以委托会计师事务所、律师事务所等中介机构进行。

---

[1] 参见《特拉华州普通公司法》,徐文彬等译,中国法制出版社2010年版,第91页。

股东及其委托的会计师事务所、律师事务所等中介机构查阅、复制有关材料,应当遵守有关保护国家秘密、商业秘密、个人隐私、个人信息等法律、行政法规的规定。

股东要求查阅、复制公司全资子公司相关材料的,适用前四款的规定。

**第109条** 股份有限公司应当将公司章程、股东名册、股东会会议记录、董事会会议记录、监事会会议记录、财务会计报告、债券持有人名册置备于本公司。

**第110条** 股东有权查阅、复制公司章程、股东名册、股东会会议记录、董事会会议决议、监事会会议决议、财务会计报告,对公司的经营提出建议或者质询。

连续一百八十日以上单独或者合计持有公司百分之三以上股份的股东要求查阅公司的会计账簿、会计凭证的,适用本法第57条第2、3、4款的规定。公司章程对持股比例有较低规定的,从其规定。

股东要求查阅、复制公司全资子公司相关材料的,适用前两款的规定。

上市公司股东查阅、复制相关材料的,应当遵守《中华人民共和国证券法》等法律、行政法规的规定。

**第209条** 有限责任公司应当按照公司章程规定的期限将财务会计报告送交各股东。

股份有限公司的财务会计报告应当在召开股东会年会的二十日前置备于本公司,供股东查阅;公开发行股份的股份有限公司应当公告其财务会计报告。

●《公司法司法解释四》(2020年修正)

**第7条** 股东依据公司法第33、97条或者公司章程的规定,起诉请求查阅或者复制公司特定文件材料的,人民法院应当依法予以受理。

公司有证据证明前款规定的原告在起诉时不具有公司股东资格的,人民法院应当驳回起诉,但原告有初步证据证明在持股期间其合法权益受到损害,请求依法查阅或者复制其持股期间的公司特定文件材料的除外。

**第8条** 有限责任公司有证据证明股东存在下列情形之一的,人民法院应当认定股东有公司法第33条第2款规定的"不正当目的":(一)股东自营或者为他人经营与公司主营业务有实质性竞争关系业务的,但公司章程另有规定或者全体股东另有约定的除外;(二)股东为了向他人通报有关信息查阅公司会计账簿,可能损害公司合法利益的;(三)股东在向公司提出查阅请求之日前的三年内,曾通过查阅公司会计账簿,向他人通报有关信息损害公司合法利益的;(四)股东有不正当目的的其他情形。

**第9条** 公司章程、股东之间的协议等实质性剥夺股东依据公司法第33、97条规定查阅或者复制公司文件材料的权利,公司以此为由拒绝股东查阅或者复制的,人民法院不予支持。

**第 10 条** 人民法院审理股东请求查阅或者复制公司特定文件材料的案件,对原告诉讼请求予以支持的,应当在判决中明确查阅或者复制公司特定文件材料的时间、地点和特定文件材料的名录。

股东依据人民法院生效判决查阅公司文件材料的,在该股东在场的情况下,可以由会计师、律师等依法或者依据执业行为规范负有保密义务的中介机构执业人员辅助进行。

**第 11 条第 1 款** 股东行使知情权后泄露公司商业秘密导致公司合法利益受到损害,公司请求该股东赔偿相关损失的,人民法院应当予以支持。

● 《中华人民共和国会计法》(2024 年修正)

**第 9 条第 1 款** 各单位必须根据实际发生的经济业务事项进行会计核算,填制会计凭证,登记会计账簿,编制财务会计报告。

**第 13 条** 会计凭证、会计账簿、财务会计报告和其他会计资料,必须符合国家统一的会计制度的规定。

使用电子计算机进行会计核算的,其软件及其生成的会计凭证、会计账簿、财务会计报告和其他会计资料,也必须符合国家统一的会计制度的规定。

任何单位和个人不得伪造、变造会计凭证、会计账簿及其他会计资料,不得提供虚假的财务会计报告。

**第 14 条** 会计凭证包括原始凭证和记账凭证。

办理本法第十条所列的经济业务事项,必须填制或者取得原始凭证并及时送交会计机构。

会计机构、会计人员必须按照国家统一的会计制度的规定对原始凭证进行审核,对不真实、不合法的原始凭证有权不予接受,并向单位负责人报告;对记载不准确、不完整的原始凭证予以退回,并要求按照国家统一的会计制度的规定更正、补充。

原始凭证记载的各项内容均不得涂改;原始凭证有错误的,应当由出具单位重开或者更正,更正处应当加盖出具单位印章。原始凭证金额有错误的,应当由出具单位重开,不得在原始凭证上更正。

记账凭证应当根据经过审核的原始凭证及有关资料编制。

**第 15 条** 会计账簿登记,必须以经过审核的会计凭证为依据,并符合有关法律、行政法规和国家统一的会计制度的规定。会计账簿包括总账、明细账、日记账和其他辅助性账簿。

会计账簿应当按照连续编号的页码顺序登记。会计账簿记录发生错误或者隔页、缺号、跳行的,应当按照国家统一的会计制度规定的方法更正,并由会计人员和会计机构负责人(会计主管人员)在更正处盖章。

使用电子计算机进行会计核算的,其会计账簿的登记、更正,应当符合国家统一的会计制度的规定。

**第20条** 财务会计报告应当根据经过审核的会计账簿记录和有关资料编制,并符合本法和国家统一的会计制度关于财务会计报告的编制要求、提供对象和提供期限的规定;其他法律、行政法规另有规定的,从其规定。

向不同的会计资料使用者提供的财务会计报告,其编制依据应当一致。有关法律、行政法规规定财务会计报告须经注册会计师审计的,注册会计师及其所在的会计师事务所出具的审计报告应当随同财务会计报告一并提供。

**第21条** 财务会计报告应当由单位负责人和主管会计工作的负责人、会计机构负责人(会计主管人员)签名并盖章;设置总会计师的单位,还须由总会计师签名并盖章。

单位负责人应当保证财务会计报告真实、完整。

●《广西壮族自治区高级人民法院民二庭关于审理公司纠纷案件若干问题的裁判指引》(桂高法民二〔2020〕19号)

三、公司治理的相关规则

13.【股东知情权的性质】股东知情权是股东行使其他权利的基础,在法律性质上属于共益权,旨在方便股东了解公司情况,参与股东大会的表决,监督公司的运营。赋予股东知情权的立法目的并非直接满足股东个人利益需要,而是维护和促进公司及全体股东的整体利益,故股东知情权应限于一定的权利边界,即以不损害公司合法利益为前提。

14.【股东知情权与公司利益冲突时实质性竞争关系的判定方法】股东向公司主张知情权,而公司认为股东行使该权利会损害公司利益的,人民法院应当注意在双方之间分配举证责任。首先,股东应举证证明自己的股东身份及有权行使知情权。其次,公司一方在拒绝股东行使知情权时应就公司合法利益是否受损进行举证,其中一种受损情形是股东自营或者为他人经营与公司主营业务有实质性竞争关系,公司一方应当就此提供证据予以证明。再次,当公司一方已初步证明双方经营业务存在实质性竞争关系且公司利益可能受损时,应转由主张知情权的股东承担反证义务,就其不具有不正当目的以及行使查阅权不会损害公司利益进一步举证,以自证清白。

●《会计档案管理办法》(2015年修订,中华人民共和国财政部、中华人民共和国国家档案局令第79号)

**第6条** 下列会计资料应当进行归档:(一)会计凭证,包括原始凭证、记账凭证;(二)会计账簿,包括总账、明细账、日记账、固定资产卡片及其他辅助性账簿;(三)财务会计报告,包括月度、季度、半年度、年度财务会计报告;(四)其他会计资料,包括银行存款余额调节表、银行对账单、纳税申报表、会计档案移交清册、会计档案保管清册、会计档案销毁清册、会计档案鉴定意见书及其他具有保存价值的会计资料。

●《北京市高级人民法院关于审理公司纠纷案件若干问题的指导意见》(京高法发〔2008〕127号)

第13条 有限责任公司股东未履行《公司法》第34条第2款规定的公司内部救济程序,直接向人民法院起诉要求行使会计账簿查阅权的,人民法院不予受理。

第14条 股东知情权案件中,被告公司以原告股东出资瑕疵为由抗辩的,人民法院不予支持。

第15条 已退出公司的股东对其任股东期间的公司经营、财务情况提起知情权诉讼的,因其已不具备股东身份,人民法院应裁定不予受理。

第16条 公司的实际出资人在其股东身份未显名化之前,不具备股东知情权诉讼的原告主体资格,其已诉至法院的,应裁定驳回起诉。

第17条 有限责任公司股东可以委托律师、注册会计师代为行使公司会计账簿查阅权。

第18条 有限责任公司的股东就查阅公司会计账簿提起诉讼的,应当说明查阅会计账簿的具体目的、所查阅的内容与该目的具有何种直接关系。被告公司认为原告股东有不正当目的拒绝查阅的,应承担相应的举证责任。

第19条 有限责任公司股东有权查阅的公司会计账簿包括记账凭证和原始凭证。

第20条 股东在知情权诉讼中要求对公司账目进行审计的,人民法院不予支持。但公司章程规定了公司年度审计义务的除外。

●《北京市高级人民法院民二庭关于新〈公司法〉适用中若干问题的调查研究》

五、对新《公司法》适用中若干问题的具体探讨及解决方案
……

(二)知情权诉讼若干问题

新《公司法》施行后,股东知情权案件数量大幅上升,占公司诉讼全部案件的比重较大。据此次调研统计,知情权案件占全市2006年公司诉讼案件总数的11%。

1. 丧失股东身份的知情权诉讼主体资格认定

在我们所调查的知情权案件中,有公司原股东请求查阅其担任股东期间公司

会计账簿的情况。此类案件往往是股东转让股权后发现公司隐瞒经营状况,导致该股东低价转让股权或者是股东在转让股权后,才发现公司曾经通过做假账等手段侵吞公司利润,损害了自己利益的情况。而新《公司法》并未对行使公司知情权的股东是否在起诉时必须具有公司股东资格的问题作出明确规定,实践中对此问题存在不少争议。一种观点认为,股东在退出公司后,如有证据表明公司隐瞒利润,应有权查阅其作为股东期间公司的财务状况。我们的意见是:股东权的行使必须以股东资格的现实享有为基础,而且在股权转让之时或之前该股东完全有足够的机会行使查阅权,即使查阅权遭拒,其也有救济途径请求法院予以保护,其在当时怠于行使权利,丧失股东身份后不再享有。至于前股东有证据证明公司隐瞒利润的情况,则完全可以通过运用现有的证据规则,在原告所提出的终极诉讼中合理分配举证责任,在该诉讼中保护原告股东的知情权。

2. 有限责任公司股东的会计账簿查阅权的范围是否包括原始凭证

新《公司法》对这个问题没有作出规定,审判实践中的做法不一。一种观点认为,从会计法上看,原始凭证、记账凭证、会计账簿、财务会计报告是不同的概念,因而从文义解释的角度,新《公司法》规定的会计账簿查阅权不包括原始凭证。此外从立法原意看,立法对会计账簿的查阅就已经严格限制了,而对于更加涉及公司商业秘密的原始凭证立法并没有涉及,由此可推知立法者的本意是原始凭证不包括在会计账簿查阅权范围内。我们的观点是,从立法目的上看,股东要想真正地了解公司经营状况,必须在法律上肯定他们查阅原始会计凭证的权利。否则股东即使通过法院确认了其查阅公司会计账簿的权利,但是其得到的会计账簿可能是所谓的"黑账",则知情权得不到实质性的保护。因此,凡是能反映公司财务与经营情况的会计账簿及相应原始凭证,都应属于股东知情权的范围。

3. 股东能否委托他人代为行使知情权

一种观点认为,股东不可能都具备财务专业知识,因此,在行使查阅权时,股东委托与案件、与公司无利害关系的具有执业资格的会计师、律师或其他人代理查阅的,应属于合理范围内的权利行使。对此我们的意见是,鉴于会计账簿和原始凭证涉及公司的商业秘密,且审判实践中股东行使知情权往往伴随着侵权等其他类型的诉讼,股东提出由他人代替查阅的,应当取得公司同意。

●《山东省高级人民法院关于审理公司纠纷案件若干问题的意见(试行)》(鲁高法发〔2007〕3号)

62. 股东要求公司提供《公司法》第34条第1款、第98条规定之文件材料供其查阅或复制,公司予以拒绝的,股东可以请求人民法院要求公司提供查阅或复制。公司以股东有不正当目的为由进行抗辩的,人民法院不予支持。

63. 有限责任公司股东起诉要求查阅公司会计账簿的,应具备以下条件,否则人民法院不予受理:(1)股东向公司提出书面查阅请求,公司拒绝提供查阅或在收到书面请求之日起十五日内未作答复;(2)有明确具体的查阅事项。

股东有权查阅的会计账簿包括记账凭证和原始凭证。

64. 股东转让股权后要求查阅任股东期间的会计账簿的,人民法院不予受理。

65. 公司章程关于股东不得查阅公司文件的规定无效。

66. 人民法院审查认为原告诉讼请求成立的,应依法作出判决。判决主文表述为:××公司于本判决生效之日起十日内将××文件提供给××股东查阅(复制)。

● 《上海市高级人民法院关于审理涉及公司诉讼案件若干问题的处理意见(二)》(沪高法民二〔2003〕15号)

三、处理股东权益纠纷的相关问题

1. 有限责任公司股东请求查阅公司章程、股东名册、管理人员名册、财务会计报告、股东会会议和董事会会议记录的,人民法院可以判决公司限期提供。

股东请求查阅公司财务会计报告及相关账簿的,应当说明正当理由,包括查阅的原因和目的,否则人民法院不予支持。

2. 有限责任公司股东主张撤销股东会议决议或者认定股东会议决议无效的,应当自股东会议结束之日起60日内提起诉讼;逾期起诉的,人民法院不予受理。

● 《江西省高级人民法院关于审理公司纠纷案件若干问题的指导意见》(赣高法〔2008〕4号)

52. 股东要求公司提供《公司法》第34条第1款、第98条规定之文件材料供其查阅或复制,公司予以拒绝的,股东可以请求人民法院要求公司提供查询或复制,股东应当说明查询的正当理由,包括查阅的原因和目的,否则人民法院不予支持。公司仅以股东有不正当目的为由进行抗辩的,人民法院不予支持。

53. 有限责任公司股东起诉要求查询公司会计账簿的,应具备以下条件,否则人民法院不予受理:(1)股东向公司提出书面查询要求,公司拒绝提供查询或在收到书面请求之日起十五日内未作答复;(2)有明确具体的查询事项。

股东有权查阅的会计账簿包括会计报表、记账凭证、原始凭证、审计报告、评估报告等。

54. 公司章程关于股东不得查阅公司文件的规定无效。

55. 人民法院审查认为原告诉讼请求成立的,应依法作出判决。判决主文表述为"××公司于本判决生效之日起10日内将××文件提供给××股东查阅(复制)"。

● 《上海市高级人民法院 2005 年上海法院民商事审判问答(之四)——关于审理股东请求对公司行使知情权纠纷若干问题的问答》(沪高法民二〔2005〕11 号)

一、公司股东退出公司后,又以公司在其股东资格存续期间,对其隐瞒真实经营状况为由,诉请对公司行使知情权。公司原股东是否具备提起知情权诉讼的主体资格

知情权是指公司股东享有的知道和了解公司经营状况的重要信息的权利,为股东权之一种。股东权具有社员权的性质,股东权利不能与其股东身份相分离。股东退出公司导致其丧失股东身份的,其不再对公司享有股东权,故其请求对公司行使知情权的权利也随之丧失。因此,请求对公司行使知情权的适格主体为公司股东。对于公司原股东作为原告要求对公司行使知情权提起诉讼的纠纷案件,因原告起诉不符合《中华人民共和国民事诉讼法》第 108 条第(一)项之规定,人民法院应当不予受理。已经受理的,应当按照最高人民法院《关于适用〈中华人民共和国民事诉讼法〉若干问题的意见》第 139 条之规定,裁定驳回原告起诉。至于原股东认为公司隐瞒真实经营状况,导致其股权出让价格明显不公的,可依法通过行使撤销权或对公司提起侵权之诉途径解决。

二、公司被依法注销后,原公司股东对公司其他股东、原法定代表人或高级管理人员为被告主张知情权的纠纷应如何处理

公司被依法注销后,公司的法人资格即消亡,股东对公司享有的股东权也因公司的消亡而消灭,故其要求对已被注销的公司行使知情权没有法律依据。且股东知情权的义务主体是公司,公司其他股东或法定代表人、高级管理人员不能成为知情权的义务主体。因此,对于原公司股东针对公司其他股东、原法定代表人或高级管理人员为被告提起的知情权纠纷,人民法院应当不予受理。已经受理的,应当裁定驳回起诉。

三、公司股东以公司其他股东或公司董事、监事、经理为被告,提起知情权纠纷诉讼应如何处理

股东知情权属于股东为自身或股东的共同利益对公司经营中的相关信息享有知晓和掌握的权利,公司应当按照公司法和章程的规定,向股东履行相关信息报告和披露的义务。因此,知情权的义务主体是公司。即使是公司其他股东、董事、监事或高级管理人员拒绝履行相关义务,导致股东知情权受到侵害,也应当由公司承担责任。故股东以公司其他股东、董事、监事或高级管理人员为被告提起知情权纠纷诉讼的,法院不应受理。已经受理的,应当裁定驳回起诉。

四、有限责任公司股东行使知情权的范围应如何确定

根据现行的《中华人民共和国公司法》第 32 条的规定,有限责任公司的股东有权查阅股东会会议记录和公司财务会计报告。但根据 2005 年 10 月 27 日修订通

过、将于2006年1月1日起施行的《中华人民共和国公司法》(以下简称公司法修订案)第34条的规定,有限责任公司股东有权查阅、复制公司章程、股东会会议记录、董事会会议决议、监事会会议决议、财务会计报告和会计账簿。根据该条的规定,股东要求查阅公司会计账簿的,应当向公司提出书面请求,并说明目的。鉴于对公司会计账簿的查阅权是股东的一项重要权利,且在公司法修订案中明确规定,故在公司法修订案正式施行之前,本市法院在审理此类纠纷时,可参照上述公司法修订案的相关规定精神予以处理。

五、有限责任公司股东请求对公司账簿行使查阅权是否应受一定持股比例的限制

根据公司法修订案第34条的规定,股东可以要求查阅公司会计账簿,且对申请股东没有持股比例限制。鉴于对公司会计账簿的查阅权是股东的一项重要权利,而有限责任公司属于封闭型公司,股东人数较少,从有利于保障小股东的权益出发,不宜对行使会计账簿查阅权的股东作持股比例限制。但为了保证公司的正常经营活动,法院应当要求申请股东对查阅会计账簿的目的进行说明。如果公司有合理根据认为股东查阅会计账簿有不正当目的,可能损害公司合法利益的,人民法院可判决对股东的请求不予支持。

六、存在出资瑕疵的股东是否可对公司行使知情权

知情权是股东权的一项重要权利。股东对公司未履行出资义务,或者未足额履行出资义务,或者在公司成立后又抽逃出资的,应当按照公司法的规定履行相应的义务。股东虽然存在出资瑕疵,但在未丧失公司股东身份之前,其仍可按照公司法或章程的规定,行使相应的股东权。在股东出资存在瑕疵的情况下,除非章程或股东与公司之间另有约定,一般不能以股东存在出资瑕疵为由否定其享有知情权。

七、公司监事能否以其知情权受到侵害为由对公司提起知情权诉讼

有限责任公司的监事会或不设监事会的公司监事,是依照法律规定和章程规定,代表公司股东和职工对公司董事会、执行董事和经理依法履行职务情况进行监督的机关。监事会或监事依照公司法修正案第54条的规定,有权检查公司财务等情况,并在发现公司经营异常时,可依据公司法第55条的规定进行调查;必要时可聘请会计师事务所等协助其工作。但监事会或监事履行相关职权属于公司内部治理的范畴,该权利的行使与否并不涉及其民事权益,且公司法并未对监事会或监事行使权利受阻规定相应的司法救济程序。因此,监事会或监事以其知情权受到侵害为由提起的诉讼,不具有可诉性,人民法院不予受理。已经受理的,应当裁定驳回起诉。

如果不设监事会的公司监事,同时具备公司股东身份的,法院应当向其释明,若其同意以股东身份提起股东知情权纠纷诉讼的,法院可准许其变更诉请。

八、股东对公司提起知情权纠纷诉讼,将会计师事务所列为第三人或申请会计师事务所作为第三人参加诉讼应如何处理

公司法修订案第165条规定,公司编制的财务会计报告应依法经会计师事务所审计。审判实践中,一些股东在提起知情权纠纷诉讼时,将会计师事务所作为第三人,请求法院判决公司向会计师事务所提供财务会计报告。我们认为,公司财务会计报告应依法经会计师事务所审计,但该审计行为系公司与相关会计师事务所之间依据委托审计合同关系而产生,与股东对公司行使知情权属不同的法律关系,法院在股东与公司之间的知情权纠纷诉讼中,只需判决公司向股东提供公司财务会计报告即可。至于该财务会计报告是否经依法审计、由哪家会计师事务所进行审计、审计结果是否依法、客观,不属于股东知情权诉讼范畴。股东对该财务会计报告有异议的,可依照公司法或章程的规定主张权利。

**【典型案例】**

● **北京承乾房地产开发有限责任公司等股东知情权纠纷一审民事判决书**
【北京市西城区人民法院民事判决书(2015)西民(商)初字第03069号】
原告:历山投资有限公司(Nexthill Investments Limited)(以下简称"历山公司")。
被告:北京承乾房地产开发有限责任公司(以下简称"承乾公司")。
历山公司为承乾公司股东。

2014年7月9日,历山公司向承乾公司发送《请求查阅会计账簿书》的函,内容为:"……2009年11月,中方股东北京荟宏房地产开发有限责任公司委派王某担任承乾公司董事长并完成法定代表人变更登记,及委派财务总监等高级管理人员管理承乾公司财务,我公司自此难以清楚地了解承乾公司财务、资产状况。我公司为清楚了解承乾公司财务、资产状况,便于依法行使股东权利,依照《公司法》第33条之规定,行使股东知情权。为此请求:承乾公司提供自2010年1月1日至2014年6月30日的完整财务账簿(包括依照法律、行政法规、有关财务规范应当记载的有关银行单据、发票、收据、合同、文件等财务资料)供我公司查阅。我公司负责查阅会计账簿的人员是:刘某玉律师、黎某军先生、王某先生以及我公司委任的审计师事务所之相关人员。"

2014年7月18日,承乾公司向历山公司发送《复函》,内容为:"(一)关于我公司目前的经营状况。我公司自贵司与中方股东之间出现分歧以来,投入及垫资的全部资金除少量用于维持公司日常的基本运转费用(人员工资、日常办公费)外,大部分资金全用于宏庙地块的居民、单位补偿及危房修缮等支出。为了推进我公司的拆迁及日常运作,中方股东一直在对合资公司资金需求进行支持,而自2012

年4月27日后我公司未再收到贵公司任何垫付资金,目前公司运营全部依靠中方股东垫资。(二)关于我公司的财务管理。我公司自2005年成立以来一直使用用友软件进行财务账务处理,公司的财务用友账套为网络版,共有3个站点,分别供公司3名财务人员使用,即财务经理王某(贵司委派人员,原为周某清使用)、财务主管张某英、出纳张某雨使用,其中王某、张某英均为公司用友账套主管,对公司账套中的总账、固定资产及应收应付、会计报告等模块均有查阅及修改的权限。……自我公司成立以来,贵司所派财务人员对承乾公司的所有财务数据都可实时掌握,且贵司所派财务人员对合资公司各期财务数据从未提过任何口头疑问或书面意见,因此若合资公司外方股东对财务数据不能详尽了解,应该询问其所派财务人员。(三)关于本次贵司查账事宜。……我公司充分尊重贵司作为外方股东的合法权利,在法律规定范围内保障贵方行使股东权利,同意贵司委派人员查阅、复制会计报告,同意贵司委派人员查阅公司会计账簿。根据《会计法》第15条之规定,会计账簿包括总账、明细账、日记账和其他辅助性账簿。为了便于贵司行使查账权利,我公司特就有关事项提请贵司关注:(1)贵司委派人员第4项审计事务所之相关人员尚未明确,请在查账前明确具体人员,并签署合法有效的授权文件;(2)由于贵司委派多名查账人员,建议贵司明确本次查账中贵司的具体负责人,以便联系和沟通;(3)鉴于王某先生即为本次查账的授权人员,同时也在我公司担任财务经理,具有双重身份,而且对我公司的财务状况有充分的了解,掌握财务账簿,我公司要求王某先生在本次查账中恪尽职守、充分配合双方的工作……"

2014年9月25日,历山公司向承乾公司再次发送《关于落实查阅会计账簿的函》,内容为:"我公司于2014年7月9日通过特快邮件发送《请求查阅会计账簿书》,你公司于2014年7月25日复函表示同意查阅。我公司于2014年8月18日邮寄给你公司《关于授权有关人员查阅会计账簿的函》,明确授权黎某军作为查阅负责人,并明确了其他查阅人员。但是经黎某军与你公司联系查阅事宜,你公司经常以法定代表人出国为由强调无人能够决定安排查阅事宜,致使我公司至今没有实现查阅会计账簿事宜。为尽快落实查阅事宜,我公司提出以下意见:(1)你公司在5日内确定具体授权负责查阅工作的负责人、负责人的联系电话和住址以及其他配合查阅的人员,并书面通知我公司黎某军。(2)如果你公司不作第1条中的授权,则应当由法定代表人10日内与我公司黎某军联系,安排确定具体查阅事项,落实查阅的资料、地点、配合人员等具体事项。(3)如你公司既无第1条授权通知,也没有法人按照第2条进行安排,即充分证明你公司是以实际行动拒绝我公司查阅会计账簿,我公司将依法通过人民法院提起民事诉讼的方式行使股东知情权。"

承乾公司认可收到了上述函,但表示由于历山公司授权人员王某离职,被告承乾公司财务方面人员运转不开,导致短时间内无法满足原告历山公司查阅账簿的要求,且原告历山公司可以随时在电脑上查阅相关账簿,不存在被告承乾公司拒绝其查阅账簿的情况。庭审中,被告承乾公司确认没有将会计凭证等原始单据扫描录入电脑。

历山公司提起诉讼,请求法院判令。

【一审】北京市西城区人民法院认为,公司与股东之间的关系应当按照《公司法》的规定进行规范。据此,有限责任公司股东的知情权,是法律赋予股东通过查阅公司的股东会会议记录、财务会计报告、会计账簿等有关公司文件资料,了解公司经营决策和管理模式的法定权利,更是保护股东决策权、财产权不受侵犯的重要手段。

一、关于原告历山公司是否有权查阅被告承乾公司的相关文件资料

〔2013〕中国贸仲京裁字第0464号裁决书已经确认原告历山公司履行了出资义务,作为被告承乾公司的股东,原告历山公司有权在法律规定的范围内,要求被告承乾公司提供相应的文件以供查阅。原告历山公司已向被告承乾公司发出书面查阅请求,并已就查阅的对象和目的予以明确说明,视为其已经依法履行了查阅公司相关文件的前置程序。庭审中,原告历山公司明确说明其查阅目的为行使股东权利,查阅公司财务状况,被告承乾公司虽主张原告历山公司的查阅请求不合理,但其未能就此提交证据证明原告历山公司查阅相应文件具有不正当目的,亦未提交证据证明原告历山公司的查阅行为会对被告承乾公司的合法权益构成损害,故本院对于被告承乾公司的上述主张不予采信。综上,原告历山公司作为被告承乾公司的股东,有权在法律规定的范围内,要求被告承乾公司提供相应的文件以供其查阅。

二、关于原告历山公司有权查阅相关文件资料的范围

庭审中,原告历山公司明确说明查阅范围为被告承乾公司的会计账簿,包括会计记账凭证以及原始凭证。对此本院认为,股东对公司的财务状况、运营状况是否具有充分的、真实的了解,关系着股东权益的实现,关系着股东投资参股公司的目的是否能够实现。但公司的财务和运营状况并不能够仅仅通过会计账簿充分体现,甚至可能会出现虚假记载的情况,而会计凭证则具有原始性、中立性和可核实性的特点,是公司收支活动的可靠性依据,故为了保障股东知情权的实现,应当允许股东查阅公司的会计凭证,包括记账凭证和原始凭证,其符合公司法的立法本意。根据相关法律规定,对于会计账簿而言,股东行使知情权的范围仅限于查阅而非复制,故原告历山公司要求复制会计账簿的诉请于法无据。

对于查阅会计账簿的时间范围,根据原告历山公司于2014年7月9日所发《请求查阅会计账簿书》,原告历山公司要求查阅被告承乾公司自2010年1月1日至2014年6月30日期间的财务账簿,原告历山公司亦说明了查阅目的,故原告历

山公司有权查阅上述期间的会计账簿。对于原告要求查阅自2014年7月1日至2014年12月31日期间的会计账簿,原告历山公司未向本院提交上述期间的查阅申请,对原告历山公司要求查阅被告承乾公司自2014年7月1日至2014年12月31日期间的会计账簿的诉讼请求,无法律依据,本院不予支持。

2016年4月15日,北京市西城区人民法院判决:被告承乾公司于本判决生效之日起10日内将该公司自2010年1月1日起至2014年6月30日止的会计账簿(包括原始凭证和记账凭证)置备于公司住所地,以供原告历山公司进行查阅。

【简析】股东应当向公司发出书面查阅要求,并就查阅的对象(内容范围、时间范围等)和目的予以明确说明,依法履行查阅公司相关文件的前置程序。公司认为股东查阅请求不合理的,举证责任由公司承担。

● 海峡西岸(厦门)置业发展有限公司与肖某股东知情权纠纷二审民事判决书
【福建省厦门市中级人民法院民事判决书(2020)闽02民终3282号】
上诉人(原审被告):海峡西岸(厦门)置业发展有限公司(以下简称"海峡公司")。

被上诉人(原审原告):肖某。

海峡公司于2013年1月24日成立,注册资本为8000万元。2013年12月17日,海峡公司的股东由王某阅、黄某莲、肖某、林某珏变更为王英阅、肖某、林某珏。2017年7月20日,海峡公司的股东由王某阅、肖某、林某珏变更为肖某(持有25%股份)、石家庄南益房地产开发有限公司(持有75%股份)。

2019年8月22日,肖某向海峡公司寄送《关于要求行使股东知情权的函件》,以其系公司持股25%的股东,自2017年起长期无法知悉公司运营情况,公司亦无根据章程规定定期向其发送财务会计报告,为维护其股东知情权,提出如下要求:(一)查阅、复制公司成立至今的全部公司章程、股东会决议及会议记录、董事会会议决议、监事会会议决议、财务会计报告和审计报告,以及2019年各月份财务报表。请公司于收到本函件之日起15日内提供上述材料复印件,并提供原件核对。(二)查阅公司成立至今的会计账簿、原始凭证、合同等(后附查阅资料清单)。鉴于会计账簿的查阅存在专业性,本人将委托会计专业人员协助本人行使会计账簿的查阅权。会计账簿查阅理由为:全面了解公司运营及财务状况,保证股东的知情权。请公司于接到本函件之日起15日内对会计账簿查阅理由进行审查,并将审查结果进行书面通知,同意查阅请随通知告知查阅地点及时间(查阅时间不得超过收到本函件之日起20日内)。如未书面回复,将视为公司拒绝查阅。

2019年9月6日,海峡公司向肖某寄送《关于股东肖某要求行使股东知情权的回复》及其附件,对肖某提出的要求作出如下回复:(一)根据《公司法》第33条依法向你提供公司的全部章程(历次章程修正案)、股东会会议记录、董事会会议决议和财务会计报告。上述材料复印件随本函附后。(二)公司同意你查阅会计账簿,具体查阅安排如下:(1)查阅时间为2019年11月5日上午10时。(2)查阅地点为厦门市湖里区五缘湾泗水道597号海富中心A幢13C会议室,查阅人员为股东本人,请你携带本人身份证件按时查阅。

2019年9月27日,肖某等人到海峡公司要求查阅会计账簿,肖某与董事长郑某煌进行沟通,因沟通中发生言语冲突,故本次要求查阅未果。

肖某提起诉讼,要求行使股东知情权。

【一审】一审法院认为,

一、关于公司财务会计报告的知情权问题。根据《公司法》第33条第1款的规定,股东有权查阅、复制公司财务会计报告。《公司法》第97条规定,股东有权查阅公司财务会计报告。《海峡公司章程》第36条规定,公司应当在每一会计年度终了时编制财务会计报告,并依法经会计师事务所审计。公司应于次年3月31日前将财务会计报告送交股东。《会计法》第20条第2款规定,财务会计报告由会计报表、会计报表附注和财务情况说明书组成。《企业财务会计报告条例》第6条规定,财务会计报告分为年度、半年度、季度和月度财务会计报告。因此,肖某作为海峡公司的股东,在本案中主张查阅、复制海峡公司自2017年6月22日以来的各年度、各月度财务会计报告(包括会计报表、会计报表附注和财务情况说明书),于法有据,予以支持。

二、关于公司会计账簿的知情权问题。根据《公司法》第33条第2款规定,股东可以要求查阅公司会计账簿。股东要求查阅公司会计账簿的,应当向公司提出书面请求,说明目的。公司有合理根据认为股东查阅会计账簿有不正当目的,可能损害公司合法利益的,可以拒绝提供查阅,并应当自股东提出书面请求之日起十五日内书面答复股东并说明理由。公司拒绝提供查阅的,股东可以请求人民法院要求公司提供查阅。本案中,肖某自2017年9月被免去董事职务后就未再参与海峡公司的实际经营,海峡公司于2018年9月28日、2018年12月20日、2019年3月19日、2019年8月27日先后通过以借款方式筹集资金3606.1万元、3580.32万元、2027.7万元、4187.47万元的决议。肖某为了了解公司的经营情况及财务状况,于2019年8月22日提出了查阅公司会计账簿的书面请求,并说明了查阅目的,海峡公司在2019年9月6日进行回复,但双方对于查阅的主体、查阅的范围等有关查阅事项,经多次沟通却未形成一致意见。肖某在此情况下诉求查阅海峡公司的会计账簿,海峡公司又没有证据证明肖某此次请求具有不正当目的,可能损害公司合法利益,故肖某的该项请求,于法有据,予以支持。关于会计账簿的查阅范围。根据《会计法》第15条第1款规定,会计账簿登记,必须以经过审核的会计凭证为依据,并符合有关法律、行政法规和国家统一的会计制度规定。会计账簿包括总账、明细账、日记账和其他辅助性账簿。《会计法》第14条第1款规定,会计凭证包括原始凭证和记账凭证;《会计法》第14条第5款规定,记账凭证应当根据经过审核的原始凭证及有关资料编制。因此,只有允许股东在必要时查阅会计凭证,才能保证股东知晓公司具体的、真实的经营状况,故查阅会计账簿的范围,应具体涵盖总账、明细账、日记账、其他辅助性账簿以及记账凭证、原始凭证、作为原始凭证附件入账备查的有关资料。因此,肖某作为海峡公司的股东,在本案中主张查阅海峡公司自2017年6月22日以来的会计账簿(包括总账、明细账、日记账和其他辅助性账簿)、会计凭证(包括记账凭证、相关原始凭证及作为原始凭证附件入账备查的有关资料)的诉求,于法有据,予以支持。

三、关于公司借贷资料的知情权问题。关于股东对公司文件资料的查阅权,《公司法》第33条对股东查阅范围作了明确的列举,本案中,肖某享有的查阅权在第一、二项诉求中已经提出权利主张,肖某诉求查阅海峡公司自2017年6月22日以来的借贷资料,没有在法定和约定的查阅范围,不予支持。

四、关于委托专业人员帮助查阅的问题。首先,《公司法》并未明确规定股东知情权的行使仅能本人实际操作,即未禁止股东委托他人帮助其行使知情权。《公司法司法解释四》第10条第2款规定,股东依据人民法院生效判决查阅公司文件材料的,在该股东在场的情况下,可以由会计师、律师等辅助进行。其次,会计报告、会计账簿、会计凭证具有较高的专业性,上述资料的查阅必须具备较强的专业技能,会计师的协助,有助于充分行使股东知情权,全面、真实地了解公司的财务及经营状况。肖某主张在查阅前述文件材料时,其在场的情况下可以由其委托的会计师辅助进行,这不违反法律规定,予以支持。

据此,一审法院判决:(一)海峡公司应于判决生效之日起7日内将公司自2017年6月22日起至判决生效之日止的各年度、各月度财务会计报告(包括会计报表、会计报表附注和财务情况说明书)置备于公司,供肖某在公司正常营业时间内查阅、复制,肖某有权委托注册会计师协助其查阅,查阅时间自查阅之日起不得超过15个工作日;(二)海峡公司应于判决生效之日起7日内将公司自2017年6月22日起至判决生效之日止的会计账簿(包括总账、明细账、日记账和其他辅助性账簿)、会计凭证(包括记账凭证、相关原始凭证及作为原始凭证附件入账备查的有关资料)置备于公司,供肖某在公司正常营业时间内查阅,肖某有权委托注册会计师协助其查阅,查阅时间自查阅之日起不得超过15个工作日;(三)驳回肖某的其他诉讼请求。

【二审】福建省厦门市中级人民法院认为:本案争议的主要焦点是股东知情权是否被侵害及应当行使的范围问题。

一、关于海峡公司是否存在侵害肖某股东知情权问题。根据《公司法司法解释四》第 10 条第 2 款之规定,肖某有权委托会计师、律师等中介机构职业人员辅助其查阅公司的文件材料。因此,海峡公司虽表示同意肖某查阅公司某些文件材料,却又拒绝其按照上述方式查阅的行为,双方就查阅的对象、范围存有争议及海峡公司亦未举证证明肖某的查阅要求存在不正当目的可能损害公司合法利益,本院认定海峡公司侵害了肖某的股东知情权。一审法院据此支持肖某有关行使股东知情权的诉求正确,应予维持。

二、关于肖某股东知情权行使范围问题。本院认为,根据《公司法》第 97 条及《海峡公司章程》第 36 条的规定,肖某有权查阅、复制海峡公司自 2017 年 6 月 22 日以来各年度、各月度财务会计报告(包括会计报表、会计报表附注和财务情况说明书),一审法院对此认定并无不当,可予维持。《公司法》第 33 条第 2 款规定,股东可以查阅公司会计账簿。根据《会计法》第 15 条第 1 款的规定:"会计账簿登记,必须以经过审核的会计凭证为依据,并符合有关法律、行政法规和国家统一的会计制度的规定。会计账簿包括总账、明细账、日记账和其他辅助性账簿。"《会计法》第 14 条第 1 款规定:"会计凭证包括原始凭证和记账凭证。"第 5 款规定:"记账凭证应当根据经过审核的原始凭证及有关资料编制。"因此,会计账簿的真实性和完整性只有通过会计凭证才能真实反映。如果不允许股东查阅公司会计凭证,将无法真正保证股东真正、全面了解公司的经营状况,进而导致股东查阅会计账簿的目的落空,这与公司法保护股东知情权的立法宗旨相违背。由此,一审法院认定肖某有权查阅讼争的会计账簿、会计凭证等并无不当,亦予维持。

2020 年 8 月 13 日,福建省厦门市中级人民法院驳回上诉,维持原判。

● **上海银润传媒广告有限公司等股东知情权纠纷审判监督民事裁定书**
【上海市高级人民法院民事裁定书(2020)沪民申 1113 号】
再审申请人(一审被告、二审上诉人):上海银润传媒广告有限公司(以下简称"银润公司")。

被申请人(一审原告、二审被上诉人):上海钜润资产管理有限公司(以下简称"钜润资产")。

银润公司是一家设立于 1995 年 4 月 30 日的有限责任公司,注册资本为 883.52 万元。2015 年 3 月 6 日至今,公司登记股东为钜润资产、陈某荣、北京尚心华滋投资中心(有限合伙)、浙某某数元启投资合伙企业(有限合伙)。公司章程未对股东委托代理人行使知情权作出禁止性约定。

2018 年 5 月 31 日,钜润资产委托律师通过邮政 EMS 快递向银润公司的实际经营地寄送《关于贵方配合上海钜润资产管理有限公司依法行使股东知情权的律师函》,该函载明:"……委托人自 2015 年 3 月 6 日起成为银润公司股东并办理完毕工商登记变更,持股比例为 2.46%。在银润公司经营过程中,委托人无法及时获取管理被投项目所需的相关资料和信息更新,无法及时了解银润公司经营管理状况,委托人因而担心经济利益受到损害。鉴于此,委托人为维护自身权益,根据相关法律规定以及银润公司章程的约定,本所代表委托人郑重函告如下:贵方银润公司及陈某荣先生须在收到本函之日起 5 日内向委托人及其授权委托的会计师、律师提供包括但不限于银润公司自 2015 年 3 月 5 日至实际查阅日止的公司财务会计报告、公司章程、股东会会议记录、董事会决议、监事会决议以供查阅、复制,并提供上述期间内的会计账簿及原始凭证以供查阅、摘抄,并在收到本函后与委托人共同委托会计师事务所对银润公司进行审计。若贵方逾期不予配合,委托人将依法向人民法院提起诉讼主张行使股东知情权并保留采取其他司法途径维护自身权益……"查阅单显示上述邮政 EMS 快递于"2018 年 6 月 1 日投递并签收"。银润公司确认收到上述函件,未予回复。

钜润资产提起诉讼,请求法院裁判。

审理中,原、被告就两项诉讼请求涉及的查阅、复制材料的地点形成了一致意见,均同意在被告位于上海市徐汇区医学院路×××号华业大厦 5 楼 D 座的办公区域;但对于查阅时间和人员未达成一致。在查阅时间上,原告认为查阅、复制章程、股东会会议记录、董事会决议、监事会决议、财务会计报告需要三至五个工作日,查阅会计账簿、会计原始凭证则需要至少两周;被告辩称仅同意原告在三至五个工作日内行使知情权,具体时间双方均认可为工作日 9:30—12:00、13:30—17:00 的时间段内。在查阅人员上,被告辩称应将查阅人员限定为原告的法定代表人或者公司缴纳社保的人员,原告则主张由其聘请的律师及会计师一并查阅。

【一审】一审法院认为:

一、关于原告请求行使知情权的范围是否符合法律规定

关于公司会计账簿的范围,根据《会计法》第 9 条第 1 款规定:"各单位必须根据实际发生的经济业务事项进行会计核算,填制会计凭证,登记会计账簿,编制财务会计报告。"第 14 条第 1 款规定:"会计凭证包括原始凭证和记账凭证。"根据上述法律规定,原告要求查阅和复制公司章程、股东会会议记录、董事会会议决议、监事会会议决议和财务会计报告,以及查阅公司会计账簿、会计凭证(包括原始凭证和记账凭证),于法有据。至于被告辩称财务会计报告等材料系在会计原始凭证的基础上由专业的会计师事务所制作,无须另行提供原始凭证的意见,本院认为,查阅会计账簿是原告基于股东身份而依法享有的权利,查阅会计凭证(包括原始凭证)亦符合股东知情权之立法目的,并无权利行使范围的限制,公司应当依法全面履行相关信息报告义务,被告不得以已提供会计账簿为由拒绝原告行使会计凭证

(包括原始凭证)的查阅权,故本院对被告该节辩称无法采纳。

二、关于原告主张查阅被告公司的会计原始凭证是否具有不正当目的

本案中,原告在其邮寄的律师函中向被告说明其查阅目的在于了解公司的经营管理情况,切实行使股东权利,被告拒绝提供应举证证明原告具有不正当目的。被告在审理中陈述原告除担任被告的股东外,还曾控股海宁丰润公司,该公司在存续期间与被告经营同类业务,两者均是影视行业,原告从原始凭证中可以看到相关项目机密等。本院认为,原告成为被告股东后,诉称被告并未召开过股东会,亦未向股东分过红,由此要求查阅公司的会计账簿、原始凭证以了解公司的真实财务状况,理由正当;被告辩称的海宁丰润公司在2019年7月已注销,该公司经工商登记的股东并非原告,被告也未能对同业竞争事实举证证明,应承担相应的不利后果,故本院对被告该节辩称意见无法采纳。

三、关于原告请求委托注册会计师、律师等中介机构人员协助查阅会计账簿及原始凭证有无依据

鉴于公司财务资料具有较强的专业性和复杂性,股东未必具有相关专业知识以有效行使知情权。为此,《公司法司法解释四》第10条第2款明确规定了在该股东在场的情况下,可以由会计师、律师等依法或者依据执业行为规范负有保密义务的中介机构执业人员辅助进行查阅。依据上述规定,在被告不能证明公司章程或双方就此达成禁止性约定,且未能举证证明原告委托第三人查阅会计账簿和会计凭证可能损害公司合法利益的情况下,原告有权委托会计师、律师等依法或者依据执业行为规范负有保密义务的中介机构执业人员辅助行使会计账簿和会计凭证(包括原始凭证)的查阅权。至于被告辩称的原告聘请第三方入驻可能影响其正常经营之辩解,本院认为,既然法律赋予股东知情权,公司就有必要配合股东查阅公司材料并提供便利,故本院对被告该节辩称不予采纳,原告可以委托会计师、律师赴被告处查阅诉请所涉公司材料,但应当有原告公司人员在场。

据此,一审法院判决:被告银润公司应于本判决生效之日起10日内提供公司自2015年3月6日起至实际提供之日止的公司章程、股东会会议记录、董事会决议、监事会决议、公司财务会计报告供原告钜润资产查阅和复制,地点在被告银润公司位于上海市徐汇区的办公区域内,时间为公司正常营业时间且不超过五个工作日;二、被告银润公司应于本判决生效之日起10日内提供公司自2015年3月6日起至实际提供之日止的会计账簿(包括总账、明细账、日记账和其他辅助性账簿)及会计凭证(包括原始凭证和记账凭证)供原告钜润资产查阅,原告钜润资产委托的会计师、律师等依法或者依据执业行为规范负有保密义务的中介机构执业人员可以协助。

【二审】二审法院认为,关于查阅会计凭证是否扩大了《公司法》对股东知情权

行使范围的规定,本院对此认为,被上诉人于 2018 年即已提出关于股东知情权的行权主张,但其知情权至今尚未得到切实保障,而原始凭证是会计账簿得以成立的依据,也是会计账簿真实性得以验证的证据,允许股东查阅会计凭证以了解公司的真实财务状况、经营状况,亦是对股东行使股东知情权的权益保障,故法院允许被上诉人通过查阅会计凭证以确认会计账簿记载内容的真实性及合理性,并无不妥。

据此,二审法院驳回上诉,维持原判。

【再审】上海市高级人民法院经审查认为,实践中,股东要求查阅公司会计账簿,主要是为了了解公司经营管理和财务状况,保障其股东权益不受损害,而会计账簿的真实性和完整性只有通过查阅会计凭证才能得到验证。因此,允许股东查阅会计凭证(包括原始凭证和记账凭证)符合充分保障股东知情权的立法目的,原审法院判决钜润公司有权查阅银润公司的会计凭证,适用法律并无不当。

2020 年 12 月 28 日,上海市高级人民法院裁定驳回银润公司的再审申请。

● 合盛硅业(泸州)有限公司等股东知情权纠纷再审民事裁定书
【四川省高级人民法院民事裁定书(2020)川民申 6358 号】

再审申请人(一审被告、二审上诉人):合盛硅业(泸州)有限公司(以下简称"泸州合盛公司")。

被申请人(一审原告、二审被上诉人):泸州北方化学工业有限公司(以下简称"北方化工公司")。

2017 年,泸州合盛公司章程显示:股东合盛硅业股份有限公司(以下简称"合盛硅业公司")出资额为 2.7 亿元,出资方式为货币,出资比例为 90%,出资时间为 2015 年 9 月 30 日;股东北方化工公司出资额为人民币 3000 万元,出资方式为货币,出资比例为 10%,出资时间为 2016 年 3 月 31 日。

北方化工公司提起诉讼,请求法院判令:1. 判令泸州合盛公司向其提供自 2016 年 1 月 1 日至今,泸州合盛公司所有的股东会及临时股东会会议记录及决议、董事会会议记录及决议、监事会会议记录及决议,供其查阅、复制;2. 判令泸州合盛公司向其提供自 2016 年 1 月 1 日至今,泸州合盛公司所有财务会计报告,包括但不限于财务会计报表、审计报告等,供其查阅、复制;判令泸州合盛公司向其提供自 2016 年 1 月 1 日至今,泸州合盛公司所有会计账簿(包括但不限于总账、明细账、日记账和其他辅助性账簿等)和会计凭证(包括但不限于财务报表、转账及支付等记账凭证;发票、财务审批单据、纳税申报表、银行对账单、存货及固定资产明细清单、出货单、运货单、收货单、审批单、自 2016 年 1 月 1 日至今签署的全部服务合同、采购合同、销售合同等相关原始凭证;及作为原始凭证附件入账备查的有关资料等),供其及委托律师、会计师等专业人员(不少于 5 人),在其接待室第一会议室查阅,查阅时间不少于20个工作日。3.判令其委托会计师中介机构对泸州合盛公司自2016年1月1日至今的财务情况进行审计,产生的费用由泸州合盛公司承担。

【一审】一审法院认为:

一、关于北方化工公司作为泸州合盛公司的股东有权查阅、复制资料的范围(种类)

首先,依照《公司法》第33条第1款、第164第2款、《会计法》第20条第2款之规定,一审法院认为,北方化工公司作为泸州合盛公司的股东有权查阅、复制泸州合盛公司的股东会(包括临时股东会会议)会议记录、董事会会议决议、监事会会议决议和财务会计报告、会计报表、审计报告。

其次,关于北方化工公司诉请查阅泸州合盛公司会计账簿的诉讼请求。2019年4月16日,北方化工公司向泸州合盛公司制发《关于检查2018年财务情况的函》中载明要求泸州合盛公司提供经审计确认的2018年度财务报表、财务账簿、财务凭证及合同等相关资料。同日,泸州合盛公司向北方化工公司回函载明,鉴于泸州合盛公司是上市公司的控股子公司,按照上市公司管理规定,泸州合盛公司对未公开披露的信息负有保密义务,因此北方化工公司在财务检查过程中只能复印股东会会议记录、董事会会议决议和财务会计报告,不能复印、拍照以及扫描会计账簿及会计凭证等相关资料。依据《会计法》第11条"会计年度自公历1月1日起至12月31日止"之规定,北方化工公司于2019年4月下旬提出查阅泸州合盛公司2018年会计账簿并无不当,同时泸州合盛公司虽系上市公司合盛硅业公司的控股公司,但其具有独立的法人资格,故泸州合盛公司以其系上市公司的控股子公司为由不具有达到阻却北方化工公司行使会计账簿查阅权的效果。后北方化工公司于2019年4月23日向泸州合盛公司制发《公函》载明查阅会计账簿的主要原因是泸州合盛公司与其控股股东及关联公司产生了大量的交易记录,且关联交易价格与市场价格出现重大差异,关联交易显失公允,对当期经营成果产生重大影响。上述关联交易行为损害了北方化工公司作为股东的合法权益。2019年6月13日,泸州合盛公司作出《关于泸州北方化工工业有限公司及委派监事财务情况检查关注事项的回复》,其中第二部分就"关联销售定价"部分予以较为详细的阐述和表格说明,其在诉讼过程中提交的答辩状中亦表明泸州合盛公司投产后作为新公司没有采购、销售渠道及客户资源。为充分利用泸州合盛公司股东合盛硅业公司的优势而向其或其子公司采购部分原材料,依赖其进行销售,但交易价格公允合理。后北方化工公司又于2019年10月于《关于限期向股东提供财务等相关资料及维护股东权益的函》中明确要求泸州合盛公司提供自2016年起至今的会计账簿等资料,泸州合盛公司代理人当庭表示收到了该函。综上,北方化工公司向泸州合盛公司提出了查阅会计账簿的书面请求并说明了查阅原因和目的,泸州合盛公司未提交其已经向北方化工公司提供了公司会计账簿供其查阅的证据,亦未举证证明北方化工公司查阅会计账簿具有不正当目的可能损害公司合法利益,故北方化工公司查阅会计账簿的前置程序已经完成,现北方化工公司诉请判令泸州合盛公司提供相应会计账簿供其查阅符合法律规定,一审法院予以支持。

同时,依照《会计法》第14条第1款"会计凭证包括原始凭证和记账凭证"、第15条第1款"会计账簿登记,必须以经过审核的会计凭证为依据,并符合有关法律、行政法规和国家统一的会计制度的规定。会计账簿包括总账、明细账、日记账和其他辅助性账簿"之规定,会计凭证为会计账簿之依据及基础,北方化工公司作为泸州合盛公司股东有权知悉公司各项业务的真实数据,故对于北方化工公司要求泸州合盛公司提供相应会计凭证以供查阅的请求,一审法院予以支持。同时,泸州合盛公司于庭审中出示过的《年度购销框架合同》《借款协议》及其补充协议书、《服务合同》等均涉及北方化工公司作为股东知情权的保障,亦是泸州合盛公司会计凭证的有效构成部分,北方化工公司就此应享有知情权利。此外,包括泸州合盛公司经营过程中的采购合同、销售合同、发票等亦应属于会计凭证的有效构成部分。

二、关于北方化工公司作为泸州合盛公司的股东有权查阅、复制资料的具体期间

关于起始时间,本案中北方化工公司于2016年3月自合盛硅业公司处通过《股权转让协议》取得泸州合盛公司10%的股权,且《股权转让协议》中明确约定2016年3月31日为股权转让交割基准日,基准日前的股东权利和义务由合盛硅业公司承担,基准日后的股东权利和义务按双方股权比例进行享有和承担。后北方化工公司依约支付了3000万元股权受让款且依法完成了工商变更登记手续,北方化工公司依法成为泸州合盛公司的股东,依法享有作为泸州合盛公司股东的各项权利。故北方化工公司作为泸州合盛公司股东从而享有股东知情权的期间应自2016年3月31日起,对北方化工公司诉讼请求中载明的时间均自2016年1月1日起不应支持。

关于截止时间,北方化工公司诉状中均载明为"至今",因泸州合盛公司尚处于正常经营发展期内且随着时间的间隔、业务拓展等必然不断产生新的会议记录及决议、会计凭证等资料,一审法院认为该截止时间计算到本案一审诉讼庭审辩论终结之日即2020年1月13日为宜。

三、关于北方化工公司诉请判令北方化工公司委托会计师中介机构对泸州合盛公司自2016年1月至今的财务情况进行审计并由泸州合盛公司承担相应费用

一审法院认为,本案系知情权纠纷,且泸州合盛公司亦辩称北方化工公司已就相关问题于2019年7月向泸州市税务局稽查局举报,泸州合盛公司的财务情况是

否合法合规,本案中不宜一并评述或判断,故对于北方化工公司的该项诉请,一审法院予以驳回。泸州合盛公司于诉讼中提交的书面答辩状亦辩称公司的各项交易符合公司章程且定价公允、北方化工公司存在不当行为给泸州合盛公司造成损害,与本案知情权纠纷无直接联系,一审法院亦不予评述和采纳。

四、关于查阅、复制相关资料的时间、地点、人数及其他

1. 因双方均属于具有独立法人资格的民事主体,亦均有独立的办公地点和人员组织,为减少相应资料运输周转的时间及成本,宜由北方化工公司在正常工作时间内到泸州合盛公司办公区域查阅为宜,泸州合盛公司应为北方化工公司查阅工作提供相应便利条件。2. 查阅复制相关会议决议、会计账簿及凭证等必然涉及法律、财会等专业知识和技能,北方化工公司作为公司应配备具有熟悉相应技能的人员。但鉴于法律并未禁止股东委托他人查阅公司会计账簿及查阅资料的具体数量暂不确定,为实现保障北方化工公司股东知情权权益同时保障泸州合盛公司的商业秘密及经营安全之双重目的,北方化工公司可以委托具有较强职业道德的律师事务所、会计师事务所、审计师事务所等相关中介人员代为查阅,北方化工公司选派人员及(或)委托的相关专业人员以合计不超过5人为宜。

此外,为减少对泸州合盛公司正常经营的影响,北方化工公司在查阅、复制相关材料时应注重提高效率,查阅日期以不超过30个工作日为宜。

综上,一审法院对于北方化工公司诉请中载明的"查阅人员不少于5人,在北方化工公司第一接待室查阅,查阅时间不少于15日"不予支持。兼顾对北方化工公司知情权的保护及泸州合盛公司正常经营的平等保护,一审法院确定案涉查阅、复制工作的地点为泸州合盛公司,人数为北方化工公司选派工作人员及(或)委托的相关专业人员合计不超过5人,查阅时间不超过30个工作日。

据此,一审法院判决:一、泸州合盛公司于本判决生效之日后10日内提供自2016年3月31日起至2020年1月13日止的股东会(包括临时股东会会议)会议记录、董事会会议决议、监事会会议决议和财务会计报告、会计报表、审计报告,供北方化工公司查阅、复制;二、泸州合盛公司于本判决生效之日后10日内提供自2016年3月31日起至2020年1月13日止的会计账簿(包括总账、明细账、日记账和其他辅助性账簿)及会计凭证(包括《年度购销框架合同》《借款协议书》及其补充协议书、服务合同、采购合同、销售合同、发票等原始凭证和记账凭证),供北方化工公司查阅;三、上述资料由北方化工公司选派工作人员或委托相关专业人员(合计不超过5人)查阅或复制,查阅地点为泸州合盛公司的办公场所内,查阅时间为泸州合盛公司营业时间内,查阅期间不超过30个工作日。

【二审】四川省泸州市中级人民法院认为,北方化工公司作为泸州合盛公司的股东,有权要求查阅泸州合盛公司的章程、股东会会议记录、董事会会议决议、监事

会会议决议、财务会计报告、会计账簿以及公司特定文件材料。一审支持北方化工公司的诉讼请求并无不当。

泸州合盛公司主张已经向北方化工公司提供了北方化工公司要求查阅的内容，但未提供充分的证据证明其已经全部完整提供，本院不予支持。泸州合盛公司主张会计凭证（包括《年度购销框架合同》《借款协议书》及其补充协议书、服务合同、采购合同、销售合同、发票等原始凭证和记账凭证）不包括在会计账簿范围内，对此本院认为，原始凭证和记账凭证作为会计账簿的记账依据，两者结合才能完整反映账目情况，故一审认定北方化工公司有权查阅会计账簿及原始凭证和记账凭证并无不当。泸州合盛公司主张一审判决北方化工公司可以委托相关专业人员查阅、复制违反法律规定，本院认为，《公司法司法解释四》第10条规定"在该股东在场的情况下，可以由会计师、律师等依法或者依据执业行为规范负有保密义务的中介机构执业人员辅助进行"，一审判决北方化工公司可选派工作人员或委托相关专业人员（合计不超过5人）参与查阅或复制，并不是在北方化工公司工作人员不在场的情况下，北方化工公司可单独委托不超过5个相关专业人员参与查阅或复制，故对泸州合盛公司的该项上诉主张，本院不予支持。

综上，驳回上诉，维持原判。

【再审】四川省高级人民法院认为，泸州合盛公司在审查期间提交的证据不能证明其观点，不属于再审新证据。泸州合盛公司称申请人与被申请人存在实质性的竞争关系并提供了双方当事人的经营范围来证明自己的观点。本院认为，从经营范围看，两个公司的经营并不完全相同，且判断是否存在实质性竞争关系并非仅从经营范围判断，故泸州合盛公司认为北方化工公司具有不正当目的的证据不足，本院不予支持。

会计凭证既是会计账簿形成的基础，又是验证会计账簿对公司财务状况的记录是否完整准确的依据，故原审判决支持北方化工公司的该项主张并无不当。《公司法司法解释四》第10条第2款规定，股东依据人民法院生效判决查阅公司文件材料的，在该股东在场的情况下，可以由会计师、律师等依法或者依据执业行为规范负有保密义务的中介机构执业人员辅助进行，故原审判决支持北方化工公司的该项主张，适用法律并无不当。

2020年12月9日，四川省高级人民法院裁定驳回泸州合盛公司的再审申请。

【简析】对公司章程、股东会会议记录、董事会会议决议、监事会会议决议和财务会计报告，股东有权查阅、复制，法律对此并未规定限制性条件；对涉及公司商业秘密的会计账簿，法律对股东的知情权予以合理的限制，即股东需要说明正当理由。上述条款并未规定股东有对会计凭证进行查阅的权利。对依会计凭证制作的会计报表，一般应推定为真实，保障了股东对会计报表查阅的权利即视为保障了其知情权。股东只有在有合理理由或者证据怀疑会计报表的真实性时,才可以进一步查阅会计账簿。股东只有在有更进一步的理由和证据怀疑会计账簿真实性时,才能请求查阅会计凭证。

● **普惠农丰(北京)新能源科技有限公司与张某琴股东知情权纠纷再审民事裁定书**

【北京市高级人民法院民事裁定书(2020)京民申 4698 号】

再审申请人(一审被告、二审上诉人):普惠农丰(北京)新能源科技有限公司(以下简称"普惠农丰公司"),法定代表人:林某,董事长。

被申请人(一审原告、二审被上诉人):张某琴。

普惠农丰公司于 2011 年 1 月 17 日注册成立,股东构成为林某认缴 510 万元、张某认缴 290 万元、张某琴认缴 200 万元,股东信息未发生过变更。林某为公司登记的法定代表人,任董事长职务。张某琴登记为董事、经理,庭审过程中双方均认可张某琴未实际参与公司经营。

2019 年 1 月 19 日,张某琴以短信方式向普惠农丰公司法定代表人林某申请查阅、复制公司自成立之日起至 2019 年各年度的财务会计报告及会计账簿(包括记账凭证和原始凭证),并说明查阅理由系因公司长期不开股东会,股东无法了解公司实际现状,为准确了解公司运行状况,债权债务情况和公司会计状况。

张某琴提起诉讼,请求判令普惠农丰公司提供自公司成立之日起至判决生效之日止的财务会计报告供张某琴及委托的财务专业人员查阅。

【一审】一审法院认为,本案中,张某琴向普惠农丰公司法定代表人林某发送短信提出查阅请求并说明了理由,应当视为已经履行了诉讼请求查阅的前置程序。普惠农丰公司并未提出张某琴查阅会计账簿存在不正当目的,故不存在公司法规定的可以拒绝股东查阅会计账簿的法定情形。公司会计账簿等资料具有较强的专业性,股东难以凭自身能力来判断会计账簿中记载的账目是否合法合规,《公司法司法解释四》第 10 条明确规定,股东依据人民法院生效判决查阅公司文件材料的,在该股东在场的情况下,可以由会计师、律师等依法或者依据执业行为规范负有保密义务的中介机构执业人员辅助进行。故张某琴主张委托专业财务人员并无不当。

张某琴申请法院调取普惠农丰公司名下银行账户的相关信息及往来记录,对此法院认为,该项证据与本案诉争事实无直接关联,且不属于《公司法》第 33 条所规定的股东查阅公司文件材料的范围,故法院不予准许。

据此,一审法院判决:一、被告普惠农丰公司于本判决生效之日起 15 日内将该公司自成立之日起至本判决生效之日止的财务会计报告备好,供张某琴及其委托的一名注册会计师查阅、复制,查阅、复制期间自查阅、复制之日起不得超过 7 个工作日;二、被告普惠公司于本判决生效之日起15日内将该公司自成立之日起至本判决生效之日止的会计账簿(包括记账凭证及原始凭证)备好,供张某琴及其委托的一名注册会计师查阅,查阅期间自查阅之日起不得超过7个工作日。

【二审】二审法院驳回上诉,维持原判。

【再审】北京市高级人民法院经审查认为,根据查明的事实,张某琴系普惠农丰公司的股东,在普惠农丰公司已被吊销的情况下,张某琴请求行使股东知情权,了解公司的运行及债权债务情况,提出书面请求并说明了理由。普惠农丰公司拒绝张某琴的请求,但未提供证据证明该请求存在可能损害公司合法利益的不正当目的。因此,原判决支持张某琴查阅、复制公司财务会计报告以及查阅公司会计账簿(包括记账凭证及原始凭证)的请求,并无不当。

普惠农丰公司申请再审提交了最高人民法院民事裁定书,用以证明股东知情权的范围并不包括查阅公司会计凭证。但在司法实践中,对于股东能否查阅会计凭证,生效判决观点并不完全一致。该裁定书不属于再审申请新证据,不足以推翻原判决,本院不予采信。且普惠农丰公司在一、二审过程中从未对张某琴查阅公司的记账凭证及原始凭证提出过反对理由,现亦未提交足以推翻原判决的新证据和充分的理由,故对其再审请求难以支持。综上,普惠农丰公司的再审申请不符合《民事诉讼法》第200条第1项、第2项、第6项的规定,其再审理由不能成立。

2020年12月28日,北京市高级人民法院裁定驳回普惠农丰公司的再审申请。

● **上海赛卓实业有限公司与张某顺股东知情权纠纷民事一审案件民事判决书**
【上海市金山区人民法院民事判决书(2021)沪0116民初8611号】

原告:张某顺。

被告:上海赛卓实业有限公司(以下简称"赛卓公司")。

2003年5月20日,赛卓公司成立,张某顺为公司股东。

原告张某顺提出诉讼请求:1.判令赛卓公司提供自公司2003年5月20日以来至实际查阅日止的公司章程及修正案、股东会会议记录、执行董事决定、监事决定和财务会计报告置备于公司供原告及委托的中介机构执业人员查阅、复制;2.判令赛卓公司提供自公司2003年5月20日以来至实际查阅之日止的会计账簿(包括总账、明细账、日记账和其他辅助性账簿)和会计凭证(包括记账凭证、相关原始凭证及作为原始凭证附件入账备查的有关资料)置备于公司供原告及委托的中介机构执业人员查阅。

【一审】上海市金山区人民法院认为:

一、张某顺是否具有不正当目的

股东知情权是股东的基本权利之一,股东有权了解公司经营决策和公司财产使用情况,公司的管理人员应尊重股东的知情权,保障股东知情权得到切实的维护和实现。现原告作为被告公司股东,为维护自身权益,已向被告公司提出查阅、复制公司股东会会议记录及会计账簿等的申请,并说明了查阅目的,被告公司收到上述申请以后,并未向原告提供相关材料,以供其查阅、复制。经审查,也未发现原告的请求存在法定列举的不正当目的,故原告的相应诉请,于法有据,本院予以支持。

二、股东知情权是否包含会计凭证

《会计法》第9条第1款规定:"各单位必须根据实际发生的经济业务事项进行会计核算,填制会计凭证,登记会计账簿,编制财务会计报告。"第14条第1款规定,会计凭证包括原始凭证和记账凭证;第2款规定,办理本法第10条所列的经济业务事务,必须填制或者取得原始凭证并及时送交会计机构;第5款规定,记账凭证应当根据经过审核的原始凭证及有关资料编制。第15条第1款规定,会计账簿登记,必须以经过审核的会计凭证为依据,并符合有关法律、行政法规和国家统一的会计制度的规定。尽管《公司法》第33条没有明确规定有限责任公司股东可以查阅会计凭证,但从上述《会计法》的相关规定不难看出,公司会计账簿的真实性和完整性只有通过会计凭证才能反映出来,如果不允许股东查阅会计凭证,股东很难准确了解公司的实际情况,股东知情权就无法得到真正落实和实质性保护。所以,从落实股东知情权的角度而言,股东有权查阅公司的会计凭证。而且,从现有证据来看,原告要求查阅会计凭证并不具有不正当目的。根据《会计法》的相关规定,会计凭证包括原始凭证和记账凭证,故原告要求查阅作为原始凭证附件入账备查的有关资料,本院予以支持。

三、原告对其成为股东前的相关信息是否享有股东知情权

股东对其成为公司股东前的公司相关信息享有股东知情权,理由如下:1.股东知情权是股东固有的基本法定权利。2.被告公司章程对股东知情权范围并未作出限制。3.股东对其成为公司股东前的公司债务,以其出资承担责任,根据权利义务对等原则,理应对其成为股东前的公司相关信息,享有股东知情权。

另外,关于原告委托律师、会计师协助查阅的诉讼请求,《公司法司法解释四》第10条第2款规定,股东依据人民法院生效判决查阅公司文件资料的,在该股东在场的情况下,可以由会计师、律师等依法或者依据执业行为规范负有保密义务的中介机构执业人员辅助进行。故原告有权委托律师、会计师在原告在场的情况下查阅上述资料,原告相应诉请,于法有据,本院予以支持。关于查阅、复制的地址及时间,本院注意到,本院向被告送达应诉材料的邮寄地址为松江区××路××号××楼,被告在收到应诉材料后提出管辖权异议时,也以其经营地址已搬迁至松江区××路××号××楼为由,要求本案移送至松江区人民法院审理。被告在庭审中抗辩现无营业场所,显然与事实不符。本院确定查阅、复制的地址为工

商登记的被告办公地上海市松江区××路××号××楼,时间确定为10个工作日。

综上,上海市金山区人民法院判决:一、被告赛卓公司于本判决生效之日起10日内在上海市松江区××路××号××楼向原告张某顺提供自2003年5月20日起至实际查阅日止的公司章程及修正案、股东会会议记录、执行董事决定、监事决定和财务会计报告,供原告张某顺查阅、复制(原告在场的情况下,可委托聘请律师、会计师辅助进行),查阅、复制时间不超过10个工作日;二、被告赛卓公司于本判决生效之日起10日内在上海市松江区××路××号××楼向原告张某顺提供自2003年5月20日起至实际查询日止的所有财务会计账簿(含总账、明细账、日记账和其他辅助性账簿)及会计凭证(记账凭证、原始凭证),供原告张某顺查阅(原告在场的情况下,可委托聘请律师、会计师辅助进行),查阅时间不超过10个工作日。

【简析】股东对其成为公司股东前的公司相关信息享有股东知情权。

● 湖南通达交通发展有限公司与李某洲股东知情权纠纷再审民事裁定书
【湖南省高级人民法院民事裁定书(2021)湘民申184号】

再审申请人(一审被告、二审上诉人):湖南通达交通发展有限公司(以下简称"通达公司"),法定代表人:汤某平,该公司董事长。

被申请人(一审原告、二审被上诉人):李某洲;郭某生。

通达公司系有限责任公司,成立于1998年5月14日。2017年7月27日,通达公司召开股东会议形成决议,通过公司章程修正案,变更公司股东为汤某平、郭某生、李某洲等共8人。

2020年5月20日,李某洲、郭某生向通达公司提交《股东查阅申请书》,申请查阅"1. 提供公司自开业之日起至2020年5月20日止的公司章程、股东会会议记录及决议、董事会会议决议、监事会会议决议和财务会计报告供申请人查阅、复制;2. 提供公司自从开业之日至2020年5月20日止的会计账簿(包括总账、明细账、日记账和其他辅助性账簿)和会计凭证供申请人查阅"。

2020年6月3日,通达公司对郭某生、李某洲的查阅申请作出《回复函》,表明不同意查阅,《回复函》中载明"……一、重复查阅浪费公司人力、物力、财力,2019年10月月底,……公司董事会组成内审小组,由郭某生担任主审人,对公司自2010年起至2019年年底的账务及相关资料进行了为期2个月时间认真审查,并由郭某生执笔制作内审报告,且郭某生复制了相关资料。内审之前账务已经审查,之后因疫情至今停产停业。二、查阅申请范围突破了公司法规定的股东可以查阅公司会计账簿的范围。但是'会计账簿'与'会计凭证'是两类不同的会计资料。申请查阅公司会计凭证没有法律依据。三、查阅目的不明确且不能排除损害公司利益……存在查阅申请未能说明真实意图……到处张贴《股东查阅申请书》,公开发表凌驾于公司股东会的《股东声明书》,以及其他严重损害公司利益的行为,公司有合理根据认为其查阅申请有不正当目的,可能损害公司合法利益"。

郭某生、李某洲提起诉讼请求:1.判令通达公司完整提供自1998年5月14日起至2020年5月20日止的公司章程、股东会会议记录及决议、董事会会议记录及决议、监事会会议记录及决议和公司财务会计报告供李某洲、郭某生和委托的会计师查阅,并提供给李某洲、郭某生复制;2.判令通达公司完整提供自1998年5月14日起至2020年5月20日止的财务会计账簿包括总账、明细账、日记账和其他辅助性账簿(包括会计凭证)供李某洲、郭某生及委托的会计师查阅。

【一审】一审法院认为:

第一,郭某生、李某洲系通达公司股东,具有股东知情权诉讼主体资格。

第二,通达公司认为根据《公司法司法解释四》第7条的规定,郭某生、李某洲查阅或复制资料的时间段范围应限定在郭某生、李某洲具有股东资格期间,而《公司法司法解释四》中的"公司有证据证明前款规定的原告在起诉时不具有公司股东资格的,人民法院应当驳回起诉,但原告有初步证据证明在持股期间其合法权益受到损害,请求依法查阅或者复制其持股期间的公司特定文件材料的除外"的规定系指"原告在起诉时不具有公司股东资格"的情形,目的是保护退股股东在持股期间的合法权益,而郭某生、李某洲在起诉时具有公司股东资格,通达公司为有限责任公司,郭某生、李某洲作为通达公司股东,依法在认缴出资的范围内对通达公司承担责任,并享有股东权益,其责任和权益涵盖通达公司从成立至今,权利义务应当对等,由此,对通达公司的该抗辩主张,一审法院不予支持。

第三,通达公司认为根据《公司法司法解释四》第7条的规定,郭某生、李某洲请求查阅或者复制的是公司的全部整体资料,非特定文件材料,该诉请应当驳回;而《公司法司法解释四》第7条第1款"股东依据公司法第三十三条、第九十七条或者公司章程的规定,起诉请求查阅或者复制公司特定文件材料的,人民法院应当依法予以受理"的规定中的"特定文件材料",系指股东提起知情权之诉时需要明确查阅或者复制公司文件的范畴,并非限制股东只能依据公司法第33、97条或者公司章程的规定查阅或者复制公司部分文件材料(查阅或者复制公司文件材料的时间段,在一审法院认为第二中已阐述),郭某生、李某洲在本案诉请中查阅或者复制公司文件的范畴已经明确特定,由此,对通达公司该抗辩主张,一审法院不予支持。

第四,通达公司认为郭某生担任过通达公司监事会成员、董事兼副总经理,参加过公司的财务内审,李某洲参加过股东会,已经对公司的情况有所了解,郭某生、李某洲查阅或者复制公司整体文件,目的是整人(搞倒汤),属于《公司法司法解释四》第8条规定的"股东有不正当目的的其他情形"范畴。一审法院认为,有限责任公司系人合兼资合的公司,在公司治理过程中,股东与实际控制人(控股股东或公司高级管理人员等)意见不一致,股东和实际控制人相互之间有过激言行并不代表股东有不正当目的,股东依法行使知情权查阅或者复制文件,考量实际控制人对公司是否尽到了忠实和勤勉义务,亦不属于股东有不正当目的的其他情形,不会导致公司合法利益受损(公司与实际控制人系两个不同的利益主体),郭某生担任过通达公司监事会成员、董事兼副总经理,参加过公司的财务内审,李某洲参加过股东会,现又提起股东知情权之诉,表明郭某生、李某洲对公司治理过程中的事项仍有疑问(有不知情事项),郭某生、李某洲的股东知情权,依法应予保护,由此,对通达公司的抗辩主张,一审法院不予支持。

第五,《公司法》第33条规定"……股东要求查阅公司会计账簿的,应当向公司提出书面请求,说明目的。公司有合理根据认为股东查阅会计账簿有不正当目的,可能损害公司合法利益的,可以拒绝提供查阅,并应当自股东提出书面请求之日起十五日内书面答复股东并说明理由。公司拒绝提供查阅的,股东可以请求人民法院要求公司提供查阅。"郭某生、李某洲已向通达公司书面申请查阅会计账簿,并说明了目的,通达公司拒绝提供查阅,通达公司未提交证据证实郭某生、李某洲查阅会计账簿有不正当目的,可能损害公司合法利益,通达公司应当提供会计账簿供郭某生、李某洲查阅。对于会计凭证是否属于可以查阅的范畴,通达公司与郭某生、李某洲均陈述了各地各级法院的不同认识。一审法院认为,《公司法》第33条虽然没有明确规定股东可以查阅会计凭证,但《会计法》第14条规定:"会计凭证包括原始凭证和记账凭证……会计机构、会计人员必须按照国家统一的会计制度的规定对原始凭证进行审核,对不真实、不合法的原始凭证有权不予接受,并向单位负责人报告;对记载不准确、不完整的原始凭证予以退回,并要求按照国家统一的会计制度的规定更正、补充。原始凭证记载的各项内容均不得涂改;原始凭证有错误的,应当由出具单位重开或者更正,更正处应当加盖出具单位印章。原始凭证金额有错误的,应当由出具单位重开,不得在原始凭证上更正。记账凭证应当根据经过审核的原始凭证及有关资料编制。"第15条规定:"会计账簿登记,必须以经过审核的会计凭证为依据,并符合有关法律、行政法规和国家统一的会计制度的规定。会计账簿包括总账、明细账、日记账和其他辅助性账簿……"以上规定明确公司会计人员必须依法对原始凭证予以审核并以审核的会计凭证为依据进行会计账簿登记,该项工作属于公司治理过程中不可或缺的事务,对于公司会计人员是否对公司尽到了忠实和勤勉义务,股东应当有知情权,且会计凭证系公司实际经营活动中的原始凭证和票据,相比财务会计报告,会计账簿更直接、更充分地反映了公司真实经营管理情况。基于股东和公司、实际控制人之间的利益平衡,为使股东的知情权得到实质性的保护,股东当然可以查阅会计凭证。

第六,郭某生、李某洲诉请查阅、复制公司章程、股东会会议记录及决议、董事会会议记录及决议、监事会会议记录及决议和公司财务会计报告，符合法律规定，一审法院予以支持。

第七，《公司法司法解释四》第10条规定"……股东依据人民法院生效判决查阅公司文件材料的，在该股东在场的情况下，可以由会计师、律师等依法或者依据执业行为规范负有保密义务的中介机构执业人员辅助进行"，由此，在郭某生、李某洲在场的情况下，郭某生、李某洲委托的会计师可以辅助郭某生、李某洲查阅生效判决确定的公司文件材料。

据此，一审法院判决：一、通达公司于判决生效之日起30日内在公司文件材料保管地（公司办公场所）将自1998年5月14日起至2020年5月20日止的公司章程、股东会会议记录及决议、董事会会议记录及决议、监事会会议记录及决议和财务会计报告提供给李某洲、郭某生查阅、复制（在李某洲、郭某生在场的情况下，可以由其委托的会计师辅助进行）。二、通达公司于判决生效之日起30日内在公司文件材料保管地（公司办公场所）将自1998年5月14日起至2020年5月20日止的财务会计账簿（包括总账、明细账、日记账和其他辅助性账簿）、会计凭证（包括原始凭证和记账凭证）提供给李某洲、郭某生查阅（在李某洲、郭某生在场的情况下，可以由其委托的会计师辅助进行）。

【二审】二审法院认为：

股东知情权是法律赋予公司股东了解公司信息的一项重要、独立的权利，是股东参与公司管理的前提和基础，公司不得限制或者剥夺，股东亦不得滥用知情权损害公司利益。《公司法》第33条规定，股东有权查阅、复制公司章程、股东会会议记录、董事会会议决议、监事会会议决议和财务会计报告。股东可以要求查阅公司会计账簿。股东要求查阅公司会计账簿的，应当向公司提出书面请求，说明目的。公司有合理根据认为股东查阅会计账簿有不正当目的，可能损害公司合法利益的，可以拒绝提供查阅，并应当自股东提出书面请求之日起15日内书面答复股东并说明理由。公司拒绝提供查阅的，股东可以请求人民法院要求公司提供查阅。李某洲、郭某生是通达公司股东，依法享有股东知情权，李某洲、郭某生的诉讼请求在上述法律规定的范围内，且郭某生、李某洲已向通达公司提出书面申请并说明了目的，本案中，亦未有证据证明郭某生、李某洲存在滥用知情权损害公司利益的情形。

据此，二审法院驳回上诉，维持原判。

【再审】湖南省高级人民法院经审查认为：

本案中，公司的股东向公司书面申请查阅该公司自开业之日起至2020年5月20日止的公司章程等资料，并说明了查阅公司会计账簿的目的，而公司未提交充分证据证明提出申请的股东存在滥用知情权损害公司利益，或者申请查阅会计账簿有不正当目的，可能损害公司合法利益。股东申请查阅的公司资料包含会计凭证,根据《会计法》第9、14、15条的规定,会计账簿必须以经过审核的会计凭证(包括原始凭证和记账凭证)为依据,会计凭证是制作会计账簿的基础和原始材料,能够反映出会计账簿的真实性和完整性。而股东正当行使知情权与公司利益不相矛盾,在无相关禁止性的法律规定和公司章程规定的情形下,为保障股东充分了解公司的财务和经营管理信息,会计凭证属于股东可查阅的范围。故原审法院依法支持郭某生、李某洲的诉讼请求,并无不当。

2021年3月10日,湖南省高级人民法院裁定驳回通达公司的再审申请。

● **青岛宏和置业有限公司与王某梅股东知情权纠纷再审民事裁定书**
【山东省高级人民法院民事裁定书(2021)鲁民申1008号】

再审申请人(一审被告、二审上诉人):青岛宏和置业有限公司(以下简称"宏和置业")。

被申请人(一审原告、二审被上诉人):王某梅。

宏和置业于2008年1月23日成立。注册资本为1000万元。2010年12月20日注册资本为2000万元,其中王某梅出资60万元,持股比例为30%。公司《章程》第34条第2项规定,股东有权查阅、复制公司章程、股东会会议记录和公司财务会计报告。

王某梅于2019年6月17日通过EMS快递方式向宏和置业邮寄《查阅公司会计账簿申请书》,向宏和置业申请查阅、复制公司会计账簿,查阅范围为自2009年7月22日起至2019年6月16日期间的会计账簿及会计凭证(包括但不限于现金日记账、银行存款日记账、总分类账、明细分类账、其他辅助性账簿、记账凭证、原始记账凭证、银行流水等作为原始凭证附件入账备查的有关资料)。

2019年7月3日,宏和置业书面答复王某梅:定于2019年8月6日提供查阅,查阅地点即墨区通济街道办事处仇家村公司办公室,公司提供查阅的资料仅限于王某梅本人查阅,复制的材料不能超出《公司法》第33条及《章程》第34条规定的范围。

王某梅于7月10日通过EMS快递方式又向宏和置业发出《关于因允许本人查阅会计账簿及会计凭证的复函》,主要内容是:法律并未禁止股东可以委托专业人员辅助查阅,王某梅于1938年出生,现年逾80岁,从身体状况及专业知识层面均不能独立完成账簿查阅,需要聘请律师、会计师等专业人员辅助查阅、复制,要求宏和置业予以配合。

7月11日,宏和置业对王某梅作出《回复意见》,称王某梅要求辅助人员协助查阅、复制公司账簿不符合法律规定,要求王某梅届时严格按照《公司法》第33条及《公司章程》第34条的规定行使知情权。

2019年8月6日,王某梅在其女儿张丽的陪同下,委托了本案的代理律师金某平和一名会计到现场协助查阅,因宏和置业拒绝律师和会计师参与查阅,致使王某梅当天没有进行查阅。

王某梅提起诉讼。

**【一审】**一审法院认为,根据《公司法》第33条第2款的规定,本案王某梅要求查阅公司会计账簿符合法律规定。另《会计法》第9条规定:"各单位必须根据实际发生的经济业务事项进行会计核算,填制会计凭证,登记会计账簿,编制财务会计报告。……"第14条规定:"会计凭证包括原始凭证和记账凭证。办理本法第10条所列的各项经济业务事务,必须填制或者取得原始凭证并及时送交会计机构。……记账凭证应当根据经过审核的原始凭证及有关资料编制。"第15条第1款规定,"会计账簿登记,必须以经过审核的会计凭证为依据,并符合有关法律、行政法规和国家统一的会计制度的规定"。虽然公司法只是明确规定股东可以要求查阅公司会计账簿,而对原始凭证和记账凭证等能否查阅并未说明,最高人民法院相关司法解释对此亦没有明文规定。但是,根据《会计法》的相关规定和会计准则,会计账簿的制作依据是会计凭证,而会计凭证包括原始凭证和记账凭证。如果绝对不允许股东查阅原始凭证和记账凭证,股东则有可能无法准确了解公司的经营状况,不利于股东知情权的行使,亦不符合公司法关于保护股东知情权的立法宗旨。因此,王某梅查阅会计账簿权行使的范围应当包括会计凭证(含记账凭证、相关原始凭证及作为原始凭证附件入账备查的有关资料)。综上,对王某梅要求查阅会计账簿及会计凭证的诉请,予以支持。

同时,因公司会计账簿、会计凭证具有专业知识等特点,且本案王某梅已年逾80岁,自身身体状况也难以独立完成查阅,依照《公司法司法解释四》第10条的规定,故在股东本人在场的情况下,可允许王某梅委托的负有保密义务的一名具有注册会计师资格的会计师或者一名具有注册律师资格的律师协助对宏和置业公司的会计账簿、会计凭证进行查阅。

另外,相关法律仅规定股东对公司会计账簿具有查阅权,没有复制权,因此王某梅要求进行复制的诉求不予支持。

关于查阅时间和地点,在保障股东知情权充分行使的情况下,也应考虑避免对公司经营效率、经营秩序等公司合法权益产生不利影响。因此,王某梅的查阅应当在宏和置业公司正常的业务时间内且不超过10个工作日为宜,查阅的方便地点也应在宏和置业公司住所地。

据此,一审法院判决,宏和置业于判决生效之日起10日内,将公司自2009年7月起至实际查阅日期间的会计账簿(含记账凭证、原始凭证及作为原始凭证附件入账备查的有关资料)置于公司住所地,供王某梅及其委托的负有保密义务的一名具有注册会计师资格的会计师或者一名具有注册律师资格的律师查阅;上述材料由王某梅在宏和置业正常营业时间内查阅,查阅时间不得超过10个工作日。

【二审】山东省青岛市中级人民法院认为,关于宏和置业主张王某榆诉前不应聘请人员辅助查阅、本案系滥用诉权的上诉理由。股东知情权是股东固有的一项基本权利,虽然《公司法司法解释四》第10条第2款规定,股东依据人民法院生效判决查阅公司文件材料可聘请律师或会计师等人员辅助查阅,但该规定并未明确禁止股东诉前有权聘请上述人员辅助查阅。若股东在诉前聘请上述人员辅助查阅,公司可予以拒绝;公司拒绝后,股东可提起诉讼。因此,宏和置业该项上诉理由不成立,本院不予支持。

关于宏和置业主张记账凭证、原始凭证及作为原始凭证附件入账备查的有关资料不应纳入股东查阅范围的上诉理由。经查,《公司法》第33条规定,股东可以要求查阅公司会计账簿。《公司法司法解释四》第7条第1款规定,股东有权查阅或复制公司特定文件材料。《会计法》第14条规定:"会计凭证包括原始凭证和记账凭证。……记账凭证应当根据经过审核的原始凭证及有关资料编制。"第15条第1款规定,"会计账簿登记,必须以经过审核的会计凭证为依据,并符合有关法律、行政法规和国家统一的会计制度的规定。"即会计账簿是以会计凭证为基础进行登记。鉴于双方当事人存在公司利润分配、股权回购等多起诉讼,若不允许查阅会计凭证,股东可能无法准确了解公司真正的经营状况。因此,原判决判令被上诉人可查阅记账凭证、原始凭证及作为原始凭证附件入账备查的有关资料并无不当,宏和置业该项上诉理由不成立,本院不予支持。

据此,二审法院判决驳回上诉,维持原判。

【再审】山东省高级人民法院经审查认为:本案的争议焦点是股东王某梅是否有权查阅记账凭证、原始凭证等资料以及是否有权委托符合条件的人员辅助查阅。

一、《会计法》第9、14、15条规定,会计凭证包括原始凭证和记账凭证,属于股东行使知情权时可查阅资料的范围。原判决判令王某梅可查阅的财务资料包括记账凭证、原始凭证、作为原始凭证附件入账备案的有关资料等,适用法律正确。

二、从《公司法》第33条、《公司法司法解释四》第10条的法律规定看,尽管公司法司法解释规定股东依据人民法院生效判决查阅公司文件材料的,在该股东在场的情况下,可以由会计师、律师等依法或者依据执业行为规范负有保密义务的中介机构执业人员辅助进行。但公司法并未规定在诉讼前股东申请公司提供查阅时,不得由会计师、律师或者依据执业行为规范负有保密义务的中介机构执业人员辅助进行。原判决认定事实清楚,适用法律正确。

2021年3月18日,山东省高级人民法院裁定驳回宏和置业的再审申请。

● 江西中科浩飞科技城开发运营有限公司等股东知情权纠纷二审民事判决书
【江西省高级人民法院民事判决书(2021)赣民终206号】

上诉人(原审被告):江西中科浩飞科技城开发运营有限公司(以下简称"江西中科公司")。

被上诉人(原审原告):中国新城镇控股有限公司(以下简称"新城镇公司")。

江西中科公司于2018年2月8日登记成立,注册资本为8亿元,股东为上海中科浩飞科创文化集团有限公司(以下简称"上海中科公司")及新城镇公司。

2020年4月28日,新城镇公司向江西中科公司发出《查阅会计账簿申请书》,要求查阅、复制江西中科公司自成立以来的公司章程、章程修正案、股东会会议记录、董事会会议决议、监事会会议决议、财务会计报告(包括资产负债表、损益表、现金流量表、财务情况说明书和利润分配表等)、会计账簿(包括现金日记账、银行日记账、总账、明细账、辅助账、备查账、会计凭证、银行对账单、余额调节表、相关原始凭证、作为原始凭证附件入账备查的合同、纳税报表等有关资料以及电子账)。

江西中科公司一直拒绝提供相关材料,致使新城镇公司的股东权益无法得到保障。新城镇公司为维护自身合法权益,特向法院提起诉讼。

【一审】一审法院认为,对于新城镇公司行使知情权的范围,依据《公司法》第33条的规定,新城镇公司要求查阅、复制公司章程、章程修正案、股东会会议记录、董事会会议决议、监事会会议决议和财务会计报告,系股东行使其法定权利的正当范围,予以支持。而对于公司会计账簿,因新城镇公司向江西中科公司出具的函件中明确说明查阅账簿的目的是"为监管4亿元注册资本的使用情况及全面了解公司运营和资产、财务状况,维护股东知情权",新城镇公司已向江西中科公司书面提出查阅公司会计账簿的申请,江西中科公司对上述申请并未予以回复,亦未提供证据证明新城镇公司存在不正当目的,应视为江西中科公司对新城镇公司的申请予以拒绝,依照上述法律规定,新城镇公司有权请求人民法院要求公司提供查阅。

对于公司的会计凭证,依据《会计法》第9、14、15条第1款的规定,根据会计准则、相关契约等有关资产也是编制记账凭证的依据,应当作为原始凭证的附件入账备查。公司的具体经营活动也只有通过查阅原始凭证才能知晓,不查阅原始凭证,股东可能无法准确了解公司真正的经营状况。结合《会计法》的相关规定,股东查阅与公司会计账簿记载内容有关的会计原始凭证和记账凭证亦应认定为公司股东知情权内容的组成部分。因此新城镇公司查阅权行使的范围应当包括江西中科公司的会计账簿(包括总账、明细账、现金日记账、银行日记账及其他辅助性账簿)及会计凭证(包括记账凭证、相关原始凭证及作为原始凭证附件入账备查的有关资料),且其权限仅限于查阅。同时,因股东查阅公司资料,涉及比较专业的文件,为保证股东知情权的有效行使,股东有权委托具有专业知识能力的人代为行使。《公司法司法解释四》第10条第2款规定:"股东依据人民法院生效判决查阅公司文件材料的,在该股东在场的情况下,可以由会计师、律师等依法或者依据执业行为规范负有保密义务的中介机构执业人员辅助进行。"据此,新城镇公司依据生效判决查阅公司文件材料行使股东知情权的,可以委托上述规定中的人员进行,但必须有新城镇公司的相关人员在场。对新城镇公司要求查阅其他公司资料的诉请,因超出了股东行使知情权的查阅范围,不予支持。

因新城镇公司行使其股东权利,亦不能对公司经营效益、经营秩序等形成不利影响,因此,新城镇公司应在江西中科公司营业场所或双方协商确定的其他场所和正常营业时间内进行查阅和复制,且新城镇公司进行查阅和复制的时间限于江西中科公司提供上述材料之日起15个工作日内。

据此,依据《公司法》第33条、《公司法司法解释四》第8条、第10条第2款之规定,一审法院判决:一、江西中科公司于本判决生效之日起十日内提供自2018年2月8日至今的所有历次公司章程及章程修正案、股东会会议记录、董事会会议决议、监事会会议决议和财务会计报告,供新城镇公司查阅和复制。上述文件资料由新城镇公司在江西中科公司营业场所或双方协商确定的其他场所和正常营业时间内查阅和复制,查阅和复制时间限于江西中科公司提供上述文件资料之日起15个工作日内;二、江西中科公司于本判决生效之日起10日内提供自2018年2月8日至今的所有会计账簿(包括总账、明细账、现金日记账、银行日记账及其他辅助性账簿)及会计凭证(包括记账凭证、相关原始凭证及作为原始凭证附件入账备查的有关资料)供新城镇公司查阅。上述文件资料由新城镇公司在江西中科公司营业场所或双方协商确定的其他场所和正常营业时间内查阅,查阅时间限于江西中科公司提供上述文件资料之日起15个工作日内。在新城镇公司的相关人员在场的情况下,可以由新城镇公司委托的注册会计师、律师等依据执业行为规范负有保密义务的中介机构执业人员辅助进行;三、驳回新城镇公司的其他诉讼请求。

【二审】江西省高级人民法院认为本案二审的争议焦点为:能否认定新城镇公司是江西中科公司的股东?

首先,在新城镇公司与上海中科公司共同签署的江西中科公司的公司章程上明确记载新城镇公司为江西中科公司股东,新城镇公司出资4亿元,占注册资本的50%;其次,2018年2月12日,新城镇公司向江西中科公司支付了在该公司章程中认缴的出资4亿元,实际履行了出资义务;再次,江西中科公司企业信用信息公示报告显示,新城镇公司实际出资4亿元,在江西中科公司成立时就已登记为该公司股东,至本案二审诉讼时,工商登记显示新城镇公司仍是江西中科公司的股东;最后,新城镇公司作为江西中科公司的股东,委派了董事参与对江西中科公司的相关管理，实际行使了股东的权利。综合以上意见，足以认定新城镇公司是江西中科公司的股东。至于在新城镇公司与上海中科公司签订的《股权投资协议》中约定了上海中科公司向新城镇公司支付投资补贴及股权回购的内容，因《股权投资协议》系两个独立民事主体另行达成的投资合意，该约定不影响江西中科公司在其工商信息中记载的新城镇公司股东身份的法律效力，江西中科公司依据该约定否定新城镇公司的股东身份缺乏法律依据，不能支持。2020年4月28日，新城镇公司向江西中科公司邮寄《查阅会计账簿申请书》，江西中科公司未予答复，一审判决江西中科公司限期提供自2018年2月8日至今的所有历次公司章程及章程修正案、股东会会议记录、董事会会议决议、监事会会议决议和财务会计报告、所有会计账簿、会计凭证，供新城镇公司查阅和复制，符合法律规定，应予维持。

2021年3月22日，江西省高级人民法院判决驳回上诉，维持原判。

【简析】本例中，江西省高级人民法院的认定依据是根据会计准则，相关契约等有关资产也是编制记账凭证的依据，应当作为原始凭证的附件入账备查。公司的具体经营活动也只有通过查阅原始凭证才能知晓，不查阅原始凭证，股东可能无法准确了解公司真正的经营状况。结合《会计法》的相关规定，股东查阅与公司会计账簿记载内容有关的会计原始凭证和记账凭证亦应认定为公司股东知情权内容的组成部分。因此新城镇公司查阅权行使的范围应当包括江西中科公司的会计账簿（包括总账、明细账、现金日记账、银行日记账及其他辅助性账簿）及会计凭证（包括记账凭证、相关原始凭证及作为原始凭证附件入账备查的有关资料），且其权限仅限于查阅"。

● **镇江东吴医院有限公司等股东知情权纠纷再审民事裁定书**

【江苏省高级人民法院民事裁定书(2020)苏民申8297号】

再审申请人（一审被告、二审上诉人）：镇江东吴医院有限公司（以下简称"东吴公司"）。

被申请人（一审原告、二审被上诉人）：江苏欧恩医药有限公司（以下简称"欧恩公司"）。

东吴公司成立于2015年3月30日，欧恩公司系东吴公司的股东之一。欧恩公司于2016年11月4日和案外人上海嘉采医疗投资管理有限公司（以下简称"嘉采公司"）签订《股权转让协议》，约定欧恩公司向案外人嘉采公司转让其持有的东吴公司部分股权。协议中，欧恩公司对2016、2017、2018年度的主营业收入及经常性净利润作出承诺，并约定了相应的补偿机制。

因欧恩公司法定代表人王某安涉嫌刑事犯罪被羁押，其通过前妻吴某于2019年3月31日、2019年4月15日分别向东吴公司提出查阅、复制的申请，后因东吴公司拒收而退回。2019年4月11日,吴某在东吴公司办公场所张贴告知函及申请书,请求查阅、复制公司章程、股东会会议记录等资料及查阅公司会计账簿。

【一审】一审法院认为:公司法规定股东可以要求查阅公司会计账簿,但应当向公司提出书面请求说明目的,公司拒绝查阅的,股东可以请求人民法院要求公司提供查阅。东吴公司辩称欧恩公司提起诉讼未经前置程序。一审法院认为,欧恩公司邮寄的EMS虽未实际送达东吴公司,但欧恩公司在公司经营场所对申请书进行了张贴,并且东吴公司在接到一审法院送达的起诉状等材料后,仍未对欧恩公司的请求作出合理回复,应视欧恩公司已提出书面申请,前置程序已经完成。东吴公司未提供证据证明欧恩公司请求查阅公司会计账簿有不当目的,故对欧恩公司要求查阅东吴公司自2016年12月1日至实际查阅之日的会计账簿(含总账、明细账、日记账和其他辅助性账簿)的诉讼请求,于法有据,一审法院予以支持。

关于欧恩公司请求东吴公司提供从2016年12月1日起至实际查阅之日的会计凭证(含记账凭证、原始凭证),以上已支持欧恩公司查阅东吴公司的会计账簿,同时会计账簿的制作是以会计凭证为依据,如果不允许股东查阅会计凭证,则无法判断公司的真正经营状况,无法保障股东的知情权。因此,会计凭证也应当属于股东可以查阅的范围,《会计法》规定,会计凭证包括原始凭证和记账凭证。故欧恩公司请求查阅公司从2016年12月1日起至实际查阅之日的会计凭证(含记账凭证、原始凭证),符合法律规定,一审法院予以支持。

关于查阅、复制的时间和地点,相关法律赋予股东知情权的目的和价值在于保障股东充分行使权利,但这一权利的行使也应在权利平衡的机制下进行,即不应对经营效率、经营秩序等公司权益形成不利影响。故欧恩公司查阅、复制相关资料应当在公司正常的业务时间内且不超过30个工作日,查阅的地点应当在东吴公司的住所地。欧恩公司在查阅上述材料时可以由会计师、律师等中介机构执业人员辅助进行。

据此,一审法院判决:一、东吴公司于判决生效之日起10日内提供自2016年12月1日起至实际查阅、复制之日的公司章程(含章程修正案)、股东会会议记录、董事会会议决议、监事会会议决议和财务会计报告,供欧恩公司查阅、复制;查阅、复制的地点在东吴公司住所地镇江市东吴路某某内,期限为30个工作日。二、东吴公司于判决生效之日起10日内提供自2016年12月1日起至实际查阅之日的会计账簿(含总账、明细账、日记账和其他辅助性账簿)和会计凭证(含记账凭证、原始凭证),供欧恩公司查阅;查阅地点在东吴公司住所地镇江市东吴路某某内期限为30个工作日;查阅时,可以由会计师、律师等依法或者依据执业行为规范负有保密义务的中介机构执业人员辅助进行。

【二审】二审法院认为：
一、关于欧恩公司是否已经履行了股东知情权的前置程序

根据欧恩公司一审提交的证据以及二审提交的授权委托书，能够证明欧恩公司在提起本案诉讼前，已经就查阅公司会计账簿的要求，通过邮寄、现场张贴申请书等方式向东吴公司提出了书面请求，但邮件因拒收被退回，东吴公司也未就欧恩公司的请求作出回应，故本院认定欧恩公司已经履行了法律规定的前置程序。

二、关于本案是否应当中止审理

欧恩公司与案外人嘉采公司、王某安的仲裁案件虽然正在审理过程中，但是该案的争议是股权转让协议中对赌条款约定的条件是否成就，欧恩公司是否应当向嘉采公司无偿转让其持有的东吴公司30%的股权，以及是否应当向嘉采公司支付现金补偿、赔偿损失等，并不涉及欧恩公司现在的股东资格问题，故本案不应当中止审理。

三、关于欧恩公司行使股东知情权是否存在不正当目的

欧恩公司书面请求查阅公司会计账簿并说明了目的，东吴公司主张欧恩公司申请查阅会计账簿存在不正当目的，对此，东吴公司应当根据《公司法司法解释四》第8条的规定进行举证。由于东吴公司未能进行举证，本院对东吴公司的上述意见不予采信。

四、关于股东知情权的范围是否包括会计凭证

公司会计账簿是以会计凭证为依据进行编制，会计凭证特别是原始凭证是作为记录公司业务发生的最原始证据，涉及与公司进行经济业务往来的其他企业利益，更加能够反映出公司的真实经营情况。从股东知情权制度设立的目的出发，为维护中小股东权益、规范公司治理与经营，应当将会计凭证纳入有限责任公司股东知情权范围，赋予公司股东查阅会计凭证的权利。

据此，二审驳回上诉，维持原判。

【再审】江苏省高级人民法院认为，本案中，欧恩公司请求查阅东吴公司会计账簿，一审提交的邮寄给东吴公司的申请、在东吴公司办公场所张贴告知函及申请书及二审提交的授权委托书，可以证明欧恩公司在提起本案诉讼前，已经就查阅公司会计账簿通过邮寄、现场张贴申请书等方式向东吴公司提出了书面请求，一、二审法院认定欧恩公司已经履行。向东吴公司书面申请查阅会计账簿的程序，并无不当。东吴公司主张欧恩公司申请查阅会计账簿存在不正当目的，为此，东吴公司应当根据《公司法司法解释四》第8条的规定承担举证责任，东吴公司未能提交充分证据证明欧恩公司申请查阅会计账簿存在不正当目的，一、二审法院对东吴公司的该主张未予采信，合法有据。东吴公司关于二审法院举证责任分配不合理的申请再审理由，不能成立。因公司会计账簿是以会计凭证为依据进行编制，会计账

簿的真实性和完整性只有通过会计凭证才能反映出来,一、二审法院从落实股东知情权的角度出发,认定欧恩公司有权查阅会计凭证,并无不当。此外,案外人嘉采公司与欧恩公司、王某安的仲裁案件不影响欧恩公司提起本案诉讼时系东吴公司的股东,欧恩公司有权依据上述法律规定行使股东知情权,东吴公司关于本案应当中止审理的申请再审理由依据不足,本院不予采信。

2021年4月29日,江苏省高级人民法院裁定驳回再审申请。

【简析】本例中,江苏省高级人民法院的认定依据是"公司会计账簿是以会计凭证为依据进行编制,会计账簿的真实性和完整性只有通过会计凭证才能反映出来,一、二审法院从落实股东知情权角度出发,认定欧恩公司有权查阅会计凭证"。

● **高金技术产业集团有限公司与冼某股东知情权纠纷二审民事判决书**

【广东省广州市中级人民法院民事判决书(2019)粤01民终18970号】

上诉人(原审被告):高金技术产业集团有限公司(以下简称"高金公司")。

被上诉人(原审原告):冼某。

高金公司于2005年7月5日成立,类型为其他有限责任公司,冼某系高金公司的股东,持股比例0.25%。高金公司在2015年1月29日前设有董事会,之后只设执行董事和监事。冼某自高金公司成立之日起至2015年1月29日任高金公司的董事。

高金公司的经营范围为:企业自有资金投资;电子、通信与自动控制技术研究、开发;网络技术的研究、开发;生物质能源的技术研究、开发;计算机技术开发、技术服务;能源技术研究、技术开发服务;工程和技术研究和试验发展;材料科学研究、技术开发;化学工程研究服务;生物技术开发服务;新材料技术开发服务;模具制造;汽车零配件设计服务;新材料技术推广服务;新材料技术咨询、交流服务;新材料技术转让服务;电子元件及组件制造;通信系统设备制造;通信终端设备制造;货物进出口(专营专控商品除外);技术进出口。

冼某向一审法院起诉请求判令:1.高金公司向冼某提供下列文件的原件,以供冼某查阅、复制。具体包括:(1)2005年7月5日至判决生效之日的公司章程、股东会决议、股东会会议记录及董事会决议、董事会会议记录、执行董事决定、监事决定;(2)2005年7月5日至判决生效之日的财务报告,包括但不限于月度、季度、半年度、年度的会计报表、会计报表附注、财务情况说明书、财务损益表、资产负债表、利润表及附注、现金流量表、审计报告、资产证明文件、负债证明文件及相关凭证;(3)2005年7月5日至判决生效之日的全部会计账簿,包括但不限于总账、明细账、日记账、其他辅助性账簿、财务记账凭证和原始凭证及附件(付款凭证、入账凭证、合同、送货单、发票等)。2.冼某可委托律师事务所、会计师事务所的专业人员协助查阅和复制上述文件。

冼某为广东创新之都科技有限公司的执行董事兼总经理,持有该公司99%的股份。广东创新之都科技有限公司的注册资本为1000万元,经营范围为:网络技术的研究、开发;电子产品零售;软件开发;计算机信息安全设备制造;信息技术咨询服务;工业设计服务;策划创意服务;物业管理;房屋租赁;货物进出口(专营专控商品除外);技术进出口。

冼某为设计瑰谷科技有限公司的执行董事兼总经理,持有该公司85%的股份。设计瑰谷科技有限公司的注册资本为5000万元,经营范围为:生物技术开发服务;工业设计服务;投资、开发、建设、经营管理物流设施;工程建设项目招标代理服务;企业管理服务(涉及许可经营项目的除外);供应链管理;房屋租赁;策划创意服务;大型活动组织策划服务(大型活动指晚会、运动会、庆典、艺术和模特大赛、艺术节、电影节及公益演出、展览等,需专项审批的活动应在取得审批后方可经营);企业形象策划服务;会议及展览服务;停车场经营;商品批发贸易(许可审批类商品除外);互联网商品销售(许可审批类商品除外)。

冼某为宁波枫尚股权投资合伙企业(有限合伙)的合伙人。宁波枫尚股权投资合伙企业(有限合伙)的经营范围为:股权投资及相关咨询服务。[未经金融等监管部门批准不得从事吸收存款、融资担保、代客理财、向社会公众集(融)资等金融业务](依法须经批准的项目,经相关部门批准后方可开展经营活动)。

冼某为广东小哈科技股份有限公司的董事长,持有该公司38%的股份。广东小哈科技股份有限公司的经营范围为:计算机批发;计算机零售;计算机零配件零售;计算机技术开发、技术服务;软件开发;信息系统集成服务;信息技术咨询服务;数据处理和存储服务;软件批发;软件零售;软件测试服务;网络技术的研究、开发;信息电子技术服务;软件服务;智能机器销售;日用家电设备零售;家用电器批发;电子产品批发;电子产品零售;家具及家用电器用品出租服务;物联网服务。

另,冼某与高金公司之间存在多宗公司决议效力纠纷或股权转让纠纷案件。

【一审】一审法院认为:本案为股东知情权纠纷,双方的争议焦点为:1.冼某行使股东知情权是否存在不正当目的;2.冼某享有股东知情权的范围。

冼某是高金公司的股东,依法应享有法律规定的股东知情权。根据《公司法》第33条第1款的规定,查阅、复制公司章程、股东会会议记录、董事会会议决议、监事会会议决议和财务会计报告是股东的固有权利,也是绝对的权利,公司不能以任何理由拒绝,故冼某请求查阅、复制高金公司的上述材料,于法有据,一审法院予以支持。高金公司以冼某已提交高金公司章程及修正案为由,认为无须重复提供,没有法律依据,一审法院不予采纳。

《公司法》第41条第2款规定:"股东会应当对所议事项的决定作成会议记录,出席会议的股东应当在会议记录上签名。"根据该条的规定,股东会行使职权的方式是股东会决议,而股东会决议是以股东会会议记录的形式作出的,故股东会会议记录应包括股东会决议。高金公司以股东会会议记录不包括股东会决议,不符合上述法律规定的逻辑推理,一审法院不予采纳。

执行董事、不设监事会的监事分别是股东人数较少或规模较小的公司的组织机构,相当于一般有限责任公司的董事会和监事会,行使相应的公司经营管理职权和监督职权。因此,冼某请求查阅、复制执行董事决定、监事决定,应属于《公司法》第33条第1款规定的股东行使知情权范围的应有之内容,一审法院予以支持。

综上,冼某请求查阅、复制高金公司2005年7月5日至判决生效之日的公司章程、股东会会议记录(包括股东会决议)、董事会决议、执行董事决定、监事决定,于法有据,一审法院予以支持。

关于冼某请求查阅董事会会议记录的问题。一审法院认为,董事会会议记录应包括有决议事项的会议记录和一般性的会议记录,有决议事项的会议记录即是指董事会决议,该部分请求一审法院已支持,冼某请求查看全部董事会会议记录,没有法律依据,一审法院不予支持。

关于财务会计报告问题。根据《公司法》第33条第1款的规定,查阅、复制财务会计报告也是股东的固有权利。但查阅、复制财务会计报告的范围应以上述公司法和会计法的规定为准,即包括会计报表、会计报表附注和财务情况说明。冼某请求超出的部分,没有法律依据,一审法院不予支持。

关于查阅会计账簿问题。根据《公司法》第33条第2款的规定,冼某已于2018年11月14日向高金公司发送了要求查阅会计账簿的函,即已履行了向高金公司提出行使股东知情权书面请求的前置程序,但高金公司没有在收到该函后15日内作出书面答复。现冼某起诉请求查阅会计账簿,有事实和法律依据,一审法院予以支持。冼某请求复制会计账簿,没有法律依据,一审法院不予支持。

《会计法》(2017年修正)第9条规定:"各单位必须根据实际发生的经济业务事项进行会计核算,填制会计凭证,登记会计账簿,编制财务会计报告。任何单位不得以虚假的经济业务事项或者资料进行会计核算。"第13条第1款规定:"会计凭证、会计账簿、财务会计报告和其他会计资料,必须符合国家统一的会计制度的规定。"第14条第1款规定:"会计凭证包括原始凭证和记账凭证。"第15条第1款规定:"会计账簿登记,必须以经过审核的会计凭证为依据,并符合有关法律、行政法规和国家统一的会计制度的规定。会计账簿包括总账、明细账、日记账和其他辅助性账簿。"根据上述的规定,会计账簿和会计凭证属于并列关系的会计资料,因此,会计账簿不包括会计凭证,即不包括原始凭证和记账凭证。综上,冼某请求查阅高金公司的会计账簿只应包括总账、明细账、日记账和其他辅助性账簿。冼某请求查阅原始凭证和记账凭证，没有法律依据，一审法院不予支持。

关于冼某查阅会计账簿是否存在不正当目的问题。高金公司抗辩称冼某控制的数家企业经营的业务与高金公司主营业务存在实质性竞争。一审法院认为，主营业务应是指公司稳定利润的主要来源，是公司的主要经营目标。从查明的事实来看，冼某控制的数家企业的工商登记经营范围与高金公司的工商登记经营范围确有存在部分相同，但高金公司工商登记的经营范围较大，不能看出高金公司的主营业务是什么。同时，所谓实质性竞争关系，应是指冼某控制并经营的公司与高金公司在具体的主营业务领域或特定的客户范围存在现实的竞争关系并已对高金公司的经营业绩产生现实可能的影响。高金公司仅凭工商登记的经营范围存在部分相同而认定冼某控制并经营的公司与高金公司主营业务存在实质性竞争，理据不足，一审法院不予采纳。高金公司主张，冼某与高金公司之间存在多宗公司决议效力纠纷或股权转让纠纷案件，冼某查阅会计账簿有不正当目的的其他情况。一审法院认为，本案为股东知情权纠纷，与冼某和高金公司之间的公司决议效力或股权转让纠纷没有关系。高金公司的上述主张理由，事实依据不足，一审法院不予采纳。

关于委托专业人员协助查阅问题。根据《公司法司法解释四》第10条的规定，冼某依据判决查阅相关文件材料时，在其本人在场的情况下，可以由会计师、律师等依法或者依据执业行为规范负有保密义务的中介机构执业人员进行辅助。冼某请求委托上述专业人员单独查阅相关文件材料，没有法律依据；冼某请求委托上述专业人员复制相关文件材料，亦没有法律依据，一审法院均不予支持。

据此，一审法院判决如下：一、高金公司于判决生效之日起15日内提供自成立以来的公司章程、股东会会议记录（包括股东会决议）、董事会决议、执行董事决定、监事决定供冼某查阅、复制。二、高金公司于判决生效之日起15日内提供自成立以来的财务会计报告（包括会计报表、会计报表附注和财务情况说明）供冼某查阅、复制。三、高金公司于判决生效之日起15日内提供自成立以来的会计账簿（包括总账、明细账、日记账和其他辅助性账簿）供冼某查阅；（冼某应在高金公司正常营业时间内查阅、复制上述第1、2、3项文件材料，查阅、复制的时间不得超过5个工作日。冼某查阅上述文件材料时，在冼某本人在场的情况下，可以由会计师、律师等依法或者依据执业行为规范负有保密义务的中介机构执业人员辅助进行，高金公司应提供必要的场所和条件。四、驳回冼某的其他诉讼请求。

【二审】广东省广州市中级人民法院认为争议焦点在于：

一、关于冼某请求查阅高金公司会计账簿，是否具有不正当目的？

高金公司认为冼某查阅公司会计账簿具有不正当目的，应当由其举证证实。

但从其本案所列之证据及观点来看:1.高金公司未能证实冼某控制的其他公司,与高金公司在特定经营区域、经营范围、经营客户等方面,产生现实竞争关系,并因其向冼某提供查阅机会而使该等公司在现实竞争关系中处于优势地位。此外,按照高金公司陈述意见,冼某已实际掌控高金公司财务资料多年,但其也未能证明冼某曾利用该身份或优势给其实际控制公司提供便利,并进而损害高金公司利益。2.冼某与高金公司虽然发生过其他诉讼,但公司与股东或者股东之间发生纠纷,属于公司经营过程中的正常状态,并无证据证实冼某对于上述纠纷的发生具有恶意或明显滥用诉权。从另外一个方面考虑,正是因为冼某与高金公司或其他股东之间产生分歧,其正常股东权利的行使才会受到障碍,有必要以司法途径保护其股东基本权利。此外,一审法院已就查询的具体时间、地点、期限作了明确限定,冼某股东知情权的正常行使,并不会损害高金公司的一般经营活动。综上,二审法院认为,高金公司所称冼某行使股东知情权具有不正当目的的理由,不能成立,二审法院不予支持。

二、关于冼某请求行使股东知情权的范围如何确定?

1. 依法制定公司章程是设立公司的法定义务。《公司法》在规范股东知情权时,并未因章程的公示登记性质,而将其排除在股东知情权行使范围之外。因此,冼某要求查阅、复制高金公司章程,于法有据,法院予以支持。2.《公司法》第41条规定,股东会应当对所议事项的决定作成会议记录,出席会议的股东应当在会议记录上签名。由此可见,制作和形成股东会会议记录,是有限责任公司一般议事形式。从冼某与高金公司已经发生的几起纠纷来看,双方正是基于对于股东会决议在作出程序方面的分歧,而进入诉讼。因此,给予冼某查阅股东会会议记录(包括股东会决议)的权利,有利于保护其股东知情权。3.《公司法》第48条规定,董事会应当对所议事项的决定作成会议记录,出席会议的董事应当在会议记录上签名。冼某作为高金公司曾经的董事会成员,有参加会议并投票的权利,但法律并不因此拒绝其行使查阅董事会决议的股东权利,两者并不相悖。执行董事决定或者监事决定,在效力层面上,类似于董事会决议或者监事会决议。冼某要求类比适用查阅股东会记录和董事会决议的规定,行使查阅执行董事决定或监事决定的权利,于法有据,法院予以支持。4. 股东知情权是《公司法》赋予公司股东的法定权利,不受诉讼时效约束。高金公司认为冼某在任职公司董事、高级管理人员期间,有违反公司法律、章程相关规定的行为,并给高金公司造成损害,其有权通过合法途径另寻救济。高金公司在本案仅以上述资料缺失或不存在为由,阻碍冼某股东知情权利的行使,有违法律规定,法院不予支持。

2019年11月27日,广东省广州市中级人民法院判决驳回上诉,维持原判。

● 盈之美(北京)食品饮料有限公司与泛金管理有限公司股东知情权纠纷二审民事判决书

【北京市高级人民法院民事判决书(2020)京民终717号】

上诉人(原审被告):盈之美(北京)食品饮料有限公司(以下简称"盈之美公司")。

被上诉人(原审原告):泛金管理有限公司(Grand Gold Management Ltd)(以下简称"泛金公司")。

盈之美公司成立于2004年10月21日,企业类型为中外合资经营,法定代表人为纪某。2019年5月29日,盈之美公司的股东为泛金公司及北京汇源佳必爽商贸有限责任公司(以下简称"佳必爽公司")。

2019年4月16日,泛金公司向盈之美公司邮寄《要求查阅公司账簿等材料的申请书》,内容为:盈之美公司自2007年起一直未对泛金公司披露经营状况。2010年公司厂房土地拆迁后至今处于停业状态,多年一直未分红、一直以存在陈年债务为由拒绝按协议分割土地拆迁补偿款。泛金公司为了解公司实际情况,维护自身权益……提出如下要求:2019年4月30日前,泛金公司协同律师、会计师等专业人员前往,要求查阅公司所有资料(公司所有会计账簿、原始凭证),查账地点:盈之美公司办公室。

4月26日,盈之美公司向泛金公司出具《对泛金公司要求查阅公司账簿的申请书的回复》,称盈之美公司不同意泛金公司查阅会计账簿,原因如下:1.泛金公司要求查阅公司会计账簿不符合公司章程的规定。2.限泛金公司于2019年5月30日前配合盈之美公司办理完毕营业执照五证合一。3.泛金公司逾期未支付出资款,盈之美公司视泛金公司放弃股东身份,不得享有股东权利。4.泛金公司多次无端起诉盈之美公司,均以败诉告终,盈之美公司有理由认为泛金公司查阅会计账簿有不正当目的,会损害盈之美公司的合法利益。待泛金公司妥善解决以上全部问题之后,再另行提出查阅会计账簿的要求。

泛金公司提起诉讼,请求判令盈之美公司提供自2014年10月21日至今的全部董事会决议供泛金公司查阅复制;判令盈之美公司提供自2014年10月21日至今的全部年度财务会计报告供泛金公司查阅复制;判令盈之美公司完整提供自2004年10月21日成立至今的会计账簿及记账凭证,以供泛金公司及其委托的注册会计师、律师查阅。

在审理过程中,泛金公司承诺对盈之美公司的查阅信息保密。

【一审】一审法院认为:

一、泛金公司为本案适格原告。

提起知情权诉讼的原告,应当为起诉时公司的股东或要求查阅复制的材料形成于其持股期间的股东。公司明确登记的股东应当认定具备股东资格,公司否定其股东资格的,应当承担举证责任。本案中,泛金公司为盈之美公司工商登记材料显示的股东,即便股东出资瑕疵也仅影响股东收益权。在盈之美公司依法解除其股东资格之前,泛金公司不丧失股东资格,而盈之美公司未提交证据证明其解除泛金公司股东资格,故在本案中,应当依据工商登记认定泛金公司在起诉时具备股东资格,泛金公司为本案适格原告,依法享有股东知情权。

二、盈之美公司无权以泛金公司未履行义务为由拒绝其行使知情权。

股东知情权系股东法定固有权利,是行使其他权利的前提,与章程规定的股东应当履行的义务不能简单对等,违反章程规定的义务应当承担与之相应的责任,但不能导致知情权的灭失。因此,对本案中盈之美公司称泛金公司未委派董事、不协助办理营业执照变更,故不能行使知情权的意见,法院不予采信。

三、盈之美公司称无符合合同及章程条件的董事会决议导致泛金公司无法查阅复制相关决议及财务会计报告。

我国公司法未对股东行使查阅、复制公司章程、股东会会议记录、董事会会议决议、监事会会议决议和财务会计报告的股东知情权设置限制性条件,前述文件资料本身亦属于公司内部公开并理应提供给股东的材料范围。盈之美公司称公司存在董事会决议,但因泛金公司未委托董事参会,故无法形成符合条件的董事会决议。盈之美公司称存在董事会决议,决议的效力尚无生效裁判否定,故对泛金公司要求查阅复制2014年10月21日至今的全部董事会决议的诉讼请求,法院予以支持。盈之美公司应当制作并向泛金公司提供财务会计报告供其查阅复制,对泛金公司要求盈之美公司提供自2014年10月21日至今的全部年度财务会计报告供查阅复制的诉讼请求,法院予以支持。

四、盈之美公司章程规定的"事先承诺保密"构成对股东知情权的合理限制,泛金公司承诺保密的情况下,可以行使知情权。

盈之美《公司章程》规定,"合营各方在事先承诺保密的情况下,有权自费聘请审计师查阅合营公司账簿"。公司章程由股东自愿缔结,对股东行为具约束力。当对股东知情权的限制缩减了权利范围、增强权利行使难度构成实质性剥夺时,该种限制应属无效。而保密义务本身即是股东依法享有知情权的同时应当承担的义务,即使章程未规定"事先承诺保密",泛金公司亦应当对通过查阅获得的公司秘密保密,以免因泄密导致公司合法利益受损。章程要求"事先承诺保密"只是对保密义务的强调,未要求必须通过书面形式体现,且泛金公司在案件审理过程中同意承诺保密,故盈之美公司无权以泛金公司未承诺保密为由,拒绝向其提供财务账簿。

五、盈之美公司未举证证明泛金公司行使权利存在不正当目的

本案中,泛金公司在《要求查阅公司账簿等材料的申请书》中称其行使知情权

旨在了解公司状况、维护其自身权益。盈之美公司称泛金公司存在不正当目的,应当就该主张承担举证责任。就盈之美公司提交的证据而言,泛金公司虽多次涉及诉讼,但诉讼主张不同,且泛金公司要求变更法定代表人的诉讼,虽与盈之美公司相关,但不足以证明泛金公司查阅相关材料存在恶意,故法院对盈之美公司主张泛金公司行使权利存在不正当目的的抗辩意见不予采信。

六、泛金公司查阅记账凭证的申请不予支持。

泛金公司在提起本案诉讼前,已向盈之美公司寄送查阅会计账簿、原始凭证的申请,盈之美公司无正当理由予以拒绝,故泛金公司有权请求法院判令盈之美公司提供财务账簿供其查阅;或其在场时,由其委托的注册会计师、律师辅助查阅。

针对泛金公司申请查阅的记账凭证,依据《会计法》(2017年修正)第13、14、15条等法律规定,会计账簿不包括原始凭证和记账凭证,故《公司法》规定的股东有权查阅的会计账簿不含原始凭证和记账凭证,盈之美公司章程规定的查阅范围亦限于公司账簿,故对泛金公司要求查阅盈之美公司自2004年10月21日成立至判决生效之日的会计账簿的诉讼请求,法院予以支持,但是对其要求查阅记账凭证的诉讼请求,法院不予支持。

关于查阅的时间、地点和查阅人等问题,鉴于本案所涉盈之美公司的董事会决议、财务会计报告、会计账簿等文件材料,时间长,范围广,法院确定查阅时间为30个工作日为宜。关于查阅地点,法院考虑将盈之美公司目前的办公地点作为查阅地点。如果盈之美公司的办公地点发生变更或者盈之美公司不配合查阅,则泛金公司可指定查阅地点,由盈之美公司配合将相关董事会决议、财务会计报告、会计账簿运送至泛金公司指定的查阅地点供其查阅。关于查阅人,考虑到上述材料的专业性、复杂性,同时股东委托具有专业知识的人员查阅不违反法律规定,亦未违反社会公共利益和善良风俗,故对泛金公司请求允许其委托的注册会计师、律师辅助查阅的请求,法院予以支持。

据此,一审法院判决:

一、盈之美公司于本判决生效之日起15日内向泛金公司提供2014年10月21日至本判决生效之日期间的董事会决议、财务会计报告,以便查阅复制;泛金公司应当在工作日查阅,查阅地点为盈之美公司的临时办公地北京市顺义区办公室。

二、盈之美公司于本判决生效之日起15日内向泛金公司提供2004年10月21日至本判决生效之日期间的会计账簿(包括总账、明细账、日记账和其他辅助性账簿),以便泛金公司或泛金公司在场时,由其委托的注册会计师、律师辅助查阅。泛金公司应当在工作日查阅,查阅时间为30个工作日;查阅地点为盈之美公司的临时办公地北京市顺义区办公室。

三、如果盈之美公司的上述办公地点发生变更或者盈之美公司不配合查阅,则泛金公司可指定查阅地点,由盈之美公司配合将本判决第 1 项确定的董事会决议、财务会计报告,本判决第 2 项确定的会计账簿运送至泛金公司指定的查阅地点供其查阅。

【二审】北京市高级人民法院认为,本案二审的争议焦点是泛金公司查阅董事会决议、财务会计报告、会计账簿是否具有不正当目的。

依据《公司法》(2018 年修正)第 33 条第 2 款、《公司法司法解释四》第 8 条。本案中,盈之美公司二审中提交相关证据主张,泛金公司法定代表人孙某琴的配偶纪某系养加加公司股东,养加加公司与盈之美公司的主营业务有实质性竞争关系,纪某与泛金公司法定代表人孙某琴系夫妻关系,应属于股东自营或者为他人经营与公司主营业务有实质性竞争关系业务的情形。对此法院认为,上述司法解释规定的"股东自营或者为他人经营与公司主营业务有实质性竞争关系业务"中所谓的实质性竞争关系,是指股东和公司之间存在利益冲突。所谓自营是指股东自身所经营的业务,为他人经营是指为其他第三方经营业务。本案中,首先,盈之美公司的股东泛金公司与养加加公司系不同主体,且泛金公司亦非养加加公司的股东;其次,泛金公司作为独立的民事主体依法享有独立的意思,纪某与泛金公司亦不存在直接关联关系;最后,根据在案证据,尽管养加加公司与盈之美公司在经营范围上存在一定程度的重合,但盈之美公司未举证证明二公司存在重合的经营范围系各自利润的主要来源即主营业务。鉴于盈之美公司已停产,养加加公司亦已于 2011 年被吊销营业执照,故仅依据上述二公司营业执照中经营范围的部分重合这一事实并不能证明养加加公司与盈之美公司之间必然存在实质性的同业竞争关系。现盈之美公司并未举证证明泛金公司自营或者为其他第三方经营与盈之美公司有实质性竞争关系的业务,故法院对该项上诉主张不予支持。

关于盈之美公司主张泛金公司对盈之美公司不能正常经营有主观恶意,未履行股东义务,故应当认为泛金公司要求查阅相关财务资料存在不正当目的一节,本院认为,股东知情权是股东享有的对公司经营管理等重要情况或信息真实了解和掌握的权利。股东与公司存在冲突或纠纷并不必然导致股东知情权的灭失,仅在股东存有不正当目的并可能损害公司合法权益的情况下,方能阻却其行使知情权。本案中,盈之美公司提交的证据不足以认定泛金公司依法行使股东知情权可能损害盈之美公司的合法权益,故盈之美公司的上诉主张法院不予采信。

2021 年 12 月 28 日,盈之美公司的上诉请求不能成立,北京市高级人民法院判决驳回上诉,维持原判。

## 第五节　股东质询建议权

**【示范条款】**

6.5.1　股东质询建议权

股东有权对董事、监事、高级管理人员就公司的经营提出建议或者质询。

股东会会议要求董事、监事、高级管理人员列席会议的,董事、监事、高级管理人员应当列席并就股东的质询和建议作出解释和说明。

**【条款解读】**

一、股东质询权的概念

股东质询权作为股东知情权的重要组成部分,是指公司股东有权就公司的经营情况向公司经营者提出质询,公司经营者也有义务针对股东的质询予以答复,并说明情况。股东通过质询能够有效消除与管理层之间的信息不对称,继而减少所有权与经营权分离后的代理成本,形成合理的公司治理体系。

股东质询权与股东地位紧密相关,该权利自股东取得股东地位之日起取得,而且有法律明文规定予以保障,不依赖于公司章程、股东会决议或董事会决议的授予。如果公司章程或者股东会决议对股东质询权加以限制或剥夺,则违反了公司法中的强制性规定,因而是无效的。

股东质询权的行使依赖于董事、监事、高级管理人员的说明义务,如果董事、监事、高级管理人员违反说明义务,则是对股权质询权的侵害,此时,股东可直接依据公司法关于质询权的规定寻求司法救济。

二、股东日常质询权

股东日常质询权是指股东在日常经营过程中,对董事、监事、高级管理人员提出质询的权利。《公司法》(2023年修订)第110条规定:"股东有权……对公司的经营提出建议或者质询。"这里规定的股东质询权是不限于股东会召开期间的日常时间,但该规定仅适用于股份有限公司的股东,对于有限责任公司的股东建议可以参照适用。同时也应注意,如果允许股东在任何时间内都可以进行质询,要求董事、监事、高级管理人员随时进行过于细致和严谨的解释与说明,有可能会给公司带来较高的管理成本,或者影响公司的正常经营环境。

三、股东会会议质询权

股东会会议质询权是指在召开股东会会议时,出席股东会会议的股东请求董事、监事、高级管理人员就会议事项中的有关问题进行说明的权利。股东会会议质询权可以使股东在表决前能充分获得有关股东会会议某一决议事项的真实信息,避免在不明真相的情况下盲目表决。《公司法》(2023年修订)第187条规定:"股东会要求董事、监事、高级管理人员列席会议的,董事、监事、高级管理人员应当列席并接受股东的质询。"

股东的股东会会议质询权给股东提供了参与股东会会议时的程序性保障,主要解决的是股东参与股东会会议获取信息的问题,以便使股东能够更好地行使其享有的表决权、建议权,避免由于股东与公司管理人员之间的信息不对称致使股东在具体表决中意思表示失真。

## 第六节　异议股东回购请求权

**【示范条款】**

6.6.1　回购条件

有下列情况之一的,对股东会会议该项决议投反对票的股东可以请求公司按照合理的价格收购其股权:1. 公司连续五年不向股东分配利润,而公司该五年连续盈利且符合公司法规定的分配利润条件的。2. 公司合并、分立,或者转让主要财产总额达到公司总资产/经净资产【50%】以上的。3. 公司章程规定的营业期限届满或者公司章程规定的其他解散事由出现,股东会会议通过决议修改公司章程使公司存续的。4. 公司章程规定的其他情形。

6.6.2　回购申请

上述股东应当在股东会会议决议通过后【10】日内,向公司董事会提出回购请求,说明回购依据和回购数量。

6.6.3　价格基准

回购股权的价格协商基准,由公司董事会与异议股东在以下方式中选择:1. 以公司股东会会议召开日前一个月份的公司财务报告中公司股东权益乘以异议股东持股比例。2. 以公司股东会会议召开日前一期经审计的公司财务报告中公司股东权益乘以异议股东持股比例。3. 董事会和股东共同委托的资产评估机构评估。

因股东原因不采取前述第1、2项价格基准方式,而适用第3项规定选定评估机构评估的,评估费用由要求回购的股东负担。

6.6.4　价格协商

董事会在股东会会议决议通过后【10】日内,与该股东协商回购股权的价格和方式。

在确定价格协商基准后,由公司董事会与异议股东在价格协商基准的基础上,在上下【10%】幅度的范围内,协商确认回购股权的价格。

#### 6.6.5 定价争议

公司董事会与异议股东不能就回购价格达成一致的,由股东提起诉讼。

#### 6.6.6 回购资金

股权(股份)回购资金由公司按照未分配利润、盈余公积、资本公积的次序列支。

上述盈余资金不足以支付回购资金的,可按照减少注册资本的程序,由实收资本列支。

#### 6.6.7 转让与注销

已经回购的股权(股份),公司应当在6个月内转让或者注销。

**【条款解读】**

一、异议股东回购请求权的概念

异议股东回购请求权,通常指当公司发生重大资产及/或结构变动等影响股东利益的实质性变更时,持不同意见的股东所享有的要求公司依当时的公正价格收购其持有的股份(股权),从而退出公司的权利。

异议股东回购请求权是一项法定的股东权利,对小股东而言,异议股东回购请求权是一项弥补性权利,弥补小股东在行使表决权方面的弱势,为小股东提供了抵抗大股东侵害的法律武器。

公司决策制度的"资本多数决"原则可以弥补因"全体同意"过于僵化导致公司经营效率低的缺陷,但其最大的弊端在于可能衍生为"多数资本的暴政"。在"资本多数决"原则下,大股东很容易滥用权利而侵害小股东的利益。异议股东回购请求权制度体现的是一种利益的平衡,即确保对少数异议股东权利的保护和公司重大决策顺利实施之间的平衡。当小股东与大股东发生利益冲突时,小股东通过主张股权回购,可以避免"多数资本的暴政"下的股东会决议对自己的不利影响。少数异议股东通过行使异议股东回购请求权退出公司,既保证了"资本多数决"原则的效率性,又避免了公司决策制度演变为"多数资本的暴政"。

二、有限责任公司的异议股东股权回购请求权

《公司法》(2023年修订)第89条规定:"有下列情形之一的,对股东会该项决议投反对票的股东可以请求公司按照合理的价格收购其股权:(一)公司连续五年不向股东分配利润,而公司该五年连续盈利,并且符合本法规定的分配利润条件;

(二)公司合并、分立、转让主要财产;(三)公司章程规定的营业期限届满或者章程规定的其他解散事由出现,股东会通过决议修改章程使公司存续。自股东会决议作出之日起六十日内,股东与公司不能达成股权收购协议的,股东可以自股东会决议作出之日起九十日内向人民法院提起诉讼。公司的控股股东滥用股东权利,严重损害公司或者其他股东利益的,其他股东有权请求公司按照合理的价格收购其股权。"

规则要求对"股东会该项决议投反对票的股东",关于未参加股东会或者虽参加股东会但在股东会上未投反对票的股东是否可以享有这个权利,可以由公司章程具体规定或者经股东会议审议决定。

而对控股股东滥用股东权利,严重损害公司或者其他股东利益的,其他股东可以未经股东会会议,直接要求公司以合理价格回购其股权。

三、异议股东股权回购请求权下"主要财产"的界定

如果公司财产的出售行为是在公司正常的商事活动过程中所进行的,则此种财产出售行为是公司董事的自由决定权范围内的交易,由董事会决定,无须取得股东会的批准。因此,也就无所谓持异议股东的法律保护问题。这就必然涉及哪些属于有限责任公司的主要财产,我国公司法对此并无规定,所以公司章程应对公司的主要财产作出一个界定。

中国证监会已经对上市公司重要资产的转让、出租和置换作出了界定,可以作为异议股东股权回购请求权下主要财产界定的参考。《关于上市公司重大购买、出售、置换资产若干问题的通知》(已失效)第1条规定:"本通知所称'上市公司重大购买、出售、置换资产的行为',是指上市公司购买、出售、置换资产达到下列标准之一的情形:(一)购买、出售、置换入的资产总额占上市公司最近一个会计年度经审计的合并报表总资产比例50%以上;(二)购买、出售、置换入的资产净额(资产扣除所承担的负债)占上市公司最近一个会计年度经审计的合并报表净资产比例达50%以上;(三)购买、出售、置换入的资产在最近一个会计年度所产生的主营业务收入占上市公司最近一个会计年度经审计的合并报表主营业务收入的比例达50%以上。上市公司在12个月内连续对同一或相关资产分次购买、出售、置换的,以其累计数计算购买、出售、置换的数额。"

四、异议股东股份回购请求权的行使程序

1. 参加股东会会议并投票反对相关法定适用事项的股东会议题。只有当股东在股东会上投了反对票的前提下才享有要求公司收购其股份的权利,未参加股东会或者虽参加股东会但在股东会上未投反对票的股东不享有这个权利。

2. 自股东会决议通过之日起60日内,股东与公司协商达成股权收购协议。

3. 如不能达成股权收购协议的,股东可以自股东会决议通过之日起90日内

向人民法院提起诉讼。法律要求"自股东会决议作出之日起"90日的期间,如逾期,异议股东将丧失要求公司回购其股权的权利。这一规定有利于及早消除关于公司股权分配和公司资产状况的不确定状态。

五、回购价格的确定

回购价格的确定是有限责任公司异议股东行使股权回购请求权的核心问题。法律仅规定"按照合理的价格收购",由于股权价格是随着公司的经营和发展在不断变化的,所以"合理的价格"只有通过协商或者诉讼来确定,但可以在公司章程中提前约定一个合理价格的确认原则。

1. 确定价格基准。回购股权的价格协商基准,可以由公司董事会与异议股东在以下方式中选择:(1)以公司股东会会议召开日前一个月份的公司财务报告中公司股东权益乘以异议股东持股比例。(2)以公司股东会会议召开日前一期经审计的公司财务报告中公司股东权益乘以异议股东持股比例。(3)董事会和股东共同委托的资产评估机构评估。

第(1)种方法是公司最近的一期财务报告,比较接近回购的时间节点;第(2)种方法是经过会计师事务所审计的财务报告,兼顾了时间性和客观性。并且这两种财务报告是公司日常经营中本身就需要和必备的财务报告,具有选取上的便利性。如果公司董事会认为这两种报告较大幅度地偏离了公司股权的真实价值,可以提议由资产评估机构评估。该评估是为保护公司利益而选择的,因此评估费用应当由公司负担。如果异议股东认为这两种财务报告较大幅度地偏离公司股权的真实价值,也可以提议由资产评估机构评估,该评估是为保护异议股东个体利益而选择的,因此评估费用应当由异议股东负担。同时,为保障评估机构的客观独立性,评估机构的选择应当由董事会和异议股东协商一致选择。

2. 商榷具体价格。在确定价格协商基准后,由公司董事会与异议股东在价格协商基准的基础上,在公司章程约定的上下幅度的范围内,协商确认回购股权的价格。因为采用单一的股权转让价格是不全面的,现实中往往采用综合评估的方式确定股权转让的基准价格。应授权公司董事会与异议股东在综合考虑公司的资产质量、公司所处行业的产业政策、公司成长性等因素的基础上并经磋商确认,达成"合理的价格"。

3. 协商不成的由股东提起诉讼,按照人民法院生效裁决执行。

六、股份有限公司的异议股东股份回购请求权

股份有限公司仅要求股东对股东会的决议持有异议即可享有股份回购请求权,而不问是否参加股东会,或者是否在股东会上投票。《公司法》(2023年修订)第162条规定:"公司不得收购本公司股份。但是,有下列情形之一的除外:……(四)股东因对股东会作出的公司合并、分立决议持异议,要求公司收购其

股份……"

七、新法修订

《公司法》(2023年修订)新增了一项规定,即公司的控股股东滥用股东权利,严重损害公司或者其他股东利益的,其他股东有权请求公司按照合理的价格收购其股权。

**【相关法规】**

● 《中华人民共和国公司法》(2023年修订)

**第89条** 有下列情形之一的,对股东会该项决议投反对票的股东可以请求公司按照合理的价格收购其股权:(一)公司连续五年不向股东分配利润,而公司该五年连续盈利,并且符合本法规定的分配利润条件;(二)公司合并、分立、转让主要财产;(三)公司章程规定的营业期限届满或者章程规定的其他解散事由出现,股东会通过决议修改章程使公司存续。

自股东会决议作出之日起60日内,股东与公司不能达成股权收购协议的,股东可以自股东会决议作出之日起90日内向人民法院提起诉讼。

公司的控股股东滥用股东权利,严重损害公司或者其他股东利益的,其他股东有权请求公司按照合理的价格收购其股权。

公司因本条第1、3款规定的情形收购的本公司股权,应当在六个月内依法转让或者注销。

● 《公司法司法解释二》(2020修正)

**第5条** 人民法院审理解散公司诉讼案件,应当注重调解。当事人协商同意由公司或者股东收购股份,或者以减资等方式使公司存续,且不违反法律、行政法规强制性规定的,人民法院应予支持。当事人不能协商一致使公司存续的,人民法院应当及时判决。

经人民法院调解公司收购原告股份的,公司应当自调解书生效之日起六个月内将股份转让或者注销。股份转让或者注销之前,原告不得以公司收购其股份为由对抗公司债权人。

● 《山东省高级人民法院关于审理公司纠纷案件若干问题的意见(试行)》(鲁高法发〔2007〕3号)

81.具有《公司法》第75条第1款1项之情形,如果公司连续五年未召开股东会对分配利润进行决议的,持有公司不足十分之一表决权的股东可以请求公司按照合理的价格收购其股权。

82.股东超过《公司法》第75条第2款规定期限提起诉讼的,人民法院不予受理。

83. 股东依照《公司法》第 75 条之规定要求公司收购股权,但就股权收购价格不能协商一致的,股东主张以评估方式确定股权收购价格的,人民法院应予支持。

● 关于印发上海市高级人民法院《关于审理公司纠纷案件若干问题的解答》的通知(沪高法民二〔2006〕8 号)

三、股东依据新修订的公司法第 75 条规定,请求公司收购其股权的起诉期限应如何把握的问题

根据新修订的公司法第 75 条第 2 款规定,对符合该条第 1 款所列情形的,股东应自公司股东会决议通过之日起 60 日内,可就股权收购事宜与公司进行协商;协商不成的,股东可以自股东会决议通过之日起 90 日内向法院提起诉讼。因此,股东依据该条规定提起的诉讼,其起诉期限应自股东会决议通过之日起算,至 90 日届满。股东逾期提起诉讼的,法院不予受理。

● 《上海市高级人民法院关于审理涉及公司诉讼案件若干问题的处理意见(二)》(沪高法民二〔2003〕15 号)

三、处理股东权益纠纷的相关问题

3. 有限责任公司股东会就公司合并、分立或者修改公司章程等事项形成决议,并且在决议后股东所持股份难以转让的,在股东会决议表决时投反对票的股东有权请求公司收购其股份。

公司连续多年盈利,且符合公司法规定的股东盈余分配条件,而公司不予分配利润的,符合公司法规定的持股份额的股东有权请求公司召开股东会作出决议;在股东会决议表决时投反对票的股东有权请求公司收购其股份。

在上述纠纷中,异议股东应自股东会决议之日起 60 日内,与公司就收购股份进行协商;逾期协商不成的,异议股东才可向人民法院提起诉讼。

● 《江西省高级人民法院关于审理公司纠纷案件若干问题的指导意见》(赣高法〔2008〕4 号)

66. 具有《公司法》第 75 条第 1 款第 1 项之情形,如果公司连续五年未召开股东会对分配利润进行决议的,持有公司不足十分之一表决权的股东可以请求公司按照合理的价格收购其股权。

67. 股东超过《公司法》第 75 条第 2 款规定期限提起诉讼的,人民法院不予受理。

68. 股东依照《公司法》第 75 条之规定要求公司收购股权,但就股权收购价格不能协商一致的,股东主张以评估方式确定股权收购价格的,人民法院应予支持。

## 第七节　股东分红权

**【示范条款】**

6.7.1　股东分红权

(有限责任公司)公司股东按照实缴的出资比例分取红利;(股份有限公司)公司股东按照股东持有的股份比例分配。

【注释】(有限责任公司)经全体股东一致同意,可以自行约定按照具体的方式分配红利。(股份有限公司)可以在公司章程中规定按照自行选定的具体方式分配股利。

**【条款解读】**

一、通常的利润分配方式

一般来说,有限责任公司按照实缴的出资比例分配红利,股份有限公司按照股东持有的股份比例分配股利。《公司法》(2023年修订)第210条第4款规定:"公司弥补亏损和提取公积金后所余税后利润,有限责任公司按照股东实缴的出资比例分配利润,全体股东约定不按照出资比例分配利润的除外;股份有限公司按照股东所持有的股份比例分配利润,公司章程另有规定的除外。"该条体现的是"谁投资、谁受益""承担多大风险、获取多大的利益"等原则。

二、有限责任公司的特殊分配制度

有限责任公司在约定不按照出资比例分取红利时,应当达到全体股东的一致同意。因为有限责任公司是封闭性公司,在特殊情况下,某些股东对公司的设立、存续、发展等有着决定性的重大作用,这种重大作用并不必然体现为出资的多少。这种情况下,虽然该股东的出资比例并不高,但他对公司的贡献和影响并不和出资比例呈正相关。这时,经全体股东达成一致,可以给该股东高出出资比例的红利分配权。

需要说明的是,这里的全体股东达成一致,是指在达成该"不按照出资比例分配利润"之约定时的全体股东。全体股东达成一致,记载于公司章程,并在工商登记机关备案之后,如果发生股权转让,该条款自然适用于通过股权转让受让股权的新股东。受让股东有义务在受让时了解公司在工商登记机关备案的公司章程,受让股权视为接受公司章程之约定。

三、股份有限公司的特殊分配制度

股份有限公司在公司章程中规定不按照持股比例分配股利时,并不要求全体股东一致同意,只需获得公司章程通过即可。按照通常的公司章程审议条件,需要获得代表公司表决权2/3以上的股东同意。

在股份有限公司,不按照股东持股比例分配一般表现为公司分设不同的"类别股",如普通股与优先股。这里的优先股是指依照公司法,在一般规定的普通种类股份之外,另行规定的其他种类股份,其股份持有人优先于普通股股东获得公司利润和剩余财产的分配,但参与公司决策管理等权利受到限制。

优先股是相对于普通股而言的,主要指在利润分红及剩余财产分配的权利方面,优先于普通股。1. 优先股通常预先明确约定股息收益率,一般也不能参与公司的分红,但优先股可以先于普通股获得股息。2. 优先股的权利范围小。优先股股东一般没有选举权和被选举权,对股份有限公司的重大经营无投票权,但在某些情况下可以享有投票权。3. 在公司股东会需要讨论与优先股有关的索偿权时,优先股的索偿权先于普通股,但次于公司债权人。

四、小股东的申请强制分红权

大股东滥用股权控制分红权,是指即使在公司盈利的情况下,大股东也不开股东会作出分红决议,而是利用自己在公司的优势地位,通过关联交易、向董事、监事、高级管理人员支付高额薪酬等手段变相转移利润。而小股东对公司账上的盈利,由于股权比例太低又不能通过推动股东会作出决议的方式分红。这时,小股东可要求法院强制分红,法院可以在没有股东会决议的情形下,强制公司分红(《公司法司法解释四》第 13 条)。

1. 小股东可以请求法院强制分红,但需要证明以下两点:第一,证明公司存在盈利,满足分配利润的前提条件;第二,证明大股东存在滥用表决权恶意不分红,同时存在变相分配利润、隐瞒或转移公司利润的情形,致使小股东的权益受到实质损害。

2. 小股东可以在诉讼中申请法院对公司存在的可分配利润进行审计,以确定自己可以获得的具体分红数额。

3. 如果由于大股东滥用股权的行为致使公司不能向小股东分配利润,小股东可以要求大股东在公司不能支付的利润范围内承担赔偿责任。

4. 大股东如果作出不分红的股东会决议,需要充分说明公司不分红的目的和意义,且自身在经营中不存在变相分红侵害小股东利益的行为。

【相关法规】

● 《公司法司法解释四》(2020 年修正)

**第 14 条** 股东提交载明具体分配方案的股东会或者股东大会的有效决议,请求公司分配利润,公司拒绝分配利润且其关于无法执行决议的抗辩理由不成立的,人民法院应当判决公司按照决议载明的具体分配方案向股东分配利润。

**第 15 条** 股东未提交载明具体分配方案的股东会或者股东大会决议,请求公司分配利润的,人民法院应当驳回其诉讼请求,但违反法律规定滥用股东权利导致公司不分配利润,给其他股东造成损失的除外。

● **《北京市高级人民法院民二庭关于新〈公司法〉适用中若干问题的调查研究》**
五、对新《公司法》适用中若干问题的具体探讨及解决方案
……

(三)利润分配请求权问题

目前实践中争议较大的是,股东能否以公司存在赢利为由诉请法院强制公司分配利润?在此次调研的案件中,几例原告股东诉至法院请求公司分配盈余的案件,受理法院在事实认定的基础上都判决支持了原告的诉请;判决分配利润的数额依据呈多样化,有的依据公司财务报表或者审计报告记载的可分配利润数,有的依据同行业平均利润标准。实践中,法院直接判决分配利润的做法虽然有利于保护原告股东资产收益的权益,但问题在于法院代替公司股东会作出分配利润的决定是否有违公司自治的原则?而且对于公司长期不分配利润的情况,新《公司法》第75条已通过赋予股东股权回购请求权为请求分配利润的股东提供了救济渠道。法院应否受理强制分配利润的案件?对此我们认为,根据《公司法》的规定,公司是否分配利润是股东会或股东大会的职权,属于公司自治范畴事项,在公司没有作出决议之前,法院不宜直接作出分配利润的判决。没有会议决议或决议不合法的,人民法院应当裁定驳回原告请求分配利润的起诉。法院能够受理的,只能是股东依相应决议请求公司交付已经确定的股利。

● **《山东省高级人民法院关于审理公司纠纷案件若干问题的意见(试行)》**
(鲁高法发[2007]3号)

67. 有限责任公司全体股东约定不按照出资比例分配利润的,该约定有效。该约定对于形成约定后新加入的股东没有约束力,但新加入的股东明确表示认可的除外。

68. 公司股东会、股东大会形成利润分配决议,但未向股东实际支付的,股东有权提起诉讼要求公司履行支付义务。

公司股东会、股东大会未形成利润分配决议,股东提起诉讼要求分配利润的,人民法院不予支持。

69. 股东以公司可分配利润大于股东会、股东大会所确认的数额为由提起诉讼,要求按照实际数额分配利润的,人民法院不予支持。

70. 股东以股东会、股东大会确认的利润分配比例错误为由提起诉讼,要求按照其他比例分配利润的,人民法院不予支持。

71. 股权转让前,公司股东会、股东大会已经形成利润分配决议的,转让人在转让股权后有权向公司要求给付相应利润。

转让人因股权转让丧失股权后,股东会、股东大会就转让前的公司利润形成分配决议,转让人要求公司给付相应利润的,人民法院不予支持。

转让人或受让人不得以其相互之间的约定对抗公司。

72. 股东瑕疵出资的,公司或者其他股东可以主张按实缴出资数额向该股东分配公司利润。

● 《江西省高级人民法院关于审理公司纠纷案件若干问题的指导意见》(赣高法〔2008〕4号)

56. 有限责任公司全体股东在公司章程外以协议方式约定不按照出资比例分配利润的,该约定有效。该约定对于形成约定后的新加入的股东没有约束力,但新加入的股东明确表示认可的除外。章程中约定不按出资比例分配利润的,视为新加入的股东认可该约定。

57. 公司股东会、股东大会、董事会形成利润分配决议,但未向股东实际支付的,股东有权提起诉讼请求公司履行支付义务。

公司股东会、股东大会未形成利润分配决议,股东提起诉讼要求分配利润的,人民法院不予支持。

58. 股权转让前,公司股东会、股东大会已经形成利润分配决议的,转让人在转让股权后有权向公司要求给付相应利润。

转让人因股权转让丧失股权后,股东会、股东大会就转让前的公司利润形成分配决议,转让人要求公司给付相应利润的,人民法院不予支持。

转让人或受让人不得以其相互之间转移利润分配请求权的约定对抗公司已经完成的利润分配行为。

59. 股东瑕疵出资的,公司或者其他股东可以主张按实缴出资数额向该股东分配利润。

**【典型案例】**

● **庆阳市太一热力有限公司等公司盈余分配纠纷案**
【最高人民法院民事判决书(2016)最高法民终528号】
上诉人(一审被告):庆阳市太一热力有限公司(以下简称"太一热力公司"),法定代表人:李某军,该公司执行董事。

上诉人(一审被告):李某军。

被上诉人(一审原告):甘肃居立门业有限责任公司(以下简称"居立门业公司"),法定代表人:张某龙,该公司董事长。

太一热力公司由李某军和张某龙二人于2006年3月设立,公司注册资本为

1000万元,初始股东为李某军和张某龙。2007年5月,太一热力公司股东变更为太一工贸公司和居立门业公司,其中太一工贸公司持股比例60%,居立门业公司持股比例40%。

居立门业公司提起公司盈余分配纠纷之诉,请求判令太一热力公司对盈余的7000余万元现金和盈余的32.7亩土地按照《公司法》第35条和太一热力公司章程第27条之规定向居立门业公司进行分配;并判令李某军承担连带责任。

【一审】一审审理期间,经居立门业公司申请,一审法院于2013年5月委托甘肃茂源会计师事务有限公司对太一热力公司的盈余状况进行了审计。2015年2月9日,甘肃茂源会计师事务有限公司出具甘茂会审字[2015]第52号《审计报告》,结论为:截至2014年10月31日,所有者权益88778438.12元,其中实收资本12805025.04元、未分配利润75973413.08元;清算收益112067641.39元,清算支出36094228.31元,清算净收益75973413.08元。

一审法院认为,按照该《审计报告》所附说明及太一热力公司和居立门业公司对《审计报告》的质证意见,《审计报告》中太一热力公司清算净收益75973413.08元,未核减"工程施工"34446241.21元,未计入"接口费"1038.21万元,审计调整不应作为公司收益参与分配的一台锅炉评估净值743580元。故太一热力公司截至2014年10月31日可分配利润为51165691.87元(75973413.08元-34446241.21元+10382100元-743580元)。

据此,一审法院判决:太一热力公司于判决生效后10日内支付居立门业公司盈余分配款20466276.75元(51165691.87元×40%)及利息;李某军承担连带赔偿责任。

【二审】最高人民法院认为:

一、关于太一热力公司是否应向居立门业公司进行盈余分配的问题

公司在经营中存在可分配的税后利润时,有的股东希望将盈余留作公司经营以期待获取更多收益,有的股东则希望及时分配利润以实现投资利益。一般而言,即使股东会或股东大会未形成盈余分配的决议,对希望分配利润股东的利益也不会发生根本损害,因此,原则上这种冲突的解决属于公司自治的范畴,是否进行公司盈余分配及分配多少,应当由股东会作出公司盈余分配的具体方案。但是,当部分股东变相分配利润、隐瞒或转移公司利润时,则会损害其他股东的实体利益,这已非公司自治所能解决的问题,此时若司法不加以适度干预,则不能制止权利滥用,亦有违法律正义。虽然目前有股权回购、公司解散、代位诉讼等法定救济路径,但不同的救济路径对股东的权利保护有实质区别,故需司法解释对股东的盈余分配请求权进一步予以明确。

在本案中,首先,太一热力公司的全部资产被整体收购后没有其他经营活

动,一审法院委托司法审计的结论显示,太一热力公司清算净收益为75973413.08元,即使扣除双方有争议的款项,太一热力公司也有巨额的可分配利润,具备公司进行盈余分配的前提条件;其次,李某军同为太一热力公司及其控股股东太一工贸公司法定代表人,未经公司另一股东居立门业公司同意,没有合理事由将5600万余元公司资产转让款转入兴盛建安公司账户,转移公司利润,给居立门业公司造成损失,属于太一工贸公司滥用股东权利,符合《公司法司法解释四》第15条但书条款规定应进行强制盈余分配的实质要件。最后,前述司法解释规定的股东盈余分配的救济权利,并未规定需以采取股权回购、公司解散、代位诉讼等其他救济措施为前置程序,居立门业公司对不同的救济路径有自由选择的权利。

二、关于如何确定居立门业公司分得的盈余数额问题

在未对盈余分配方案形成股东会或股东大会决议的情况下,司法介入盈余分配纠纷,系因控制公司的股东滥用权利损害其他股东利益所致。在确定盈余分配数额时,要严格公司举证责任以保护弱势小股东的利益,同时还要注意优先保护公司外部关系中债权人、债务人等的利益。

本案中,居立门业公司应分得的盈余数额,以一审判决认定的太一热力公司截至2014年10月31日可分配利润51165691.8元为基数,扣减存在争议的入网"接口费"1038.21万元,再按居立门业公司40%的股权比例计算,即为16313436.72元。

三、关于太一热力公司是否应向居立门业公司支付盈余分配款利息的问题

公司经营利润款产生的利息属于公司收入的一部分,在未进行盈余分配前相关款项均归属于公司;在公司盈余分配前产生的利息应当计入本次盈余分配款项范围,如本次盈余分配存在遗漏,仍属公司盈余分配后的资产。公司股东会或股东大会作出盈余分配决议时,在公司与股东之间即形成债权债务关系,若未按照决议及时给付则应计付利息,而司法干预的强制盈余分配则不然,在盈余分配判决未生效之前,公司不负有法定给付义务,故不应计付利息。

本案中,首先,居立门业公司通过诉讼应分得的盈余款项系根据本案司法审计的净利润数额确定,此前太一热力公司对居立门业公司不负有法定给付义务,若《审计报告》未将公司资产转让款此前产生的利息计入净利润,则计入本次盈余分配后的公司资产,而不存在太一热力公司占用居立门业公司资金及应给付利息的问题。其次,李某军挪用太一热力公司款项到关联公司放贷牟利,系太一热力公司与关联公司之间如何给付利息的问题,居立门业公司据此向太一热力公司主张分配盈余款利息,不能成立。最后,居立门业公司一审诉讼请求中并未明确要求太一热力公司给付本判决生效之后的盈余分配款利息。

因此,一审判决判令太一热力公司给付自2010年7月11日起至实际付清之日的利息,既缺乏事实和法律依据,也超出当事人的诉讼请求,本院予以纠正。

四、关于李某军是否应对太一热力公司的盈余分配给付不能承担连带赔偿责任的问题

李某军上诉主张其没有损害公司利益,一审判令其承担连带责任没有法律依据。居立门业公司答辩认为,李某军滥用法定代表人权利损害居立门业公司股东利益,应承担连带赔偿责任。

本院认为,《公司法》第 20 条第 2 款规定"公司股东滥用股东权利给公司或者其他股东造成损失的,应当依法承担赔偿责任",第 21 条规定"公司的控股股东、实际控制人、董事、监事、高级管理人员不得利用其关联关系损害公司利益。违反前款规定,给公司造成损失的,应当承担赔偿责任",第 149 条规定"董事、监事、高级管理人员执行公司职务时违反法律、行政法规或者公司章程的规定,给公司造成损失的,应当承担赔偿责任",第 152 条规定"董事、高级管理人员违反法律、行政法规或者公司章程的规定,损害股东利益的,股东可以向人民法院提起诉讼"。

盈余分配是用公司的利润进行给付,公司本身是给付义务的主体。若部分股东变相分配利润、隐瞒或转移公司利润而不足以现实支付公司的分配资金时,不仅直接损害了公司的利益,也损害了其他股东的利益,利益受损的股东可直接依据《公司法》第 20 条第 2 款的规定向滥用股东权利的公司股东主张赔偿责任,或依据《公司法》第 21 条的规定向利用其关联关系损害公司利益的控股股东、实际控制人、董事、监事、高级管理人员主张赔偿责任,或依据《公司法》第 149 条的规定向违反法律、行政法规或者公司章程的规定给公司造成损失的董事、监事、高级管理人员主张赔偿责任。

本案中,首先,李某军既是太一热力公司法定代表人,又是兴盛建安公司法定代表人,其利用关联关系将太一热力公司 5600 万余元资产转让款转入关联公司,若李某军不能将相关资金及利息及时返还太一热力公司,则李某军应当按照《公司法》第 21、149 条的规定对该损失向公司承担赔偿责任。其次,居立门业公司应得的盈余分配先是用太一热力公司的盈余资金进行给付,在给付不能时,则李某军转移太一热力公司财产的行为损害了该公司股东居立门业公司的利益,居立门业公司可要求李某军在太一热力公司给付不能的范围内承担赔偿责任。最后,《公司法》第 152 条规定的股东诉讼系指其直接利益受到损害的情形,在本案中,李某军利用关联关系转移公司资金直接损害的是公司利益,应对公司就不能收回的资金承担赔偿责任,并非因直接损害居立门业公司的股东利益而对其承担赔偿责任,一审判决对该条规定法律适用不当,本院予以纠正。

因此,一审判决判令太一热力公司到期不能履行本案盈余分配款的给付义务则由李某军承担赔偿责任并无不当,李某军不承担责任的上诉主张,本院不予支持。

太一热力公司、李某军的上诉请求部分成立。

2017年12月28日,最高人民法院判决:一、撤销甘肃省高级人民法院(2013)甘民二初字第8号民事判决;二、太一热力公司于本判决生效后10日内给付居立门业公司盈余分配款16313436.72元;三、太一热力公司到期不能履行上述给付义务的,由李某军承担赔偿责任。

【简析】公司在经营中存在可分配的税后利润时,有的股东希望将盈余留作公司经营以期待获取更多收益,有的股东则希望及时分配利润实现以投资利益。一般而言,即使股东会或股东大会未形成盈余分配的决议,对希望分配利润股东的利益也不会发生根本损害,因此,原则上这种冲突的解决属于公司自治的范畴,是否进行公司盈余分配及分配多少,应当由股东会作出公司盈余分配的具体方案。但是,当部分股东变相分配利润、隐瞒或转移公司利润时,则会损害其他股东的实体利益,这已非公司自治所能解决的问题,此时若司法不加以适度干预,则不能制止权利滥用,亦有违司法正义。虽目前有股权回购、公司解散、代位诉讼等法定救济路径,但不同的救济路径对股东的权利保护有实质区别,故需司法解释对股东的盈余分配请求权进一步予以明确。

自2021年1月1日起施行的《公司法司法解释四》第15条规定,"但违反法律规定滥用股东权利导致公司不分配利润,给其他股东造成损失的",法院可以在没有股东会决议的情形下,强制公司分红。需要注意的是,在未对盈余分配方案形成股东会或股东大会决议的情况下司法介入盈余分配纠纷,系因控制公司的股东滥用权利损害其他股东利益所致。在确定盈余分配数额时,要严格公司举证责任以保护弱势小股东的利益,同时还要注意优先保护公司外部关系中债权人、债务人等的利益。并且,因司法干预的强制盈余分配,在盈余分配判决未生效之前,公司不负有法定给付义务,不应计付利息。

## 第八节 征集股东投票权

【示范条款】

6.8.1 公开征集投票权

公司董事会、独立董事和符合相关规定条件的股东可以公开征集股东投票权。

投票权征集应采取无偿的方式进行,禁止以有偿或者变相有偿的方式征集股东投票权。

6.8.2 征集投票权方式

征集股东投票权应当向被征集人充分披露具体投票意向等信息。且应向被征集人说明:1.征集人及其主要控制人基本情况;如属一致行动,须披露相互关联关系等。2.征集人发起征集行动的动机和目的。3.征集方案,主要包括征集对象、征集时间、征集方式、和征集程序等。4.授权委托书的效力。5.授权委托书要附上选票,将股东会拟审议的议案逐一列出,委托人要注明对各议案的授权表决内容,不得全权委托。

**【条款解读】**

征集股东投票权,又称"委托书收购",是使股权分散的中小股东联合表决,以便对抗控股股东的不良控制、调整能力欠佳的管理人员的不良管理、股权收购竞争、合理考核激励高级管理人员的一种股权表决聚合。

中国证监会于2018年修订的《上市公司治理准则》,明确提出公司董事会和符合条件的股东可向上市公司股东征集其在股东会上的投票权。但投票权征集的负面效应也不容忽视,即一旦投票权或投票委托书成为一种商品而被作为市场买卖标的时,它对公司治理和股东权益的损害则不言而喻。为此,中国证监会在准则中就要求,投票权征集应采取无偿的方式进行,且应向被征集人提供充分信息。公司控股股东、实际控制人及管理层有偿征集股东投票权,违背其对公司和社会公众投资者负有的诚信义务的,应视为无效。

**【相关法规】**

● 《上市公司治理准则》(2018年修订,中国证券监督管理委员会公告〔2018〕29号)

**第16条** 上市公司董事会、独立董事和符合有关条件的股东可以向公司股东征集其在股东大会上的投票权。上市公司及股东大会召集人不得对股东征集投票权设定最低持股比例限制。

投票权征集应当采取无偿的方式进行,并向被征集人充分披露具体投票意向等信息。不得以有偿或者变相有偿的方式征集股东投票权。

● 《公开征集上市公司股东权利管理暂行规定》(中国证券监督管理委员会公告〔2021〕44号)

**第3条** 上市公司董事会、独立董事、持有百分之一以上有表决权股份的股东或者依照法律、行政法规或者中国证监会的规定设立的投资者保护机构(以下简称"投资者保护机构"),可以作为征集人,自行或者委托证券公司、证券服务机构公开征集。

上市公司独立董事、持有百分之一以上有表决权股份的股东有下列情形之一的,不得公开征集:(一)被中国证监会采取证券市场禁入措施尚在禁入期的;(二)最近36个月内受到中国证监会行政处罚,或者最近12个月内受到证券交易所公开谴责;(三)因涉嫌犯罪正在被司法机关立案侦查或者涉嫌违法违规正在被中国证监会立案调查,尚未有明确结论意见;(四)因贪污、贿赂、侵占财产、挪用财产或者破坏社会主义市场经济秩序,被判处刑罚,执行期满未逾五年,或者因犯罪被剥夺政治权利,执行期满未逾五年;(五)法律、行政法规以及中国证监会规定的不得公开征集的其他情形。

征集人自征集日至行权日期间应当符合本条前两款规定。上市公司、上市公司股东大会召集人(以下简称"召集人")不得在本规定之外,对征集人设置其他条件。

**第4条** 开展或参与公开征集活动,应当诚实守信,遵守法律、行政法规和中国证监会规章、规范性文件和交易所的规定,不得滥用公开征集损害他人合法权益,不得在公开征集中实施虚假陈述、内幕交易、操纵证券市场以及其他违法违规行为。

禁止以有偿或者变相有偿的方式公开征集。

**第5条** 证券公司、证券服务机构受征集人委托为公开征集提供服务的,应当核实征集人符合本规定第3条规定,了解征集事项,按照法律法规和本规定开展活动。征集人存在以下情形的,证券公司、证券服务机构不得为其提供服务:(一)不符合本规定第3条规定;(二)征集事项明显损害上市公司整体利益;(三)拟采用有偿或者变相有偿的方式公开征集;(四)中国证监会规定的其他情形。

证券公司、证券服务机构与征集人和征集事项存在利害关系的,不得接受委托。

**第6条** 征集人、证券公司、证券服务机构、召集人、上市公司及相关单位工作人员应当对公开征集相关信息进行保密,在相关信息披露前不得泄露给第三人。

**第7条** 上市公司股东接受公开征集,将表决权、提案权等股东权利委托征集人代为行使的,应当将其所拥有权益的全部股份对应的该项权利的份额委托同一征集人代为行使。

**第8条** 征集人行使公开征集获得股东权利,或者证券公司、证券服务机构受征集人委托提供服务,均不得转委托第三人处理有关事项。

**第9条** 征集人应当依法充分披露股东作出授权委托所必需的信息,披露的信息应当真实、准确、完整,简明清晰、通俗易懂,符合相关信息披露要求或格式指引,不得有虚假记载、误导性陈述或者重大遗漏。

征集人应当通过上市公司在证券交易所网站和符合中国证监会规定条件的媒体上披露征集文件,上市公司应当予以配合。

征集人在其他媒体上发布相关信息,其内容不得超出在前款规定媒体上披露的内容,发布时间不得早于前款规定媒体披露的时间。

**第 10 条** 上市公司应当通过官方网站等渠道,公开其指定的邮箱、通信地址、联系电话或电子化系统等,接收公开征集相关文件,并确保畅通有效。

**第 11 条** 征集人启动公开征集活动,应当将拟披露的征集公告及相关备查文件提交召集人。

召集人收到上述文件后,应当于 2 个交易日内披露征集公告,经核查认为征集人不符合本规定第 3 条规定条件而拒绝披露的,应当向征集人书面反馈不符合规定的证据和律师出具的法律意见。召集人配合征集人披露征集公告后方取得证据证明征集人不符合条件的,应当披露征集人不符合条件的公告和律师出具的法律意见。

## 【细则示范】

● **征集投票权实施细则**

**第 1 条** 为切实保护股东利益,促使广大股东积极参与公司管理,完善公司法人治理结构,规范征集投票权行为,根据《公司法》等法律法规、规范性文件和《公司章程》的有关规定,制定《××××××公司征集投票权实施细则》(以下简称"本细则")。

**第 2 条** 本细则所称征集投票权,是指公司召开股东会时,享有征集投票权的组织或人员在征集公司股东对议案的投票权时,以公开方式在公司指定的信息披露媒体上按照本细则规定的内容与格式向公司股东发出代为行使表决权的要约行为。

**第 3 条** 征集投票权应当采用无偿的方式进行。

**第 4 条** 下述组织或人员可以向公司股东征集其在股东会上的投票权:(一)公司董事会;(二)公司独立董事;(三)单独或合并持有公司已发行 1% 以上股份的股东。

以下该等人员统称为"征集人"。

**第 5 条** 以公司董事会的名义征集投票权,必须经董事会同意,并公告相关的董事会决议。独立董事征集投票权时,需取得独立董事的一致同意。股东可以采取单独或联合的方式,征集投票权。

**第 6 条** 征集人在征集投票权时,必须就该次股东会审议的全部表决事项征集投票权;接受征集投票权的股东,应当将该次股东会审议的全部表决事项的投票权委托给同一征集人。

**第 7 条** 征集人和接受征集投票权的股东,对征集、委托投票行为和与征集投票权有关的所有公示材料,负有真实、准确、完整及合法有效的责任,不得存在虚假记载、误导性陈述或重大遗漏。

**第 8 条** 征集人不得以任何方式,直接或间接损害公司或他人的人格与名誉。

**第 9 条** 征集人在征集投票权时,应当以公开的方式进行。

**第 10 条** 征集人应当按照有关法律、法规、《公司章程》及本细则的要求,制作征集投票权报告书。

**第 11 条** 征集人应当按照有关法律、法规、《公司章程》和本细则第五章规定的要求,制作固定格式的征集投票授权委托书,并至少于股东会召开 15 日前刊登于公司指定的信息披露媒体上。

接受征集投票的股东,可以从媒体上复制或直接向征集人、公司索取征集投票权委托书,进行填写和签署。

**第 12 条** 征集人征集投票权报告书应当详细说明征集投票的方案,该方案中应当含有股东在委托征集人进行投票时的具体操作程序和操作步骤。

**第 13 条** 征集人应当聘请律师事务所或国家公证机关,对征集人资格、征集方案、征集投票权委托书、征集投票权行使的真实性、有效性等事项进行审核,并发表明确的法律意见。

**第 14 条** 征集人应当至少于股东会召开 15 日前,在公司指定的信息披露媒体上发布征集投票权报告书。征集投票权报告书应当包括如下内容:(一)征集人的声明与承诺;(二)征集人的基本情况。征集人为法人的,应当披露其名称、住所、联系方式、指定信息披露媒体(如有)、前十名股东及其股权结构、主营业务、基本财务状况、是否与公司存在关联关系等;征集人为自然人的,应当披露其姓名、住址、联系方式、任职情况、是否与公司存在关联关系等;(三)公司基本情况(含名称、住所、联系方式、指定信息披露媒体、前十名股东及股本结构、主营业务、基本财务状况等);(四)该次股东会的基本情况(含召开时间、地点、会议议题及提案、出席会议对象、会议登记办法、登记时间等);(五)征集投票权的目的及意义;(六)本次征集投票权具体方案(含征集对象、征集时间、征集详细程序、被征集人需要承担的后果);(七)每一表决事项的提案人;(八)表决事项之间是否存在相互关系或互为条件;(九)征集人、公司董事、经理、主要股东等相互之间以及与表决事项之间是否存在利害关系;(十)征集人明确表明对每一表决事项的表决意见(同意、反对或弃权)及其理由;(十一)征集人在征集投票权报告书中应明确表明自己对某一表决事项的表决意见,并且明示被征集人应当与自己的表决意见一致的,被征集人应当按照征集人指示表明表决意见;征集人在征集投票权报告书中明确表明自己对某一表决事项的表决意见的,但不要求被征集人应当与自己的表决意见一致的,被征集人可以按照自己的意思表明表决意见;(十二)征集人聘请委托的律师事务所或国家公证机关的名称、住所;经办律师或公证员的姓名、具体的联系方式。

**第 15 条** 征集投票权报告书内容应当客观、真实,不得有虚假记载、误导性陈述和重大遗漏。

**第 16 条** 征集投票授权委托书应当至少包含以下内容:(一)填写须知;(二)征集人的姓名或名称;(三)征集人的身份及持股情况;(四)该次股东会召开的时间;(五)征集人应当在征集投票授权委托书中根据自己选择的实际情况做好明确指明被征集人应如何投票方为有效的格式设计:当征集人明确表明自己对某一表决事项的投票态度的,并且明示被征集人应当与自己的投票态度一致的,被征集人应当按照征集人指示表明投票态度方为有效;当征集人在征集投票权报告书中明确表明自己对某一表决事项的投票态度的,但不要求被征集人应当与自己的投票态度一致的,被征集人可以按照自己的意思表明投票态度;(六)列示每一表决事项内容及同意、反对或弃权等投票表格,供股东选择;(七)对股东会可能产生的临时提案,被征集人应向征集人作出如何行使表决权的具体指示;(八)对于未作具体指示的表决事项,被征集人应明示征集人是否可以按照自己的意志表决;(九)对选举董事、监事的委托书必须列出所有董事候选人和监事候选人的姓名,并按照累积投票制规定的投票方法进行投票;(十)征集投票授权委托书的送达地址以及送达地的邮政编码和联系电话;(十一)征集人应当亲自行使征集投票权,不得转委托;(十二)委托行为的法律后果;(十三)委托书签发的日期和有效期;(十四)被征集人签章。

**第 17 条** 被征集人出具的委托书与下列附件同时使用且经公司股东会签到经办人员与公司股东名册核实无误后方为有效:(一)被征集人为自然人的,需提供被征集人身份证、股东证券账户卡的复印件和持股凭证;(二)被征集人为法人的,需提供被征集人的《企业法人营业执照》复印件、法定代表人身份证明(或代理人的身份证复印件、法定代表人的书面委托书)、身份证复印件、股东证券账户卡复印件和持股凭证。

**第 18 条** 被征集人的委托书及其附件,需不迟于股东会召开前 24 小时送达(可以以挂号信函、特快专递、委托专人或以其他可以签收确认的方式)至征集人聘请委托的律师事务所或公证机关,由其签收后进行统计、见证,就被征集人人数、所持有效表决权股份数及明细资料等事项出具律师见证书或公证书;征集人应当亲自携带所征集的授权委托书和公证书或见证意见书参加股东会。

**第 19 条** 征集人聘请的律师事务所与公司聘请见证股东会的律师事务所,应为不同的律师事务所。

**第 20 条** 征集人出席股东会时,需持身份证和持股证明文件(征集人为自然人股东的,需出示和提供身份证、股东证券账户卡;征集人为法人股东的,需出示和提供《企业法人营业执照》复印件、法定代表人身份证明、法定代表人依法出具的书面委托书、股东证券账户卡、代理人身份证明等必备资料；征集人为公司董事会的，需出示和提供董事会授权委托书；征集人为独立董事的，需出示和提供身份证），并按照规定办理签到登记。

第21条 征集人出席股东会并行使征集投票权时，应同时提供被征集人的委托书附件、其聘请委托律师事务所或公证机关出具的见证意见书或公证书，并在按照规定办理签到登记后，方能行使征集投票权。

第22条 股东会结束时，征集人所持有的投票授权委托书原件及附件等参会依据性资料，由公司连同股东会会议记录、出席会议股东的签名册等会议文件一并保存。

第23条 本细则由公司董事会审议通过后生效，修改亦同，并由董事会负责解释和修改。

## 【典型案例】

### ● 独立董事公开征集委托投票权案例

北京中科金财科技股份有限公司独立董事公开征集委托投票权的公告[①]

证券代码：002657　　证券简称：中科金财　　公告编号：2023-027

重要提示：

1. 本次征集表决权为依法公开征集，征集人赵某符合《证券法》第90条、《上市公司股东大会规则》第31条、《公开征集上市公司股东权利管理暂行规定》第3条规定的征集条件；

2. 截至本公告披露日，征集人赵某未持有北京中科金财科技股份有限公司（以下简称"公司"）股份。

一、征集人的基本情况

本次征集委托投票权的征集人为公司现任独立董事赵某，截至本公告披露日，未持有公司股票。征集人与公司董事、监事、高级管理人员、持股5%以上股东、实际控制人及其关联人之间不存在关联关系，征集人与征集委托投票权涉及的提案之间不存在利害关系，征集委托投票权采取无偿的方式进行。征集人保证本公告不存在虚假记载、误导性陈述或重大遗漏，并对其真实性、准确性、完整性承担法律责任，保证不会利用本次征集委托投票权从事内幕交易、操纵市场等证券欺诈行为。

---

[①] 参见《北京中科金财科技股份有限公司独立董事公开征集委托投票权的公告》，载巨潮资讯网：http://www.cninfo.com.cn/new/disclosure/detail?plate=szse&orgId=9900022100&stockCode=002657&announcementId=1217445513&announcementTime=2023-08-02，最后访问日期：2024年6月19日。

二、征集委托投票权的具体事项

（一）征集事项。由征集人针对2023年第二次临时股东大会中审议的如下议案向公司全体股东公开征集委托投票权：议案一：……；议案二：……；议案三：……。征集人将按被征集人或其代理人意见代为表决。

（二）征集主张。征集人作为公司独立董事，出席了公司于2023年8月1日召开的第六届董事会第七次会议，并且对……均投了赞成票。同时赵某作为公司独立董事发表了同意公司实施本次股票期权激励计划的独立意见。征集人认为：公司本次激励计划可以健全公司的激励机制，完善激励与约束相结合的分配机制，使经营者和股东形成利益共同体，提高管理效率与水平，有利于公司的可持续发展；不存在损害公司及全体股东尤其是中小股东利益的情形。

（三）征集方案。征集人依据我国现行法律、行政法规和规范性文件以及《公司章程》规定制定了本次征集委托投票权方案，其具体内容如下：

1. 征集时间：2023年8月15日至2023年8月16日（每日上午9：30—11：30，下午13：30—16：00）。

2. 征集委托投票权的确权日：2023年8月14日。

3. 征集方式：采用公开方式在中国证监会指定的信息披露媒体巨潮资讯网（www.cninfo.com.cn）上发布公告进行委托投票权征集行动。

4. 征集程序和步骤。第一步：征集对象决定委托征集人投票的，其应按本公告附件确定的格式和内容逐项填写《独立董事公开征集委托投票权授权委托书》（以下简称"授权委托书"）。第二步：向征集人委托的公司董事会办公室提交本人签署的授权委托书及其他相关文件；本次征集委托投票权由公司董事会办公室签收授权委托书及其他相关文件：（1）委托投票股东为法人股东的，其应提交营业执照复印件、法人代表证明书原件、授权委托书原件、股东账户卡（或其他能够表明其股东身份的有效证件或证明）；法人股东按本条规定提供的所有文件应由法人代表逐页签字并加盖股东单位公章；（2）委托投票股东为个人股东的，其应提交本人身份证复印件、授权委托书原件、股东账户卡（或其他能够表明其股东身份的有效证件或证明）；（3）授权委托书为股东授权他人签署的，该授权委托书应当经公证机关公证，并将公证书连同授权委托书原件一并提交；由股东本人或股东单位法人代表签署的授权委托书不需要公证。第三步：委托投票股东按上述第二步要求备妥相关文件后，应在征集时间内将授权委托书及相关文件采取专人送达或挂号信函或特快专递方式并按本公告指定地址送达；采取挂号信或特快专递方式的，收到时间以公司董事会办公室收到时间为准。委托投票股东送达授权委托书及相关文件的指定地址和收件人为：收件人：……；联系地址：……；联系电话：……；公司传真：……。请将提交的全部文件予以妥善密封，注明委托投票股东的联系电话和联系人,并在显著位置标明"独立董事征集委托投票权授权委托书"字样。第四步:由公司2023年第二次临时股东大会进行见证的律师事务所见证律师对法人股东和自然人股东提交的前述所列示的文件进行形式审核。经审核确认有效的授权委托将由见证律师提交征集人。

5. 委托投票股东提交文件送达后,经审核全部满足以下条件的授权委托将被确认为有效:(1)已按本公告征集程序要求将授权委托书及相关文件送达指定地点;(2)在征集时间内提交授权委托书及相关文件;(3)股东已按本公告附件规定格式填写并签署授权委托书,且授权内容明确,提交相关文件完整、有效;(4)提交授权委托书及相关文件与股东名册记载内容相符;(5)股东将其对征集事项投票权重复授权委托给征集人,但其授权内容不相同的,股东最后一次签署的授权委托书为有效,无法判断签署时间的,以最后收到的授权委托书为有效;(6)股东将征集事项投票权授权委托给征集人后,股东可以亲自或委托代理人出席会议。

6. 经确认有效的授权委托出现下列情形的,征集人可以按照以下办法处理:(1)股东将征集事项投票权授权委托给征集人后,在现场会议登记时间截止之前以书面方式明示撤销对征集人的授权委托,则征集人将认定其对征集人的授权委托自动失效;(2)股东将征集事项表决权授权委托给征集人后,股东未在征集人代为行使表决权之前撤销委托但出席股东大会并在征集人代为行使表决权之前自主行使表决权的,视为已撤销表决权委托授权;(3)股东将征集事项投票权授权委托给征集人以外的其他人登记并出席会议,且在现场会议登记时间截止之前以书面方式明示撤销对征集人的授权委托的,则征集人将认定其对征集人的授权委托自动失效;(4)股东应在提交的授权委托书中明确其对征集事项的投票指示,并在同意、反对、弃权中选其一项,选择一项以上或未选择的,则征集人将认定其授权委托无效。

(四)征集对象。截至2023年8月14日(本次股东大会股权登记日)下午股市交易结束后,在中国证券登记结算有限责任公司深圳分公司登记在册并办理了出席会议登记手续的公司全体股东。

特此公告。

征集人:赵某

2023年8月2日

## 第九节 优先认股权

**【示范条款】**

6.9.1 优先认股权

公司新增资本时,股东有权优先按照实缴的出资比例认缴出资。

【注释】经全体股东特别约定:公司新增资本时,可以不设优先认股权,或者对不同股东的优先认股权作不同的优先认股权规定。

**【条款解读】**

优先认股权又称优先认缴权或股票先买权,是公司增发新股时为保护老股东的利益而赋予老股东的一种特权。当公司增资发行新股票时,公司现有股东有优先根据其持有的股票在已发行股票中所占比例购买相应新股票的权利。设立优先认股权的目的是,在公司有扩大总股本的融资行为时,保障现有股东的持股比例和权益不被摊薄。

优先认股权的法理依据主要在于股东的比例性利益,即公司成立之初股东都按一定比例认购公司的股份,公司的经营决策权、红利的发放、各种利益的分享均按此比例进行,维持原有的股比可使公司的利益格局保持均衡。而这种比例的维持主要存在于公司增发新股时,股东须按原有比例优先认购。优先认股权的主要功能是确保股权不被稀释。如前所述,维持股东的比例性利益是股权本身的要求。在对公司的重大事项决策中,在选择公司的高级管理人员时,股东可以按其在公司中所拥有的股份行使表决权。

在上市公司中,优先认股权又称股票先买权、配股权证,是指当上市公司为增加公司资本而决定增加发行新的股票时,原普通股股东享有的按其持股比例,以低于市价的某一特定价格优先认购一定数量新发行股票的权利,是普通股股东的一种特权。

## 第十节 特殊表决权

**【示范条款】**

6.10.1 特殊表决权

(有限责任公司)股东【名称/姓名】持有的【 】元出资额,占出资比例【 】%,在公司股东会表决时,共计持有【 】%的表决权。

该特殊表决权记载在股东【名称/姓名】的出资证明书中。

【注释】按照《公司法》(2023年修订)的规定,股份有限公司也可以设特殊表决权股,具体见【示范条款】第5.8.5条。

## 【条款解读】

一、平等表决权与特殊表决权

在有限责任公司中,和通常的按照出资比例分配红利一样,股东表决权通常也是按照出资比例行使,即所谓"一股一票"。特殊情况下可以不按照出资比例分配红利,同样在特殊情况下,也可以不按照"一股一票"分配表决权。

特殊的表决权制度有:超级表决权,如某股东可以对特定事项行使一票否决权。加倍表决权,如股东按照所持有的股权,拥有双倍或者多倍的表决权。限制表决权,如优先股无董事、监事的选举权等。

二、出资比例与持股比例

在公司注册资本符合法定要求的情况下,各股东的实际出资数额和持有股权比例应属于公司股东意思自治的范畴。股东持有股权的比例一般与其实际出资比例一致,但有限责任公司的全体股东内部也可以约定不按实际出资比例持有股权,这样的约定并不影响公司资本对公司债权担保等对外基本功能的实现。如该约定是各方当事人的真实意思表示,且未损害他人的利益,不违反法律和行政法规的规定,应属有效,股东按照约定持有的股权应当受到法律的保护。

# 第十一节　股东的诉权

## 【示范条款】

6.11.1　股东派生诉讼

董事、高级管理人员执行公司职务时违反法律、行政法规或者本章程的规定,给公司造成损失的,【有限责任公司的股东/股份有限公司连续180日以上单独或合并持有公司1%以上股份的股东】有权书面请求监事会向人民法院提起诉讼。

监事执行公司职务时违反法律、行政法规或者本章程的规定,给公司造成损失的,前款股东可以书面请求董事会(执行董事)向人民法院提起诉讼。

监事会、董事会收到前款规定的股东书面请求后拒绝提起诉讼,或者自收到请求之日起【30】日内未提起诉讼,或者情况紧急、不立即提起诉讼将会使公司利益受到难以弥补的损害的,前款规定的股东有权为了公司的利益以自己的名义直接向人民法院提起诉讼。

他人侵犯公司合法权益,给公司造成损失的,本条第1款规定的股东可以依照前3款的规定向人民法院提起诉讼。

### 6.11.2 股东直接诉讼

董事、高级管理人员违反法律、行政法规或者本章程的规定,损害股东利益的,股东有权依法提起要求停止上述违法行为或侵害行为的诉讼。

## 【条款解读】

### 一、会议决议的无效与可撤销

《公司法》(2023年修订)第25条规定:"公司股东会、董事会的决议内容违反法律、行政法规的无效。"第26条规定:"公司股东会、董事会的会议召集程序、表决方式违反法律、行政法规或者公司章程,或者决议内容违反公司章程的,股东自决议作出之日起六十日内,可以请求人民法院撤销。但是,股东会、董事会的会议召集程序或者表决方式仅有轻微瑕疵,对决议未产生实质影响的除外。"

可见,公司股东会会议决议、董事会决议的无效及可撤销制度,分为实体内容违反和程序违反。

其中,股东会会议决议和董事会决议的实体内容违反法律、行政法规的,为"无效决议";股东会会议决议和董事会决议产生的程序违反法律、行政法规的,为"可撤销决议",股东可在规定时限内请求法院撤销。

而对于违反公司章程的,则不管是股东会会议决议和董事会决议的实体内容违反公司章程,还是股东会会议决议和董事会决议的产生程序违反公司章程,均为"可撤销决议",股东可在规定时限内请求法院撤销。

### 二、会议决议的不成立

这是2023年《公司法》新增的条款,《公司法》(2023年修订)第27条规定:"有下列情形之一的,公司股东会、董事会的决议不成立:(一)未召开股东会、董事会会议作出决议;(二)股东会、董事会会议未对决议事项进行表决;(三)出席会议的人数或者所持表决权数未达到本法或者公司章程规定的人数或者所持表决权数;(四)同意决议事项的人数或者所持表决权数未达到本法或者公司章程规定的人数或者所持表决权数。"

### 三、股东派生诉讼

股东派生诉讼是指当公司的董事、监事和高级管理人员等主体侵害了公司权益,而公司怠于追究其责任时,符合法定条件的股东可以自己的名义代表公司提起诉讼。

在一般情况下,法律主体只能为保护自己的利益而以自己的名义主张权利并提起诉讼。也就是说,当股东利益受到直接损害时,其可以以自己的名义提起诉讼;而当公司利益受到损害时,只能由公司提起诉讼。尽管公司利益受损会间接损害到股东的利益,但在传统的法理之下,股东是不能直接因为公司的利益而主张权利提起诉讼的。公司法上的股东代表诉讼制度最初形成于19世纪的英美国家,是作为衡平法上的一项特殊制度出现的,其直接目的是保护公司利益,但在结果上也间接地保护了中小股东的利益。

在公司的董事、监事和高级管理人员执行职务违反法律、行政法规或者公司章程的规定,给公司造成损失,而公司又怠于行使起诉权时(因为公司是需要公司机关去提起诉讼,而作为公司机关构成的董事、监事和高级管理人员不会"自己"去起诉"自己")。这时,符合条件的股东可以以自己的名义向法院提起损害赔偿的诉讼,由于不是直接诉权,因此被称为代表诉讼、代位诉讼、派生诉讼等。

股东派生诉讼可以有力地保护股东的利益,但同时也可能面临有人"滥诉"或者借此恶意伤害公司的情形,因此需要作一些限制性规定,例如,限制原告资格、规定前置程序等。

1. 原告资格。有限责任公司的任何股东、股份有限公司连续180日以上单独或者合计持有公司1%以上股份的股东可以代表公司提起诉讼。之所以对股份有限公司的原告资格增加限制性规定,是因为股份有限公司的股东由于取得股份和出售股份比较容易,为防止滥诉,新法在持股时间和持股比例两个方面给予了限制性规定。

2. 被告范围。包括《公司法》(2023年修订)第189条规定的董事、监事和高级管理人员和《公司法》(2023年修订)第189条第3款所规定的"他人侵犯公司合法权益,给公司造成损失……"中的"他人"。"他人"可以为任何人,如大股东、实际控制人等。当董事、监事、高级管理人员和"他人"侵犯公司合法权益,给公司造成损失时,符合条件的股东可以提起股东派生诉讼。

3. 责任事由。责任事由指《公司法》(2023年修订)第188条规定的:"董事、监事、高级管理人员执行公司职务违反法律、行政法规或者公司章程的规定,给公司造成损失的,应当承担赔偿责任。"

4. 前置程序。即股东在一般情况下不能直接向法院起诉,而应先征求公司的意思,即以书面形式请求监事会/监事(起诉董事、高级管理人员时)或董事会/执行董事(起诉监事时)作为公司代表起诉董事、监事、高级管理人员或"他人"。

当股东的书面请求遭到明确拒绝,或者自收到请求之日起30日内未提起诉讼,或者情况紧急、不立即提起诉讼将会使公司利益受到难以弥补的损害的,该股东有权为了公司的利益以自己的名义直接向人民法院提起诉讼。

5. 诉讼利益。在法理上,若原告股东胜诉,胜诉利益归于公司,而非原告股东;若原告股东败诉,不仅原告股东承担诉讼费用,而且诉讼结果对其他处于相同处境的股东有拘束力,其他未起诉的股东不得就同一事由再次起诉。

四、股东直接诉讼

股东直接诉讼,是指股东为了自己的利益,以自己的名义向公司或者其他权利侵害人提起的诉讼。《公司法》(2023年修订)第190条:"董事、高级管理人员违反法律、行政法规或者公司章程的规定,损害股东利益的,股东可以向人民法院提起诉讼。"与股东派生诉讼相比,二者在产生的根据、所受的限制、维护的利益、诉讼结果的归属等方面存在不同。

五、新法修订

《公司法》(2023年修订)第27条新增了会议决议的不成立之情形。

## 【相关法规】

● 《中华人民共和国公司法》(2023年修订)

**第25条** 公司股东会、董事会的决议内容违反法律、行政法规的无效。

**第26条** 公司股东会、董事会的会议召集程序、表决方式违反法律、行政法规或者公司章程,或者决议内容违反公司章程的,股东自决议作出之日起60日内,可以请求人民法院撤销。但是,股东会、董事会的会议召集程序或者表决方式仅有轻微瑕疵,对决议未产生实质影响的除外。

未被通知参加股东会会议的股东自知道或者应当知道股东会决议作出之日起60日内,可以请求人民法院撤销;自决议作出之日起1年内没有行使撤销权的,撤销权消灭。

**第27条** 有下列情形之一的,公司股东会、董事会的决议不成立:(一)未召开股东会、董事会会议作出决议;(二)股东会、董事会会议未对决议事项进行表决;(三)出席会议的人数或者所持表决权数未达到本法或者公司章程规定的人数或者所持表决权数;(四)同意决议事项的人数或者所持表决权数未达到本法或者公司章程规定的人数或者所持表决权数。

**第28条** 公司股东会、董事会决议被人民法院宣告无效、撤销或者确认不成立的,公司应当向公司登记机关申请撤销根据该决议已办理的登记。

股东会、董事会决议被人民法院宣告无效、撤销或者确认不成立的,公司根据该决议与善意相对人形成的民事法律关系不受影响。

**第188条** 董事、监事、高级管理人员执行职务违反法律、行政法规或者公司章程的规定,给公司造成损失的,应当承担赔偿责任。

**第189条** 董事、高级管理人员有前条规定的情形的,有限责任公司的股东、股份有限公司连续180日以上单独或者合计持有公司1%以上股份的股东,可以书面请求监事会向人民法院提起诉讼;监事有前条规定的情形的,前述股东可以书面请求董事会向人民法院提起诉讼。

监事会或者董事会收到前款规定的股东书面请求后拒绝提起诉讼,或者自收到请求之日起30日内未提起诉讼,或者情况紧急、不立即提起诉讼将会使公司利益受到难以弥补的损害的,前款规定的股东有权为公司利益以自己的名义直接向人民法院提起诉讼。

他人侵犯公司合法权益,给公司造成损失的,本条第1款规定的股东可以依照前两款的规定向人民法院提起诉讼。

公司全资子公司的董事、监事、高级管理人员有前条规定情形,或者他人侵犯公司全资子公司合法权益造成损失的,有限责任公司的股东、股份有限公司连续180日以上单独或者合计持有公司1%以上股份的股东,可以依照前三款规定书面请求全资子公司的监事会、董事会向人民法院提起诉讼或者以自己的名义直接向人民法院提起诉讼。

**第190条** 董事、高级管理人员违反法律、行政法规或者公司章程的规定,损害股东利益的,股东可以向人民法院提起诉讼。

● **上海市高级人民法院关于印发《关于审理公司纠纷案件若干问题的解答》的通知(沪高法民二〔2006〕8号)**

一、股东依据新修订的《公司法》第22条第1款规定,请求法院确认公司股东会或者股东大会、董事会决议无效,是否必须在决议作出之日起60日内行使的问题

旧《公司法》对此未作规定。高院民二庭曾在2003年12月18日印发的沪高法民二〔2003〕15号《关于审理涉及公司诉讼案件若干问题的处理意见(二)》(以下简称《原执法意见(二)》)第3条第2项规定:"有限责任公司股东主张撤销股东会决议或者认定股东会决议无效的,应当自股东会议结束之日起60日内提起诉讼;逾期起诉的,人民法院不予受理。"

新修订的《公司法》第22条对股东会或股东大会、董事会决议无效和撤销情形分别作了规定。根据该条第2款的规定,符合决议撤销情形的,股东可以自决议作出之日起60日内请求法院予以撤销。超过该规定期限提起的诉讼,法院不予受理。因此,该60日的规定仅是针对股东提起决议撤销诉讼而设定。对符合决议无效的情形,新修订的《公司法》未对股东提起诉讼的期限作出限制规定,故对于股东依据新修订的《公司法》第22条第1款规定提起的确认股东大会或股东会、董事会决议无效的诉讼,不应受60日的限制。《原执法意见(二)》第3条第2项的规定已与新修订的《公司法》该条规定不相符合,故不再适用。

二、上市公司股东请求确认公司股东大会或董事会决议无效或要求撤销股东大会或董事会决议的纠纷是否受理的问题

我院曾在2003年6月13日印发的沪高法〔2003〕216号《关于审理涉及公司诉讼案件若干问题的处理意见（一）》（以下简称《原执法意见（一）》）第2条第2项规定："对于股东起诉上市公司股东大会或董事会决议无效的案件暂不受理。"

新修订的《公司法》第22条规定，公司股东会或者股东大会、董事会决议存在无效或撤销情形的，股东可依法提起诉讼，请求法院确认决议无效或撤销决议。因此，上市公司股东有权依照该规定，请求法院确认股东大会、董事会决议无效或撤销股东大会、董事会决议。对此，人民法院应当予以受理。《原执法意见（一）》第2条第2项的规定与新修订的《公司法》规定不相符合，故不再适用。

鉴于上市公司股东请求确认股东大会、董事会决议无效或申请撤销决议的诉讼，属于新类型纠纷案件，且可能引发群体性诉讼和证券市场的不稳定问题，本市法院对此类案件的受理应持慎重态度，必要时应当请示上级法院后决定是否受理。上市公司股东向法院提起确认股东大会决议无效或撤销诉讼时，应当提交决议存在无效或撤销情形的相关证据，以防止股东不适当行使诉权。

● **《江西省高级人民法院关于审理公司纠纷案件若干问题的指导意见》（赣高法〔2008〕4号）**

47. 股东、董事、监事申请确认股东会、股东大会、董事会决议无效，或者股东申请撤销股东会、股东大会、董事会决议的，应列公司为被告，与股东会、股东大会、董事会决议有利害关系的人可列为第三人。

公司法定代表人以股东身份对公司股东会、股东大会或董事会决议申请确认无效或撤销的，由董事会推荐认可上述决议效力的其他股东、董事或者监事代表公司参加诉讼。

48. 股东超过《公司法》第22条第2款规定期限申请人民法院撤销股东会、股东大会、董事会决议的，人民法院不予受理。

49. 当事人对股东会、股东大会、董事会决议申请确认无效或撤销，人民法院驳回其诉讼请求的，他人以相同的事实和理由再次起诉的，人民法院不予受理。

50. 股东丧失股东资格后对股东会、股东大会、董事会决议申请撤销的，人民法院不予受理。但剥夺其股东资格的决议除外。

51. 公司拒不按照股东会、股东大会或董事会决议办理工商登记变更手续的，股东、董事、监事等利害关系人有权提起诉讼，要求公司办理工商登记变更手续。

60. 股东代表诉讼纠纷由公司住所地人民法院管辖。

61. 有限责任公司股东可以作为原告提起股东代表诉讼。股份有限公司股东提起诉讼时,已经连续 180 日以上持股,并单独或合计持股占公司股份 1% 以上的,人民法院应认定其具有原告资格。

诉讼中,原告丧失股东资格的,人民法院应裁定驳回起诉。

62. 股东提起代表诉讼,未将公司列为诉讼当事人的,人民法院应当通知公司作为第三人参加诉讼。公司法定代表人为被告时,由公司监事会主席或监事代表公司参加诉讼。

股东提起代表诉讼后,公司就同一事实和理由另行提起诉讼的,人民法院不予受理。但股东代表诉讼被人民法院裁定不予受理或驳回起诉的除外。

63. 股东代表诉讼中,人民法院支持原告诉讼请求的,应将诉讼请求的利益判归公司,股东因为诉讼所支出的合理费用,除判令由被告承担的外,可以向公司主张承担。人民法院不支持原告诉讼请求的,与诉讼相关费用均由提起诉讼的股东负担;部分支持的,按比例确定上述费用的负担。

64. 股东提起代表诉讼,人民法院驳回其诉讼请求的,其他股东以相同的事实和理由再次起诉的,人民法院不予受理。

65. 股东代表诉讼中,当事人达成和解协议并经公司股东会或股东大会决议通过,原告申请撤诉或者当事人申请人民法院出具调解书的,人民法院应裁定撤诉或者出具调解书。

●《山东省高级人民法院关于审理公司纠纷案件若干问题的意见(试行)》(鲁高法发〔2007〕3 号)

73. 股东依照《公司法》第 152 条之规定提起诉讼的,案由应确定为股东代表诉讼纠纷。

74. 股东代表诉讼纠纷由公司住所地人民法院管辖。

75. 有限责任公司股东可以作为原告提起股东代表诉讼。股份有限公司股东提起诉讼时,已经连续一百八十日以上持股,并单独或合计持股在公司股份百分之一以上的,人民法院应认定其具有原告资格。

诉讼中,原告丧失股东资格的,人民法院应裁定驳回起诉。

76. 股东提起代表诉讼,未将公司列为诉讼当事人的,人民法院应当通知公司作为第三人参加诉讼。

股东提起代表诉讼后,公司就同一事实和理由另行提起诉讼的,人民法院不予受理。但股东代表诉讼被人民法院裁定不予受理或驳回起诉的除外。

77. 股东未按照《公司法》第 152 条第 1、2 款规定向监事会、不设监事会的有限责任公司监事,或者董事会、不设董事会的有限责任公司的执行董事提出书面请求而直接向人民法院起诉的,人民法院不予受理。但情况紧急、不立即提起诉讼将会使公司利益受到难以弥补的损害的除外。

股东依据《公司法》第152条第3款规定起诉的,应事先向董事会或者不设董事会的有限责任公司的执行董事提出书面请求,否则人民法院不予受理。但情况紧急、不立即提起诉讼将会使公司利益受到难以弥补的损害的除外。

78. 股东代表诉讼中,人民法院支持原告诉讼请求的,应将诉讼请求的利益判归公司。

上述情形,股东因为诉讼所支出的合理费用,除判令由被告承担的外,可以向公司主张承担。

79. 股东提起代表诉讼,人民法院驳回其诉讼请求的,其他股东以相同的事实和理由再次起诉的,人民法院不予受理。

80. 股东代表诉讼中,当事人达成和解协议并经公司股东会或股东大会决议通过,原告申请撤诉或者当事人申请人民法院出具调解书的,人民法院可以裁定撤诉或者出具调解书。

【典型案例】

● 江苏万华工贸发展有限公司与张某娟等股东权纠纷案

【《最高人民法院公报》2007年第9期(总第131期)】

原告:张某娟。

被告:江苏万华工贸发展有限公司(以下简称"万华工贸公司");万某,系原告张某娟之夫;吴某亮;毛某伟。

被告万华工贸公司成立于1995年12月21日,发起人为被告万某、原告张某娟和其他两名股东朱某前、沈某,注册资本为106万元,其中万某出资100万元,朱某前、沈某、张某娟各出资2万元。1995年11月23日,万某、朱某前、沈某、张某娟签订了《万华工贸公司章程》,该章程规定:公司股东不得向股东以外的人转让其股权,只能在股东内部相互转让,但必须经全体股东同意;股东有权优先购买其他股东转让的股权;股东会由股东按照出资比例行使表决权,每10万元为一个表决权;股东会议分为定期会议和临时会议,并应于会议召开5日前通知全体股东;定期股东会议应一个月召开一次;股东出席股东会议也可书面委托他人参加,行使委托书载明的权利;股东会议应当对所议事项作出决议,决议应当由代表1/2以上表决权的股东表决通过;股东对公司增加或减少注册资本、股东转让股权及公司的合并、分立、变更公司形式、解散、清算等事项作出的决议,应由代表2/3以上表决权的股东表决通过;股东会议应当对所议事项的决定作出会议记录,出席会议的股东应当在会议记录上签名,等等。

被告万华工贸公司成立后,由被告万某负责公司的经营管理。

原告张某娟因与万华工贸公司等发生股东权纠纷,故提出诉讼,请求法院确认所谓的 2004 年 4 月 6 日万华工贸公司股东会决议无效,确认原告与毛某伟之间的股权转让协议无效,确认万某与吴某亮之间的股权转让协议无效,或者撤销上述股东会议决议和股权转让协议。

【一审】南京市玄武区人民法院认为:

有限责任公司的股东会议,应当由符合法律规定的召集人依照法律规定或公司章程规定的程序,召集全体股东出席,并由符合法律规定的主持人主持会议。股东会议需要对相关事项作出决议时,应由股东依照法律规定、公司章程规定的议事方式、表决程序进行议决,达到法律规定、公司章程规定的表决权比例时方可形成股东会决议。有限责任公司通过股东会议对变更公司章程内容、决定股权转让等事项作出决议,其实质是公司股东通过参加股东会议行使股东权利、决定变更其自身与公司的民事法律关系的过程,因此公司股东实际参与股东会议并作出真实意思表示,是股东会议及其决议有效的必要条件。在本案中,虽然被告万某享有被告万华工贸公司的绝对多数的表决权,但并不意味着万某个人利用控制公司的便利作出个人决策的过程就等同于召开了公司股东会议,也不意味着万某个人的意志即可代替股东会决议的效力。根据本案事实,不能认定 2004 年 4 月 6 日万华工贸公司实际召开了股东会议,更不能认定就该次会议形成了真实有效的股东会决议。万华工贸公司据以决定办理公司变更登记、股权转让等事项的所谓"股东会决议",是当时该公司的控制人万某所虚构的,实际上并不存在,因而当然不能产生法律效力。

《公司法》第 22 条关于"股东会或者股东大会、董事会的会议召集程序、表决方式违反法律、行政法规或者公司章程,或者决议内容违反公司章程的,股东可以自决议作出之日起 60 日内,请求人民法院撤销"的规定,是针对实际召开的公司股东会议及其作出的会议决议作出的规定,即在此情况下,股东必须在股东会决议作出之日起 60 日内请求人民法院撤销,逾期则不予支持。而在本案中,2004 年 4 月 6 日的万华工贸公司股东会议及其决议实际上并不存在。

2007 年 4 月 2 日,南京市玄武区人民法院判决被告万华工贸公司于 2004 年 4 月 6 日的股东会决议不成立。

【简析】有限责任公司召开股东会会议并作出会议决议,应当依照法律及公司章程的相关规定进行。未经依法召开股东会会议并作出会议决议,而是由实际控制公司的股东虚构公司股东会会议及其会议决议的,即使该股东实际享有公司绝大多数的股份及相应的表决权,其个人决策亦不能代替股东会决议的效力。在此情况下,其他股东申请确认虚构的股东会会议及其决议无效的,人民法院应当支持。

## 第十二节 控股股东行为的规范

【示范条款】

6.12.1 控股股东的定义

本章程所称"控股股东",是指具备下列条件之一的股东:1. 此人单独或者与他人一致行动时,可以行使公司50%以上的表决权或者可以控制公司50%以上表决权的行使;2. 此人单独或者与他人一致行动时,持有公司50%以上的股份;3. 此人单独或者与他人一致行动时,持有股份的比例虽然不足50%,但依其持有的股份所享有的表决权已足以对股东会的决议产生重大影响,或者可以以其他方式在事实上控制公司的股东。

本条所称"一致行动"是指两个或者两个以上的人以协议的方式(不论口头或者书面)达成一致,通过其中任一人取得对公司的投票权,以达到或者巩固控制公司目的的行为。

6.12.2 实际控制人的定义

实际控制人,是指虽不是公司的股东,但通过投资关系、协议或者其他安排,能够实际支配公司行为的人。

6.12.3 特殊诚信义务

公司的控股股东、实际控制人不得利用其关联关系损害公司利益。违反规定,给公司造成损失的,应当承担赔偿责任。

公司控股股东及实际控制人对公司和公司其他股东负有诚信义务。控股股东应严格依法行使出资人的权利,控股股东不得利用利润分配、资产重组、对外投资、资金占用、借款担保等方式损害公司和其他股东的合法权益,不得利用其控制地位损害公司和其他股东的利益。

6.12.4 不干涉公司独立性

控股股东与公司应实行人员、资产、财务分开,机构、业务独立,各自独立核算、独立承担责任和风险。

公司人员应独立于控股股东。公司的经理人员、财务负责人、营销负责人和董事会秘书在控股股东单位不得担任除董事以外的其他职务。控股股东高级管理人员兼任公司董事的,应保证有足够的时间和精力承担公司的工作。

公司应按照有关法律、法规的要求建立健全的财务、会计管理制度,独立核算。控股股东应尊重公司财务的独立性,不得干预公司的财务、会计活动。

公司的董事、监事及其他内部机构应独立运作。控股股东及其职能部门与公司及其职能部门之间没有上下级关系。控股股东及其下属机构不得向公司及其下属机构下达任何有关公司经营的计划和指令,也不得以其他任何形式影响其经营管理的独立性。

公司业务应完全独立于控股股东。控股股东及其下属的其他单位不应从事与公司相同或相近的业务。控股股东应采取有效措施避免同业竞争。

6.12.5 合法提名董事、监事

控股股东对公司董事、监事候选人的提名,应严格遵循法律、法规和公司章程规定的条件和程序。控股股东提名的董事、监事候选人应当具备相关专业知识和决策、监督能力。

控股股东不得对股东会人事选举决议和董事会人事聘任决议履行任何批准手续;不得越过股东会、董事会任免公司的高级管理人员。

6.12.6 合法行使决策权

公司的重大决策应由股东会和董事会依法作出。控股股东不得直接或间接干预公司的决策及依法开展的生产经营活动,损害公司及其他股东的权益。

【条款解读】

一、控股股东

控股股东是指其出资额占有限责任公司资本总额50%以上或者其持有的股份占股份有限公司股本总额50%以上的股东;出资额或者持有股份的比例虽然不足50%,但依其出资额或者持有的股份所享有的表决权已足以对股东会的决议产生重大影响的股东。

按照中国证监会《上市公司治理准则》的规定,上市公司的控股股东需要规范以下行为:(1)控股股东对上市公司及其他股东负有诚信义务。控股股东对其所控股的上市公司应严格依法行使股东权利,控股股东不得利用资产重组等方式损害上市公司和其他股东的合法权益,不得利用其特殊地位谋取额外的利益。(2)控股股东对上市公司董事、监事候选人的提名,应严格遵循法律法规和公司章程规定的条件和程序。控股股东提名的董事、监事候选人应当具备相关专业知识和决策、监督能力。控股股东不得对股东会人事选举决议和董事会人事聘任决议履行任何批准手续;不得越过股东会、董事会任免上市公司的高级管理人员。(3)上市公司的重大决策应由股东大会和董事会依法作出。控股股东不得直接或间接干预公司的决策及依法开展的生产经营活动,损害公司及其他股东的权益。(4)控股股东与上市公司应实行人员、资产、财务分开,机构、业务独立,各自独立核算、独立承担责任和风险。(5)上市公司人员应独立于控股股东。上市公司的经理人员、财务负责人、营销负责人和董事会秘书不得在控股股东控制的其他企业中担任除董事以外的其他行政职务。控股股东、高级管理人员兼任上市公司董事的,应保证有足够的时间和精力承担上市公司的工作。(6)控股股东不得占用、支配该资产或干预上市公司对该资产的经营管理。(7)控股股东应尊重公司财务的独立性,不得干预公司的财务、会计活动。(8)上市公司的董事会、监事会及其他内部机构应独立运作。控股股东及其内部机构与上市公司及其内部机构之间没有上下级关系。控股股东及其控制机构不得向上市公司及其下属机构下达任何有关上市公司经营的计划和指令,也不得以其他任何形式影响其经营管理的独立性。(9)上市公司业务应完全独立于控股股东。控股股东及其控制的其他单位不应从事与上市公司相同或相近的业务。控股股东应采取有效措施避免同业竞争。

二、实际控制人

实际控制人是指虽不是公司的股东,但通过投资关系、协议或者其他安排,能够实际支配公司行为的人。

三、关联关系

关联关系是指公司控股股东、实际控制人、董事、监事、高级管理人员与其直接或者间接控制的企业之间的关系,以及可能导致公司利益转移的其他关系。但是,国家控股的企业之间不因为同受国家控股而具有关联关系。

四、一致行动人

笔者认为,一致行动人是指两个以上持有或者控制某一公司股权的人(或者法人),在股东会会议之外的场所,经协商一致,同意共同行使、并实际共同行使前述股权。

1. 一般是存在三个以上的当事人。其中,两个以上的当事人(自然人或者法人)持有或者控制另一方当事人(法人)的股权。

2. 该两个以上的当事人(自然人或者法人)在股东会会议之外的场所进行了一定的商榷,这里的股东会会议是指被持有或者控制股权之法人的股东会。

也就是说,未在股东会会议之外的场所达成合意,仅仅在股东会会议上投票相同,并不构成"一致行动"。

3. 该在股东会会议之外的商榷最后达成了一致。

未达成一致的商榷,自然不可能构成"一致行动"。

4. 上述协商一致的内容是指有关该被持有或者控制股权之法人股权如何行使。

与该股权如何行使无关的其他事项之协商一致,不构成"一致行动"。

5. 该两个以上的当事人(自然人或者法人)基于上述达成的"协商一致",也都付诸了行动。

没有付诸行动的协商一致,还没有构成"一致行动"。但该"协商一致"之行动是否已经或者是否能够达到该"协商一致"双方所意欲达到的效果,不影响"一致行动"的认定。

五、"一致行动人"与"关联关系"的异同

(一)相同之处

1. 一致行动人与关联关系,都是商事活动中比较常见的、广泛存在的商事行为。

2. 基于一致行动人与关联关系的特殊性,他们都需要由外部力量加以相应的监管,不能任意地行使。

3. 一般都涉及三方当事人以上的利益主体。一致行动中是两个以上持有或者控制股权的人(或者法人),加上一个持有或者控制股权指向的公司。关联关系中是发生资金或者资产转移的交易双方,加上利益受损害或者利益可能受损害的一方。

(二)不同之处

1. 是否进行资金资产转移不同

一致行动人指的是"行动",一般不涉及资金转移或者资产所有权转移;关联关系指的是"交易",主要就是指资金转移或者资产所有权转移等。

2. 不同的三方以上当事人

一致行动人中的三方以上当事人是指,两个以上持有股权的人(或者法人),加上持有或者控制股权所指向的公司;关联关系中的三方以上当事人是指,发生资金或者资产转移的交易双方,利益受损害或者利益可能受损害的一方。

利益受损害或者利益可能受损害的一方是指:(1)"非公允"关联交易中,资产受损一方的非关联关系之股东。(2)"非真实"关联交易中,相关债权人以及税务征收机关等。

3. 外部监管的目的不同

对于"一致行动"的外部监管,主要是指,行使股权应当明示行为,防止股东通过"隐蔽"方式干涉公司管理和经营。外部监管保护的目的主要是标的公司及标的公司的其他股东。其中,"隐蔽"是其主要特征。外部监管的任务就是刺破这个"隐蔽"的面纱。

对于"关联交易"的外部监管,主要是指:(1)防止交易偏离"公允"。交易偏离"公允"的"非公允"关联交易会损害非关联关系之股东。(2)防止虚假交易。"非真实"关联交易会损害相关债权人,以及税务征收机关的税务征收等。

**【相关法规】**

● 《中华人民共和国公司法》(2023 年修订)

第 22 条 公司的控股股东、实际控制人、董事、监事、高级管理人员不得利用关联关系损害公司利益。

违反前款规定,给公司造成损失的,应当承担赔偿责任。

● 上海市高级人民法院关于印发《关于审理公司纠纷案件若干问题的解答》的通知(沪高法民二〔2006〕8 号)

● 《中华人民共和国民法典》

第 84 条 营利法人的控股出资人、实际控制人、董事、监事、高级管理人员不得利用其关联关系损害法人的利益;利用关联关系造成法人损失的,应当承担赔偿责任。

● 《公司法司法解释二》(2020 年修正)

第 18 条 有限责任公司的股东、股份有限公司的董事和控股股东未在法定期限内成立清算组开始清算,导致公司财产贬值、流失、毁损或者灭失,债权人主张其在造成损失范围内对公司债务承担赔偿责任的,人民法院应依法予以支持。

有限责任公司的股东、股份有限公司的董事和控股股东因怠于履行义务,导致公司主要财产、账册、重要文件等灭失,无法进行清算,债权人主张其对公司债务承担连带清偿责任的,人民法院应依法予以支持。

上述情形系实际控制人原因造成,债权人主张实际控制人对公司债务承担相应民事责任的,人民法院应依法予以支持。

第 19 条 有限责任公司的股东、股份有限公司的董事和控股股东,以及公司的实际控制人在公司解散后,恶意处置公司财产给债权人造成损失,或者未经依法清算,以虚假的清算报告骗取公司登记机关办理法人注销登记,债权人主张其对公司债务承担相应赔偿责任的,人民法院应依法予以支持。

第 20 条 公司解散应当在依法清算完毕后,申请办理注销登记。公司未经清算即办理注销登记,导致公司无法进行清算,债权人主张有限责任公司的股东、股份有限公司的董事和控股股东,以及公司的实际控制人对公司债务承担清偿责任的,人民法院应依法予以支持。

公司未经依法清算即办理注销登记,股东或者第三人在公司登记机关办理注销登记时承诺对公司债务承担责任,债权人主张其对公司债务承担相应民事责任的,人民法院应依法予以支持。

**第 21 条** 按照本规定第 18 条和第 20 条第 1 款的规定应当承担责任的有限责任公司的股东、股份有限公司的董事和控股股东,以及公司的实际控制人为二人以上的,其中一人或者数人依法承担民事责任后,主张其他人员按照过错大小分担责任的,人民法院应依法予以支持。

● 《公司法司法解释五》(2020 年修正)

**第 1 条** 关联交易损害公司利益,原告公司依据《民法典》第 84 条、《公司法》第 21 条规定请求控股股东、实际控制人、董事、监事、高级管理人员赔偿所造成的损失,被告仅以该交易已经履行了信息披露、经股东会或者股东大会同意等法律、行政法规或者公司章程规定的程序为由抗辩的,人民法院不予支持。

公司没有提起诉讼的,符合公司法第 151 条第 1 款规定条件的股东,可以依据公司法第 151 条第 2、3 款规定向人民法院提起诉讼。

● 《国务院办公厅关于加快推进社会信用体系建设构建以信用为基础的新型监管机制的指导意见》(国办发〔2019〕35 号)

四、完善事后环节信用监管

(十二)依法追究违法失信责任。建立健全责任追究机制,对被列入失信联合惩戒对象名单的市场主体,依法依规对其法定代表人或主要负责人、实际控制人进行失信惩戒,并将相关失信行为记入其个人信用记录。机关事业单位、国有企业出现违法失信行为的,要通报上级主管单位和审计部门;工作人员出现违法失信行为的,要通报所在单位及相关纪检监察、组织人事部门。

● 《上市公司治理准则》(2018 年修订,中国证券监督管理委员会公告〔2018〕29 号)

**第 51 条** 高级管理人员的聘任,应当严格依照有关法律法规和公司章程的规定进行。上市公司控股股东、实际控制人及其关联方不得干预高级管理人员的正常选聘程序,不得越过股东大会、董事会直接任免高级管理人员。

鼓励上市公司采取公开、透明的方式,选聘高级管理人员。

**第 63 条** 控股股东、实际控制人对上市公司及其他股东负有诚信义务。控股股东对其所控股的上市公司应当依法行使股东权利,履行股东义务。控股股东、实际控制人不得利用其控制权损害上市公司及其他股东的合法权益,不得利用对上市公司的控制地位谋取非法利益。

**第 64 条** 控股股东提名上市公司董事、监事候选人的,应当遵循法律法规和公司章程规定的条件和程序。控股股东不得对股东大会人事选举结果和董事会人事聘任决议设置批准程序。

**第 65 条** 上市公司的重大决策应当由股东大会和董事会依法作出。控股股东、实际控制人及其关联方不得违反法律法规和公司章程干预上市公司的正常决策程序,损害上市公司及其他股东的合法权益。

**第 66 条** 控股股东、实际控制人及上市公司有关各方作出的承诺应当明确、具体、可执行,不得承诺根据当时情况判断明显不可能实现的事项。承诺方应当在承诺中作出履行承诺声明、明确违反承诺的责任,并切实履行承诺。

**第 67 条** 上市公司控制权发生变更的,有关各方应当采取有效措施保持上市公司在过渡期间内稳定经营。出现重大问题的,上市公司应当向中国证监会及其派出机构、证券交易所报告。

**第 68 条** 控股股东、实际控制人与上市公司应当实行人员、资产、财务分开,机构、业务独立,各自独立核算、独立承担责任和风险。

**第 69 条** 上市公司人员应当独立于控股股东。上市公司的高级管理人员在控股股东不得担任除董事、监事以外的其他行政职务。控股股东高级管理人员兼任上市公司董事、监事的,应当保证有足够的时间和精力承担上市公司的工作。

**第 70 条** 控股股东投入上市公司的资产应当独立完整、权属清晰。

控股股东、实际控制人及其关联方不得占用、支配上市公司资产。

**第 71 条** 上市公司应当依照法律法规和公司章程建立健全财务、会计管理制度,坚持独立核算。

控股股东、实际控制人及其关联方应当尊重上市公司财务的独立性,不得干预上市公司的财务、会计活动。

**第 72 条** 上市公司的董事会、监事会及其他内部机构应当独立运作。控股股东、实际控制人及其内部机构与上市公司及其内部机构之间没有上下级关系。

控股股东、实际控制人及其关联方不得违反法律法规、公司章程和规定程序干涉上市公司的具体运作,不得影响其经营管理的独立性。

**第 73 条** 上市公司业务应当独立于控股股东、实际控制人。

控股股东、实际控制人及其控制的其他单位不应从事与上市公司相同或者相近的业务。控股股东、实际控制人应当采取有效措施避免同业竞争。

●**《上市公司收购管理办法》(2020 年修正,中国证券监督管理委员会令第 166 号)**

**第 83 条** 本办法所称一致行动,是指投资者通过协议、其他安排,与其他投资者共同扩大其所能够支配的一个上市公司股份表决权数量的行为或者事实。

在上市公司的收购及相关股份权益变动活动中有一致行动情形的投资者,互为一致行动人。如无相反证据,投资者有下列情形之一的,为一致行动人:(一)投资者之间有股权控制关系;(二)投资者受同一主体控制;(三)投资者的董事、监事或者高级管理人员中的主要成员,同时在另一个投资者担任董事、监事或者高级管理人员;(四)投资者参股另一投资者,可以对参股公司的重大决策产生重大影响;(五)银行以外的其他法人、其他组织和自然人为投资者取得相关股份提供融资安排;(六)投资者之间存在合伙、合作、联营等其他经济利益关系;(七)持有投资者30%以上股份的自然人,与投资者持有同一上市公司股份;(八)在投资者任职的董事、监事及高级管理人员,与投资者持有同一上市公司股份;(九)持有投资者30%以上股份的自然人和在投资者任职的董事、监事及高级管理人员,其父母、配偶、子女及其配偶、配偶的父母、兄弟姐妹及其配偶、配偶的兄弟姐妹及其配偶等亲属,与投资者持有同一上市公司股份;(十)在上市公司任职的董事、监事、高级管理人员及其前项所述亲属同时持有本公司股份的,或者与其自己或者其前项所述亲属直接或者间接控制的企业同时持有本公司股份;(十一)上市公司董事、监事、高级管理人员和员工与其所控制或者委托的法人或者其他组织持有本公司股份;(十二)投资者之间具有其他关联关系。

一致行动人应当合并计算其所持有的股份。投资者计算其所持有的股份,应当包括登记在其名下的股份,也包括登记在其一致行动人名下的股份。

投资者认为其与他人不应被视为一致行动人的,可以向中国证监会提供相反证据。

**第 84 条** 有下列情形之一的,为拥有上市公司控制权:(一)投资者为上市公司持股 50%以上的控股股东;(二)投资者可以实际支配上市公司股份表决权超过 30%;(三)投资者通过实际支配上市公司股份表决权能够决定公司董事会半数以上成员选任;(四)投资者依其可实际支配的上市公司股份表决权足以对公司股东大会的决议产生重大影响;(五)中国证监会认定的其他情形。

# 第七章　股东会[①]

## 第一节　一般规定

**【示范条款】**

### 7.1.1　股东会的职责

股东会是公司的权力机构,依法行使下列职权:1.决定公司的经营方针和投资计划;2.选举和更换非由职工代表担任的董事、监事,决定有关董事、监事的报酬事项;3.审议批准董事会的报告;4.审议批准监事会报告;5.审议批准公司的年度财务预算方案、决算方案;6.审议批准公司的利润分配方案和弥补亏损方案;7.对公司增加或者减少注册资本作出决议;8.对发行公司债券作出决议;9.对公司合并、分立、解散、清算或者变更公司形式作出决议;10.修改本章程;11.对公司聘用、解聘会计师事务所作出决议;12.审议批准第7.1.2条规定的担保事项;13.审议公司在1年内购买、出售重大资产超过公司最近一期经审计总资产【30%】的事项;14.审议批准变更募集资金用途事项;15.审议股权激励计划;16.审议法律法规或本章程规定应当由股东会决定的其他事项。

上述股东会的职权不得通过授权的形式由董事会或其他机构和个人代为行使。

**【注释】**除第8、11、12、13、15项可由制定者自行选择外,其他上述股东会的职权不得通过授权的形式由董事会或其他机构和个人代为行使。上市公司,上述股东会的职权均不得通过授权的形式由董事会或其他机构和个人代为行使。

公司还可以规定以下股东会职权:1.审议公司向其他企业投资或者为股东、实际控制人以外的第三人提供担保的事项,决定投资或者担保的总额及单项投资或者担保的数额限额;2.审议公司聘用、解聘律师事务所的相关事宜;3.审议批准公司对股东借款,公司对董事、监事、高级管理人员借款,公司对外借款及所涉金额标

---

[①] 由于有限责任公司是一种较为封闭的公司结构,股东数量较少、股东关系较为闭锁,股东会的运行有更多的个性空间。本章主要对股份有限公司的股东大会相关流程拟定,有限责任公司的股东会运行可以根据自己的情况选择适用。

准；4.审议批准公司融资方案及所涉金额标准；5.审议批准大额资金支付、大额交易、大额合同及所涉金额标准；6.审议批准关联交易及所涉金额标准等。

上述涉及金额或者比例的事项职权，可进一步就相关金额或者比例标准进行划分，规定超过一定金额或者比例的事项属于股东会职权，某一金额或者比例区间的事项属于董事会职权或者经理职权。

### 7.1.2 对外担保

公司下列对外担保行为，须经股东会审议通过。1.本公司及本公司控股子公司的对外担保总额，超过最近一期经审计净资产的【50%】以后提供的任何担保；2.公司的对外担保总额，超过最近一期经审计总资产的【30%】以后提供的任何担保；3.公司在一年内担保金额超过公司最近一期经审计总资产【30%】的担保；4.为资产负债率超过【70%】的担保对象提供的担保；5.单笔担保额超过最近一期经审计净资产【10%】的担保；6.对股东、实际控制人及其关联方提供的担保。

公司应当在章程中规定股东会、董事会审批对外担保的权限和违反审批权限、审议程序的责任追究制度。

【注释】上市公司必备条款，非上市公司根据情况选择适用。

### 7.1.3 会议地点和方式

本公司召开股东会的地点为：【公司住所地/董事会召集时的指定地】。股东会将设置会场，以现场会议形式召开。

公司还将提供【网络或其他方式】为股东参加股东会提供便利。股东通过上述方式参加股东会的，视为出席。

【注释】公司章程可以规定召开股东会的地点为公司住所地，对于董事会召集的股东会，可以授权董事会确定召开会议的地点。

监事会、股东召集的股东会应当在公司住所地召开。

发出股东会通知后，无正当理由，股东会现场会议召开地点不得变更。确需变更的，召集人应当在现场会议召开日前至少两个工作日公告并说明原因。

### 7.1.4 会议的律师见证

公司召开股东会时，会议召集人应当聘请律师对以下问题出具法律意见：1.会议的召集、召开程序是否符合法律、行政法规和本章程的规定；2.出席会议人员的资格、召集人资格是否合法有效；3.会议的表决程序、表决结果是否合法有效；4.应公司要求对其他有关问题出具的法律意见。

【注释】上市公司必备条款，非上市公司根据情况选择适用。

【条款解读】

一、股东会是公司的最高权力机关

我国公司法人治理结构为"三会制",指股东会、董事会、监事会三会。股东会由全体股东构成,是公司的最高权力机关,是表意机关,形成公司的意思。董事会是公司意思的执行机关,在遵守法律法规和公司章程的框架下,按照股东会的决议指导公司业务的执行,包括任命和免职公司法定代表人、聘任和解聘总裁及其高级管理人员等。监事会是公司的监督机关,对董事会和管理层执行公司管理事务,以及公司的财务运行之状况进行监督和审查。

股东会是公司的最高权力机关,它由全体股东组成,对公司重大事项进行决策,有权选任和解除董事、监事,并对公司的经营管理有广泛的决定权。公司一切重大的人事任免和重大的经营决策一般都需经股东会认可和批准方为有效。股东会既是一种定期或临时举行的由全体股东出席的会议,又是一种非常设的由全体股东所组成的公司制企业的最高权力机关。它是股东作为企业财产的所有者,对企业行使财产管理权的组织。

《公司法》(2023年修订)第58条规定:"有限责任公司股东会由全体股东组成。股东会是公司的权力机构,依照本法行使职权。"第111条规定:"股份有限公司股东会由全体股东组成。股东会是公司的权力机构,依照本法行使职权。"

1. 股东会是体现股东意志的机关

股东会是由全体股东组成的权力机关,它是全体股东参加的全会,而不应是股东代表大会。虽然现代大型公司股权机构分散,股东上千甚至几万,不可能全部出席股东会。但是,股东不能亲自到会时,有权委托他人代为出席投票,以体现全体股东的意志。参加股东会是股东的基本权利,公司不应阻止代理人投票或者要求股东亲自出席股东会投票。同时应鼓励公司去努力消除股东参加股东会的人为障碍,如随着科技环境的发展,推行网络投票、电子投票等。

2. 股东会是企业最高权力机关

股东会是企业经营管理和股东利益的最高决策机关,不仅要选举或任免董事会和监事会成员,而且企业的重大经营决策和股东的利益分配等都要得到股东会的批准。但股东会并不具体和直接介入企业生产经营管理,它既不对外代表企业与任何单位发生关系,也不对内执行具体业务,本身不能成为公司的代表人。

二、股东会的律师见证

目前上市公司的股东会都要求召集人聘请律师为公司的股东会之召集召

开,以及出席人员资格、表决程序与结果的有效性发表法律意见,非上市公司的股东会可以参照使用。股东会的律师参与能有效防范公司内部纠纷的发生。律师以法律专业人士的身份参与到公司的管理工作中,对改进公司法人治理结构,规范公司的行为无疑会带来积极影响。而对于封闭性较强的有限责任公司,可以不聘请律师见证其股东会的程序合法性。

律师作为公司的法律顾问,或者作为公司股东会聘请的律师,应本着勤勉尽责的精神,认真审核股东会相关的资料,独立公正地出具法律意见书。

1. 委托与授权

如果见证律师本身就是公司的常年法律顾问,则凭公司请求律师到会见证的书面通知作为授权依据。如公司与律师事务所之间没有常年法律顾问合同,则应就该专项法律事务进行委托,签订《委托代理合同》并另行出具书面的《授权委托书》,取得承办本法律事务的授权。

2. 召集程序的审查

股东会会前的审验主要有:股东会召集程序是否符合法律、行政法规和公司章程的规定,审查股东会的通知是否依法或者依公司章程送达等。由见证律师对会议的召集、召开程序是否符合法律、行政法规和公司章程的规定进行审查。见证律师审查验证前述材料,主要应对证据材料的真实性、合法性进行审查,辨别真伪,对委托人提供的材料如果有疑问,应要求其限期补正。

3. 出席资格的审查

见证律师审查出席会议人员的资格、召集人资格是否合法有效。

审查与确认出席股东资格的主要内容有:①公司给股东签发的出资证明书与公司本次股权登记日之股东名册的核对;②股东本人身份证或者法人营业执照、代理人身份证、授权委托书;③核对股东姓名或名称及其所持有表决权的股份数;④检查股东出席会议的签到情况等。在会议主持人宣布现场出席会议的股东和代理人人数及所持有表决权的股份总数之前,会议登记应当终止。

4. 表决程序的审查

见证律师审查会议的表决程序、表决结果是否合法有效。会议表决程序审查的主要内容有:①对审议事项应当采用表决票的形式,注意表决权股数与表决权总额之间的对应;②具体的表决票是否有效,是否构成弃权票的认定等;③根据表决情况,对照法律、行政法规和公司章程的规定,判断表决事项是否获得通过;④股东会记录是否完整,并由出席会议的董事、董事会秘书、召集人或其代表、会议主持人亲笔签名等。

5. 现场参与计票、监票

股东会对提案进行表决时,应当由见证律师、股东代表与监事代表共同负责计票、监票。

6. 发表法律意见并出具法律意见书

实践当中结合不同律师事务所的内部审核流程,经办见证律师可以先在现场发表法律意见,之后由律师事务所和经办见证律师出具正式的法律意见书文本。

7. 立卷归档

将整个工作过程中收集形成的资料、材料、文书进行立卷归档。

【相关法规】

● 《上市公司治理准则》(2018年修订,中国证券监督管理委员会公告〔2018〕29号)

第14条　上市公司应当在公司章程中规定股东大会对董事会的授权原则,授权内容应当明确具体。股东大会不得将法定由股东大会行使的职权授予董事会行使。

● 《上市公司章程指引》(2023年修正,中国证券监督管理委员会公告〔2023〕62号)

第41条　股东大会是公司的权力机构,依法行使下列职权:(一)决定公司的经营方针和投资计划;(二)选举和更换非由职工代表担任的董事、监事,决定有关董事、监事的报酬事项;(三)审议批准董事会的报告;(四)审议批准监事会报告;(五)审议批准公司的年度财务预算方案、决算方案;(六)审议批准公司的利润分配方案和弥补亏损方案;(七)对公司增加或者减少注册资本作出决议;(八)对发行公司债券作出决议;(九)对公司合并、分立、解散、清算或者变更公司形式作出决议;(十)修改本章程;(十一)对公司聘用、解聘会计师事务所作出决议;(十二)审议批准第42条规定的担保事项;(十三)审议公司在一年内购买、出售重大资产超过公司最近一期经审计总资产百分之三十的事项;(十四)审议批准变更募集资金用途事项;(十五)审议股权激励计划和员工持股计划;(十六)审议法律、行政法规、部门规章或本章程规定应当由股东大会决定的其他事项。

注释:上述股东大会的职权不得通过授权的形式由董事会或其他机构和个人代为行使。

● 《证券公司治理准则》(2020年修正,中国证券监督管理委员会公告〔2020〕20号)

第12条　证券公司章程应当明确规定股东会的职权范围。

证券公司股东会授权董事会行使股东会部分职权的,应当在公司章程中规定或者经股东会作出决议,且授权内容应当明确具体,但《公司法》明确规定由股东会行使的职权不得授权董事会行使。

## 【典型案例】

● 王某成与珠海市加新华房产有限公司等公司决议撤销纠纷一审民事判决书

【广东省珠海市香洲区人民法院民事判决书(2019)粤0402民初2942号】

原告:王某成。

被告:珠海市加新华房产有限公司(以下简称"加新华公司"),法定代表人:叶某青,董事长。

第三人:广东省第三建筑工程公司珠海市分公司(以下简称"广东三建"),负责人:严某荣;张某文;欧某文;张某婷;张某飞;崔某珍。

加新华公司成立于2003年3月21日,股东为广东三建(持股15%)、崔某珍(持股14%)、欧某文(持股14.5%)、王某成(持股14%)、张某文(持股14.5%)、张某飞(持股14%)、张某婷(持股14%),高级管理人为叶某青(董事长)、王某成(董事)、张某文(董事)。《珠海市加新华房产有限公司章程》(以下简称《加新华公司章程》)第20条规定,"股东会对公司增加或减少注册资本,分立、合并、解散或者变更公司形式,修改公司章程的决议,必须经全体股东通过"。

2018年12月25日,加新华公司召开股东会,作出《珠海市加新华房产有限公司2018年12月25日临时股东会会议记录》,参加会议的股东有张某文、欧某文、张某飞、张某婷、王某成、崔某珍,广东三建缺席会议。在会议表决中,形成了两种意见,一种为张某文、欧某文、张某飞、张某婷持有的一致意见,占公司股权的57%;一种为王某成、崔某珍持有的一致意见,占公司股权的28%。会议讨论了21个议题。

王某成提起诉讼,请求判令撤销加新华公司于2018年12月25日作出的所有股东会决议。

【一审】广东省珠海市香洲区人民法院认为:

一、关于《珠海市加新华房产有限公司2018年12月25日临时股东会会议记录》(以下简称"股东会记录")是否构成股东会决议。

1. 股东会行使职权以会议表决方式进行,股东会讨论的议题应当形成股东会决议,对于决议的表现形式,法律并未对此作出规定。

2. 股东会记录就21个议题进行了表决,形成了实质上的决议内容,但股东会记录在名称和内容上都并未以"决议"的形式表现出来,为股东会记录表达上的瑕疵,该回避"决议"形式表述的行为,不论是故意或者过失的安排,均不影响实际上的股东会决议的形成。在没存在其他形式的"决议"内容与记录内容不符的情况下,应当以股东会记录的表决结果为决议内容。

3. 本次股东会记录的议题第 20 项为"关于概括撤销不符本次股东会决议的董事会决议的议案",明确了"本次股东会决议"的性质。

4. 加新华公司提交的第三组证据"共同证明案涉股东会已经获得部分相关经济主体和公权力的支持和实施",说明加新华公司已经执行了股东会的相关决议内容,加新华公司只能执行股东会的决议,而不能执行股东会的"股东出席情况及发言情况"。如果加新华公司认为决议不成立,那么加新华公司执行相关"股东出席情况及发言情况"就没有法律依据。

5. 加新华公司将股东会记录形成的决议交付执行,已经影响到了王某成的股东权利,王某成请求撤销股东会决议,是其作为股东依法享有的救济权利。因此,股东会记录的 21 项议案表决内容构成股东会决议,王某成依法享有撤销权。

二、关于《加新华公司章程》第 20 条规定,"股东会对公司增加或减少注册资本,分立、合并、解散或者变更公司形式,修改公司章程的决议,必须经全体股东通过"。

公司是依法设立的,以营利为目的的企业法人。其组织机构的设立、职权的授予应当符合法律的规定,公司不得在法律规定之外设立与法定组织机构职权相同的机构,公司的经营行为不能损害股东利益,也不能损害债权人的利益。

股东会的议事方式和表决程序,除公司法规定以外,由公司章程规定。因此公司法的相关规定为强制性法律规定,公司章程仅能在法律规定之外或根据法律授权作出补充规定。公司法对公司章程的修改作出"必须经代表三分之二以上表决权的股东通过"的下限规定,《加新华公司章程》第 20 条规定修改公司章程必须经全体股东通过,符合法律的规定,因此《加新华公司章程》的修改必须经全体股东通过。

三、公司章程是对公司治理结构作出的根本性规定,体现了股东保护其权利的要求和对公司组织机构分权制衡的设计。即使对公司章程存在争议,也应当通过协商修改公司章程以完善,而不应以违法违章对抗之,不能动摇公司章程在公司治理结构中的法律地位。

《公司法》第 2 章第 2 节规定了公司的组织机构为股东会、董事会、经理、监事会。以上机构为公司的法定组织机构,公司法对股东会、董事会、经理、监事会的职权作出了明确规定,该规定属于法律的强制性规定。

任何机构的权力都是有边界的,权力机构的权力边界是由授予其权力的法律规定的,权力机构行使权力的内容和程序受到法律的制约,没有不受限制和约束的权力,违反法律规定行使权力构成滥用权力。

股东会为公司的权力机构,董事会、经理、监事会为公司的经营管理职能机构。法定职能机构的设立和职权范围源自法律的规定和法律授权公司章程作出的规定,并非由股东会授予,职能机构的组成人员由股东会产生并受股东会的监督。公司法对公司组织机构之间职权的划分,构成公司组织机构分权制衡的法律框架。

股东会的权力源自法律和公司章程的规定,除法律规定的法定职权外,公司可以根据经营管理的需要,通过公司章程的规定授予股东会其他职权,即股东会无权在法律和公司章程的规定之外行使权力,股东会不能越权行使法律和公司章程授予董事会等法定职能机构的职权,否则可能构成滥用权力。

股东会无权在法律规定和公司章程规定之外设立与法定机构职权相同的机构、职位,职权的重叠会造成公司经营管理职权的冲突、混乱,损害股东利益及其他债权人利益,不允许有凌驾于法定组织机构之外的其他职能机构并存,因此而形成的股东会决议将构成规避法律法规、公司章程的规定而无效或者被撤销。

股东会是公司的权力机构,股东通过股东会行使股东权利,股东会以决议的形式行使对公司的经营方针和投资计划作出决定、选举和更换非由职工代表担任的董事、监事等职权,股东会的权力受到法律法规和公司章程的限制。董事会的职权来自于法律法规和公司章程的规定,而非股东会,董事会对股东会负责。股东会、董事会、经理、监事会的职权划分形成对公司的分权制衡,各法定组织机构之间依法行使各自的职权,从而保障法律设立公司制度的目的得以实现。

《加新华公司章程》第25条规定,……董事会共设三人,由广东三建的叶某青担任董事长,张某文及王某成任董事;第29条规定,由崔某珍担任公司监事……加新华公司通过公司章程的形式确定董事、监事人员,是股东之间为设立、保护自身权益所作出的特殊约定,产生法律上的权利义务后果,属于公司章程的实质内容。如果对公司章程中记载的董事、监事的具体人员作出变更的,属于对公司章程的变更,其表决程序应当符合修改公司章程的规定进行,即要达到股东会的全体股东通过。

四、加新华公司于2018年12月25日作出的股东会决议,共对21项议题作出决议。

1. 议题第1项。《加新华公司章程》第20条规定,"股东会对公司增加或减少注册资本,分立、合并、解散或者变更公司形式,修改公司章程的决议,必须经全体股东通过"。在股东会决定解散公司时,必须经过全体股东通过。而议题1表决的股东的多数意见是不解散公司,并未形成解散公司的决议,王某成申请撤销该决议,理由不能成立,本院不予支持。

2. 议题第2—4项。该三项议题为改选公司董事会、监事人员的决议,以及修改公司章程记载的董事、监事、法定代表人具体人员的决议。以上议题涉及到需要修改公司章程才能成立,根据《加新华公司章程》第20条的规定,修改公司章程的决议必须经全体股东通过,因此该决议的成立应当经全体股东通过,而同意以上三项议题的股东持有的股权为57%,违反公司章程中关于修改公司章程的规定,王某成要求撤销该三项股东会决议符合法律规定,本院予以支持。

3. 议题第5—21项。股东会仅能就法律和公司章程授权的议题进行表决,无权超越法律和公司章程规定的职权范围对相关议题作出决议。据此,王某成要求撤销加新华公司股东会于2018年12月25日对议题5—21作出的决议,符合法律规定,本院予以撤销。以上议题属于董事会职权决定的事情。根据《公司法》第22条第2款的规定,请求撤销董事会决议的权利属于股东,由股东向人民法院提出,人民法院通过行使审判权确定是否撤销。《公司法》和《加新华公司章程》均没有规定股东会有撤销董事会决议的职权,因此加新华公司的股东会无权撤销董事会的决议。在公司经营管理过程中,董事会根据需要可以通过作出新的董事会决议变更原董事会决议,以达到适应公司经营管理变化的需要,而不是撤销原董事会决议。

公司的运作应当根据法律法规和公司章程的规定进行,不论股东持有公司多少的股份,都平等地受到法律的保护,更不允许多数股东利用其持股的优势地位损害少数股东的合法权益。

2019年10月8日,广东省珠海市香洲区人民法院判决撤销被告加新华公司股东会于2018年12月25日对议题2—21作出的决议。

## 第二节　股东会的召集与主持

**【示范条款】**

7.2.1　首次股东会的召集

公司首次股东会会议由出资最多的股东召集和主持,依照本法规定行使职权。

7.2.2　临时会议的条件

有下列情形之一的,公司在事实发生之日起【2】个月以内召开临时股东会:1. 董事人数不足《公司法》规定的法定最低人数,或者少于公司章程所定人数的2/3时;2. 公司未弥补的亏损达股本总额的1/3时;3. 单独或者合并持有公司有表决权股份总数【10%】以上的股东书面请求时;4. 董事会认为必要时;5. 监事会提议召开时;6. 公司章程规定的其他情形。

前述第3项持股股数按股东提出书面请求日计算。

7.2.3　董事会召集

董事会应当在本章程第7.2.2条规定的期限内召集股东会。

### 7.2.4　监事会提议召集

监事会有权向董事会提议召开临时股东会,并应当以书面形式向董事会提出。

董事会应当根据法律、行政法规和公司章程的规定,在收到提议后【10】日内作出同意或不同意召开临时股东会的书面反馈意见。

董事会同意召开临时股东会的,应当在作出董事会决议后的【5】日内发出召开股东会的通知,通知中对原提议的变更,应当征得监事会的同意。

### 7.2.5　监事会自行召集

经监事会提议,董事会不同意召开临时股东会,或者董事会在收到监事会提议后【10】日内未作出书面反馈的,视为董事会不能履行或者不履行召集股东会会议职责,监事会可以自行召集和主持。

### 7.2.6　股东提议董事会召集

单独或者合计持有公司【10%】以上股份的普通股股东有权向董事会请求召开临时股东会,并应当以书面形式向董事会提出。

董事会应当根据法律、行政法规和公司章程的规定,在收到请求后【10】日内提出同意或不同意召开临时股东会的书面反馈意见。

董事会同意召开临时股东会的,应当在作出董事会决议后的【5】日内发出召开股东会的通知,通知中对原请求的变更,应当征得相关股东的同意。

【注释】计算本节所称持股比例时,仅计算普通股和表决权恢复的优先股。

### 7.2.7　股东提议监事会召集

经股东提议,董事会不同意召开临时股东会,或者董事会在收到请求后【10】日内未作出反馈的,单独或者合计持有公司【10%】以上股份的普通股股东有权向监事会提议召开临时股东会,并应当以书面形式向监事会提出请求。

监事会同意召开临时股东会的,应在收到请求【5】日内发出召开股东会的通知,通知中对原请求的变更,应当征得相关股东的同意。

### 7.2.8　股东自行召集

提议股东按照第7.2.7条规定提出后,监事会未在规定期限内发出股东会通知的,视为监事会不召集和主持股东会,连续【90】日以上单独或者合计持有公司【10%】以上股份的普通股股东可以自行召集和主持。

### 7.2.9　自行召集的告知

股东决定自行召集股东会的,应书面通知董事会。在股东会决议公告前,召集股东持股比例不得低于【10%】。自行召开临时股东会通知的内容应当符合以下规定:1. 提案内容不得增加新的内容,否则应按上述程序重新向董事会提出召开股东会的请求;2. 会议地点应当为公司所在地。

#### 7.2.10　自行召集的配合

对于监事会或股东自行召集的股东会,董事会和董事会秘书予以配合。董事会应当提供股权登记日的股东名册。

#### 7.2.11　自行召集的费用

监事会或股东自行召集的股东会,会议所必需的费用应由公司承担。

#### 7.2.12　年度会议与临时会议

股东会分为股东年会和临时股东会。股东年会每年至少召开 1 次,并应当于上一个会计年度结束之后的 6 个月之内举行。

【注释】有限责任公司的会议期限可以自行选择。

#### 7.2.13　审议事项

年度股东会可以讨论公司章程规定的任何事项,临时股东会只对该次会议的会议通知中列明的事项作出决议。

【条款解读】

由于股东会不是常设机关,如何启动公司的最高权力机关,即股东会的召集权是公司治理的重要环节,股东会在满足一定的召集条件后,还须经由法定的召集权人进行召集方可有效。这样的规定,是为了防止股东或其他人任意干涉公司的正常经营,从而也可在根本上维护全体股东的利益。

一、董事会自行召集

董事会是由股东选举产生的董事组成的公司经营决策机构,最了解公司的情况,是股东会会议最适合的召集人,这也是各国股东会召集制度的一项基本原则。《德国股份公司法》第121条第2款规定:"董事会可以简单多数作出召集股东大会的决议。"《日本商法典》规定:"股东全会的召集,除本法或章程另有规定者外,由董事会决定。"我国《公司法》(2023年修订)第114条规定:"股东会会议由董事会召集……"之所以由董事会为股东会会议的法定召集人,这与董事会在公司机关中的独特地位与职能密不可分。董事会作为公司的常设机关,对内负责公司的日常经营决策,组织协调公司的各项工作;对外则代表公司执行业务。可以说,董事会是与公司的各项工作联系最为密切、对公司及股东利益影响最大的一个机关。对股东会定期会议来讲,与会议有关的公司年度财务报告及其他重要的材料由董事会来备置;对股东会临时会议来讲,一些涉及公司利益诸如公司是否出现亏损,公司董事人数是否符合法律或章程所规定的人数等事实,董事会也最为清楚。因此,将股东会的召集权原则上赋予董事会是必然的,是最常见的召集方式。

二、董事会经请求召开

由于股东会与董事会存在相互制衡的关系,后者要对前者负责。因此,在特殊情况下,尤其是当董事会由于自身因素导致公司出现不利状况时,董事会很有可能会故意拖延,甚至不进行股东会的召集。这时,公司独立董事、监事会或者单独或者合计持有公司一定比例股份的普通股股东,有权提请董事会召集股东会,董事会应当根据法律、行政法规和公司章程的规定,在收到提议后作出同意或不同意召开临时股东会的书面反馈意见。

三、监事会自行召集

经监事会提议,董事会不同意召开临时股东会,或者在收到监事会提议后董事会未作出书面反馈的,视为董事会不能履行或者不履行召集股东会会议职责,监事会可以自行召集和主持。监事会是公司的监督机关,负责监督公司的日常经营活动以及对董事、经理等人员违反法律、公司章程的行为予以指正。所以应赋予监事会在董事会不能履行或者不履行召集股东会会议职责时,行使召集股东会的补充召集权。

四、符合条件的股东自行召集

经股东提议,董事会不同意召开临时股东会,或者在收到请求后董事会未作出反馈的,单独或者合计持有公司一定比例股份的普通股股东有权向监事会提议召开临时股东会,并应当以书面形式向监事会提出请求。

监事会未在规定期限内发出股东会通知的,视为监事会不召集和主持股东会,连续一定期限以上单独或者合计持有公司一定比例以上股份的普通股股东可以自行召集和主持。

股东是公司的出资者和公司财产的最终所有者,在股东会不正常召开的情况下,应当赋予股东召集股东会的权力,以维护其合法权益。同时,由于股份有限公司股东人数较多、股权分散,如果赋予每一股东此项权力而不给予必要的限制,可能会影响公司的正常经营,甚至会导致公司组织机构和运营的混乱。因此,股份有限公司股东召集股东会具有一定限制性条件:一是必须单独或者合计持有公司10%以上股份;二是必须连续持股90日以上;三是必须是在出现应当召开股东会的情形,而董事会、监事会均不履行其召集股东会的义务时,上述股东才能自行召集。

## 【相关法规】

●《上市公司股东大会规则》(2022年修订,中国证券监督管理委员会公告〔2022〕13号)

**第6条** 董事会应当在本规则第4条规定的期限内按时召集股东大会。

**第8条** 监事会有权向董事会提议召开临时股东大会,并应当以书面形式向董事会提出。董事会应当根据法律、行政法规和公司章程的规定,在收到提议后10日内提出同意或不同意召开临时股东大会的书面反馈意见。

董事会同意召开临时股东大会的,应当在作出董事会决议后的5日内发出召开股东大会的通知,通知中对原提议的变更,应当征得监事会的同意。

董事会不同意召开临时股东大会,或者在收到提议后10日内未作出书面反馈的,视为董事会不能履行或者不履行召集股东大会会议职责,监事会可以自行召集和主持。

**第9条** 单独或者合计持有公司10%以上股份的普通股股东(含表决权恢复的优先股股东)有权向董事会请求召开临时股东大会,并应当以书面形式向董事会提出。董事会应当根据法律、行政法规和公司章程的规定,在收到请求后10日内提出同意或不同意召开临时股东大会的书面反馈意见。

董事会同意召开临时股东大会的,应当在作出董事会决议后的5日内发出召开股东大会的通知,通知中对原请求的变更,应当征得相关股东的同意。

董事会不同意召开临时股东大会,或者在收到请求后10日内未作出反馈的,单独或者合计持有公司10%以上股份的普通股股东(含表决权恢复的优先股股东)有权向监事会提议召开临时股东大会,并应当以书面形式向监事会提出请求。

监事会同意召开临时股东大会的,应在收到请求5日内发出召开股东大会的通知,通知中对原请求的变更,应当征得相关股东的同意。

监事会未在规定期限内发出股东大会通知的,视为监事会不召集和主持股东大会,连续90日以上单独或者合计持有公司10%以上股份的普通股股东(含表决权恢复的优先股股东)可以自行召集和主持。

**第10条** 监事会或股东决定自行召集股东大会的,应当书面通知董事会,同时向证券交易所备案。

在股东大会决议公告前,召集普通股股东(含表决权恢复的优先股股东)持股比例不得低于10%。

监事会和召集股东应在发出股东大会通知及发布股东大会决议公告时,向证券交易所提交有关证明材料。

第 11 条　对于监事会或股东自行召集的股东大会,董事会和董事会秘书应予配合。董事会应当提供股权登记日的股东名册。董事会未提供股东名册的,召集人可以持召集股东大会通知的相关公告,向证券登记结算机构申请获取。召集人所获取的股东名册不得用于除召开股东大会以外的其他用途。

第 12 条　监事会或股东自行召集的股东大会,会议所必需的费用由公司承担。

## 第三节　股东会通知

【示范条款】

### 7.3.1　会议通知

召集人将在年度股东会召开【20】日前以公告方式通知各股东,临时股东会将于会议召开【15】日前以公告方式通知各股东。

【注释】公司在计算起始期限时,不应当包括会议召开当日。公司可以根据实际情况,决定是否在章程中规定催告程序。

### 7.3.2　通讯表决

通讯表决是指不召开现场会议,采取其他网络方式或快递等方式表决。在召开现场会议的同时,同时采取其他网络方式或快递等方式表决的,不称为通讯表决。

### 7.3.3　通讯表决的限制

年度股东会和应股东或监事会的要求提议召开的股东会不得采取通讯表决方式:1. 公司增加或者减少注册资本;2. 发行公司债券;3. 公司的分立、合并、解散和清算;4. 公司章程的修改;5. 利润分配方案和弥补亏损方案;6. 董事会和监事会成员的任免;7. 变更募股资金投向;8. 需股东会审议的关联交易;9. 需股东会审议的收购或出售资产事项;10. 变更会计师事务所。

### 7.3.4　通知内容

股东会的通知包括以下内容:1. 会议的时间、地点和会议期限;2. 提交会议审议的事项和提案;3. 以明显的文字说明:全体普通股股东(含表决权恢复的优先股股东)均有权出席股东会,并可以书面委托代理人出席会议和参加表决,该股东代理人不必是公司的股东;4. 有权出席股东会股东的股权登记日;5. 会务常设联系人姓名、联系方式;6. 网络方式或其他方式的表决时间及表决程序。

【注释】1. 股东会通知和补充通知中应当充分、完整披露所有提案的全部具体内容。拟讨论的事项需要独立董事发表意见的,发布股东会通知或补充通知时将同时披露独立董事的意见及理由。

2. 股东会通过网络方式或其他方式投票的开始时间,不得早于现场股东会召开前一日下午 3:00,并不得迟于现场股东会召开当日上午 9:30,其结束时间不得早于现场股东会结束当日下午 3:00。

3. 股权登记日与会议日期之间的间隔应当不多于 7 个工作日。股权登记日一旦确认,不得变更。

### 7.3.5　选举提案的通知

股东会拟讨论董事、监事选举事项的,股东会通知中应充分披露董事、监事候选人的详细资料,至少包括以下内容:1. 教育背景、工作经历、兼职等个人情况;2. 与本公司或本公司的控股股东及实际控制人是否存在关联关系;3. 持有本公司股份数量。

除采取累积投票制选举董事、监事外,每位董事、监事候选人应当以单项提案提出。

### 7.3.6　网络形式

股东会采用网络或其他方式的,应当在股东会通知中明确载明网络或其他方式的表决时间及表决程序。

### 7.3.7　股权登记日的选定

股权登记日与会议日期之间的间隔应当不多于【7】个工作日。股权登记日一旦确认,不得变更。

### 7.3.8　股东会提案

股东会提案应当符合下列条件:1. 内容与法律、行政法规和本章程的规定不相抵触;2. 属于股东会职权范围;3. 有明确议题和具体决议事项;4. 以书面形式提交或者送达召集人。

### 7.3.9　通知地址

通知以股东名册登记地址为准,不因邮件的未签收或者未能实际送达而影响会议的召开及会议决议的效力。

送达时间以邮寄送达之日为准,邮件退回的以退回之日为准,其他实际送达的以交付邮寄之日为准。

### 7.3.10　提案的提出

公司召开股东会,董事会、监事会以及单独或者合并持有公司【3%】以上股份的股东,有权向公司提出提案。

单独或者合计持有公司【3%】以上股份的股东,可以在股东会召开【10】日前提出临时提案并书面提交召集人。召集人应当在收到提案后【2】日内发出股东会补充通知,公告临时提案的内容。除前款规定的情形外,召集人在发出股东会通知公告后,不得修改股东会通知中已列明的提案或增加新的提案。

### 7.3.11 股东会延期

发出股东会通知后,无正当理由,股东会不应延期或取消,股东会通知中列明的提案不应取消。一旦出现延期或取消的情形,召集人应当在原定召开日前至少【2】个工作日公告并说明原因。

【条款解读】

股权登记日应当确定。由于公司股权的可转让性,公司的股东名单是一个变量,特别是交易活跃的上市公司,不同日期的股东名单是完全不同的。为确定某一股东会具体有参会权和表决权的股东,就需要确定一个明确的股东名册时点,在该时点在册的股东就具有该次股东会的参会权和表决权。这个日期就叫"股权登记日"。股权登记日确定后,有表决权的股东也就确定下来了。如果任意地变更股权登记日,就会使公司的表决权控制人一直处于一个不确定状态,利益相关者可以通过变更股权登记日,回避对自己不利的股东表决,这样也就会给利益相关者创造操纵表决权的机会。所以在确定股东会的召开后,应当通知确定一个股东登记日,并且除非特殊情况,不得任意变更该股权登记日。

《美国标准公司法》允许在股东会推迟超过120日时,变更股权登记日。《美国标准公司法》第7.07节:A.章程细则可以为一个或者多个类别股东确定登记日或者规定确定登记日的方法,以便决定有权获得股东会议通知、要求召开特别会议、投票表决或者有权采取任何其他行为的股东。如果章程细则没有确定股东登记日或者规定确定股东登记日的方法,公司董事会可以确定一个未来的日期作为登记日。B. 根据本节所确定的股东登记日不得早于要求股东决定的会议或者行为之前70日。C.有权获得会议通知或者在股东会议上投票的股东作出的决定对于任何变更后的会议均有效,除非公司董事会确定新的登记日。如果变更后的会议日距会议原定日期超过120日,则董事会必须重新确定登记日。[①]

---

[①] 参见《最新美国标准公司法》,沈四宝编译,法律出版社2006年3月第1版,第68页。

【相关法规】

● 《上市公司股东大会规则》(2022年修订,中国证券监督管理委员会公告〔2022〕13号)

**第18条** 股东大会通知中应当列明会议时间、地点,并确定股权登记日。股权登记日与会议日期之间的间隔应当不多于七个工作日。股权登记日一旦确认,不得变更。

## 第四节 股东会提案

【示范条款】

### 7.4.1 提案的修改

股东会会议通知发出后,董事会不得再提出会议通知中未列出事项的新提案,原有提案的修改应当在股东会召开的前【15】日通知。否则,会议召开日期应当顺延,保证至少有【15】日的间隔期。

### 7.4.2 股东会临时提案

召开股东会,单独持有或者合并持有公司有表决权总数【5%】以上的股东或者监事会可以提出临时提案。

临时提案如果属于董事会会议通知中未列出的新事项,提案人应当在股东会召开前【10】日将提案递交董事会并由董事会审核后公告。

第一大股东提出新的分配提案时,应当在股东会召开的前【10】日提交董事会并由董事会公告,不足【10】日的,第一大股东不得在本次股东会提出新的分配提案。

### 7.4.3 临时提案的审核

对于前条所述的股东会临时提案,董事会按以下原则对提案进行审核:1.关联性。董事会对股东提案进行审核,对于股东提案涉及事项与公司有直接关系,并且不超出法律、行政法规和公司章程规定的股东会职权范围的,应提交股东会讨论。对于不符合上述要求的,不提交股东会讨论。如果董事会决定不将股东提案提交股东会表决,应当在该次股东会上进行解释和说明。2.程序性。董事会可以对股东提案涉及的程序性问题作出决定。如将提案进行分拆或合并表决,需征得原提案人同意;原提案人不同意变更的,股东会会议主持人可就程序性问题提请股东会作出决定,并按照股东会决定的程序进行讨论。

#### 7.4.4 涉及资产价值的提案

提出涉及投资、财产处置和收购兼并等提案的,应当充分说明该事项的详情,包括:涉及金额、价格(或计价方法)、资产的账面值、对公司的影响、审批情况等。如果按照有关规定需进行资产评估、审计或出具独立财务顾问报告的,董事会应当在股东会召开前至少【5】个工作日公布资产评估情况、审计结果或独立财务顾问报告。

**【条款解读】**

一、股东提案权

股东提案权是指股东可以向股东会提出供大会审议或表决的议题或者议案的权利。该项权利能够保证少数股东将其关心的问题提交给股东会讨论,有助于提高少数股东在股东会中的主动地位,发挥股东对公司经营的决策参与、监督与纠正作用。

为了保护中小股东的利益,解决实际中出现的上述问题,也为了防止大股东的任意作为,法律专门设立了中小股东股东会提案权制度。《公司法》(2023年修订)第115条第2款规定:"单独或者合计持有公司百分之一以上股份的股东,可以在股东会会议召开十日前提出临时提案并书面提交董事会。临时提案应当有明确议题和具体决议事项。董事会应当在收到提案后二日内通知其他股东,并将该临时提案提交股东会审议;但临时提案违反法律、行政法规或者公司章程的规定,或者不属于股东会职权范围的除外。公司不得提高提出临时提案股东的持股比例。"这样既能保证中小股东能够有机会提出议案,同时也能确保股东会及其他股东有充分的时间审议、表决议案。

二、股东会提案的要求

提案的内容应当属于股东会职权范围,有明确议题和具体决议事项,并且符合法律、行政法规和公司章程的有关规定。董事会应当按照以下原则对提案进行审核:

1. 关联性。董事会对股东提案进行审核,对于股东提案涉及事项与公司有直接关系,并且不超出法律、行政法规和公司章程规定的股东会职权范围的,应提交股东会讨论。对于不符合上述要求的,不提交股东会讨论。如果董事会决定不将股东提案提交股东会表决,应当在该次股东会上进行解释和说明。

2. 程序性。董事会可以对股东提案涉及的程序性问题作出决定。如将提案进行分拆或合并表决,需征得原提案人同意;原提案人不同意变更的,股东会会议主持人可就程序性问题提请股东会作出决定,并按照股东会决定的程序进行讨论。

三、新法修订

我国 2018 年《公司法》第 102 条规定,有权提起临时议案权的股东持股比例是"单独或者合计持有公司百分之三以上股份"的股东。《公司法》(2023 年修订)第 115 条将该比例要求调整为"单独或者合计持有公司百分之一以上股份"的股东。

**【相关法规】**

● 《中华人民共和国公司法》(2023 年修订)

第 115 条  召开股东会会议,应当将会议召开的时间、地点和审议的事项于会议召开二十日前通知各股东;临时股东会会议应当于会议召开 15 日前通知各股东。

单独或者合计持有公司 1% 以上股份的股东,可以在股东会会议召开 10 日前提出临时提案并书面提交董事会。临时提案应当有明确议题和具体决议事项。董事会应当在收到提案后 2 日内通知其他股东,并将该临时提案提交股东会审议;但临时提案违反法律、行政法规或者公司章程的规定,或者不属于股东会职权范围的除外。公司不得提高提出临时提案股东的持股比例。

公开发行股份的公司,应当以公告方式作出前两款规定的通知。

股东会不得对通知中未列明的事项作出决议。

● 《上市公司股东大会规则》(2022 年修订,中国证券监督管理委员会公告〔2022〕13 号)

第 13 条  提案的内容应当属于股东大会职权范围,有明确议题和具体决议事项,并且符合法律、行政法规和公司章程的有关规定。

第 14 条  单独或者合计持有公司 3% 以上股份的普通股股东(含表决权恢复的优先股股东),可以在股东大会召开 10 日前提出临时提案并书面提交召集人。召集人应当在收到提案后 2 日内发出股东大会补充通知,公告临时提案的内容。

除前款规定外,召集人在发出股东大会通知后,不得修改股东大会通知中已列明的提案或增加新的提案。

股东大会通知中未列明或不符合本规则第 13 条规定的提案,股东大会不得进行表决并作出决议。

第 16 条  股东大会通知和补充通知中应当充分、完整披露所有提案的具体内容,以及为使股东对拟讨论的事项作出合理判断所需的全部资料或解释。拟讨论的事项需要独立董事发表意见的,发出股东大会通知或补充通知时应当同时披露独立董事的意见及理由。

第 17 条  股东大会拟讨论董事、监事选举事项的,股东大会通知中应当充分披露董事、监事候选人的详细资料,至少包括以下内容:(一)教育背景、工作经历、兼职等个人情况;(二)与公司或其控股股东及实际控制人是否存在关联关系;(三)披露持有上市公司股份数量;(四)是否受过中国证监会及其他有关部门的处罚和证券交易所惩戒。

除采取累积投票制选举董事、监事外,每位董事、监事候选人应当以单项提案提出。

【典型案例】

● **广西慧球科技股份有限公司 1001 项股东大会议案**[①]
【2017 年 5 月 12 日中国证监会〔2017〕48 号《行政处罚决定书》】

2016 年 12 月 31 日至 2017 年 1 月 2 日,广西慧球科技股份有限公司(以下简称"慧球科技")董事会秘书陆某安根据慧球科技实际控制人、证券事务代表鲜某指使,经与鲜某、慧球科技董事长董某亮、董事温某华等人讨论,起草了 1001 项议案。经鲜某同意,陆某安将含有 1001 项议案的"慧球科技第 8 届董事会第 39 次会议的决议"通过电子邮件发送给慧球科技董事李某国、刘某林,通过微信发送给慧球科技董事刘某如,并电话通知了慧球科技董事温某华。

2017 年 1 月 3 日,慧球科技以通讯方式召开第 8 届董事会第 39 次会议,审议通过含有 1001 项议案的"慧球科技第 8 届董事会第 39 次会议的决议"。对慧球科技董事会决议表示同意的董事为董某亮、李某国、刘某如、温某华。刘某林对决议未能发表意见,按公司章程被认定为弃权。

2017 年 1 月 3 日,陆某安向上海证券交易所(以下简称"上交所")报送含有 1001 项议案的《广西慧球科技股份有限公司第 8 届董事会第 39 次会议决议公告》和《广西慧球科技股份有限公司关于召开 2017 年第一次临时股东大会的通知》,申请进行披露。上交所当天即向慧球科技下发了《关于公司信息披露有关事项的监管工作函》,指出慧球科技股东大会的通知中,议案数量极大,诸多议案前后交叉矛盾,逻辑极其混乱,未批准信息披露申请。2017 年 1 月 4 日,慧球科技再次向上交所报送了《广西慧球科技股份有限公司关于收到上交所〈关于公司信息披露有关事项的监管工作函〉的公告》,并将含有 996 项议案(删除了上述 1001 项议案中《关于公司建立健全员工恋爱审批制度》《关于第一大股东每年捐赠上市公司不少于 10 亿元现金的议案》《关于公司全体员工降薪 300 元的议案》《关于公司全体员

---

[①] 参见《广西慧球科技股份有限公司关于收到中国证券监督管理委员会〈行政处罚决定书〉的公告》,载巨潮资讯网:http://www.cninfo.com.cn/new/disclosure/detail?plate=sse&orgId=gssh0600556&stockCode=600556&announcementId=1203545022&announcementTime=2017-05-20,最后访问日期:2024 年 6 月 19 日。

工加薪 50 元的议案》《关于公司全体员工加薪 300 元的议案》等 5 项议案)的《广西慧球科技股份有限公司关于召开 2017 年第一次临时股东大会的通知》作为附件,上交所未批准慧球科技的信息披露申请。

2017 年 1 月 4 日,根据鲜某指使,陆某安安排他人注册了域名为 www.600556.com.cn 的网站,并指挥他人将含有上述 996 项议案的《广西慧球科技股份有限公司关于召开 2017 年第一次临时股东大会的通知》和《广西慧球科技股份有限公司关于收到上交所〈关于公司信息披露有关事项的监管工作函〉的公告》的两份文件以链接的形式刊登于域名为 www.600556.com.cn 的网站,公众通过点击链接即可阅读上述两份文件。同日,陆某安使用鲜某为实际控制人的上海柯塞威股权投资基金有限公司的办公电脑,以"神兽出没"的用户名登录东方财富网股吧,将照片版的《关于公司信息披露有关事项的监管工作函》和《广西慧球科技股份有限公司关于召开 2017 年第一次临时股东大会的通知》通过东方财富网股吧向公众披露。

中国证监会认定:慧球科技董事会审议部分议案的行为,违背了《公司法》关于公司守法义务及董事会职权的相关规定。《公司法》第 5 条明确规定公司从事经营活动必须遵守法律法规、社会公德、商业道德。《公司法》第 46 条、第 108 条第 4 款对董事会的职权作出了明确规定。《宪法》明确规定了中国共产党的领导地位。钓鱼岛自古以来就是我国领土不可分割的一部分,维护祖国统一是《宪法》明确规定的公民义务。遵守包括《宪法》在内的所有法律是《公司法》明确规定的公司义务,不是公司董事会可以超越法定权限自由决策的事项。慧球科技董事会严重超越法定职权,审议《宪法》作出明确规定的事项的行为,违反了《公司法》第 5 条、第 46 条、第 108 条第 4 款的相关规定。

慧球科技所披露信息的内容违反法律规定。《证券法》第 67 条、《上市公司信息披露管理办法》(已失效,以下简称《信披办法》)第 30 条规定发生可能对上市公司股票交易价格产生较大影响的重大事件,上市公司应当予以公告,说明事件的起因、目前的状态和可能产生的影响。同时,《证券法》第 67 条、《信披办法》第 30 条以列举方式对重大事件的范围作出了明确规定。但慧球科技将《关于公司坚决拥护共产党领导的议案》《关于坚持钓鱼岛主权属于中华人民共和国的议案》等依法不应由董事会审议,与《证券法》第 67 条、《信披办法》第 30 条所列重大事件无任何相关性、相似性的内容作为公告的组成部分予以披露,违反了《证券法》第 67 条对信息披露内容的规定。

我国资本市场是中国特色社会主义市场经济的组成部分。作为资本市场的参与者,任何上市公司及其实际控制人、股东、董事、监事、高级管理人员都必须遵守法律法规,拥护《宪法》规定的基本制度,尊重社会公德。任何上市公司都不得打着信息披露的幌子,发布违背法律规定、破坏社会公德的内容。

慧球科技所披露内容存在虚假记载、误导性陈述及重大遗漏。

一是披露大量无事实可能性、无法律基础的虚假信息。《关于第一大股东每年捐赠上市公司不少于10亿元现金的议案》《关于向第一大股东申请500亿免息借款暨关联交易的议案》等22项议案强行增加股东义务,所述事项超越正常交易范畴,违反法律规定,无实现可能性,构成虚假记载。

二是发布大量矛盾信息,误导公司股东对董事会在职工薪资变动、董事会人员变更、经营地址变动等方面真实意见的认知。《关于公司全体员工降薪500元的议案》《关于公司全体员工加薪20%的议案》等21项关于员工加减薪的议案;《关于公司变更经营地址为杭州的议案》《关于公司变更经营地址为长沙的议案》等18项关于变更公司经营地的议案;《关于选举沈某丽为第8届董事会董事长的议案》《关于选举鲜某为第8届董事会董事长的议案》等25项关于选举公司董事长的议案;《关于调整双休日至礼拜四礼拜五的议案》《关于调整双休日至礼拜二礼拜三的议案》等6项调整公司双休日的议案,前后不一,相互矛盾,混淆视听,误导了公司股东对董事会在上述方面实际意见的认知。

三是慧球科技披露议案时存在重大遗漏。对于确属股东大会可表决事项的议案,根据《上市公司股东大会规则》(2016年修订,已失效)(中国证券监督管理委员会公告〔2016〕22号)第16条"股东大会通知和补充通知中应当充分、完整披露所有提案的具体内容,以及为使股东对拟讨论的事项作出合理判断所需的全部资料或解释"的规定,上市公司应当充分披露待表决议案的内容。但慧球科技披露的议案,均只有议案标题,而无任何具体内容,存在重大遗漏。

慧球科技的上述行为违反了《证券法》第63条有关"发行人、上市公司依法披露的信息,必须真实、准确、完整,不得有虚假记载、误导性陈述或者重大遗漏"的规定。

慧球科技的披露渠道违反法律规定。在信息披露申请被交易所严厉驳斥的情况下,慧球科技仍然擅自将相关公告通过域名为 www.600556.com.cn 的网站、东方财富网股吧向公众披露,造成极其恶劣的社会影响。该行为违反了《证券法》第70条有关"依法必须披露的信息,应当在国务院证券监督管理机构指定的媒体发布"的规定。

慧球科技的上述行为,构成《证券法》第193条所述的违法行为。董某亮为公司董事长,是上市公司信息披露工作的直接领导者。温某华作为公司董事,未勤勉尽责,在表决通过相关议案的董事会决议上签字同意。陆某安、鲜某分别担任上市公司董事会秘书、证券事务代表职务。鲜某、陆某安、董某亮、温某华参与了1001项议案的起草工作,陆某安具体实施了违法信息披露行为。鲜某、陆某安、董某亮、温某华对违法行为负有直接责任,是慧球科技违法行为的直接负责的主管人员。

董事李某国、刘某如未勤勉尽责,同意相关董事会决议,未能保证慧球科技所发布信息符合法律规定,是慧球科技违法行为的其他直接责任人员。

【处罚】综上,中国证监会决定:一、对慧球科技责令改正,给予警告,并处以 60 万元罚款。二、对鲜某给予警告,并处以 90 万元罚款,其中作为直接负责的主管人员罚款 30 万元,作为实际控制人罚款 60 万元。三、对董某亮、温某华、陆某安给予警告,并分别处以 30 万元罚款。四、对刘某如、李某国给予警告,并分别处以 20 万元罚款。

2017 年 5 月 12 日

## 第五节　股东会的召开

【示范条款】

7.5.1　会议秩序的保障

公司董事会和其他召集人应采取必要措施,保证股东会的正常秩序。对于干扰股东会、寻衅滋事和侵犯股东合法权益的行为,应采取措施加以制止并及时报告有关部门查处。

7.5.2　出席表决

股权登记日登记在册的所有普通股股东(含表决权恢复的优先股股东)或其代理人,均有权出席股东会,并依照有关法律、法规及本章程规定行使表决权。

股东可以亲自出席股东会,也可以委托代理人代为出席和表决。

7.5.3　亲自出席

个人股东亲自出席会议的,应出示本人身份证或其他能够表明其身份的有效证件或证明;委托代理他人出席会议的,应出示本人有效身份证件、股东授权委托书。

法人股东应由法定代表人或者法定代表人委托的代理人出席会议。法定代表人出席会议的,应出示本人身份证、能证明其具有法定代表人资格的有效证明;委托代理人出席会议的,代理人应出示本人身份证、法人股东单位的法定代表人依法出具的书面授权委托书。

7.5.4　委托出席

股东出具的委托他人出席股东会的授权委托书应当载明下列内容:1. 代理人的姓名;2. 是否具有表决权;3. 分别对列入股东会议程的每一审议事项投赞成、反对或弃权票的指示;4.委托书签发日期和有效期限;5.委托人签名(或盖章)。委托人为法人股东的,应加盖法人单位印章。

### 7.5.5 无具体指示时的授权

委托书应当注明如果股东不作具体指示,股东代理人是否可以按自己的意思表决。

### 7.5.6 转委托

代理投票授权委托书由委托人授权他人签署的,授权签署的授权书或者其他授权文件应当经过公证。投票代理委托书和经公证的授权书或者其他授权文件,均需备置于公司住所或者会议通知指定的其他地方。

委托人为法人的,由其法定代表人或者董事会、其他决策机构决议授权的人作为代表出席公司的股东会会议。

### 7.5.7 会议登记册

出席会议人员的会议登记册由公司负责制作。会议登记册应载明会议人员姓名(或单位名称)、身份证号码、住所地址、持有或者代表有表决权的股份数额、被代理人姓名(或单位名称)等事项。

### 7.5.8 参会资格验证

召集人和会议聘请的律师应依据股东名册共同对股东资格的合法性进行验证,并登记股东姓名(或名称)及其所持有表决权的股份数。在会议主持人宣布现场出席会议的股东和代理人人数及所持有表决权的股份总数之前,会议登记应当终止。

### 7.5.9 出席列席人员

股东会召开时,公司全体董事、监事和董事会秘书应当出席会议,总裁及其他高级管理人员应当列席会议。

### 7.5.10 普通会议主持

股东会由董事长主持。董事长不能履行职务或不履行职务时,由副董事长(公司有两位或两位以上副董事长的,由半数以上董事共同推举的副董事长主持)主持;副董事长不能履行职务或者不履行职务时,由半数以上董事共同推举的一名董事主持。

### 7.5.11 监事会召集的主持

监事会自行召集的股东会,由监事会主席主持。监事会主席不能履行职务或不履行职务时,由监事会副主席主持;监事会副主席不能履行职务或者不履行职务时,由半数以上监事共同推举的一名监事主持。

### 7.5.12 股东召集的主持
股东自行召集的股东会,由召集人推举代表主持。

### 7.5.13 主持人变更
召开股东会时,会议主持人违反议事规则使股东会无法继续进行的,经现场出席股东会有表决权过半数的股东同意,股东会可推举一人担任会议主持人,继续开会。

### 7.5.14 股东召集的特殊情况
董事会未能指定董事主持股东会的,由提议股东主持;提议股东应当聘请律师,按照第7.1.4条的规定出具法律意见,律师费用由提议股东自行承担;董事会秘书应切实履行职责,其召开程序应当符合公司章程的规定。

### 7.5.15 会议议事规则
公司制定股东会议事规则,详细规定股东会的召开和表决程序,包括通知、登记、提案的审议、投票、计票、表决结果的宣布、会议决议的形成、会议记录及其签署、公告等内容,以及股东会对董事会的授权原则,授权内容应明确具体。

股东会议事规则应作为章程的附件,由董事会拟定,股东会批准。

### 7.5.16 是否一股一票
(有限责任公司)投票权股东(包括股东代理人)以其所代表的有表决权的出资数额行使表决权,每一元出资份额享有一票表决权。

(股份有限公司)股东(包括股东代理人)以其所代表的有表决权的股份数额行使表决权,每一股份享有一票表决权。

公司持有的本公司股份没有表决权,且该部分股份不计入出席股东会有表决权的股份总数。

【注释】有限责任公司如按照本章程第6.10.1条规定有股东的特别表决权,应当按照第6.10.1条规定。

### 7.5.17 网络投票
公司应在保证股东会合法、有效的前提下,通过各种方式和途径,优先提供网络形式的投票平台等现代信息技术手段,为股东参加股东会提供便利。

### 7.5.18 逐项表决
除累积投票制外,股东会将对所有提案进行逐项表决,对同一事项有不同提案的,将按提案提出的时间顺序进行表决。除因不可抗力等特殊原因导致股东会中止或不能作出决议外,股东会不应对提案进行搁置或不予表决。

### 7.5.19 议案的修改

股东会审议提案时,不应对提案进行修改,否则,有关变更应当被视为一个新的提案,不能在本次股东会上进行表决。

【注释】主要适用于上市公司、非上市公众公司等,普通股份有限公司和有限责任公司选择适用。

### 7.5.20 现场投票与网络投票

同一表决权只能选择现场、网络或其他表决方式中的一种。同一表决权出现重复表决的,以【最后一次】投票结果为准。

【注释】为避免股东表决频繁变化,影响公司统计的效率性,也可以不以"最后一次"投票结果为准。如规定"第一次"投票结果为准,即投票表决不可修改、撤销。上市公司的《上市公司股东大会规则》第35条就规定:同一表决权只能选择现场、网络或其他表决方式中的一种。同一表决权出现重复表决的以第一次投票结果为准。

### 7.5.21 记名投票

股东会采取记名方式投票表决。

### 7.5.22 计票监票

股东会对提案进行表决前,应当推举两名股东代表参加计票和监票。审议事项与股东有利害关系的,相关股东及代理人不得参加计票、监票。

股东会对提案进行表决时,应当由律师、股东代表与监事代表共同负责计票、监票,并当场公布表决结果,决议的表决结果载入会议记录。

通过网络或其他方式投票的公司股东或其代理人,有权通过相应的投票系统查验自己的投票结果。

### 7.5.23 现场结束时间

股东会现场结束时间不得早于网络或其他方式,会议主持人应当宣布每一提案的表决情况和结果,并根据表决结果宣布提案是否通过。

在正式公布表决结果前,股东会现场、网络及其他表决方式中所涉及的公司、计票人、监票人、主要股东、网络服务方等相关各方对表决情况均负有保密义务。

### 7.5.24 投票意见类型

出席股东会的股东,应当对提交表决的提案发表以下意见之一:同意、反对或弃权。

未填、错填、字迹无法辨认的表决票、未投的表决票均视为投票人放弃表决权利,其所持股份数的表决结果应计为"弃权"。

【注释】"弃权"不属于"同意"票。

7.5.25 投票异议

会议主持人如果对提交表决的决议结果有任何怀疑,可以对所投票数组织点票;如果会议主持人未进行点票,出席会议的股东或者股东代理人对会议主持人宣布结果有异议的,有权在宣布表决结果后立即要求点票,会议主持人应当立即组织点票。

7.5.26 决议内容

(上市公司)股东会决议应当及时公告,公告中应列明出席会议的股东和代理人人数、所持有表决权的股份总数及占公司有表决权股份总数的比例、表决方式、每项提案的表决结果和通过的各项决议的详细内容。

7.5.27 述职报告

在年度股东会上,董事会、监事会应当就其过去一年的工作向股东会作出报告。每名独立董事也应作出述职报告。

7.5.28 股东质询和建议

董事、监事、高级管理人员在股东会上应就股东的质询和建议作出解释和说明。

7.5.29 表决权出席情况

会议主持人应当在表决前宣布现场出席会议的股东和代理人人数及所持有表决权的股份总数,现场出席会议的股东和代理人人数及所持有表决权的股份总数以会议登记为准。

7.5.30 会议记录

股东会应有会议记录,由董事会秘书负责。会议记录记载以下内容:1. 会议时间、地点、议程和召集人姓名或名称;2. 会议主持人以及出席或列席会议的董事、监事、高级管理人员姓名;3. 出席会议的股东和代理人人数、所持有表决权的股份总数及占公司股份总数的比例;4. 对每一提案的审议经过、发言要点和表决结果;5. 股东的质询意见或建议以及相应的答复或说明;6. 会议聘请的律师及计票人、监票人姓名;7. 本章程规定应当载入会议记录的其他内容。

公司应当根据实际情况,在章程中规定股东会会议记录需要记载的其他内容。

监事会、股东召集的股东会,董事会秘书不参加会议或者参加会议但不记载会议记录的,由会议主持人指定的人员记录。

#### 7.5.31 会议档案

召集人应当保证会议记录内容真实、准确和完整。出席会议的董事、监事、董事会秘书、召集人或其代表、会议主持人以及会议主持人指定的记录人应当在会议记录上签名。会议记录应当与现场出席股东的会议登记册及代理出席的委托书、其他方式表决情况的有效资料一并保存,保存期限为【10】年。

【注释】公司应当根据具体情况,在章程中规定股东会会议记录的保管期限。

#### 7.5.32 形成决议

召集人应当保证股东会连续举行,直至形成最终决议。

因不可抗力等特殊原因导致股东会中止或不能作出决议的,应采取必要措施尽快恢复召开股东会或直接终止本次股东会,并及时通知各股东。

#### 7.5.33 会议公证

对股东会到会人数、参会股东持有的股份数额、授权委托书、每一表决事项的表决结果、会议记录、会议程序的合法性等事项,可以进行公证。

### 【条款解读】

一、有限责任公司可以规定到会股东应当达到公司总表决权的50%以上

由于有限责任公司的小型性和封闭性,为提高公司股东的到会比例,可以设定"到会股东应当达到公司总表决权的50%以上"之条款。如章程规定:"拟出席股东会的股东,应当于会议召开【10】日前,将出席会议的书面回复送达公司。公司根据股东会召开前【10】日时收到的书面回复,计算拟出席会议的股东所代表的有表决权的股权额。拟出席会议的股东所代表的有表决权的股权数达到公司有表决权的股权总数【1/2】以上的,公司可以召开股东会;达不到的,公司在【5】日之内将会议拟审议的事项、开会日期和地点以公告形式再次通知股东,经公告通知,公司可以召开股东会。"

二、股份有限公司不宜规定到会股东应当达到公司总表决权的50%以上

由于股份有限公司是开放性的,股东股权可以随时转让,相比于有限责任公司,股份有限公司的股东可以更方便地行使"用脚投票"[①]的权利。所以在实践中,股份有限公司在公司治理中"搭便车"的现象比较普遍,公司应当允许股东的

---

① "用脚投票"意指股东在对管理层不满、不同意公司的政策、不看好公司的发展时,不是通过股东表决权、诉讼权保护自己的股东利益,而是通过行使股权转让权即转让自己的股权的形式,从而脱离股东与公司的关系。

这种"搭便车"行为,即股东有出席会议的权利、也有不出席会议的权利,有参与决策的权利、也有不参与决策的权利。由于会议的议题是提前告知的,所以股东可以关心和重视他自己认为重要的议题,也可以"漠不关心"他们认为不重要的议题。在股份有限公司中一般也不再设定"到会股东应当达到公司总表决权的 50%以上"之条款,这样可以兼顾股东利益的保护和公司运营的效率。

三、董事会召集的股东会由董事长主持

在股东会会议由董事会召集时,董事长为主持人;董事长不能履行职务或者不履行职务的,由副董事长主持;副董事长不能履行职务或者不履行职务的,由半数以上董事共同推举一名董事主持。

董事会是公司的经营决策和业务执行机构,它决定了由股东会决定以外的重要事项,所以,股东会应当由董事会召集,即由董事会依法决定股东会的举行及有关会议召开的各具体事项,如决定召开的时间、地点、将要作出决议的事项等,并依法通知各股东,使股东能够集中起来举行会议。正常情形下,股东会由董事长主持。

但在董事长不能履行职务或者不履行职务时,由副董事长主持。在副董事长不能履行职务或者不履行职务时,由半数以上董事共同推举的一名董事主持。也就是说,在董事会能够召集股东会的情形下,股东会由董事会内部成员,如副董事长或者半数以上董事共同推选的董事主持。

四、监事会召集的股东会由监事会主席主持

在董事会不能履行或者不履行召集股东会职责时,监事会应当及时召集和主持股东会。监事会是股份有限公司的监督机构,代表的是公司及其股东的整体利益。所以,在公司及其股东、职工的利益因股东会无法召开而得不到有效保障时,公司的监事会应当从维护公司及其股东、职工的利益出发召集股东会。

在监事会召集股东会会议时,应当由监事会主席担任主持人。

五、提议股东召集的股东会由提议股东主持

在监事会不召集和主持股东会时,连续 90 日以上单独或者合计持有公司 10%以上股份的股东可以自行召集和主持股东会。股东会的召集和主持在穷尽其他途径而未能实现时,在一定时期内持有公司一定数量股份的股东可以自行召集和主持股东会,从而保障公司股东的利益。

在连续 90 日以上单独或者合计持有公司 10%以上股份的股东自行召集股东会议时,召集会议的股东为主持人;召集会议的股东为数人时,该数人为共同主持人或者推举其中一人履行主持人职责。

六、会议地点

由于董事会召集会议是常态,所以具体的会议召开地点可以是公司办公地或者公司注册地,也可以由董事会具体另行选定。而对于监事会召集和提议股东召集会议,为方便全体股东、董事、高级管理人员的到会,应当在公司办公地或者公司注册地召开。这样可以避免在多方意见不一致的情况下,召集人通过选择会议地点给其他有权参会人员的到会制造障碍,或者带来不便。

七、现场会议结束时间不得早于其他形式

在同时有现场会议和网络会议等其他形式的会议时,现场会议的结束时间不得早于其他形式,保障现场会议的结束就是会议的结束。其中,会议的表决统计应当在现场会议宣布,对宣布有异议的股东,可以要求当场验票复核。

## 第六节　董事监事的选举

【示范条款】

7.6.1　候选人提案

董事、监事候选人名单以提案的方式提请股东会表决,董事会应当向股东公告候选董事、监事的简历和基本情况。

持有或者合并持有公司有表决权股份总数的【5%】以上的股东可以以提案的方式提名董事、监事候选人。提名董事、监事候选人的提案,应当在股东会召开前【10】日内提交董事会,同时,应当向董事会提供董事、监事候选人的简历和基本情况。

7.6.2　候选人同意提名

董事候选人应在股东会召开之前作出书面承诺,同意接受提名,承诺公开披露的董事候选人的资料真实、完整并保证当选后切实履行董事职责。

7.6.3　候选人情况

股东会拟讨论董事、监事选举事项的,股东会通知中将充分披露董事、监事候选人的详细资料,至少包括以下内容:1.教育背景、工作经历、兼职等个人情况;2.与本公司或本公司的控股股东及实际控制人是否存在关联关系;3.披露持有本公司股份数量;4.是否受过有关部门的处罚和惩戒。

除采取累积投票制选举董事、监事外,每位董事、监事候选人应当以单项提案提出。

7.6.4　累积投票制

股东会就选举董事、监事进行表决时,根据本章程的规定或者股东会的决议,【可以】实行累积投票制。

前款所称累积投票制是指股东会选举董事或者监事时,每一股份拥有与应选董事或者监事人数相同的表决权,股东拥有的表决权可以集中使用。

【注释】公司应当在章程中规定董事、监事提名的方式和程序,以及累积投票制的相关事宜。

### 7.6.5 累积投票流程

在累积投票制下,股东会选举两名以上董事或监事时,股东所持的每一股份拥有与应选董事或监事总人数相等的投票权,股东既可以使用所有的投票权集中投票选举一人,也可以分散投票选举数人,按得票多少决定董事或监事人选。

若因两名或两名以上候选人的票数相同而不能决定其中当选者时,则应对该票数相同的未当选候选人,按照董事会或者监事会缺额人数进行下一轮次的选举。下一轮次选举,仍为累积投票制,股东所持的每一股份拥有与该轮次选举董事会或者监事会缺额人数相等的投票权,股东既可以使用所有的投票权集中投票选举该票数相同的未当选候选人中一人,也可以分散投票选举该票数相同的未当选候选人,按得票多少决定董事或监事人选。

### 7.6.6 就任时间

股东会通过有关董事、监事选举提案的,新任董事、监事就任时间为【 】。

【注释】新任董事、监事就任时间一般应为股东会决议通过后、即行就任。其他确认方式应在公司章程中予以明确。

**【条款解读】**

一、董事监事选任

我国公司法对于董事监事选任机制没有作出明确规定,在实务中我国的董事监事选任机制是多种多样的。主要可以分为三种类型:其一,委派制。在公司章程中规定,董事监事由具体股东委派,并明确规定股东有权委派的名额。该机制主要适用于有限责任公司,其二,股东商议提名选举制。股东或主要股东商议后,由指定的人(股东或主要股东商议指定的)担任董事监事候选人,再由股东会选举产生。该机制也主要适用于有限责任公司,实际上仍然为股东商定董事监事席位的分配。其三,提名权提名选举制。由董事会提名委员会、监事会、一定比例的股东等由公司章程明确董事提名权,经提名权机构提名,再由股东会会议选举产生,主要适用于股东较多的有限责任公司以及股份有限公司。

委派制和股东商议提名选举制,主要适用于股东较少的有限责任公司,两者都具有较强的个案具体性,适宜具体以股东商议确定的条款执行。

## 二、累积投票制的概念

累积投票制,是指在股东会选举两名以上的董事或者监事时的一种投票权制度。这时,股东所持有的每一股份均拥有与应当选的董事或者监事总人数相等的投票权票数,股东既可将所有的投票权票数集中投票选举一人,亦可以分散投票选举数人,最后按得投票权票数的多少决定董事和监事的当选。

独立董事制度起源于20世纪30年代的美国,现在在美国上市公司的董事会席位中,独立董事席位大约为2/3。作为美国公司法代表的《特拉华州普通公司法》第214条规定:公司章程大纲可以规定,所有公司董事选举中,或者指定情形的选举中,每个股份持有人,或者任何一个或者多个类别,或者任何一个或者多个系列的股份持有人享有的表决票数,等于持有人根据其股份份额享有的董事选举的表决票数乘以持有人将选举的董事数量,且持有人可以将享有的所有票数投向一个候选人,也可以在候选人总数中分配,或者自行选择投向2个或者2个以上的候选人。①

## 三、累积投票制的意义

累积投票制可以有效地防止大股东利用表决权优势垄断或者操纵董事和监事的选举,矫正"一股一票、简单多数"表决制度的弊端,使得小股东能够通过"确保重点、局部集中"的方式将代表其利益的代言人选入董事会或者监事会,避免大股东垄断董事会、监事会。累积投票制可以缓冲大股东对公司的优势控制,在一定程度上平衡小股东与大股东之间的利益关系,增强小股东在公司治理中的话语权,这是"一股一票、简单多数"的普通投票制所无法比拟的。

例如:某公司总股数共100股,甲股东持51%共51股、乙股东持49%共49股,董事会由5名董事组成。

在普通投票制中,现进行股东会选举董事,甲股东提名A、B、C共3名候选人,乙股东提名α、β共2名候选人。投票结果:甲股东提名的A得票51票当选,B得票51票当选,C得票51票当选;乙股东提名的α得票49票未当选,β得票49票未当选。缺额2名董事,需要进行第二轮选举。

第二轮选举中,甲股东提名D、E共2名候选人,乙股东提名γ、δ共2名候选人。第二轮投票结果:甲股东提名的D得票51票当选,E得票51票当选;乙股东提名的γ得票49票未当选,δ得票49票未当选。

在普通投票制中最后的选举结果是,董事会由A、B、C、D、E五名董事构成,均为甲股东提名,董事会成了甲股东的"一言堂"。在极端不友好的股东关系环境下,即使是持股49%的股东也无法在公司中获得任何的"话语权"。

---

① 参见《特拉华州普通公司法》,徐文彬等译,中国法制出版社2010年版,第85页。

仍按照上述例子,在累积投票制中进行股东会选举董事时,甲股东提名 A、B、C 共 3 名候选人,乙股东提名 α、β 共 2 名候选人。按照累积投票规则,甲股东得到 51×5＝255 张选票,乙股东得到 49×5＝245 张选票。投票结果:甲股东提名的 A 得票 85 票,B 得票 85 票,C 得票 85 票;乙股东提名的 α 得票 123 票,β 得票 122 票。按照得票次序为 α、β、A、B、C,前五名当选。

在普通投票制中最后的选举结果是,董事会由 α、β、A、B、C 五名董事构成,其中 A、B、C 为甲股东提名,α、β 为乙股东提名。

四、累积投票制下选举特定董事所需的股份数

仍按照上述例子,乙股东提名的 α 得票 123 票,甲股东提名的 A 得票 85 票,α 超出 A 共计 38 票,明显构成选票超额,那么为确保 1 名董事当选,最低所需的股份数额是多少呢?

美国公司法学者威廉姆斯和康贝尔在 20 世纪 50 年代已经给出了选举特定董事所需股份数额的公式[①]:

最低股份数 X＝(表决权总额 Y×欲获得的董事席位数额 n)/(董事会董事席位总额 N +1)+1。

即 X＝(Y×n)/(N+1)+1。

其中,X 应当取大于等于"(Y×n)/(N+1)+1"的最小整数。

仍按照上述例子,小股东乙,如欲选举得到 2 名董事席位,则需要最低持股 X＝(100×2)/(5+1)+1＝34.33……,X 应取值为 35。即乙股东只要持有 35% 的股权就可以在总股数 100 股、董事会 5 名董事席位总额的公司中,获得 2 名董事席位。

五、累积投票制下既定股份数能选出的董事数目

仍按照上述例子,累积投票制中,乙股东在持股 49 股的情况下,提名的董事 α、β 两名候选人是能够全部当选的。那么,乙股东在持股 49 股既定的情况下,其提名 3 名候选人能否全部当选呢?乙股东在持股 49 股既定的情况下,其最多能够获得多少席位呢?也就是说,在股东实际控制的表决权(包括合并持股、收购委托书等)确定后,股东在制订投票策略时,是否可以核算自己能够选出的具体董事席位数。

仍按照上述公式,作一转换就可以得出既定股份情况下所能选出的董事席位。

既定股份数能够选出的董事席位数额 Z＝(董事会董事席位总额 N+1)(实际控制的表决票数 S-1)/ 表决权总额 Y。

即 Z＝(N+1)(S-1)/Y。

其中,Z 应当取小于"(N+1)(S-1)/Y"的最大整数。

---

[①] 参见刘俊海:《新公司法的制度创新:立法争点与解释难点》,法律出版社 2006 年版,第 285 页。

仍按照上述例子,小股东乙,在既定持股49股的情况下,能够获得董事席位数额 $Z=(5+1)(49-1)/100=2.88$,Z 应取值为 2。即乙股东在持有 49% 的股权的情况下,在总股数 100 股、董事会 5 名董事席位名额的公司中,可以获得 2 名董事席位。这与我们在习惯上理解的董事席位分配是一致的。

六、累积投票制下大股东选举失败

我们对上述例子稍作改动,例如:某公司共 100 股,甲股东持 51% 共 51 股、乙股东持 1% 共 1 股、丙股东持 1% 共 1 股、丁股东持 1% 共 1 股……(共计 49 名小股东每人 1 股),董事会由 5 名董事组成。

甲股东认为在公司持有 51% 的股权已经是很高的持股比例,认为能够全面控制董事会的选举。在董事选举中,甲股东提名 A、B、C、D、E 共 5 名董事候选人。乙股东提名 α、β、γ 共 3 名董事候选人,并联合了 48 名小股东的投票权,而甲股东对 49 名小股东联合投票达成一致这一情况并不知晓。

选举投票开始,按照累积投票规则,甲股东得到 $51\times5=255$ 张选票,乙股东得到 $1\times5=5$ 张选票、丙股东得到 $1\times5=5$ 张选票、丁股东得到 $1\times5=5$ 张选票……(共计 49 名小股东每人得到 $1\times5=5$ 张选票,49 小股东总计得到 $49\times5=245$ 张选票)。

投票结果:甲股东提名的 A 得票 51 票、B 得票 51 票、C 得票 51 票、D 得票 51 票、E 得票 51 票;乙股东提名的 α 得票 82 票、β 得票 82 票、γ 得票 81 票($245=82+82+81$)。按照得票次序为 α、β、γ 前三名当选。A、B、C、D、E 均为得票 51 票,进入第二轮选举。

第二轮选举中,补选 2 名董事,甲股东得到 $51\times2=102$ 张选票,49 名小股东得到 $49\times2=98$ 张选票,候选人为第一轮的五位票数相同者 A、B、C、D、E。

第二轮投票结果:A 得票 51 票、B 得票 51 票、E 得票 98 票。按照得票次序为 E 当选,A、B 进入第三轮选举。

第三轮投票结果:A 得票 51 票、B 得票 49 票。按照得票次序为 A 当选。

最后公司董事会构成为 α、β、γ、E、A 五名董事,甲股东只获得了 2 名董事席位,并且甲股东在第二次序推荐的 B 董事候选人也未能当选,甲股东的董事会筹划完全落空,形成了严重的大股东选举失败。

**【相关法规】**

●《证券公司治理准则》(2020 年修正,中国证券监督管理委员会公告〔2020〕20 号)

第 17 条 证券公司在董事、监事的选举中可以采用累积投票制度。

证券公司股东单独或与关联方合并持有公司 50% 以上股权的,董事、监事的选举应当采用累积投票制度,但证券公司为一人公司的除外。

采用累积投票制度的证券公司应在公司章程中规定该制度的实施细则。

**【细则示范】**

● **董事及监事选举办法**

**第1条** 为了进一步完善公司治理结构,保证所有股东充分行使权利,根据公司法以及公司章程等有关规定,制定本办法。

**第2条** 按照公司章程的规定,董事会由【11】名董事组成,其中独立董事【4】名、职工董事【1】名。监事会由【5】名监事组成,其中职工监事【2】名。董事、监事的任期自公司章程规定的就任之日起计算,至本届董事会、监事会任期届满时为止。董事、监事任期届满,可连选连任。

**第3条** 除职工董事、职工监事以外的公司董事、监事由股东会选举产生。

职工董事、职工监事由公司职工通过职工代表大会、职工大会或者其他形式民主选举产生后,直接进入董事会、监事会。

**第4条** 本办法所涉及到的有效表决股份数除特别说明的以外,均指出席股东会的股东所持有效表决权的股份数。

**第5条** 董事候选人的提名程序:(一)公司发起人及单独或合并持有本公司发行在外有表决权股份总数3%以上的股东均有权在股东会召开10日前提名非独立董事候选人,但其提名的非独立董事候选人人选,不得超过三名;(二)公司发起人及单独或合并持有本公司发行在外有表决权股份总数1%以上的股东均有权在股东会召开10日前提名独立董事候选人,但其提名的独立董事候选人人选,不得超过两名;(三)本届董事会提名委员会提名非独立董事及独立董事候选人;(四)新一届董事会候选人经本届董事会进行资格审查后,符合公司法、公司章程有关董事任职资格规定的,由本届董事会以提案的方式提交股东会表决。

**第6条** 监事候选人的提名程序:(一)公司发起人及单独或合并持有本公司发行在外有表决权股份总数3%以上的股东均有权在股东会召开10日前提名监事候选人,但其提名的监事候选人人选,不得超过两名;(二)本届监事会提名监事候选人;(三)新一届监事会候选人经本届监事会进行资格审查后,符合公司法、公司章程有关监事任职资格规定的,由本届监事会以提案的方式提交股东会表决。

**第7条** 提名股东在提名前应征得被提名人的书面同意。股东会通知中应当充分披露董事、监事候选人的详细资料,至少包括以下内容:1.教育背景、工作经历、兼职等个人情况;2.与公司或其控股股东及实际控制人是否存在关联关系;3.是否持有公司股份及持有公司股份数量。

**第 8 条** 公司应在股东会召开通知中提醒股东特别是中小投资者注意,除董事会已提名的董事、独立董事、监事候选人之外,单独或者合并持有公司3%以上有表决权股份的股东可在股东会召开10日前书面提交新的董事、监事候选人提案,提名人数应符合本办法第5、6条的规定。

**第 9 条** 提名股东全部有效提案所提名的候选人数多于公司章程规定或应选人数时,应当进行差额选举。

**第 10 条** 根据法律、行政法规、部门规章和公司章程的有关规定,单独或者合并持有本公司发行在外有表决权股份总数【3%】以上的股东,可以在股东会召开10日前提出董事、监事候选人名单作为临时提案并书面提交董事会或股东会其他合法有效的召集人。董事会或股东会其他合法有效的召集人应当在收到提案后2日内发出股东会补充通知,公告该临时提案的内容。

**第 11 条** 股东会在选举两名以上(含两名)董事或监事时可以采用累积投票制。累积投票制是指股东会选举董事或监事时,每一股份都拥有与应选董事或监事人数相同的表决权,股东拥有的表决权可以集中使用。

**第 12 条** 在累积投票制下,股东会对董事候选人、监事候选人进行表决前,大会主持人应明确告知与会股东对候选董事或监事实行累积投票方式,董事会必须制备适合实行累积投票方式的选票。董事会秘书应对累积投票方式、选票填写方法作出说明和解释。

**第 13 条** 在累积投票制下,为确保独立董事当选人数符合公司章程的规定,独立董事与非独立董事的选举实行分开投票方式。

选举独立董事时,每位股东有权取得的累积表决票数等于其所持有的股份数乘以应选独立董事人数的乘积数,该票数只能投向独立董事候选人。

选举非独立董事时,每位股东有权取得的累积表决票数等于其所持有的股份数乘以应选非独立董事人数的乘积数,该票数只能投向非独立董事候选人。

**第 14 条** 在累积投票制下,累积投票制的票数计算法为:(一)每位股东持有的有表决权的股份数乘以本次股东会应选举的董事或监事人数之积,即为该股东本次累积表决票数,所有累积表决票均代表赞成票,不设反对票、弃权票。(二)股东会根据本办法进行多轮选举时,应根据每轮选举应当选举的董事或监事人数重新计算股东累积表决票数。(三)公司董事会秘书应当在每轮累积投票表决前,宣布每位股东的累积表决票数,任何股东、公司独立董事、公司监事、本次股东会监票人或见证律师对宣布结果有异议时,应立即进行核对。

**第 15 条** 在累积投票制下,投票方式为:(一)所有股东均有权按照自己的意愿(代理人应遵守委托人授权书指示),将累积表决票数分别或全部集中投向任一董事候选人或监事候选人。(二)股东对某一个或某几个董事候选人或监事候选人集中或分散行使的投票总数等于或少于其累积表决票数时,该股东投票有效,其少于的部分视为放弃。

**第 16 条** 董事或监事当选。

(一)非累积投票制下的等额选举

1. 董事候选人或监事候选人获得选票超过参加会议的股东(包括股东代理人)所持有效表决股份数的二分之一以上(不含二分之一)时,即为当选。

2. 若当选人数少于应选董事或监事人数,则应对未当选董事候选人或监事候选人进行第二轮选举。若经第二轮选举仍未达到应选董事或监事人数,但已当选董事或监事人数超过公司章程规定的董事会或监事会成员人数三分之二以上(含三分之二)时,视为新一届董事会组建成立,缺额部分在三个月内再次召开股东会,进行补选。若经第二轮选举仍不足公司章程规定的董事会或监事会成员人数三分之二(不含三分之二)时,则应在本次股东会结束后三个月内再次召开股东会对缺额董事或监事进行选举,新一届董事会待当选董事或监事人数超过公司章程规定的董事会或监事会成员人数三分之二以上(含三分之二)时方可成立。

3. 在新一届董事会或监事会组建成立之前,由上一届董事会或监事会继续履行职责。

(二)非累积投票制下的差额选举

1. 董事候选人或监事候选人获得选票超过参加会议的股东(包括股东代理人)所持有效表决股份数的二分之一以上(不含二分之一)且该等人数等于或少于应选董事或监事人数时,该等候选人即为当选。

2. 若当选人数少于应选董事或监事人数,则应对未当选董事候选人或监事候选人进行第二轮选举。

若经第二轮选举仍未达到应选董事或监事人数,但已当选董事或监事人数超过公司章程规定的董事会或监事会成员人数三分之二以上(含三分之二)时,视为新一届董事会组建成立,缺额部分在三个月内再次召开股东会,进行补选。

若经第二轮选举仍不足公司章程规定的董事会或监事会成员人数三分之二(不含三分之二)时,则应在本次股东会结束后三个月内再次召开股东会对缺额董事或监事进行选举,新一届董事会待当选董事或监事人数超过公司章程规定的董事会或监事会成员人数三分之二以上(含三分之二)时方可成立。

3. 若获得超过参加会议的股东(包括股东代理人)所持有效表决股份数二分之一以上选票的董事候选人或监事候选人多于应当选董事或监事人数时,则按得票数多少排序,取得票数较多者当选。若因两名或两名以上候选人的票数相同而不能决定其中当选者时,则应对所有未当选候选人进行第二轮选举。第二轮选举仍不能决定当选者或当选人数不足以弥补董事会或监事会缺额人数时,则应在三个月内再次召开股东会,进行补选。

4. 在新一届董事会或监事会组建成立之前,由上一届董事会或监事会继续履行职责。

(三)累积投票制下的选举

1. 非独立董事、独立董事、监事应当分别投票选举。

2. 宣布分别需要选举的非独立董事、独立董事、监事名额,分别按照相应名额与各参加会议的股东(包括股东代理人)所持有效表决股份数的乘积,确定各参加会议的股东(包括股东代理人)的表决票数。只有赞成票,不设反对票、弃权票。

3. 分别宣布非独立董事、独立董事、监事候选人名单。

4. 参加会议的股东(包括股东代理人)对非独立董事、独立董事、监事分别投票。

选举非独立董事时,每位股东有权取得的累积表决票数等于其所持有的股份数乘以应选非独立董事人数的乘积数,该票数只能投向非独立董事候选人。选举独立董事时,每位股东有权取得的累积表决票数等于其所持有的股份数乘以应选独立董事人数的乘积数,该票数只能投向独立董事候选人。选举监事时,每位股东有权取得的累积表决票数等于其所持有的股份数乘以应选监事人数的乘积数,该票数只能投向监事候选人。

5. 分别按照非独立董事、独立董事、监事的得票多少排序,取得票数较多者当选。

6. 若因两名或两名以上候选人的票数相同而不能决定其中当选者时,得票超过该票数相同数的候选人当选。对该票数相同的未当选候选人,按照非独立董事、独立董事、监事的缺额人数进行下一轮次的选举。

7. 下一轮次选举,仍为累积投票制,股东所持的每一股份拥有与该轮次选举非独立董事、独立董事、监事缺额人数相等的投票权,股东既可以使用所有的投票权集中投票选举该票数相同的未当选候选人中一人,也可以分散投票选举该票数相同的未当选候选人,按得票多少决定非独立董事、独立董事、监事人选。

8. 按照上述轮次,直至选出需要选举的非独立董事、独立董事、监事人选。

第17条  股东会在进行选举投票前,应当推举两名股东代表参加计票和监票。股东会在进行选举投票时,应当由律师、股东代表与监事代表共同负责计票、监票。

第18条  在正式公布选举结果前,股东会表决过程中所涉及的公司、计票人、监票人、股东等相关各方对表决情况均负有保密义务。

第19条  选票、投票箱由董事会制备。投票箱在投票前由监票员当众开验。

第20条  选举人须在选票选举人栏填明选举人姓名、股东户名、股东代码、持股数,然后投入票箱内。

**第 21 条** 选票有下列情形之一,者视为投票人放弃表决权利,其所持股份数的表决结果应计为"弃权",在计算有效表决股份数时,相应扣除"弃权"部分:(一)不用本办法所规定的选票的。(二)空白的选票投入票箱。(三)字迹模糊无法辨认的。(四)未填选举人姓名、股东户名、股东代码及填写内容与股东名册不符。(五)所填选举人姓名及股东户名、股东代码外,夹写其他文字的。(六)适用累积投票制时,对某一个或某几个董事或监事候选人集中或分散行使的投票总数多于累积表决票数的。(七)未按选票备注栏内的规定填写的。

**第 22 条** 投票完毕后当场开票,开票结果由股东会召集人(或董事会秘书)当场宣布。

**第 23 条** 当选的董事及监事按公司章程的规定就任。

**第 24 条** 本办法未尽事宜,按有关法律、法规和公司章程的规定执行;本办法如与日后颁布的法律、法规和公司章程抵触的,按有关法律、法规和公司章程的规定执行,并立即对本办法进行修订。

**第 25 条** 本办法解释权归属公司董事会。

**第 26 条** 本办法自股东会决议通过之日起生效;修订时亦同。

附件 采用累积投票制选举董事、独立董事和监事的投票方式说明

一、股东会董事候选人选举、独立董事候选人选举、监事会候选人选举作为议案组分别进行编号。投资者应当针对各议案组下每位候选人进行投票。

二、申报股数代表选举票数。对于每个议案组,股东每持有一股即拥有与该议案组下应选董事或监事人数相等的投票总数。如某股东持有上市公司 100 股股票,该次股东会应选董事 10 名,董事候选人有 12 名,则该股东对于董事会选举议案组,拥有 1000 股的选举票数。

三、股东应当以每个议案组的选举票数为限进行投票。股东根据自己的意愿进行投票,既可以把选举票数集中投给某一候选人,也可以按照任意组合投给不同的候选人。投票结束后,对每一项议案分别累积计算得票数。

四、示例:某上市公司召开股东会采用累积投票制对董事会、监事会进行改选,应选董事(不含独立董事) 5 名,董事候选人有 6 名;应选独立董事 2 名,独立董事候选人有 3 名;应选监事 2 名,监事候选人有 3 名。需投票表决的事项如下:

累积投票议案

4.00 关于选举董事的议案

|  | 候选人 | 投票数 |
| --- | --- | --- |
| 4.01 | 陈×× |  |
| 4.02 | 赵×× |  |

|  | 候选人 | 投票数 |
| --- | --- | --- |
| 4.03 | 蒋×× |  |
| 4.04 | 周×× |  |
| 4.05 | 宋×× |  |
| 4.06 | 万×× |  |

5.00 关于选举独立董事的议案

|  | 候选人 | 投票数 |
| --- | --- | --- |
| 5.01 | 陈×× |  |
| 5.02 | 王×× |  |
| 5.03 | 杨×× |  |

6.00 关于选举监事的议案

|  | 候选人 | 投票数 |
| --- | --- | --- |
| 6.01 | 张×× |  |
| 6.02 | 刘×× |  |
| 6.03 | 许×× |  |

某投资者 A 在股权登记日收盘时持有公司 100 股股票，采用累积投票制，他（她）在议案 4.00"关于选举董事的议案"就有 500 票的表决权，在议案 5.00"关于选举独立董事的议案"有 200 票的表决权，在议案 6.00"关于选举董事的议案"有 200 票的表决权。

以董事（不含独立董事）选举为例，该投资者 A 可以以 500 票为限，对议案 4.00 按自己的意愿表决。他（她）既可以把 500 票集中投给某一位候选人，也可以按照任意组合分散投给任意候选人。

该投资者 A 的方式一：

|  | 候选人 | 投票数 |
| --- | --- | --- |
| 4.01 | 陈×× | 500 |
| 4.02 | 赵×× | 0 |
| 4.03 | 蒋×× | 0 |

(续表)

| | 候选人 | 投票数 |
|---|---|---|
| 4.04 | 周×× | 0 |
| 4.05 | 宋×× | 0 |
| 4.06 | 万×× | 0 |

该投资者A的方式二：

| | 候选人 | 投票数 |
|---|---|---|
| 4.01 | 陈×× | 100 |
| 4.02 | 赵×× | 100 |
| 4.03 | 蒋×× | 100 |
| 4.04 | 周×× | 100 |
| 4.05 | 宋×× | 0 |
| 4.06 | 万×× | 100 |

该投资者A的方式三：

| | 候选人 | 投票数 |
|---|---|---|
| 4.01 | 陈×× | 300 |
| 4.02 | 赵×× | 100 |
| 4.03 | 蒋×× | 100 |
| 4.04 | 周×× | 0 |
| 4.05 | 宋×× | 0 |
| 4.06 | 万×× | 0 |

## 第七节　股东会的表决和决议

【示范条款】

7.7.1　股东会决议

股东会决议分为普通决议和特别决议。

股东会作出普通决议,应当由出席股东会的股东(包括股东代理人)所持表决权的过半数通过。

股东会作出特别决议,应当由出席股东会的股东(包括股东代理人)所持表决权的【2/3】以上通过。

### 7.7.2 普通决议

下列事项由股东会以普通决议通过:1. 董事会和监事会的工作报告,对董事会、监事会、经理的工作进行审计;2. 董事会拟定的利润分配方案和弥补亏损方案,修改上述分案的执行程序;3. 董事会和监事会成员的任免、赔偿责任及其报酬和支付方法;4. 公司年度预算方案、决算方案,对方案的执行进行监督;5. 公司年度报告,对报告的依据进行审计审核,要求董事会提供合同和原始凭据;6. 除法律、行政法规或者公司章程规定应当以特别决议通过以外的其他事项。

### 7.7.3 特别决议

下列事项由股东会以特别决议通过:1. 公司成立或变更公司形式;2. 公司增加或者减少注册资本;3. 分立、合并、解散、清算和清算恢复;4. 公司章程的修改;5. 公司在一年内购买、出售重大资产或者担保金额超过公司最近一期经审计总资产【%】的;6. 股权激励计划;7. 法律、行政法规或本章程规定的,以及股东会以普通决议认定会对公司产生重大影响的,需要以特别决议通过的其他事项。

【注释】股东会就以下事项作出特别决议,除须经出席会议的普通股股东(含表决权恢复的优先股股东,包括股东代理人)所持表决权的2/3以上通过之外,还须经出席会议的优先股股东(不含表决权恢复的优先股股东,包括股东代理人)所持表决权的2/3以上通过:1. 修改公司章程中与优先股相关的内容;2. 一次或累计减少公司注册资本超过10%;3. 公司合并、分立、解散或变更公司形式;4. 发行优先股;5. 公司章程规定的其他情形。

### 7.7.4 一股一票

股东(包括股东代理人)以其所代表的有表决权的股份数额行使表决权,每一股份享有一票表决权。公司持有的本公司股份没有表决权,且该部分股份不计入出席股东会有表决权的股份总数。

(上市公司)股东会审议影响中小投资者利益的重大事项时,对中小投资者表决应当单独计票。单独计票结果应当及时公开披露。

(上市公司)股东买入公司有表决权的股份违反《证券法》第63条第1、2款规定的,该超过规定比例部分的股份在买入后的36个月内不得行使表决权,且不计入出席股东会有表决权的股份总数。

(上市公司)公司董事会、独立董事、持有1%以上有表决权股份的股东或者依照法律、行政法规或者中国证监会的规定设立的投资者保护机构可以公开征集股东投票权。征集股东投票权应当向被征集人充分披露具体投票意向等信息。禁止以有偿或者变相有偿的方式征集股东投票权。除法定条件外,公司不得对征集投票权提出最低持股比例限制。

【注释】若公司有发行在外的其他股份,应当说明是否享有表决权。优先股表决权恢复的,应当根据章程规定的具体计算方法确定每股优先股股份享有的表决权。

### 7.7.5 特别授权管理

除公司处于危机等特殊情况外,非经股东会以特别决议批准,公司不得与董事、经理和其他高级管理人员以外的人订立将公司全部或者重要业务的管理交予该人负责的合同。

公司如要将公司事务交予具体人员管理执行的,应当以书面形式写明权限、责任、工作方法。

### 7.7.6 关联交易

股东会审议有关关联交易事项时,关联股东不应当参与投票表决,其所代表的有表决权的股份数不计入有效表决总数。

【注释】公司应当根据具体情况,在章程中制定有关关联股东的回避和表决程序。

### 7.7.7 全面陈述

除涉及公司商业秘密不能在股东会上公开外,执行董事和监事应当对股东的质询和建议作出答复或说明;对于虚假说明,股东有权要求答复或者说明人承担责任。

### 7.7.8 利润分配

股东会通过有关派现、送股或资本公积转增股本提案的,公司将在股东会结束后 2 个月内实施具体方案。

### 7.7.9 提案未获通过

(上市公司)提案未获通过,或者本次股东会变更前次股东会决议的,应当在股东会决议公告中作特别提示。

**【条款解读】**

股东会决议分为普通决议和特别决议。股东会作出普通决议,应当由出席股东会的股东(包括股东代理人)所持表决权的过半数通过。股东会作出特别决议,应当由出席股东会的股东(包括股东代理人)所持表决权的 2/3 以上通过。股东会作出修改公司章程、增加或者减少注册资本的决议,以及公司合并、分立、解散或者变更公司形式的决议,以及公司章程规定的其他特别情况,应当适用特别决议。

需要注意的是,普通决议由出席股东会的股东(包括股东代理人)所持表决权的"过半数"通过。这里的"过半数"不是"1/2 以上",规则制定者在规则设计时中应当注意审慎使用"1/2 以上"之类的条款设计,这是因为当出现"50%表决权同意、50%表决权反对"的情况时,将会出现会议决议僵局,无法形成决议。

## 【相关法规】

● 《中华人民共和国公司法》(2023 年修订)

第 21 条 公司股东应当遵守法律、行政法规和公司章程,依法行使股东权利,不得滥用股东权利损害公司或者其他股东的利益。

公司股东滥用股东权利给公司或者其他股东造成损失的,应当承担赔偿责任。

● 《公司法司法解释三》(2020 年修正)

第 17 条 有限责任公司的股东未履行出资义务或者抽逃全部出资,经公司催告缴纳或者返还,其在合理期间内仍未缴纳或者返还出资,公司以股东会决议解除该股东的股东资格,该股东请求确认该解除行为无效的,人民法院不予支持。

在前款规定的情形下,人民法院在判决时应当释明,公司应当及时办理法定减资程序或者由其他股东或者第三人缴纳相应的出资。在办理法定减资程序或者其他股东或者第三人缴纳相应的出资之前,公司债权人依照本规定第 13 条或者第 14 条请求相关当事人承担相应责任的,人民法院应予支持。

● 《广西壮族自治区高级人民法院民二庭关于审理公司纠纷案件若干问题的裁判指引》(桂高法民二〔2020〕19 号)

11.【股东会决议与司法介入的界限】股东会对于公司经营管理事项作出的决议,原则上不得由股东或公司直接诉请人民法院予以确认并执行。公司股东会是公司最高权力机关,其有能力实现其自身事务的计划与安排,一般无须司法介入。

例外需要介入的情形主要有:(1)当决议涉及的相关公司财产、章证、账册、文件等被不当侵占时,公司或股东可以凭借侵权之诉要求返还与赔偿;(2)在负有实施股东会决议职责的主体违反忠实勤勉义务且对公司造成损害的情况下,公司或股东可以诉请相关损害赔偿责任;(3)当公司决议通过具体分配方案的,股东可依据公司盈余分配纠纷诉请执行(《公司法司法解释四》第 14、15 条,《公司法司法解释五》第 4 条);(4)其他明确规定请求权基础的情形。

至于"公司决议纠纷"案由,其涉及的是公司决议是否存在无效、可撤销或不成立的情形,而并非股东或公司可以任意要求对决议内容予以司法确认的依据,人民法院要注意正确适用该案由。

●《上市公司股东大会规则》(2022年修订,证券监督管理委员会公告)

**第2条** 上市公司应当严格按照法律、行政法规、本规则及公司章程的相关规定召开股东大会,保证股东能够依法行使权利。

公司董事会应当切实履行职责,认真、按时组织股东大会。公司全体董事应当勤勉尽责,确保股东大会正常召开和依法行使职权。

**第3条** 股东大会应当在《公司法》和公司章程规定的范围内行使职权。

**第4条** 股东大会分为年度股东大会和临时股东大会。年度股东大会每年召开一次,应当于上一会计年度结束后的六个月内举行。临时股东大会不定期召开,出现《公司法》第100条规定的应当召开临时股东大会的情形时,临时股东大会应当在二个月内召开。

公司在上述期限内不能召开股东大会的,应当报告公司所在地中国证券监督管理委员会(以下简称中国证监会)派出机构和公司股票挂牌交易的证券交易所(以下简称证券交易所),说明原因并公告。

**第5条** 公司召开股东大会,应当聘请律师对以下问题出具法律意见并公告:

(一)会议的召集、召开程序是否符合法律、行政法规、本规则和公司章程的规定;

(二)出席会议人员的资格、召集人资格是否合法有效;

(三)会议的表决程序、表决结果是否合法有效;

(四)应公司要求对其他有关问题出具的法律意见。

**第6条** 董事会应当在本规则第4条规定的期限内按时召集股东大会。

**第7条** 独立董事有权向董事会提议召开临时股东大会。对独立董事要求召开临时股东大会的提议,董事会应当根据法律、行政法规和公司章程的规定,在收到提议后10日内提出同意或不同意召开临时股东大会的书面反馈意见。

董事会同意召开临时股东大会的,应当在作出董事会决议后的5日内发出召开股东大会的通知;董事会不同意召开临时股东大会的,应当说明理由并公告。

**第8条** 监事会有权向董事会提议召开临时股东大会,并应当以书面形式向董事会提出。董事会应当根据法律、行政法规和公司章程的规定,在收到提议后10日内提出同意或不同意召开临时股东大会的书面反馈意见。

董事会同意召开临时股东大会的,应当在作出董事会决议后的5日内发出召开股东大会的通知,通知中对原提议的变更,应当征得监事会的同意。

董事会不同意召开临时股东大会,或者在收到提议后 10 日内未作出书面反馈的,视为董事会不能履行或者不履行召集股东大会会议职责,监事会可以自行召集和主持。

第 9 条　单独或者合计持有公司 10% 以上股份的普通股股东(含表决权恢复的优先股股东)有权向董事会请求召开临时股东大会,并应当以书面形式向董事会提出。董事会应当根据法律、行政法规和公司章程的规定,在收到请求后 10 日内提出同意或不同意召开临时股东大会的书面反馈意见。

董事会同意召开临时股东大会的,应当在作出董事会决议后的 5 日内发出召开股东大会的通知,通知中对原请求的变更,应当征得相关股东的同意。

董事会不同意召开临时股东大会,或者在收到请求后 10 日内未作出反馈的,单独或者合计持有公司 10% 以上股份的普通股股东(含表决权恢复的优先股股东)有权向监事会提议召开临时股东大会,并应当以书面形式向监事会提出请求。

监事会同意召开临时股东大会的,应在收到请求 5 日内发出召开股东大会的通知,通知中对原请求的变更,应当征得相关股东的同意。

监事会未在规定期限内发出股东大会通知的,视为监事会不召集和主持股东大会,连续 90 日以上单独或者合计持有公司 10% 以上股份的普通股股东(含表决权恢复的优先股股东)可以自行召集和主持。

第 10 条　监事会或股东决定自行召集股东大会的,应当书面通知董事会,同时向证券交易所备案。

在股东大会决议公告前,召集普通股股东(含表决权恢复的优先股股东)持股比例不得低于 10%。

监事会和召集股东应在发出股东大会通知及发布股东大会决议公告时,向证券交易所提交有关证明材料。

第 11 条　对于监事会或股东自行召集的股东大会,董事会和董事会秘书应予配合。董事会应当提供股权登记日的股东名册。董事会未提供股东名册的,召集人可以持召集股东大会通知的相关公告,向证券登记结算机构申请获取。召集人所获取的股东名册不得用于除召开股东大会以外的其他用途。

第 12 条　监事会或股东自行召集的股东大会,会议所必需的费用由公司承担。

第 13 条　提案的内容应当属于股东大会职权范围,有明确议题和具体决议事项,并且符合法律、行政法规和公司章程的有关规定。

第 14 条　单独或者合计持有公司 3% 以上股份的普通股股东(含表决权恢复的优先股股东),可以在股东大会召开 10 日前提出临时提案并书面提交召集人。召集人应当在收到提案后 2 日内发出股东大会补充通知,公告临时提案的内容。

除前款规定外,召集人在发出股东大会通知后,不得修改股东大会通知中已列明的提案或增加新的提案。

股东大会通知中未列明或不符合本规则第13条规定的提案,股东大会不得进行表决并作出决议。

**第15条** 召集人应当在年度股东大会召开20日前以公告方式通知各普通股股东(含表决权恢复的优先股股东),临时股东大会应当于会议召开15日前以公告方式通知各普通股股东(含表决权恢复的优先股股东)。

**第16条** 股东大会通知和补充通知中应当充分、完整披露所有提案的具体内容,以及为使股东对拟讨论的事项作出合理判断所需的全部资料或解释。拟讨论的事项需要独立董事发表意见的,发出股东大会通知或补充通知时应当同时披露独立董事的意见及理由。

**第17条** 股东大会拟讨论董事、监事选举事项的,股东大会通知中应当充分披露董事、监事候选人的详细资料,至少包括以下内容:(一)教育背景、工作经历、兼职等个人情况;(二)与公司或其控股股东及实际控制人是否存在关联关系;(三)披露持有上市公司股份数量;(四)是否受过中国证监会及其他有关部门的处罚和证券交易所惩戒。

除采取累积投票制选举董事、监事外,每位董事、监事候选人应当以单项提案提出。

**第18条** 股东大会通知中应当列明会议时间、地点,并确定股权登记日。股权登记日与会议日期之间的间隔应当不多于7个工作日。股权登记日一旦确认,不得变更。

**第19条** 发出股东大会通知后,无正当理由,股东大会不得延期或取消,股东大会通知中列明的提案不得取消。一旦出现延期或取消的情形,召集人应当在原定召开日前至少二个工作日公告并说明原因。

**第20条** 公司应当在公司住所地或公司章程规定的地点召开股东大会。

股东大会应当设置会场,以现场会议形式召开,并应当按照法律、行政法规、中国证监会或公司章程的规定,采用安全、经济、便捷的网络和其他方式为股东参加股东大会提供便利。股东通过上述方式参加股东大会的,视为出席。

股东可以亲自出席股东大会并行使表决权,也可以委托他人代为出席和在授权范围内行使表决权。

**第21条** 公司应当在股东大会通知中明确载明网络或其他方式的表决时间以及表决程序。

股东大会网络或其他方式投票的开始时间,不得早于现场股东大会召开前一日下午3:00,并不得迟于现场股东大会召开当日上午9:30,其结束时间不得早于现场股东大会结束当日下午 3:00。

**第 22 条** 董事会和其他召集人应当采取必要措施,保证股东大会的正常秩序。对于干扰股东大会、寻衅滋事和侵犯股东合法权益的行为,应当采取措施加以制止并及时报告有关部门查处。

**第 23 条** 股权登记日登记在册的所有普通股股东(含表决权恢复的优先股股东)或其代理人,均有权出席股东大会,公司和召集人不得以任何理由拒绝。

优先股股东不出席股东大会会议,所持股份没有表决权,但出现以下情况之一的,公司召开股东大会会议应当通知优先股股东,并遵循《公司法》及公司章程通知普通股股东的规定程序。优先股股东出席股东大会会议时,有权与普通股股东分类表决,其所持每一优先股有一表决权,但公司持有的本公司优先股没有表决权:(一)修改公司章程中与优先股相关的内容;(二)一次或累计减少公司注册资本超过 10%;(三)公司合并、分立、解散或变更公司形式;(四)发行优先股;(五)公司章程规定的其他情形。

上述事项的决议,除须经出席会议的普通股股东(含表决权恢复的优先股股东)所持表决权的 2/3 以上通过之外,还须经出席会议的优先股股东(不含表决权恢复的优先股股东)所持表决权的 2/3 以上通过。

**第 24 条** 股东应当持股票账户卡、身份证或其他能够表明其身份的有效证件或证明出席股东大会。代理人还应当提交股东授权委托书和个人有效身份证件。

**第 25 条** 召集人和律师应当依据证券登记结算机构提供的股东名册共同对股东资格的合法性进行验证,并登记股东姓名或名称及其所持有表决权的股份数。在会议主持人宣布现场出席会议的股东和代理人人数及所持有表决权的股份总数之前,会议登记应当终止。

**第 26 条** 公司召开股东大会,全体董事、监事和董事会秘书应当出席会议,经理和其他高级管理人员应当列席会议。

**第 27 条** 股东大会由董事长主持。董事长不能履行职务或不履行职务时,由副董事长主持;副董事长不能履行职务或者不履行职务时,由半数以上董事共同推举的一名董事主持。

监事会自行召集的股东大会,由监事会主席主持。监事会主席不能履行职务或不履行职务时,由监事会副主席主持;监事会副主席不能履行职务或者不履行职务时,由半数以上监事共同推举的一名监事主持。

股东自行召集的股东大会,由召集人推举代表主持。

公司应当制定股东大会议事规则。召开股东大会时,会议主持人违反议事规则使股东大会无法继续进行的,经现场出席股东大会有表决权过半数的股东同意,股东大会可推举一人担任会议主持人,继续开会。

**第 28 条** 在年度股东大会上,董事会、监事会应当就其过去一年的工作向股东大会作出报告,每名独立董事也应作出述职报告。

**第 29 条** 董事、监事、高级管理人员在股东大会上应就股东的质询作出解释和说明。

**第 30 条** 会议主持人应当在表决前宣布现场出席会议的股东和代理人人数及所持有表决权的股份总数,现场出席会议的股东和代理人人数及所持有表决权的股份总数以会议登记为准。

**第 31 条** 股东与股东大会拟审议事项有关联关系时,应当回避表决,其所持有表决权的股份不计入出席股东大会有表决权的股份总数。

股东大会审议影响中小投资者利益的重大事项时,对中小投资者的表决应当单独计票。单独计票结果应当及时公开披露。

公司持有自己的股份没有表决权,且该部分股份不计入出席股东大会有表决权的股份总数。

股东买入公司有表决权的股份违反《证券法》第63条第1、2款规定的,该超过规定比例部分的股份在买入后的36个月内不得行使表决权,且不计入出席股东大会有表决权的股份总数。

公司董事会、独立董事、持有1%以上有表决权股份的股东或者依照法律、行政法规或者中国证监会的规定设立的投资者保护机构可以公开征集股东投票权。征集股东投票权应当向被征集人充分披露具体投票意向等信息。禁止以有偿或者变相有偿的方式征集股东投票权。除法定条件外,公司不得对征集投票权提出最低持股比例限制。

**第 32 条** 股东大会就选举董事、监事进行表决时,根据公司章程的规定或者股东大会的决议,可以实行累积投票制。单一股东及其一致行动人拥有权益的股份比例在30%及以上的上市公司,应当采用累积投票制。

前款所称累积投票制是指股东大会选举董事或者监事时,每一普通股(含表决权恢复的优先股)股份拥有与应选董事或者监事人数相同的表决权,股东拥有的表决权可以集中使用。

**第 33 条** 除累积投票制外,股东大会对所有提案应当逐项表决。对同一事项有不同提案的,应当按提案提出的时间顺序进行表决。除因不可抗力等特殊原因导致股东大会中止或不能作出决议外,股东大会不得对提案进行搁置或不予表决。

股东大会就发行优先股进行审议,应当就下列事项逐项进行表决:(一)本次发行优先股的种类和数量;(二)发行方式、发行对象及向原股东配售的安排;(三)票面金额、发行价格或定价区间及其确定原则;(四)优先股股东参与分配利润的方式,包括:股息率及其确定原则、股息发放的条件、股息支付方式、股息是否累积、是否可以参与剩余利润分配等；（五）回购条款，包括回购的条件、期间、价格及其确定原则、回购选择权的行使主体等（如有）；（六）募集资金用途；（七）公司与相应发行对象签订的附条件生效的股份认购合同；（八）决议的有效期；（九）公司章程关于优先股股东和普通股股东利润分配政策相关条款的修订方案。（十）对董事会办理本次发行具体事宜的授权；（十一）其他事项。

**第 34 条** 股东大会审议提案时，不得对提案进行修改，否则，有关变更应当被视为一个新的提案，不得在本次股东大会上进行表决。

**第 35 条** 同一表决权只能选择现场、网络或其他表决方式中的一种。同一表决权出现重复表决的以第一次投票结果为准。

**第 36 条** 出席股东大会的股东，应当对提交表决的提案发表以下意见之一：同意、反对或弃权。证券登记结算机构作为内地与香港股票市场交易互联互通机制股票的名义持有人，按照实际持有人意思表示进行申报的除外。

未填、错填、字迹无法辨认的表决票或未投的表决票均视为投票人放弃表决权利，其所持股份数的表决结果应计为"弃权"。

**第 37 条** 股东大会对提案进行表决前，应当推举二名股东代表参加计票和监票。审议事项与股东有关联关系的，相关股东及代理人不得参加计票、监票。

股东大会对提案进行表决时，应当由律师、股东代表与监事代表共同负责计票、监票。

通过网络或其他方式投票的公司股东或其代理人，有权通过相应的投票系统查验自己的投票结果。

**第 38 条** 股东大会会议现场结束时间不得早于网络或其他方式，会议主持人应当在会议现场宣布每一提案的表决情况和结果，并根据表决结果宣布提案是否通过。

在正式公布表决结果前，股东大会现场、网络及其他表决方式中所涉及的公司、计票人、监票人、主要股东、网络服务方等相关各方对表决情况均负有保密义务。

**第 39 条** 股东大会决议应当及时公告，公告中应列明出席会议的股东和代理人人数、所持有表决权的股份总数及占公司有表决权股份总数的比例、表决方式、每项提案的表决结果和通过的各项决议的详细内容。

发行优先股的公司就本规则第 23 条第 2 款所列情形进行表决的，应当对普通股股东（含表决权恢复的优先股股东）和优先股股东（不含表决权恢复的优先股股东）出席会议及表决的情况分别统计并公告。

发行境内上市外资股的公司，应当对内资股股东和外资股股东出席会议及表决情况分别统计并公告。

**第 40 条** 提案未获通过,或者本次股东大会变更前次股东大会决议的,应当在股东大会决议公告中作特别提示。

**第 41 条** 股东大会会议记录由董事会秘书负责,会议记录应记载以下内容:(一)会议时间、地点、议程和召集人姓名或名称;(二)会议主持人以及出席或列席会议的董事、监事、董事会秘书、经理和其他高级管理人员姓名;(三)出席会议的股东和代理人人数、所持有表决权的股份总数及占公司股份总数的比例;(四)对每一提案的审议经过、发言要点和表决结果;(五)股东的质询意见或建议以及相应的答复或说明;(六)律师及计票人、监票人姓名;(七)公司章程规定应当载入会议记录的其他内容。

出席会议的董事、监事、董事会秘书、召集人或其代表、会议主持人应当在会议记录上签名,并保证会议记录内容真实、准确和完整。会议记录应当与现场出席股东的签名册及代理出席的委托书、网络及其他方式表决情况的有效资料一并保存,保存期限不少于 10 年。

**第 42 条** 召集人应当保证股东大会连续举行,直至形成最终决议。因不可抗力等特殊原因导致股东大会中止或不能作出决议的,应采取必要措施尽快恢复召开股东大会或直接终止本次股东大会,并及时公告。同时,召集人应向公司所在地中国证监会派出机构及证券交易所报告。

**第 43 条** 股东大会通过有关董事、监事选举提案的,新任董事、监事按公司章程的规定就任。

**第 44 条** 股东大会通过有关派现、送股或资本公积转增股本提案的,公司应当在股东大会结束后 2 个月内实施具体方案。

**第 45 条** 公司以减少注册资本为目的回购普通股公开发行优先股,以及以非公开发行优先股为支付手段向公司特定股东回购普通股的,股东大会就回购普通股作出决议,应当经出席会议的普通股股东(含表决权恢复的优先股股东)所持表决权的 2/3 以上通过。

公司应当在股东大会作出回购普通股决议后的次日公告该决议。

**第 46 条** 公司股东大会决议内容违反法律、行政法规的无效。

公司控股股东、实际控制人不得限制或者阻挠中小投资者依法行使投票权,不得损害公司和中小投资者的合法权益。

股东大会的会议召集程序、表决方式违反法律、行政法规或者公司章程,或者决议内容违反公司章程的,股东可以自决议作出之日起 60 日内,请求人民法院撤销。

**第 50 条** 上市公司制定或修改章程应依照本规则列明股东大会有关条款。

## 【细则示范】

● **股东会议事规则**

**第1条** 为了完善公司法人治理结构,规范股东会的运作程序,以充分发挥股东会的决策作用,根据《公司法》等相关法律、法规及《公司章程》的规定,特制定如下公司股东会议事规则。

**第2条** 本规则是股东会审议决定议案的基本行为准则。

**第3条** 股东会是公司的权力机构,依法行使下列职权:1.决定公司经营方针和投资计划;2.选举和更换董事,决定有关董事的报酬事项;3.选举和更换由股东代表出任的监事,决定有关监事的报酬事项;4.审议批准董事会的报告;5.审议批准监事会的报告;6.审议批准公司的年度财务预算方案、决算方案;7.审议批准公司的利润分配方案和弥补亏损方案;8.对公司增加或者减少注册资本作出决议;9.对发行公司债券作出决议;10.对公司合并、分立、解散和清算等事项作出决议;11.修改公司章程;12.对公司聘用、解聘会计师事务所作出决议;13.审议单独或者合并享有公司有表决权股权总数【25%】以上的股东或者【1/3】以上董事或监事的提案;14.对股东向股东以外的人转让出资作出决议;15.审议法律、法规和《公司章程》规定应当由股东会决定的其他事项。

**第4条** 股东会分为年度股东会和临时股东会。年度股东会每年至少召开一次,应当于上一会计年度结束后的【10】日之内举行。

**第5条** 有下列情形之一的,公司在事实发生之日起1个月以内召开临时股东会:1.董事人数不足《公司法》规定的法定最低人数,或者少于章程所定人数的【2/3】时;2.公司未弥补的亏损达股本总额的1/3时;3.单独或者合并享有公司有表决权股权总数【25%】以上的股东书面请求时;4.【1/3】以上董事认为必要时;5.【1/3】以上监事提议召开时;6.《公司章程》规定的其他情形。

前述第3项持股股数按股东提出书面要求日计算。

**第6条** 临时股东会只对会议召开通知中列明的事项作出决议。

**第7条** 股东会会议由董事会依法召集,董事长主持。董事长因故不能履行职务时,由董事长指定的副董事长或其他董事主持;董事长和副董事长均不能出席会议,董事长也未指定人选的,由董事会指定一名董事主持会议;董事会未指定会议主持人的,由出席会议的股东共同推举一名股东主持会议;如果因任何理由,该股东无法主持会议,应当由出席会议的享有最多表决权股权的股东(或股东代理人)主持。

**第8条** 召开股东会,董事会应当在会议召开【15】日以前以书面方式通知公司全体股东。

**第 9 条** 股东会会议通知包括以下内容:1.会议的日期、地点和会议期限;2.提交会议审议的事项;3.以明显的文字说明:全体股东均有权出席股东会,并可以委托代理人出席会议和参加表决,该股东代理人不必是公司的股东;4.有权出席股东会股东的股权登记日;5.投票授权委托书的送达时间和地点;6.会务常设联系人姓名、联系方式。

**第 10 条** 股东可以亲自出席股东会,也可以委托代理人出席和表决。

股东应当以书面形式委托代理人,由委托人签署或者由其以书面形式委托的代理人签署;委托人为法人的,应当加盖法人印章或由其正式委托的代理人签署。

**第 11 条** 个人股东亲自出席会议的,应出示本人身份证和持股凭证;代理人出席会议的,应出示本人身份证、授权委托书和持股凭证。

法人股东应由法定代表人或者法定代表人委托的代理人出席会议。法定代表人出席会议的,应出示本人身份证,能证明其具有法定代表人资格的有效证明和持股凭证;委托代理人出席会议的,代理人应出示本人身份证、法人股东单位的法定代表人依法出具的授权委托书和持股凭证。

**第 12 条** 股东出具的委托他人出席股东会的授权委托书应当载明下列内容:1.代理人的姓名;2.是否具有表决权;3.分别对列入股东会议程的每一审议事项投赞成、反对或弃权票的指示;4.对可能纳入股东会议程的临时提案是否有表决权,如果有表决权应行使何种表决权的具体指示;5.委托书签发日期和有效期限;6.委托人签名(或盖章)。委托人为法人股东的,应加盖法人单位印章。

委托书应当注明如果股东不作具体指示,股东代理人是否可以按自己的意思表决。

**第 13 条** 投票代理委托书至少应当在有关会议召开前 24 小时备置于公司住所,或者召集会议的通知中指定的其他地方。委托书由委托人授权他人签署的,授权签署的授权书或者其他授权文件应当经过公证。经公证的授权书或者其他授权文件和投票代理委托书均需备置于公司住所或者召集会议的通知中指定的其他地方。委托人为法人的,由其法定代表人或者董事会等其他决策机构决议授权的人作为代表出席公司的股东会议。

**第 14 条** 出席会议人员的签名册由公司负责制作。签名册载明参加会议人员姓名(或单位名称)、身份证号码、住所地址、享有或者代表有表决权的股权数额、被代理人姓名(或单位名称)等事项。

**第 15 条** 1/3 以上董事或者监事以及股东要求召集临时股东会的,应当按照下列程序办理:1.签署一份或者数份同样格式内容的书面要求,提请董事会召集临时股东会,并阐明会议议题。董事会在收到前述书面要求后,应当尽快发出召集临时股东会的通知。2. 如果董事会在收到前述书面要求后10日内没有发出召集会议的通告，提出召集会议的董事、监事或者股东可以在董事会收到该要求后2个月内自行召集临时股东会。召集的程序应当尽可能与董事会召集股东会议的程序相同。董事、监事或者股东因董事会未应前述要求举行会议而自行召集并举行会议的，由公司给予股东或者董事、监事必要协助，并承担会议费用。

第 16 条　股东会召开的会议通知发出后，除有不可抗力或者其他意外事件等原因，董事会不得变更股东会召开的时间；因不可抗力确需变更股东会召开时间的，不应因此而变更股权登记日。

第 17 条　董事会人数不足《公司法》规定的法定最低人数，或者少于章程规定人数的2/3，或者公司未弥补亏损额达到股本总额的1/3，董事会未在规定期限内召集临时股东会的，监事会或者股东可以按照本规则规定的程序自行召集临时股东会。

第 18 条　公司董事会可以聘请律师出席股东会，对以下问题出具意见：1. 股东会的召集、召开程序是否符合法律法规的规定，是否符合《公司章程》的规定；2. 验证出席会议人员资格的合法有效性；3. 验证年度股东会提出新提案的股东的资格；4. 股东会的表决程序是否合法有效。

第 19 条　公司董事会、监事会应当采取必要的措施，保证股东会的严肃性和正常程序，除出席会议的股东（或代理人）、董事、监事、董事会秘书、高级管理人员、聘任律师及董事会邀请的人员以外，公司有权依法拒绝其他人士入场。

第 20 条　股东会的提案是针对应当由股东会讨论的事项所提出的具体议案，股东会应当对具体的提案作出决议。

董事会在召开股东会的通知中应列出本次股东会讨论的事项，并将董事会提出的所有提案的内容充分披露。需要变更前次股东会决议涉及的事项的，提案内容应当完整，不能只列出变更的内容。

列入"其他事项"但未明确具体内容的，不能视为提案，股东会不得进行表决。

第 21 条　股东会提案应当符合下列条件：1. 内容与法律、法规和章程的规定不相抵触，并且属于公司经营范围和股东会职责范围；2. 有明确议题和具体决议事项；3. 以书面形式提交或送达董事会。

第 22 条　公司召开股东会，单独或合并享有公司有表决权股权总数的【3%】以上的股东，有权向公司提出新的提案。

第 23 条　董事会应当以公司和股东的最大利益为行为准则，依法律、法规和章程的规定对股东会提案进行审查。

第 24 条　董事会决定不将股东会提案列入会议议案的，应当在该次股东会上进行解释和说明。

**第 25 条** 在年度股东会上,董事会应当就前次年度股东会以来股东会决议中应由董事会办理的各事项的执行情况向股东会作出专项报告,由于特殊原因股东会决议事项不能执行,董事会应当说明原因。

**第 26 条** 股东(包括股东代理人)以其出资比例行使表决权。

**第 27 条** 股东会采取记名方式投票表决。

**第 28 条** 出席股东会的股东对所审议的提案可投赞成、反对或弃权票。出席股东会的股东委托代理人在其授权范围内对所审议的提案投赞成、反对或弃权票。

**第 29 条** 股东会对所有列入议事日程的提案应当进行逐项表决,不得以任何理由搁置或不予表决。年度股东会对同一事项有不同提案的,应以提案提出的时间顺序进行表决,对事项作出决议。

**第 30 条** 董事、监事候选人名单以提案的方式提请股东会决议。股东会审议董事、监事选举的提案,应当对每一个董事、监事候选人逐个进行表决。改选董事、监事提案获得通过的,新任董事、监事在会议结束之后立即就任。

**第 31 条** 股东会决议分为普通决议和特别决议。

股东会作出普通决议,应当由代表【1/2】以上表决权的股东通过。

股东会作出特别决议,应当由代表【2/3】以上表决权的股东通过。

**第 32 条** 下列事项由股东会以特别决议通过:1.公司增加或者减少注册资本;2.发行公司债券;3.公司的分立、合并、解散和清算;4.《公司章程》的修改;5.《公司章程》规定和股东会以普通决议认定会对公司产生重大影响的、需要以特别决议通过的其他事项。

上述以外其他事项由股东会以普通决议通过。

**第 33 条** 股东会决议应注明出席会议的股东(或股东代理人)人数、所代表股权的比例、表决方式以及每项提案表决结果。对股东提案作出的决议,应列明提案股东的姓名或名称、持股比例和提案内容。

**第 34 条** 股东会各项决议应当符合法律和《公司章程》的规定。出席会议的董事应当忠实履行职责,保证决议的真实、准确和完整,不得使用容易引起歧义的表述。

**第 35 条** 股东会应有会议记录。会议记录记载以下内容:1.出席股东会的有表决权股权数以及占公司总股本的比例;2.召开会议的日期、地点;3.会议主持人姓名、会议议程;4.各发言人对每个审议事项的发言要点;5.每一表决事项的表决结果;6.股东的质询意见、建议及董事会、监事会的答复或说明等内容;7.股东会认为和《公司章程》规定应当载入会议记录的其他内容。

**第 36 条** 股东会记录由出席会议的董事和记录员签名,并作为公司档案由董事会秘书保存。

公司股东会记录的保管期限为自股东会结束之日起3年。

**第37条** 股东会的召开、审议、表决程序及决议内容应符合《公司法》《公司章程》及本议事规则的要求。

**第38条** 对股东会的召集、召开、表决程序及决议的合法性、有效性发生争议又无法协调的,有关当事人可以向人民法院提起诉讼。

**第39条** 本规则经股东会批准后施行,如有与《公司章程》冲突之处,以《公司章程》为准。

**第40条** 本规则由股东会负责解释和修改。

## 【典型案例】

### ● 北京数雨文化传播有限公司与何某海公司决议效力确认纠纷案

【北京市朝阳区人民法院民事判决书(2017)京0105民初68049号】

原告:何某海。

被告:北京数雨文化传播有限公司(以下简称"数雨公司"),法定代表人:金某兰,执行董事。

第三人:金某兰;张某瑞。

数雨公司系成立于2013年4月17日的有限责任公司,注册资本100万元,金某兰认缴出资50万元,何某海认缴出资50万元,法定代表人金某兰。

数雨公司工商登记材料中有数雨公司第一届第一次股东会决议一份,股东会决议时间为2014年7月18日。庭审中,金某兰、张某瑞、何某海一致认可本案所涉工商变更登记中金某兰、张某瑞、何某海签名均非本人所签;金某兰、张某瑞认可数雨公司在2014年7月18日未召开股东会,工商变更登记事宜由金某兰、张某瑞及案外人蔡某皓协商后,金某兰委托代办机构办理。

庭审中,何某海、金某兰认可二者系亲属关系,何某海为金某兰小姨。

【一审】北京市朝阳区人民法院认为:《公司法司法解释四》第5条第1项规定,"股东会或者股东大会、董事会决议存在下列情形之一,当事人主张决议不成立的,人民法院应当予以支持:(一)公司未召开会议的……",现金某兰、张某瑞一致认可数雨公司第一届第一次股东会决议及同日的《出资转让协议》中何某海的签名非本人所签,且数雨公司并未实际召开该次股东会会议,故何某海要求确认数雨公司第一届第一次股东会不成立,合法有据,本院予以支持。数雨公司的答辩意见,缺乏事实和法律依据,本院不予采信。金某兰、张某瑞的陈述意见,亦缺乏事实和法律依据,本院不予采信。

2017年11月20日,北京市朝阳区人民法院判决数雨公司2014年7月18日第一届第一次股东会决议不成立。

● **上海君客商务咨询有限公司等公司决议效力确认纠纷案**

【上海市高级人民法院民事裁定书(2018)沪民申188号】

再审申请人(一审被告、二审上诉人):上海自贸区咖啡交易中心有限公司(以下简称"咖啡交易公司")。

被申请人(一审原告、二审被上诉人):上海君客商务咨询有限公司(以下简称"君客公司");上海朗弘投资管理有限公司(以下简称"朗弘公司")。

一审第三人:上海皓听企业发展有限公司(以下简称"皓听公司")。

2015年3月26日,君客公司、朗弘公司及皓听公司设立了咖啡交易公司。咖啡交易公司注册资本为3000万元,其中皓听公司认缴出资2250万元,所占比例75%,出资时间自营业执照签发之日起10年内。君客公司认缴出资450万元,所占比例15%,出资时间自营业执照签发之日起5年内;朗弘公司认缴出资300万元,所占比例10%,出资时间自营业执照签发之日起10年内。

2016年4月25日,咖啡交易公司召开2016年第一次股东会会议,会议由咖啡交易公司法定代表人丁某主持,君客公司法定代表人何某凌、朗弘公司法定代表人王某东参加会议。第二项议案为提议公司全体股东在本会议召开之日起1个月内将注册资金全部投入到位,并相应地修改《公司章程》第5条。皓听公司对此表示同意,君客公司及朗弘公司表示不同意。同日,咖啡交易公司作出决议:通过全体股东认缴的出资额于本会议召开之日起30日内即2016年5月25日前全部到位,并由本公司聘请会计师事务所出具《验资报告》。

2016年9月18日,咖啡交易公司召开股东会临时会议,皓听公司法定代表人丁某,君客公司代理人冯某、李某江,朗弘公司法定代表人王某东参加会议。会议提出议案,要求解除君客公司、朗弘公司股东资格。皓听公司认为,根据2016年4月25日股东会决议,君客公司及朗弘公司应在5月25日前履行出资义务,但现在仅支付了6万元及4万元,不到注册资本金的1%。2016年7月21日,君客公司、朗弘公司在咖啡交易公司验收之日至现场吵闹,已经严重损害咖啡交易公司的利益。故要求解除君客公司、朗弘公司的股东身份。君客公司及朗弘公司表示2016年4月25日的提议即全部注册资金1个月到位系皓听公司利用大股东地位强行通过,朗弘公司和君客公司对此均表示反对。朗弘公司和君客公司已经履行了部分出资义务,解除其股东身份没有法律依据。且朗弘公司和君客公司正在筹资,尽快完成全部资金到位。对该议案,皓听公司表示同意,君客公司及朗弘公司均表示不同意。咖啡交易公司以2/3以上有表决权的股东通过作出决议,解除君客公司、朗弘公司的咖啡交易公司股东资格。

君客公司、朗弘公司提出诉讼请求：1.确认咖啡交易公司于2016年4月25日作出的全体股东认缴的出资额于2016年5月25日前全部到位的股东会决议无效，2.确认咖啡交易公司于2016年9月18日作出的解除君客公司、朗弘公司股东资格的股东会决议无效。

【一审】一审法院认为：

1. 咖啡交易公司于2016年4月25日作出的全体股东在本会议召开之日起1个月内将注册资金全部投入到位的股东会决议，系皓听公司利用大股东地位作出，损害了君客公司、朗弘公司的权益，属于无效。

2. 2016年4月25日的股东会决议无效，据此作出2016年9月18日解除君客公司、朗弘公司股东资格的股东会决议亦无效。且君客公司、朗弘公司在2016年8月19日履行了部分出资义务，因此，2016年4月25日的股东会决议效力和2016年9月18日的股东会决议内容均不符合法律规定。从君客公司、朗弘公司在2016年9月21日履行了全部出资义务的行为看，君客公司、朗弘公司亦不存在故意不出资的恶意。

据此，一审法院判决咖啡交易公司于2016年4月25日作出的全体股东认缴的出资额于2016年5月25日前全部到位的股东会决议无效；2016年9月18日解除君客公司、朗弘公司股东资格的股东会决议亦无效。

【二审】二审法院认为：

1. 关于咖啡交易公司2016年4月25日股东会决议的效力问题。现咖啡交易公司未提供充分证据证明其要求股东提前出资的合理性和紧迫性，在这种情况下，提前出资期限涉及到股东基本利益，不能通过多数决予以提前，故该股东会决议无效。

2. 关于咖啡交易公司2016年9月18日股东会决议的效力问题。根据《公司法司法解释三》的规定，有限责任公司的股东只有在未履行出资义务或者抽逃全部出资的情况下，经公司催告缴纳或者返还，其在合理期间内仍未缴纳或者返还出资，公司才可以以股东会决议解除该股东的股东资格。在本案中，君客公司和朗弘公司已经缴纳了部分出资，公司不能以股东会决议的方式解除股东的股东资格，故该股东会决议无效。

据此，二审法院驳回上诉，维持原判。

【再审】上海市高级人民法院认为，根据我国公司法的规定，公司股东应当遵守法律、行政法规和公司章程的规定，依法行使股东权利，不得滥用股东权利损害公司或者其他股东的利益。根据本案查明的事实，公司章程载明君客公司认缴出资450万元，出资时间自营业执照签发之日起5年内，朗弘公司认缴出资300万元，出资时间自营业执照签发之日起10年内。皓听公司作为咖啡交易公司的控股股东,在未经充分协商,征得君客公司和朗弘公司同意的情况下,利用其控股股东的优势地位,以多数决通过缩短出资期限的股东会决议,侵害了其他股东的合法权益,故应当认定该股东会决议无效。此外,皓听公司在君客公司、朗弘公司已缴纳部分出资的情况下,利用其控股股东地位,以多数决通过股东会决议解除君客公司和朗弘公司的股东资格,缺乏法律依据,故该股东会决议亦属无效。

2018年2月26日,上海市高级人民法院裁定驳回咖啡交易公司的再审申请。

【简析】公司的控股股东在未经充分协商、征得小股东同意的情况下,利用其控股股东的优势地位,以多数决通过缩减出资期限的股东会决议,侵害了其他股东的合法权益,应认定该股东会决议无效。

需要注意的是,对于公司经营困难、急需资金支持,公司作出股东出资加速到期的股东会决议,如果是为挽救公司困局,而非大股东利用其控股地位侵害小股东利益,在此种情形下,即使小股东不同意,该股东会决议仍有效,小股东应按股东会决议确定的出资期限实缴出资。

● 周某诉长沙闪闪互动网络科技有限公司等公司决议效力确认纠纷二审民事判决书

【湖南省长沙市中级人民法院民事判决书(2018)湘01民终7579号】

上诉人(原审原告):周某。

被上诉人(原审被告):长沙闪闪互动网络科技有限公司(以下简称"闪闪公司"),法定代表人:周某2,总经理。

原审第三人:周某2;冼某。

闪闪公司系2014年12月11日经工商注册登记成立的有限责任公司,法定代表人为周某2,股东为周某(持股比例5%)、周某2(持股比例75%)、冼平(持股比例20%)。

2017年10月16日,闪闪公司于2017年10月26日向周某邮寄《关于召开股东会的通知》。周某于次日签收。2017年11月17日,闪闪公司召开股东会,应到股东3人,实际到会2人,周某未出席本次股东会,到会股东代表全体股东95%的表决权。该次股东会作出决议:变更股东出资时间为在公司任职的股东出资时间为2063年12月31日,不在公司任职的股东出资时间为2017年12月31日;同意通过公司章程修正案。该公司章程修正案记载周某、冼某的认缴出资分别为50万元、200万元,出资期限均为2017年12月31日,周某2的认缴出资为750万元,出资期限为2063年12月31日。2017年11月27日,闪闪公司将上述股东会决议邮寄给周某,周某于次日签收。

2018年1月30日,闪闪公司向周某邮寄《关于缴纳注册资本出资的通知》,要求其于7日内将认缴的出资额50万元缴清。周某于2018年2月1日签收。

2018年1月23日，闪闪公司拟于2018年2月10日召开公司股东会，其于2018年1月24日向周某邮寄《关于召开股东会的通知》。周某于当月28日签收。2018年2月10日，闪闪公司召开股东会，周某2、冼某、周某（由王某南代表）出席股东会，代表全体股东100%的表决权。该次股东会作出决议：原股东周某因经催告仍拒不缴纳出资，解除其股东资格，其认缴出资额50万元，由股东冼某认缴，并于2018年2月28日前缴付该出资。周某的代表人王某南签字表示反对该决议事项。

周某提出诉讼请求确认2018年2月10日《长沙闪闪互动网络科技有限公司股东会决议》无效。

【一审】原审法院认为：从闪闪公司2018年2月10日的《长沙闪闪互动网络科技有限公司股东会决议》内容来看，并无违反法律、行政法规之情形，且周某亦未举证证明该股东会决议存在违反法律、行政法规的情形。

据此，一审法院判决驳回周某的诉讼请求。

【二审】从一审法院庭审记录和周某提供的证据材料显示，至二审庭审期间周某未对闪闪公司2017年11月17日股东会决议提起撤销、无效等相关诉讼程序。

关于周某提出闪闪公司2018年2月10日股东会决议无效的主张能否得到支持，湖南省长沙市中级人民法院认为：

闪闪公司关于股东注册资本缴纳方式的变更，涉及闪闪公司两个股东会议决议；其一是2017年11月17日股东会决议；其二是本案争议的2018年2月10日股东会决议。

2017年11月17日闪闪公司股东会决议的主要内容是：变更股东出资时间为在闪闪公司任职的股东出资时间为2063年12月31日，不在公司任职的股东出资时间为2017年12月31日；同意通过公司章程修正案。该公司章程修正案记载周某、冼某认缴出资分别为50万元、200万元，出资期限均为2017年12月31日；周某2认缴出资为750万元，出资期限为2063年12月31日。虽然闪闪公司此次股东会的召开周某未出席，但实际到会2位股东占公司95%股份比例，会议召开的前期通知符合法律规定，会议形成的决议通过邮寄方式已经送达周某，且周某在收到决议后未对股东会决议提起撤销、无效等相关诉讼程序，因此闪闪公司2017年11月17日股东会决议应当认定为有效。

根据2017年11月17日股东会决议和章程的内容，闪闪公司已经对公司注册资本的缴纳方式、时间作出了明显变更，周某没有按期缴纳50万元出资额。闪闪公司于2018年2月1日向周某邮寄送达《关于缴纳注册资本出资的通知》，但周某仍未在要求的延期缴纳期间内缴清50万元出资额。

闪闪公司于2018年2月10日召开股东会,作出"解除周某股东资格,其认缴出资额50万元由股东冼某认缴,并于2018年2月28日前缴付该出资"的决议。该次股东会议召开的前期通知、决议送达方式、到会股东表决所占股份比例均符合法律规定和章程约定。鉴于闪闪公司2017年11月17日股东会决议的有效性,且周某经闪闪公司催告缴纳而在合理期间内仍未缴纳出资,应当认定周某没有履行出资义务,闪闪公司可以以股东会决议解除周某的股东资格。

一审法院依据公司法的相关规定,对周某请求确认闪闪公司2018年2月10日股东会决议无效的主张不予支持并无不当。

2018年11月12日,湖南省长沙市中级人民法院判决驳回上诉,维持原判。

● **姚某剑诉寻田网络科技(上海)有限公司公司决议效力确认纠纷一案二审民事判决书**

【上海市第一中级人民法院民事判决书(2019)沪01民终517号】

上诉人(一审原告):姚某剑。

被上诉人(一审被告):寻田网络科技(上海)有限公司(以下简称"寻田公司")。

寻田公司成立于2016年4月15日,注册资本为人民币72.3684万元,其中朱震认缴43.2895万元,所占比例为59.82%,出资时间为2046年4月14日;姚某剑认缴10万元,所占比例为13.82%,出资时间为2046年4月14日;上海××中心(有限合伙)认缴12.5万元,所占比例为17.27%,出资时间为2022年1月31日;Z公司认缴6.5789万元,所占比例为9.09%,出资时间为2046年4月14日。

2018年7月15日,寻田公司召开临时股东会,并形成如下决议:(一)将公司四位股东的出资时间由2046年4月14日或2022年1月31日,全部修改至2018年7月20日;(二)通过修改后的公司章程。姚某剑在表决时投了反对票,其他股东均赞成,因赞成占注册资本的86.18%,故上述决议通过。寻田公司新的《公司章程》第9条第1款载明,将四位股东注册资本的认缴期限均改为2018年7月20日。第10条第3款载明,如股东未按照本协议、公司章程或股东会决议履行出资义务的,公司可以催告股东履行出资。经公司催告30日内,股东仍未履行出资义务的,其他股东及公司可以选择:按照实际出资比例调整股权结构;或无偿受让未出资股东的出资额;或对未出资股东直接予以除名。

姚某剑在2018年7月20日之前即实缴了10万元的注册资本。

姚某剑提起诉讼,请求判决寻田公司股东会于2018年7月15日通过的临时股东会决议无效。

【一审】一审法院认为:

对于提前出资期限的决议效力,我国法律对注册资本的认缴期限并无规定,应由全体股东在公司成立时的章程中予以约定。对于该出资期限，公司可以通过召开股东会，修改公司章程，重新确定出资期限。但公司股东应当遵守法律、行政法规和公司章程，依法行使股东权利，不得滥用股东权利损害公司或者其他股东的利益。本案中，寻田公司2018年7月15日的临时股东会决议将注册资本的认缴期限自2022年1月31日或2046年4月14日提前至2018年7月20日，但寻田公司未提供证据证明要求股东短期内认缴出资系公司因经营需要或其他合理的需要，也未与姚某剑就修改期限进行过协商，故寻田公司2018年7月15日的临时股东会决议要求全体股东在5日内认缴出资，确实存在不合理之处，并且在一定程度上损害了姚某剑的利益。

但一审法院又认为，(1)姚某剑称涉案股东会决议系大股东朱某利用其优势地位作出的，但朱某实际所占股权比例为59.82%，不足以凭其一人控制股东会表决的结果，姚某剑亦未提供证据证明其股东受到朱某的控制，故一审法院对此主张不予采信；(2)涉案股东会决议虽然要求姚某剑在5日内认缴出资，但姚某剑认缴的金额为10万元，根据一般生活常理判断，对于姚某剑而言，并非无法筹集的巨额出资；(3)姚某剑在2018年7月20日之前即已经全额实缴了10万元的出资，可以视为对修改后章程的认可。

关于对未出资股东直接予以除名条款的效力，一审法院认为，根据《公司法司法解释三》第17条第1款规定，有限责任公司的股东未履行出资义务或者抽逃全部出资，经公司催告缴纳或者返还，其在合理期间内仍未缴纳或者返还出资，公司以股东会决议解除该股东的股东资格，该股东请求确认该解除行为无效的，人民法院不予支持。本案中，寻田公司在修改后的公司章程中对未出资股东直接予以除名的条款，不存在违反上述法律规定的情形，故一审法院对姚某剑要求认定修改后的公司章程中对未出资股东直接予以除名的条款无效的请求，不予支持。

据此，一审法院判决驳回姚某剑的诉讼请求。

【二审】上海市第一中级人民法院认为，我国公司法规定股东会决议内容违反法律、行政法规的无效。上诉人姚某剑提出的股东会决议无效的理由，明显不符合上述条件。案涉股东会决议的内容系寻田公司各股东依法行使股东表决权所作出的决议，内容没有违反法律、行政法规的规定，决议自作出之日起生效。至于其决议内容是否合理，不影响决议的效力问题。

2019年4月2日，上海市第一中级人民法院判决驳回上诉，维持原判。

● **潘某宁与伍某涛等公司决议效力确认纠纷一审民事判决书**
【北京市海淀区人民法院民事判决书(2018)京0108民初55396号】
原告：潘某宁。

被告:北京景骐信息技术有限公司(以下简称"景骐信息公司");韩某;伍某涛。

2017年3月16日,景骐信息公司成立。注册资本为346.1538万元,其中股东潘某宁出资100万元、韩某出资123.0769万元、伍某涛出资123.0769万元。北京市海淀区市场监督管理局登记备案的落款日期为2018年6月1日的《北京景骐信息技术有限公司股东会决议》,该决议下方"全体股东亲笔签字"处有"潘某宁""韩某""伍某涛"的签名。该决议连同《北京景骐信息技术有限公司执行董事决定》(落款日期同为2018年6月1日,签字人"潘某宁")等文件被提交给北京市海淀区市场监督管理局,用于将景骐信息公司法定代表人由潘某宁变更为吕某的变更登记。

2018年7月30日,司法鉴定科学研究院根据上海市锦天城律师事务所的委托,对包括上述2018年6月1日《北京景骐信息技术有限公司股东会决议》在内的多份工商登记文件中"潘某宁"的签字进行笔迹鉴定,作出司鉴院[2018]技鉴字第1018号《司法鉴定意见书》。相关鉴定意见:检材5《北京景骐信息技术有限公司股东会决议》(即2018年6月1日决议)上的需检"潘某宁"签名不是潘某宁所写。经法庭询问,景骐信息公司述称,其通过电话通知过潘某宁参加2018年6月1日在北京市海淀区知春路6号锦秋国际大厦景骐信息公司会议室召开的股东会,但潘某宁未参会;对于该股东会决议上"潘某宁"签字的由来,景骐信息公司称当时是"委托工商代理办理的,我们不知道"。

【一审】北京市海淀区人民法院认为,民事主体从事民事活动,应当遵循自愿原则,按照自己的意思设立、变更、终止民事法律关系。

1. 法律依据。为充分保护公司股东权益,相关的法律规定,均没有以股权比例为适用或排除适用的条件,体现了我国公司法上对于公司股东应当依法行使股东权利、不得滥用股东权利损害其他股东利益的基本原则。

2. 召集程序。景骐信息公司在公司章程中明确规定:召开股东会会议,应当于会议召开15日以前通知全体股东;股东会会议由执行董事召集和主持。景骐信息公司在法庭上陈述,"其通过电话通知过潘某宁参加2018年6月1日在公司会议室召开的股东会,但潘某宁未参会";潘某宁则述称,从未有人通知其参加该股东会。对此,景骐信息公司没有提供证据证明其所述电话通知行为或其他召集行为的存在。因此,该次股东会召集程序明显有违公司章程及公司法上的相应规定。

3. 书面确认文件。按照《公司法》第37条第2款的规定,"股东以书面形式一致表示同意的,可以不召开股东会会议,直接作出决定,并由全体股东在决定文件上签名、盖章"。但景骐信息公司向工商登记机关提供的2018年6月1日的《北京景骐信息技术有限公司股东会决议》写明:"2018 年 6 月 1 日在公司会议室召开了北京景骐信息技术有限公司第二届第一次股东会会议,会议应到 3 人,实到 3 人,会议在召集和表决程序上符合《公司法》及公司章程的有关规定……"该文件下方"全体股东亲笔签字"处有"潘某宁"的签名。

本院认为,首先,该文件被描述为全体股东实际参会的会议结果,明显与潘某宁"未参会"的实际情况不符;其次,该文件落款处"潘某宁"签字被司法鉴定科学研究院鉴定为"不是潘某宁所写";最后,对于该文件上"潘某宁"签字的由来,景骐信息公司表示当时是"委托工商代理办理的,我们不知道"。由此可以认定,上述景骐信息公司向工商机关备案的文件,与《公司法》第 37 条第 2 款关于"股东以书面形式一致表示同意……并由全体股东在决定文件上签名、盖章"的规定不符。

4. 股东授权。《民法总则》(已失效)第 161 条第 2 款明确,依照法律规定、当事人约定或者民事法律行为的性质,应当由本人亲自实施的民事法律行为,不得代理。按此规定,即便上述《授权委托书》真实有效,被授权人亦不能行使潘某宁"亲笔签字"的权利,遑论"委托工商代理办理"。

5. 股东会决议。鉴于:(1)景骐信息公司向工商登记机关提供的 2018 年 6 月 1 日的《北京景骐信息技术有限公司股东会决议》,是以全体股东实际到会并签字为依据,而股东之一潘某宁没有实际到会并被冒名签字;(2)景骐信息公司在向工商登记机关提供包括上述决议在内的所有备案文件时,所出具的落款日期为 2018 年 6 月 28 日的《指定(委托)书》上的"北京景骐信息技术有限公司×××"印章印文,与其公司章程等其他有效法律文件上的景骐信息公司印章印文被鉴定不是同一枚印章盖印;(3)景骐信息公司没有提供全体股东"以书面形式一致表示同意"不召开讨论涉案争议事项的股东会而以签字形式确认的法律文件。考虑上述因素及本案实际情况,本院认定景骐信息公司在 2018 年 6 月 1 日未召开上述股东会会议,相应的《北京景骐信息技术有限公司股东会决议》不成立。

2020 年 7 月 27 日,北京市海淀区人民法院判决景骐信息公司向北京市海淀区市场监督管理局提供的落款日期为 2018 年 6 月 1 日的《北京景骐信息技术有限公司股东会决议》不成立。

● 邵某斐与上海着礼科技发展有限公司等公司决议效力确认纠纷二审民事判决书

【上海市第一中级人民法院民事判决书(2019)沪 01 民终 14513 号】

上诉人(原审原告):邵某斐。

被上诉人(原审被告):上海着礼科技发展有限公司(以下简称"着礼公

司"),法定代表人:周某铭,执行董事。

被上诉人(原审第三人):周某铭。

着礼公司是成立于 2015 年 7 月 8 日的有限责任公司,由邵某斐及周某铭出资设立。周某铭任着礼公司的法定代表人及执行董事。着礼公司的章程(2015 年 6 月 12 日版)第 4 条规定,公司注册资本为 100 万元。第 5 条规定,周某铭出资额为 68 万元,邵某斐(章程写作"邵某菲")出资额为 32 万元,二者的出资时间均为自营业执照签发之日起 20 年内。第 7 条规定,股东会行使以下职权:……(11)修改公司章程。第 10 条规定,股东会会议由执行董事召集和主持……第 11 条规定,……股东会会议由股东按出资比例行使表决权。股东会会议作出修改公司章程、增加或减少注册资本的决议,以及公司合并、分立、解散或变更公司形式的决议,必须经代表全体股东 2/3 以上有表决权的股东通过。股东会会议作出除欠款以外事项的决议,必须经代表全体股东 1/2 以上表决权的股东通过。

2017 年 1 月 15 日,着礼公司召开临时股东会会议,周某铭与邵某斐出席会议,周某铭主持会议并形成如下决议:"一、修改公司章程第 5 条的出资时间为'2017 年 1 月 20 日'。二、通过公司新章程。"并记载"以上事项表决结果,同意的占总股数 68%,不同意的占总股数 32%,弃权的占总股数 0%"。周某铭、邵某斐均在决议下方股东签章栏签名,邵某斐同时手写"不同意"字样。

2017 年 4 月 26 日,上海大诚会计师事务所对着礼公司作出验资报告,载明着礼公司注册资本 100 万元,应由全体股东于 2017 年 1 月 20 日缴足。经审验,截至 2017 年 4 月 19 日,着礼公司已收到由周某铭缴纳的货币出资 68 万元,着礼公司实收资本 68 万元。

邵某斐向本院提出诉讼请求:确认着礼公司于 2017 年 1 月 15 日作出的《股东会决议》无效。

【一审】一审法院认为,《公司法》第 22 条第 1 款规定,公司股东会的决议内容违反法律、行政法规的无效。现邵某斐主张着礼公司 2017 年 1 月 15 日召开的临时股东会会议决议无效。我国对公司实行注册资本认缴登记制。股东对其认缴出资额、出资方式、出资期限等自主约定,并记载于公司章程。系争决议变更股东出资期限,该内容不违反法律、行政法规。邵某斐认为出资期限不适用资本多数决原则,该主张缺乏依据,亦与决议内容是否无效无关。邵某斐又认为周某铭滥用其控股地位损害了邵某斐权益,违反了《公司法》第 20 条的规定,然而,原告所称情节及所引法条亦与决议内容是否无效无关。综上,驳回原告邵某斐的全部诉讼请求。

【二审】上海市第一中级人民法院认为,公司股东会的决议内容违反法律、行政法规的无效。着礼公司的公司章程经过全体股东签字确认,其中对于修改公司章程的条件、方式等均进行了明确约定,对股东具有约束力。系争 2017 年 1 月 15

日临时股东会会议召集、表决等事项均符合着礼公司章程,决议内容亦未违反法律、行政法规的规定,且着礼公司另一股东周某铭也已实际履行了出资义务,因此邵某斐虽然提出本案存在大股东损害小股东利益的行为、股东出资期限被随意更改或剥夺等主张,但未能提供充分证据予以证明,其上诉理由缺乏事实及法律依据,不予采信。另外,着礼公司经营状况等与股东会会议决议内容是否无效无关。

2020 年 2 月 10 日,上海市第一中级人民法院判决驳回上诉,维持原判。

● **安徽华厦大数据投资发展有限公司等公司决议效力确认纠纷二审民事判决书**

【安徽省合肥市中级人民法院民事判决书(2020)皖 01 民终 4669 号】

上诉人(原审原告):安徽滨峰置业投资有限公司(以下简称"滨峰公司")。

上诉人(原审被告):安徽华厦大数据投资发展有限公司(以下简称"华厦公司")。

上诉人(原审第三人):安徽上港信息科技有限公司(以下简称"上港公司")。

华厦公司注册成立于 2016 年 11 月 23 日,上港公司认缴出资额为 7000 万元,占华厦公司 70% 的股权,滨峰公司认缴出资额为 3000 万元,占华厦公司 30% 的股权。华厦公司章程规定:出资时间自营业执照签发之日起 50 年内。

2018 年 8 月 4 日,华厦公司通过邮寄与短信方式通知滨峰公司,提议于 2018 年 8 月 21 日召开临时股东会会议,讨论修改出资期限、实缴出资以及增加对未实缴出资股东进行权利限制等,同时要求滨峰公司准时参加股东会,否则视为弃权。2019 年 4 月 12 日,华厦公司邮寄《召开股东会会议通知书》给滨峰公司,该邮件以地址非收件人,退回。2019 年 4 月 12 日,华厦公司又通过短信通知滨峰公司于 2019 年 4 月 28 日召开 2019 年第一次股东会会议。2019 年 4 月 28 日,华厦公司召开 2019 年第一次股东会会议,应到人数 3 人,缺席人数 1 人,实到股东 1 人,出席股东为上港公司实际控股人李贺,上港公司占 70% 股份。会议表决事项:经参会股东一致表决同意,表决如下,为保障公司正常生产经营,决定于 2019 年 5 月 15 日 24 时前,全体股东按照公司章程约定的出资比例进行实际出资。其中:上港公司实际出资不低于 450 万,滨峰公司实际出资不低于 193 万;全体股东未按本决议约定的期限、出资额进行实际出资的,经股东大会决定,有权对其股东资格予以除名……同日形成华厦公司股东会决议为:为保障公司正常生产经营,决定于 2019 年 5 月 10 日 24 时前,全体股东按照公司章程约定的出资比例进行实际出资。其中:上港公司实际出资不低于人民币 450 万元,滨峰公司实际出资不低于人民币 193 万元;对于未按本决议约定的期限、出资额进行实际出资的,经全体股东大会决定,有权对其股东资格予以除名……2019 年 4 月 28 日,华厦公司将该《决议》及

《股东会通知》邮寄滨峰公司,该邮件以地址非收件人被拒收、退回。

2019年4月30日,华厦公司又通过短信通知滨峰公司,于2019年4月28日以现场方式召开了2019年第一次全体股东会议,决定于2019年5月11日召开2019年第二次全体股东会议。2019年5月11日,华厦公司召开2019年第二次股东会议,应到人数3人,实到人数2人,缺席人数1人,实到股东1人,出席股东为上港公司的实际控股人李贺,上港公司占70%股权,会议表决事项:经参会股东一致表决同意,表决如下,鉴于本公司股东滨峰公司长期不履行股东义务,拒绝参加公司历次股东会议,且未按照本公司股东会议要求进行实际出资,截至2019年5月10日24时,本公司股东上港公司实际出资人民币450万,本公司股东滨峰公司实际出资人民币0元,给本公司生产经营带来极大困难,决定对其公司股东资格予以除名。同日,形成华厦公司股东会决议为:一、确认公司股东实缴出资金额;其中:截至2019年5月10日24时,本公司股东上港公司实际出资人民币450万,本公司股东滨峰公司实际出资人民币0元;二、决定对本公司股东滨峰公司予以除名。

【一审】一审法院认为:

1. 华厦公司于2019年4月28日作出的《2019年第一次全体股东会决议》是否无效。

《公司法》第22条第1款规定,"公司股东会或者股东大会、董事会的决议内容违反法律、行政法规的无效"。现华厦公司于2019年4月28日作出的《2019年第一次全体股东会决议》中所记载的股东会决议内容中并未涉及违反法律和行政法规的内容,滨峰公司亦未举出上述内容违反法律、行政法规的相关证据。故华厦公司于2019年4月28日作出的《2019年第一次全体股东会决议》有效。

2. 华厦公司于2019年5月11日作出的《2019年第二次全体股东会决议》是否无效。

《公司法司法解释三》第17条规定:"有限责任公司的股东未履行出资义务或者抽逃全部出资,经公司催告缴纳或者返还,其在合理期间内仍未缴纳或者返还出资,公司以股东会决议解除该股东的股东资格,该股东请求确认该解除行为无效的,人民法院不予支持。在前款规定的情形下,人民法院在判决时应当释明,公司应当及时办理法定减资程序或者由其他股东或者第三人缴纳相应的出资。在办理法定减资程序或者其他股东或者第三人缴纳相应的出资之前,公司债权人依照本规定第13条或者第14条请求相关当事人承担相应责任的,人民法院应予支持。"根据法律规定,公司可以以股东会决议解除股东的股东资格,但是必须符合以下条件:股东未履行出资义务或者抽逃全部出资;公司履行了催告的前置程序,并给予股东弥补的合理期限。

本案中,华厦公司以滨峰公司未实际出资为由主张解除滨峰公司作为公司股东的资格,对此滨峰公司不予认可。华厦公司虽于 2019 年 4 月 28 日通过 EMS 按滨峰公司注册地向滨峰公司邮寄《2019 年第一次全体股东会决议》,但该邮件以地址非收件人退回华厦公司。2019 年 4 月 30 日,华厦公司虽又以短信形式向孙某静发送信息"本公司于 2019 年 4 月 28 日召开了 2019 年第一次全体股东会议,具体决议内容已向贵公司注册地址合肥市政务区合肥市总商会大厦 1701 室发送纸质版内容,请注意查收",但该短信也没有《2019 年第一次全体股东会决议》的具体内容,故华厦公司不能以滨峰公司未按照股东会决议要求进行实际出资为由解除滨峰公司的股东资格。华厦公司也没有履行公司催告的前置程序,并给予股东弥补的合理期限。华厦公司于 2019 年 5 月 11 日召开第二次股东会,作出的《2019 年第二次全体股东会决议》,对股东滨峰公司除名,违反法律规定。

据此,一审法院判决华厦公司于 2019 年 5 月 11 日作出的《2019 年第二次全体股东会决议》无效。

【二审】安徽省合肥市中级人民法院认为:

1. 股东的出资义务是股东的基本义务,是维护公司资本充足和市场交易安全的根本所在,公司运转经营需要资金。虽然华厦公司成立时约定滨峰公司作为股东的出资义务是在公司成立后 50 年内出资,但并不意味着滨峰公司直到 50 年期满才需出资,而是应当从华厦公司成立之日开始,根据公司的经营需要履行自己认缴的出资义务。本案中,华厦公司于 2016 年 11 月 23 日成立,从事数据产业投资发展、计算机软件开发等业务,现为存续状态。为了公司的经营,华厦公司于 2019 年 4 月 28 日形成的要求华厦公司股东上港公司和滨峰公司于 2019 年 5 月 10 日前履行部分出资义务的《2019 年第一次全体股东会决议》属于公司自治范畴,未损害滨峰公司的合法利益,内容符合法律规定,应为有效。滨峰公司主张该决议存在股东滥用股东权利损害其他股东利益的违法情形缺乏事实和法律依据,本院不予支持。

2. 本案中,虽然滨峰公司未在 2020 年 5 月 10 日前履行缴纳部分认缴出资款义务,但华厦公司紧接着就在次日即 2020 年 5 月 11 日形成将滨峰公司从华厦公司股东中除名的股东会决议,显然未履行催告义务,即给予滨峰公司合理期间补充出资,故 2019 年 5 月 11 日的《2019 年第二次全体股东会决议》应属无效。

2020 年 6 月 29 日,安徽省合肥市中级人民法院判决驳回上诉,维持原判。

# 第八章 董事与董事会

## 第一节 董事一般规定

**【示范条款】**

8.1.1 董事身份

公司董事为自然人。

8.1.2 董事的兼职

董事最多在【3】家公司兼任董事,并确保有足够的时间和精力有效地履行董事的职责。

上述规定,担任公司董事但不在公司领取报酬的董事除外。

【注释】建议公司在制定章程时适当限制董事的兼任,以便公司董事能够有较充沛的时间和精力履行董事职责。

8.1.3 非公司机关

公司董事会是公司治理的机关,董事不是公司的机关,每个董事只是组成公司董事会的具体成员。

8.1.4 董事行为

未经公司章程规定或者董事会的合法授权,任何董事不得以个人名义代表公司或者董事会行事。董事以其个人名义行事时,在第三方有合理理由认为该董事在代表公司或者董事会行事的情况下,该董事应当事先声明其立场和身份。

董事执行公司职务时违反法律、行政法规、部门规章或本章程的规定,给公司造成损失的,应当承担赔偿责任。

8.1.5 董事任期

董事由股东会会议选举或更换,任期【3】年。董事任期届满,可连选连任。

董事任期从股东会会议决议通过之日起计算,至本届董事会任期届满时为止。董事任期届满未及时改选,在改选出的董事就任前,原董事仍应当依照法律、行政法规、部门规章和本章程的规定,履行董事职务。

【注释】公司章程应规定规范、透明的董事选聘程序。董事会成员中可以有公司职工代表,公司章程应明确本公司董事会是否可以由职工代表担任董事,以及职工代表担任董事的名额。董事会中的职工代表由公司职工通过职工(代表)大会或者其他形式民主选举产生后,直接进入董事会。

有限责任公司施行董事委派制的,按照章程第4.3.5条执行,不适用本条款。

### 8.1.6　职务兼任

董事可以由经理或者其他高级管理人员兼任,但兼任经理或者其他高级管理人员职务的董事以及由职工代表担任的董事,总计不得超过公司董事总数的【1/2】。

【注释】关于兼任公司高级管理人员的董事(即执行董事、内部执行董事)人数是否需要限制,由公司自行把握。

### 8.1.7　董事权利

董事应当谨慎、认真、勤勉地行使公司所赋予的权利,以保证:1.公司的商业行为符合国家的法律、行政法规以及国家各项经济政策的要求,商业活动不超越营业执照规定的业务范围。2.公平对待所有股东。3.认真阅读上市公司的各项商务、财务报告,及时了解公司业务经营管理状况。4.亲自行使被合法赋予的公司管理处置权,不得受他人操纵;非经法律、行政法规允许或者得到股东会在知情情况下的批准,不得将其处置权转授他人行使。5.接受监事会对其履行职责行为的合法监督和合理建议。

### 8.1.8　董事关联关系

董事个人或者其所任职的其他企业直接或者间接与公司已有的或者计划中的合同、交易、安排有关联关系时(聘用合同除外),不论有关事项在一般情况下是否需要董事会批准同意,均应当尽快向董事会披露其关联关系的性质和程度。

有上述关联关系的董事在董事会会议召开时,应当主动提出回避;其他知情董事在该关联董事未主动提出回避时,亦有义务要求其回避。

在关联董事回避后,董事会在不将其计入法定人数的情况下,对该事项进行表决。

除非有关联关系的董事按照本条前款的要求向董事会作了披露,并且董事会在不将其计入法定人数,该董事亦未参加表决的会议上批准了该事项,否则公司有权撤销该合同、交易或者安排,但在对方是善意第三人的情况下除外。

### 8.1.9　出席会议

董事连续【2】次未能亲自出席,也不委托其他董事代为出席董事会会议的,视为不能履行职责,董事会应当建议股东会予以撤换。

【注释】该条款由公司自行选择是否适用。

### 8.1.10 董事离职责任

任职尚未结束的董事,对因其擅自离职给公司造成的损失,应当承担赔偿责任。

### 8.1.11 自行纳税

公司不以任何形式为董事纳税。

**【条款解读】**

一、董事兼任事宜

关于董事可以在最多在几家公司兼任董事,我国《公司法》并没有限制性的规定,为确保董事有足够的时间和精力有效地履行董事的职责,公司章程可以限定公司董事兼任董事的家数。

《法国商事公司法》第 92 条规定:一个自然人不得同时任 8 个以上的公司住所在法国领土的股份有限公司的董事会的董事。一切自然人在担任一个新的职务时处于与前款规定相违背情形的,必须在任命后的 3 个月里辞去其中一个职务。该期限届满,自然人未主动辞去的,视为该自然人辞去其新担任的职务,并必须归还已领取的报酬,但不因此影响其参加决议的有效性。[1] 中国证监会的《上市公司独立董事管理办法》规定,"独立董事原则上最多在三家境内上市公司担任独立董事,并应当确保有足够的时间和精力有效地履行独立董事的职责"。

二、董事身份

每个董事只是组成公司董事会的具体成员,只有公司董事会是公司治理的机关。每个董事只是董事会的构成人员,而不是公司的机关。[2] 未经公司章程规定或者董事会的合法授权,任何董事不得以个人名义代表公司或者董事会行事。

在董事以其个人名义行事,第三方会合理地认为该董事在是代表公司或者董事会行事的情况下,该董事应当事先声明其立场和身份。

三、董事辞职

董事辞职应向董事会提交书面辞职报告,在辞职报告中说明辞职时间、辞职原因、辞去的职务、辞职后是否继续在公司任职(如继续任职,说明继续任职的情况)等情况。

《公司法》(2023 年修订)第 70 条第 2 款规定:"董事任期届满未及时改选,或

---

[1] 参见卞耀武主编:《法国公司法规范》,李萍译,法律出版社 1999 年版,第 59 页。
[2] 参见〔日〕末永敏和:《现代日本公司法》,金洪玉译,人民法院出版社 2000 年版,第 135 页。

者董事在任期内辞任导致董事会成员低于法定人数的,在改选出的董事就任前,原董事仍应当依照法律、行政法规和公司章程的规定,履行董事职务。"《公司法》(2023年修订)规定有限责任公司和股份有限公司董事会均应当具备法定人数3人以上(《公司法》(2023年修订)第68、120条);规模较小或者股东人数较少的有限责任公司和股份有限公司可以不设董事会,设一名董事((《公司法》(2023年修订)第75、128条)。这些规定表明,董事在任期内可以辞职,但是公司董事会的人数不得低于法定人数。若董事辞职不会导致公司董事会人数低于法定人数,就不影响公司董事会的正常运作,则董事的辞职自辞职报告送达董事会时生效;若董事辞职导致上述情形发生,则辞职报告应当在下任董事填补因其辞职产生的空缺后方能生效。在改选出的董事就任前,原董事仍应当依照法律、行政法规、部门规章和公司章程规定,履行董事职务。

董事辞职生效或者任期届满,应向董事会办妥所有移交手续,其对公司和股东承担的忠实义务,在任期结束后并不当然解除,在本章程规定的合理期限内仍然有效。

四、董事可否兼任监事

《公司法》(2023年修订)第76、129条均规定,"董事、高级管理人员不得兼任监事"。所以,无论是有限公司还是股份公司,董事和高级管理人员均不得兼任监事。监事也不能兼任董事,不能兼任高级管理人员。换句话说,只要是公司监事,就不可能同时担任公司董事或高级管理人员。

五、董事可否兼任高级管理人员

公司董事可兼任经理,由董事会决定。在我国上市公司的《上市公司章程指引》中要求上市公司兼任经理或者其他高级管理人员职务的董事以及由职工代表担任的董事,总计不得超过公司董事总数的1/2。

六、董事的无因解聘

《公司法司法解释五》第3条对董事职务的无因解除与离职补偿相关法律问题进行了规定。即使董事的任职期限未满,股东会会议也可以通过股东会会议的决议来免除任一董事的职务;但是在解除董事职务的时候,公司应当综合考虑解除的原因、剩余任期、董事薪酬等因素,对这种免除董事职务的行为进行合理补偿,以保障被免职董事的合法权益;而对于解除的原因,是无理由解除还是董事在任职期间有违规事宜,不影响解聘的效力,但将大大影响解聘补偿金额。

本次《公司法》(2023年修订),明确了"无正当理由,在任期届满前解任董事的,该董事可以要求公司予以赔偿"。

【相关法规】

● 《中华人民共和国公司法》(2023年修订)

第70条 董事任期由公司章程规定,但每届任期不得超过三年。董事任期届满,连选可以连任。

董事任期届满未及时改选,或者董事在任期内辞任导致董事会成员低于法定人数的,在改选出的董事就任前,原董事仍应当依照法律、行政法规和公司章程的规定,履行董事职务。

董事辞任的,应当以书面形式通知公司,公司收到通知之日辞任生效,但存在前款规定情形的,董事应当继续履行职务。

第71条 股东会可以决议解任董事,决议作出之日解任生效。

无正当理由,在任期届满前解任董事的,该董事可以要求公司予以赔偿。

● 《公司法司法解释五》(2020年修正)

第3条 董事任期届满前被股东会或者股东大会有效决议解除职务,其主张解除不发生法律效力的,人民法院不予支持。

董事职务被解除后,因补偿与公司发生纠纷提起诉讼的,人民法院应当依据法律、行政法规、公司章程的规定或者合同的约定,综合考虑解除的原因、剩余任期、董事薪酬等因素,确定是否补偿以及补偿的合理数额。

● 《上市公司独立董事管理办法》(中国证券监督管理委员会令第220号)

第8条 独立董事原则上最多在三家境内上市公司担任独立董事,并应当确保有足够的时间和精力有效地履行独立董事的职责。

## 第二节 董事长

【示范条款】

8.2.1 董事长行为规范

1. 董事长应当积极推动公司内部各项制度的制定和完善,加强董事会建设,确保董事会工作依法正常开展,依法召集、主持董事会会议并督促董事亲自出席董事会会议。

2. 董事长应当遵守董事会议事规则,保证公司董事会会议的正常召开,及时将应当由董事会审议的事项提交董事会审议。

3. 董事长在其职权范围(包括授权)内行使权力时,对公司经营可能产生重大影响的事项应当审慎决策,必要时应当提交董事会集体决策,不得以个人意见代替董事会决策。

4. 董事长应当积极督促董事会决议的执行,并及时将有关情况告知其他董事。董事长应当定期向总裁和其他高级管理人员了解董事会决议的执行情况,实际执行情况与董事会决议内容不一致,或者执行过程中发现重大风险的,董事长应当及时召集董事会进行审议并采取有效措施。

5. 董事长应当保证全体董事和董事会秘书的知情权,为其履行职责创造良好的工作条件,不得以任何形式限制或者阻碍其他董事独立行使其职权。

**【相关法规】**

● 《上海证券交易所上市公司自律监管指引第1号——规范运作(2023年12月修订,上证发〔2023〕193号)》

3.4.1 董事长应当积极推动上市公司内部各项制度的制订和完善,加强董事会建设,确保董事会工作依法正常开展,依法召集、主持董事会会议并督促董事亲自出席董事会会议。

3.4.2 董事长应当严格遵守董事会集体决策机制,不得以个人意见代替董事会决策,不得影响其他董事独立决策。

3.4.3 董事长应当遵守董事会会议规则,保证上市公司董事会会议的正常召开,及时将应当由董事会审议的事项提交董事会审议,不得以任何形式限制或者阻碍其他董事独立行使其职权。董事长决定不召开董事会会议的,应当书面说明理由并报上市公司监事会备案。

董事长应当积极督促落实董事会已决策的事项,并将公司重大事项及时告知全体董事。

3.4.4 董事会授权董事长行使董事会部分职权的,上市公司应当在公司章程中明确规定授权的原则和具体内容。公司不得将法律规定由董事会行使的职权授予董事长等个人行使。

3.4.5 董事长不得从事超越其职权范围的行为。董事长在其职权范围(包括授权)内行使权力时,对上市公司经营可能产生重大影响的事项应当审慎决策,必要时应当提交董事会集体决策。对于授权事项的执行情况,董事长应当及时告知其他董事。

3.4.6 董事长应当保障董事会秘书的知情权,为其履职创造良好的工作条件,不得以任何形式阻挠其依法行使职权。

董事长在接到有关上市公司重大事项的报告后,应当要求董事会秘书及时履行信息披露义务。

## 第三节　独立董事

**【示范条款】**

8.3.1　独立董事概述

公司根据需要,可以设立独立董事。独立董事不得由下列人员担任：**1.** 公司股东或股东单位的任职人员；**2.** 公司的内部人员(如公司的经理或公司雇员)；**3.** 与公司关联人或公司管理层有利益关系的人员。

【注释】本节中的独立董事是上市公司必需的岗位设定,非上市的股份有限公司可以参考设置,有限责任公司通常无须设置。

8.3.2　独立董事参与专业委员会

公司设立审计委员会、提名委员会、薪酬与考核委员会时,独立董事应占前述专门委员会的多数并担任召集人。

【注释】公司有设置专业委员会时适用。

8.3.3　独立董事股东会议召集权

独立董事有权向董事会提议召开临时股东会。对独立董事要求召开临时股东会的提议,董事会应当根据法律、行政法规和本章程的规定,在收到提议后 10 日内提出同意或不同意召开临时股东会的书面反馈意见。

8.3.4　独立董事特殊责任

独立董事对公司及全体股东负有诚信与勤勉义务。独立董事应按照相关法律、法规、公司章程的要求,认真履行职责,维护公司整体利益,尤其要关注中小股东的合法权益不受损害。

独立董事应独立履行职责,不受公司主要股东、实际控制人,以及其他与公司存在利害关系的单位或个人的影响。

【注释】独立董事的特殊责任主要在"尤其要关注中小股东的合法权益不受损害"。

8.3.5　独立董事行为规范

独立董事应当切实维护公司和全体股东的利益,了解掌握公司的生产经营和运作情况,充分发挥其在投资者关系管理中的作用。

独立董事若发现所审议事项存在影响其独立性的情况,应当向公司申明并实行回避。任职期间出现明显影响独立性情形的,应当及时通知公司,提出解决措施,必要时应当提出辞职。

### 8.3.6 独立董事特别职权

独立董事应当充分行使下列特别职权:1.需要提交股东会会议审议的关联交易应当由独立董事认可后,提交董事会讨论。独立董事在作出判断前,可以聘请中介机构出具独立财务顾问报告;2.向董事会提议聘用或者解聘会计师事务所;3.向董事会提请召开临时股东会会议;4.征集中小股东的意见,提出利润分配提案,并直接提交董事会审议;5.提议召开董事会;6.独立聘请外部审计机构和咨询机构;7.在股东会会议召开前公开向股东征集投票权,但不得采取有偿或者变相有偿方式进行征集。

独立董事行使上述职权应当取得全体独立董事的1/2以上同意。

### 8.3.7 独立董事独立意见

独立董事应当对下列公司重大事项发表独立意见:1.提名、任免董事;2.聘任、解聘高级管理人员;3.董事、高级管理人员的薪酬;4.公司现金分红政策的制定、调整、决策程序、执行情况及信息披露,以及利润分配政策是否损害中小投资者合法权益;5.需要披露的关联交易、对外担保(不含对合并报表范围内子公司提供担保)、委托理财、对外提供财务资助、变更募集资金用途、公司自主变更会计政策、股票及其衍生品种投资等重大事项;6.公司股东、实际控制人及其关联企业对公司现有或者新发生的总额高于【300】万元且高于公司最近经审计净资产值的【5%】的借款或者其他资金往来,以及公司是否采取有效措施回收欠款;7.重大资产重组方案、股权激励计划;8.独立董事认为有可能损害中小股东合法权益的事项;9.有关法律、行政法规、部门规章、规范性文件及公司章程规定的其他事项。

### 8.3.8 独立意见类型及内容

独立董事发表的独立意见类型包括同意、保留意见及其理由、反对意见及其理由和无法发表意见及其障碍,所发表的意见应当明确、清楚。

独立董事对重大事项出具的独立意见至少应当包括下列内容:1.重大事项的基本情况;2.发表意见的依据,包括所履行的程序、核查的文件、现场检查的内容等;3.重大事项的合法合规性;4.对公司和中小股东权益的影响、可能存在的风险以及公司采取的措施是否有效;5.发表的结论性意见。对重大事项提出保留意见、反对意见或者无法发表意见的,相关独立董事应当明确说明理由。

独立董事应当对出具的独立意见签字确认,并将上述意见及时报告董事会,与公司相关公告同时披露。

### 8.3.9 独立董事专项调查

独立董事发现公司存在下列情形之一的,应当积极主动履行尽职调查义务,必要时应当聘请中介机构进行专项调查:1.重要事项未按规定提交董事会审议;2.未及时履行信息披露义务;3.公开信息中存在虚假记载、误导性陈述或者重大遗漏;4.其他涉嫌违法违规或者损害中小股东合法权益的情形。

### 8.3.10 独立董事工作时间

独立董事原则上每年应当保证有不少于【10】天的时间,对公司生产经营状况、管理和内部控制等制度的建设及执行情况等进行现场了解,对董事会决议执行情况等进行现场检查。现场检查发现异常情形的,应当及时向公司董事会报告。

### 8.3.11 独立董事述职

独立董事应当向公司年度股东会会议提交述职报告并披露。述职报告应当包括下列内容:1.全年出席董事会方式、次数及投票情况,列席股东会会议次数;2.发表独立意见的情况;3.现场检查工作情况;4.提议召开董事会、提议聘用或者解聘会计师事务所、独立聘请外部审计机构和咨询机构等情况;5.保护中小股东合法权益方面所做的其他工作。

### 8.3.12 独立董事工作档案

独立董事应当对其履行职责的情况进行书面记载,建立独立董事的工作档案。

**【条款解读】**

一、独立董事概述

独立董事是指独立于公司股东且不在公司内部任职,并与公司或公司经营管理者没有重要的业务联系或专业联系,对公司事务做出独立判断的董事。独立董事制度最早起源于20世纪30年代,其制度设计目的在于防止控制股东及管理层的内部控制,损害公司整体利益。董事会结构中,有"二分法"和"三分法"两种。在二分法中,董事分为内部董事与外部董事两种,如美国公司法,外部董事与独立董事有时也互相转换。在三分法中,董事分为内部董事、有关联关系的外部董事与无关联关系的外部董事。其中,内部董事指兼任公司雇员的董事,也称执行董事;有关联关系的外部董事指与公司存在实质性利害关系的外部董事,通常是股东代表董事,也称非执行董事;只有不兼任公司的经营管理人员,也不与公司及公司股东存在关联关系的外部董事才被称为独立董事。

二、我国独立董事制度

在我国独立董事制度始建于中国证监会,中国证监会在《上市公司独立董事管理办法》中规定,"独立董事是指不在上市公司担任除董事外的其他职务,并与其所受聘的上市公司及其主要股东、实际控制人不存在直接或者间接利害关系,或者其他可能影响其进行独立客观判断关系的董事"。

三、独立董事具有独立性

独立董事必须在人格上、经济利益上、产生程序上、权利行使上独立,不受控股股东或者公司管理层之控制。人格独立,要求独立董事在公司无其他任职、对公司无股权投资等。经济利益独立,要求独立董事除担任独立董事获得独立董事报酬外与公司无其他重大利益关系。产生程序独立,要求独立董事的提名权要广泛,1%以上股权的股东和董事会等均有权提名独立董事候选人,选举投票时要与非独立董事分别选举。权利行使独立,要求公司应当给独立董事提供必要的工作环境和条件,在获得会议资料时有权补充会议资料,提交董事会审议的部分议题,如关联交易等,应当先由独立董事审查。

四、独立董事具有专业性

独立董事必须具备一定的专业素质和能力,能够凭自己的专业知识和经验对公司的非独立董事和高级管理人员以及有关问题独立地做出判断和发表有价值的意见。通常在公司的董事会架构中,会聘请会计专家、法律专家、金融融资专家以及本公司具体经营领域的行业专家等担任公司的独立董事。

**【相关法规】**

● **《上市公司独立董事管理办法》(中国证券监督管理委员会令第220号)**

**第2条** 独立董事是指不在上市公司担任除董事外的其他职务,并与其所受聘的上市公司及其主要股东、实际控制人不存在直接或者间接利害关系,或者其他可能影响其进行独立客观判断关系的董事。

独立董事应当独立履行职责,不受上市公司及其主要股东、实际控制人等单位或者个人的影响。

**第3条** 独立董事对上市公司及全体股东负有忠实与勤勉义务,应当按照法律、行政法规、中国证券监督管理委员会(以下简称中国证监会)规定、证券交易所业务规则和公司章程的规定,认真履行职责,在董事会中发挥参与决策、监督制衡、专业咨询作用,维护上市公司整体利益,保护中小股东合法权益。

**第4条** 上市公司应当建立独立董事制度。独立董事制度应当符合法律、行政法规、中国证监会规定和证券交易所业务规则的规定,有利于上市公司的持续规范发展,不得损害上市公司利益。上市公司应当为独立董事依法履职提供必要保障。

**第5条** 上市公司独立董事占董事会成员的比例不得低于1/3,且至少包括一名会计专业人士。

上市公司应当在董事会中设置审计委员会。审计委员会成员应当为不在上市公司担任高级管理人员的董事,其中独立董事应当过半数,并由独立董事中会计专业人士担任召集人。

上市公司可以根据需要在董事会中设置提名、薪酬与考核、战略等专门委员会。提名委员会、薪酬与考核委员会中独立董事应当过半数并担任召集人。

**第6条** 独立董事必须保持独立性。下列人员不得担任独立董事:(一)在上市公司或者其附属企业任职的人员及其配偶、父母、子女、主要社会关系;(二)直接或者间接持有上市公司已发行股份1%以上或者是上市公司前10名股东中的自然人股东及其配偶、父母、子女;(三)在直接或者间接持有上市公司已发行股份5%以上的股东或者在上市公司前5名股东任职的人员及其配偶、父母、子女;(四)在上市公司控股股东、实际控制人的附属企业任职的人员及其配偶、父母、子女;(五)与上市公司及其控股股东、实际控制人或者其各自的附属企业有重大业务往来的人员,或者在有重大业务往来的单位及其控股股东、实际控制人任职的人员;(六)为上市公司及其控股股东、实际控制人或者其各自附属企业提供财务、法律、咨询、保荐等服务的人员,包括但不限于提供服务的中介机构的项目组全体人员、各级复核人员、在报告上签字的人员、合伙人、董事、高级管理人员及主要负责人;(七)最近12个月内曾经具有第一项至第六项所列举情形的人员;(八)法律、行政法规、中国证监会规定、证券交易所业务规则和公司章程规定的不具备独立性的其他人员。

前款第(四)项至第(六)项中的上市公司控股股东、实际控制人的附属企业,不包括与上市公司受同一国有资产管理机构控制且按照相关规定未与上市公司构成关联关系的企业。

独立董事应当每年对独立性情况进行自查,并将自查情况提交董事会。董事会应当每年对在任独立董事独立性情况进行评估并出具专项意见,与年度报告同时披露。

**第7条** 担任独立董事应当符合下列条件:(一)根据法律、行政法规和其他有关规定,具备担任上市公司董事的资格;(二)符合本办法第6条规定的独立性要求;(三)具备上市公司运作的基本知识,熟悉相关法律法规和规则;(四)具有5年以上履行独立董事职责所必需的法律、会计或者经济等工作经验;(五)具有良好的个人品德,不存在重大失信等不良记录;(六)法律、行政法规、中国证监会规定、证券交易所业务规则和公司章程规定的其他条件。

**第10条** 独立董事的提名人在提名前应当征得被提名人的同意。提名人应当充分了解被提名人职业、学历、职称、详细的工作经历、全部兼职、有无重大失信等不良记录等情况,并对其符合独立性和担任独立董事的其他条件发表意见。被提名人应当就其符合独立性和担任独立董事的其他条件作出公开声明。

**第 16 条** 中国上市公司协会负责上市公司独立董事信息库建设和管理工作。上市公司可以从独立董事信息库选聘独立董事。

**第 17 条** 独立董事履行下列职责:(一)参与董事会决策并对所议事项发表明确意见;(二)对本办法第 23 条、第 26 条、第 27 条和第 28 条所列上市公司与其控股股东、实际控制人、董事、高级管理人员之间的潜在重大利益冲突事项进行监督,促使董事会决策符合上市公司整体利益,保护中小股东合法权益;(三)对上市公司经营发展提供专业、客观的建议,促进提升董事会决策水平;(四)法律、行政法规、中国证监会规定和公司章程规定的其他职责。

**第 18 条** 独立董事行使下列特别职权:(一)独立聘请中介机构,对上市公司具体事项进行审计、咨询或者核查;(二)向董事会提议召开临时股东大会;(三)提议召开董事会会议;(四)依法公开向股东征集股东权利;(五)对可能损害上市公司或者中小股东权益的事项发表独立意见;(六)法律、行政法规、中国证监会规定和公司章程规定的其他职权。

独立董事行使前款第(一)项至第(三)项所列职权的,应当经全体独立董事过半数同意。

独立董事行使第 1 款所列职权的,上市公司应当及时披露。上述职权不能正常行使的,上市公司应当披露具体情况和理由。

**第 19 条** 董事会会议召开前,独立董事可以与董事会秘书进行沟通,就拟审议事项进行询问、要求补充材料、提出意见建议等。董事会及相关人员应当对独立董事提出的问题、要求和意见认真研究,及时向独立董事反馈议案修改等落实情况。

**第 21 条** 独立董事对董事会议案投反对票或者弃权票的,应当说明具体理由及依据、议案所涉事项的合法合规性、可能存在的风险以及对上市公司和中小股东权益的影响等。上市公司在披露董事会决议时,应当同时披露独立董事的异议意见,并在董事会决议和会议记录中载明。

**第 23 条** 下列事项应当经上市公司全体独立董事过半数同意后,提交董事会审议:(一)应当披露的关联交易;(二)上市公司及相关方变更或者豁免承诺的方案;(三)被收购上市公司董事会针对收购所作出的决策及采取的措施;(四)法律、行政法规、中国证监会规定和公司章程规定的其他事项。

**第 30 条** 独立董事每年在上市公司的现场工作时间应当不少于 15 日。

除按规定出席股东大会、董事会及其专门委员会、独立董事专门会议外,独立董事可以通过定期获取上市公司运营情况等资料、听取管理层汇报、与内部审计机构负责人和承办上市公司审计业务的会计师事务所等中介机构沟通、实地考察、与中小股东沟通等多种方式履行职责。

**第 32 条** 上市公司应当健全独立董事与中小股东的沟通机制,独立董事可以就投资者提出的问题及时向上市公司核实。

**第 35 条** 上市公司应当为独立董事履行职责提供必要的工作条件和人员支持,指定董事会办公室、董事会秘书等专门部门和专门人员协助独立董事履行职责。

董事会秘书应当确保独立董事与其他董事、高级管理人员及其他相关人员之间的信息畅通,确保独立董事履行职责时能够获得足够的资源和必要的专业意见。

**第 36 条** 上市公司应当保障独立董事享有与其他董事同等的知情权。为保证独立董事有效行使职权,上市公司应当向独立董事定期通报公司运营情况,提供资料,组织或者配合独立董事开展实地考察等工作。

上市公司可以在董事会审议重大复杂事项前,组织独立董事参与研究论证等环节,充分听取独立董事意见,并及时向独立董事反馈意见采纳情况。

**第 38 条** 独立董事行使职权的,上市公司董事、高级管理人员等相关人员应当予以配合,不得拒绝、阻碍或者隐瞒相关信息,不得干预其独立行使职权。

独立董事依法行使职权遭遇阻碍的,可以向董事会说明情况,要求董事、高级管理人员等相关人员予以配合,并将受到阻碍的具体情形和解决状况记入工作记录;仍不能消除阻碍的,可以向中国证监会和证券交易所报告。

独立董事履职事项涉及应披露信息的,上市公司应当及时办理披露事宜;上市公司不予披露的,独立董事可以直接申请披露,或者向中国证监会和证券交易所报告。

中国证监会和证券交易所应当畅通独立董事沟通渠道。

**第 39 条** 上市公司应当承担独立董事聘请专业机构及行使其他职权时所需的费用。

**第 40 条** 上市公司可以建立独立董事责任保险制度,降低独立董事正常履行职责可能引致的风险。

**第 45 条** 对独立董事在上市公司中的履职尽责情况及其行政责任,可以结合独立董事履行职责与相关违法违规行为之间的关联程度,兼顾其董事地位和外部身份特点,综合下列方面进行认定:(一)在信息形成和相关决策过程中所起的作用;(二)相关事项信息来源和内容、了解信息的途径;(三)知情程度及知情后的态度;(四)对相关异常情况的注意程度,为核验信息采取的措施;(五)参加相关董事会及其专门委员会、独立董事专门会议的情况;(六)专业背景或者行业背景;(七)其他与相关违法违规行为关联的方面。

第46条　独立董事能够证明其已履行基本职责,且存在下列情形之一的,可以认定其没有主观过错,依照《中华人民共和国行政处罚法》不予行政处罚:(一)在审议或者签署信息披露文件前,对不属于自身专业领域的相关具体问题,借助会计、法律等专门职业的帮助仍然未能发现问题的;(二)对违法违规事项提出具体异议,明确记载于董事会、董事会专门委员会或者独立董事专门会议的会议记录中,并在董事会会议中投反对票或者弃权票的;(三)上市公司或者相关方有意隐瞒,且没有迹象表明独立董事知悉或者能够发现违法违规线索的;(四)因上市公司拒绝、阻碍独立董事履行职责,导致其无法对相关信息披露文件是否真实、准确、完整作出判断,并及时向中国证监会和证券交易所书面报告的;(五)能够证明勤勉尽责的其他情形。

在违法违规行为揭露日或者更正日之前,独立董事发现违法违规行为后及时向上市公司提出异议并监督整改,且向中国证监会和证券交易所书面报告的,可以不予行政处罚。

独立董事提供证据证明其在履职期间能够按照法律、行政法规、部门规章、规范性文件以及公司章程的规定履行职责的,或者在违法违规行为被揭露后及时督促上市公司整改且效果较为明显的,中国证监会可以结合违法违规行为事实和性质、独立董事日常履职情况等综合判断其行政责任。

●《上市公司治理准则》(2018年修订,中国证券监督管理委员会公告〔2018〕29号)

第34条　上市公司应当依照有关规定建立独立董事制度。独立董事不得在上市公司兼任除董事会专门委员会委员外的其他职务。

第35条　独立董事的任职条件、选举更换程序等,应当符合有关规定。独立董事不得与其所受聘上市公司及其主要股东存在可能妨碍其进行独立客观判断的关系。

第36条　独立董事享有董事的一般职权,同时依照法律法规和公司章程针对相关事项享有特别职权。

独立董事应当独立履行职责,不受上市公司主要股东、实际控制人以及其他与上市公司存在利害关系的组织或者个人影响。上市公司应当保障独立董事依法履职。

第37条　独立董事应当依法履行董事义务,充分了解公司经营运作情况和董事会议题内容,维护上市公司和全体股东的利益,尤其关注中小股东的合法权益保护。独立董事应当按年度向股东大会报告工作。

上市公司股东间或者董事间发生冲突、对公司经营管理造成重大影响的,独立董事应当主动履行职责,维护上市公司整体利益。

●《保险机构独立董事管理办法》(银保监发〔2018〕35号,银保监发〔2020〕5号修订)

**第2条** 本办法所称独立董事是指在所任职的保险机构不担任除董事外的其他职务,并与保险机构股东、实际控制人不存在可能影响其对公司事务进行独立客观判断关系的董事。

●《股份制商业银行独立董事和外部监事制度指引》(中国人民银行公告〔2002〕第15号)

**第1条** 商业银行的独立董事、外部监事应当具备较高的专业素质和良好信誉,且同时应当满足以下条件:(一)具有本科(含本科)以上学历或相关专业中级以上职称;(二)具有5年以上的法律、经济、金融、财务或其他有利于履行独立董事、外部监事职责的工作经历;(三)熟悉商业银行经营管理相关的法律法规;(四)能够阅读、理解和分析商业银行的信贷统计报表和财务报表。

**第2条** 下列人员不得担任商业银行的独立董事、外部监事:(一)持有该商业银行1%以上股份的股东或在股东单位任职的人员;(二)在该商业银行或其控股或者实际控制的企业任职的人员;(三)就任前3年内曾经在该商业银行或其控股或者实际控制的企业任职的人员;(四)在该商业银行借款逾期未归还的企业的任职人员;(五)在与该商业银行存在法律、会计、审计、管理咨询等业务联系或利益关系的机构任职的人员;(六)该商业银行可控制或通过各种方式可施加重大影响的其他任何人员;(七)上述人员的近亲属。本指引所称近亲属是指夫妻、父母、子女、祖父母、外祖父母、兄弟姐妹。

●《上海证券交易所科创板上市公司自律监管指引第1号——规范运作》(2023年12月修订,上证发〔2023〕194号)

4.4.1 科创公司应当建立独立董事制度。独立董事制度应当符合法律、行政法规、中国证监会的规定,有利于科创公司的持续规范发展、不得损害科创公司利益。科创公司应当为独立董事依法履职提供必要保障。

科创公司独立董事对科创公司及全体股东负有忠实与勤勉义务,并应当按照有关法律法规、本指引以及公司章程的要求,认真履行职责,在董事会中发挥参与决策、监督制衡、专业咨询作用,维护公司整体利益,保护中小股东合法权益。

独立董事应当保持身份和履职的独立性。在履职过程中,不受科创公司及其主要股东、实际控制人等单位或者个人的影响。

4.4.2 科创公司独立董事候选人任职资格应符合下列规定:(一)《公司法》等关于董事任职资格的规定;(二)《公务员法》关于公务员兼任职务的规定(如适

用);(三)中国证监会《上市公司独立董事管理办法》的相关规定;(四)中共中央纪委、中共中央组织部《关于规范中管干部辞去公职或者退(离)休后担任上市公司、基金管理公司独立董事、独立监事的通知》的规定(如适用);(五)中共中央组织部《关于进一步规范党政领导干部在企业兼职(任职)问题的意见》的规定(如适用);(六)中共中央纪委、教育部、监察部《关于加强高等学校反腐倡廉建设的意见》的规定(如适用);(七)中国人民银行《股份制商业银行独立董事和外部监事制度指引》等的相关规定(如适用);(八)中国证监会《证券基金经营机构董事、监事、高级管理人员及从业人员监督管理办法》等的相关规定(如适用);(九)《银行业金融机构董事(理事)和高级管理人员任职资格管理办法》《保险公司董事、监事和高级管理人员任职资格管理规定》《保险机构独立董事管理办法》等的相关规定(如适用);(十)其他法律、行政法规、部门规章、本所及公司章程的规定。

4.4.3 独立董事候选人应当具备独立性,且不存在下列情形:(一)在科创公司或者其附属企业任职的人员及其配偶、父母、子女、主要社会关系;(二)直接或者间接持有科创公司已发行股份1%以上或者是上市公司前10名股东中的自然人股东及其配偶、父母、子女;(三)在直接或者间接持有上市公司已发行股份5%以上的股东或者在科创公司前5名股东任职的人员及其配偶、父母、子女;(四)在科创公司控股股东、实际控制人的附属企业任职的人员及其配偶、父母、子女;(五)与科创公司及其控股股东、实际控制人或者其各自的附属企业有重大业务往来的人员,或者在有重大业务往来的单位及其控股股东、实际控制人任职的人员;(六)为科创公司及其控股股东、实际控制人或者其各自附属企业提供财务、法律、咨询、保荐等服务的人员,包括但不限于提供服务的中介机构的项目组全体人员、各级复核人员、在报告上签字的人员、合伙人、董事、高级管理人员及主要负责人;(七)最近12个月内曾经具有第(一)项至第(六)项所列举情形之一的人员;(八)本所认定不具备独立性的其他人员。

前款所称"任职",指担任董事、监事、高级管理人员以及其他工作人员;"主要社会关系"指兄弟姐妹、兄弟姐妹的配偶、配偶的父母、配偶的兄弟姐妹、子女的配偶、子女配偶的父母等;"重大业务往来",指根据《科创板上市规则》或者公司章程规定需提交股东大会审议的事项,或者本所认定的其他重大事项。

第1款第(四)项至第(六)项中的科创公司控股股东、实际控制人的附属企业,不包括与科创公司受同一国有资产管理机构控制按照相关规定未与科创公司构成关联关系的企业。

独立董事应当每年对独立性情况进行自查,并将自查情况提交董事会。董事会应当每年对在任独立董事独立性情况进行评估并出具专项意见,与年度报告同时披露。

4.4.4　独立董事候选人应当具有良好的个人品德,不得存在第4.2.2条规定的不得被提名为上市公司董事的情形,并不得存在下列不良记录:(一)最近36个月内因证券期货违法犯罪,受到中国证监会行政处罚或者司法机关刑事处罚的;(二)因涉嫌证券期货违法犯罪,被中国证监会立案调查或者被司法机关立案侦查,尚未有明确结论意见的;(三)最近36个月内受到证券交易所公开谴责或3次以上通报批评的;(四)存在重大失信等不良记录;(五)在过往任职独立董事期间因连续两次未能亲自出席也不委托其他独立董事代为出席董事会会议被董事会提请股东大会予以解除职务,未满12个月的;(六)本所认定的其他情形。

●《上海证券交易所上市公司自律监管指引第1号——规范运作》(2023年12月修订,上证发〔2023〕193号)

●《深圳证券交易所上市公司自律监管指引第1号——主板上市公司规范运作》(2023年12月修订,深证上〔2023〕1145号)

●《独立董事和审计委员会履职手册》(2024年4月11日)

●《北京证券交易所上市公司持续监管指引第1号——独立董事》(北证公告〔2023〕48号)

●《全国中小企业股份转让系统挂牌公司治理指引第2号——独立董事》(股转系统公告〔2021〕1023号)

●《上市公司独立董事职业道德规范》(中上协发〔2023〕66号)

●《上市公司独立董事履职指引》(2020年7月修订版)

●《独立董事促进上市公司内部控制工作指引》(2020年7月)

【细则示范】

● 独立董事工作细则

**第1条**　为进一步完善公司的法人治理结构,促进公司的规范运作,维护公司整体利益,保障全体股东的合法权益不受损害,根据《公司法》等相关法律、法规、规范性文件的规定及《公司章程》,制定本制度。

**第2条**　公司董事会设独立董事不少于【3】名,应占公司董事会成员的1/3以上。

**第3条**　独立董事是指不在公司担任除董事外的其他职务,并与公司及其主要股东、实际控制人不存在直接或者间接利害关系,或者其他可能影响其进行独立客观判断关系的董事。

第4条　独立董事对公司及全体股东负有诚信与勤勉义务。独立董事应当按照相关法律、行政法规和《公司章程》的要求，认真履行职责，维护公司整体利益，保护中小股东合法权益。独立董事应当独立履行职责，不受公司及其主要股东、实际控制人或者其他与公司存在利害关系的单位或个人的影响。

第5条　独立董事每年在公司的现场工作时间应当不少于【15】日。独立董事应主动通过各种途径获取履职过程中需要的信息，包括定期获取公司运营情况等资料、听取管理层汇报、与内部审计机构负责人和承办公司审计业务的会计师事务所等中介机构沟通、实地考察、与中小股东沟通等多种方式；独立董事应主动加强与监事会的沟通和联系。

第6条　独立董事应当向公司年度股东会提交年度述职报告，对其履行职责的情况进行说明。年度述职报告包括但不限于以下内容：(一)出席董事会次数、方式及投票情况，出席股东会次数；(二)参与董事会专门委员会、独立董事专门会议工作情况；(三)对本制度第21、22、23、28条所列事项进行审议和行使本制度第27条第1款所列独立董事特别职权的情况；(四)与内部审计机构及承办公司审计业务的会计师事务所就公司财务、业务状况进行沟通的重大事项、方式及结果等情况；(五)与中小股东的沟通交流情况；(六)在公司现场工作的时间、内容等情况；(七)履行职责的其他情况。

独立董事年度述职报告最迟应当在公司发出年度股东会通知时披露。

第7条　本公司聘任的独立董事原则上最多在【3】家境内上市公司兼任独立董事，并确保有足够的时间和精力有效地履行独立董事的职责。

第8条　公司聘任的独立董事中应至少包括1名会计专业人士。本条所称会计专业人士应至少符合下列条件之一：(一)具备注册会计师资格；(二)具有会计、审计或者财务管理专业的高级职称、副教授或以上职称、博士学位；(三)具有经济管理方面高级职称，且在会计、审计或者财务管理等专业岗位有【5】年以上全职工作经验。

第9条　独立董事若提出辞职，或出现不符合任职资格、独立性条件或其他不适宜履行独立董事职责的情形，导致董事会或者其专门委员会中独立董事所占的比例不符合本制度或者《公司章程》的规定，或者独立董事中欠缺会计专业人士的，公司应当自前述事实发生之日起【60】日内完成补选。

第10条　担任本公司独立董事及拟担任本公司独立董事的人士应当按照有关主管部门的要求，参加其或授权机构组织的培训。

第11条　独立董事应当具备下列基本条件：(一)根据法律、行政法规及其他有关规定，具备担任董事的资格；(二)符合本制度第12条所列的独立性要求；(三)具备公司运作的基本知识，熟悉相关法律法规和规则；(四)具有5年以上履行独立董事职责所必需的法律、会计或者经济等工作经验;(五)具有良好的个人品德,不存在重大失信等不良记录;(六)法律、行政法规和《公司章程》规定的其他条件。

**第 12 条** 独立董事必须保持独立性。下列人员不得担任独立董事:(一)在公司或者其附属企业任职的人员及其直系亲属(指配偶、父母、子女)、主要社会关系(指兄弟姐妹、兄弟姐妹的配偶、配偶的父母、配偶的兄弟姐妹、子女的配偶、子女配偶的父母等);(二)直接或间接持有公司已发行股份 1% 以上或者是公司前 10 名股东中的自然人股东及其直系亲属;(三)在直接或间接持有公司已发行股份 5% 以上的股东单位或者在公司前 5 名股东单位任职的人员及其直系亲属;(四)在公司控股股东、实际控制人的附属企业任职的人员及其直系亲属;(五)为公司及其控股股东、实际控制人或者其各自的附属企业提供财务、法律、咨询、保荐等服务的人员,包括但不限于提供服务的中介机构的项目组全体人员、各级复核人员、在报告上签字的人员、合伙人、董事、高级管理人员及主要负责人;(六)与公司及其控股股东、实际控制人或者其各自的附属企业有重大业务往来的人员,或者在有重大业务往来的单位及其控股股东、实际控制人任职的人员;(七)拟任职前 1 年内曾经具有前 6 项所列情形之一的人员;(八)法律、行政法规和《公司章程》规定的不具备独立性的其他人员。

独立董事应当每年对独立性情况进行自查,并将自查情况提交董事会。董事会应当每年对在任独立董事独立性情况进行评估并出具专项意见,与年度报告同时披露。

**第 13 条** 独立董事应当遵守法律、行政法规,具有良好的个人品德,不得存在下列情形:(一)根据《公司法》等法律法规及其他有关规定,不得担任董事、监事、高级管理人员的情形;(二)最近 36 个月内受到司法机关刑事处罚或者行政处罚;(三)因涉嫌犯罪被司法机关立案侦查或者涉嫌违法违规被立案调查,尚未有明确结论意见;(四)在过往任职独立董事期间因连续两次未能亲自出席,也不委托其他独立董事代为出席董事会会议,被董事会提议召开股东大会予以解除职务,未满 12 个月的;(五)存在重大失信等不良记录;(六)法律法规规定的其他情形。

**第 14 条** 公司董事会、监事会、单独或者合计持有公司已发行股份 1% 以上的股东可以提出独立董事候选人,并经股东会选举决定。提名人不得提名与其存在利害关系的人员或者有其他可能影响独立履职情形的关系密切人员作为独立董事候选人。独立董事的提名人在提名前应当征得被提名人的同意。

**第 15 条** 提名人应当充分了解被提名人职业、学历、职称、详细的工作经历、全部兼职、有无重大失信等不良记录等情况,并对其符合独立性和担任独立董事的其他条件发表意见,被提名人应当就其符合独立性和担任独立董事的其他条件作出公开声明。

提名委员会应当对被提名人任职资格进行审查,并形成明确的审查意见。

**第16条** 独立董事每届任期与其他董事相同,任期届满,可以连选连任,但是连续任职不得超过【6】年。

**第17条** 独立董事应当亲自出席董事会会议。因故不能亲自出席会议的,独立董事应当事先审阅会议材料,形成明确的意见,并书面委托其他独立董事代为出席。独立董事连续两次未能亲自出席董事会会议,也不委托其他独立董事代为出席的,董事会应当在该事实发生之日起【30】日内提议召开股东会解除该独立董事职务。

**第18条** 独立董事任期届满前,公司可以依照法定程序解除其职务。提前解除独立董事职务的,公司应当及时披露具体理由和依据。独立董事有异议的,公司应当及时予以披露。

独立董事不符合本制度第11条第1项、第2项,或本制度第13条第1项、第2项规定的,应当立即停止履职并辞去职务。未提出辞职的,董事会知悉或者应当知悉该事实发生后应当立即按规定解除其职务。

独立董事不符合本制度第13条第3项至第9项规定的,公司应当在该事实发生之日起【30】日内解除其职务,法律法规另有规定的除外。

相关独立董事应被解除职务但仍未解除,参加董事会及其专门委员会会议、独立董事专门会议并投票的,其投票无效。

独立董事因触及前款规定情形提出辞职或者被解除职务导致董事会或者其专门委员会中独立董事所占的比例不符合本制度或者《公司章程》的规定,或者独立董事中欠缺会计专业人士的,公司应当自前述事实发生之日起【60】日内完成补选。

**第19条** 独立董事在任期届满前可以提出辞职。独立董事辞职应向董事会提交书面辞职报告,对任何与其辞职有关或其认为有必要引起公司股东和债权人注意的情况进行说明。公司应当对独立董事辞职的原因及关注事项予以披露。

如因独立董事辞职导致公司董事会或者其专门委员会中独立董事所占的比例或公司董事会成员的人数不符合本制度或者《公司章程》的规定,或者独立董事中欠缺会计专业人士的,拟辞职的独立董事应当继续履行职责至新任独立董事产生之日。公司应当自独立董事提出辞职之日起【60】日内完成补选。

**第20条** 公司董事会设有审计委员会、战略委员会、提名委员会、薪酬与考核委员会共4个专门委员会。

审计委员会成员应当为不在公司担任高级管理人员的董事,其中独立董事应当过半数,并由独立董事中的会计专业人士担任召集人。提名委员会、薪酬与考核委员会中独立董事应当过半数并担任召集人。

独立董事在董事会专门委员会中应当依照法律、行政法规和《公司章程》履行职责。独立董事应当亲自出席专门委员会会议,因故不能亲自出席会议的,应当事先审阅会议材料,形成明确的意见,并书面委托其他独立董事代为出席。独立董事履职中关注到专门委员会职责范围内的公司重大事项,可以依照程序及时提请专门委员会进行讨论和审议。

**第21条** 审计委员会负责审核公司财务信息及其披露、监督及评估内外部审计工作和内部控制,下列事项应当经审计委员会全体成员过半数同意后,提交董事会审议:(一)披露财务会计报告及定期报告中的财务信息、内部控制评价报告;(二)聘用或者解聘承办公司审计业务的会计师事务所;(三)聘任或者解聘公司财务负责人;(四)因会计准则变更以外的原因作出会计政策、会计估计变更或者重大会计差错更正;(五)法律、行政法规和《公司章程》规定的其他事项。

审计委员会每季度至少召开一次会议,【2】名及以上成员提议,或者召集人认为有必要时,可以召开临时会议。审计委员会会议须有2/3以上成员出席方可举行。

**第22条** 提名委员会负责拟定董事、高级管理人员的选择标准和程序,对董事、高级管理人员人选及其任职资格进行遴选、审核,并就下列事项向董事会提出建议:(一)提名或者任免董事;(二)聘任或者解聘高级管理人员;(三)法律、行政法规和《公司章程》规定的其他事项。

董事会对提名委员会的建议未采纳或者未完全采纳的,应当在董事会决议中记载提名委员会的意见及未采纳的具体理由,并进行披露。

**第23条** 薪酬与考核委员会负责制定董事、高级管理人员的考核标准并进行考核,制定、审查董事、高级管理人员的薪酬政策与方案,并就下列事项向董事会提出建议:(一)董事、高级管理人员的薪酬;(二)制定或者变更股权激励计划、员工持股计划,激励对象获授权益、行使权益条件成就;(三)董事、高级管理人员在拟分拆所属子公司安排持股计划;(四)法律、行政法规和《公司章程》规定的其他事项。

董事会对薪酬与考核委员会的建议未采纳或者未完全采纳的,应当在董事会决议中记载薪酬与考核委员会的意见及未采纳的具体理由,并进行披露。

**第24条** 公司应当定期或者不定期召开全部由独立董事参加的会议(独立董事专门会议),并由董事会另行制定《独立董事专门会议制度》。本制度第27条第1款第1项至第3项、第28条所列事项,应当经独立董事专门会议审议。独立董事专门会议可以根据需要研究讨论公司其他事项。

独立董事专门会议应当由过半数独立董事共同推举【1】名独立董事召集和主持;召集人不履职或者不能履职时,【2】名及以上独立董事可以自行召集并推举【1】名代表主持。

公司应当为独立董事专门会议的召开提供便利和支持。

**第 25 条** 公司董事会专门委员会、独立董事专门会议应当按规定制作会议记录,独立董事的意见应当在会议记录中载明。独立董事应当对会议记录签字确认。

**第 26 条** 独立董事履行下列职责:(一)参与董事会决策并对所议事项发表明确意见;(二)对本制度第 21、22、23、28 条所列的公司与其控股股东、实际控制人、董事、高级管理人员之间的潜在重大利益冲突事项进行监督,促使董事会决策符合公司整体利益,保护中小股东合法权益;(三)对公司经营发展提供专业、客观的建议,促进提升董事会决策水平;(四)法律、行政法规和《公司章程》规定的其他职责。

**第 27 条** 独立董事行使下列特别职权:(一)独立聘请中介机构,对公司具体事项进行审计、咨询或者核查;(二)向董事会提议召开临时股东会;(三)提议召开董事会会议;(四)依法公开向股东征集股东权利;(五)对可能损害公司或者中小股东权益的事项发表独立意见;(六)法律、行政法规和《公司章程》规定的其他职权。

独立董事行使前款第 1 项至第 3 项所列职权的,应当经全体独立董事过半数同意。

**第 28 条** 下列事项应当经公司全体独立董事过半数同意后,提交董事会审议:(一)应当披露的关联交易;(二)公司及相关方变更或者豁免承诺的方案;(三)被收购上市公司董事会针对收购所作出的决策及采取的措施;(四)法律、行政法规和《公司章程》规定的其他事项。

**第 29 条** 董事会会议召开前,独立董事可以与董事会秘书进行沟通,就拟审议事项进行询问、要求补充材料、提出意见建议等。董事会及相关人员应当对独立董事提出的问题、要求和意见认真研究,及时向独立董事反馈议案修改等落实情况。

**第 30 条** 独立董事对董事会议案投反对票或者弃权票的,应当说明具体理由及依据、议案所涉事项的合法合规性、可能存在的风险以及对公司和中小股东权益的影响等。公司在披露董事会决议时,应当同时披露独立董事的异议意见,并在董事会决议和会议记录中载明。

**第 31 条** 独立董事应当持续关注本制度第 21、22、23、28 条所列事项相关的董事会决议执行情况,如发现存在违反法律、行政法规和《公司章程》规定,或者违反股东会和董事会决议等情形的,应当及时向董事会报告,并可以要求公司作出书面说明。

**第 32 条** 独立董事应当制作工作记录,详细记录履行职责的情况。独立董事履行职责过程中获取的资料、相关会议记录、与公司及中介机构工作人员的通讯记录等,构成工作记录的组成部分。对于工作记录中的重要内容,独立董事可以要求董事会秘书等相关人员签字确认,公司及相关人员应当予以配合。独立董事工作记录及公司向独立董事提供的资料,应当至少保存【10】年。

**第 33 条**　公司应当为独立董事履行职责提供必要的工作条件和人员支持,指定董事会办公室、董事会秘书等专门部门和专门人员协助独立董事履行职责。董事会秘书应当确保独立董事与其他董事、高级管理人员及其他相关人员之间的信息畅通,确保独立董事履行职责时能够获得足够的资源和必要的专业意见。公司应当健全独立董事与中小股东的沟通机制,独立董事可以就投资者提出的问题及时向公司核实。

**第 34 条**　公司应当保障独立董事享有与其他董事同等的知情权。为保证独立董事有效行使职权,公司应当向独立董事定期通报公司运营情况,提供资料,组织或者配合独立董事开展实地考察等工作。公司可以在董事会审议重大复杂事项前,组织独立董事参与研究论证等环节,充分听取独立董事意见,并及时向独立董事反馈意见采纳情况。

**第 35 条**　公司应当及时向独立董事发出董事会会议通知,不迟于法律、行政法规、中国证监会规定或者《公司章程》规定的董事会会议通知期限提供相关会议资料,并为独立董事提供有效沟通渠道;董事会专门委员会召开会议的,公司原则上应当不迟于专门委员会会议召开前【3】日提供相关资料和信息。公司应当保存上述会议资料至少【10】年。【2】名及以上独立董事认为会议材料不完整、论证不充分或者提供不及时的,可以书面向董事会提出延期召开会议或者延期审议该事项,董事会应当予以采纳。

董事会及专门委员会会议以现场召开为原则。在保证全体参会董事能够充分沟通并表达意见的前提下,必要时可以依照程序采用视频、电话或者其他方式召开。

**第 36 条**　独立董事行使职权时,公司有关人员应当积极配合,不得拒绝、阻碍或隐瞒,不得干预其独立行使职权。独立董事履职事项涉及应披露信息的,公司应当及时办理披露事宜。

**第 37 条**　独立董事聘请中介机构的费用及其他行使职权时所需的费用由公司承担。

**第 38 条**　公司应当给予独立董事适当的津贴。津贴的标准应当由董事会制订方案,股东会审议通过,并在公司年度报告中进行披露。除上述津贴外,独立董事不应从公司及其主要股东或有利害关系的机构和人员处取得额外的利益。

**第 39 条**　本制度未尽事宜,依照国家有关法律、法规和《公司章程》的规定执行。本制度与届时有效的法律法规、部门规章、规范性文件及《公司章程》的规定相抵触时,以届时有效的法律法规、部门规章、规范性文件及《公司章程》的规定为准。

**第 40 条**　本制度所称"以上""以下",均含本数;"超过""高于",不含本数。

**第 41 条**　本制度经公司股东会审议通过后施行,修改时亦同。

**第 42 条**　本制度由公司董事会负责解释。

【典型案例】

● 独立董事关于聘请独立审计师进行公司专项审计的独立意见[1]

摩登大道时尚集团股份有限公司于2019年10月15日披露了一篇没有具体落款日期的公告——《独立董事关于聘请独立审计师进行公司专项审计的独立意见》。公司三位外部独立董事要求公司立即聘请专业注册会计师对公司进行专项审计,专项审计内容包括:对公司可能存在的重大风险、往来款、存货等情况进行全面清查,对坏账计提、存货跌价计提等进行全面评估,并出具专项审计意见。该独立意见内容为:

摩登大道时尚集团股份有限公司:

根据《公司法》《关于规范上市公司对外担保行为的通知》《深圳证券交易所中小企业板上市公司规范运作指引》以及《摩登大道时尚集团股份有限公司章程》《摩登大道时尚集团股份有限公司独立董事工作制度》等有关规定,我们作为摩登大道时尚集团股份有限公司(以下简称"公司")第四届董事会的独立董事,近期发现公司的实际控制人隐瞒公司董事会,擅自以公司名义进行了数起可能存在重大风险和疑点的操作,包括但不限于:1.三起未经审议及未履行披露程序的上市担保事件:第一起以广州立根小贷为债权人的担保;第二起以厦门国际银行珠海分行为债权人的担保;第三起以澳门国际银行为债权人的担保。2.公司与广东中焱服装有限公司开展的定制业务,合同履行过程可能存在重大风险。

上述事件均未提交公司董事会审议,亦未通过其他方式告知三位独立董事,事件发生后,三位独立董事立即要求管理层通告详细情况,但最近公司由于执行董事成员、财务总监等重要管理岗位负责人变更频繁,更换聘请的注册会计师又未能及时到位,三位外部独立董事由于上述事项主要负责人和经办人离职、核查工作量较大等原因,无法了解上述(不限于)违规事件的详情,为了保护广大中小投资者利益,我们发表如下独立意见:

1. 要求公司立即聘请专业注册会计师对公司进行专项审计,专项审计内容包括:对公司可能存在的重大风险、往来款、存货等情况进行全面清查,对坏账计提、存货跌价计提等做全面评估,出具专项审计意见;

---

[1] 参见《摩登大道时尚集团股份有限公司独立董事关于聘请独立审计师进行公司专项审计的独立意见》,载巨潮资讯网,http://www.cninfo.com.cn/new/disclosure/detail? plate = szse&orgId = 9900022094&stockCode = 002656&announcementId=1206984117&announcementTime=2019-10-15%2011:47,最后访问日期:2024年6月19日。

2. 增补财务总监、财务经理审计经理等重要岗位;

3. 加强和完善内部控制机制,严格执行公司的公章管理等各项制度,并对现行的公章使用审批流程、使用权限,内部问责制度执行情况进行核查;

4. 采取强有力的法律措施,依法善后,尽最大努力降低风险,减少损失。

特此说明。

独立董事签名:刘某国　郭某春　梁某流<br>2019 年　月　日

摩登大道时尚集团股份有限公司收到独立董事的前述意见后,公司管理层高度重视,立即安排落实聘请独立审计机构的相关事宜。2019 年 10 月 24 日,该公司公告已经与中审众环会计师事务所针对本次专项审计签订了《业务约定书》。[①]

## 第四节　职工董事

【示范条款】

### 8.4.1　职工董事的产生

**公司董事会设职工董事【1】名,由公司职工(代表)大会选举产生。**

【注释】职工大会一般是全体职工召开的会议;职工代表大会是按照《工会法》等要求,按照选区、职工比例等选举出的职工代表召开的会议。职工较少的企业可以不召开职工代表大会,直接召开职工大会即可。

### 8.4.2　职工董事与工会

**由职工选举产生的职工董事不得兼任公司的一切工会代表等职务。在选举时担任上述职务的必须在【10】天内辞去该职务。否则,视为辞去其董事的职务。**

### 8.4.3　职工董事的劳动权

**职工董事不丧失其劳动合同的权利,职工董事作为公司雇员的薪金不得因担任董事的职务而减少。**

【条款解读】

一、职工董事由公司职工代表大会、职工大会或其他形式民主选举产生。可以先由公司工会组织职工提名职工董事候选人,候选人确定后进行民主选举。

---

① 参见《摩登大道时尚集团股份有限公司关于聘请第三方独立审计机构进行专项审计的公告》,载巨潮资讯网:http://www.cninfo.com.cn/new/disclosure/detail?plate=szse&orgId=9900022094&stockCode=002656&announcementId=1207008838&announcementTime=2019-10-24,最后访问日期:2024 年 6 月 19 日。

二、职工人数300人以上的公司,除依法设监事会并有公司职工代表的外,其董事会成员中应当有公司职工代表。

**【相关法规】**

● 《中华人民共和国公司法》(2023年修订)

第68条　有限责任公司董事会成员为三人以上,其成员中可以有公司职工代表。职工人数三百人以上的有限责任公司,除依法设监事会并有公司职工代表的外,其董事会成员中应当有公司职工代表。董事会中的职工代表由公司职工通过职工代表大会、职工大会或者其他形式民主选举产生。

第120条　股份有限公司设董事会,本法第128条另有规定的除外。

本法第67条、第68条第1款、第70条、第71条的规定,适用于股份有限公司。

● 《国有独资公司董事会试点企业职工董事管理办法(试行)》(国资发群工〔2006〕21号)

第3条　本办法所称职工董事,是指公司职工民主选举产生,并经国务院国有资产监督管理委员会(以下简称国资委)同意,作为职工代表出任的公司董事。

第5条　担任职工董事应当具备下列条件:(一)经公司职工民主选举产生;(二)具有良好的品行和较好的群众基础;(三)具备相关的法律知识,遵守法律、行政法规和公司章程,保守公司秘密;(四)熟悉本公司经营管理情况,具有相关知识和工作经验,有较强的参与经营决策和协调沟通能力;(五)《公司法》等法律法规规定的其他条件。

第6条　下列人员不得担任公司职工董事:(一)公司党委(党组)书记和未兼任工会主席的党委副书记、纪委书记(纪检组组长);(二)公司总经理、副总经理、总会计师。

第7条　职工董事候选人由公司工会提名和职工自荐方式产生。

职工董事候选人可以是公司工会主要负责人,也可以是公司其他职工代表。

第8条　候选人确定后由公司职工代表大会、职工大会或其他形式以无记名投票的方式差额选举产生职工董事。

公司未建立职工代表大会的,职工董事可以由公司全体职工直接选举产生,也可以由公司总部全体职工和部分子(分)公司的职工代表选举产生。

第9条　职工董事选举前,公司党委(党组)应征得国资委同意;选举后,选举结果由公司党委(党组)报国资委备案后,由公司聘任。

第10条　职工董事代表职工参加董事会行使职权,享有与公司其他董事同等权利,承担相应义务。

**第 11 条** 职工董事应当定期参加国资委及其委托机构组织的有关业务培训,不断提高工作能力和知识水平。

**第 12 条** 董事会研究决定公司重大问题,职工董事发表意见时要充分考虑出资人、公司和职工的利益关系。

**第 13 条** 董事会研究决定涉及职工切身利益的问题时,职工董事应当事先听取公司工会和职工的意见,全面准确反映职工意见,维护职工的合法权益。

**第 14 条** 董事会研究决定生产经营的重大问题、制定重要的规章制度时,职工董事应当听取公司工会和职工的意见和建议,并在董事会上予以反映。

**第 15 条** 职工董事应当参加职工代表团(组)长和专门小组(或者专门委员会)负责人联席会议,定期到职工中开展调研,听取职工的意见和建议。职工董事应当定期向职工代表大会或者职工大会报告履行职工董事职责的情况,接受监督、质询和考核。

**第 16 条** 公司应当为职工董事履行董事职责提供必要的条件。职工董事履行职务时的出差、办公等有关待遇参照其他董事执行。

职工董事不额外领取董事薪酬或津贴,但因履行董事职责而减少正常收入的,公司应当给予相应补偿。具体补偿办法由公司职工代表大会或职工大会提出,经公司董事会批准后执行。

**第 17 条** 职工董事应当对董事会的决议承担相应的责任。董事会的决议违反法律、行政法规或者公司章程,致使公司遭受严重损失的,参与决议的职工董事应当按照有关法律法规和公司章程的规定,承担赔偿责任。但经证明在表决时曾表明异议并载于会议记录的,可以免除责任。

**第 19 条** 职工董事的劳动合同在董事任期内到期的,自动延长至董事任期结束。

职工董事任职期间,公司不得因其履行董事职务的原因降职减薪、解除劳动合同。

**第 20 条** 职工董事因故出缺,按本办法第 7、8 条规定补选。

职工董事在任期内调离本公司的,其职工董事资格自行终止,缺额另行补选。

**第 21 条** 职工代表大会有权罢免职工董事,公司未建立职工代表大会的,罢免职工董事的权力由职工大会行使。职工董事有下列行为之一的,应当罢免:(一)职工代表大会或职工大会年度考核评价结果较差的;(二)对公司的重大违法违纪问题隐匿不报或者参与公司编造虚假报告的;(三)泄露公司商业秘密,给公司造成重大损失的;(四)以权谋私,收受贿赂,或者为自己及他人从事与公司利益有冲突的行为损害公司利益的;(五)不向职工代表大会或职工大会报告工作或者连续两次未能亲自出席也不委托他人出席董事会的;(六)其他违反法律、行政法规应予罢免的行为。

**第22条** 罢免职工董事,须由十分之一以上全体职工或者三分之一以上职工代表大会代表联名提出罢免案,罢免案应当写明罢免理由。

**第23条** 公司召开职工代表大会或职工大会,讨论罢免职工董事事项时,职工董事有权在主席团会议和大会全体会议上提出申辩理由或者书面提出申辩意见,由主席团印发职工代表或全体职工。

**第24条** 罢免案经职工代表大会或职工大会审议后,由主席团提请职工代表大会或职工大会表决。罢免职工董事采用无记名投票的表决方式。

**第25条** 罢免职工董事,须经职工代表大会过半数的职工代表通过。

公司未建立职工代表大会的,须经全体职工过半数同意。

**第26条** 职工代表大会罢免决议经公司党委(党组)审核,报国资委备案后,由公司履行解聘手续。

● **《企业民主管理规定》(总工发〔2012〕12号)**

**第1条** 为完善以职工代表大会为基本形式的企业民主管理制度,推进厂务公开,支持职工参与企业管理,维护职工合法权益,构建和谐劳动关系,促进企业持续健康发展,加强基层民主政治建设,依据宪法和相关法律制定本规定。

**第2条** 企业民主管理工作应当坚持党的领导,以邓小平理论和"三个代表"重要思想为指导,深入贯彻落实科学发展观,坚定不移地贯彻落实党的全心全意依靠工人阶级的根本指导方针。

企业党组织应当加强对民主管理工作的领导和支持。

**第3条** 职工代表大会(或职工大会,下同)是职工行使民主管理权力的机构,是企业民主管理的基本形式。

企业应当按照合法、有序、公开、公正的原则,建立以职工代表大会为基本形式的民主管理制度,实行厂务公开,推行民主管理。公司制企业(以下简称公司)应当依法建立职工董事、职工监事制度。

企业应当尊重和保障职工依法享有的知情权、参与权、表达权和监督权等民主权利,支持职工参加企业管理活动。

**第4条** 企业职工应当尊重和支持企业依法行使管理职权,积极参与企业管理。

**第5条** 企业工会应当组织职工依法开展企业民主管理,维护职工合法权益。

上级工会应当指导和帮助企业工会和职工依法开展企业民主管理活动,对企业实行民主管理的情况进行监督。

**第 6 条** 企业代表组织应当推动企业实行民主管理,促进企业健康发展。

**第 7 条** 各级党委纪检部门、组织部门,各级人民政府国有资产监督管理机构和监察机关等有关部门应当依照各自职责,对企业民主管理工作进行指导、检查和监督。

**第 8 条** 企业可以根据职工人数确定召开职工代表大会或者职工大会。

企业召开职工代表大会的,职工代表人数按照不少于全体职工人数的百分之五确定,最少不少于三十人。职工代表人数超过一百人的,超出的代表人数可以由企业与工会协商确定。

**第 9 条** 职工代表大会的代表由工人、技术人员、管理人员、企业领导人员和其他方面的职工组成。其中,企业中层以上管理人员和领导人员一般不得超过职工代表总人数的百分之二十。有女职工和劳务派遣职工的企业,职工代表中应当有适当比例的女职工和劳务派遣职工代表。

**第 10 条** 职工代表大会每届任期为三年至五年。具体任期由职工代表大会根据本单位的实际情况确定。

职工代表大会因故需要提前或者延期换届的,应当由职工代表大会或者其授权的机构决定。

**第 11 条** 职工代表大会根据需要,可以设立若干专门委员会(小组),负责办理职工代表大会交办的事项。专门委员会(小组)成员人选必须经职工代表大会审议通过。

**第 12 条** 职工代表按照基层选举单位组成代表团(组),并推选团(组)长。可以设立职工代表大会团(组)长和专门委员会(小组)负责人联席会议,根据职工代表大会授权,在职工代表大会闭会期间负责处理临时需要解决的重要问题,并提请下一次职工代表大会确认。

联席会议由企业工会负责召集,联席会议可以根据会议内容邀请企业领导人员或其他有关人员参加。

**第 13 条** 职工代表大会行使下列职权:(一)听取企业主要负责人关于企业发展规划、年度生产经营管理情况,企业改革和制定重要规章制度情况,企业用工、劳动合同和集体合同签订履行情况,企业安全生产情况,企业缴纳社会保险费和住房公积金情况等报告,提出意见和建议;审议企业制定、修改或者决定的有关劳动报酬、工作时间、休息休假、劳动安全卫生、保险福利、职工培训、劳动纪律以及劳动定额管理等直接涉及劳动者切身利益的规章制度或者重大事项方案,提出意见和建议;(二)审议通过集体合同草案,按照国家有关规定提取的职工福利基金使用方案、住房公积金和社会保险费缴纳比例和时间的调整方案,劳动模范的推荐人选等重大事项;(三)选举或者罢免职工董事、职工监事,选举依法进入破产程序企业的债权人会议和债权人委员会中的职工代表,根据授权推荐或者选举企业经营管理人员;(四)审查监督企业执行劳动法律法规和劳动规章制度情况,民主评议企业领导人员,并提出奖惩建议;(五)法律法规规定的其他职权。

**第 14 条** 国有企业和国有控股企业职工代表大会除按第 13 条规定行使职权外,行使下列职权:(一)听取和审议企业经营管理主要负责人关于企业投资和重大技术改造、财务预决算、企业业务招待费使用等情况的报告,专业技术职称的评聘、企业公积金的使用、企业的改制等方案,并提出意见和建议;(二)审议通过企业合并、分立、改制、解散、破产实施方案中职工的裁减、分流和安置方案;(三)依照法律、行政法规、行政规章规定的其他职权。

**第 17 条** 职工代表大会每年至少召开一次。职工代表大会全体会议必须有三分之二以上的职工代表出席。

**第 18 条** 职工代表大会议题和议案应当由企业工会听取职工意见后与企业协商确定,并在会议召开七日前以书面形式送达职工代表。

**第 19 条** 职工代表大会可以设主席团主持会议。主席团成员由企业工会与职工代表大会各团(组)协商提出候选人名单,经职工代表大会预备会议表决通过。其中,工人、技术人员、管理人员不少于百分之五十。

**第 20 条** 职工代表大会选举和表决相关事项,必须按照少数服从多数的原则,经全体职工代表的过半数通过。对重要事项的表决,应当采用无记名投票的方式分项表决。

**第 21 条** 职工代表大会在其职权范围内依法审议通过的决议和事项具有约束力,非经职工代表大会同意不得变更或撤销。

企业应当提请职工代表大会审议、通过、决定的事项,未按照法定程序审议、通过或者决定的无效。

**第 22 条** 企业工会委员会是职工代表大会的工作机构,负责职工代表大会的日常工作,履行下列职责:(一)提出职工代表大会代表选举方案,组织职工选举职工代表和代表团(组)长;(二)征集职工代表提案,提出职工代表大会议题的建议;(三)负责职工代表大会会议的筹备和组织工作,提出职工代表大会的议程建议;(四)提出职工代表大会主席团组成方案和组成人员建议名单;提出专门委员会(小组)的设立方案和组成人员建议名单;(五)向职工代表大会报告职工代表大会决议的执行情况和职工代表大会提案的办理情况、厂务公开的实行情况等;(六)在职工代表大会闭会期间,负责组织专门委员会(小组)和职工代表就企业职工代表大会决议的执行情况和职工代表大会提案的办理情况、厂务公开的实行情况等,开展巡视、检查、质询等监督活动;(七)受理职工代表的申诉和建议,维护职工代表的合法权益;(八)向职工进行民主管理的宣传教育,组织职工代表开展学习和培训,提高职工代表素质;(九)建立和管理职工代表大会工作档案。

**第 23 条** 与企业签订劳动合同建立劳动关系以及与企业存在事实劳动关系的职工,有选举和被选举为职工代表大会代表的权利。

依法终止或者解除劳动关系的职工代表,其代表资格自行终止。

**第 24 条** 职工代表应当以班组、工段、车间、科室等为基本选举单位由职工直接选举产生。规模较大、管理层次较多的企业的职工代表,可以由下一级职工代表大会代表选举产生。

**第 25 条** 选举、罢免职工代表,应当召开选举单位全体职工会议,会议应有三分之二以上职工参加。选举、罢免职工代表的决定,应经全体职工的过半数通过方为有效。

**第 26 条** 职工代表实行常任制,职工代表任期与职工代表大会届期一致,可以连选连任。

职工代表出现缺额时,原选举单位应按规定的条件和程序及时补选。

**第 27 条** 职工代表向选举单位的职工负责并报告工作,接受选举单位职工的监督。

**第 28 条** 职工代表享有下列权利:(一)选举权、被选举权和表决权;(二)参加职工代表大会及其工作机构组织的民主管理活动;(三)对企业领导人员进行评议和质询;(四)在职工代表大会闭会期间对企业执行职工代表大会决议情况进行监督、检查。

**第 29 条** 职工代表应当履行下列义务:(一)遵守法律法规、企业规章制度,提高自身素质,积极参与企业民主管理;(二)依法履行职工代表职责,听取职工对企业生产经营管理等方面的意见和建议,以及涉及职工切身利益问题的意见和要求,并客观真实地向企业反映;(三)参加企业职工代表大会组织的各项活动,执行职工代表大会通过的决议,完成职工代表大会交办的工作;(四)向选举单位的职工报告参加职工代表大会活动和履行职责情况,接受职工的评议和监督;(五)保守企业的商业秘密和与知识产权相关的保密事项。

**第 30 条** 职工代表履行职责受法律保护,任何组织和个人不得阻挠和打击报复。

职工代表在法定工作时间内依法参加职工代表大会及其组织的各项活动,企业应当正常支付劳动报酬,不得降低其工资和其他福利待遇。

**第 31 条** 企业应当建立和实行厂务公开制度,通过职工代表大会和其他形式,将企业生产经营管理的重大事项、涉及职工切身利益的规章制度和经营管理人员廉洁从业相关情况,按照一定程序向职工公开,听取职工意见,接受职工监督。

**第 32 条** 企业主要负责人是实行厂务公开的责任人。企业应当建立相应机构或者确定专人负责厂务公开工作。

第33条　企业实行厂务公开应当遵循合法、及时、真实、有利于职工权益维护和企业发展的原则。

实行厂务公开应当保守企业商业秘密以及与知识产权相关的保密事项。

第34条　企业应当向职工公开下列事项:(一)经营管理的基本情况;(二)招用职工及签订劳动合同的情况;(三)集体合同文本和劳动规章制度的内容;(四)奖励处罚职工、单方解除劳动合同的情况以及裁员的方案和结果,评选劳动模范和优秀职工的条件、名额和结果;(五)劳动安全卫生标准、安全事故发生情况及处理结果;(六)社会保险以及企业年金的缴费情况;(七)职工教育经费提取、使用和职工培训计划及执行的情况;(八)劳动争议及处理结果情况;(九)法律法规规定的其他事项。

第35条　国有企业、集体企业及其控股企业除公开第13、14、34条规定的相关事项外,还应当公开下列事项:(一)投资和生产经营管理重大决策方案等重大事项,企业中长期发展规划;(二)年度生产经营目标及完成情况,企业担保,大额资金使用、大额资产处置情况,工程建设项目的招投标,大宗物资采购供应,产品销售和盈亏情况,承包租赁合同履行情况,内部经济责任制落实情况,重要规章制度制定等重大事项;(三)职工提薪晋级、工资奖金收入分配情况;专业技术职称的评聘情况;(四)中层领导人员、重要岗位人员的选聘和任用情况,企业领导人员薪酬、职务消费和兼职情况,以及出国出境费用支出等廉洁自律规定执行情况,职工代表大会民主评议企业领导人员的结果;(五)依照国家有关规定应当公开的其他事项。

第36条　公司制企业应当依法建立职工董事和职工监事制度,支持职工代表大会选举产生的职工代表作为董事会、监事会成员参与公司决策、管理和监督,代表和维护职工合法权益,促进企业健康发展。

第37条　公司应当依法在公司章程中明确规定职工董事、职工监事的具体比例和人数。

第38条　职工董事、职工监事候选人由公司工会根据自荐、推荐情况,在充分听取职工意见的基础上提名,经职工代表大会全体代表的过半数通过方可当选,并报上一级工会组织备案。

工会主席、副主席应当作为职工董事、职工监事候选人人选。

第39条　公司高级管理人员和监事不得兼任职工董事;公司高级管理人员和董事不得兼任职工监事。

第40条　职工董事、职工监事的任期与公司其他董事、监事的任期相同,可以连选连任。

**第 41 条**　职工董事、职工监事不履行职责或者有严重过错的,经三分之一以上的职工代表联名提议,职工代表大会全体代表的过半数通过可以罢免。

职工董事、职工监事出现空缺时,由公司工会依照本规定第 37 条的规定提出替补人选,提请职工代表大会民主选举产生。

**第 42 条**　职工董事依法行使下列权利:(一)参加董事会会议,行使董事的发言权和表决权;(二)就涉及职工切身利益的规章制度或者重大事项,提请召开董事会会议,反映职工的合理要求,维护职工合法权益;(三)列席与其职责相关的公司行政办公会议和有关生产经营工作的重要会议;(四)要求公司工会、公司有关部门和机构通报有关情况并提供相关资料;(五)法律法规和公司章程规定的其他权利。

**第 43 条**　职工监事依法行使下列权利:(一)参加监事会会议,行使监事的发言权和表决权;(二)就涉及职工切身利益的规章制度或者重大事项,提议召开监事会会议;(三)监督公司的财务情况和公司董事、高级管理人员执行公司职务的行为;监督检查公司对涉及职工切身利益的法律法规、公司规章制度贯彻执行情况;劳动合同和集体合同的履行情况;(四)列席董事会会议,并对董事会决议事项提出质询或者建议;列席与其职责相关的公司行政办公会议和有关生产经营工作的重要会议;(五)要求公司工会、公司有关部门和机构通报有关情况并提供相关资料;(六)法律法规和公司章程规定的其他权利。

**第 44 条**　职工董事、职工监事应当履行下列义务:(一)遵守法律法规,遵守公司章程及各项规章制度,保守公司秘密,认真履行职责;(二)定期听取职工的意见和建议,在董事会、监事会上真实、准确、全面地反映职工的意见和建议;(三)定期向职工代表大会述职和报告工作,执行职工代表大会的有关决议,在董事会、监事会会议上,对职工代表大会作出决议的事项,应当按照职工代表大会的相关决议发表意见,行使表决权;(四)法律法规和公司章程规定的其他义务。

**第 45 条**　公司应当保障职工董事、职工监事依照法律法规和公司章程开展工作,为职工董事、职工监事履行职责提供必要的工作条件。

**第 46 条**　职工董事、职工监事在任职期间,除法定情形外,公司不得与其解除劳动合同。

**第 47 条**　职工董事、职工监事与公司的其他董事、监事享有同等的权利,承担相应的义务。

## 【细则示范】

### ● 职工董事和职工监事制度

为了全面建立和完善现代企业制度,规范建立职工董事、职工监事制度,保障职工参与民主决策、民主管理、民主监督的权利,维护广大职工的合法权益,促进企业健康和谐发展,根据《公司法》和上级有关要求,结合本企业实际,制定本制度。

**第1条** 职工董事、职工监事制度,是依照法律规定,通过职工(代表)大会或者其他形式,民主选举一定数量的职工代表,进入董事会、监事会,代表职工行使参与企业决策权利、发挥监督作用的制度。董事会、监事会中的职工代表称为职工董事、职工监事。

**第2条** 职工董事、职工监事的设置:1. 公司董事会中,应有一名职工董事。监事会中,应有一名职工监事。2. 董事会中职工董事与监事会中职工监事的人数和比例应当在公司章程中作出明确规定。

**第3条** 职工董事、职工监事条件:1. 本公司职工;具有较好的群众基础,能够代表和反映职工的意见和要求;遵守法律、行政法规和公司章程;熟悉公司经营管理情况,具有相关知识和工作经验,具有较强的协调沟通、参与经营决策和财务监督的能力;符合法律法规和公司章程规定的其他条件。2. 公司高级管理人员、《公司法》中规定的不能担任或兼任董事、监事的人员,不得担任职工董事、职工监事。3. 工会主席可以参加职工董事、职工监事的选举。

**第4条** 职工董事、职工监事产生程序:1. 职工董事、职工监事的候选人应当由公司工会提名,公司党支部审核确定。2. 职工董事、职工监事必须依照《公司法》规定,由本公司职工(代表)大会以无记名投票方式,获得应当参加会议人员的过半数同意选举产生。3. 职工董事、职工监事选举产生后,应当报上级工会、有关部门和机构备案。

**第5条** 职工董事、职工监事补选和罢免:1. 职工董事、职工监事因辞职等原因出缺应当及时进行补选,从出缺至完成补选的时间不得超过 3 个月。在新补选职工董事、职工监事就任前,原职工董事、职工监事在条件允许的情况下,仍应当依照法律、法规和公司章程的规定,履行其职务。2. 职工董事、职工监事不履行职责或者有严重过错的,经 1/3 以上的职工(代表)提议,可以依法通过职工(代表)大会或者其他形式进行罢免。职工董事、职工监事的补选和罢免要经应当参加会议人员的过半数通过。

**第6条** 职工董事、职工监事任期:职工董事、职工监事的任期与公司其他董事和监事的任期相同,任期届满,连选可以连任。职工董事、职工监事在任期内调离公司的或者因其他原因长期不在岗的,其任职资格自行终止。

**第7条** 职工董事、职工监事职责:1. 职工董事、职工监事享有与公司董事、监事同等的权利,承担相应的义务。2. 职工董事、职工监事应当经常或者定期深入到职工中听取意见和建议;在董事会、监事会研究决定公司重大问题时,应当认真履行职责,代表职工行使权利,充分发表意见。3.职工董事在董事会讨论决定涉及有关工资、奖金、福利、劳动安全卫生、社会保险、变更劳动关系、裁员等涉及职工切身利益的重大问题和事项时,要如实反映职工的合理要求,代表和维护职工的合法权益;在董事会研究确定公司高级管理人员的聘任、解聘时,要如实反映职工(代表)大会民主评议公司管理人员的情况。4.职工监事要定期监督检查职工各项保险基金、工会经费的提取、缴纳情况和职工工资、劳动保护、社会保险、福利等制度的执行情况;应当参与检查公司对涉及职工切身利益的法律法规和公司规章制度的贯彻执行情况。

**第8条** 职工董事、职工监事工作制度:1.知情制度。职工董事、职工监事可以定期调阅公司有关的经营、财务报表;列席与其职责相关的公司行政办公会议和有关生产经营工作的重要会议。公司要为职工董事、职工监事履行职责提供必要的条件,公司工会要主动为职工董事、职工监事开展工作提供服务。2.保密制度。职工董事、职工监事在向职工(代表)大会报告工作和接受职工(代表)质询时,要按照信息有序披露原则,遵守公司保密规定,保守董事会、监事会会议涉及的公司商业秘密。同时不得向本公司以外的人员泄露。3.报告制度。职工董事、职工监事在遇到工作受阻、待遇不公等情况时,有权向工会组织、有关部门和机构反映。4.委托制度。职工董事、职工监事因故不能出席董事会、监事会会议时,可以书面委托公司其他职工董事、职工监事或者公司董事、监事代为出席,并在委托书中明确授权范围。5.培训制度。职工董事、职工监事要自觉加强有关专业知识的学习。公司要创造机会,安排职工董事、职工监事在职培训。6.述职制度。职工董事、职工监事必须向职工(代表)大会报告其履行职责的情况,每年至少1次。报告内容或者提纲应当提前1周告知职工(代表)。7.评议制度。职工董事、职工监事应当在认真述职的基础上,对职工(代表)提出的质询予以答复,接受职工(代表)的民主评议。评议结果要形成书面材料。8.奖惩制度。公司职工(代表)大会要对职工董事、职工监事进行考核,实施必要的奖惩。对履行职责好的职工董事、职工监事,应当给予表扬奖励;对不称职或者有渎职行为的职工董事、职工监事,应当进行撤换或者罢免。9.保障制度。职工董事、职工监事依照《公司法》和公司章程行使职权,任何人不得压制、阻挠或者打击报复。职工董事、职工监事在任职期间,其劳动合同期限自动延长至任期届满,除因劳动保障法律、法规规定的情形或者劳动合同约定外,公司不得与其解除劳动合同或者作出不利于其履行职责的岗位变动。职工董事、职工监事履行职务时的出差、办公等有关待遇参照公司董事、监事执行。

## 第五节　董事会一般规定

【示范条款】

8.5.1　董事会的设立
公司设董事会,对股东会会议负责。

8.5.2　董事会构成
董事会由【人数】名董事组成,设董事长 1 人,副董事长【人数】人,执行董事【人数】人,非执行董事【人数】人,独立董事【人数】人。董事长和副董事长由董事会以全体董事的过半数选举产生和罢免。
【注释】公司章程须明确董事会的构成,包括执行董事、非执行董事及独立董事的人数。董事会组成人数应当具体、确定,不得为区间数。公司应当在章程中确定董事会人数。

8.5.3　董事类别
执行董事是指在公司除担任董事外还担任其他经营管理职务,或者其工资和福利由公司支付的董事。
非执行董事是指不在公司担任除董事外的其他职务,且公司不向其支付除董事会工作报酬外的其他工资和福利的董事。
独立董事是指与公司股东无关联关系,不在公司担任除董事外的其他职务,且公司不向其支付除董事会工作报酬外的其他工资和福利的董事。
董事会成员中应当有财务和法律方面的专业人士。

8.5.4　董事会会议的召集和主持
董事会会议由董事长召集和主持;董事长不能履行职务或者不履行职务的,由副董事长召集和主持;未设副董事长、副董事长不能履行职务或者不履行职务的,由半数以上董事共同推举 1 名董事召集和主持。

8.5.5　董事长职权
董事长行使下列职权:1.主持股东会会议和召集、主持董事会会议;2.督促、检查董事会决议的执行;3.签署公司股票、公司债券及其他有价证券;4.签署董事会文件、法律文书等应由董事长签署的其他文件;5.董事会授予的其他职权。
【注释】董事会应谨慎授予董事长职权,例行或长期授权须在章程中明确规定、明确授予,避免发生越权或者职权不清的情况。

### 8.5.6 副董事长

公司副董事长协助董事长工作,董事长不能履行职务或者不履行职务的,由副董事长履行职务(公司有两位或两位以上副董事长的,由半数以上董事共同推举的副董事长履行职务);副董事长不能履行职务或者不履行职务的,由半数以上董事共同推举一名董事履行职务。

### 8.5.7 董事会办公室

董事会下设董事会办公室,处理董事会日常事务。

董事会秘书兼任董事会办公室负责人,保管董事会和董事会办公室印章。

### 8.5.8 董事会议事规则

董事会制定董事会议事规则,以确保董事会落实股东会会议决议,提高工作效率,保证科学决策。

【注释】该规则规定了董事会的召开和表决程序,董事会议事规则应列入公司章程或作为章程的附件,由董事会拟定,股东会批准。

### 8.5.9 董事会闭会期间的授权

董事会授权董事长在董事会闭会期间行使董事会部分职权的,公司应在公司章程中明确规定授权原则和授权内容,授权内容应当明确、具体。凡涉及公司重大利益的事项应由董事会集体决策。

### 8.5.10 董事会职权

董事会行使下列职权:1. 召集股东会会议,并向股东会会议报告工作;2. 执行股东会会议的决议;3. 决定公司的经营计划和投资方案;4. 制订公司的年度财务预算方案、决算方案;5. 制订公司的利润分配方案和亏损弥补方案;6. 制订公司增加或者减少注册资本、发行债券等方案;7. 拟定公司重大收购、收购本公司股票或者合并、分立、解散及变更公司形式的方案;8. 在股东会会议授权范围内,决定公司对外投资、收购出售资产、资产抵押、对外担保事项、委托理财、关联交易等事项;9. 决定公司内部管理机构的设置;10. 聘任或者解聘公司经理、董事会秘书,根据经理的提名,聘任或者解聘公司副经理、财务负责人等高级管理人员,并决定其报酬事项和奖惩事项;11. 制订公司的基本管理制度;12. 制订本章程的修改方案;13. 向股东会会议提请聘请或更换为公司审计的会计师事务所;14. 听取公司经理的工作汇报并检查经理的工作;15. 法律、行政法规、部门规章或本章程授予的其他职权。

【注释】超过股东会会议授权范围的事项,应当提交股东会审议。

### 8.5.11 公司担保

公司可以为他人提供担保，为他人提供担保之前（或提交股东会会议表决前），应当遵循以下原则：1. 应当遵循平等、自愿、公平、诚信、互利的原则；2. 不得以公司资产为本公司的股东、股东的控股子公司、股东的附属企业或者个人债务提供担保；3. 应当采用反担保等必要措施防范风险；4. 应当掌握债务人的资信状况，对该担保事项的利益和风险进行充分分析，并在董事会有关公告中详尽披露；5. 应当订立书面合同；6. 符合法律、法规、规章规定的其他要求。

### 8.5.12 对审计报告的说明

公司董事会应当就外部审计机构——会计师事务所对公司财务报告出具的非标准无保留意见的审计报告向股东会会议作出说明。

非标准无保留意见的审计报告是指：带解释说明的无保留意见、有保留意见、否定意见、无法发表意见的审计报告。

### 8.5.13 关联交易

公司董事会应根据客观标准判断公司与其关联人达成的成交金额或交易标的价值在【500万元】以上或占公司最近经审计净资产值的【1%】以上的关联交易是否对公司有利，必要时应当聘请中介机构就交易对全体股东是否公平出具意见。

公司拟与其关联人达成的关联交易总额或涉及的资产总额高于【5000万元】或占公司最近经审计净资产值的【5%】以上的，应当提交股东会会议批准。

### 8.5.14 风险投资

董事会应当确定其运用公司资产所作出的风险投资权限，建立严格的审查和决策程序；重大投资项目应当组织有关专家、专业人员进行评审，并报股东会批准。

按照上述规定，董事会运用公司资产所作出的风险投资范围为证券、期货、房地产投资，并且该投资所需资金不得超过公司净资产的【2%】。

### 8.5.15 重大决策

董事会应当确定对外投资、收购出售资产、资产抵押、对外担保事项、委托理财、关联交易的权限，建立严格的审查和决策程序；重大投资项目应当组织有关专家、专业人员进行评审，并报股东会会议批准。

【注释】公司董事会应当根据相关的法律、法规及公司实际情况，在章程中确定符合公司具体要求的权限范围，以及涉及资金占公司资产的具体比例。

**【条款解读】**

一、董事会是公司法人治理结构的核心

由于股东会会议不是常设机关,因此公司经营管理和日常管理不能也不宜由股东会会议来处理。这就需要一个专门的公司机关,受股东之托行使公司的经营管理权。在现代公司治理架构下,公司的所有权与经营权分离的核心在于,除必要的重大决策事项仍由股东会会议决策外,其他经营决策和经营管理事务均由公司董事会决定。董事会是公司的决策机关,对股东会会议负责。《美国标准公司法》第8.01节规定:公司的所有权力应由董事会或者在董事会授权下行使,公司的经营和事务应由董事会管理或者在其指导下管理。[1]

二、董事会是集体会议制机关

每个董事只是组成公司董事会的具体成员,只有公司董事会是公司治理的机关。每个董事只是董事会的构成人员,而不是公司的机关。[2]《德国股份法》第77条规定,董事会由数人组成的,只有全体董事会成员有权集体进行业务领导。[3]

未经公司章程规定或者董事会的合法授权,任何董事不得以个人名义代表公司或者董事会行事。在董事以其个人名义行事时,第三方会合理地认为该董事在是代表公司或者董事会行事的情况下,该董事应当事先声明其立场和身份。

三、董事长职责及缺位的替补

董事长行使下列职权:1.主持股东会会议和召集、主持董事会会议;2.督促、检查董事会决议的执行情况;3.签署公司股票、公司债券及其他有价证券;4.签署董事会重要文件;5.董事会授予的其他职权。

同时,董事长不能行使或怠于行使董事长职权时,应由副董事长代行职权,如果副董事长也不能或怠于行使职权,则可由半数以上董事推选出的董事代行职权,以此避免董事会制度因个人因素而陷入瘫痪。其中,董事长(副董事长)不能履行职权,是指董事长(副董事长)并非主观上不愿意履行职权,而是由于客观因素、事件致使其无法履行职权,如董事长(副董事长)重病、失踪、被限制人身自由等。董事长(副董事长)不履行职权,是指董事长(副董事长)主观上怠于履行职权,并不存在阻碍其履行职责的客观因素。

---

[1] 参见《最新美国标准公司法》,沈四宝编译,法律出版社2006年版,第90页。
[2] 参见末永敏和:《现代日本公司法》,金洪玉译,人民法院出版社2000年版,第135页。
[3] 参见《德国股份法、德国有限责任公司法、德国公司改组、德国参与决定法》,杜景林、卢谌译,中国政法大学出版社2000年版,第35页。

四、新法修订

《公司法》(2023年修订)将此前规定的有限责任公司董事会由3到11人组成,股份有限公司董事会由5到19人组成,修改为有限责任公司和股份有限公司均为董事会成员3人以上,不设人数上限。第68条规定,"有限责任公司董事会成员为三人以上"。第120条规定,"本法……第六十八条第一款……适用于股份有限公司"。

【相关法规】

● 《保险公司董事会运作指引》(保监发〔2008〕58号)

【细则示范】

● 董事会议事规则

第1条　【规则的依据】为维护公司及公司股东的合法权益,明确董事会的职责与权限、议事程序,确保董事会的工作效率、科学决策、规范运作,根据《公司法》《公司章程》以及其他有关法律、法规的规定,特制定本规则。

第2条　【公司董事】公司董事为自然人。董事无须享有公司股权。

第3条　【独立董事】公司董事包括独立董事。公司参照我国有关独立董事制度的规定逐步建立以及完善独立董事制度。

第4条　【担任限制】有《公司法》第57、58条规定的情形的人不得担任公司的董事。

第5条　【董事选举与更换】董事由股东会选举或更换,任期3年。董事任期届满,连选可以连任。董事在任期届满以前,股东会不得无故解除其职务。

第6条　【董事准则】董事应当遵守法律、法规和《公司章程》,履行诚信勤勉义务,维护公司利益。当其自身的利益与公司和股东的利益相冲突时,应当以公司和股东的最大利益为行为准则。

第7条　【董事规范】

1. 董事应当在调查、获取作出决策所需文件情况和资料的基础上,充分考虑所审议事项的合法合规性、对(上市)公司的影响(包括潜在影响)以及存在的风险,以正常合理的谨慎态度勤勉履行职责并对所议事项表示明确的个人意见。对所议事项有疑问的,应当主动调查或者要求董事会提供决策所需的更充足的资料或者信息。

2. 董事应当关注董事会审议事项的决策程序,特别关注相关事项的提议程序、决策权限、表决程序和回避事宜。

3. 董事应当亲自出席董事会会议,因故不能亲自出席董事会会议的,应当审慎选择并以书面形式委托其他董事代为出席,独立董事不得委托非独立董事代为出席会议。涉及表决事项的,委托人应当在委托书中明确对每一事项发表同意、反对或者弃权的意见。董事不得作出或者接受无表决意向的委托、全权委托或者授权范围不明确的委托。董事对表决事项的责任不因委托其他董事出席而免除。

一名董事不得在一次董事会会议上接受超过两名董事的委托代为出席会议。在审议关联交易事项时,非关联董事不得委托关联董事代为出席会议。

4. 出现下列情形之一的,董事应当作出书面说明并对外披露:(1)连续两次未亲自出席董事会会议;(2)任职期内连续12个月未亲自出席董事会会议次数超过期间董事会会议总次数的1/2。

5. 董事审议授权事项时,应当对授权的范围、合法合规性、合理性和风险进行审慎判断,充分关注是否超出公司章程、股东(大)会议事规则和董事会议事规则等规定的授权范围,授权事项是否存在重大风险。

董事应当对授权事项的执行情况进行持续监督。

6. 董事在审议重大交易事项时,应当详细了解发生交易的原因,审慎评估交易对(上市)公司财务状况和长远发展的影响,特别关注是否存在通过关联交易非关联化的方式掩盖关联交易的实质以及损害公司和中小股东合法权益的行为。

7. 董事在审议关联交易事项时,应当对关联交易的必要性、公平性、真实意图、对(上市)公司的影响作出明确判断,特别关注交易的定价政策及定价依据,包括评估值的公允性、交易标的的成交价格与账面值或者评估值之间的关系等,严格遵守关联董事回避制度,防止利用关联交易调控利润、向关联人输送利益以及损害公司和中小股东的合法权益。

8. 董事在审议重大投资事项时,应当认真分析投资项目的可行性和投资前景,充分关注投资项目是否与(上市)公司主营业务相关、资金来源安排是否合理、投资风险是否可控以及该事项对公司的影响。

9. 董事在审议对外担保议案前,应当积极了解被担保方的基本情况,如经营和财务状况、资信情况、纳税情况等。

董事在审议对外担保议案时,应当对担保的合规性、合理性、被担保方偿还债务的能力以及反担保措施是否有效等作出审慎判断。

董事在审议对(上市)公司的控股子公司、参股公司的担保议案时,应当重点关注控股子公司、参股公司的各股东是否按股权比例进行同比例担保。

10. 董事在审议计提资产减值准备议案时,应当关注该项资产形成的过程及计提减值准备的原因、计提资产减值准备是否符合(上市)公司实际情况、计提减值准备金额是否充足以及对公司财务状况和经营成果的影响。

董事在审议资产核销议案时,应当关注追踪催讨和改进措施、相关责任人处理、资产减值准备计提和损失处理的内部控制制度的有效性。

11. 董事在审议涉及会计政策变更、会计估计变更、重大会计差错更正等议案时,应当关注变更或者更正的合理性、对(上市)公司定期报告会计数据的影响、是否涉及追溯调整、是否导致公司相关年度盈亏性质改变、是否存在利用该等事项调节各期利润误导投资者的情形。

12. 董事在审议对外提供财务资助议案前,应当积极了解被资助方的基本情况,如经营和财务状况、资信情况、纳税情况等。

董事在审议对外财务资助议案时,应当对提供财务资助的合规性、合理性、被资助方偿还能力以及担保措施是否有效等作出审慎判断。

13. 董事在审议为控股子公司(上市公司合并报表范围内且持股比例超过50%的控股子公司除外)、参股公司提供财务资助时,应当关注控股子公司、参股公司的其他股东是否按出资比例提供财务资助且条件同等,是否存在直接或者间接损害(上市)公司利益的情形,以及公司是否按规定履行审批程序和信息披露义务。

14. 董事在审议出售或者转让在用的商标、专利、专有技术、特许经营权等与(上市)公司核心竞争能力相关的资产时,应当充分关注该事项是否存在损害公司和中小股东合法权益的情形,并应当对此发表明确意见。前述意见应当在董事会会议记录中作出记载。

15. 董事在审议委托理财事项时,应当充分关注是否将委托理财的审批权授予董事或者高级管理人员个人行使,相关风险控制制度和措施是否健全有效,受托方的诚信记录、经营状况和财务状况是否良好。

16. 董事在审议证券投资、风险投资等事项时,应当充分关注(上市)公司是否建立专门内部控制制度,投资风险是否可控以及风险控制措施是否有效,投资规模是否影响公司正常经营,资金来源是否为自有资金,是否存在违反规定的证券投资、风险投资等情形。

17. 董事在审议变更募集资金用途议案时,应当充分关注变更的合理性和必要性,在充分了解变更后项目的可行性、投资前景、预期收益等情况后作出审慎判断。

18. 董事在审议(上市)公司收购和重大资产重组事项时,应当充分调查收购或者重组的意图,关注收购方或者重组交易对方的资信状况和财务状况,交易价格是否公允、合理,收购或者重组是否符合公司的整体利益,审慎评估收购或者重组对公司财务状况和长远发展的影响。

19. 董事在审议利润分配和资本公积金转增股本(以下简称"利润分配")方案时,应当关注利润分配的合规性和合理性,方案是否与上市公司可分配利润总额、资金充裕程度、成长性、公司可持续发展等状况相匹配。

20. 董事在审议重大融资议案时,应当关注(上市)公司是否符合融资条件,并结合公司实际,分析各种融资方式的利弊,合理确定融资方式。涉及向关联人非公开发行股票议案的,应当特别关注发行价格的合理性。

21. 董事在审议定期报告时,应当认真阅读定期报告全文,重点关注定期报告内容是否真实、准确、完整,是否存在重大编制错误或者遗漏,主要会计数据和财务指标是否发生大幅波动及波动原因的解释是否合理,是否存在异常情况,董事会报告是否全面分析了(上市)公司报告期财务状况与经营成果并且充分披露了可能影响公司未来财务状况与经营成果的重大事项和不确定性因素等。

董事应当依法对定期报告是否真实、准确、完整签署书面确认意见,不得委托他人签署,也不得以任何理由拒绝签署。

董事对定期报告内容的真实性、准确性、完整性无法保证或者存在异议的,应当说明具体原因并公告,董事会和监事会应当对所涉及事项及其对公司的影响作出说明并公告。

22. 董事应当严格执行并督促高级管理人员执行董事会决议、股东会决议等相关决议。在执行相关决议过程中发现下列情形之一时,董事应当及时向上市公司董事会报告,提请董事会采取应对措施:(1)实施环境、实施条件等出现重大变化,导致相关决议无法实施或者继续实施可能导致公司利益受损;(2)实际执行情况与相关决议内容不一致,或者执行过程中发现重大风险;(3)实际执行进度与相关决议存在重大差异,继续实施难以实现预期目标。

23. 董事应当及时关注公共传媒对(上市)公司的报道,发现与公司实际情况不符、可能或者已经对公司股票及其衍生品种交易产生较大影响的,应当及时向有关方面了解情况,督促公司查明真实情况并做好信息披露工作。

24. 董事应当积极关注(上市)公司事务,通过审阅文件、问询相关人员、现场考察、组织调查等多种形式,主动了解公司的经营、运作、管理和财务等情况。对于关注到的重大事项、重大问题或者市场传闻,董事应当要求公司相关人员及时作出说明或者澄清,必要时应当提议召开董事会审议。

25. 董事应当保证(上市)公司所披露信息的真实、准确、完整,董事不能保证公司披露的信息真实、准确、完整或者存在异议的,应当在公告中作出相应声明并说明理由,董事会、监事会应当对所涉及事项及其对公司的影响作出说明并公告。

26. 董事应当监督(上市)公司的规范运作情况,积极推动公司各项内部制度建设,主动了解已发生和可能发生的重大事项及其进展情况对公司的影响,及时向董事会报告公司经营活动中存在的问题,不得以不直接从事或者不熟悉相关业务为由推卸责任。

27. 董事发现(上市)公司或者公司董事、监事、高级管理人员存在涉嫌违法违规行为时,应当要求相关方立即纠正或者停止,并及时向董事会报告,提请董事会进行核查。

**第 8 条** 【保密义务】对于涉及公司核心技术的资料及公司其他的机密信息,董事有保密的责任,直至公司作出正式公布或者成为公开信息为止。

**第 9 条** 【集体决策】除非有董事会的授权,任何董事的行为均应当以董事会的名义作出方为有效。

**第 10 条** 【参加会议】董事连续两次未能亲自出席,也不委托其他董事出席董事会会议,视为不能履行职责,自动丧失董事资格,董事会应当建议股东会予以撤换。

**第 11 条** 【自行纳税】公司不以任何形式为董事纳税或支付应由董事个人支付的费用。

**第 12 条** 【独立董事任职资格】下列人员不得担任独立董事:1. 在公司或者其附属企业任职的人员及其直系亲属、主要社会关系(直系亲属是指配偶、父母、子女等;主要社会关系是指兄弟姐妹、岳父母、儿媳女婿、兄弟姐妹的配偶、配偶的兄弟姐妹等);2. 直接或间接享有公司股权【10%】以上,或者是公司前【5】名股东中的自然人股东及其直系亲属;3. 在直接或间接享有公司【10%】以上股权的股东单位,或者在公司前【5】名股东单位任职的人员及其直系亲属;4. 最近 1 年内曾经具有前 3 项所列举情形的人员;5. 为公司或者其附属企业提供财务、法律、咨询等服务的人员;6. 有关法律法规以及公司章程规定的其他不得担任独立董事的人员。

**第 13 条** 【独立董事独立意见】独立董事应当对以下事项向董事会或股东会发表独立意见:1. 提名、任免董事;2. 聘任或解聘高级管理人员;3. 公司董事、高级管理人员的薪酬;4. 公司的股东、实际控制人及其关联企业对公司现有或新发生的总额高于【100 万元】人民币或高于公司最近经审计的净资产值【10%】的借款或其他资金往来,以及公司是否采取有效措施回收欠款;5. 独立董事认为可能损害中小股东权益的事项;6. 公司章程规定的其他事项。

**第 14 条** 【独立意见方式】独立董事应当就第 12 条所列事项发表以下几类意见之一:同意;保留意见及其理由;反对意见及其理由;无法发表意见及其障碍。

**第 15 条** 【董事会职责】公司董事会对股东会负责,行使法律、法规、公司章程、股东会赋予的职权。

**第 16 条** 【董事会义务】董事会在行使其职权时,应当确保遵守法律、法规的规定,忠实履行职责,维护公司利益,公平对待所有股东,并承担以下义务:1. 代表全体股东的利益,对公司勤勉、诚实地履行职责;2. 公平对待所有的股东,不得利用内幕信息为自己或他人谋取利益;3. 认真阅读公司的各项商务、财务报告,及时了解公司业务经营管理状况;4.亲自行使被合法赋予的公司管理权,不得受他人操纵;非经许可不得将管理处置权转授他人行使;5.接受监事会的监督和合法建议;6.董事对公司承担竞业禁止义务,即董事不得为自己或他人进行属于公司营业范围内的行为,并且不能兼任其他同类业务企事业的经理人或董事(与本公司有产权关系的除外)。但是,如果向董事会说明其行为的重要内容,并取得许可,即可以解除竞业禁止的限制。

**第17条** 【董事会职权】董事会是公司的决策机构,依法行使下列职权:1.负责召集股东会,并向股东会报告工作;2.执行股东会的决议;3.决定公司的经营计划和投资方案;4.制定公司的年度财务预算方案和决算方案;5.制定公司的利润分配方案和弥补亏损方案;6.制定公司增加或者减少注册资本、发行可转换公司债券、普通公司债券或配股、增发新股及其他融资方案;7.拟定公司重大收购、兼并、重组方案及回购本公司股票、合并、分立、解散的方案;8.在股东会的授权范围内,决定公司的风险投资、资产抵押及其他担保事项;9.决定公司内部管理机构的设置;10.提出董事会候选人名单;11.聘任或解聘公司总裁、董事会秘书;根据总裁的提名,聘任或解聘公司副总裁、财务负责人等高级管理人员,决定其报酬和奖励事项;12.制订公司的基本管理制度;13.制定公司章程的修改方案;14.管理公司信息披露事项;15.向股东会提请聘请或更换为公司审计的会计师事务所;16.听取公司总裁的工作汇报并检查总裁工作;17.提议召开临时股东会;18.法律、法规或公司章程以及股东会授予的其他职权。

**第18条** 【董事会会议】董事会以会议的方式行使职权。董事会对授权董事长在董事会闭会期间行使董事会部分职权的内容、权限应当明确、具体,不得进行概括授权。凡涉及公司重大利益的事项应提交董事会以会议的方式集体决策。

**第19条** 【董事会构成】董事会设董事长1人,董事长由董事会以全体董事的过半数选举产生。董事长为公司的法定代表人。

董事会中应至少包括【2】名独立董事,其中【1】名应为具有高级职称或注册会计师资格的会计专业人士。

**第20条** 【董事会执行委员会】董事会执行委员会在董事会闭会期间代行董事会的部分职权,是董事会的常设机构,其主要任务是负责贯彻执行董事会所决定的各项决议,决定和审议公司的重大决策,并对大量日常工作和活动做出安排。

执行委员会由公司执行董事组成。

**第21条** 【董事会办公室】董事会下设董事会办公室,处理董事会日常事务。董事会秘书或者证券事务代表兼任董事会办公室负责人,保管董事会和董事会办公室印章。

**第22条** 【定期会议】董事会会议分为定期会议和临时会议。董事会每年应当至少在上下两个半年度各召开一次定期会议。

第23条 【定期会议的提案】在发出召开董事会定期会议的通知前,董事会办公室应当充分征求各董事的意见,初步形成会议提案后交董事长拟定。董事长在拟定提案前,应当视需要征求经理和其他高级管理人员的意见。

第24条 【临时会议】有下列情形之一的,董事会应当召开临时会议:1. 代表1/10 以上表决权的股东提议时;2. 1/3 以上董事联名提议时;3. 监事会提议时;4. 董事长认为必要时;5. 1/2 以上独立董事提议时;6. 经理提议时;7. 证券监管部门要求召开时;8. 本公司《公司章程》规定的其他情形。

第25条 【临时会议的提议程序】按照前条规定提议召开董事会临时会议的,应当通过董事会办公室或者直接向董事长提交经提议人签字(盖章)的书面提议。书面提议中应当载明下列事项:1. 提议人的姓名或者名称;2. 提议理由或者提议所基于的客观事由;3. 提议会议召开的时间或者时限、地点和方式;4. 明确和具体的提案;5. 提议人的联系方式和提议日期等。

提案内容应当属于本公司《公司章程》规定的董事会职权范围内的事项,与提案有关的材料应当一并提交。董事会办公室在收到上述书面提议和有关材料后,应于当日转交董事长。董事长认为提案内容不明确、具体或者有关材料不充分的,可以要求提议人修改或者补充。董事长应当自接到提议或者证券监管部门的要求后10日内,召集董事会会议并主持会议。

第26条 【会议的召集和主持】董事会会议由董事长召集和主持;董事长不能履行职务或者不履行职务的,由副董事长召集和主持;未设副董事长、副董事长不能履行职务或者不履行职务的,由半数以上董事共同推举一名董事召集和主持。

第27条 【会议通知】召开董事会定期会议和临时会议,董事会办公室应当分别提前10日和5日将盖有董事会办公室印章的书面会议通知,通过直接送达、传真、电子邮件或者其他方式,提交全体董事和监事以及经理、董事会秘书。非直接送达的,还应当通过电话进行确认并做相应记录。

情况紧急,需要尽快召开董事会临时会议的,可以随时通过电话或者其他口头方式发出会议通知,但召集人应当在会议上作出说明。

第28条 【会议通知的内容】书面会议通知应当至少包括以下内容:1. 会议的时间、地点;2. 会议的召开方式;3. 拟审议的事项(会议提案);4. 会议召集人和主持人、临时会议的提议人及其书面提议;5. 董事表决所必需的会议材料;6. 董事应当亲自出席或者委托其他董事代为出席会议的要求;7. 联系人和联系方式。

口头会议通知至少应包括上述第1、2项内容,以及情况紧急需要尽快召开董事会临时会议的说明。

第29条 【会议通知的变更】董事会定期会议的书面会议通知发出后,如果需要变更会议的时间、地点等事项或者增加、变更、取消会议提案的,应当在原定会议召开日之前 3 日发出书面变更通知,说明情况和新提案的有关内容及相关材料。不足 3 日的,会议日期应当相应顺延或者取得全体与会董事的认可后按期召开。

董事会临时会议的会议通知发出后,如果需要变更会议的时间、地点等事项或者增加、变更、取消会议提案的,应当事先取得全体与会董事的认可并做好相应记录。

**第 30 条** 【会议的召开】董事会会议应当有过半数的董事出席方可举行。有关董事拒不出席或者怠于出席会议,导致无法满足会议召开的最低人数要求时,董事长和董事会秘书应当及时向监管部门报告。

监事可以列席董事会会议;经理和董事会秘书未兼任董事的,应当列席董事会会议。会议主持人认为有必要的,可以通知其他有关人员列席董事会会议。

**第 31 条** 【亲自出席和委托出席】董事原则上应当亲自出席董事会会议。因故不能出席会议的,应当事先审阅会议材料,形成明确的意见,书面委托其他董事代为出席。

委托书应当载明:1. 委托人和受托人的姓名;2. 委托人对每项提案的简要意见;3. 委托人的授权范围和对提案表决意向的指示;4. 委托人的签字、日期等。

委托其他董事对定期报告代为签署书面确认意见的,应当在委托书中进行专门授权。

受托董事应当向会议主持人提交书面委托书,在会议签到簿上说明受托出席的情况。

**第 32 条** 【关于委托出席的限制】委托和受托出席董事会会议应当遵循以下原则:1. 在审议关联交易事项时,非关联董事不得委托关联董事代为出席;关联董事也不得接受非关联董事的委托。2. 独立董事不得委托非独立董事代为出席,非独立董事也不得接受独立董事的委托。3. 董事不得在未说明其本人对提案的个人意见和表决意向的情况下全权委托其他董事代为出席,有关董事也不得接受全权委托和授权不明确的委托。4. 一名董事不得接受超过两名董事的委托,董事也不得委托已经接受两名其他董事委托的董事代为出席。

**第 33 条** 【会议召开方式】董事会会议以现场召开为原则。必要时,在保障董事充分表达意见的前提下,经召集人(主持人)、提议人同意,也可以通过视频、电话、传真或者电子邮件表决等方式召开。董事会会议也可以采取现场与其他方式同时进行的方式召开。

非以现场方式召开的,以视频显示在场的董事、在电话会议中发表意见的董事、规定期限内实际收到传真或者电子邮件等有效表决票,或者董事事后提交的曾参加会议的书面确认函等计算出席会议的董事人数。

**第 34 条** 【会议审议程序】会议主持人应当提请出席董事会会议的董事对各项提案发表明确的意见。

对于根据规定需要独立董事事前认可的提案,会议主持人应当在讨论有关提案前,指定一名独立董事宣读独立董事达成的书面认可意见。

董事阻碍会议正常进行或者影响其他董事发言的,会议主持人应当及时制止。

除征得全体与会董事的一致同意外,董事会会议不得就未包括在会议通知中的提案进行表决。董事接受其他董事委托代为出席董事会会议的,不得代表其他董事对未包括在会议通知中的提案进行表决。

**第 35 条** 【发表意见】董事应当认真阅读有关会议材料,在充分了解情况的基础上独立、审慎地发表意见。

董事可以在会前向董事会办公室、会议召集人、经理和其他高级管理人员、各专门委员会、会计师事务所和律师事务所等有关人员和机构了解决策所需要的信息,也可以在会议进行中向主持人建议请上述人员和机构代表与会解释有关情况。

**第 36 条** 【会议表决】每项提案经过充分讨论后,主持人应当适时提请与会董事进行表决。

会议表决实行一人一票,以记名和书面等方式进行。

董事的表决意向分为同意、反对和弃权。与会董事应当从上述意向中选择其一,未作选择或者同时选择两个以上意向的,会议主持人应当要求有关董事重新选择,拒不选择的,视为弃权;中途离开会场不回而未作选择的,视为弃权。

**第 37 条** 【表决结果的统计】与会董事表决完成后,证券事务代表和董事会办公室有关工作人员应当及时收集董事的表决票,交董事会秘书在一名监事或者独立董事的监督下进行统计。

现场召开会议的,会议主持人应当当场宣布统计结果;其他情况下,会议主持人应当要求董事会秘书在规定的表决时限结束后下一工作日之前,通知董事表决结果。

董事在会议主持人宣布表决结果后或者规定的表决时限结束后进行表决的,其表决情况不予统计。

**第 38 条** 【决议的形成】除本规则第 20 条规定的情形外,董事会审议通过会议提案并形成相关决议,必须有超过公司全体董事人数之半数的董事对该提案投赞成票。法律、行政法规和本公司《公司章程》规定董事会形成决议应当取得更多董事同意的,从其规定。

董事会根据本公司《公司章程》的规定,在其权限范围内对担保事项作出决议,除公司全体董事过半数同意外,还必须经出席会议的 2/3 以上董事的同意。

不同决议在内容和含义上出现矛盾的,以形成时间在后的决议为准。

**第 39 条** 【回避表决】出现下述情形的,董事应当对有关提案回避表决:1.《上海证券交易所股票上市规则》规定董事应当回避的情形;2.董事本人认为应当回避的情形;3.本公司《公司章程》规定的因董事与会议提案所涉及的企业有关联关系而须回避的其他情形。

在董事回避表决的情况下,有关董事会会议由过半数的无关联关系董事出席即可举行,形成决议须经无关联关系董事过半数通过。出席会议的无关联关系董事人数不足三人的,不得对有关提案进行表决,而应当将该事项提交股东会审议。

**第 40 条** 【不得越权】董事会应当严格按照股东会和本公司《公司章程》的授权行事,不得越权形成决议。

**第 41 条** 【关于利润分配的特别规定】董事会会议需要就公司利润分配事宜作出决议的,可以先将拟提交董事会审议的分配预案通知注册会计师,并要求其据此出具审计报告草案(除涉及分配之外的其他财务数据均已确定)。董事会作出分配的决议后,应当要求注册会计师出具正式的审计报告,董事会再根据注册会计师出具的正式审计报告对定期报告的其他相关事项作出决议。

**第 42 条** 【提案未获通过的处理】提案未获通过的,在有关条件和因素未发生重大变化的情况下,董事会会议在 1 个月内不应当再审议内容相同的提案。

**第 43 条** 【暂缓表决】1/2 以上的与会董事或两名以上独立董事认为提案不明确、不具体,或者因会议材料不充分等其他事由导致其无法对有关事项作出判断时,会议主持人应当要求会议对该议题进行暂缓表决。

提议暂缓表决的董事应当对提案再次提交审议应满足的条件提出明确要求。

**第 44 条** 【会议录音】现场召开和以视频、电话等方式召开的董事会会议,可以视需要进行全程录音。

**第 45 条** 【会议记录】董事会秘书应当安排董事会办公室工作人员对董事会会议做好记录。会议记录应当包括以下内容:1.会议届次和召开的时间、地点、方式;2.会议通知的发出情况;3.会议召集人和主持人;4.董事亲自出席和受托出席的情况;5.会议审议的提案、每位董事对有关事项的发言要点和主要意见,对提案的表决意向;6.每项提案的表决方式和表决结果(说明具体的同意、反对、弃权票数);7.与会董事认为应当记载的其他事项。

**第 46 条** 【会议纪要和决议记录】除会议记录外,董事会秘书还可以视需要安排董事会办公室工作人员对会议召开情况作成简明扼要的会议纪要,根据统计的表决结果就会议所形成的决议制作单独的决议记录。

**第 47 条** 【董事签字】与会董事应当代表其本人和委托其代为出席会议的董事对会议记录和决议记录进行签字确认。董事对会议记录或者决议记录有不同意见的,可以在签字时作出书面说明。

董事既不按前款规定进行签字确认,又不对其不同意见作出书面说明或者向监管部门报告、发表公开声明的,视为完全同意会议记录和决议记录的内容。

第48条 【决议的执行】董事长应当督促有关人员落实董事会决议,检查决议的实施情况,并在以后的董事会会议上通报已经形成的决议的执行情况。

第49条 【会议档案的保存】董事会会议档案,包括会议通知和会议材料、会议签到簿、董事代为出席的授权委托书、会议录音资料、表决票、经与会董事签字确认的会议记录、会议纪要、决议记录、决议公告等,由董事会秘书负责保存。

董事会会议档案的保存期限为10年以上。

第50条 【与公司章程之关系】如本规则与《公司章程》及其修正案有任何冲突之处,以《公司章程》及其修正案为准。

如本规则未予以规定的,则以《公司章程》及其修正案的规定为准。

第51条 【修订与解释】本规则的修订权与解释权属于公司董事会。

## 第六节　董事会召集与召开

【示范条款】

### 8.6.1　定期董事会

董事会每年至少召开【2】次会议,由董事长召集,于会议召开【10】日以前书面通知全体董事和监事。

### 8.6.2　定期会议的提案

在发出召开董事会定期会议的通知前,董事会办公室应当充分征求各董事的意见,初步形成会议提案后交董事长拟定。

董事长在拟定提案前,应当视需要征求经理和其他高级管理人员的意见。

### 8.6.3　临时董事会

有下列情形之一的,董事长应在【10】个工作日内召集和主持临时董事会会议:1.单独或者合并持有代表公司【1/10】以上表决权的股东提议时;2.【1/3】以上董事联名提议时;3.监事会提议时;4.董事长认为必要时;5.总裁提议时;6.董事会专门委员会提议时。

【注释】也可以规定【1/2】以上独立董事有权提议召开临时董事会等。

### 8.6.4　临时会议的提议程序

按照前条规定提议召开董事会临时会议的,应当通过董事会办公室或者直接向董事长提交经提议人签字(盖章)的书面提议。书面提议中应当载明下列事项:

1.提议人的姓名或者名称;2.提议理由或者提议所基于的客观事由;3.提议会议召开的时间或者时限、地点和方式;4.明确和具体的提案;5.提议人的联系方式和提议日期等。

提案内容应当属于本公司《公司章程》规定的董事会职权范围内的事项,与提案有关的材料应当一并提交。

董事会办公室在收到上述书面提议和有关材料后,应当于当日转交董事长。董事长认为提案内容不明确、具体或者有关材料不充分的,可以要求提议人修改或者补充。

董事长应当自接到提议的要求后【10】日内,召集董事会会议并主持会议。

### 8.6.5 董事会议通知

董事会召开临时董事会会议的通知方式为:【具体通知方式】;通知时限为:【具体通知时限】。

【注释】可以规定:召开董事会定期会议和临时会议,董事会办公室应当分别提前【10】日和【5】日将盖有董事会办公室印章的书面会议通知,通过直接送达、传真、电子邮件或者其他方式,提交全体董事和监事以及经理、董事会秘书。非直接送达的,还应当通过电话进行确认并做相应记录。

情况紧急,需要尽快召开董事会临时会议的,可以随时通过电话或者其他口头方式发出会议通知,但召集人应当在会议上作出说明。

### 8.6.6 董事会议通知内容

董事会会议通知包括以下内容:1.会议日期和地点;2.会议期限;3.事由及议题;4.发出通知的日期。

### 8.6.7 紧急召集

发生紧急情况时,可以省略召集程序,召集通知可以是书面形式,也可以是口头形式,召集通知无须记载议题。[1]

紧急会议通知至少应包括上述第8.6.6条第1项内容,以及情况紧急需要尽快召开董事会临时会议的说明。

### 8.6.8 会议通知的变更

董事会定期会议的书面会议通知发出后,如果需要变更会议的时间、地点等事项或者增加、变更、取消会议提案的,应当在原定会议召开日之前【3】日发出书面变更通知,说明情况和新提案的有关内容及相关材料。不足【3】日的,会议日期应

---

[1] 参见〔日〕末永敏和:《现代日本公司法》,金洪玉译,人民法院出版社2000年版。

当相应顺延或者取得全体与会董事的认可后按期召开。

董事会临时会议的会议通知发出后,如果需要变更会议的时间、地点等事项或者增加、变更、取消会议提案的,应当事先取得全体与会董事的认可并做好相应记录。

### 8.6.9　出席人员

每一董事享有一票表决权。董事会作出决议,必须经全体董事的过半数通过。

董事会会议应当有过半数的董事出席方可举行。有关董事拒不出席或者怠于出席会议导致无法满足会议召开的最低人数要求时,有关董事应当承担未能履行勤勉义务的责任。

### 8.6.10　亲自出席和委托出席

董事原则上应当亲自出席董事会会议。因故不能出席会议的,应当事先审阅会议材料,形成明确的意见,书面委托其他董事代为出席。受托董事应当在授权范围内行使董事的权利。

委托书应当载明:1. 委托人和受托人的姓名;2. 委托人对每项提案的简要意见;3. 委托人的授权范围和对提案表决意向的指示;4. 委托人的签字、日期等。

董事未出席董事会会议,亦未委托代表出席的,视为放弃在该次会议上的投票权。

【注释】有限责任公司可以规定允许董事委托非公司董事代为出席和接受委托进行表决。

### 8.6.11　委托出席的限制

委托和受托出席董事会会议应当遵循以下原则:1. 在审议关联交易事项时,非关联董事不得委托关联董事代为出席;关联董事也不得接受非关联董事的委托。2. 独立董事不得委托非独立董事代为出席,非独立董事也不得接受独立董事的委托。3. 董事不得在未说明其本人对提案的个人意见和表决意向的情况下全权委托其他董事代为出席,有关董事也不得接受全权委托和授权不明确的委托。4. 一名董事不得接受超过两名董事的委托,董事也不得委托已经接受两名其他董事委托的董事代为出席。

【注释】本条款为选择性条款,公司自行选择。

### 8.6.12　列席人员

监事可以列席董事会会议。总裁和董事会秘书未兼任董事的,应当列席董事会会议。

董事原则上不得携随同人员参加会议。确有必要的,应当征得参会董事一致同意,并提交有效的身份证明。随同人员不得代表董事发言或提问,不得代表董事进行表决。会议主持人认为有必要的,可以通知其他有关人员列席董事会会议。

### 8.6.13 涉及商业秘密的会议

董事会审议事项涉及公司商业秘密的,会议主持人可以随时要求随同人员等不是公司董事监事高级管理人员的人员离开会场。

### 8.6.14 董事陈述权

会议主持人应当有效维护会场秩序,充分保障参会董事发言、讨论和询问的权利,保障每一董事对其他董事陈述和每一董事听取其他董事陈述的权利。

### 8.6.15 会议形式

董事会会议原则上应当以现场召开的方式进行,以利于董事充分交流和讨论。

通过视频、电话等方式召开会议,应保证参会的全体董事能够进行即时交流讨论。

涉及利润分配方案、薪酬方案、重大投资及资产处置、聘任及解聘高级管理人员以及其他涉及公司风险管理的议案,不得采用通讯表决方式召开会议。

【注释】本条款为选择性条款,公司可自行决定是否在其章程中予以采纳。

### 8.6.16 关联交易表决回避

董事与董事会会议决议事项所涉及的企业有关联关系的,不得对该项决议行使表决权,也不得代理其他董事行使表决权。该董事会会议由过半数的无关联关系董事出席即可举行,董事会会议所作决议须经无关联关系董事过半数通过。出席董事会的无关联董事人数不足【3】人的,不得对有关提案进行表决,而应将该事项提交股东会会议审议决定。

【条款解读】

一、定期会议

公司法对有限责任公司董事会是否区分定期会议和临时会议,不做限制。对股份有限公司,《公司法》(2023年修订)第123条规定,"董事会每年度至少召开两次会议,每次会议应当于会议召开十日前通知全体董事和监事……"。

二、临时会议

有下列情形之一的,董事长应在10个工作日内召集和主持临时董事会会议:1. 单独持有或者合并代表公司1/10以上表决权的股东提议时;2. 1/3以上董事联名提议时;3. 监事会提议时;4. 董事长认为必要时;5. 1/2以上独立董事提议时;

6. 总裁提议时;7. 董事会专门委员会提议时。

见《公司法》(2023年修订)第123条,"代表十分之一以上表决权的股东、三分之一以上董事或者监事会,可以提议召开临时董事会会议。董事长应当自接到提议后十日内,召集和主持董事会会议。董事会召开临时会议,可以另定召集董事会的通知方式和通知时限"。

三、董事会的召集和主持

《公司法》(2023年修订)第72条规定:"董事会会议由董事长召集和主持;董事长不能履行职务或者不履行职务的,由副董事长召集和主持;副董事长不能履行职务或者不履行职务的,由过半数的董事共同推举一名董事召集和主持。"

作为董事长,本身就是公司股东会会议选举产生的董事,又是经董事会过半数选举产生的董事会主席(有限责任公司章程允许由某股东直接委派董事长),所以董事长是召集、主持董事会的第一人选,既符合常理,也便于实际操作。同时,《公司法》对于董事长不能行使召集权或怠于行使召集权的情形设置了救济途径,首先是由副董事长代行职责,如果副董事长也不能或怠于行使职责,则可由半数以上董事推选出的董事代行职责,以此避免董事会制度因个人因素而陷入瘫痪。半数以上董事主张召开董事会的,即使董事长或者副董事长持不同意见,董事会会议也能够召开起来,从而保证董事会制度的运行。

四、股份有限公司董事应当委托公司董事参加会议

《公司法》(2023年修订)第125条第1款规定:"董事会会议,应当由董事本人出席;董事因故不能出席,可以书面委托其他董事代为出席,委托书应当载明授权范围。"

五、有限责任公司董事是否可以委托非董事参加会议

有限责任公司公司章程可以规定在董事不能出席董事会时,董事委托被委托人的范围。若公司章程没有规定,那么受委托人可以是董事,也可以为非董事,只要具有完全民事行为能力即可。

六、列席人员

高级管理人员可以列席董事会,由于高级管理人员是公司的具体经营管理人员,他们列席董事会,便于董事会在会议进行中随时质询经营过程中的具体问题。

监事有权列席董事会,监事列席董事会是监事行使监督权的一种方式。董事会秘书及秘书助理人员应当列席董事会,以便制作董事会的会议记录。基于详细介绍专业报告等的需要,董事会也可以邀请相关专业人员列席。

## 第七节　董事会的表决和决议

【示范条款】

### 8.7.1　董事会表决

董事会决议表决方式为：在决议上签字表决，每名董事有一票表决权。

### 8.7.2　董事会议档案

董事会应当将会议所议事项的决定做成会议记录，出席会议的董事和记录人，应当在会议记录上签名。出席会议的董事有权要求在记录上对其在会议上的发言作出说明性记载。董事会会议记录作为公司档案由董事会秘书保存。

董事会会议记录应完整、真实。董事会秘书对会议所议事项要认真组织记录和整理。出席会议的董事、董事会秘书和记录人应在会议记录上签名。董事会会议记录应作为公司重要档案妥善保存，以作为日后明确董事责任的重要依据。

### 8.7.3　董事会议记录

董事会会议记录包括以下内容：1. 会议召开的日期、地点和召集人姓名；2. 出席董事的姓名以及受他人委托出席董事会的董事（代理人）姓名；3. 会议议程；4. 董事发言要点；5. 每一决议事项的表决方式和结果（表决结果应载明赞成、反对或弃权的票数）。

董事会会议记录作为公司档案保存，保存期限不少于【10】年。

【注释】公司应当根据具体情况，在章程中规定会议记录的保管期限。

### 8.7.4　决议责任

董事应当在董事会决议上签字并对董事会的决议承担责任。董事会决议违反法律、法规或者章程，致使公司遭受损失的，参与决议的董事对公司负赔偿责任。但经证明在表决时曾表明异议并记载于会议记录的，该董事可以免除责任。

【条款解读】

一、董事会的"一人一票"制

《公司法》（2023年修订）第73条规定："董事会的议事方式和表决程序，除本法有规定的外，由公司章程规定。董事会会议应当有过半数的董事出席方可举行。董事会作出决议，应当经全体董事的过半数通过。董事会决议的表决，应当一人一票。董事会应当对所议事项的决定作成会议记录，出席会议的董事应当在会议记录上签名。"《公司法》(2023年修订)第124条第1款规定:"董事会会议应有过半数的董事出席方可举行。董事会作出决议,必须经全体董事的过半数通过。董事会决议的表决,应当一人一票。"

可见,有限责任公司和股份有限公司董事会均施行的是"一人一票"制,不同的是有限责任公司议事方式和表决程序,除公司法有要求之外,可以由公司章程自行规定;股份有限公司董事会举行的前提条件是出席会议的董事必须超过全体董事的半数(不包括本数)。

二、董事的表决责任

董事会对会议所议事项的决定应当做成会议记录,并由出席会议的董事在会议记录上签名。这是因为,按照法律规定,董事应当对董事会的决议承担责任。董事会的决议违反法律、行政法规或者公司章程、股东会决议,致使公司遭受严重损失的,参与会议的董事对公司负赔偿责任。经证明在表决时曾表明异议并记载于会议记录的,该董事可以免除责任。

董事对董事会的决议承担法律责任,须具备以下3个前提条件:1.董事会的决议违反了法律、行政法规或者公司章程、股东会会议决议;2.董事会的决议致使公司遭受严重损失。虽然董事会的决议违反了法律、行政法规或者公司章程、股东会会议决议时,董事应当承担相应的责任,但如果董事会决议没有使公司遭受严重损失,那么,董事不对公司负赔偿责任;3.该董事不能证明其在表决时曾表明异议并记载于会议记录上。

当然,对该决议持相反意见的董事,则不对公司负赔偿责任。责任的免除需要有证据,只有证明在表决时该董事曾表示异议并记载于会议记录的,才能免除该董事的责任。

三、弃权票的责任

我国《公司法》规定董事会决议中异议董事可以免责,但是对作为表决权行使方式的弃权票能不能免责没有作出明确规定。弃权票表明了董事对决议不置可否的态度,其原因也基本为逃避法律责任或者是对待表决事项的不了解。

弃权的董事原则上要承担责任,出于逃避法律责任的弃权和对待表决事项的不了解的弃权都不是不承担责任的理由。弃权的董事责任应当按照具体的弃权原因,承担相应的责任。

**【细则示范】**

● **董事会会议记录**

一、会议届次和召开的时间、地点、方式

会议届次:第【 】届董事会第【 】次会议

会议召开时间:【】年【】月【】日

会议召开地点:公司会议室

会议召开方式:现场召开

二、会议通知的发出情况

公司根据《公司法》及《公司章程》的规定,于【】年【】月【】日向董事会成员发出通知召开本次董事会。

三、会议召集人和主持人

召集人:董事长【】

主持人:董事长【】

记录人:【】

四、董事亲自出席和受托出席的情况

应出席董事会会议的董事人数共【】人,实际出席本次董事会会议的董事共【】人,缺席本次董事会会议的董事共【】人。

五、列席人员情况:公司监事、高级管理人员

六、关于会议程序和召开情况的说明

本次会议召集、召开、议案审议及表决程序符合《公司法》和《公司章程》的有关规定,所做决议合法有效。

七、议案审议情况

(一)审议通过《关于【】的议案》

表决结果:【】票赞成;【】票反对;【】票弃权。

回避表决情况:不涉及关联事项,无须回避表决。

提交股东大会情况:尚(无)须提交股东大会审议。

出席会议的董事签名:【】

记录人签名:【】

【】年【】月【】日

## 【典型案例】

● **温州华利集团有限公司等诉苏某桃等公司决议撤销纠纷案**

【浙江省温州市中级人民法院民事判决书(2015)浙温商终字第2514号】

上诉人(原审被告):温州华利集团有限公司(以下简称"华利集团");林某余;卢某希;张某好;苏某业;林某选。

被上诉人(原审原告):苏某桃。

原审被告:高某市;苏某德;张某义;谢某汉;林某高。

华利集团成立于1994年,工商登记的股东17人,法定代表人为苏某安(一审庭审后变更为林某鹤),副董事长苏某德,副总经理苏某进、林某辅、毛某叶3人,监事陈某成、苏某会、陈某广、苏某棉(庭审后也已变更)。各股东出资额占总股份额为苏某安25.33%,苏某化5.59%,苏某桃5.59%,张某义7.89%,卢某希7.89%,林某高6.58%,苏某德4.93%,林某余4.61%,苏某业3.95%,林某选3.95%,张某好3.95%,谢某汉3.95%,周某麟3.95%,王某媚3.29%,高某市3.29%,薛某红2.63%,谢某桃2.63%。

2015年5月5日,华利集团的股东卢某希、高某市、苏某业、林某选、苏某德、林某余、张某义、张某好、谢某汉、林某高在未通知苏某桃及其他股东的情况下,召开临时股东会,作出股东会决议,选举张某义、林某余、张某好、谢某汉、林某鹤和林某高为董事会成员。华利集团召开股东会未在法定的期限内通知苏某桃,也未通知苏某桃以外其他股东。

苏某桃诉请依法判令撤销华利集团于2015年5月5日作出的临时股东会决议。

苏某桃诉称此次股东会召集程序违反了《公司法》第41条关于召开股东会会议,应当于会议召开15日前通知全体股东的规定。华利集团作出的股东会决议记载的内容显示,临时股东会的临时召集人张某义、卢某希、林某高、林某余并不是公司的董事长、副董事长或过半数董事推选的董事。因此,此次临时股东会召集人和主持人不合法。根据该股东会会议决议记载,林某高、谢某汉并未出席此次股东会,其在股东会决议的签字无法证明系其本人签署。华利集团召开的临时股东会程序不合法,作出股东会决议的程序不合法,而且林某高、谢某汉当选董事,不符合《华利集团公司章程》第17条的规定,严重侵犯了苏某桃等股东的合法权益。

【一审】一审法院认为,林某高、林某余、张某义、卢某希作为股东并非董事会、监事会成员,在没有证据证明董事会、监事会、副董事长不能履行或不履行召集和主持职责,就自行召集和主持,不符合《公司法》规定的召集和主持程序。根据《公司法》(2013年修正)第43条和《华利集团公司章程》第17条的规定,股东会会议由股东按照出资比例行使表决权,一般决议必须经代表半数表决权的股东通过,而决议中确定张某好、谢某汉、苏某德为公司董事会成员,未经代表半数表决权的股东通过,违反公司法和公司章程规定。综上,苏某桃的诉讼请求,合法有据,应予支持。

据此,一审法院判决撤销华利集团于2015年5月5日作出的临时股东会关于选举张某义等七人为公司董事会成员的决议。

【二审】浙江省温州市中级人民法院认为:

一、关于涉案临时股东会通知程序是否违反法律规定的争议

《公司法》第41条规定,召开股东会会议,应当于会议召开15日前通知全体股

东。首先,关于被上诉人苏某桃的通知程序是否符合法律规定的问题。涉案临时股东会召开之前,上诉人已经通过 EMS 邮件通知苏某桃本人,该邮件虽被拒收,但涉案临时股东会召开当天,苏某桃所委托的代理人已经到会并在签到表上签字确认,因此,有关苏某桃的通知程序应视为符合上述法律规定。其次,关于苏某安、苏某化等送达邮件因拒收或地址不详或原址查无此人被退回的股东的通知程序是否符合法律规定的问题。现已查明,涉案临时股东会在通知召开之前,华利集团法定代表人苏某安因刑事案件被苍南县公安局羁押在苍南县看守所,同时,苏某安作为华利集团的最大股东,所占公司股份比例为 25.33%。然而,上诉人在明知上述事实的情况下,通知苏立安的邮件所邮寄的地址却仍为其户籍所在地,该邮件因原址查无此人被退回后,其在《温州日报》上刊出公告的期间亦未满 15 日。因此,原判认定涉案临时股东会通知程序违反《公司法》第 41 条之规定并无不当,二审法院予以支持。

二、关于涉案临时股东会召集和主持程序是否违反法律及公司章程规定的争议

《华利集团公司章程》规定,当公司出现重大问题时,代表 1/4 以上表决权的股东、1/3 以上的董事或者监事,均可提议召开临时股东会会议。该规定表明,华利集团对提议召开临时股东会会议所设置的前提条件并非《公司法》第 40 条所规定的如此严苛,因此,若涉案临时股东会在召集和主持程序上并未违反强制性效力性规定的情况下,应认定为有效。现查明,涉案临时股东会会议系股东林某余、林某高、张某义、卢某希提议召集,其合计持有公司的表决权超过 1/4,且在公司法定代表人亦是公司最大股东苏某安因涉案刑事犯罪被羁押在苍南县看守所的情况下,上述四股东提议召开临时股东会符合上述章程规定,应当认定为有效。同时,该次临时股东会虽并非副董事长苏某德主持召开,但苏某德本人在临时股东会决议上签字确认,亦未对该临时股东会决议提出异议。因此,原判认为涉案临时股东会不符合《公司法》规定的召集和主持程序有误,二审法院予以纠正。

三、关于原判认定股东张某好、谢某汉、苏某德选举为公司董事未经代表半数表决权的股东通过是否正确的争议

涉案临时股东会决议上签字确认股东包括卢某希等 10 名股东,该些股东所持有股份占公司股份的 50.99%,已然超过半数表决权。因此,原判以部分董事得票率未达半数为由,认定股东张某好、谢某汉、苏某德未经半数表决权的股东通过存在错误,二审法院予以纠正。

原判认定事实和适用法律均存在部分错误,但裁判结果正确。

2016 年 2 月 2 日,浙江省温州市中级人民法院驳回上诉,维持原判。

【简析】一、《公司法》第 41 条规定,召开股东会会议,应当于会议召开 15 日前

通知全体股东。华利集团召开股东会会议的通知,虽已发出,但未实际送达所有股东,特别是明知股东在看守所羁押,仍未按规定通知,在《温州日报》上刊出的公告,实际未满15日,属于没有按公司法规定在会议召开15日前通知全体股东,可以确定股东会的会议召集程序违反法律规定。

二、关于公司决议撤销纠纷,可以将其他股东列为共同被告。

● 上海保翔冷藏有限公司等公司决议效力确认纠纷案

【上海市第二中级人民法院民事判决书(2017)沪02民终891号】

上诉人(原审第三人):上海江阳水产品批发交易市场经营管理有限公司(以下简称"江阳公司")。

上诉人(原审第三人):魏某礼。

被上诉人(原审原告):上海保翔冷藏有限公司(以下简称"保翔公司")。

原审被告:上海长翔冷藏物流有限公司(以下简称"长翔公司")。

原审第三人:魏某鸿;徐某福;孔某志。

作为长翔公司的股东,保翔公司与江阳公司各占50%股权。关于长翔公司2014年4月召开的临时股东会会议,保翔公司认为魏某礼没有资格成为长翔公司的职工代表并担任职工代表监事,起诉请求确认长翔公司于2014年4月通过的股东会决议中关于公司监事会组成的决议条款无效。

【一审】一审法院认为,鉴于形成前述职工代表大会决议的程序不符合相关法律规定,且魏某礼并非长翔公司职工,不具备担任职工代表监事的资格,故此,系争股东会决议中任命魏某礼为长翔公司职工代表监事的内容违反公司法关于职工代表监事的规定,应属无效,保翔公司的相关主张成立;监事会是一个整体,同期组成以魏某礼为职工代表监事的监事会的决议内容也应归于无效。

据此,一审法院判决长翔公司于2014年4月30日作出的股东会决议第2项(即设立公司监事会,聘请徐某福、孔某志为股东代表监事,免去魏某鸿的监事职务,另一名职工代表监事由魏某礼担任)无效。

【二审】上海市第二中级人民法院认为,与公司签订劳动合同或者存在事实劳动关系是成为职工代表监事的必要条件,魏某礼并不具备担任长翔公司职工代表监事的资格,理由如下:

一、职工代表大会是协调劳动关系的重要制度,职工代表须与公司存在劳动关系。参考国资委、中华全国总工会等部门制定的《企业民主管理规定》第23条的规定:"与企业签订劳动合同建立劳动关系以及与企业存在事实劳动关系的职工,有选举和被选举为职工代表大会代表的权利。依法终止或者解除劳动关系的职工代表,其代表资格自行终止。"本案中魏某礼于系争股东会决议作出时已不在长翔公司任职,未在长翔公司领取薪水,即与长翔公司不存在劳动关系,故魏某礼不具备作为职工代表的资格。

二、职工代表监事应通过职工代表大会、职工大会等形式,从职工代表中民主选举产生。《公司法》第51条第2款规定了监事会应包括公司职工代表,说明职工代表资格是成为职工代表监事的前提。本案中魏某礼并非职工代表,因此不具备担任长翔公司职工代表监事的资格。

另,《公司法》第51条第2款亦规定监事会中职工代表的比例不得低于1/3,该比例系公司法上效力性强制性规定,本案中魏某礼不具备职工代表资格,另外两名监事系股东代表,职工代表比例为零,违反前款规定。故一审法院认定系争股东会决议中任命魏某礼为长翔公司职工代表监事的条款无效,并无不当,二审予以支持。至于两上诉人认为选举职工代表监事程序合法、签字职工均有表决资格的主张,因魏某礼不具备职工代表资格,无论签字职工是否具有表决资格,均无法改变监事会中无职工代表的事实,亦无法补正系争股东会决议相关条款的效力,故对于上诉人的该项主张,二审法院亦不予采纳。

2017年3月10日,上海市第二中级人民法院驳回上诉,维持原判。

【简析】有限责任公司监事会中的职工代表监事应当具有该公司职工的身份,职工代表监事的产生方式应符合《公司法》第51条职工民主选举产生的程序。公司股东会作出任命职工代表监事的决议,如果该被任命监事并非本公司职工,或该被任命监事的产生程序等违反《公司法》第51条的,该部分决议内容应属无效。

● 陈某和诉江阴联通实业有限公司决议效力确认纠纷案

【江苏省无锡市中级人民法院民事判决书(2017)苏02民终1313号】

上诉人(原审被告):江阴联通实业有限公司(以下简称"联通公司")

被上诉人(原审原告):陈某和

联通公司于2000年12月26日设立。联通公司章程载明:联通公司注册资本19516万元人民币。联通公司股东陈某和出资585.48万元;刘某林出资195.16万元;六某方出资5464.48万元;江阴市宝昌有限公司(以下简称"宝昌公司")出资975.8万元;张某斌出资975.8万元;海南通乾实业有限公司(以下简称"通乾公司")出资8721.76万元;江阴昌荣物资有限公司(以下简称"昌荣公司")出资2597.52万元。

2015年12月25日,联通公司召开股东会,并制作股东会决议,主要内容包括:应到会股东7方,实际到会股东5方,参会股东共代表96%表决权……二、联通公司注册资本从19516万元减至11516万元……

2016年3月16日,联通公司召开股东会,并制作股东会决议,主要内容包括:……三、联通公司注册资本从19516万元减至11516万元;股东减资情况为:张某斌减少出资588.24万元;宝昌公司减少出资588.24万元;通乾公司减少出资5257.68万元;昌荣公司减少出资1565.84万元;减资后股东的出资情况为:陈某和出资585.48万元;刘某林出资195.16万元;六某方出资5464.48万元;张某斌出资387.56万元;宝昌公司出资387.56万元;通乾公司出资3464.08万元;昌荣公司出资1031.68万元……

2016年3月18日,联通公司召开股东会,并制作股东会决议,主要内容包括:应到会股东7方,实际到会股东5方,参会股东共代表93.2212%表决权……

2016年5月23日,联通公司召开股东会,并制作股东会决议,主要内容包括:……二、联通公司注册资本从11516万元减至6245.12万元;股东减资情况为:张某斌减少出资387.56万元;宝昌公司减少出资387.56万元;通乾公司减少出资3464.08万元;昌荣公司减少出资1031.68万元;减资后股东的出资情况为:陈某和出资585.48万元;刘某林出资195.16万元;六某方出资5464.48万元。2016年5月31日,江阴市市场监督管理局作出公司准予变更登记通知书,联通公司注册资本由11516万元变更为6245.12万元。股东变更为陈某和、刘某林、六某方等3方。

2016年5月23日,联通公司召开股东会,并制作股东会决议,主要内容包括:……二、联通公司注册资本从11516万元减至6245.12万元;股东减资情况为:张某斌减少出资387.56万元;宝昌公司减少出资387.56万元;通乾公司减少出资3464.08万元;昌荣公司减少出资1031.68万元;减资后股东的出资情况为:陈某和出资585.48万元;刘某林出资195.16万元;六某方出资5464.48万元……

陈某和向一审法院提起诉讼要求确认联通公司于2015年12月25日作出的股东会决议第2项,2016年3月16日股东会决议第3项,2016年3月18日股东会决议第2项,2016年5月23日股东会决议第2项无效。

【一审】一审法院认为:

一、本案诉争股东会决议形成程序损害了陈某和对联通公司的参与管理权。联通公司召开四次股东会均未通知陈某和,非仅为通知程序瑕疵,而是无正当理由将陈某和完全排除于股东会会议之外。联通公司是否减资、如何减资以及诉争股东会会议通过的关于减资事项的决议都直接关系到股东的切身利益,属于公司重大决策事项,联通公司将陈某和排除在决议程序之外,导致其对公司决策程序、决策依据、决策内容等一无所知,直接剥夺了陈某和参与公司重大决策的股东权利。

二、本案诉争股东会决议内容损害了陈某和对联通公司的资产收益权。《公司法》第 34 条的规定："股东按照实缴的出资比例分取红利;公司新增资本时,股东有权优先按照实缴的出资比例认缴出资。但是,全体股东约定不按照出资比例分取红利或者不按照出资比例优先认缴出资的除外。"上述规定表明"同股同权"是有限责任公司股东行使资产收益权的基本原则,除公司章程另有规定或者全体股东一致同意外,公司的增资、分红均应当遵循上述原则进行。公司股东减资与公司股东增资的法律性质相同,诉争股东会决议的内容实际上导致联通公司"差异化减资",而未按股权份额同比例进行减资,且在决议过程中也未征得全体股东一致同意,该减资模式违反了有限责任公司股东"同股同权"的一般原则,直接损害了陈某和作为股东的财产权益,应当认定为无效。

据此,一审法院判决涉案股东会决议无效。(确认联通公司 2015 年 12 月 25 日股东会决议第 2 项、2016 年 3 月 16 日股东会决议第 3 项、2016 年 3 月 18 日股东会决议第 2 项、2016 年 5 月 23 日股东会决议第 2 项内容无效。)

【二审】江苏省无锡市中级人民法院认为:

一、《公司法》规定,股东会会议作出减少注册资本的决议,必须经代表 2/3 以上表决权的股东通过。该规定中"减少注册资本"仅指公司减少注册资本,而并非涵盖减资在股东之间的分配。由于减资存在同比减资和不同比减资两种情况,不同比减资会直接突破公司设立时的股权分配情况,如果只要经 2/3 以上表决权的股东通过就可以作出不同比减资的决议,实际上是以多数决的形式改变公司设立时经发起人一致决所形成的股权架构,故对于不同比减资,应由全体股东一致同意,除非全体股东另有约定。

二、联通公司对部分股东进行减资,而未对陈某和进行减资的情况下,不同比减资导致陈某和持有的联通公司股权从 3% 增加至 9.375%,而从联通公司提供的资产负债表、损益表看,联通公司的经营显示为亏损状态,故陈某和持股比例的增加在实质上增加了陈某和作为股东所承担的风险,损害了陈某和的股东利益。

三、股东应当遵守法律、行政法规和公司章程,依法行使股东权利,不得滥用股东权利损害公司或者其他股东的利益。而联通公司召开的 4 次股东会均未通知陈某和参加,并且利用大股东的优势地位,以多数决的形式通过了不同比减资的决议,直接剥夺了陈某和作为小股东的知情权、参与重大决策权等程序权利,也在一定程度上损害了陈某和作为股东的实质利益。

2017 年 8 月 21 日,江苏省无锡市中级人民法院驳回上诉,维持原判。

【简析】这是一起大股东滥用资本多数决进行差别减资司法救济的案例。

● 武汉市老会宾商务有限责任公司与章某国公司决议撤销纠纷上诉案

【湖北省武汉市中级人民法院民事裁定书(2017)鄂01民终6874号】

上诉人(原审被告)：武汉市老会宾商务有限责任公司(以下简称"老会宾公司")。

被上诉人(原审原告)：章某国。

老会宾公司于1982年6月1日成立,其中章某国持股13.76%,章某国担任公司董事长与法定代表人。

2017年3月20日,老会宾公司召开股东会。应到会股东20人,实际到会股东18人,未到会股东王某生委托罗某萍投票,上述股东占86.24%股权。老会宾公司未在会议召开15日前通知章某国,故章某国未到会。会议经到会股东一致推荐由文某主持。到会股东通过《股东大会决议》：会议对章某国前期危及企业经济的行为表示极大的愤慨,股东一致同意罢免章某国的董事长职务；推荐文某为董事长(及法定代表人),冷某芳、芦某荣为董事。

章某国自称其于2017年5月中旬知晓该决议,于当月26日向法院起诉请求撤销老会宾公司于2017年3月20日作出的股东会决议。

【一审】一审法院认为,老会宾公司于2017年3月20日召开的股东会,就召集程序而言,已违反了《公司法》(2013年修正)和《公司章程》关于召开股东会会议应当于会议召开15日前通知全体股东的规定。就表决方式和决议内容而言,已违反了《公司章程》关于董事长由董事会选举和罢免的规定。章某国未收到股东会会议召开通知,且老会宾公司未将会议内容于会议当日通知章某国,故章某国起诉请求撤销该股东会决议,应不受《公司法》(2013年修正)第22条规定的60日的限制。章某国的诉讼请求,具有事实和法律依据,予以支持。

据此,一审法院判决撤销老会宾公司2017年3月20日作出的《股东大会决议》。

【二审】湖北省武汉市中级人民认为,根据《公司法》(2013年修正)第22条第2款、《公司法司法解释一》第3条规定,股东会的决议召集程序、表决方式违反法律、行政法规或者公司章程,或者决议内容违反公司章程的,股东可以自决议作出之日起60日内,请求人民法院撤销。股东以《公司法》(2013年修正)第22条第2款规定事由,向人民法院提起诉讼时,超过公司法规定期限的,人民法院不予受理。章某国就股东会决议提起的撤销之诉超过了法律规定的起诉期限,本案不符合受理条件。

2017年12月15日,湖北省武汉市中级人民撤销一审法院的判决,驳回章某国的起诉。

● 盈之美(北京)食品饮料有限公司等公司决议效力确认纠纷上诉案
【北京市第三中级人民法院民事判决书(2018)京03民终468号】

上诉人(原审原告):盈之美(北京)食品饮料有限公司(以下简称"盈之美公司")。

被上诉人(原审被告):泛金管理有限公司(Grand Gold Management Ltd)(以下简称"泛金公司")。

原审第三人:北京汇源佳必爽商贸有限责任公司(以下简称"汇源佳必爽公司")。

2004年9月至2007年9月间,汇源佳必爽公司与泛金公司签订《中外合资经营企业合同》《中外合资经营企业章程》《合资合同及章程修改协议》。汇源佳必爽公司委派董事为张某1、刘某、郑某,泛金公司委派董事为纪某、张某2。

2016年3月24日,盈之美公司召开董事会,参会人员为张某1、刘某、郑某、纪某。会上,张某1通知2016年4月10日10时将在顺义区盈之美公司会议室召开临时董事会。

2016年4月10日,盈之美公司召开董事会,参会董事为张某1、刘某、郑某。参会人员一致通过并形成董事会决议,决议载明:盈之美公司定于2016年4月10日上午10时在盈之美公司会议室召开董事会,至10时30分外方股东代表董事纪某、张某2未到场参会。鉴于外方股东泛金公司多次收到盈之美公司催告函,要求其配合办理营业执照变更手续,外方股东置之不理,其历史上也多次不作为不配合,造成经济损失数百万元。鉴于其不作为,损害公司利益以及其至今未按照合资合同履行出资义务,多次催告缴纳出资时,其均拒收催告函,盈之美公司认为此系该股东以其实际行为表明其拒绝缴纳出资,属于其在催告后的合理期间内仍未缴纳出资的行为。根据有关规定,盈之美公司以董事会决议解除该股东的股东资格。参会董事张某1、刘某、郑某签字同意解除泛金公司股东资格。

盈之美公司向一审法院提出的诉讼请求包括:1.确认盈之美公司于2016年4月10日作出的《盈之美公司董事会决议》有效;2.解除泛金公司作为盈之美公司股东的资格。

【一审】一审法院认为,首先,汇源佳必爽公司与泛金公司签署的中外合资经营企业合同及章程约定了董事会的议事方式和表决程序,"召开董事会会议的通知应包括会议时间和地点、议事日程等,且应当在会议召开的30日前以书面形式发给全体董事"。本案中,通知人仅向泛金公司、纪某通知召开董事会,而张某2同样是泛金公司委派的董事,通知人未向其发送通知。即使合资合同及章程约定"各方有义务确保其委派的董事出席董事会会议",但该约定并不免除董事会通知人通知全体董事参加董事会的义务。其次,合同及章程约定"召开董事会会议的通知应包括会议时间和地点、议事日程等",涉诉董事会决议内容为解除泛金公司股东资格,而通知的议题为"泛金管公司配合盈之美公司换领营业执照等"。涉诉董事会议题从未通知泛金公司及其委派董事。一审法院认为,《公司法司法解释三》(2014年修正)第17条关于股东除名权的适用,不应排除被除名股东接受会议通知和参加会议的权利。本案中,董事会就未通知事项进行表决,董事会决议存在严重程序问题,且影响未通知方实体权利的行使,上述问题严重到可以视为决议不成立的程度,一审法院确认该董事会决议不成立。解除泛金公司股东资格是董事会决议内容,董事会决议不成立,盈之美公司要求确认解除泛金公司股东资格的请求亦无法得到法院支持。

据此,一审法院驳回盈之美公司的全部诉讼请求。

【二审】北京市第三中级人民法院认为,本案的二审争议焦点为:案涉董事会做出股东除名的决议是否符合程序和实质要件要求,决议是否有效。

根据《公司法司法解释三》(2014年修正)第17条之规定,公司可以以股东会决议解除某股东的股东资格,但是必须符合以下条件:1.股东未履行出资义务或者抽逃全部出资;2.公司履行了催告的前置程序,并给予股东弥补的合理期限;3.公司以股东会决议的形式作出除名决议。

一、关于股东未履行出资义务或者抽逃全部出资一项

二审法院认为,根据现已查明的事实情况,盈之美公司所提供的证据难以证明泛金公司构成未履行出资义务或者抽逃全部出资的情况。

二、关于公司履行催告的前置程序,并给予股东弥补的合理期限一项

根据《公司法司法解释三》(2014年修正)第17条规定的规定,公司行使股东除名权需要经过一定的前置程序:例如应先行催告出资并给予合理的时间。当股东未履行出资义务或者抽逃全部出资时,公司首先应当催告该股东缴纳或返还出资,只有在经催告后在合理期限内股东仍未缴纳或返还出资的,公司才可以召开股东会审议股东除名事项。二审法院认为,在《关于汇源佳必爽公司要求泛金公司配合盈之美公司办理营业执照及出资款事宜的通知函》的邮件中,并未给出泛金公司缴纳出资款的方式,亦未约定合理的期限,同时,并没有告知泛金公司若不在合理期限内缴纳出资或向公司明确说明、提出申辩,公司将启动除名程序。另,实际上,盈之美公司并未给予泛金公司缴足出资的合理期限即召开董事会并作出了决议,不符合前置程序的法律要求。

三、关于公司以股东会决议的形式作出除名决议一项

《公司法》(2013年修正)第16条规定了对关联股东表决权的限制,除名决议与对外担保的决议相似,决议内容与被除名股东有直接利害关系,可以考虑限制被除名股东的表决权。但是,根据《公司法》第41条规定,即使公司行使股东除名权

而做决议时,可以限制被除名股东的表决权,但不应排除被除名股东接受会议通知和参加会议的权利。

公司欲召开会议审议股东除名事项时,应当通知未出资股东参加。虽然未出资股东对于其是否被除名没有表决权,但是其有参加会议并对其未出资理由进行申辩的权利。公司不能以股东对会议审议事项有利害关系而不具有表决权为由,不通知其参加该会议的审议过程。本案中,解除泛金公司股东资格的会议审议事项从未通知泛金公司及其委派董事,继而对未通知事项作出了董事会决议。故,案涉董事会决议存在严重程序问题。盈之美公司以被除名股东不享有表决权为由主张案涉董事会决议有效,无事实和法律依据,法院不予采信。

其次,根据《公司法司法解释四》第5条规定,本案中,盈之美公司以程序问题应为决议可撤销事由,而撤销权已过诉讼时效为由,主张案涉决议有效。但案涉决议未通知相关董事参会,亦在会前未向各董事告知会议审议的事项,存在严重程序问题。故,一审法院确认案涉董事会决议不成立,并无明显不当,二审法院予以确认。

2018年2月8日,北京市第三中级人民法院判决驳回上诉,维持原判。

【摘要】1.《公司法司法解释三》(2014年修正)关于股东除名规则的适用主体为有限公司,包括中外合资有限公司。根本性违反出资义务是除名的正当性基础,催告和限期补正是除名的前置程序,有效决议是除名的决定性环节,以上为股东除名权行使的三个要件。其中,股东违反出资义务以及公司履行催告前置程序的举证责任在公司;催告通知应包括补正出资义务的权利主张并被有效送达,且应为消除出资瑕疵留足合理期限;除名决议作出的机关应当是公司最高权力机关股东会,也包括不设股东会的中外合资企业董事会;被除名股东有接受会议通知、出席会议并进行申辩的权利但应当回避表决,除名决议应当以绝对多数决的方式审议通过。除名的触发事由和前置程序不具备,或除名决议本身存在严重瑕疵的,除名行为无效。

2. 公司以股东会决议解除某股东的股东资格,必须符合以下条件:(1)股东未履行出资义务或者抽逃全部出资;(2)公司履行了催告的前置程序,并给予股东弥补的合理期限;(3)公司以股东会决议的形式作出除名决议。

3. 根据《公司法》第16条对关联股东表决权限制的规定,除名决议与对外担保的决议相似,决议内容与被除名股东有直接利害关系,可以考虑限制被除名股东的表决权。但是,根据《公司法》第41条规定即使公司行使股东除名权而做决议时,也不应排除被除名股东接受会议通知和参加会议的权利。即,拟被除名股东有收到股东会会议通知的权利,有参加股东会会议的权利,但无该除名议案的表决权。

4. 案涉决议未通知相关董事参会,亦在会前未向各董事告知会议审议的事项,属于存在严重程序问题的事项,构成董事会决议不成立。不属于《公司法》第22条第2款的规定:"股东会或者股东大会、董事会的会议召集程序、表决方式违反法律、行政法规或者公司章程,或者决议内容违反公司章程的,股东可以自决议作出之日起六十日内,请求人民法院撤销。"

● 张某与万×企业股份有限公司公司决议撤销纠纷上诉案
【广东省深圳市中级人民法院民事判决书(2017)粤03民终8665号】

上诉人(原审原告):张某。

被上诉人(原审被告):万×企业股份有限公司(以下简称"万×公司")。

2016年6月17日,万×公司在深圳市盐田区召开第十七届董事会第十一次会议。会议应到董事11名,亲自出席及授权出席董事11名。乔某波董事因公务原因未能亲自出席会议,授权陈某董事代为出席会议,并行使表决权;海某独立董事因公务原因未能亲自出席会议,授权华某独立董事代为出席会议,并行使表决权。该次董事会会议对于公司发行股份购买资产以及暂不召开临时股东大会等12项议案进行审议并表决。其中除第2项议案中的第1、10、11、12项子议案以及第12项议案的表决结果为"同意10票,反对0票,弃权0票"外,其余议案的表决结果均为"同意7票,反对3票,弃权0票"。在该次会议准备进行表决时,张某平独立董事申请回避表决,其他董事对此均未提出异议。

2016年6月17日,张某平向万×公司董事会发出《申明》,内容为:就公司董事会第十七届董事会第十一次会议所审议有关公司向深圳市地×集团有限公司发行股份购买资产的12项议案,由于本人任职的美国黑×集团(以下简称"黑×集团")正在与公司洽售在中国的一个大型商业物业项目,带来潜在的关联与利益冲突,存在《公司章程》第152条第2款所述之关联关系,不得对该12项决议案予以表决,特此回避本次会议12项议案之投票表决。

2016年6月22日,深圳证券交易所向万×公司董事会发出《关于对万×企业股份有限公司的重组问询函》,对张某平回避表决是否合法合规、其是否仍符合独立董事任职条件以及资产评估等问题进行问询。

2016年6月25日,张某平向万×公司发出《回复函》,内容为:本人根据万×公司的要求,就深圳证券交易所询问事项回复如下:1. 回避原因及该原因与本次交易的关系。万×公司于2016年6月17日召开董事会,讨论了关于万×公司拟发行股份购买深圳地×集团持有的深圳地×前海国际公司股权的交易。本人所任职的黑×集团管理的房地产基金正在与万×公司洽售一项大型商业物业项目,该项交易标的涉及在中国的多个商场。根据本次董事会审议的本次交易预案及万×公司管理层的介绍,本次交易引进地×集团对万×公司而言是其实施从传统的住宅开发商向城市配套服务商这一重要业务转型的契机,该交易完成后万×公司需要加强商业物业项目开发、管理能力。本人认为,从商业逻辑上来看本次交易的通过与否可能影响黑×集团商业收购项目的通过与否,本人对本次交易的独立商业判断因而可能受到影响。基于诚信勤勉和忠实之目的,本人在本次会议上披露了上述可能影响本人独立商业判断的原因,并本着审慎的原则,本人在本次会议上作出予以回避表决的意思表示。2. 独立董事任职资格。本人认为,本人担任万×公司独立董事,已履行了万×公司股东大会审议、深圳证券交易所备案审核等必备的法律程序,符合独立董事的任职资格。

另查明:2016年12月12日,万×公司再次召开董事会会议并以电子邮件方式将《关于终止发行股份购买资产事项的议案》提交各董事,各董事对议案进行了审议,并以通讯方式进行了表决。万×公司董事会以10票赞成、0票反对、0票弃权通过了有关议案。张某平基于万×公司第十七届董事会第十一次会议上其回避表决,且该次董事会会议拟审议之事项系万×公司第十七届董事会第十一次会议审议事项之延续,向万×公司董事会申明回避该次董事会会议议案的投票表决,其他董事对此均未提出异议。

2016年12月16日,万×公司与深圳市地×集团有限公司签署了《万×企业股份有限公司与深圳市地×集团有限公司之发行股份购买资产协议之终止协议》,该次发行股份购买资产事项终止。

《万×企业股份有限公司章程》第126条第2款规定,除非有关联关系的董事按照本条前款的要求向董事会作了披露,并且董事会在不将其计入法定人数,该董事亦未参加表决的会议上批准了该事项,公司有权撤销该合同、交易或者安排,但在对方是善意第三人的情况下除外。《万×企业股份有限公司章程》第137条第6项规定,董事会制订公司增加或者减少注册资本、发行债券或其他证券及上市方案的,必须由董事会2/3以上的董事表决同意。《万×企业股份有限公司章程》第152条规定,董事会会议应当由过半数的董事出席方可举行。每一董事享有一票表决权。董事会作出决议,必须经全体董事的过半数通过。公司董事与董事会会议决议事项所涉及的企业有关联关系的,不得对该项决议行使表决权,也不得代理其他董事行使表决权。该董事会会议由过半数的无关联关系董事出席即可举行,董事会会议所作决议须经无关联关系董事过半数通过。出席董事会的无关联关系董事人数不足三人的,应将该事项提交公司股东大会审议。

自张某起诉时起至本案法庭辩论终结前,张某持续持有万×公司A股股份。

张某向一审法院提起诉讼,请求判令撤销万×公司第十七届董事会第十一次会议通过的12项董事会决议。

【一审】一审法院认为,本案系公司决议撤销纠纷。董事会形成决议系公司自治的结果,公司决议撤销案件系司法权对于公司治理领域的介入,因此在审查董事会决议效力时需要遵循适度谦抑性的原则。根据《公司法》第22条第2款的规定,董事会的会议召集程序、表决方式违反法律、行政法规或者公司章程,或者决议内容违反公司章程的,股东可以自决议作出之日起60日内,请求人民法院撤销。最高人民法院指导案例10号亦确立了有关裁判规则,即人民法院在审理公司决议撤销纠纷案件中应当审查:会议召集程序、表决方式是否违反法律、行政法规或者公司章程,以及决议内容是否违反公司章程。召集程序和表决方式一般包括董事会会议的通知、提案和议程的确定、主持、投票、计票、表决结果的宣布、决议的形成、会议记录及签署等事项。本案中,因为董事会会议的通知、提案和议程的确定、主持、表决结果的宣布、决议的形成、会议记录、签署等事项均不存在违反法律、行政法规或者公司章程的情形,决议内容也不存在违反公司章程的情形,而且张某亦未对上述事项提出异议,所以一审法院确认上述事项不存在导致涉案董事会决议被撤销的情形。

一、本案中,张某认为本案的审查范围应当包括:1.张某平是否具备独立董事的任职资格;2.张某平提出回避表决的事实理由是否存在;3.张某平提出回避表决后,是否需要通过正式程序来审查并认定其是否可以回避表决。

1. 关于张某平之独立董事任职资格的问题。

一审法院认为,张某提出独立董事的任职资格问题系公司治理结构中一个单独的法律问题,其与本案所涉及的董事会会议的程序和董事会决议内容的合法性问题不具有法律上的牵连性;因此张某平是否具备独立董事的任职资格问题不属于本案的审查范围。

2. 关于张某平申请回避表决的事实理由是否存在的问题。

一审法院认为,本案中判断回避表决的事实理由是否存在实质上系判断公司董事与其所要表决的议案是否存在关联关系,即判断张某平与万×公司发行股份用以购买深圳市地×集团有限公司资产的商业行为是否存在关联关系。根据张某平在《申明》及《回复函》中的陈述,一审法院认为该问题应属于商业判断问题。商业判断是指公司的管理人员依据其自身所具有的商业经验对公司经营事务所进行的主观选择。如果对于公司管理人员的商业判断行为进行司法审查,则意味着司法审查的边界将延伸至判断商业行为合理性的范畴,而某个商业判断是否合理最应当交由既身处具体商业活动中又秉持审慎态度的公司管理人员来决定。将这种商业判断问题交由司法机关决定有违公司自治及司法谦抑性原则的要求。因此,判断回避表决的事实理由是否存在这一问题,不应纳入本案的审查范围。

3. 关于是否需要通过正式程序来审查并认定张某平的回避表决申请能否被

准许的问题。

一审法院认为,回避表决本身的程序问题与涉案的董事会决议具有法律上的牵连性,即回避表决的程序是否合法直接决定董事会会议的投票和计票是否合法,因此本案应当审查张某平申请回避表决后是否需要并经过了有关程序的确认。

张某认为需要通过正式程序来决定回避表决的申请。但是一审法院认为,根据公司自治的原则,是否通过正式程序来决定回避表决的申请应当由公司自行决定。如果《万×企业股份有限公司章程》没有规定正式程序,公司亦可以非正式的程序决定回避表决的申请。本案中,《万×企业股份有限公司章程》未就此问题设置相应的正式程序,则一审法院应进一步考察万×公司董事会是否以非正式的程序决定了回避表决的申请。张某平在2016年6月17日和12月12日两次召开的董事会会议上申请回避表决时,其他董事均未提出异议。因此张某平的回避表决申请在客观上已经以非正式的程序获得了其他董事的同意,回避表决本身不存在任何瑕疵。

二、除上述张某认为需要审查的问题之外,一审法院认为,作为表决程序的重要环节之一,涉案董事会会议的计票方式是否合法,亦是本案董事会决议是否应被撤销的一个核心问题。根据《万×企业股份有限公司章程》第137条第6项规定,"万×公司发行股份时必须由董事会2/3以上的董事表决同意";则在其余10名董事的表决不存在违反法律法规及公司章程规定的情况下,本案必须对本次董事会会议的计票方式进行合法性审查,即本案必须审查张某平回避表决后,是否应当将张某平计入法定表决人数的问题。对此一审法院认为,审查上述问题时,应当根据《万×企业股份有限公司章程》逻辑体系的一致性以及"回避表决"的文义进行分析判断。

1. 虽然《万×企业股份有限公司章程》第137条规定的议案通过人数是"董事会2/3以上的董事",但是《万×企业股份有限公司章程》第126条第2款亦规定,"除非有关联关系的董事向董事会作了披露,并且董事会在不将其计入法定人数,该董事亦未参加表决的会议上批准了该事项,公司有权撤销该合同、交易或者安排,但在对方是善意第三人的情况下除外"。根据《万×企业股份有限公司章程》逻辑体系的一致性,上述规定已经包含了关联董事回避表决后,董事会可以不将关联董事计入法定表决人数的内容。

2. 从"回避表决"的文义解释上,"回避表决"即是未参与表决。既然未参与表决,则在表决统计中就不应将"回避表决"归入"赞成""反对"或"弃权"三种表决类型中的任意一种类型。

因此,本案中张某平回避表决后,董事会会议未将张某平计入表决人数的计票方式符合《万×企业股份有限公司章程》的规定,本案法定的表决人数应为10人。

在表决结果基础上形成的董事会决议不具有可以被撤销的情形。而且根据《万×企业股份有限公司关于终止发行股份购买资产事项的公告》,第十七届董事会第十一次会议决议所涉及的交易内容已经被终止,张某请求撤销第十七届董事会第十一次会议决议已无实际的诉争意义。综上所述,张某的诉讼请求没有法律依据,一审法院不予支持。

据此,一审法院驳回张某的诉讼请求。

【二审】广东省深圳市中级人民法院认为:张某上诉认为张某平已丧失了独立董事的独立性,导致本案系争董事会召集程序、表决方式违反了万×公司《公司章程》,作出的董事会决议应依法撤销,因此,本案二审争议焦点为:张某平是否丧失了独立董事的独立性,导致本案系争董事会召集程序、表决方式违反了万×公司《公司章程》。

一审法院通过对涉案董事会决议的召集程序、表决方式、涉案董事会决议的内容等方面进行审查,认定涉案董事会决议不具有可以被撤销的情形。在本案二审审理期间,2017年8月25日最高人民法院公布了《公司法司法解释四》,第4条重申了《公司法》第22条第2款列明的股东可以申请撤销公司决议的条件,即决议程序是否违反法律、行政法规或公司章程,或者决议的内容是否违反公司章程。由于本案双方当事人在二审中对公司决议的内容均未提出异议,因此,本案二审将主要审查召集程序、表决方式是否违反法律、行政法规或公司章程。张某平是否丧失独立董事的独立性、是否还具备独立董事的任职资格,应由万×公司依照公司章程规定进行审查。在本案中,涉案董事会会议的通知、提案和议程的确定等召集程序均不存在导致涉案董事会决议被撤销的情形,一审法院已作详尽论述,二审法院认为并无不妥。张某平按照《万×企业股份有限公司章程》要求向董事会作了披露,《万×企业股份有限公司章程》并未规定对有关联关系的董事应启动任职资格审查程序,张某平向万×公司董事会申明回避该次董事会会议议案的投票表决,其他董事对此均未提出异议,董事会在张某平回避后未将其计入法定人数,该董事亦未参加表决,投票和计票均符合《万×企业股份有限公司章程》规定的表决方式,因此涉案董事会决议不具有决议撤销事由。另外,2016年12月16日万×公司发布《万×企业股份有限公司关于终止发行股份购买资产事项的公告》,第十七届董事会第十一次会议决议所涉及的交易内容已经被终止,张某请求撤销第十七届董事会第十一次会议决议已无实际的诉争意义。总体来看,张某的诉讼请求没有事实和法律依据,二审法院不予支持。

2018年3月14日,广东省深圳市中级人民法院驳回上诉,维持原判。

【简析】本例中,万×公司董事会11名董事,涉诉议案的最终董事会投票结果为以7票赞成,3票反对,1名董事回避。依据《万×企业股份有限公司章程》第137

条规定,该议案"必须由董事会三分之二以上的董事表决同意"。那么该决议是"7/11"小于"2/3",未通过?还是"7/10"大于"2/3",已通过?该问题取决于回避的董事是否应该计入董事会成员总数的分母,并且是否计入成员总数的分母,从而直接确定了该议案是否通过。

从"回避表决"的文义解释上,"回避表决"即是未参与表决。既然未参与表决,则在表决统计中就不应将"回避表决"归入"赞成""反对"或"弃权"三种表决类型中的任意一种类型。

本例中,法院的观点是,根据公司自治的原则,是否通过正式程序来决定回避表决的申请应当由公司自行决定。如果《万×企业股份有限公司章程》没有规定正式程序,公司可以非正式的程序决定回避表决的申请。同理,如果《万×企业股份有限公司章程》没有规定,董事会可以不将关联董事计入法定表决人数。

● **中证中小投资者服务中心有限责任公司与上海海利生物技术股份有限公司公司决议效力确认纠纷案**

【上海市奉贤区人民法院民事判决书(2017)沪0120民初13112号】

原告:中证中小投资者服务中心有限责任公司(以下简称"投服中心")。

被告:上海海利生物技术股份有限公司(以下简称"海利生物")。

海利生物于1981年7月18日成立,公司类型为股份有限公司(台港澳与外国投资者合资、上市),投服中心持有海利生物230股股份。

2014年6月30日,海利生物发出《上海海利生物技术股份有限公司2015年第一次临时股东大会决议公告》,该公告中有关议案审议情况第14项为关于修订《公司章程》并办理工商变更登记,该议案以100%同意的比例通过。根据上述股东大会作出的决议内容,被告办理了《公司章程》的工商变更登记。该份章程中第82条第2款第1项内容为:"董事会、连续90天以上单独或合并持有公司3%以上股份的股东有权向董事会提出非独立董事候选人的提名,董事会经征求被提名人意见并对其任职资格进行审查后,向股东大会提出提案。"

2017年4月17日,原告通过邮件方式向被告递交《股东质询建议函》,向被告提出两个问题建议,其中之一为关于取消限制股东权利的建议。原告认为被告《公司章程》第82条第2款第1项中有关"连续90天以上单独或合并持有公司3%以上股份"的内容不合理地限制了股东对董事、监事候选人的提名权,并将归属于股东大会的董事候选人审查、决策权变相转移至董事会,违反了《公司法》及相关规定,建议取消此限制类条款。

2017年4月24日,海利生物作出回复,认为《公司法》《上市公司章程指引》等法律、法规及规范性文件虽然没有对单独或合计持有3%以上股份的股东提名董事、监事候选人的权利作出持股时间上的限制,但也没有对公司章程能否就该条款进行自行规定作出禁止性规定,《上市公司章程指引》第 82 条的注释明确公司应当在章程中规定董事、监事提名的方式和程序,该规定赋予公司章程在未违反法律法规及规范性文件禁止性规定的前提下对公司董事、监事提名权进行自治性设定的权利。

原告投服中心诉称:董事的提名权是股东选择管理者权利的重要内容之一,是股东的基本权利,对这种权利的保护属于《公司法》中的强制性规定,不属于股东会自治性规定的范畴,非依法律法规的规定,任何人不得以任何方式加以限制和剥夺。单独或者合并持有 3%以上股份的股东无论持股期限长短,均有权向公司提出包括董事候选人在内的提案,公司章程无权限制股东的上述权利。《海利生物公司章程》第 82 条增加"连续 90 天以上"的持股时间限制,违反了《公司法》第 4 条和第 102 条第 2 款的规定,限制和剥夺了部分股东参与选择公司管理者的权利。依据《公司法》第 22 条的规定,提起本案诉讼。

【一审】上海市奉贤区人民法院认为,本案的争议焦点为:被告于 2015 年 6 月 29 日做出的 2015 年第一次临时股东大会决议中《公司章程》第 82 条第 2 款第 1 项内容是否应确认无效。

一、根据《公司法》规定,公司股东依法享有资产收益,参与重大决策和选择管理者等权利。在权利的具体行使方式上,单独或者合计持有公司 3%以上股份的股东,可以在股东大会召开 10 日前提出临时提案并书面提交董事会。上述规定表明,只要具有公司股东身份,就有选择包括非独立董事候选人在内的管理者的权利,在权利的行使上并未附加任何的限制条件。分析被告在 2015 年第一次临时股东大会决议中有关《公司章程》第 82 条第 2 款第 1 项内容,其中设定"连续 90 天以上"的条件,违反了《公司法》的规定,限制了部分股东就非独立董事候选人提出临时提案的权利,该决议内容应认定为无效。

二、被告虽于 2017 年第三次临时股东大会作出决议,通过了修订《公司章程》的议案,取消了"连续 90 天以上"的限制条件,但鉴于上述限制条件存在于 2015 年第一次临时股东大会决议中,该决议自作出之日起即客观存在且发生效力,后作出的股东大会决议与此前形成的股东大会决议分属相互独立的不同法律行为,并不能当然补正此前股东大会中相关内容的法律效力。另考虑到被告作出 2017 年第三次临时股东大会决议的时间在原告提起本案诉讼之后,庭审中经询问,被告对原告的诉讼请求及事实和理由亦未持异议。

2018 年 4 月 28 日,上海市奉贤区人民法院判决确认海利生物于 2015 年 6 月 29 日作出的 2015 年第一次临时股东大会决议中有关《公司章程》第 82 条第 2 款第 1 项内容无效。

【简析】董事的提名权是股东选择管理者权利的重要内容之一,是股东的基本权利,对这种权利的保护属于《公司法》中的强制性规定,不属于股东会自治性规定的范畴,非依法律法规的规定,不得以任何方式加以限制和剥夺。

● **刘某芳诉常州凯瑞化学科技有限公司等公司决议效力确认纠纷案**

【常州市中级人民法院民事判决书(2018)苏04民终1874号】

上诉人(原审原告):刘某芳

被上诉人(原审被告):常州凯瑞化学科技有限公司(以下简称"凯瑞公司"),法定代表人:洪某,该公司总经理。

原审第三人:洪某;洪某刚。

凯瑞公司成立于2009年7月10日,注册资本为300万元,股东包括刘某芳、洪某刚及洪某,其中刘某芳及洪某各出资135万元,洪某刚出资30万元,刘某芳出资22.95万元于2009年7月7日到位,112.05万元于2018年12月30日之前(增资)到位。

刘某芳与洪某原系夫妻关系。2016年3月,刘某芳起诉洪某离婚纠纷一案经法院受理。刘某芳在起诉状中称"2016年2月双方矛盾进一步激化,被告突然将凯瑞公司经营所需公章、财务章等全部拿走,为了防止凯瑞公司账户资金被被告转走,原告将凯瑞公司的大部分账户资金转存在自己的账户中以保障资金安全"。

刘某芳提出诉讼,请求确认凯瑞公司于2017年11月20日作出的解除原告股东资格的股东会决议无效。

【一审】一审法院认为,依据相关法律规定,有限责任公司的股东未履行出资义务或抽逃全部出资,经公司催告缴纳或者返还,其在合理期间内仍未缴纳或者返还出资,公司以股东会决议解除该股东的股东资格,该股东请求确认该解除行为无效的,人民法院不予支持。2016年3月,刘某芳起诉洪某离婚纠纷一案经法院受理。刘某芳在离婚案件起诉状中称,2016年2月其将凯瑞公司的大部分账户资金转存在自己的账户中以保障资金安全,凯瑞公司在2017年9月起诉要求刘某芳返还资金2951420.9元,其中包括刘某芳全部出资135万元,该起诉行为系凯瑞公司向刘某芳发出的催告,但刘某芳未在合理期限内返还出资,故凯瑞公司向刘某芳发出了召开股东会通知书,履行了通知义务,并按期召开股东会作出决议,该决议内容不违反法律规定。原告要求确认决议无效于法无据,法院不予支持。

据此,一审法院判决驳回原告刘某芳的诉讼请求。

【二审】常州市中级人民法院二审审理认为,本案争议焦点为:案涉股东除名决议的效力应如何认定?二审法院认为,案涉股东除名决议的作出和内容于法无据,于实不符,应属无效。

一方面,结合股东除名权的法理基础和功能分析,公司是股东之间、股东与公司以及公司与政府之间达成的契约结合体,因此股东之间的关系自当受该契约的约束。在公司的存续过程中,股东始终应全面实际履行出资义务恪守,否则构成对其他守约股东合理期待的破坏,进而构成对公司契约的违反。一旦股东未履行出资义务或抽逃全部出资,基于该违约行为已严重危害公司的经营和其他股东的共同利益,背离了契约订立的目的和初衷,故《公司法》赋予守约股东解除彼此间的合同,让违约股东退出公司的权利。这既体现了法律对违约方的惩罚和制裁,又彰显了对守约方的救济和保护。由此可见,合同"解除权"仅在守约方手中,违约方并不享有解除(合同或股东资格)的权利。本案中,凯瑞公司的所有股东在公司成立时存在通谋的故意,全部虚假出资,恶意侵害公司与债权人之权益。但就股东内部而言,没有所谓的合法权益与利益受损之说,也就谈不上权利救济,否则有悖于权利与义务相一致、公平诚信等法律原则。即洪某、洪某刚无权通过召开股东会的形式,决议解除刘某芳的股东资格,除名决议的启动主体明显不合法。

另外,从虚假出资和抽逃出资的区别来看,前者是指股东未履行或者未全部履行出资义务,后者则是股东在履行出资义务之后,又将其出资取回。案涉股东除名决议认定刘某芳抽逃全部出资,事实上凯瑞公司包括刘某芳在内的所有股东在公司设立时均未履行出资义务,属于虚假出资,故该决议认定的内容亦有违客观事实。

2018年8月2日,江苏省常州市中级人民法院二审判决,撤销一审判决,凯瑞公司于2017年11月20日作出的解除刘某芳股东资格的股东会决议无效。

【简析】有限公司的股东未履行出资义务或者抽逃全部出资,经公司催告缴纳或者返还,在合理期间内仍未缴纳或者返还出资,公司可以股东会决议解除该股东的股东资格。

有限责任公司的股东未履行出资义务或者抽逃全部出资,经公司催告,应缴纳或者返还,在合理期间内仍未缴纳或者返还出资的,公司可以经股东会决议解除其股东资格。但如果公司股东均为虚假出资或抽逃全部出资,部分股东通过股东会决议解除特定股东的股东资格,由于该部分股东本身亦非诚信守约股东,其行使除名表决权欠缺合法性基础,故该除名决议应认定为无效。

股东除名制度的目的,在于通过剥夺股东资格的方式,惩罚不诚信股东,维护公司和其他诚信股东的权利。如果公司股东均为虚假出资或抽逃全部出资,部分股东通过股东会决议解除特定股东的股东资格,由于该部分股东本身亦非诚信守约股东,那么其行使除名表决权就丧失了合法性基础,背离股东除名制度的立法目的,该除名决议应认定为无效。

● 临沂市冠兴贸易有限公司诉费县梁邹村镇银行股份有限公司公司决议效力确认纠纷二审民事判决书

【山东省临沂市中级人民法院民事判决书(2018)鲁13民终8481号】

上诉人(原审原告):临沂市冠兴贸易有限公司(以下简称"冠兴公司")。

被上诉人(原审被告):费县梁邹村镇银行股份有限公司(以下简称"费县梁邹银行")。

冠兴公司为费县梁邹银行股东,股份占9.67%。

2018年3月19日,费县梁邹银行召开第一届董事会第九次会议,此次董事会为临时会议,应出席会议的董事共4名,实际出席会议的董事4人。会议的主要议题是审议《费县梁邹村镇银行关于取消临沂市冠兴贸易有限公司表决权的报告》,报告内容为:股东冠兴公司存在以贷款资金入股等问题,违反了《商业银行股权管理暂行办法》《村镇银行管理指引》,并与其向费县梁邹银行所做的书面承诺不符。会议经过董事会成员以举手表决方式,审议通过了《费县梁邹村镇银行关于取消临沂市冠兴贸易有限公司表决权的报告》的决议第001号,赞成董事4名。后费县梁邹银行通过电子邮件将该决议发送给冠兴公司。2018年3月27日,冠兴公司向费县梁邹银行提出异议,要求撤销该决议。同日,费县梁邹银行对冠兴公司异议书的回复为:贵公司如对费县梁邹银行第一届董事会第九次会议001号决议有异议,可以向人民法院提起申诉。

2018年5月9日,冠兴公司提起诉讼,请求判令确认费县梁邹银行2018年3月19日作出的第001号董事会决议无效。

【一审】一审法院认为,《公司法》第108条第3款规定:"本法第46条关于有限责任公司董事会职权的规定,适用于股份有限公司董事会。"该法第46条规定,"董事会对股东会负责,行使下列职权:……(十一)公司章程规定的其他职权"。《费县梁邹村镇银行公司章程》第79条规定,"董事会行使下列职责:……(十四)决定本行的风险管理和内部控制政策",第85条规定:"董事会应督促高级管理层建立适当的风险管理与内部控制框架,以有效地识别、衡量、监测、控制并及时处置本行面临的各种风险。"《临沂市冠兴贸易有限公司投资入股声明书》第8条规定:"本单位向费县梁邹银行股份有限公司提供的材料全部真实、准确、完整且不存在虚假或重大遗漏,如果存在隐瞒,本单位在费县梁邹银行股份有限公司的投票权将受到限制。"法院认为,对于董事会决议效力的司法审查应遵循公司自治的原则,原告应受其出具的《投资入股声明书》中的承诺约束,且原告冠兴公司并未提交相关证据,予以证实其资金来源,亦未提交其他相关证据证实被告梁邹银行作出的《费县梁邹村镇银行关于取消临沂市冠兴贸易有限公司表决权的报告》的决议无效。被告费县梁邹银行董事会做出的《费县梁邹村镇银行关于取消临沂市冠兴贸易有限公司表决权的报告》的决议内容在董事会职责范围内,并不存在违反法律及公司章程的情形,不存在被撤销的事由。

据此,一审法院判决驳回冠兴公司的诉讼请求。

【二审】山东省临沂市中级人民法院认为,对于董事会决议效力的司法审查应遵循公司自治的原则,上诉人冠兴公司应受其出具的《投资入股声明书》中的承诺约束。原审判决,并无不当。

2018年12月4日,山东省临沂市中级人民法院判决驳回上诉,维持原判。

## ● 福鼎市太姥山旅游经济开发有限公司与福鼎太姥山嵛山岛万博丰旅游开发有限公司等公司解散纠纷上诉案

【福建省宁德市中级人民法院民事判决书(2018)闽09民终1609号】

上诉人(原审原告):福鼎市太姥山旅游经济开发有限公司(以下简称"太姥山旅游公司")。

被上诉人(原审被告):福鼎太姥山嵛山岛万博丰旅游开发有限公司(以下简称"嵛山岛万博丰旅游公司")。

第三人(原审第三人):万博(漳州)房地产开发有限公司(以下简称"万博公司");福建省福鼎市通达轮船客运有限公司(以下简称"通达公司")。

2006年4月7日,嵛山岛万博丰旅游公司在福建省福鼎市工商行政管理局登记成立。公司的营业期限为40年,自公司营业执照签发之日起计算。太姥山旅游公司、万博公司、通达公司为嵛山岛万博丰旅游公司股东,股权比例为太姥山旅游公司51%、万博公司36%、通达公司13%。

太姥山旅游公司现认为嵛山岛万博丰旅游公司经营管理发生严重困难,继续存续会使股东利益受到重大损失,且通过其他途径不能解决,请求法院判决解散嵛山岛万博丰旅游公司。

【一审】一审法院认为,太姥山旅游公司持有公司全部股东表决权的51%,有权依法提起解散公司诉讼,但公司解散需满足法定条件,即公司经营管理发生严重困难,继续存续会使股东利益受到重大损失,通过其他途径不能解决。本案中,嵛山岛万博丰旅游公司的股东大会、董事会分别于2016年12月21日、2017年1月5日召开并作出决议,双方对其召集会议的程序和作出的决议是否合法发生争议,提起诉讼,虽然该决议效力有待法院判决确认,但足以认定公司的股东会、董事会等权力机构仍能正常运行,并未形成公司僵局。公司营业执照到期,公司可以向市场监督管理局申请换发新的营业执照,并不必然导致公司无法经营。

据此,一审法院驳回太姥山旅游公司要求解散嵛山岛万博丰旅游公司的诉讼请求。

【二审】福建省宁德市中级人民法院认为,根据《公司法》第182条的规定,公司经营管理发生严重困难,继续存续会使股东利益受到重大损失,通过其他途径不能解决的,持有公司全部股东表决权10%以上的股东,可以请求人民法院解散公司。另外《公司法司法解释二》(2014年修正)第1条第1款对于公司经营管理发生严重困难的情形作出了明确规定,故本案应审查崳山岛万博丰旅游公司是否符合解散的法定条件,即公司经营管理发生严重困难,继续存续会使股东利益受到重大损失,通过其他途径不能解决。

从到案证据可以明确,2016年12月21日、2017年1月5日崳山岛万博丰旅游公司先后召开了股东大会、董事会并分别作出了决议,现双方当事人虽对上述股东会的召集程序和决议是否合法发生争议并提起诉讼,但上述会议的召开可以证实公司的股东会、董事会等权力机构仍然能正常运行,不存在公司僵局的问题。

而根据福建德润会计师事务所有限责任公司出具的《专项审计报告》可以明确,截至2016年10月31日,崳山岛万博丰旅游公司的所有者权益达到529.58余万元,即公司继续存续并不会使股东利益受到重大损失。

作为崳山岛万博丰旅游公司的控股股东,太姥山旅游公司完全可以通过公司内部治理来协调公司股东内部矛盾与冲突。崳山岛万博丰旅游公司不存在持续2年以上无法召开股东会或者股东大会,股东表决时无法达到法定或者公司章程规定的比例,持续2年以上不能做出有效的股东会或者股东大会决议,无法通过股东会或者股东大会解决公司内部冲突,经营管理发生其他严重困难,公司继续存续会使股东利益受到重大损失的情形等等情形。

即太姥山旅游公司提供的证据不足以证实崳山岛万博丰旅游公司经营管理发生严重困难,继续存续会使股东利益受到重大损失,故其要求解散崳山岛万博丰旅游公司的主张,缺乏充分的法律依据,不应得到支持。

至于崳山岛万博丰旅游公司是否已丧失对福瑶列岛(崳山岛)景区开发、建设的特许经营权、公司营业执照到期等问题,并非公司解散的法定必要条件,上述情况的发生,并不必然导致公司无法继续经营的法律后果。

2018年12月14日,福建省宁德市中级人民法院判决驳回上诉,维持原判。

● **冯某滨与沙某仲等公司决议效力确认纠纷二审民事判决书**

【北京市第二中级人民法院民事判决书(2020)京02民终7245号】

上诉人(原审原告):冯某滨。

被上诉人(原审被告):北京市牛街商贸有限责任公司(以下简称"牛街商贸公司")。

被上诉人(原审第三人):沙某仲;杭某生;邢某根;吴某英;王某维;李某安;顿某华;杨某;周某菊;林某;高某凤;肖某祥;王某玲;李某蔡。

2005年3月16日,牛街商贸公司股东共计19位。冯某滨初始出资额为

378655元。

2017年1月26日，牛街商贸公司通知冯某滨于2017年2月24日在牛街民族敬老院召开2016年股东会。

2017年2月24日，牛街商贸公司作出《北京市牛街商贸有限责任公司第四届第三次股东会决议》，内容如下：2017年2月24日在北京牛街召开了公司第四届第三次股东会会议，应到19人，实到14人，占比74%，符合召开股东会条件。主持人：沙某仲；决议内容：牛街商贸公司需要投入大额资金，故牛街商贸公司需要股东增加注册资本，依据《北京市牛街商贸有限责任公司章程》第22条之规定，股东会决议由全体在岗股东增加注册资本4450000元，将牛街商贸公司注册资本变更为7000000元。冯某滨收到2017年2月24日召开股东会的通知，但冯某滨当天并未参加股东会。冯某滨已从牛街商贸公司退休，属于不在岗股东。

冯某滨向一审法院起诉请求：判令牛街商贸公司于2017年2月24日作出的《北京市牛街商贸有限责任公司第四届第三次股东会决议》无效。

【一审】一审法院认为，本案所涉股东会决议内容系公司增资及变更公司章程，均为合法有效之公司行为，并无上述违反法律、法规之情形。且会议召集过程及表决过程均符合公司章程之相关规定。而冯某滨未能参会系其本人原因，与他人无涉。

据此，一审法院判决驳回冯某滨的诉讼请求。

【二审】北京市第二中级人民法院认为，本案二审争议焦点是牛街商贸公司于2017年2月24日作出的《北京市牛街商贸有限责任公司第四届第三次股东会决议》是否应认定为无效。

依据《公司法》第22条第1款之规定，认定公司股东会决议的效力应审查其内容是否违法。根据本案事实，牛街商贸公司于2017年2月24日作出的《北京市牛街商贸有限责任公司第四届第三次股东会决议》已经代表2/3以上表决权的股东通过，故该股东会决议中关于"牛街商贸公司增加注册资本"的内容，应属有效。依据《公司法》第34条规定，除全体股东另有约定外，各股东无论其是否在岗，均有权优先按照实缴的出资比例认缴新增注册资本。而牛街商贸公司于2017年2月24日作出的《北京市牛街商贸有限责任公司第四届第三次股东会决议》决议"由全体在岗股东增加注册资本4450000元"，虽然在岗股东可以认购新增注册资本的内容，并无不当，但上述决议内容实质上确定仅有在岗股东可以认购新增注册资本，剥夺了冯某滨作为牛街商贸公司的股东所依法享有的在其实缴出资比例范围内对新增注册资本的优先认购权，违反了《公司法》第34条的规定。因此，该《北京市牛街商贸有限责任公司第四届第三次股东会决议》中有关实质上剥夺了冯某滨对新增注册资本行使优先认购权的内容无效，冯某滨有权按照其实缴的出资比例认缴牛街商贸公司的新增注册资本。

冯某滨的上诉请求部分成立。

2020年9月24日,北京市第二中级人民法院判决牛街商贸公司于2017年2月24日作出的《北京市牛街商贸有限责任公司第四届第三次股东会决议》部分无效。

【简析】依据《公司法》第34条规定,股东有权优先按照实缴的出资比例认缴新增注册资本。除全体股东另有约定外,各股东无论其是否在岗,均有权优先按照实缴的出资比例认缴新增注册资本。

● **中广核实华燃气有限公司诉江西实华燃气集团有限公司等公司决议纠纷二审民事判决书**

【江西省吉安市中级人民法院民事判决书(2021)赣08民终1784号】

上诉人(原审被告):中广核实华燃气有限公司(以下简称"中广核实华燃气")。

被上诉人(原审原告):江西实华燃气集团有限公司(以下简称"江西实华")。

原审第三人:中广核节能产业发展有限公司(以下简称"中广核公司")

中广核实华燃气成立于2015年2月13日,为有限责任公司,有2个股东,分别为:江西实华(持股比例49%),中广核公司(持股比例51%)。《中广核实华燃气公司章程》规定,"11.6 股东会会议由董事会召集,董事长主持"。

2021年3月4日,中广核公司向中广核实华燃气董事会暨董事长发函,提议召开临时股东会,临时股东会会议题为:审议公司股东业绩承诺和利润分配。

3月5日,中广核实华燃气董事长签发《中广核实华燃气有限公司股东会2021年度第一次临时会议通知》,同日,中广核实华燃气将2021年度第一次临时会议的通知、会议议程、授权委托书、财务报表专项审计报告等相关股东会会议资料邮寄给各股东,通知明确会议将于2021年3月19日(周五)9:00—12:00在深圳市福田区召开,会议议程为审议关于公司股东业绩承诺和利润分配的股东议案。

江西实华于2021年3月8日签收上述文件。江西实华收到有关第一次临时股东会会议资料后,向中广核公司就股东会召集程序、议题、会议时间和地点问题提出意见和建议,并抄送中广核实华燃气公司董事长、监事。中广核公司及中广核实华燃气董事长收到该回复后,于2021年3月16日向江西实华复函进一步就召集程序及时间地点安排等有关问题进行说明予以复函。

2021年3月19日,中广核实华燃气股东会2021年第一次临时会议在深圳市福田区召开。中广核公司派董事长与会,江西实华未派员与会。同日,中广核实华燃气作出《关于公司股东业绩对赌结算和利润分配的股东会决议》。决议内容为:确认《关于批准2016年度利润分配方案的决议》自始无效;确认江西实华应于本决议作出之日起 60 日内向中广核公司支付 7960518.92 元人民币利润补偿；如江西实华在本决议作出之日起 60 日内无法全额支付前述利润补偿的，江西实华应无偿向中广核节能公司转让相应价值的股权。

中广核实华燃气在召开 2021 年第一次临时股东会会议前，未就召集事项通过董事会审议并形成有关决议。

江西实华起诉请求撤销《关于公司股东业绩对赌结算和利润分配的股东会决议》。

【一审】一审法院认为，公司决议是公司股东通过股东会或股东大会、董事通过董事会形成的公司内部意思。股东、董事的会议表决一旦形成决议，其结果即归属于公司本身，脱离于股东、董事个体成为公司的意思。因此，公司股东会、董事会的召开，以及决议的形成都应按照公司法和公司章程的规定进行，只有按照规定的程序形成的决议才能保证决议参与者平等、充分地表达意思，也才能发生公司决议的效力。倘若公司决议在程序上存在瑕疵，就不能体现为所有应当享有表决权的决议参与者的真实意思表示，除非该决议做出后取得所有应当享有表决权的决议参与者的一致追认或默认。

《公司法》规定，"有限责任公司设立董事会的，股东会会议由董事会召集，董事长主持"。《公司章程》亦规定，"股东会会议由董事会召集，董事长主持"。案涉股东会会议系未经董事会审议并形成决议的情况下召开的，不能认定为系由董事会召集，而且此次股东会决议的事项是关于公司股东业绩对赌结算和利润分配，属于重大决策事项，不论股东会决议的实质内容是否合法，都应当严格按照公司法及章程规定的程序进行。如果公司章程中的程序性规定不能得到实际执行，而均以最终结果合法与否对公司相关行为的合法性作出评判，则明显丧失了制定公司章程的意义，也不利于公司正常运营管理。

据此，一审法院判决撤销中广核实华燃气于 2021 年 3 月 19 日作出的《关于公司股东业绩对赌结算和利润分配的股东会决议》。

【二审】江西省吉安市中级人民法院认为争议焦点在于董事会审议和决议是否是股东会召开的前置程序。《公司法》第 39 条规定："股东会会议分为定期会议和临时会议。定期会议应当依照公司章程的规定按时召开。代表十分之一以上表决权的股东，三分之一以上的董事，监事会或者不设监事会的公司的监事提议召开临时会议的，应当召开临时会议。"根据该条规定，只要符合法律规定的主体提议召开股东会，则临时股东会会议就应当召开。基于此，董事会无权决定是否应召开股东会会议，董事会的召集是一种义务而非职权，若还需要董事会另行就是否召开股东会会议形成决议，则该条的规定将无实际意义。另外，董事会和股东会由不同主体构成，两者行使不同职权。股东会作为权力机构，审议决定公司重大事项。董事会作为执行机构,负责执行股东会决议及公司日常经营决策。涉及股东权益的事项,不属于董事会审议和决议的范围。故董事会决议并非股东会召开的法定前置程序。但根据《公司法》第40条关于"股东会会议由董事会召集"的规定可知,股东会的召开由董事会召集,该召集程序应体现董事会的集体意志,即董事长应按照公司章程规定召开董事会确定股东会会议的开会时间、地点及场所等会务安排事宜。本案中,中广核公司作为持股51%的股东有权提议召开股东临时会议,故中广核实华燃气依法应当召开股东临时会议,但召开股东临时会议的召集程序应当要符合法律规定。法院认为,中广核实华燃气只有江西实华和中广核公司两个股东,且中广核公司为持股51%的大股东,在江西实华委派的董事未参与董事会的情形下,以董事长个人签名向各股东发出临时股东会会议通知,故该召集程序不能认定为是董事会召集,在召集程序上应认定为有重大瑕疵,损害了小股东董事出席董事会,及在会上对会务安排等事宜发言、讨论、质询的权利。江西实华以此为由主张撤销案涉股东临时会议,有事实和法律依据,予以支持。中广核实华燃气辩称事后有两名董事即有超过半数董事事后签字同意召集临时股东会会议的通知,应视为该通知体现了董事会的集体意志,但是董事会集体意志的形成应按照公司章程规定的程序进行,如存在严重的程序瑕疵,其结果就不能体现董事会的意志,故对该辩解意见,不予采纳。

2021年10月29日,江西省吉安市中级人民法院判决驳回上诉,维持原判。

【简析】一、股东会会议应当是董事会召集,而不是董事长召集。二、董事会应当是会议决议,而不是个别董事签字决议(全体董事签字同意的应视为会议决议)。

## 第八节 董事会专门委员会

【示范条款】

8.8.1 专门委员会

公司董事会设立【审计委员会】,并根据需要设立【战略发展】、【提名】、【薪酬与考核】等相关专门委员会,为董事会决策提供意见和建议。专门委员会对董事会负责,依照本章程和董事会授权履行职责,提案应当提交董事会审议决定。

专门委员会成员全部由董事组成,其中【审计委员会】、【提名委员会】、【薪酬与考核委员会】中独立董事占多数并担任召集人,【审计委员会】的召集人为会计专业人士。董事会负责制定专门委员会工作规程,规范专门委员会的运作。

【注释】公司可以根据需要设立其他专业委员会,如【风险管控】、【监察】等专门委员会等。

#### 8.8.2 战略发展委员会

战略规划委员会的主要职责是对公司长期发展战略和重大投资决策进行研究并提出建议。

#### 8.8.3 审计委员会

审计委员会的主要职责是：1. 提议聘请或更换外部审计机构；2. 监督公司的内部审计制度及其实施；3. 负责内部审计与外部审计之间的沟通；4. 审核公司的财务信息及其披露；5. 审查公司的内控制度。

#### 8.8.4 提名委员会

提名委员会的主要职责是：1. 研究董事、经理人员的选择标准和程序并提出建议；2. 广泛搜寻合格的董事和经理人员的人选；3. 对董事候选人和经理人选进行审查并提出建议。

#### 8.8.5 薪酬与考核委员会

薪酬与考核委员会的主要职责是：1. 研究董事与经理人员考核的标准，进行考核并提出建议；2. 研究和审查董事、高级管理人员的薪酬政策与方案。

#### 8.8.6 专门委员会工作的开展

公司各业务部门有义务为董事会及其下设的各专门委员会提供工作服务。各专门委员会可以聘请中介机构提供专业意见，有关费用由公司承担。

#### 8.8.7 专门委员会隶属

各专门委员会对董事会负责，各专门委员会的提案应提交董事会审查决定。

【条款解读】

一、董事会下的专业委员会

基于所有权与经营权的分离，经营者操纵着所有者的庞大财产，董事会和由其聘任的经理成了公司的统治机关，是公司管理的中枢。一方面是董事会、经理地位日益显赫，权力日益膨胀，另一方面却是广大股东无力或无心对其加以约束。董事及董事会作为公司的受托人，获得了对内管理公司事务、对外代表公司同第三人进行交易的权力。董事会在获得权力的同时，也产生了滥用权力的可能。

如何在董事会中加强监督和制衡，英美国家公司董事会专业委员会的设置已经取得了较多经验。这些国家公司的董事会往往下设主要由独立董事组成的提名委员会、报酬委员会和审计委员会等专业委员会。由于独立董事所具有的客观独立性，独立董事比内部董事更可能成为一名好的监督者，所以公司倾向于在审计委员会和报酬委员会中增加独立董事的比例,以至于委员会成员全部或多数(超过50%)都由独立董事组成。

在我国,中国证监会发布的《上市公司章程指引》《上市公司独立董事规则》《上市公司治理准则》中都有类似的规定,要求上市公司设立审计委员会、薪酬、提名、投资委员会等,主要由独立董事组成,并由独立董事担任主席。

二、审计委员会

审计委员会一般被认为是所有专业委员会中最重要的委员会,之所以如此,是因为独立的审计委员会能确保市场得到可靠的信息。审计委员会作为直接对董事会负责的监督机构,目的在于追求广泛意义上内容审计的功效。

审计委员会较好地保证了董事会的独立性。它至少由3名成员组成,基本上为独立董事,其中至少一名为会计专业人员。这些独立、客观的董事组成一个集体来共同抵御外部的干扰,同时每个成员都应具备相应的财务会计知识,知道问题的症结并能妥善加以解决。通过审查和监督财务信息改善公司内部监控和风险管理,保证审计人员的独立性和活动的客观性,保障公司财务控制体系与信息提供体系的有效性和完整性,为董事会提供多元的策略和建议,从而提高公司信息的透明度,减少公司内外部沟通中的信息不对称问题,缓和公司中的代理冲突,从而提高董事会的工作效率,增强董事会的独立性。

三、提名委员会

提名委员会是一个董事会下属的专业委员会,负责在董事会中提出新董事会推荐人选。

提名委员会通过向董事会提出有能力担任董事的人选,同时也通过对现有董事会成员的业绩、资格进行评价来实现其独立性。由于独立董事在组成中占大多数,提名委员会的作用日益显著,若没有提名委员会的存在,则依据《公司法》的规定,董事就会由股东大会选举。但由于股东的无力与无心参与,现实的情况往往是董事的自我选举,董事会成了永续的组织,特别是大股东会利用提名董事的机会控制董事会,进而控制公司。提名委员会的存在可以最大限度地发挥独立董事的作用,维护董事会的独立性。

四、薪酬与考核委员会

公司董事及高级管理人员因负责进行日常经营决策和管理公司而责任重大,为了能够让董事、经理全力工作,就应当让他们获得相应的报酬,包括底薪、奖金、分红、股票期权、非股票收益等,其总额应当与公司业绩相关,不同的薪酬结构在调动董事积极性方面意义重大。但公司股东对于多支付给董事报酬一般会持反对态度,因为这样有可能减少他们的当期收益。因为董事等公司高级管理人员不能决定自己应给自己多少报酬,所以须设立薪酬与考核委员会负责决定并监督公司董事和高级管理人员的一揽子薪酬与考核方案。

由于独立董事处于独立地位,由其所组成的薪酬和考核委员会可能以较为客观、独立的角度来决定董事会成员及高级管理人员的报酬事项,克服高级管理人员报酬过高从而损害公司利益的不良倾向。薪酬和考核委员会在董事会和股东利益冲突的解决上提供了较为公平的方案,从而防止董事及高级管理人员大规模道德风险和股东信任危机的发生,维护了董事会的独立性。

五、新法修订

《公司法》(2023年修订)允许公司设立审计委员会,行使公司法规定的监事会的职权,可以不设监事会或者监事。

## 【相关法规】

● 《中华人民共和国公司法》(2023年修订)

**第69条** 有限责任公司可以按照公司章程的规定在董事会中设置由董事组成的审计委员会,行使本法规定的监事会的职权,不设监事会或者监事。公司董事会成员中的职工代表可以成为审计委员会成员。

**第121条** 股份有限公司可以按照公司章程的规定在董事会中设置由董事组成的审计委员会,行使本法规定的监事会的职权,不设监事会或者监事。

审计委员会成员为三名以上,过半数成员不得在公司担任除董事以外的其他职务,且不得与公司存在任何可能影响其独立客观判断的关系。公司董事会成员中的职工代表可以成为审计委员会成员。

审计委员会作出决议,应当经审计委员会成员的过半数通过。

审计委员会决议的表决,应当一人一票。

审计委员会的议事方式和表决程序,除本法有规定的外,由公司章程规定。

公司可以按照公司章程的规定在董事会中设置其他委员会。

**第137条** 上市公司在董事会中设置审计委员会的,董事会对下列事项作出决议前应当经审计委员会全体成员过半数通过:(一)聘用、解聘承办公司审计业务的会计师事务所;(二)聘任、解聘财务负责人;(三)披露财务会计报告;(四)国务院证券监督管理机构规定的其他事项。

**第176条** 国有独资公司在董事会中设置由董事组成的审计委员会行使本法规定的监事会职权的,不设监事会或者监事。

● 《上市公司治理准则》(2018年修订,中国证券监督管理委员会公告〔2018〕29号)

**第38条** 上市公司董事会应当设立审计委员会,并可以根据需要设立战略、提名、薪酬与考核等相关专门委员会。专门委员会对董事会负责,依照公司章程和董事会授权履行职责,专门委员会的提案应当提交董事会审议决定。

专门委员会成员全部由董事组成,其中审计委员会、提名委员会、薪酬与考核委员会中独立董事应当占多数并担任召集人,审计委员会的召集人应当为会计专业人士。

**第 39 条** 审计委员会的主要职责包括:(一)监督及评估外部审计工作,提议聘请或者更换外部审计机构;(二)监督及评估内部审计工作,负责内部审计与外部审计的协调;(三)审核公司的财务信息及其披露;(四)监督及评估公司的内部控制;(五)负责法律法规、公司章程和董事会授权的其他事项。

**第 40 条** 战略委员会的主要职责是对公司长期发展战略和重大投资决策进行研究并提出建议。

**第 41 条** 提名委员会的主要职责包括:(一)研究董事、高级管理人员的选择标准和程序并提出建议;(二)遴选合格的董事人选和高级管理人员人选;(三)对董事人选和高级管理人员人选进行审核并提出建议。

**第 42 条** 薪酬与考核委员会的主要职责包括:(一)研究董事与高级管理人员考核的标准,进行考核并提出建议;(二)研究和审查董事、高级管理人员的薪酬政策与方案。

**第 43 条** 专门委员会可以聘请中介机构提供专业意见。专门委员会履行职责的有关费用由上市公司承担。

## 【细则示范】

### ● 董事会审计监察委员会实施细则指引

**第 1 条** 为强化董事会决策功能,做到事前审计、专业审计,确保董事会对经理层的有效监督,完善公司治理结构,根据《公司法》《公司章程》及其他有关规定,公司特设立董事会审计委员会,并制定本实施细则。

**第 2 条** 董事会审计委员会是董事会按照股东会决议设立的专门工作机构,主要负责公司内、外部审计的沟通、监督和核查工作。

**第 3 条** 审计委员会成员由三至七名董事组成,独立董事占多数,委员中至少有一名独立董事为专业会计人士。

**第 4 条** 审计委员会委员由董事长、1/2 以上独立董事或者全体董事的 1/3 提名,并由董事会选举产生。

**第 5 条** 审计委员会设主任委员(召集人)1 名,由独立董事委员担任,负责主持委员会工作;主任委员在委员内选举,并报请董事会批准产生。

**第 6 条** 审计委员会任期与董事会一致,委员任期届满,连选可以连任。期间如有委员不再担任公司董事职务,自动失去委员资格,并由委员会根据上述第 3 至第 5 条规定补足委员人数。

**第 7 条** 审计委员会下设审计工作组为日常办事机构,负责日常工作联络和会议组织等工作。

**第 8 条** 审计委员会的主要职责权限:(一)提议聘请或更换外部审计机构;(二)监督公司的内部审计制度及其实施;(三)负责内部审计与外部审计之间的沟通;(四)审核公司的财务信息及其披露;(五)审查公司内控制度,对重大关联交易进行审计;(六)公司董事会交办的其他事宜。

**第 9 条** 审计委员会对董事会负责,委员会的提案提交董事会审议决定。审计委员会应配合监事会的监事审计活动。

**第 10 条** 审计工作组负责做好审计委员会决策的前期准备工作,提供公司有关方面的书面资料:(一)公司相关财务报告;(二)内外部审计机构的工作报告;(三)外部审计合同及相关工作报告;(四)公司对外披露信息情况;(五)公司重大关联交易审计报告;(六)其他相关资料。

**第 11 条** 审计委员会会议,对审计工作组提供的报告进行评议,并将相关书面决议材料呈报董事会讨论:(一)外部审计机构工作评价,外部审计机构的聘请及更换;(二)公司内部审计制度是否已得到有效实施,公司财务报告是否全面真实;(三)公司对外披露的财务报告等信息是否客观真实,公司重大的关联交易是否合乎相关法律法规;(四)公司内财务部门、审计部门包括其负责人的工作评价;(五)其他相关事宜。

**第 12 条** 审计委员会会议分为例会和临时会议,例会每年至少召开四次,每季度召开一次,临时会议由审计委员会委员提议召开。会议召开前 7 天须通知全体委员,会议由主任委员主持,主任委员不能出席时可委托其他一名委员(独立董事)主持。

**第 13 条** 审计委员会会议应由 2/3 以上的委员出席方可举行;每一名委员有一票的表决权;审计委员会会议表决方式为举手表决或投票表决;临时会议可以采取通讯表决的方式。

**第 14 条** 审计工作组成员可列席审计委员会会议,必要时亦可邀请公司董事、监事及其他高级管理人员列席会议。

**第 15 条** 如有必要,审计委员会可以聘请中介机构为其决策提供专业意见,费用由公司支付。

**第 16 条** 审计委员会会议的召开程序、表决方式和会议通过的议案必须遵循有关法律、法规、公司章程及本办法的规定。

**第17条** 审计委员会会议应当有记录,出席会议的委员应当在会议记录上签名;会议记录由公司董事会秘书保存。

**第18条** 审计委员会会议通过的议案及表决结果,应以书面形式报公司董事会。

**第19条** 出席会议的委员均对会议所议事项有保密义务,不得擅自披露有关信息。

**第20条** 本实施细则自董事会决议通过之日起施行。

**第21条** 本实施细则未尽事宜,按国家有关法律、法规和公司章程的规定执行;本细则如与国家日后颁布的法律、法规或经合法程序修改后的公司章程相抵触时,按国家有关法律、法规和公司章程的规定执行,并立即修订,报董事会审议通过。

**第22条** 本细则解释权归属公司董事会。

● **董事会薪酬与考核委员会实施细则指引**

**第1条** 为进一步建立健全公司董事(非独立董事)及高级管理人员(经理人员)的考核和薪酬管理制度,完善公司治理结构,根据《公司法》《公司章程》及其他有关规定,公司特设立董事会薪酬与考核委员会,并制定本实施细则。

**第2条** 薪酬与考核委员会是董事会按照股东会决议设立的专门工作机构,主要负责制定公司董事及经理人员的考核标准并进行考核;负责制定、审查公司董事及经理人员的薪酬政策与方案,对董事会负责。

**第3条** 本细则所称董事是指在本公司支取薪酬的正副董事长、董事,经理人员是指董事会聘任的总裁、副总裁、董事会秘书及由总裁提请董事会认定的其他高级管理人员。

**第4条** 薪酬与考核委员会成员由三至七名董事组成,独立董事应占多数。

**第5条** 薪酬与考核委员会委员由董事长、1/2以上独立董事或者全体董事的1/3提名,并由董事会选举产生。

**第6条** 薪酬与考核委员会设主任委员(召集人)1名,由独立董事委员担任,负责主持委员会工作;主任委员在委员内选举,并报请董事会批准产生。

**第7条** 薪酬与考核委员会任期与董事会任期一致,委员任期届满,连选可以连任。期间如有委员不再担任公司董事职务,自动失去委员资格,并由委员会根据上述第4至第6条规定补足委员人数。

**第8条** 薪酬与考核委员会下设工作组,专门负责提供有关公司经营方面的资料及被考评人员的有关资料,负责筹备薪酬与考核委员会会议并执行薪酬与考核委员会的有关决议。

**第 9 条** 薪酬与考核委员会的主要职责权限:(一)根据董事及高级管理人员管理岗位的主要范围、职责、重要性以及其他相关企业相关岗位的薪酬水平制定薪酬计划或方案;(二)薪酬计划或方案主要包括但不限于绩效评价标准、程序及主要评价体系,奖励和惩罚的主要方案和制度等;(三)审查公司董事(非独立董事)及高级管理人员的履行职责情况并对其进行年度绩效考评;(四)负责对公司薪酬制度执行情况进行监督;(五)董事会交办的其他事宜。

**第 10 条** 董事会有权否决损害股东利益的薪酬计划或方案。

**第 11 条** 薪酬与考核委员会提出的公司董事薪酬计划,须报经董事会同意后,提交股东会审议通过方可实施;公司经理人员的薪酬分配方案须报董事会批准。

**第 12 条** 薪酬与考核委员会下设的工作组负责做好薪酬与考核委员会决策的前期准备工作,提供公司有关方面的资料:(一)提供公司主要财务指标和经营目标完成情况;(二)公司高级管理人员分管工作范围及主要职责情况;(三)提供董事及高级管理人员岗位工作业绩考评系统中涉及指标的完成情况;(四)提供董事及高级管理人员的业务创新能力和创利能力的经营绩效情况;(五)提供按公司业绩拟定公司薪酬分配规划和分配方式的有关测算依据。

**第 13 条** 薪酬与考核委员会对董事和高级管理人员考评程序:(一)公司董事和高级管理人员向董事会薪酬与考核委员会作述职和自我评价;(二)薪酬与考核委员会按绩效评价标准和程序,对董事及高级管理人员进行绩效评价;(三)根据岗位绩效评价结果及薪酬分配政策提出董事及高级管理人员的报酬数额和奖励方式,表决通过后,报公司董事会。

**第 14 条** 薪酬与考核委员会每年至少召开两次会议,并于会议召开前 7 天通知全体委员,会议由主任委员主持,主任委员不能出席时可委托其他一名委员(独立董事)主持。

**第 15 条** 薪酬与考核委员会会议应由 2/3 以上的委员出席方可举行;每一名委员有一票的表决权;会议作出的决议,必须经全体委员的过半数通过。

**第 16 条** 薪酬与考核委员会会议表决方式为举手表决或投票表决;临时会议可以采取通讯表决的方式。

**第 17 条** 薪酬与考核委员会会议必要时可以邀请公司董事、监事及高级管理人员列席会议。

**第 18 条** 如有必要,薪酬与考核委员会可以聘请中介机构为其决策提供专业意见,费用由公司支付。

**第 19 条** 薪酬与考核委员会会议讨论有关委员会成员的议题时,当事人应回避。

**第 20 条** 薪酬与考核委员会会议的召开程序、表决方式和会议通过的薪酬政策与分配方案必须遵循有关法律、法规、公司章程及本办法的规定。

**第 21 条** 薪酬与考核委员会会议应当有记录,出席会议的委员应当在会议记录上签名;会议记录由公司董事会秘书保存。

**第 22 条** 薪酬与考核委员会会议通过的议案及表决结果,应以书面形式报公司董事会。

**第 23 条** 出席会议的委员均对会议所议事项有保密义务,不得擅自披露有关信息。

**第 24 条** 本实施细则自董事会决议通过之日起施行。

**第 25 条** 本实施细则未尽事宜,按国家有关法律、法规和公司章程的规定执行;本细则如与国家日后颁布的法律、法规或经合法程序修改后的公司章程相抵触时,按国家有关法律、法规和公司章程的规定执行,并立即修订,报董事会审议通过。

**第 26 条** 本细则解释权归属公司董事会。

# 第九章　总裁及其他高级管理人员

【示范条款】

9.1.1　总裁的任免

公司设总裁一名,设副经理【人数】名,由董事会聘任或解聘。

公司总裁、副总裁、财务负责人、董事会秘书和【职务】为公司高级管理人员。公司高级管理人员由董事会聘任或解聘。

【注释】公司可以根据具体情况,在章程中规定属于公司高级管理人员的其他人选。

9.1.2　董事兼任

董事可受聘兼任总裁、副总裁或者其他高级管理人员,但兼任总裁、副总裁或者其他高级管理人员职务的董事不得超过公司董事总数的【1/2】。

9.1.3　高级管理人员任期

总裁及其他高级管理人员每届任期3年,连聘可以连任。

9.1.4　总裁职责

总裁对董事会负责,行使下列职权:1. 主持公司的生产经营管理工作,并向董事会报告工作;2. 组织实施董事会决议、公司年度计划和投资方案;3. 拟定公司内部管理机构设置方案;4. 拟定公司的基本管理制度;5. 制定公司的具体规章;6. 提请董事会聘任或者解聘公司副总裁、财务负责人等高级管理人员;7. 聘任或者解聘除应由董事会聘任或者解聘以外的管理人员;8. 公司章程或董事会授予的其他职权。

其他高级管理人员协助公司总裁履行上述职责。

【注释】公司应当根据自身情况,在章程中制定符合公司实际要求的经理的职权和具体实施办法。如也可以规定总裁有权拟定公司职工的工资、福利、奖惩,决定公司职工的聘用和解聘,提议召开董事会临时会议等。

9.1.5　列席董事会会议

总裁及其他高级管理人员列席董事会会议,未担任公司董事的公司高级管理人员在董事会上没有表决权。

### 9.1.6 总裁报告

总裁应当根据董事会或者监事会的要求,向董事会或者监事会报告公司重大合同的签订、执行情况、资金运用情况和盈亏情况。总裁必须保证该报告的真实性。

### 9.1.7 职工待遇保障

总裁拟定有关职工工资、福利、安全生产以及劳动保护、劳动保险、解聘或开除公司职工等涉及职工切身利益的问题时,应当事先听取工会和职工(代表)大会的意见。

### 9.1.8 总裁工作细则

总裁应制订总裁工作细则,报董事会批准后实施。

### 9.1.9 工作细则内容

总裁工作细则包括下列内容:1.总裁会议召开的条件、程序和参加的人员;2.总裁、副总裁及其他高级管理人员各自具体的职责及其分工;3.公司资金、资产运用,签订重大合同的权限,以及向董事会、监事会的报告制度;4.董事会认为必要的其他事项。

### 9.1.10 总裁操守

公司总裁应当遵守法律、行政法规和本章程的规定,履行忠实和勤勉的义务。

### 9.1.11 总裁辞职

总裁可以在任期届满以前提出辞职。有关总裁辞职的具体程序和办法由总裁与公司之间的劳务合同规定。

公司根据自身情况,在章程中应当规定副总裁的任免程序、副总裁与总裁的关系,并可以规定副总裁的职权。

### 9.1.12 高级管理人员责任

高级管理人员执行公司职务时违反法律、行政法规、部门规章或本章程的规定,给公司造成损失的,应当承担赔偿责任。

【条款解读】

一、总裁负责制

总裁负责制就是通过设立股东会会议、董事会、经理层、监事会,构建不同的权力机构,划分企业内部管理机构的权责关系的制度。股东会会议是全体股东组成的公司最高权力机构,对公司的经营管理和股东利益等重大问题作出决策;董事会是由股东会会议聘请的董事组成的,在股东会会议闭会期行使职权的机构,是公司常设的权力机构和经营管理决策机构,是公司对外进行业务活动的全权代表;总裁及其领导下的经理层是由董事会聘任,由总裁对董事会负责,在董事会的授权下,执行董事会的战略决策,实现董事会制定的企业经营目标,是公司章程规定范围内的业务执行机关。总裁通过组建由高级管理人员组成的经理层,形成一个以总裁为中心的组织、管理、领导体系,负责企业日常管理工作,实施对公司的有效管理;监事会是由股东会会议聘请的监督人员组成的,是依据公司章程履行职责、维护公司利益的监督机构。

总裁的主要职责是公司日常业务的经营管理,经董事会授权,对外签订合同和处理业务;组织经营管理班子,提出任免副总裁、总经济师、总工程师及部门经理等高级职员的人选,并报董事会批准;定期向董事会报告业务情况,向董事会提交年度报告及各种报表、计划、方案,包括经营计划、利润分配方案、弥补亏损方案等。

二、总裁办公会

总裁办公会由公司总裁、副总裁、财务总监、法务总监、总会计师、总工程师等高级管理人员参加,由总裁主持。总裁办公会每月召开2—3次,具体时间由总裁确定。特殊情况下,由总裁、副总裁等高级管理人员提出,可召开临时总裁办公会。总裁办公会研究决定问题遵循民主集中制原则,在发扬民主的基础上,由总裁集中多数成员意见作出会议决议。提交总裁办公会研究的议题,分管的副总裁等高级管理人员应事先召集有关部门进行研究,提出意见;对意见分歧较大的问题,应向会议说明。董事长可参加总裁办公会。

三、其他高级管理人员

通常来说,公司的其他高级管理人员有:董事会秘书、财务总监、合规总监、总会计师、总工程师、首席法务官、首席信息管、首席风险官等。

## 【相关法规】

● 《证券公司监督管理条例》(2014年修订,中华人民共和国国务院令第653号)

第23条 证券公司设合规负责人,对证券公司经营管理行为的合法合规性进行审查、监督或者检查。合规负责人为证券公司高级管理人员,由董事会决定聘任,并应当经国务院证券监督管理机构认可。合规负责人不得在证券公司兼任负责经营管理的职务。

● 《总会计师条例》(2011年修订,中华人民共和国国务院令第588号)

第2条 全民所有制大、中型企业设置总会计师;事业单位和业务主管部门根据需要，经批准可以设置总会计师。

总会计师的设置、职权、任免和奖惩，依照本条例的规定执行。

**第 3 条** 总会计师是单位行政领导成员，协助单位主要行政领导人工作，直接对单位主要行政领导人负责。

**第 5 条** 总会计师组织领导本单位的财务管理、成本管理、预算管理、会计核算和会计监督等方面的工作，参与本单位重要经济问题的分析和决策。

**第 7 条** 总会计师负责组织本单位的下列工作：（一）编制和执行预算、财务收支计划、信贷计划，拟订资金筹措和使用方案，开辟财源，有效地使用资金；（二）进行成本费用预测、计划、控制、核算、分析和考核，督促本单位有关部门降低消耗、节约费用、提高经济效益；（三）建立、健全经济核算制度，利用财务会计资料进行经济活动分析；（四）承办单位主要行政领导人交办的其他工作。

**第 8 条** 总会计师负责对本单位财会机构的设置和会计人员的配备、会计专业职务的设置和聘任提出方案；组织会计人员的业务培训和考核；支持会计人员依法行使职权。

**第 9 条** 总会计师协助单位主要行政领导人对企业的生产经营、行政事业单位的业务发展以及基本建设投资等问题作出决策。

总会计师参与新产品开发、技术改造、科技研究、商品（劳务）价格和工资奖金等方案的制定；参与重大经济合同和经济协议的研究、审查。

●**《证券公司治理准则》（2020 年修正，中国证券监督管理委员会公告〔2020〕20 号）**

**第 58 条** 证券公司设总经理的，总经理依据《公司法》、公司章程的规定行使职权，并向董事会负责。

证券公司设立管理委员会、执行委员会等机构行使总经理职权的，应当在公司章程中明确其名称、组成、职责和议事规则，其组成人员应当向住所地中国证监会派出机构备案。

**第 59 条** 证券公司经营管理的主要负责人应当根据董事会或者监事会的要求，向董事会或者监事会报告公司重大合同的签订、执行情况，资金运用情况和盈亏情况。经营管理的主要负责人必须保证报告的真实、准确、完整。

未担任董事职务的经营管理的主要负责人可以列席董事会会议。

**第 60 条** 证券公司经理层应当建立责任明确、程序清晰的组织结构，组织实施各类风险的识别与评估工作，并建立健全有效的内部控制制度和机制，及时处理或者改正内部控制中存在的缺陷或者问题。

证券公司高级管理人员应当对内部控制不力、不及时处理或者改正内部控制中存在的缺陷或者问题承担相应的责任。

**第61条** 证券公司分管合规管理、风险管理、稽核审计部门的高级管理人员，不得兼任或者分管与合规管理、风险管理、稽核审计职责相冲突的职务或者部门。

证券公司高级管理人员应当支持合规管理、风险管理、稽核审计部门的工作。

● 《证券公司和证券投资基金管理公司合规管理办法》（2020年修正，中国证券监督管理委员会令第166号）

**第11条** 证券基金经营机构设合规负责人。合规负责人是高级管理人员，直接向董事会负责，对本公司及其工作人员的经营管理和执业行为的合规性进行审查、监督和检查。

合规负责人不得兼任与合规管理职责相冲突的职务，不得负责管理与合规管理职责相冲突的部门。

证券基金经营机构的章程应当对合规负责人的职责、任免条件和程序等作出规定。

**第12条** 证券基金经营机构合规负责人应当组织拟定合规管理的基本制度和其他合规管理制度，督导下属各单位实施。

合规管理的基本制度应当明确合规管理的目标、基本原则、机构设置及其职责，违法违规行为及合规风险隐患的报告、处理和责任追究等内容。

法律法规和准则发生变动的，合规负责人应当及时建议董事会或高级管理人员并督导有关部门，评估其对合规管理的影响，修改、完善有关制度和业务流程。

**第13条** 合规负责人应当对证券基金经营机构内部规章制度、重大决策、新产品和新业务方案等进行合规审查，并出具书面合规审查意见。

中国证监会及其派出机构、自律组织要求对证券基金经营机构报送的申请材料或报告进行合规审查的，合规负责人应当审查，并在该申请材料或报告上签署合规审查意见。其他相关高级管理人员等人员应当对申请材料或报告中基本事实和业务数据的真实性、准确性及完整性负责。

证券基金经营机构不采纳合规负责人的合规审查意见的，应当将有关事项提交董事会决定。

**第14条** 合规负责人应当按照中国证监会及其派出机构的要求和公司规定，对证券基金经营机构及其工作人员经营管理和执业行为的合规性进行监督检查。

合规负责人应当协助董事会和高级管理人员建立和执行信息隔离墙、利益冲突管理和反洗钱制度，按照公司规定为高级管理人员、下属各单位提供合规咨询、组织合规培训,指导和督促公司有关部门处理涉及公司和工作人员违法违规行为的投诉和举报。

**第 15 条** 合规负责人应当按照公司规定,向董事会、经营管理主要负责人报告证券基金经营机构经营管理合法合规情况和合规管理工作开展情况。

合规负责人发现证券基金经营机构存在违法违规行为或合规风险隐患的,应当依照公司章程规定及时向董事会、经营管理主要负责人报告,提出处理意见,并督促整改。合规负责人应当同时督促公司及时向中国证监会相关派出机构报告……还应当向有关自律组织报告。

**第 17 条** 合规负责人应当将出具的合规审查意见、提供的合规咨询意见、签署的公司文件、合规检查工作底稿等与履行职责有关的文件、资料存档备查,并对履行职责的情况作出记录。

● 《保险公司合规管理办法》(保监发〔2016〕116 号)

**第 11 条** 保险公司应当设立合规负责人。合规负责人是保险公司的高级管理人员。合规负责人不得兼管公司的业务、财务、资金运用和内部审计部门等可能与合规管理存在职责冲突的部门,保险公司总经理兼任合规负责人的除外。

**第 12 条** 保险公司任命合规负责人,应当依据《保险公司董事、监事和高级管理人员任职资格管理规定》及中国保监会的有关规定申请核准其任职资格。

保险公司解聘合规负责人的,应当在解聘后 10 个工作日内向中国保监会报告并说明正当理由。

**第 13 条** 保险公司合规负责人对董事会负责,接受董事会和总经理的领导,并履行以下职责:(一)全面负责公司的合规管理工作,领导合规管理部门;(二)制定和修订公司合规政策,制订公司年度合规管理计划,并报总经理审核;(三)将董事会审议批准后的合规政策传达给保险从业人员,并组织执行;(四)向总经理、董事会或者其授权的专业委员会定期提出合规改进建议,及时报告公司和高级管理人员的重大违规行为;(五)审核合规管理部门出具的合规报告等合规文件;(六)公司章程规定或者董事会确定的其他合规职责。

● 《期货公司首席风险官管理规定》(2022 年修正,中国证券监督管理委员会公告〔2022〕43 号)

**第 6 条** 期货公司应当根据公司章程的规定依法提名并聘任首席风险官。期货公司设有独立董事的,还应当经全体独立董事同意。

董事会选聘首席风险官,应当将其是否熟悉期货法律法规、是否诚信守法、是否具备胜任能力以及是否符合规定的任职条件作为主要判断标准。

**第 7 条** 期货公司章程应当明确规定首席风险官的任期、职责范围、权利义务、工作报告的程序和方式。

第 8 条　首席风险官应当具有良好的职业操守和专业素养,及时发现并报告期货公司在经营管理行为的合法合规性和风险管理方面存在的问题或者隐患。

第 9 条　首席风险官履行职责应当保持充分的独立性,作出独立、审慎、及时的判断,主动回避与本人有利害冲突的事项。

第 10 条　首席风险官应当保守期货公司的商业秘密和客户信息。

第 11 条　首席风险官对于侵害客户和期货公司合法权益的指令或者授意应当予以拒绝;必要时,应当及时向公司住所地中国证监会派出机构报告。

第 13 条　首席风险官不得有下列行为:(一)擅离职守,无故不履行职责或者授权他人代为履行职责;(二)在期货公司兼任除合规部门负责人以外的其他职务,或者从事可能影响其独立履行职责的活动;(三)对期货公司经营管理中存在的违法违规行为或者重大风险隐患知情不报、拖延报告或者作虚假报告;(四)利用职务之便牟取私利;(五)滥用职权,干预期货公司正常经营;(六)向与履职无关的第三方泄露期货公司秘密或者客户信息,损害期货公司或者客户的合法权益;(七)其他损害客户和期货公司合法权益的行为。

第 14 条　首席风险官任期届满前,期货公司董事会无正当理由不得免除其职务。

第 15 条　首席风险官不能够胜任工作,或者存在第十三条规定的情形和其他违法违规行为的,期货公司董事会可以免除首席风险官的职务。

第 17 条　期货公司董事会决定免除首席风险官职务时,应当同时确定拟任人选或者代行职责人选,按照有关规定履行相应程序。

第 20 条　首席风险官应当对期货公司经营管理中可能发生的违规事项和可能存在的风险隐患进行质询和调查,并重点检查期货公司是否依据法律、行政法规及有关规定,建立健全和有效执行以下制度:(一)期货公司客户保证金安全存管制度;(二)期货公司风险监管指标管理制度;(三)期货公司治理和内部控制制度;(四)期货公司经纪业务规则、结算业务规则、客户风险管理制度和信息安全制度;(五)期货公司员工近亲属持仓报告制度;(六)其他对客户资产安全、交易安全等期货公司持续稳健经营有重要影响的制度。

● **《企业首席信息官制度建设指南》(工信厅信函〔2014〕743号)**

二、企业应当设置首席信息官职位,直接向企业负责人汇报。条件暂不成熟的企业,可先由现任信息化主管领导兼任首席信息官。

首席信息官全面负责企业的信息技术应用和信息资源管理工作,承担企业信息化领导责任。首席信息官的主要任务是促进信息技术和各项业务的融合,协助提高管理水平和创新经营模式,提升企业在信息化条件下的核心竞争力。

三、企业首席信息官的具体职责主要包括以下方面:(一)制定企业信息化战略、规划和技术方案;(二)实施企业信息化战略、规划和技术方案;(三)开展企业信息化管理与服务。

【细则示范】

● 总裁工作细则

第1条 为健全现代企业制度,完善公司治理结构,规范高级经理人员行为,促进公司日常经营管理工作规范、高效、有序运行,根据《公司法》等法律法规以及公司章程,制定本细则。

第2条 本细则适用于本公司的高级经理人员,包括总裁、副总裁和【财务总监、法务总监、总工程师】等。

第3条 公司依法在董事会下设置总裁,结合公司实际情况建立由总裁、副总裁等高级管理人员和各职能部门组成的总裁工作机构,明确相应的职权与职责,各司其职,协调配合。

第4条 公司高级经理人员应当遵循国家法律,恪守职业道德,履行忠实勤勉义务,积极合理行使职权,严格依法承担责任。

第5条 总裁人员任职应当符合下列基本条件:1.具有优秀的道德品质与职业操守;2.具有丰富的经济理论知识、管理知识及实践经验,具有较强的经营管理能力;3.具有调动员工积极性、知人善任、建立合理的组织机构、协调内外关系和统揽全局的能力;4.熟悉公司主营业务,掌握国家有关法律、法规和政策;5.有较强的使命感和积极开拓的进取精神。

第6条 有下列情形之一的,不得担任公司高级管理人员:1.为无民事行为能力或者限制民事行为能力人;2.因贪污、贿赂、侵占财产、挪用财产或者破坏社会经济秩序,被判处刑罚,执行期满未逾5年,或者因犯罪被剥夺政治权利,执行期满未逾5年,被宣告缓刑的,自缓刑考验期满之日起未逾2年;3.担任破产清算的公司、企业的董事或者厂长、经理并对该公司、企业的破产负有个人责任的,自该公司、企业破产清算完结之日起未逾3年;4.担任因违法被吊销营业执照、责令关闭的公司、企业的法定代表人,并负有个人责任的,自该公司、企业被吊销营业执照之日起未逾3年;5.个人所负数额较大的债务到期未清偿;6.属于法律和行政法规规定不得在企业任职的、法律规定不得兼职公司高级管理人员的、公司的制度规定不得在公司任职或担任高级管理人员的。

公司违反前款规定进行聘任的,该聘任无效。

第 7 条　总裁应在公司专职任职。除下列情况外,不得在其他任何法人或非法人组织中兼职:1.在本公司的控股股东控制的其他企业兼任董事、监事的;2.在本公司的控股子公司或参股企业中兼任职务的;3.在合法的社会、公益、学术团体或组织中兼职的;4.经本公司董事会同意而出任其他与本公司不构成竞业关系的公司的董事或监事的。

第 8 条　本公司董事可受聘为公司高级管理人员,但兼任高级管理人员的董事人数不得超过全体董事总数的【1/2】。

第 9 条　董事会聘任总裁由董事会按照法律、章程和本细则采取公开透明的方式聘任或解聘,任何股东或实际控制人不得直接委派总裁,任何组织和个人不得干预公司高级管理人员的正常聘任。

第 10 条　总裁可由单独或合计持有【10%】以上股份的股东、董事长或【1/3】以上董事推荐,经董事会提名委员会考察审核后,由董事会参考董事会提名委员会的建议决定聘任。

公司设置副总裁若干名,设置【财务总监、法务总监、总工程师】等,由总裁提名,经董事会提名委员会考察审核后,由董事会参考董事会提名委员会的建议决定聘任。

第 11 条　总裁每届任期不超过 3 年,可以连聘连任。总裁可以在任期届满以前提出辞职。有关总裁辞职的具体程序和办法由总裁与公司之间的劳动合同约定。

第 12 条　总裁出现刑事违法、行政违规、严重失职、不能胜任职务或公司规定及劳动合同约定的其他应解聘的情况时,应当解聘。

总裁的解聘应经单独或合计持有【10%】以上股份的股东、董事会或监事会提议,并经独立董事发表独立意见,由董事会审议决定。

总裁解聘后,在新任总裁就职之前,应由董事长或董事长委托的一名高级经理人员代行总裁职权与职责。副总裁和财务总监的解聘须由总裁提议,由董事会审议决定。

第 13 条　总裁向董事会负责,根据董事会的授权,主持公司的日常经营管理工作,并接受董事会的监督和指导。

副总裁、财务总监等其他高级管理人员(不含董事会秘书)就其所分管的业务和日常工作对总裁负责,并在总裁的领导下贯彻落实所负责的各项工作,定期向总裁报告工作。

第 14 条　总裁根据《公司法》等法律法规、公司章程和董事会授权行使下列职权:1.主持公司的生产经营管理工作,组织实施董事会决议,并向董事会报告工作;2.组织实施公司年度经营计划和投资方案;3.拟定公司内部管理机构设置方案;

4.拟定公司的基本管理制度；5.制定公司的具体规章；6.提请董事会聘任或者解聘公司副总裁、财务负责人；7.决定聘任或解聘除应由董事会决定聘任或解聘以外的负责管理人员；8.拟定公司中长期发展规划、年度经营计划、重大投资方案；9.拟定公司年度财务预算、决算、利润分配、弥补亏损、融资等方案；10.拟定公司增加或减少注册资本和发行公司债券的建议方案；11.拟定公司员工工资方案和奖惩方案、年度用工计划；12.根据董事会决定的投资方案，实施董事会授权额度内的投资项目；13.在董事会授权额度内，审批公司财务支出款项；14.决定公司除高级管理人员之外的员工的聘用、升级、加薪、奖惩与解聘；15.经总裁会议决议推荐或委派到子公司或参股企业任职的董事、监事和高级管理人员；16.根据公司法定代表人授权，代表公司签署合同，签发日常行政和业务文件；17.公司章程和董事会授予的其他职权。

非董事总裁，列席董事会会议。

**第 15 条** 总裁有权决定以下交易事项：1.交易涉及的资产总额占公司最近一期经审计总资产的【10%】以下，该交易涉及的资产总额同时存在账面值和评估值的，以较高者作为计算数据；2.交易标的(如股权)在最近一个会计年度相关的营业收入占公司最近一个会计年度经审计营业收入的【10%】以下，或绝对金额未超过【1000万】元人民币；3.交易标的(如股权)在最近一个会计年度相关的净利润占公司最近一个会计年度经审计净利润的【10%】以下，或绝对金额未超过【100万】元人民币；4.交易的成交金额(含承担债务和费用)占公司最近一期经审计净资产的【10%】以下，或绝对金额未超过【1000万】元人民币；5.交易产生的利润占公司最近一个会计年度经审计净利润的【10%】以下，或绝对金额未超过【300万】元人民币。

上述交易审批权限所涉及的资产不含购买原材料、燃料和动力，以及出售产品、商品等与日常经营相关的资产，但资产置换中涉及购买、出售此类资产的，仍包含在内。

**第 16 条** 总裁有权决定以下关联交易：

公司与关联自然人发生的交易金额在【30万】元以下的关联交易，及公司与关联法人发生的交易金额在【300万】元以下或占公司最近一期经审计净资产绝对值【1%】以下的关联交易。

**第 17 条** 公司的对外担保均须经董事会审议，并经董事会过半数董事签署同意。

**第 18 条** 公司总裁和其他高级管理人员应当遵守公司章程，忠实履行职务，维护公司利益，并保证：1.在其职责范围内行使权利，不得越权；2.公司的商业行为符合国家法律、行政法规及国家各项经济政策的要求，商业活动不超越营业执照规定的业务范围;3.除经公司章程规定或者董事会在知情的情况下批准外,不得同本公司订立合同或者进行交易;4.不得利用内幕信息为自己或他人谋取利益;5.不得自营或者为他人经营与公司同类的业务或者从事损害本公司利益的活动;6.不得利用职权收受贿赂或者其他非法收入,不得侵占公司的财产;7.不得挪用资金或者将公司的资金借贷给他人;8.不得利用职务便利为自己或他人侵占或者接受本应属于公司的商业机会;9.未经董事会在知情的情况下批准,不得在任何企业任职;10.不得将公司资产以其个人名义或者以其他个人名义开立账户储存;11.不得以公司资产为本公司的股东或者其他个人债务提供担保;12.未经董事会在知情的情况下同意,不得泄露在任职期间所获得的涉及本公司的机密信息,但在法律有规定、公众利益有要求时向法院或者其他政府主管机关披露该信息的除外;13.应当对公司定期报告签署书面确认意见。保证公司所披露的信息真实、准确、完整;14.应当如实向监事会提供有关情况和资料,不得妨碍监事会或者监事行使职权;15.法律、行政法规、部门规章及公司章程规定的其他勤勉义务。

**第19条** 副总裁及时完成总裁交办或安排的其他工作,可以向总裁提议召开总裁办公会。根据业绩和表现,可以提请公司总裁解聘或聘任自己所分管业务范围内的一般管理人员和员工。

**第20条** 公司设财务总监1名,由总裁提名并由董事会聘任。财务总监对董事会负责,协助总裁进行工作。

**第21条** 财务总监具体工作职责如下:1.全面负责公司的日常财务工作,审查、签署重要的财务文件并向总裁报告工作;2.组织拟定公司的年度利润计划、资金使用计划和费用预算计划;3.负责公司及下属公司的季度、中期、年度财务报告的审核,保证公司财务报告及时披露,并对披露的财务数据负责;4.控制公司生产经营成本,审核、监督公司资金运用及收支平衡;5.按月向总裁提交财务分析报告,提出改善生产经营的建议;6.参与投资项目的可行性论证工作并负责新项目的资金保障;7.指导、检查、监督各分公司、子公司的财务工作;8.审核公司员工的差旅费、业务活动费以及其他一切行政费用;9.提出公司员工工资、奖金的发放及年终利润分配方案、资本公积金转增股本方案;10.财务总监对公司出现的财务异常波动情况,须随时向总裁汇报,并提出正确及时的解决方案,配合公司做好相关的信息披露工作;11.根据总裁的安排,协助各副总裁做好其他工作,完成总裁交办的临时任务。

**第22条** 公司实行总裁负责下的总裁办公会会议制,重大问题提交总裁办公会审议,除了由股东会会议、董事会审议通过的事项,其他事项由总裁办公会会议做出最后决定。总裁办公会由总裁、副总裁、财务总监及其他高级管理人员组成。根据议题的需要,有关单位和部门的负责人可列席会议。

**第 23 条** 总裁办公会分为例会和临时会议,例会每月月初召开;总裁认为必要或董事会提议时,可随时召开临时会议。

**第 24 条** 总裁办公会会议由总裁主持,如总裁因故不能履行职责时,应当由总裁指定一名副总裁代其召集并主持会议。

**第 25 条** 总裁办公会参会人员必须准时出席。因故不能到会的,应向总裁或主持会议的副总裁请假。

**第 26 条** 有下列情形之一的,总裁应在 3 个工作日内召开临时总裁办公会会议:1.总裁认为必要时;2.其他高级管理人员提议时;3.董事会提议时。

**第 27 条** 总裁办公室负责安排会务,总裁办公会会议议程及出席范围经总裁审定后,应于会议前 3 天以书面或电话的方式通知全体出席人员。公司下属公司、部门或人员需提交总裁办公会会议讨论的议题,应于会议召开前向总裁办公室申报,由总裁办公室请示总裁后予以安排。为保证会议质量,讲究会议实效,会议一般不穿插临时动议和与会议既定议题无关的内容。重要议题讨论材料须至少提前 1 天送达出席会议人员查阅。

**第 28 条** 总裁办公会会议议题包括但不限于:1.拟定公司中长期发展规划、重大投资项目及年度生产经营计划的方案;2.拟定公司年度财务预决算方案,拟定公司税后利润分配方案、弥补亏损方案等;3.拟定公司增加或减少注册资本和发行公司债券等建议方案;4.拟定公司内部经营管理机构设置方案;5.拟定公司员工工资和奖惩方案,拟定年度用工计划;6.拟定公司基本管理制度和制定公司具体规章;7.根据董事会决议事项,研究制定公司经营管理实施方案;8.根据董事会确定的公司投资计划,研究实施董事会授权额度内的投资项目;9.根据董事会审定的年度生产计划、投资计划和财务预决算方案,制订投融资计划;10.在董事会授权额度内,研究决定公司财产的处置和固定资产的购置;11.在董事会授权额度内,研究决定公司大额款项的调度;12.研究决定公司各部门负责人、分公司主要经营管理人员,研究决定公司员工的聘用、晋级、加薪、奖惩与辞退;13.其他需要提交总裁办公会议讨论的议题。

**第 29 条** 总裁办公会会议议事程序如下:1.主持人提出议题;2.议题汇报人汇报有关事项,汇报人应提供翔实的汇报材料,并有明确的意见;3.与会的总裁办公会成员须发表意见,并对该议题有明确的表态;4.主持人对每一个议题作出结论。

**第 30 条** 总裁办公会会议的决定事项以会议纪要或决议的形式作出,经主持会议的总裁或副总裁签署后,由具体负责人或部门组织实施。会议纪要内容主要包括:会议名称、会议时间、会议地点、出席会议人员、会议议程、会议发言要点、会议决定、与会人员签字、会议记录员签字。会议纪要由会议主持人审定并决定是否印发及发放范围。会议纪要由总裁秘书保管、存档。

**第 31 条** 总裁应当根据董事会的要求,定期或不定期向董事会报告工作,包括但不限于:1. 由证券投资部和财务部编制,在董事会的要求期限内提交的定期报告。定期报告包括年度报告、半年度报告、季度报告。在年度报告编制过程中,公司经理层应向独立董事全面汇报公司本年度的生产经营情况和重大事项的进展情况;2. 公司年度计划实施情况和生产经营中存在的问题及对策;3. 公司重大合同签订和执行情况;4. 资金运用和盈亏情况;5. 重大投资项目进展情况;6. 公司董事会决议执行情况;7. 董事会要求的其他专题报告。

**第 32 条** 董事会认为必要时,总裁应根据要求报告工作。

**第 33 条** 公司内部审计机构的审计报告应同时报总裁、董事会审计委员会。如果总裁与审计委员会有意见分歧,上报董事会。

**第 34 条** 总裁应根据监事会的要求向监事会报告工作,并保证报告事项的真实性,自觉接受监事会的监督。

**第 35 条** 总裁及其他高级管理人员的绩效评价由董事会薪酬与考核委员会负责组织考核。

**第 36 条** 总裁的薪酬应同公司绩效和个人业绩相联系,并参照绩效考核指标完成情况进行发放。

**第 37 条** 总裁发生调离、解聘或到期离任等情形时,必须进行离任审计。

**第 38 条** 总裁违反法律、行政法规,或因工作失职,致使公司遭受损失,应根据情节给予经济处罚或行政处分,直至追究法律责任。

**第 39 条** 本细则未尽事项,按国家有关法律、法规及公司章程的有关规定执行;本条例与生效的法律、法规和公司章程相抵触的,以生效的法律、法规和公司章程为准。

**第 40 条** 本细则经公司董事会批准后生效,由公司董事会负责修改及解释,自董事会审议通过之日起生效实施。

### ● 财务总监职责及工作细则

**第 1 条** 为充分发挥财务总监的作用,确保实现财务总监工作目标,发挥财务总监在加强经济管理、提高经济效益中的作用,根据《公司法》与公司章程的规定,特制定财务总监职责及工作细则。

**第 2 条** 财务总监是公司财务负责人,是对公司财务活动和会计活动进行管理和监控的高级管理人员。

**第 3 条** 公司设财务总监 1 人,财务总监经总经理提名,由董事会聘任或解聘。

**第 4 条**　公司财务总监必须专职,财务总监不得在集团等控股股东单位及其下属公司中担任其他职务。财务总监在本公司领薪。

**第 5 条**　财务总监每届任期 3 年,连聘可以连任。

**第 6 条**　财务总监应具备以下条件:1.具有良好的个人品质和职业道德,维护社会公益、公司、投资者和职工的利益;2.具有较全面的财会专业理论知识和现代公司管理知识,熟悉财经法律、法规和制度;3.具有会计、审计、经济类中级以上专业技术资格,并曾担任公司总会计师或财务会计机构负责人【2】年以上;4.不至因身体原因干扰,影响其任职工作。

**第 7 条**　有《公司法》规定的情形;因渎职造成公司重大经济损失的人员;有违反国家财经法律、法规和制度,弄虚作假、贪污受贿等违法行为的人员不得担任公司财务总监。

**第 8 条**　财务总监在任职期间,可以向董事会提出辞职,但应于 2 个月前先向总经理提交辞职报告,由总经理签字同意后报经董事会,待董事会批准后离任。若在不利于公司的情形下辞职或在董事会未正式批准前擅自离职等原因给公司造成损害的,财务总监应负赔偿责任。

**第 9 条**　董事会无正当理由不得拖延对辞职的审查,应于收到财务总监辞职报告之日起 1 个月内给予正式批复。

**第 10 条**　财务总监离任必须进行离职审计。

**第 11 条**　财务总监对董事会负责,行使下列职权:1.审核公司的重要财务报表和报告,与公司负责人共同对财务报表和报告的真实性负责;2.参与审定公司的财务管理规定及其他经济管理制度,监督检查下属子公司财务运作和资金收支情况;3.参与审定公司重大财务决策,拟定公司财务预决算方案,为公司重大经营性、投资性、融资性的计划和合同以及资产重组和债务重组方案提供财务决策信息,参与拟定公司的利润分配方案和亏损弥补方案;4.对董事会批准的公司重大经营计划、方案的执行情况进行财务监督;5.检查公司财务会计活动及相关业务活动的合法性、真实性和有效性,及时发现和制止可能造成出资者重大损失的经营行为,并向董事会报告;6.配合会计师事务所组织公司报表审计工作;7.制定公司内部控制制度,并对其执行情况进行监督;8.列席董事会会议;9.公司章程规定或董事会授予的其他职权。

**第 12 条**　财务总监对下列情况应承担责任:1.因未履行董事会批准的公司重大经营计划、方案执行情况的财务监督职责,致使公司发生重大损失的;2.未履行对公司财务会计信息质量的监督职责,造成公司决策失误的;3.财务总监应当根据董事会的要求,向董事会报告公司财务报告,并对其真实性、完整性负责。

**第 13 条**　财务总监应当加强对公司财务流程的控制,定期检查公司货币资金、资产受限情况,监控公司与控股股东、实际控制人等关联方之间的交易和资金往来情况。财务总监应当监控公司资金进出与余额变动情况,在资金余额发生异常变动时积极采取措施,并及时向董事会报告。

财务总监应当保证公司的财务独立,不受控股股东、实际控制人影响,若收到控股股东、实际控制人及其关联人占用、转移资金、资产或者其他资源等侵占公司利益的指令,应当明确予以拒绝,并及时向董事会报告。

**第14条** 财务总监必须忠实履行职责,维护公司合法利益,不得利用职务之便谋取私利。

**第15条** 财务总监对公司有诚信和勤勉义务,不得参与对本公司构成竞争或其他可能损害公司利益的活动。

**第16条** 除非国家或公司章程规定或经股东会会议、董事会批准,财务总监不得泄露公司秘密,并承诺在离职后继续履行该义务(公司已将该信息合法披露除外)。非经授权,财务总监不得对外披露公司信息。

**第17条** 财务总监不得擅自挪用公司资金或将公司资金借贷给他人,不得擅自将公司资产以个人名义或他人名义开立账户存储。

**第18条** 财务总监行使职权时,应遵守法律、公司章程、股东会决议、董事会决议的各项规定,因违反以上规定而给公司造成损害的,应对公司负赔偿责任。

**第19条** 财务总监应当主动、积极、有效地行使董事会、总经理赋予的职权,对分管工作负主要责任。

**第20条** 财务总监应承担国家法律、法规或《公司章程》规定的其他责任和义务。

**第21条** 财务总监的薪酬由董事会讨论决定。

**第22条** 财务总监在经营管理工作中,忠实履行职责,为公司发展和经济效益作出贡献,应得到奖励;财务总监因财务监督管理不善,导致公司财务制度出现问题,则由董事会给予相应的处罚。具体奖惩办法另定。

**第23条** 财务总监违反国家法律、法规的,则根据有关法律、法规的规定,追究法律责任。

**第24条** 本细则有关内容若与国家颁布的法律、法规不一致时,按国家规定办理。

**第25条** 本细则经董事会批准后生效。

**第26条** 本细则解释权属董事会。

# 第十章　监事与监事会

## 第一节　监　事

**【示范条款】**

10.1.1　股东代表和职工代表

监事由股东代表和公司职工代表(职工监事)担任。公司职工代表担任的监事不得少于监事人数的【1/3】。

10.1.2　监事任职资格

公司监事应当符合本章程第 4.3.1 条的规定。

董事、总裁和其他高级管理人员不得兼任监事。

10.1.3　监事任期及任命

监事每届任期 3 年。股东担任的监事由股东会会议选举或更换,职工担任的监事由公司职工民主选举产生或更换。监事任期届满,连选可以连任。

【注释】有限责任公司施行监事委派制的,按照章程第 4.3.6 条执行,不适用本条款。

10.1.4　监事的忠实与勤勉义务

监事应当遵守法律、行政法规和本章程,对公司负有忠实义务和勤勉义务,不得利用职权收受贿赂或者获取其他非法收入,不得侵占公司的财产。

10.1.5　监事列席董事会会议

监事可以列席董事会会议,并对董事会决议事项提出质询或者建议。

10.1.6　监事的廉洁

监事不得利用其关联关系损害公司利益,若给公司造成损失的,应当承担赔偿责任。

10.1.7　监事的撤换

监事有下列情形之一的,由监事会提请股东会会议予以撤换:**1.** 任期内因职务变动不宜继续担任监事的;2.连续2次未出席监事会会议或连续2次未列席董事会会议的;3.任期内有重大失职行为或有违法违规行为的;4.法律法规规定不适合担任监事的其他情形。

【注释】有限责任公司施行监事委派制的,按照章程第4.3.6条执行,不适用本条款。

10.1.8　监事的失职

监事有下列行为之一的,可认定为失职,由监事会制定具体的处罚办法报股东会会议讨论通过;1.对公司存在的重大问题,没有尽到监督检查的责任或发现后隐瞒不报的;2.对董事会提交股东会的财务报告的真实性、完整性未严格审核而发生重大问题的;3.泄露公司机密的;4.在履行职责过程中接受不正当利益的;5.由公司股东会会议认定的其他严重失职行为。

10.1.9　监事责任

监事执行公司职务时违反法律、行政法规、部门规章或本章程的规定,给公司造成损失的,应当承担赔偿责任。

【条款解读】

一、监事概述

监事,顾名思义就是管理有关监督方面的事。公司的监事是公司中常设的监督机关的成员,又称为监察人。监事负有监督的职责,其最主要的作用就是防止董事长、总裁以及公司的其他高级管理人员滥用职权,损害公司和股东的利益。

在我国公司治理结构中,监事会与股东会会议、董事会是公司治理的三大机关,俗称"三会",之间是相互平衡、相互制约的关系。按照这一公司治理结构模式,股东会会议是最高权力机关,公司的重大事项决策权归属于股东会;董事会是执行机关,负责公司事务管理和业务经营;监事会则是公司的监督机关,主要是为了公司和全体股东的利益对执行业务的董事、高级管理人员进行监管,防止他们损害公司利益。如果他们已经或者正在损害公司利益,监事会应当及时采取措施予以纠正,或者向责任人追索公司所受经济损失。

二、监事权利义务

主要有:1.关联关系损害公司利益禁止义务[《公司法》(2023年修订)第22条];2.临时股东会提议权[《公司法》(2023年修订)第62条];3.股东会召集主持权[《公司法》(2023年修订)第63条];4.财务检查权+罢免建议权+高级管理人员纠正权+股东会提议召开主持权+提案权+高级管理人员、董事起诉权[《公司法》(2023年修订)第78条];5.监事列席质询权+经营异常调查权[《公司法》(2023年修订)第 79 条];6.要求董事高级管理人员报告权[《公司法》(2023 年修订)第 80 条];7.费用公司承担权[《公司法》(2023 年修订)第 82 条];8.要求董事高级管理人员报告权[《公司法》(2023 年修订)第 187 条];9.职务违法赔偿责任[《公司法》(2023 年修订)第 188 条];10.代表公司起诉高级管理人员、董事权[《公司法》(2023 年修订)第 189 条]等。

三、董事及高级管理人员不能兼任监事

《公司法》(2023 年修订)第 76、130 条规定,"董事、高级管理人员不得兼任监事"。无论是有限公司还是股份公司,董事和高级管理人员均不得兼任监事,监事不能兼任董事,也不能兼任公司高级管理人员。换句话说,只要是公司监事,就不可能同时为公司董事或者公司高级管理人员。

四、独立董事与监事的区别与联系

现今我国的上市公司董事会必设独立董事,一些公司亦设置外部董事。在现代公司治理意义上,独立董事制度确实具有监督公司内部董事或管理董事的功能。尤其是在公司财务、关联交易等方面发挥着特别作用。此外,独立董事还被寄希望于承担起维护中小股东和社会公众利益的责任。在这一点上,独立董事与监事的功能具有相应的同质性。

另一方面,独立董事的身份是董事,有参加董事会会议,并享有董事会决议的表决权。也就是说,独立董事是以董事的身份直接参与公司的经营管理决策,并对其商业决策行为承担责任。独立董事的监督是决策中的监督,是事中监督。

比较而言,监事能够列席董事会会议,有质询权和建议权,但无董事会决议的表决权。监事会的监督体现为事后监督。同时,独立董事自身也是监事监督的对象。在这一点上,独立董事与监事的功能又具有异质性。

五、公司监事能否以其知情权受到侵害为由对公司提起知情权诉讼

有限责任公司的监事会或不设监事会的公司监事,是依照法律规定和章程规定代表公司股东和职工对公司董事会、执行董事和经理依法履行职务情况进行监督的机关或个人。依照《公司法》(2023 年修订)第 79 条的规定,监事会或监事有权检查公司财务等情况,并在发现公司经营异常时进行调查,必要时聘请会计师事务所等协助其工作。但监事会或监事履行相关职权属于公司内部治理的范畴,该权利的行使与否并不涉及其民事权益,且《公司法》并未对监事会或监事行使权利受阻规定相应的司法救济程序,因此,监事会或监事以其知情权受到侵害为由提起的诉讼,不具有可诉性。

如果监事同时具备公司股东身份的,可以股东身份提起股东知情权纠纷诉讼。

六、监事辞职

若监事辞职不会导致公司监事会低于法定人数,就不影响公司监事会的正常

运作,则监事的辞职自辞职报告送达监事会时生效;若监事辞职导致上述情形发生,则辞职报告应当在下任监事填补因其辞职产生的空缺后方能生效。在改选出的监事就任前,原监事仍应当依照法律、行政法规、部门规章和公司章程规定,履行监事职务。

【典型案例】

● **金某福诉扬州同创塑胶制品有限公司监事检查权纠纷案**

【江苏省扬州市中级人民法院民事判决书(2013)扬商终字第0009号】

上诉人(原审原告):金某福。

被上诉人(原审被告):扬州同创塑胶制品有限公司(以下简称"同创公司")。

2005年3月,原告金某福与陈某良共同投资成立同创公司,注册资本为人民币50万元。2005年2月25日,同创公司召开首次股东会,选举陈某良为公司执行董事,金某福为公司监事。

2010年8月,金某福向同创公司发出书面通知,要求查阅、复制同创公司2006年至2010年的财务账簿及会计报告,遭到同创公司拒绝。金某福于2010年9月14日提起诉讼,要求行使股东知情权。经审理,判决支持金某福的诉讼请求。判决生效后,金某福申请强制执行。2012年3月21日、22日,法院召集当事人及代理人按照(2010)江商初字第0394号民事判决书判决的内容进行查阅,并经金某福同意作执结处理。由于金某福认为同创公司账目记载混乱、伪造虚假凭证、虚构支出、减少收入等,上述行为使公司经营出现异常,故起诉要求判令同创公司将公司自成立以来至诉讼时止所有财务会计报告、会计账簿及原始凭证交金某福检查,并承担扬州正信会计师事务所调查费用2万元。

【一审】一审法院认为:《公司法》(2005年修订)第55条第2款规定:"监事会、不设监事会的公司的监事发现公司经营情况异常,可以进行调查;必要时,可以聘请会计师事务所等协助其工作,费用由公司承担。"本案中,原告作为被告公司监事,根据被告提供给工商部门的经营情况,发现公司在销售收入增长的情况下,却出现亏损,有理由认为公司出现经营情况异常,要求进行调查,符合法律规定;尽管依据公司章程,原告的监事职务于2008年2月25日已经届满,但在公司股东大会选举出新的监事之前其仍然有权行使对公司的调查权。由于原告金某福在被告同创公司既是股东又是监事,鉴于其双重身份,对其在股东知情权纠纷一案中已查阅的会计账册、原始凭证、财务会计报告,从有利于公司正常运转出发,被告同创公司无须再次提供。

原告金某福虽然与扬州正信会计师事务所签订《委托审计调查协议》,但委托事项尚未进行,费用尚未实际发生,待发生后,原告可根据相关法律规定另行主张。故在本案中,不予支持。

据此,一审法院判决:一、被告扬州同创塑胶制品有限公司于本判决生效之日起 10 日内向原告金某福提供公司自成立之日起至 2012 年 5 月止的公司财务会计报告、会计账簿及原始凭证供其检查[原告在申请执行(2010)江商初字第 0394 号民事判决书中已查阅的不再提供],地点在同创公司办公室;二、驳回原告金某福的其他诉讼请求。

【二审】扬州市中级人民法院认为:

一、上诉人金某福有权查阅被上诉人同创公司财务会计报告、会计账簿及原始凭证,但是在双方股东知情权纠纷中已提供查阅的资料没有必要再次提供查阅。同创公司首次股东会决议和工商登记资料明确载明了金某福为公司监事,因此金某福具有同创公司的监事身份,依据《公司法》(2005 年修订)第 54 条第(一)项规定,其享有监事检查权。上诉人金某福作为被上诉人同创公司监事,根据同创公司提供给工商部门的经营情况,发现公司在销售收入增长的情况下出现亏损,有理由认为公司出现经营情况异常,其根据《公司法》(2005 年修订)第 55 条第 2 款的规定要求进行调查以落实其监事检查权有法律依据。但是,在金某福与同创公司的股东知情权纠纷一案中,金某福已经于 2012 年 3 月 21 日、22 日,在法院主持下并聘请专业会计师按照(2010)江商初字第 0394 号民事判决书确定的内容对同创公司会计账册、原始凭证、财务会计报告进行了查阅,并同意作执结处理,其行使股东知情权的目的已经达到。从公司法立法目的来看,之所以完善决策、执行、监督互相分离的公司内部治理结构,就是为了通过各种权利的制约与平衡,实现公司的高效、规范运营,从而保护包括公司自身在内的相关主体的合法权益,并且根据《公司法》(2005 年修订)第 148 条第 1 款的规定,监事所负勤勉义务要求其职权的行使应当谨慎并符合维护公司利益的原则。因此,上诉人金某福同时作为被上诉人同创公司的股东和监事,在行使股东知情权后,短时间内要求行使监事检查权,虽在法律上可予保障,但是,基于平衡保护公司各方主体合法权益的考虑,为减少公司不必要的运营成本、维护公司正常的经营秩序,对上诉人金某福在股东知情权纠纷一案中已查阅的会计账册、原始凭证、财务会计报告,被上诉人同创公司无须再次提供查阅。

二、上诉人金某福要求被上诉人同创公司承担其行使监事检查权的费用 2 万元的主张在本案中不应予以支持。1. 二审期间,上诉人金某福向法庭提交了 2 万元发票,由于开票时间为 2013 年 1 月 7 日,即发生在一审判决之后,并不属于原审法院认定事实错误,故不能作为否定一审判决的依据。2. 虽然根据《公司法》(2005 年修订)第 55 条第 2 款规定,监事行使职权时所发生的费用,公司应当予以承担,但是,从该条规定的文字表述,再结合监事勤勉义务对监事职权行使的谨慎性及维护公司利益原则的要求,其行使职权所发生的费用显然应当符合必要性与合理性的要求,而这需要根据监事职权行使的具体情况来确定。由于上诉人金某福的监事检查权尚未实际行使,因此,如其在行使监事检查权后,确实发生相关费用并符合必要性与合理性的要求,上诉人可以另行主张同创公司支付,但在本案中其要求支付的条件尚不具备。

2013年1月18日,扬州市中级人民法院判决驳回上诉,维持原判。

【简析】从公司法立法目的来看,设立董事会、经理层、监事会分权架构,是为了完善决策、执行、监督互相分离的公司内部治理结构,通过各种权利的制约与平衡,实现公司运营的高效、规范,从而保护包括公司自身在内的相关主体的合法权益。监事所负勤勉义务要求其职权的行使应当谨慎并符合维护公司利益的原则,基于平衡保护公司各方主体合法权益的考虑,为减少公司不必要的运营成本、维护公司正常的经营秩序,对公司监事在股东知情权纠纷一案中已查阅的会计账册、原始凭证、财务会计报告,公司无须再次提供查阅。关于监事行使职权时所发生的费用,公司应当予以承担。这种费用的承担,需要结合监事勤勉义务对监事职权行使的谨慎性及维护公司利益原则要求,以及行使职权所发生的费用应当符合必要性与合理性的要求,并根据监事职权行使的具体情况来确定。

● **李某承等与艾某等损害公司利益责任纠纷上诉案**

【浙江省高级人民法院民事判决书(2017)浙民终622号】

上诉人(一审被告):李某承;甘某。

被上诉人(一审原告):艾蒙(imanjaplaghy)。

一审第三人:义乌市欧卡姿化妆品有限公司(以下简称"欧卡姿公司"),法定代表人:李某承,该公司董事长。

甘某与李某承系夫妻关系。2007年7月6日,甘某出资20万元,李某承出资30万元,共同成立欧卡姿公司。2010年,艾蒙通过股权受让形式投入,出资24.5万元,占欧卡姿公司注册资本的49%;李某承以原有股权投入,出资25.5万元,占欧卡姿公司注册资本的51%。双方于2010年10月22日办理了企业类型及股权变更登记手续。李某承为欧卡姿公司的法定代表人兼董事长,甘某为监事,艾蒙为董事兼总经理。

2014年10月15日,艾蒙向义乌市人民法院提起股东知情权纠纷一案,该案经法院调解达成如下协议:欧卡姿公司向艾蒙提供公司自2007年7月开始至2014年11月的会计账簿以供查阅;提供审计报告及财务会计报告以供查阅、复制;提供时间为2014年12月6日,查阅复制时间至2015年3月5日止;查阅地点在明达会计师事务所办公室。

后艾蒙就该案向义乌市人民法院申请强制执行。执行过程中,该院承办法官向欧卡姿公司的法定代表人李某承询问并制作执行笔录二份,李某承在执行笔录中陈述:"艾蒙于2010年8月份左右加入欧卡姿公司,负责公司的销售,客户往来款由艾蒙跟催、收款,客户将货款汇入其个人账号,再由其个人账号汇给甘某。艾蒙在职期间大部分公司往来款以上述形式支付,还有一部分货款从艾蒙账号直接支付至欧卡姿公司账号。欧卡姿公司存在个人与公司财务混同的情况……"后艾蒙委托明达会计师事务所对欧卡姿公司自2007—2014年的会计账簿进行查阅,该会计师事务所于2015年2月12日出具了《关于针对义乌欧卡姿化妆品有限公司会计账簿的查阅结论》一份,该查阅结论明确了查阅的过程及范围,并在风险提示中称:"对于艾蒙所提供的2010—2012年度公司客户货款转至欧卡姿公司监事甘某(欧卡姿公司法定代表人李某承之妻)私人账户的汇款金额分别为:2010年汇款3笔共计金额约158.6万元、2011年汇款30笔共计金额约974.8万元、2012年汇款57笔共计金额约1105.9万元,2013年汇款57笔共计金额约763.2万元、2014年汇款30笔共计金额约508万元,以上款项未在欧卡姿公司所提供的所有会计凭证'应收账款'科目中查阅到相关的入账记录。在'其他应收款'科目中有法定代表人李某承和甘某,与欧卡姿公司有往来款项的记录,截至2013年12月31日欧卡姿公司欠李某承约6.5万元,欠甘某约230万元,以上两笔金额为欧卡姿公司的往来款项而非货款。根据双方提供的资料,查阅过程中未发现艾蒙转账至甘某账户的公司货款已入账的依据。"根据艾蒙提供的银行流水计算,177笔货款共计35111949元。艾蒙分别向欧卡姿公司及其公司的董事李某承、夏某福,监事甘某发函,要求其诉讼解决董事李某承、监事甘某占用公司财产的问题,但欧卡姿公司及其董事、监事均未就此提起诉讼,艾蒙遂提起本案诉讼。

另查明,李某承已向义乌市人民法院起诉要求解散欧卡姿公司,该案已经立案受理,案号为(2016)浙0782民初2301号。

【一审】一审法院认为:

艾蒙作为欧卡姿公司的股东,有权以自己名义提起本案诉讼。根据《公司法》的相关规定,公司股东应当遵守法律、行政法规和公司章程,依法行使股东权利,不得滥用股东权利损害公司或者其他股东的利益,公司的控股股东、实际控制人、董事、监事、高级管理人员不得利用其关联关系损害公司利益。李某承、甘某作为欧卡姿公司的董事、监事,对公司负有忠实义务和勤勉义务,且李某承、甘某系夫妻关系,其任由公司货款支付至甘某的个人账户,导致个人财产与欧卡姿公司的财产混同,并造成欧卡姿公司财产的损失,故李某承、甘某应当共同返还欧卡姿公司相应的货款并赔偿利息损失。现艾蒙主张返还货款3510.5万元,符合法律规定,应予以支持。

据此,一审法院判决:一、李某承、甘某于判决生效后十日内共同返还义乌市欧卡姿化妆品有限公司货款35105000元,并赔偿利息损失(自2015年9月1日起按中国人民银行同期同类贷款基准利率计算至判决确定履行之日止);二、驳回艾蒙的其他诉讼请求。

【二审】浙江省高级人民法院认为:艾蒙系伊朗伊斯兰共和国人,其以公司股东、监事损害公司利益为由提起本案诉讼,本案属涉外商事纠纷。艾蒙与李某承作为股东的欧卡姿公司设立于境内,故一审法院适用法律作为准据法处理本案正确。本案的争议焦点为:李某承、甘某是否存在损害公司利益的行为,本案是否应以另案结果为依据以及一审对利息损失起算日期的认定及确定诉讼费负担是否正确。

《公司法》第147条规定,"董事、监事、高级管理人员应当遵守法律、行政法规和公司章程,对公司负有忠实义务和勤勉义务"。李某承、甘某作为欧卡姿公司的董事、监事,对公司负有忠实义务和勤勉义务,但李某承任由甘某以个人账户长期存储公司货款,给欧卡姿公司造成损失。故李某承、甘某应当共同返还欧卡姿公司相应的货款并赔偿利息损失。

艾蒙作为欧卡姿公司的股东,于2016年1月15日向欧卡姿公司及该公司董事李某承提出书面请求,要求其对监事甘某损害公司利益的行为向人民法院提起诉讼,但欧卡姿公司及李某承自收到请求之日超过三十日未提起诉讼,艾蒙有权以自己名义提起本案诉讼。

此外,本案系损害公司利益责任纠纷,其诉讼结果是使公司利益得到恢复,本案的审理无须等待李某承起诉要求解散欧卡姿公司案件的处理结果。

2017年11月16日,浙江省高级人民法院判决驳回上诉,维持原判。

● **东莞市比翼高分子材料科技有限公司与广州迅居建材有限公司买卖合同纠纷执行裁定书**

【广东省广州市中级人民法院执行裁定书(2019)粤01执复318号】

复议申请人(异议人):汪某宏。

申请执行人:东莞市比翼高分子材料科技有限公司(以下简称"比翼公司")。

被执行人:广州迅居建材有限公司(以下简称"迅居公司")。

在案件执行过程中,黄埔法院向被执行人迅居公司寄送了执行通知书和报告财产令,迅居公司未按执行通知书指定的期间还款,黄埔法院依法对迅居公司发布限制消费令,限制该公司及该公司(法定代表人、主要负责人、影响债务履行的直接责任人员、实际控制人)周某福、汪某宏实施高消费及非生活和工作必需的消费行为。

对于汪某宏提出的异议,黄埔法院评析如下:

1.《最高人民法院关于限制被执行人高消费及有关消费的若干规定》(2015年修正)第1条规定,"被执行人未按执行通知书指定的期间履行生效法律文书确定的给付义务的,人民法院可以采取限制消费措施,限制其高消费及非生活或者经营必需的有关消费"。第3条规定,被执行人为自然人的,被采取限制消费措施后,不得有乘坐飞机、列车软卧等高消费及非生活和工作必需的消费行为,被执行人为单位的,被采取限制消费措施后,被执行人及其法定代表人、主要负责人、影响债务履行的直接责任人员、实际控制人不得实施前款规定的行为。

2.《公司法》第53条规定:"监事会、不设监事会的公司的监事行使下列职权:(一)检查公司财务;(二)对董事、高级管理人员执行公司职务的行为进行监督,对违反法律、行政法规、公司章程或者股东会决议的董事、高级管理人员提出罢免的建议;(三)当董事、高级管理人员的行为损害公司的利益时,要求董事、高级管理人员予以纠正;(四)提议召开临时股东会会议,在董事会不履行本法规定的召集和主持股东会会议职责时召集和主持股东会会议;(五)向股东会会议提出提案;(六)依照本法第一百五十一条的规定,对董事、高级管理人员提起诉讼;(七)公司章程规定的其他职权。"因此,汪某宏作为迅居公司的监事,属于影响债务履行的直接责任人员。

3. 鉴于汪某宏在债务发生期间及案发期间均系迅居公司的监事,而迅居公司目前又无履行能力,汪某宏属影响债务履行的直接责任人员,黄埔法院应当对其采取限制消费措施。

【复审】广州市中级人民法院认为,复议申请人汪某宏作为被执行人迅居公司的监事有迅居公司在工商行政部门登记的资料予以证实,工商行政部门并未作出撤销汪某宏作为迅居公司监事的登记信息决定,迅居公司在工商行政部门登记的资料具有对外公示的效力,因此,法院对汪某宏作为迅居公司监事的身份予以确认。

2019年6月24日,广州市中级人民法院驳回复议申请人汪某宏的复议申请。

【简析】公司董事、监事、高级管理人员均可能会因公司所负债务,而被列入限制被执行人高消费名单。

● **卢某云、珠海博朗教育咨询有限公司侵权责任纠纷再审民事裁定书**

【广东省高级人民法院民事裁定书(2020)粤民申3820号】

再审申请人(一审被告、二审上诉人):卢某云。

被申请人(一审原告、二审被上诉人):珠海博朗教育咨询有限公司(以下简称"博朗公司"),法定代表人:余某敏,执行董事兼总经理。

博朗公司工商登记显示余某敏和卢某云均为博朗公司股东,余某敏为法定代表人和执行董事,卢某云为监事。2018年12月28日,卢某云强行从博朗公司搬走物品。拿走的物品包括:电脑一台、POS机一台、保险箱一个以及工作资料(蓝色文件夹一个、笔记本两本、章程一叠、报销底单若干)。

博朗公司一审诉讼请求:1.请求卢某云归还2018年12月28日从博朗公司处强行搬走的保险箱、电脑、工作资料和POS机;2.请求卢某云赔偿博朗公司直接经营损失50万元、间接损失20万元。

卢某云陈述:未打开保险箱,未删除电脑中的资料,电脑中确有招生资料。双方当庭确认卢某云未损坏视频监控。

【一审】一审法院认为,本案系因博朗公司股东、监事卢某云强行拿走博朗公司财物而引发。卢某云辩称拿走上述物品以及不退还的理由是,其在行使股东和监事的职权。对此一审法院认为,根据博朗公司章程规定,公司股东、监事确有权检查公司财务、查阅、复制会计报告等,但也仅限于查阅、复制等行为。虽然工商登记及公司章程均记载卢某云为博朗公司的股东,但博朗公司作为有限责任公司,其公司财物所有权和经营权已分离。公司财物并不归任何股东所有。公司股东仅享有章程规定的相应权利。占有公司财物显然不在股东权利范围之内。卢某云在并非博朗公司法定代表人或者根据公司章程、股东会决议占有、处置公司财物的情况下,强行侵占公司财物并拒不退还的行为,不属于《公司法》第20条规定的滥用公司股东权利的行为,而是侵害公司财物所有权的行为。因此,本案属侵权责任纠纷。

据此,一审法院判决卢某云赔偿博朗公司经济损失3万元。

【二审】二审法院认为,如一审法院所述,即便卢某云是公司的股东、监事,其行使权利也应当采用合法的途径,而不是强行拿走公司财产。卢某云提出余某敏有损害卢某云利益的行为,卢某云可以另循法律途径解决,但不能以此作为拿走博朗公司财产的理由。法院认为卢某云强行拿走博朗公司财产违法。考虑到卢某云强行拿走的物品中包含了部分招生资料,能给培训机构带来商业机会,具有一定的商业价值,一审判决酌情考虑多种因素判决卢某云赔偿博朗公司经济损失3万元合理。

据此,二审法院驳回上诉,维持原判。

【再审】广东省高级人民法院认为,根据博朗公司的章程,公司的股东、监事有权检查公司财务、查阅、复制会计报告等,并不包括拿走公司财物,其该项抗辩理由,不能成立。卢某云强行侵占的部分博朗公司财物具有商业价值,会对博朗公司的经营造成不利影响。

2021年2月25日,广东省高级人民法院裁定驳回卢某云的再审申请。

【简析】监事行使法定监督权不能违反《公司法》和公司章程,如认为股东有损害公司利益之行为,可行使法定诉权或监督权,不得径直以"保管名义"取走公司财产。

## 第二节　监事会

**【示范条款】**

10.2.1　监事会组成

公司设监事会。监事会由【人数】名监事组成,监事会设主席1人,可以设副主席。监事会主席和副主席由全体监事过半数选举产生。监事会主席召集和主持监事会会议;监事会主席不能履行职务或者不履行职务的,由监事会副主席召集和主持监事会会议;监事会副主席不能履行职务或者不履行职务的,由半数以上监事共同推举一名监事召集和主持监事会会议。

【注释】监事会成员不得少于3人。

10.2.2　职工监事

监事会应当包括股东代表和适当比例的公司职工代表,其中职工代表的比例不低于【1/3】。监事会中的职工代表由公司职工通过职工(代表)大会或者其他形式民主选举产生。

【注释】公司章程应规定职工代表在监事会中的具体比例。

10.2.3　监事会职权

监事会行使下列职权:1.对董事会编制的公司定期报告进行审核并提出书面审核意见;2.检查公司财务;3.对董事、高级管理人员执行公司职务的行为进行监督,对违反法律、行政法规、本章程或者股东会会议决议的董事、高级管理人员提出罢免的建议;4.当董事、高级管理人员的行为损害公司的利益时,要求董事、高级管理人员予以纠正;5.提议召开临时股东会会议,在董事会不履行《公司法》规定的召集和主持股东会会议职责时召集和主持股东会;6.向股东会会议提出提案;7.依照《公司法》第189条的规定,对董事、高级管理人员提起诉讼;8.发现公司经营情况异常,可以进行调查,必要时,可以聘请会计师事务所、律师事务所等专业机构协助其工作,费用由公司承担。

【注释】公司章程可以规定监事的其他职权。

10.2.4　对资产的监督

监事会对公司的投资、财产处置、收购兼并、关联交易、合并分立等事项以及董事会、董事及高级管理人员的尽职情况等事项进行监督,并向股东会会议提交专项报告。

### 10.2.5　对人员的监督

当公司董事及高级管理人员有重大失职行为或损害公司利益时,监事会应当要求其予以纠正,必要时可向股东会会议或董事会提出罢免或解聘的提议。股东会会议、董事会应就监事会的提议进行讨论和表决。

### 10.2.6　对制度的监督

监事会对公司内部控制制度进行监督,确保公司内部控制制度的有效执行,避免可能面临的风险。

### 10.2.7　外部协助

监事会行使职权,必要时可以聘请律师事务所、会计师事务所等专业性机构给予帮助,由此发生的费用由公司承担。

### 10.2.8　监事会议

监事会每年至少召开【2】次会议,会议通知应当在会议召开【10】日以前书面送达全体监事。监事可以提议召开临时监事会会议。

### 10.2.9　监事会议通知

监事会会议通知包括以下内容:1. 举行会议的日期、地点和会议期限;2. 事由及议题;3. 发出通知的日期。

### 10.2.10　监事会议事方式

监事会的议事方式为:以会议方式进行,对有关议案经集体讨论后采取记名投票方式表决。监事会会议应当由监事本人出席,监事因故不能出席时,可委托其他监事代为出席,委托书应明确代理事项及权限。监事会会议由监事会主席主持。监事会主席不能履行职权时,由监事会推选的其他监事主持。

### 10.2.11　监事会表决程序

监事会的表决程序为:监事会表决时,采取一人一票的表决办法。
监事会决议应当由全体监事会成员过半数投票表决通过。

### 10.2.12　监事会议事规则

监事会应制定《监事会议事规则》,明确监事会的议事方式和表决程序,以确保监事会的工作效率和科学决策。

【注释】《监事会议事规则》规定监事会的召开和表决程序。《监事会议事规则》应列入公司章程或作为章程的附件,由监事会拟定,股东会批准。

### 10.2.13　监事会会议记录

监事会会议应有记录,出席会议的监事和记录人,应当在会议记录上签名。监事有权要求在记录上对其在会议上的发言作出说明性记载。

监事会会议记录作为公司档案至少保存【10】年。

【注释】公司应当根据具体情况,在章程中规定会议记录的保管期限。

## 【条款解读】

一、监事会是公司的监督机构

监事会是公司的监督机构,直接对股东会会议负责,监督董事和经理层履行职责的情况,董事和高级管理人员不得兼任监事。

监事会对内一般不参与公司业务决策和管理,对外一般也不代表公司。

从国际上看,美国没有监事,只有独立董事。德国有监事会,但监事会是董事会的上位机关,也有学者将德国模式称为两层董事会制。在我国,董事会和监事会是平行的机关,分别对股东会会议负责。

二、监事会主席职责及缺位的替补

监事会设主席一人,由全体监事过半数选举产生。监事会主席召集和主持监事会会议;监事会主席不能履行职务或者不履行职务的,由半数以上监事共同推举一名监事召集和主持监事会会议。监事会主席不能履行职权,是指监事会主席并非主观上不愿意召集监事会会议,而是客观因素、事件致使其无法履行职权,如监事会主席重病、失踪、被限制人身自由等。监事会主席不履行职权,是指监事会主席主观上怠于履行职权,并不存在阻碍其履行职责的客观因素。

三、新法修订

根据《公司法》(2023年修订)的规定,如在公司董事会设立审计专业委员会,可以不设监事会。

## 【细则示范】

● **监事会议事规则**

**第1条** 【规则的依据】为规范公司监事会的运作,根据《公司法》、公司章程及国家有关法律、法规的规定,特制定本规则。

**第2条** 【监事任职资格】担任和兼任监事应符合《公司法》、公司章程和国家有关法律及法规的规定。

**第3条** 【股东代表和职工代表】监事由股东代表和公司职工代表担任。公司职工代表担任的监事不得少于监事人数的【1/3】。公司监事中应至少有【1】名具有会计专业知识的人员。

**第4条** 【监事任期】监事每届任期3年,监事连选可以连任。

**第 5 条** 【监事行为规范】监事应当注意以下行为规范：1. 监事应当对公司董事、高级管理人员遵守有关法律、行政法规、部门规章、规范性文件等相关规定和公司章程以及执行公司职务的行为进行监督。董事、高级管理人员应当如实向监事提供有关情况和资料，不得妨碍监事行使职权。2. 监事在履行监督职责过程中，对违反法律、行政法规、部门规章、规范性文件、公司章程或者股东会决议的董事、高级管理人员，可以提出罢免的建议。3. 监事发现董事、高级管理人员及公司存在违反法律、行政法规、部门规章、规范性文件、公司章程或者股东会决议的行为，已经或者可能给公司造成重大损失的，应当及时向董事会、监事会报告，提请董事会及高级管理人员予以纠正，并向有关部门报告。4. 监事应当对独立董事履行职责的情况进行监督，充分关注独立董事是否持续具备应有的独立性，是否有足够的时间和精力有效履行职责，履行职责时是否受到公司主要股东、实际控制人或者非独立董事、监事、高级管理人员的不当影响等。5. 监事应当对董事会专门委员会的执行情况进行监督，检查董事会专门委员会成员是否按照《董事会专门委员会议事规则》履行职责。

**第 5 条** 【监事选举与更换】股东担任的监事由股东会（股东会）选举或更换。股东会决议由代表 1/2 以上表决权的股东通过时，方能产生或更换股东担任的监事。

职工担任的监事由公司职工民主选举产生或更换，公司职工民主选举监事可通过职工代表大会进行。职工代表大会决议由出席职工代表大会的职工的【1/2】以上通过时，方能产生或更换职工担任的监事。

**第 6 条** 【出席方式】监事会会议应当由监事本人出席，监事因故不能出席的，可以书面委托其他监事代为出席。

代为出席会议的监事应当在授权范围内行使监事的权利。监事未出席监事会会议，亦未委托代表出席的，视为放弃在该次会议上的投票权。

监事连续【2】次不能亲自出席监事会会议的，视为不能履行职责，股东会或职工代表大会应当予以撤换。

**第 7 条** 【监事的辞职】监事在任期届满前提出辞职的，遵循公司章程的有关规定。

**第 8 条** 【监事会组成】监事会由【　】名监事组成，设监事会主席 1 名。监事会主席由监事会选举产生。

**第 9 条** 【监事会主席】监事会主席主持监事会的工作并对监事会的工作全面负责；负责召集并主持监事会会议；代表监事会向股东会会议作工作报告。

监事会主席不能履行职权时，可指定一名监事代行其职权。

**第 10 条** 【监事会职权】监事会行使下列职权：1. 检查公司财务，检查公司的财务报告,并对会计师出具的审计报告进行审阅;审阅公司月度、季度财务报表;可深入公司业务部门及被投资企业了解财务状况;可要求公司高级管理人员对公司财务异常状况作出进一步的详细说明。2.监事列席公司董事会会议,听取董事会议事情况并可了解、咨询及发表独立意见;监督董事会依照国家有关法律、法规、公司章程以及《董事会会议议事规则》审议有关事项并按法定程序作出决议;对于董事会审议事项的程序和决议持有异议时,可于事后由监事会形成书面意见送达董事会。3.监事对公司董事、经理和其他高级管理人员执行公司职务时违反法律、法规及公司章程的行为进行监督;当发现有损害公司利益行为时,应向监事会报告,并由监事会书面通知有关违规人员,要求其予以纠正,必要时,监事会可以书面形式向股东会会议或国家有关主管机关报告。4.监事会可以在年度股东会会议上提出临时提案;提案的内容、方式和程序等应符合《股东会会议议事规则》及国家法律、法规的规定。5.监事会提议召开临时股东会会议时,应提前【10】个工作日以书面形式向董事会提出会议议题和内容完整的提案,并保证提案内容符合法律、法规和公司章程的规定;监督董事会在收到上述书面提议后在【15】日内发出召开临时股东会的通知。

**第 11 条** 【监事会办公室】监事会设监事会办公室,处理监事会日常事务。

监事会主席兼任监事会办公室负责人,保管监事会印章。监事会主席可以要求公司证券事务代表或者其他人员协助其处理监事会日常事务。

**第 12 条** 【获得专业帮助】监事会行使职权时,必要时可聘请律师事务所、会计师事务所等专业性机构给予帮助,由此发生的费用由公司承担。

**第 13 条** 【监事会定期会议和临时会议】监事会会议分为定期会议和临时会议。

监事会定期会议应当每【6】个月召开一次。出现下列情况之一的,监事会应当在【10】日内召开临时会议:1.任何监事提议召开时;2.股东会、董事会会议通过了违反法律、法规、规章、监管部门的各种规定和要求,公司章程,公司股东会决议和其他有关规定的决议时;3.董事和高级管理人员的不当行为可能给公司造成重大损害或者在市场中造成恶劣影响时;4.公司、董事、监事、高级管理人员被股东提起诉讼时;5.公司、董事、监事、高级管理人员受到行政处罚时;6.公司章程规定的其他情形。

**第 14 条** 【定期会议的提案】在发出召开监事会定期会议的通知之前,监事会办公室应当向全体监事征集会议提案,并至少用 2 天的时间向公司员工征求意见。在征集提案和征求意见时,监事会办公室应当说明监事会重在对公司规范运作和董事、高级管理人员职务行为的监督而非公司经营管理的决策。

**第 15 条** 【临时会议的提议程序】监事提议召开监事会临时会议的,应当通过监事会办公室或者直接向监事会主席提交经提议监事签字的书面提议。书面提议中应当载明下列事项：1. 提议监事的姓名；2. 提议理由或者提议所基于的客观事由；3. 提议会议召开的时间或者时限、地点和方式；4. 明确和具体的提案；5. 提议监事的联系方式和提议日期等。

在监事会办公室或者监事会主席收到监事的书面提议后【3】日内，监事会办公室应当发出召开监事会临时会议的通知。

**第 16 条**【会议的召集和主持】监事会会议由监事会主席召集和主持；监事会主席不能履行职务或者不履行职务的，由监事会副主席召集和主持；未设副主席、副主席不能履行职务或者不履行职务的，由半数以上监事共同推举一名监事召集和主持。

**第 17 条**【会议通知】召开监事会定期会议和临时会议，监事会办公室应当分别提前【10】日和【5】日将盖有监事会印章的书面会议通知通过直接送达、传真、电子邮件或者其他方式，提交全体监事。非直接送达的，还应当通过电话进行确认并作相应记录。

**第 18 条**【会议通知的内容】书面会议通知应当至少包括以下内容：1. 会议的时间、地点；2. 拟审议的事项（会议提案）；3. 会议召集人和主持人、临时会议的提议人及其书面提议；4. 监事表决所必需的会议材料；5. 监事应当亲自出席会议的要求；6. 联系人和联系方式。

**第 19 条**【口头会议通知】情况紧急，需要尽快召开监事会临时会议的，可以随时通过口头或者电话等方式发出会议通知，但召集人应当在会议上作出说明。

口头会议通知至少应包括第 18 条第 1、2 项的内容，以及情况紧急需要尽快召开监事会临时会议的说明。

**第 20 条**【会议召开方式】监事会会议应当以现场方式召开。

紧急情况下，监事会会议可以通讯方式进行表决，但监事会召集人（会议主持人）应当向与会监事说明具体的紧急情况。在通讯表决时，监事应当将其对审议事项的书面意见和投票意向在签字确认后传真至监事会办公室。监事不应当只写明投票意见而不表达其书面意见或者投票理由。

**第 21 条**【会议的召开】监事会会议应当由监事会【1/2】以上的监事出席方可举行。相关监事拒不出席或者怠于出席会议导致无法满足会议召开的最低人数要求的，其他监事应当及时向监管部门报告。

董事会秘书应当列席监事会会议。

**第 22 条**【会议审议程序】会议主持人应当提请与会监事对各项提案发表明确的意见。

会议主持人应当根据监事的提议，要求董事、高级管理人员、公司其他员工或者相关中介机构业务人员到会接受质询。

**第23条** 【监事会决议】监事会会议的表决实行一人一票,以记名和书面等方式进行。

监事的表决意向分为同意、反对和弃权。与会监事应当从上述意向中选择其一,未作选择或者同时选择两个以上意向的,会议主持人应当要求该监事重新选择,拒不选择的,视为弃权;中途离开会场不回而未作选择的,视为弃权。

监事会形成决议应当经全体监事的【1/2】以上表决通过。

**第24条** 【会议录音】召开监事会会议,可以视需要进行全程录音。

**第25条** 【会议记录】监事会办公室工作人员应当对现场会议作好记录。会议记录应当包括以下内容:1.会议届次和召开的时间、地点、方式;2.会议通知的发出情况;3.会议召集人和主持人;4.会议出席情况;5.会议审议的提案、每位监事对有关事项的发言要点和主要意见、对提案的表决意向;6.每项提案的表决方式和表决结果(说明具体的同意、反对、弃权票数);7.与会监事认为应当记载的其他事项。

对于通讯方式召开的监事会会议,监事会办公室应当参照上述规定,整理会议记录。

**第26条** 【监事签字】与会监事应当对会议记录进行签字确认。监事对会议记录有不同意见的,有权在签字时作出书面说明,有权要求在记录上对其在会议上的发言做出说明性记载。

监事既不按前款规定进行签字确认,又不对其不同意见作出书面说明或者向监管部门报告、发表公开声明的,视为完全同意会议记录的内容。

**第27条** 【决议的执行】监事应当督促有关人员落实监事会决议。监事会主席应当在以后的监事会会议上通报已经形成的决议的执行情况。

**第28条** 【会议档案的保存】监事会会议档案,包括会议通知和会议材料、会议签到簿、会议录音资料、表决票、经与会监事签字确认的会议记录等,由监事会主席指定专人负责保管。监事会会议资料的保存期限为【10】年以上。

**第29条** 【监事保密义务】监事除依法律、法规的规定或经股东会会议同意外,不得泄露公司秘密;对尚未公开的信息,负有保密的义务。

**第30条** 【监事赔偿责任】监事应当遵守国家有关法律、法规和公司章程的规定,履行忠实和勤勉的义务,维护公司利益。监事执行公司职务时违反法律、法规或公司章程规定,给公司造成损害的,应当承担赔偿责任。

**第31条** 本规则在公司股东会会议通过后生效,与公司章程冲突之处,以公司章程为准。

**第32条** 本规则由公司监事会负责解释。

## 【典型案例】

### ● 中炬高新技术实业（集团）股份有限公司监事会召集股东大会案例①

中炬高新技术实业（集团）股份有限公司

《第十届监事会第八次（临时）会议决议公告》

本公司监事会及全体监事保证本公告内容不存在任何虚假记载、误导性陈述或者重大遗漏，并对其内容的真实性、准确性和完整性承担个别及连带责任。

中炬高新技术实业（集团）股份有限公司（以下简称"中炬高新""公司"）第十届监事会第八次（临时）会议于2023年7月5日发出会议通知，于2023年7月6日上午以通讯方式召开。会议应到监事3人，实到2人，监事宋某阳先生缺席本次会议，本次会议有效表决票数为2票。监事宋某阳先生对本次会议的召集、召开及表决程序提出异议，详见本公告附件一。经到会监事认真审议，以书面表决方式，2票赞成通过了以下决议：

一、关于召开2023年第一次临时股东大会的议案

2023年6月20日，公司董事会收到公司股东中山火炬集团有限公司（以下简称"火炬集团"）、上海鼎晖隽禺投资合伙企业（有限合伙）（以下简称"鼎晖隽禺"）、嘉兴鼎晖桉邺股权投资合伙企业（有限合伙）（以下简称"鼎晖桉邺"）共同发起的《关于提请召开2023年第一次临时股东大会的函》（三家股东合计持有公司股份占公司总股本的10%以上），董事会在10日内未作出反馈。

公司监事会于2023年7月2日收到火炬集团、鼎晖隽禺及鼎晖桉邺《关于提请召开2023年第一次临时股东大会的函》，监事会根据《公司法》《上市公司股东大会规则》、公司章程等规定，召开本次会议并作出决议，决定于2023年7月24日召开中炬高新2023年第一次临时股东大会，发出股东大会通知，审议相关股东提请的议案，具体内容如下：

1.《关于罢免何某女士第十届董事会董事职务的议案》；

2.《关于罢免黄某先生第十届董事会董事职务的议案》；

3.《关于罢免曹某军先生第十届董事会董事职务的议案》；

4.《关于罢免周某梅女士第十届董事会董事职务的议案》；

5.00.《关于选举公司董事的议案》；5.01.《选举梁某衡先生为公司董事会非

---

① 参见《中炬高新技术实业（集团）股份有限公司第十届监事会第八次（临时）会议决议公告》，载巨潮资讯网：http://www.cninfo.com.cn/new/disclosure/detail?plate=sse&orgId=gssh0600872&stockCode=600872&announcementId=1217239777&announcementTime=2023-07-08，最后访问日期：2024年6月20日。

独立董事》；5.02.《选举林某女士为公司董事会非独立董事》；5.03.《选举刘某锐先生为公司董事会非独立董事》；5.04.《选举刘某辉先生为公司董事会非独立董事》。

股东大会召开的具体情况，详见公司于2023年7月8日发出的《中炬高新监事会自行召集2023年第一次临时股东大会的通知》。

二、关于选举郑某钊为第十届监事会监事长的议案

特此公告。

中炬高新技术实业（集团）股份有限公司监事会<br>2023年7月7日

**附件一：监事宋某阳对本次会议的异议及其他监事回应情况**

公司监事宋某阳先生由于对本次监事会的异议而缺席本次会议，异议及其他监事回应情况如下：

异议（一）郑某钊监事、莫某丽监事2023年7月3日下午4点41分通过邮件提请召开临时监事会，按照《监事会议事规则》第5条，在监事会办公室或者监事长收到监事的书面提议后3日内，监事会办公室应当发出召开监事会临时会议的通知，所以监事会办公室应该在2023年7月6日下午4点41分之前发出会议通知。

郑某钊、莫某丽回应：监事会于2023年7月2日收到合计持有公司股份10%以上的股东提议召开临时股东大会的提案（此前该提案已提交公司董事会，董事会10日内未作回应），依据《公司章程》第49条第3款，该股东提案有权向监事会提出请求。根据《公司章程》第49条第4款，监事会同意召开股东大会的，应当在收到请求5日内发出召开股东大会的通知。由此可见，审议该股东提案是章程赋予监事会的职责，且时间限定是5日内进行审议，时间紧急，应适用公司《监事会议事规则》第7条第2款，情况紧急，需要尽快召开监事会临时会议的，可以随时通过口头或者电话等方式发出会议通知。

监事会办公室发出会议通知的时间在2023年7月6日下午4点41分之前，符合规定。

异议（二）按照《监事会议事规则》第7条，召开监事会定期会议和临时会议，监事会办公室应当分别提前10日和5日将盖有监事会印章的书面会议通知，通过直接送达、传真、电子邮件或者其他方式，提交全体监事2023年7月6日下午4点41分之前发出会议通知，那么开会时间应该是2023年7月11日下午4点41分之后。

郑某钊、莫某丽回应：为了满足《公司章程》第49条规定的监事会就召开临时股东大会事项的审议时间，监事会应尽快召开临时会议审议相关事项，适用于情况

紧急情形。依据公司《监事会议事规则》第 7 条第 2 款,情况紧急,需要尽快召开监事会临时会议的,可以随时通过口头或者电话等方式发出会议通知。

**异议(三)** 目前的提议程序错误,两名监事无权提议,应由监事长提议。

郑某钊、莫某丽回应:根据《公司章程》第 151 条的规定,监事可以提议召开临时监事会会议。监事会决议应当经半数以上监事通过。根据《监事会议事规则》第 3 条,监事会会议分为定期会议和临时会议。任何监事提议召开时,监事会应当在 10 内召开临时会议。根据《监事会议事规则》第 5 条,监事提议召开监事会临时会议的,应当通过监事会办公室或者直接向监事长提交经提议监事签字的书面提议。故任何监事均有权提议召开监事会临时会议,且郑监事、莫监事提议召开监事会临时会议已按照《监事会议事规则》提交了书面提议,提议程序合法合规。监事会 7 月 2 日收到该项股东提案,如同意召开,5 日内应发出召开股东大会的通知,其中需准备的事项较多,时间紧急,而监事长在收到提案后未做回应,监事郑某钊、莫某丽依据公司《监事会议事规则》第 6 条,推举监事郑某钊召集和主持临时监事会,审议相关议案,程序合法合规。

**异议(四)** 目前的召集程序错误,应由监事长召集,同时,监事会议必须由监事长主持。

郑某钊、莫某丽回应:如上所述,监事会 7 月 2 日收到合计持有公司股份 10%以上的股东提议召开临时股东大会的提案,如同意召开,监事会在收到请求 5 日内应发出召开股东大会的通知,其中需准备的事项较多,时间紧急,而监事长在收到提案后未做回应,监事郑某钊、莫某丽依据公司《监事会议事规则》第 6 条,推举监事郑某钊召集和主持临时监事会,审议相关议案,程序合法合规。

依据公司《监事会议事规则》第 6 条:监事会会议由监事长召集和主持;监事长不能履行职务或者不履行职务的,由监事会副主席召集和主持;未设副主席、副主席不能履行职务或者不履行职务的,由半数以上监事共同推举一名监事召集和主持。

当监事长不履行职务时,可由半数以上监事共同推举一名监事召集和主持。

另外,宋某阳先生认为本次会议决议无效,不同意在本次监事会会议决议中用章,本次会议决议仅有监事郑某钊及监事莫某丽签字确认。

郑某钊、莫某丽回应:根据《公司章程》第 151 条的规定,监事会决议应当经半数以上监事通过。本次监事会审议议案均已经半数以上监事通过,表决结果合法有效。宋某阳先生不同意在本次监事会会议决议中用章不影响本次监事会决议的效力。

# 第十一章　财务与审计

## 第一节　财务会计制度

**【示范条款】**

11.1.1　财务报告的编制

公司依照法律、行政法规和国家有关部门的规定,编制公司的财务会计制度,向股东、董事、监事、高级管理人员提供财务报告。

公司除法定的会计账簿外,不另立会计账簿。公司的资产,不以任何个人名义开立账户存储。

11.1.2　财务报告编制期限

(上市公司)公司在每一会计年度前6个月结束后【60】日以内编制公司的中期财务报告;在每一会计年度结束后【120】日以内编制公司年度财务报告。(非上市公司)公司应当在每一会计年度终了【30】日内将财务会计报告送交各股东。

【注释】非上市公司的报送日期由公司具体选定。

11.1.3　财务报告内容

公司年度财务报告以及进行中期利润分配的中期财务报告,包括下列内容:1.资产负债表;2.利润表;3.利润分配表;4.现金流量表;5.会计报表附注。

公司不进行中期利润分配的,中期财务报告包括上款除第3项以外的会计报表及附注。

11.1.4　财务报告的报送

公司应当在每一会计年度终了【30】日内将财务会计报告送交各股东。

【注释】报送日期由公司具体选定。

11.1.5　财务报告的报告依据

中期财务报告和年度财务报告按照有关法律、法规的规定进行编制。

11.1.6　挪用公司资金

以下行为视为挪用公司资金,公司及公司股东有权向直接责任人追究相应的法律责任,由此引起的一切经济损失由直接责任人承担:1. 以任何个人名义开立账户存储公司的资产;2. 不经股东会会议同意,以个人名义购买物品;3. 将与公司有关的银行账号转让给其他人。

【条款解读】

一、财务会计报告

各单位必须根据实际发生的经济业务事项进行会计核算,填制会计凭证,登记会计账簿,编制财务会计报告。任何单位不得以虚假的经济业务事项或者资料进行会计核算。

财务会计报告应当根据经过审核的会计账簿记录和有关资料编制,并符合《会计法》和国家统一的会计制度关于财务会计报告的编制要求、提供对象和提供期限的规定;其他法律、行政法规另有规定的,从其规定。

财务会计报告由会计报表、会计报表附注和财务情况说明书组成,应当由单位负责人和主管会计工作的负责人、会计机构负责人(会计主管人员)签名并盖章;设置总会计师的单位,还须由总会计师签名并盖章。单位负责人应当保证财务会计报告真实、完整。

会计报表是指企业以一定的会计方法和程序由会计账簿的数据整理得出,以表格的形式反映企业财务状况、经营成果和现金流量的书面文件,是财务会计报告的主体和核心。包括下列内容:1. 资产负债表;2. 利润表;3. 利润分配表;4. 现金流量表。

二、资产负债表

资产负债表是反映公司在某一特定日期(年末、季末、月末)全部资产、负债和所有者权益情况的会计报表。资产负债表的核心公式为:总资产＝总负债＋所有者权益(净资产)。

资产负债表分为左右两方,左边为资产,右边为负债和所有者权益(净资产);两方内部按照各自的具体项目排列,资产各项目合计与负债和所有者权益各项目合计相等。

三、利润表及利润分配表

利润表是反映企业在一定期间的经营成果及分配情况的报表。利润表的核心公式为:收入－费用＝利润(或亏损)。利润分配表是反映企业一定期间内实现净利润的分配或亏损弥补的会计报表,是利润表的附表,说明利润表上反映的净利润的分配去向。

利润表的格式通常为:产品销售收入－产品销售成本－产品销售费用－产品销售

税金及附加=产品销售利润;产品销售利润+其他业务利润–管理费用–财务费用=营业利润;营业利润+投资收益+营业外收入–营业外支出=利润总额;利润总额–企业所得税=净利润。

四、现金流量表

现金流量表是反应一定时期内(如月度、季度或年度)企业经营活动、投资活动和筹资活动对其现金及现金等价物所产生影响的财务报表。现金流量表主要是要反映出资产负债表中各个项目对现金流量的影响,并根据其用途划分为经营、投资及融资三个活动分类,详细描述由公司的经营、投资与筹资活动所产生的现金流。

五、会计报表附注

财务报表附注是对资产负债表、利润表、现金流量表和所有者权益变动表等报表中列示项目的文字描述或明细资料,以及对未能在这些报表中列示项目的说明等。可以使报表使用者全面了解企业的财务状况、经营成果和现金流量。

## 第二节　利润分配制度

【示范条款】

11.2.1　利润分配顺序

公司缴纳所得税后的利润,按下列顺序分配:1.弥补上一年度的亏损;2.提取法定公积金10%;3.提取任意公积金;4.支付股东股利。

公司法定公积金累计额为公司注册资本的50%以上时,可以不再提取。提取法定公积金后,是否提取任意公积金由股东会会议决定。

公司弥补亏损和提取公积金后所余税后利润,按照股东持有的股份比例分配,但本章程规定不按持股比例分配的除外。

公司不在弥补公司亏损和提取法定公积金之前向股东分配利润。

11.2.2　公积金

公司的公积金用于弥补公司的亏损、扩大公司生产经营或者转为增加公司资本。

股东会会议将公积金转为股本时,按股东原有股份比例派送新股。但法定公积金转为股本时,所留存的该项公积金不得少于注册资本的25%。

11.2.3　利润分配政策

公司弥补亏损和提取公积金后所余税后利润,(有限责任公司)股东按照实缴的出资比例分取红利,(有限责任公司)全体股东约定不按照出资比例分取红利的除外;(股份有限公司)按照股东持有的股份比例分配,但(股份有限公司)章程规定不按持股比例分配的除外。

【注释】也可以规定为:公司利润分配政策为【具体政策】。

11.2.4　分配议案的通过与执行

公司股东会会议对利润分配方案作出决议后,公司董事会须在股东会会议议决议后【2】个月内完成股利或股份的派发事项。

11.2.5　股利分配方式

公司采取现金方式分红,其中股份有限公司也可以股票方式分配股利。

公司应当在公司章程中明确现金分红相对于股票股利在利润分配方式中的优先顺序,并载明以下内容:1. 公司董事会、股东会对利润分配尤其是现金分红事项的决策程序和机制,对既定利润分配政策尤其是现金分红政策作出调整的具体条件、决策程序和机制,以及为充分听取独立董事和中小股东意见所采取的措施; 2. 公司的利润分配政策尤其是现金分红政策的具体内容,利润分配的形式,利润分配尤其是现金分红的期间间隔,现金分红的具体条件,发放股票股利的条件,各期现金分红最低金额或比例(如有)等。

【注释】公司应当以现金的形式向优先股股东支付股息,在完全支付约定的优先股股息之前,不得向普通股股东分配利润。

11.2.6　不当分配的退还义务

股东会会议或者董事会违反章程规定,在公司弥补亏损和提取法定公积金之前向股东分配利润的,股东必须将违反规定分配的利润退还公司。

11.2.7　自身持股不参与分配

公司持有的本公司股份不参与分配利润。

【条款解读】

一、利润分配的程序

利润分配是将公司实现的净利润,按照国家法律法规规定的分配形式和分配顺序,在公司与公司股东之间进行的分配。利润分配的过程与结果关系到所有者的合法权益能否得到保护,企业能否长期、稳定发展。

利润分配的顺序根据《公司法》等有关法律法规的规定,公司当年实现的净利润,一般应按照下列内容、顺序和金额进行分配:

1. 计算可供分配的利润

将本年净利润(或亏损)与年初未分配利润(或亏损)合并,计算出可供分配的利润。如果可供分配的利润为负数(即亏损),则不能进行后续分配;如果可供分配利润为正数(即本年累计盈利),则进行后续分配。

2. 提取法定盈余公积金

在不存在年初累计亏损的前提下,法定盈余公积金按照税后净利润的10%提取。法定盈余公积金已达注册资本的50%时可不再提取。提取的法定盈余公积金用于弥补以前年度亏损或转增资本金。但转增资本金后留存的法定盈余公积金不得低于注册资本的25%。

3. 提取任意盈余公积金

任意盈余公积金计提标准由股东会会议确定,如确因需要,经股东会会议同意后,也可用于分配。

4. 向股东支付股利(分配利润)

企业以前年度未分配的利润,可以并入本年度分配。

公司股东会会议或董事会违反上述利润分配顺序,在抵补亏损和提取法定公积金之前向股东分配利润的,必须将违反规定发放的利润退还公司。

二、现金分红与股票股利

公司采取现金方式分红,股份有限公司也可以股票方式分配股利。股份有限公司可以在公司章程中明确现金分红相对于股票股利在利润分配方式中的优先顺序,并载明以下内容:

1. 公司董事会、股东会会议对利润分配尤其是现金分红事项的决策程序和机制,对既定利润分配政策尤其是现金分红政策作出调整的具体条件、决策程序和机制,以及为充分听取独立董事和中小股东意见所采取的措施。

2. 公司的利润分配政策尤其是现金分红政策的具体内容,利润分配的形式,利润分配尤其是现金分红的期间间隔,现金分红的具体条件,发放股票股利的条件,各期现金分红最低金额或比例(如有)等。

三、公司分配利润的时限

《公司法司法解释五》(2020年修正)第4条规定了"公司分配利润的时限",股东会会议是公司的权力机构,重大事宜一向由其决议,其中就包括了利润分配问题。股东会会议关于利润分配问题作出决议后,公司有义务按照决议的时限完成利润分配的任务。公司章程作为公司的"宪法",也可以规定分配利润的时限。若是股东会会议决议和公司章程都没有规定或者规定的时间超过1年的,则按照法定时限(决议作出之日起1年内)来完成。

如果超过了分配利润的时限,符合条件的股东有权向人民法院提起诉讼,维护自身的合法权益。

四、新法修订

(一)《公司法》(2023年修订)规定,公司可以发行无面额股(必须公司股票全部为无面额股),发行无面额股所得股款未计入注册资本的金额应当列为公司资本公积金。

(二)《公司法》(2023年修订)第214条规定,允许公司在使用任意公积金和法定公积金仍不能弥补(公司亏损)时,按照规定使用资本公积金。

**【相关法规】**

● 《中华人民共和国公司法》(2023年修订)

第213条　公司以超过股票票面金额的发行价格发行股份所得的溢价款、发行无面额股所得股款未计入注册资本的金额以及国务院财政部门规定列入资本公积金的其他项目,应当列为公司资本公积金。

第214条　公司的公积金用于弥补公司的亏损、扩大公司生产经营或者转为增加公司注册资本。

公积金弥补公司亏损,应当先使用任意公积金和法定公积金;仍不能弥补的,可以按照规定使用资本公积金。

法定公积金转为增加注册资本时,所留存的该项公积金不得少于转增前公司注册资本的百分之二十五。

● 《公司法司法解释三》(2020年修正)

第14条　股东抽逃出资,公司或者其他股东请求其向公司返还出资本息、协助抽逃出资的其他股东、董事、高级管理人员或者实际控制人对此承担连带责任的,人民法院应予支持。

公司债权人请求抽逃出资的股东在抽逃出资本息范围内对公司债务不能清偿的部分承担补充赔偿责任、协助抽逃出资的其他股东、董事、高级管理人员或者实际控制人对此承担连带责任的,人民法院应予支持;抽逃出资的股东已经承担上述责任,其他债权人提出相同请求的,人民法院不予支持。

● 《公司法司法解释五》(2020年修正)

第4条　分配利润的股东会或者股东大会决议作出后,公司应当在决议载明的时间内完成利润分配。决议没有载明时间的,以公司章程规定的为准。决议、章程中均未规定时间或者时间超过一年的,公司应当自决议作出之日起一年内完成利润分配。

决议中载明的利润分配完成时间超过公司章程规定时间的,股东可以依据《民法典》第85条、《公司法》第22条第2款规定请求人民法院撤销决议中关于该时间的规定。

● 《企业会计制度》(财会〔2000〕25号)

**第110条** 企业当期实现的净利润,加上年初未分配利润(或减去年初未弥补亏损)和其他转入后的余额,为可供分配的利润。可供分配的利润,按下列顺序分配:(一)提取法定盈余公积;(二)提取法定公益金。

外商投资企业应当按照法律、行政法规的规定按净利润提取储备基金、企业发展基金、职工奖励及福利基金等。

中外合作经营企业按规定在合作期内以利润归还投资者的投资,以及国有工业企业按规定以利润补充的流动资本,也从可供分配的利润中扣除。

**第111条** 可供分配的利润减去提取的法定盈余公积、法定公益金等后,为可供投资者分配的利润。可供投资者分配的利润,按下列顺序分配:(一)应付优先股股利,是指企业按照利润分配方案分配给优先股股东的现金股利。(二)提取任意盈余公积,是指企业按规定提取的任意盈余公积。(三)应付普通股股利,是指企业按照利润分配方案分配给普通股股东的现金股利。企业分配给投资者的利润,也在本项目核算。(四)转作资本(或股本)的普通股股利,是指企业按照利润分配方案以分派股票股利的形式转作的资本(或股本)。企业以利润转增的资本,也在本项目核算。

可供投资者分配的利润,经过上述分配后,为未分配利润(或未弥补亏损)。未分配利润可留待以后年度进行分配。企业如发生亏损,可以按规定由以后年度利润进行弥补。

企业未分配的利润(或未弥补的亏损)应当在资产负债表的所有者权益项目中单独反映。

## 【典型案例】

● **王某梅与青岛宏和置业有限公司公司盈余分配纠纷再审民事裁定书**
【最高人民法院民事裁定书(2020)最高法民申2127号】

再审申请人(一审原告、二审上诉人):王某梅。

被申请人(一审被告、二审被上诉人):青岛宏和置业有限公司(以下简称"宏和置业"),法定代表人:李某真,执行董事。

宏和置业系成立于2008年1月的有限责任公司,目前的股权结构是:李某真持有55%股权,王某梅持有30%股权,董某娜持有12%股权,李某萍持有3%股权。宏和置业开发的房地产项目,自2009年开发建设,尚未销售完毕。宏和置业主张公司虽然销售了部分房产,但因为公司支出依然很大,至今销售还没有超过成本,没有利润;王某梅则主张公司开发的房地产项目已取得了利润,并提起诉讼要求公司进行利润分配。

【一审】原审法院认为,根据双方的诉辩理由,本案争议的焦点问题为:王某梅是否有权请求法院判决公司分配利润。《公司法》第4条规定,公司股东依法享有资产收益,参与重大决策和选择管理者等权利。宏和置业公司章程亦约定股东有权按照实缴的出资比例分取红利。王某梅作为宏和置业公司股东,有权请求公司分配利润。《公司法司法解释四》第15条规定,股东未提交载明具体分配方案的股东会或者股东大会决议,请求公司分配利润的,人民法院应当驳回其诉讼请求,但违反法律规定滥用股东权利导致公司不分配利润,给其他股东造成损失的除外。本案中,宏和置业公司并没有就公司利润分配方案召开股东会,也未形成载明具体分配方案的股东会决议。王某梅主张公司存在公司实际控制人侵害公司权益,损害小股东利益等滥用股东权利的情形,导致公司不分配利润。就该主张王某梅提交了内审报告、证人证言等相关材料,并就实际控制人在实际经营公司期间存在私自开白条转款、虚增资本、虚领工资等侵占公司财产等行为向公安机关进行举报,因宏和置业公司对王某梅主张的公司实际控制人并不认可,而公安机关也并未对公司实际控制人上述侵占公司财产行为正式立案侦查,就目前证据而言,尚不足以充分证明宏和置业公司具有可分配利润、实际控制人滥用股东权利导致公司不分配利润的事实。

据此,一审法院判决:驳回王某梅的诉讼请求。

【二审】二审法院认为,双方争议焦点为王某梅请求法院判决公司分配利润应否被支持的问题。

对此,《公司法司法解释四》第15条有明确规定。关于利润分配纠纷案件,首先应审查股东有无提交载明具体分配方案的股东会有效决议。本案中,宏和置业公司于2018年2月7日召开股东会并形成决议,决议确认公司处于亏损无利润状态,股东同意库存房屋销售完毕后制定分配方案,向股东分配利润。而王某梅则主张2017年7月4日张某和林某功签字的载有按前期纯利润2.6亿兑现分红的手写纸条即为公司载有分配方案的股东决议,且除此之外王某梅认可无其他分红的决议。从该证据的形式上来看,张某和林某功并非公司股东,材料上也未有股东会决议字样且为手写,显然王某梅提交的该材料并非股东会决议。且王某梅亦无证据证明其按《公司法》及公司章程规定履行了股东会的召集程序。另,王某梅二审中提交了谈话录音证据,即便该证明提及分红的内容,亦不能由此证明公司股东作出了分红的决议。

其次对股东不能提供载有具体分配方案的公司股东会有效决议的,对其关于分配公司利润的请求,一般原则上不予支持,但该条款同时规定了有限的除外情形,即在公司依法具备可分配利润,且股东滥用股东权利导致公司不分配利润,给其他股东造成损失的情况下,人民法院可以根据股东的诉讼请求和具体案情,对股东利润分配权予以适当救济。本案中,首先,王某梅不能证明王某铸是公司实际控制人。王某梅以王某铸签字控制财务转走了大量资金为由证明王某铸为公司实际控制人,而宏和置业公司则称王某铸作为公司聘请的项目总负责人有权签字转款。单凭王某铸转款行为不能证明其系公司实际控制人。退一步讲,即便存在王某铸侵害公司利益的行为,亦可通过法律途径予以救济,但并不能依此证明公司股东在变相分配利润。其次,宏和置业公司于2018年2月7日已作出股东会决议,同意待库存房屋销售完毕后制定分配方案,向股东分配利润。本案双方认可房屋尚未全部销售完毕,故分配利润的条件尚未达到。

另外,王某梅提交的《2017年内审报告》,宏和置业不认可真实性,二审法院亦不能据此确认公司现是否具有可分配利润以及利润数额。

据此,驳回上诉,维持原判。

【再审】最高人民法院认为,根据《公司法司法解释四》的规定,股东在不能提供有效股东会决议的情况下,仍要求公司分配利润的,必须证明公司其他股东存在滥用股东权利导致公司不分配利润的事实。本案原审期间,王某梅主张大股东李某真伙同公司实际控制人王某铸等侵占公司财产,并提交了内审报告、有关证人证言等证据材料加以证明。经查,王某梅就此专门向公安机关进行了刑事报案并提交了上述证据,但公安机关经调查并未立案;在宏和置业2018年2月7日召开的股东会上,除大股东李某真外,董某娜、李某萍等两位持股共计15%的小股东亦投票确认公司尚处于亏损无利润状态,并以70%的股权比例决议待库存房屋销售完毕后再制定利润分配方案。据此,原审关于王某梅提交的现有证据尚不足以证明股东存在滥用股东权利导致公司不分配利润的认定,并无不当。

2020年12月30日,最高人民法院裁定驳回王某梅的再审申请。

## 第三节　内部审计

【示范条款】

11.3.1　内部审计机构

公司实行内部审计制度,配备专职审计人员,对公司财务收支和经济活动进行内部审计监督。

11.3.2　内部审计职责

公司内部审计制度和有关审计人员职责的规定,应当经董事会批准后实施。审计负责人向董事会负责并报告工作。

## 【条款解读】

内部审计、政府审计、社会审计并列为三大类审计。政府审计是指,国家审计机关依据《审计法》对国务院各部门和地方各级人民政府及其各部门的财政收支,国有的金融机关和企业事业组织财务收支进行的审计。社会审计,也称注册会计师审计、独立审计、事务所审计,是指注册会计师依法接受委托、独立执业、有偿为社会提供专业服务的活动。社会审计的产生源于财产所有权和管理权的分离。本章第四节讨论的就是社会审计。内部审计是组织内部的一种独立客观的监督和评价活动,它依据中国内部审计协会《内部审计准则》进行,通过审查和评价经营活动及内部控制的适当性、合法性和有效性来促进组织目标的实现。以下简要概括内部审计与社会审计的区别和联系。

一、内部审计与社会审计

内部审计与社会审计相比,共同性、联系性、相互借鉴性较多。共同点为运用基本的审计技术,审计结果可能存在相互借鉴之处。他们之间的不同之处有:

1. 独立性不同

内部审计的独立性包含两方面,一方面是指内审人员履职时免受威胁,另外一方面指审计组织机构的独立,即与董事会的汇报关系的独立。社会审计的独立性,是指注册会计师与被审查企业或个人没有任何特殊的利益关系,如不得拥有被审查企业股权或承担其高级职务,不能是企业的主要贷款人,资产受托人或与管理当局有亲属关系等。内部审计与社会审计两者的目标和服务对象不同,导致两者独立性不同。

2. 两者的审计目标不同

社会审计的目标常常受到法律和服务合同的限制,如常见业务——财务报表审计,其目标是对财报的合法性、公允性作出评价,而内部审计的目的是评价和改善风险管理、控制和公司治理流程的有效性,帮助企业实现其目标。

3. 两者关注的重点领域不同

社会审计的关注重点领域受到法律和合同的指定,例如财务报表审计中,社会审计主要侧重点是会计信息的质量和合规性,也就是对财报的合法性、公允性作出评价。而内部审计主要侧重点是经济活动的合法合规、目标达成、经营效率等方面。

4. 业务范围不同

社会审计的业务范围受到法律和合同的指定,如财务报表审计、内部控制审计、鉴证审计、尽职调查等业务。而内部审计是以企业经济活动为基础,拓展到以管理领域为主的一种审计活动。

5. 审计标准不同

内部审计的标准是非法定的公认方针和程序；社会审计的标准是法定的独立审计准则和相关法律法规。

二、中国内部审计协会

中国内部审计协会前身为中国内部审计学会，成立于1987年，2002年经民政部批准，学会更名为协会。它是企事业单位内部审计机构和内部审计人员自愿结成的全国性的社会团体，是为所有内部审计机构和内部审计工作者服务的社团组织。

中国内部审计协会目前制定并发布的内部审计准则主要有：《第1101号——内部审计基本准则》(2023年修订)、《第1201号——内部审计人员职业道德规范》《第2102号内部审计具体准则——审计通知书》《第2101号内部审计具体准则——审计计划》《第2103号内部审计具体准则——审计证据》《第2104号内部审计具体准则——审计工作底稿》《第2105号内部审计具体准则——结果沟通》《第2106号内部审计具体准则——审计报告》《第2107号内部审计具体准则——后续审计》《第2108号内部审计具体准则——审计抽样》《第2109号内部审计具体准则——分析程序》《第2202号内部审计具体准则——绩效审计》《第2201号内部审计具体准则——内部控制审计》《第2203号内部审计具体准则——信息系统审计》《第2204号内部审计具体准则——对舞弊行为进行检查和报告》《第2205号内部审计具体准则——经济责任审计》《第2301号内部审计具体准则——内部审计机构的管理》《第2302号内部审计具体准则——与董事会或者最高管理层的关系》《第2303号内部审计具体准则——内部审计与外部审计的协调》《第2304号内部审计具体准则——利用外部专家服务》《第2305号内部审计具体准则——人际关系》《第2306号内部审计具体准则——内部审计质量控制》《第2307号内部审计具体准则——评价外部审计工作质量》《第2308号内部审计具体准则——审计档案工作》《第2309号内部审计具体准则——内部审计业务外包管理》《第3101号内部审计实务指南—审计报告》《第3204号内部审计实务指南——经济责任审计》等。

**【相关法规】**

● **《审计署关于内部审计工作的规定》**(2018年，中华人民共和国审计署令第11号)

**第7条** 内部审计人员应当具备从事审计工作所需要的专业能力。单位应当严格内部审计人员录用标准,支持和保障内部审计机构通过多种途径开展继续教育,提高内部审计人员的职业胜任能力。

内部审计机构负责人应当具备审计、会计、经济、法律或者管理等工作背景。

**第8条** 内部审计机构应当根据工作需要,合理配备内部审计人员。除涉密事项外,可以根据内部审计工作需要向社会购买审计服务,并对采用的审计结果负责。

**第9条** 单位应当保障内部审计机构和内部审计人员依法依规独立履行职责,任何单位和个人不得打击报复。

**第12条** 内部审计机构或者履行内部审计职责的内设机构应当按照国家有关规定和本单位的要求,履行下列职责:(一)对本单位及所属单位贯彻落实国家重大政策措施情况进行审计;(二)对本单位及所属单位发展规划、战略决策、重大措施以及年度业务计划执行情况进行审计;(三)对本单位及所属单位财政财务收支进行审计;(四)对本单位及所属单位固定资产投资项目进行审计;(五)对本单位及所属单位的自然资源资产管理和生态环境保护责任的履行情况进行审计;(六)对本单位及所属单位的境外机构、境外资产和境外经济活动进行审计;(七)对本单位及所属单位经济管理和效益情况进行审计;(八)对本单位及所属单位内部控制及风险管理情况进行审计;(九)对本单位内部管理的领导人员履行经济责任情况进行审计;(十)协助本单位主要负责人督促落实审计发现问题的整改工作;(十一)对本单位所属单位的内部审计工作进行指导、监督和管理;(十二)国家有关规定和本单位要求办理的其他事项。

**第13条** 内部审计机构或者履行内部审计职责的内设机构应有下列权限:(一)要求被审计单位按时报送发展规划、战略决策、重大措施、内部控制、风险管理、财政财务收支等有关资料(含相关电子数据,下同),以及必要的计算机技术文档;(二)参加单位有关会议,召开与审计事项有关的会议;(三)参与研究制定有关的规章制度,提出制定内部审计规章制度的建议;(四)检查有关财政财务收支、经济活动、内部控制、风险管理的资料、文件和现场勘察实物;(五)检查有关计算机系统及其电子数据和资料;(六)就审计事项中的有关问题,向有关单位和个人开展调查和询问,取得相关证明材料;(七)对正在进行的严重违法违规、严重损失浪费行为及时向单位主要负责人报告,经同意作出临时制止决定;(八)对可能转移、隐匿、篡改、毁弃会计凭证、会计账簿、会计报表以及与经济活动有关的资料,经批准,有权予以暂时封存;(九)提出纠正、处理违法违规行为的意见和改进管理、提高绩效的建议;(十)对违法违规和造成损失浪费的被审计单位和人员,给予通报批评或者提出追究责任的建议;(十一)对严格遵守财经法规、经济效益显著、贡献突出的被审计单位和个人,可以向单位党组织、董事会(或者主要负责人)提出表彰建议。

## 【细则示范】

● **内部审计管理制度**

**第1条** 为加强公司内部审计监督,完善公司内部控制,改善经营管理,提高经济效益,根据国家有关审计的法律、法规和公司章程等有关规定,结合公司实际情况,制定本制度。

**第2条** 内部审计是公司实施内部经济监督,依法检查会计账目、相关资产以及公司经营状况,监督财务收支真实性、合法性、效益性的活动。

**第3条** 本制度所称审计对象,是指公司各部室、内部独立核算单位、公司控股子公司及其直属分支机构、公司有实际控制权的其他企业以及具有重大影响的参股公司。

**第4条** 内部审计机构依照国家法律、法规和政策以及有关规定,对审计对象的财务收支、经济活动、内部控制、风险管理进行内部审计监督,独立行使审计职权。

**第5条** 公司下属公司可根据本制度的规定,结合自身实际情况,制定具体的实施细则。

**第6条** 公司内部审计机构为审计部,负责对公司内部控制制度的建立和实施、公司财务信息的真实性和完整性等情况进行检查监督。

**第7条** 内部审计机构由3人组成。

内部审计部门应当保持独立性,不得置于财务部门的领导之下,或者与财务部门合署办公。

内部审计部门对审计委员会负责,向审计委员会报告工作。

内部审计部门提交给管理层的各类审计报告、审计问题的整改计划和整改情况应当同时报送审计委员会。

**第8条** 内部审计机构应配备有能力完成各项审计任务所需专业知识和工作技能的独立内部审计人员,并保证审计人员所学的知识和实际工作能力胜任审计工作。

内部审计人员应具有与审计工作相适应的审计、会计、经济管理、工程技术等相关专业知识和业务能力。

**第9条** 对公司控股子公司进行审计时,内部审计机构可以申请抽调公司或控股子公司的合适人员,组成审计小组,共同完成审计项目。

**第10条** 公司各内部机构或职能部门、控股子公司以及具有重大影响的参股公司应当配合内部审计部门依法履行职责,不得妨碍内部审计部门的工作。

**第11条** 内部审计人员应坚持实事求是的原则,忠于职守,客观公正,廉洁奉公,遵守法纪,保守秘密;不得滥用职权,徇私舞弊,玩忽职守。

**第 12 条** 对审计对象存在的问题,内部审计人员应当帮助查找原因,提出切实可行的改进工作的建议,帮助被审单位改善管理,提高经济效益。

**第 13 条** 内部审计人员与审计对象或其主要负责人或者审计事项存在利害关系的,应当回避。

**第 14 条** 公司内部审计范围包括财务审计、内控审计以及专项审计。

**第 15 条** 内部审计机构应履行以下主要职责:(一)对本公司各内部机构、控股子公司以及具有重大影响的参股公司的内部控制制度的完整性、合理性及其实施的有效性进行检查和评估;(二)对本公司各内部机构、控股子公司以及具有重大影响的参股公司的会计资料及其他有关经济资料,以及所反映的财务收支及有关的经济活动的合法性、合规性、真实性和完整性进行审计,包括但不限于财务报告、业绩快报、自愿披露的预测性财务信息等;(三)协助建立健全反舞弊机制,确定反舞弊的重点领域、关键环节和主要内容,并在内部审计过程中合理关注和检查可能存在的舞弊行为;(四)至少每季度向审计委员会报告一次,内容包括但不限于内部审计计划的执行情况以及内部审计工作中发现的问题。

**第 16 条** 内部审计部门应当建立工作底稿制度,并依据有关法律、法规的规定,建立相应的档案管理制度,明确内部审计工作报告、工作底稿及相关资料的保存时间。

**第 17 条** 公司的内部控制制度应当涵盖公司经营活动中与财务报告和信息披露事务相关的所有业务环节,包括:销货与收款、采购与付款、存货管理、固定资产管理、资金管理、投资与融资管理、人力资源管理、信息系统管理和信息披露事务管理等。内部审计部门可以根据公司所处行业及生产经营特点,对内部审计涵盖的业务环节进行调整。

**第 18 条** 内部审计部门应当在每个会计年度结束前 2 个月内向审计委员会提交次一年度内部审计工作计划。

**第 19 条** 内部审计部门每年应当至少向审计委员会提交一次内部审计报告。

内部审计部门应当在每个会计年度结束后 2 个月内向审计委员会提交年度内部审计工作报告。

**第 20 条** 内部审计部门对审查过程中发现的内部控制缺陷,应当督促相关责任部门制定整改措施以及限定整改时间,并进行内部控制的后续审查,监督整改措施的落实情况。

内部审计部门在审查过程中如发现内部控制存在重大缺陷或重大风险,应当及时向审计委员会报告。

**第 21 条** 内部审计部门至少每半年对下列事项进行一次检查,出具检查报告并提交审计委员会。检查发现公司存在违法违规、运作不规范等情形的,应当及时向交易所报告并督促公司对外披露:(一)公司募集资金使用、提供担保、关联交易、证券投资与衍生品交易等高风险投资、提供财务资助、购买或者出售资产、对外投资等重大事件的实施情况;(二)公司大额资金往来以及与董事、监事、高级管理人员、控股股东、实际控制人及其关联人资金往来情况。

**第22条** 内部审计机构具有以下主要权限:(一)根据内部审计工作的需要,要求被审单位按时报送计划、预算、决算、报表和有关文件、资料等;(二)检查凭证、账表、决算、资金和财产,检测财务会计软件,查阅有关的文件和资料;(三)对审计中涉及的有关事项,进行调查并索取证明材料;(四)对正在进行的严重违反财经法纪、严重损失浪费行为,提请公司总经理作出临时制止决定;(五)对阻挠、破坏审计工作以及拒绝提供有关资料的,可以采取必要的临时措施,提请追究有关人员的责任;(六)提出改进管理、提高效益的建议,以及纠正处理违反财经法纪行为的意见;(七)对严重违反财经法纪和造成严重损失浪费的人员,提出追究责任的建议;(八)对审计工作中的重大事项,及时向审计委员会反映。

**第23条** 经审计委员会主任批准,内部审计机构有权检查公司审计期间内所有有关经营管理的账务、资料,包括:(一)会计账簿、凭证、报表;(二)全部业务合同、协议、契约、全部开户银行的银行对账单;(三)各项资产证明、投资的股权证明;(四)各项债权的对方确认函;(五)与客户往来的重要文件;(六)重要经营投资决策过程记录;(七)其他相关的资料。

**第24条** 内部审计工作的主要程序如下:(一)审计工作计划:内部审计机构根据公司的具体情况,拟定审计计划,报审计委员会主任批准实施。(二)审计通知:根据审计计划确定审计事项,并组成审计组,实施审计前,应事先提前7日通知审计对象,审计对象要配合审计工作,并提供必要的工作条件。(三)实施审计:审计人员通过审查会计凭证、账簿、报表和查阅与审计事项有关的文件、资料、实物,向有关部门或个人调查等方式进行审计,并取得证明材料,记录审计工作底稿。对审计中发现的问题,可随时向有关单位和人员提出改进的意见。(四)审计终结:审计小组应在【20】日内写出审计报告,征求审计对象的意见。审计对象(或被审计人)应在收到审计报告之日起【7】日内将书面意见递交审计小组。审计小组应将审计报告和审计对象对审计报告的意见书报送审计委托人审批。(五)审计结论和审计决定:内部审计机构根据审计委托人的决定作出审计意见书或审计决定,送公司审计委员会主任审批后,及时送达审计对象,经批准的审计意见书或审计决定自送达之日起生效,审计对象必须执行,并将执行结果书面报内部审计机构。(六)后续审计:对主要的审计项目,要坚持后续审计,检查审计对象执行审计决定及采纳审计建议的情况。

**第25条** 审计对象对审计意见书或审计决定如有异议,可自收到决定之日起【15】天内,向审计委托人提出,审计委托人应尽快作出是否复审或者更改的决定。内部审计机构应将复审或更改审计决定的情况报审计委托人。复审期间或作出更改决定前,原审计决定照常执行。

**第 26 条** 内部审计资料未经董事会同意,不得泄露给其他任何组织或个人。

**第 27 条** 内部审计机构对遵守财经法纪、经济效益显著的有关部门和认真维护财经法纪的个人,可提出表彰和奖励的建议。

**第 28 条** 对工作成绩优异的内部审计机构和人员,应给予表彰和奖励。

**第 29 条** 内部审计机构在审计中发现被审计单位有下列行为者,视情节轻重,有权责令改正,可以提出给予处分或经济处罚的建议:(一)拒绝或者拖延提供与审计有关的资料;(二)拒绝检查;(三)转移、隐匿、篡改、毁弃会计凭证、会计账簿、会计报表以及其他与财务收支有关的资料;(四)拒不执行财务收支法律、行政法规;(五)报复陷害审计人员或举报人员;(六)拒不执行审计结论或决定。

**第 30 条** 审计人员滥用职权、徇私舞弊、泄露秘密、玩忽职守,视情节轻重,给予处分或经济处罚。

**第 31 条** 本制度经董事会审议通过后实施。

**第 32 条** 本制度由董事会负责解释。

## 第四节　外部审计

**【示范条款】**

11.4.1　外部独立审计

公司聘用取得经营资格的会计师事务所进行会计报表审计、净资产验证及其他相关的咨询服务等业务,聘期 1 年,可以续聘。

11.4.2　审计机构的聘任

公司聘用会计师事务所的议案由董事会拟定,经股东会会议审议通过后生效。

由董事会拟定公司聘用会计师事务所的议案,未能首次经股东会会议审议通过的,再次提交股东会会议审议公司聘用会计师事务所的议案时,董事会、监事会、单独或者合并持有 30%以上公司股权的股东均可提出聘用任一取得经营资格的会计师事务所的议案,并有权在股东会会议申明理由。股东会会议以普通决议形式确定。

11.4.3　审计机构的权利

经公司聘用的会计师事务所享有下列权利:1.查阅公司财务报表、记录和凭证,并有权要求公司的董事、总裁或者其他高级管理人员提供有关的资料和说明;

2. 要求公司提供为会计师事务所履行职务所必需的其子公司的资料和说明;3. 列席股东会会议,获得股东会会议的通知或者与股东会会议有关的其他信息,在股东会会议上就涉及其作为公司聘用的会计师事务所的事宜发言。

### 11.4.4 审计机构的空缺
非会议期间,董事会因正当理由解聘会计师事务所的,或者因其他原因会计师事务所职位出现空缺,董事会在股东会会议召开前,可以委任会计师事务所填补该空缺,但必须在下一次股东会会议上追认通过。

### 11.4.5 审计报酬
会计师事务所的报酬由股东会会议决定。董事会委任填补空缺的会计师事务所的报酬,由董事会确定,报股东会会议批准。

### 11.4.6 解聘议案
会计师事务所的解聘,由董事会提出提案,股东会会议表决通过,必要时说明更换原因。

### 11.4.7 审计机构的停聘
公司解聘或者不再续聘会计师事务所时,提前【30】天事先通知会计师事务所,会计师事务所有权向股东会会议陈述意见。会计师事务所提出辞聘的,应当向股东会会议说明公司有无不当情事。

### 11.4.8 专项审计
公司董事会、监事会、单独或者合并持有公司 30% 以上股权的股东,均可提出对某一专项事务进行专项审计的议案,提交股东会会议审议。

议案内容应包括、专项审计范围、具体委托合法执业会计师事务所、审计费用的数额或者核算方式等。审议该议案的股东会会议,应当通知董事会、监事会、高级管理人员参加,申明专项审计的合理性和必要性。

公司股东会会议通过的专项审计议案,公司管理者应当向这些审计人员提供相应的条件,使其能够正常工作;不同审计人员的结果有差异的,股东会会议有权选择;相关人员有权将此事提交法院进行最终确定。

## 【条款解读】

一、独立审计

注册会计师审计也叫社会审计、独立审计、外部审计,是指注册会计师依法接受委托、独立执业、有偿为社会提供专业服务的活动。注册会计师审计的产生源于财产所有权和管理权的分离,聘请注册会计师应由股东会会议决议。外部审计人员由董事会或者董事会所属的独立审计委员会等机构推荐,股东会会议以普通决议形式通过。因为它可以明确注册会计师的审计应当对股东负责,对公司负有的义务,而不是对可能与其工作上接触或合作的公司经营管理层或具体管理者。

二、会计责任与审计责任

很多人都会把会计责任和审计责任混为一谈,不能清楚地区分两者之间的区别与联系。它们是两个有着非常紧密联系的概念,但同时两者之间还有差异,责任分工不同,工作方法不同,工作程序不同,以及在服务对象、工作职责、作用上都是不一样的。

1. 会计责任

会计责任是指会计工作人员责任,是指在日常的会计工作中,不遵守相关会计行为规范和会计法规的违法违纪行为引起的需要承担的法律后果。会计责任是会计工作人员必须要遵守的工作底线,它是和法律、道德、人品联系在一起的。会计责任的主要内涵是对会计制度的一种保护,保证资金的安全使用,为需要的人提供可靠的会计信息数据,最终保护资产的安全性的一种责任,因此会计责任分为内外两种责任,内部责任是内部控制的工作职责,外部责任是保证会计信息的真实、完整,符合国家的法律法规,不管是内部还是外部的会计责任,都是一个目的,即最终发挥会计的工作,促进会计工作目标的完成。

2. 审计责任

审计责任是指注册会计师依据我国的注册会计师的职业准则,对会计师出具的审计报告的真实性和合法性承担的风险负责。审计责任需要按照审计的工作程序,采取正确的审计方法,以经过核实的审计证据为依据,来判定审计报告的质量。而其中的真实性报告是用以保证其所出具的审计报告在审计范围、审计依据、审计程序实施等方面的真实性,同时还要保证对其所出具的审计报告给予审计意见的真实性;而审计报告的合法性,是用以保证其所出具的审计报告符合《注册会计师法》规定和其他相关审计准则要求。

3. 会计责任主体和审计责任主体之间的联系

(1)两者拥有相同的工作目标,因为不管是会计责任主体还是审计责任主体,他们的工作都是在国家的法律法规的范围内开展工作的,同时不管是会计信息还是审计报告,需要遵循真实性、合法性的原则,任何一方都不能存在造假等违法违纪行为。他们工作的主要目的就是维护各方利益主体的合法权益,为他们提供真实完整的会计报表。

(2)两者处理对象都是与以会计报表、会计账目、会计凭证为基础的会计资料相关联的,还包括一些具有相同的会计信息数据的会计工作内容。他们都希望通过自己的努力改善企业的经营状况,提高企业的生产效益,提高管理能力,最终提高企业的经济效益。

(3)两者的工作基础都是会计信息的真实性,二者具有客观基础的同一性,反映和监督的是同一会计主体的经济活动,具有一致的客观基础。

4. 会计责任与审计责任之间的区别

(1)判断标准不同。会计责任按照《会计法》,会计准则以及其他会计业务行为规范来判断履行标准,而审计责任是依照国家注册会计师职业准则衡量审计工作的质量,判定审计人员的审计责任,所以二者判断的依据不同。

(2)责任主体有差异。会计责任主体是被审计单位在经济管理活动中的责任,而审计责任主体是注册会计师在进行经济监督活动中,为了提高会计的信息质量,对会计报表中的错误现象揭露的责任,会计责任是为了保证资产的安全和会计信息的真实性;审计责任能够减少财务风险,规范审计工作行为,所以审计责任比会计责任管理需要更加严格。

(3)具体内容不同。会计责任要求关注内部控制制度是否完整,资产是否安全,会计信息是否真实,会计核算等会计内容是否按照程序进行等内容;审计责任要求关注注册会计师所出具的审计报告是否符合审计范围、审计依据、审计程序等的具体实施中的真实性体现,并且可以进行各种审计意见的出具。特别需要注意的是,审计报告必须要基于《注册会计师法》(2014年修正)和相关审计准则规定,反映财务报表的真实性以及会计信息的完整性。

(4)承担者不同。会计责任的承担者包括:企业管理当局、企业主要负责人和业务主管、会计人员和相关人员。而审计责任的承担者包括:会计师事务所、注册会计师和合伙人,两者有明显的差别。

(5)会计责任和审计责任的追究者不同。有权追究会计责任的部门包括:财政部门、税务部门、审计部门、被审计单位的主管部门、档案和司法部门;而有权追究审计责任的部门包括:省级以上财政部门、省级以上注册会计师协会、中国证券管理委员会、司法部门和相关部门以及企业的其他利益相关者。

三、审计报告的类型

审计报告的类型有标准的无保留意见,带强调事项段的无保留意见,保留意见,否定意见,无法表示意见五种分类。

1. 标准的无保留意见

标准的无保留意见指不含有说明段、强调事项段、其他事项段或其他任何修饰性用语的无保留意见的审计报告。

标准的无保留意见说明审计师认为被审计者编制的财务报表已按照适用的会

计准则的规定编制并在所有重大方面公允反映了被审计者的财务状况、经营成果和现金流量。

2. 带强调事项段的无保留意见

说明审计师认为被审计者编制的财务报表符合相关会计准则的要求并在所有重大方面公允反映了被审计者的财务状况、经营成果和现金流量,但是存在需要说明的事项,如对持续经营能力产生重大疑虑及重大不确定事项等。

3. 保留意见

说明审计师认为财务报表整体是公允的,但是存在影响重大的错报。

4. 否定意见

说明审计师认为财务报表整体是不公允的或没有按照适用的会计准则的规定编制。

5. 无法表示意见

说明审计师的审计范围受到了限制,无法获取充分、适当的审计证据以作为形成审计意见的基础,且其可能产生的影响是重大而广泛的。

四、审计机构的解聘及不再续聘

解聘或者不再续聘注册会计师时,由董事会提出提案,股东会会议表决通过,必要时说明更换原因。公司董事会应当提前30天事先通知会计师事务所,会计师事务所有权向股东会会议陈述意见。会计师事务所提出辞聘的,应当向股东会会议说明公司有无不当情事。

**【典型案例】**

● 标准无保留意见审计报告案例①

审计报告正文

一、审计意见

我们审计了昆明云内动力股份有限公司(以下简称"云内动力")财务报表,包括2022年12月31日的《合并及公司资产负债表》,2022年度的《合并及公司利润表》《合并及公司现金流量表》《合并及公司股东权益变动表》以及相关财务报表附注。我们认为,后附的财务报表在所有重大方面按照企业会计准则的规定编制,公允反映了云内动力2022年12月31日合并及公司的财务状况以及2022年度合并及公司的经营成果和现金流量。

---

① 参见《昆明云内动力股份有限公司审计报告》[众环审字(2023)1600136号],载巨潮资讯网:http://www.cninfo.com.cn/new/disclosure/detail?plate=szse&orgId=gssz0000903&stockCode=000903&announcementId=1216683113&announcementTime=2023-04-29,最后访问日期:2024年6月20日。

## 二、形成审计意见的基础

我们按照《中国注册会计师审计准则》的规定执行了审计工作。审计报告的"注册会计师对财务报表审计的责任"部分进一步阐述了我们在这些准则下的责任。按照《中国注册会计师职业道德守则》,我们独立于云内动力,并履行了职业道德方面的其他责任。我们相信,我们获取的审计证据是充分、适当的,为发表审计意见提供了基础。

## 三、关键审计事项

关键审计事项是我们根据职业判断,认为对本期财务报表审计最为重要的事项。这些事项的应对以对财务报表整体进行审计并形成审计意见为背景,我们不对这些事项单独发表意见。我们确定下列事项是需要在审计报告中沟通的关键审计事项。

## 四、其他信息

云内动力管理层对其他信息负责。其他信息包括云内动力2022年年度报告中涵盖的信息,但不包括财务报表和我们的审计报告。

我们对财务报表发表的审计意见不涵盖其他信息,我们也不对其他信息发表任何形式的鉴证结论。

结合我们对财务报表的审计,我们的责任是阅读其他信息,在此过程中,考虑其他信息是否与财务报表或我们在审计过程中了解到的情况存在重大不一致或者似乎存在重大错报。

基于我们已执行的工作,如果我们确定其他信息存在重大错报,我们应当报告该事实。在这方面,我们无任何事项需要报告。

## 五、管理层和治理层对财务报表的责任

管理层负责按照企业会计准则的规定编制财务报表,使其实现公允反映,并设计、执行和维护必要的内部控制,以使财务报表不存在由于舞弊或错误导致的重大错报。

在编制财务报表时,管理层负责评估云内动力的持续经营能力,披露与持续经营相关的事项(如适用),并运用持续经营假设,除非管理层计划清算云内动力、终止运营或别无其他现实的选择。

治理层负责监督云内动力的财务报告过程。

## 六、注册会计师对财务报表审计的责任

我们的目标是对财务报表整体是否不存在由于舞弊或错误导致的重大错报获取合理保证,并出具包含审计意见的审计报告。合理保证是高水平的保证,但并不能保证按照审计准则执行的审计在某一重大错报存在时总能发现。错报可能由于舞弊或错误导致,如果合理预期错报单独或汇总起来可能影响财务报表使用者依

据财务报表作出的经济决策,则通常认为错报是重大的。

在按照审计准则执行审计工作的过程中,我们运用职业判断,并保持职业怀疑。同时,我们也执行以下工作：

(一)识别和评估由于舞弊或错误导致的财务报表重大错报风险,设计和实施审计程序以应对这些风险,并获取充分、适当的审计证据,作为发表审计意见的基础。由于舞弊可能涉及串通、伪造、故意遗漏、虚假陈述或凌驾于内部控制之上,未能发现由于舞弊导致的重大错报的风险高于未能发现由于错误导致的重大错报的风险。

(二)了解与审计相关的内部控制,以设计恰当的审计程序。

(三)评价管理层选用会计政策的恰当性和作出会计估计及相关披露的合理性。

(四)对管理层使用持续经营假设的恰当性得出结论。同时,根据获取的审计证据,就可能导致对云内动力持续经营能力产生重大疑虑的事项或情况是否存在重大不确定性得出结论。如果我们得出结论认为存在重大不确定性,审计准则要求我们在审计报告中提请报表使用者注意财务报表中的相关披露；如果披露不充分,我们应当发表非无保留意见。我们的结论基于截至审计报告日可获得的信息。然而,未来的事项或情况可能导致云内动力不能持续经营。

(五)评价财务报表的总体列报、结构和内容,并评价财务报表是否公允反映相关交易和事项。

(六)就云内动力中实体或业务活动的财务信息获取充分、适当的审计证据,以对财务报表发表意见。我们负责指导、监督和执行集团审计。我们对审计意见承担全部责任。

我们与治理层就计划的审计范围、时间安排和重大审计发现等事项进行沟通,包括沟通我们在审计中识别出的值得关注的内部控制缺陷。

我们还就已遵守与独立性相关的职业道德要求向治理层提供声明,并与治理层沟通可能被合理认为影响我们独立性的所有关系和其他事项,以及相关的防范措施(如适用)。

从与治理层沟通过的事项中,我们确定哪些事项对本期财务报表审计最为重要,因而构成关键审计事项。我们在审计报告中描述这些事项,除非法律法规禁止公开披露这些事项,或在极少数情形下,如果合理预期在审计报告中沟通某事项造成的负面后果超过在公众利益方面产生的益处,我们确定不应在审计报告中沟通该事项。

审计报告签署日期 2023 年 04 月 27 日

● **带强调事项段的无保留意见、带持续经营重大不确定性段落的无保留意见审计报告案例**[①]

审计报告正文

一、审计意见

我们审计了浙江步森服饰股份有限公司(以下简称"步森股份公司")财务报表,包括2022年12月31日的《合并及公司资产负债表》,2022年度的《合并及公司利润表》《合并及公司现金流量表》《合并及公司股东权益变动表》以及相关财务报表附注。

我们认为,后附的财务报表在所有重大方面按照企业会计准则的规定编制,公允反映了步森股份公司2022年12月31日合并及公司的财务状况以及2022年度合并及公司的经营成果和现金流量。

二、形成审计意见的基础

……

三、强调事项

如财务报表附注三(二)所述,截至2022年12月31日,步森股份公司累计净亏损人民币34117.23万元,近三年经营活动产生的现金流量净额均为负数,银行账户被冻结金额852.56万元。这些事项或情况,表明存在可能导致对步森股份公司持续经营能力产生重大疑虑的重大不确定性。……

四、强调事项

……如财务报表附注第14条第2款所述,步森股份于2022年11月11日收到《中国证券监督管理委员会立案告知书》(证监立案字01120220018号),因公司涉嫌未按规定披露重大事件等,中国证券监督管理委员会根据《证券法》《行政处罚法》等法律法规决定对公司立案调查。截至本报告日,上述事项尚无结论性意见或决定。我们提醒财务报表使用者关注上述事项,本段内容不影响已发表的审计意见。

五、关键审计事项

……

六、其他信息

……

七、管理层和治理层对财务报表的责任

……

---

[①] 参见《浙江步森服饰股份有限公司审计报告》[亚会审字(2023)第01320108号],载巨潮资讯网:http://www.cninfo.com.cn/new/disclosure/detail? plate = szse&orgId = 9900019034&stockCode = 002569&announcementId=1216692472&announcementTime=2023-04-29,最后访问日期:2024年6月20日。

八、注册会计师对财务报表审计的责任

……

审计报告签署日期 2023 年 04 月 27 日

● **保留意见，持续经营重大不确定性、强调事项段审计报告案例**[①]

审计报告正文

一、审计意见

我们审计了新海宜科技集团股份有限公司（以下简称"新海宜公司"）财务报表，包括2022年12月31日的《合并及公司资产负债表》，2022年度的《合并及公司利润表》《合并及公司现金流量表》《合并及公司股东权益变动表》以及相关财务报表附注。

我们认为，除"形成保留意见的基础"部分所述事项产生的影响外，后附的财务报表在所有重大方面按照企业会计准则的规定编制，公允反映了新海宜公司2022年12月31日合并及公司的财务状况以及2022年度合并及公司的经营成果和现金流量。

二、形成保留意见的基础

如财务报表附注第14条第4款第8项所述，根据证监会下发的《行政处罚及市场禁入事先告知书》新海宜公司涉嫌通过参与专网通信虚假自循环业务虚增销售收入、利润以及会计处理不当导致公司2014年至2019年年度报告及2019年半年度报告存在虚假记载。

经核查，公司专网通信业务相关债权债务在本报告期初之前已全部结清，对参股公司苏州赛安电子技术有限公司的其他应收款和长期股权投资在2021年度已全部计提减值准备，但截至报告出具日，公司尚未收到正式处罚决定，告知书查明事项对公司财务报表的影响尚存在不确定性。

我们按照《中国注册会计师审计准则》的规定执行了审计工作。审计报告的"注册会计师对财务报表审计的责任"部分进一步阐述了我们在这些准则下的责任。按照《中国注册会计师职业道德守则》，我们独立于新海宜公司，并履行了职业道德方面的其他责任。我们相信，我们获取的审计证据是充分、适当的，为发表保留意见提供了基础。

三、与持续经营相关的重大不确定性

我们提醒财务报表使用者关注，如财务报表附注第6条第19款与第28款所

---

[①] 参见《新海宜科技集团股份有限公司审计报告》[亚会审字（2023）第01310266号]，载巨潮资讯网：http://www.cninfo.com.cn/new/disclosure/detail?orgId=9900001423&announcementId=1216563849&announcementTime=2023-04-25，最后访问日期：2024年6月20日。

述,截至 2022 年 12 月 31 日,新海宜公司短期借款及其他借款合计 44120.70 万元,本年末已逾期未偿还的短期借款总额为 16675.70 万元,鉴于新海宜公司目前运营资金及经营性现金流较为紧张,如无法与银行对借款进行展期达成一致,可能会对新海宜公司的正常运营产生影响;如财务报表附注第 14 条第 4 款第 3 项,附注第 6 条第 20 款第 9 项所述,因被担保方财务困难无法偿还到期债务,导致新海宜公司银行账户冻结、计提大额预计负债,对新海宜公司正常经营产生重大影响。

上述事项表明,新海宜公司的持续经营能力存在重大的不确定性。该事项不影响已发表的审计意见。

四、强调事项

1. 截至 2022 年 12 月 31 日,新海宜公司对陕西通家汽车股份有限公司仍有 57329.70 万元的财务资助金额和 2291.31 万元经营性往来金额未收回,该款项计提减值准备 36283.01 万元;截至 2022 年 12 月 31 日,新海宜公司对陕西通家汽车股份有限公司仍有 9315.90 万元的借款担保尚未解除。

2. 我们提醒报表使用者关注,如附注第 14 条第 4 款第 8 项所述,公司 2016 年至 2019 年连续 4 年财务指标可能触及《深圳证券交易所上市公司重大违法强制退市实施办法》第 4 条第(三)项规定的重大违法强制退市情形,公司股票可能被实施重大违法强制退市。

本段内容不影响已发表的审计意见。

五、关键审计事项

……

六、其他信息

……

七、管理层和治理层对财务报表的责任

……

八、注册会计师对财务报表审计的责任

……

审计报告签署日期 2023 年 04 月 24 日

● **无法表示意见审计报告案例**[①]

审计报告正文

山东东方海洋科技股份有限公司全体股东:

---

[①] 参见《山东东方海洋科技股份有限公司审计报告》[和信审字(2023)第 000694 号],载巨潮资讯网:http://www.cninfo.com.cn/new/disclosure/detail?plate=szse&orgId=9900001344&stockCode=002086&announcementId=1216705737&announcementTime=2023-04-29,最后访问日期:2024 年 6 月 20 日。

一、无法表示意见

我们接受委托，审计了山东东方海洋科技股份有限公司（以下简称"东方海洋科技公司"）财务报表，包括2022年12月31日的《合并及公司资产负债表》，2022年度的《合并及公司利润表》《合并及公司现金流量表》《合并及公司股东权益变动表》以及相关财务报表附注。

我们不对后附的《东方海洋科技公司财务报表》发表审计意见。由于"形成无法表示意见的基础"部分所述事项的重要性，我们无法获取充分、适当的审计证据以作为对财务报表发表审计意见的基础。

二、形成无法表示意见的基础

1. 非经营性资金占用及违规担保

如财务报表附注第5条第5款其他应收款、附注第9条第5款关联方交易情况以及附注第10条承诺及或有事项所述，截至2022年12月31日，东方海洋科技公司应收控股股东非经营性资金占用137081.10万元（本息及相关费用），为控股股东及其他关联方借款担保金额119194.44万元（本息及相关费用），东方海洋科技公司对上述款项已全额计提坏账准备和预计负债。目前公司处于预重整阶段，且第二次债权人会议正在延期表决，公司是否进入重整程序尚具有不确定性，截至本财务报告批准报出日，我们无法获取充分、适当的审计证据对控股股东资金占用的可回收性及违规担保的预计损失作出合理的判断。因此，我们无法确定是否需要对上述应收款项的余额、坏账准备、预计负债项目作出调整。

2. 业绩补偿款

如财务报表附注第5条第5款其他应收款所述，东方海洋科技公司应收宝崴商贸业绩补偿款10464.41万元，公司已全额计提坏账准备。截至本财务报告批准报出日，我们无法就上述应收款项坏账准备计提的合理性获取充分、适当的审计证据。因此，我们无法确认对上述应收款项的坏账准备计提的合理性。

3. 投资者诉讼案件

投资者诉讼案件如附注第10条承诺及或有事项所述，东方海洋科技公司涉及多起投资者证券虚假陈述责任纠纷案件，其中第一阶段虚假陈述诉讼案件尚有部分案件未能出具损失核定意见书，我们无法对尚未出具损失核定意见书的案件合理估计损失金额；第二阶段虚假陈述诉讼案件由于尚未确定虚假陈述实施日、揭露日、基准日以及基准价等关键参数，我们无法获取充分、适当的审计证据合理估计损失金额。因此，我们无法确认对资产负债表日是否发生损失而需计提预计负债的金额作出调整。

4. 与持续经营相关的重大不确定性

东方海洋科技公司2022年归属于母公司所有者的净利润-158490.54万

元,合并财务报表累计未分配利润为-408809.47万元。截至2022年12月31日归属于母公司股东权益合计为-116798.15万元;受控股股东非经营性资金占用及违规担保影响,公司经营业绩下滑,现金流压力较大,无法偿付到期债务且涉及较多的司法诉讼,导致部分银行账户、重要资产被司法冻结;公司目前处于预重整阶段,是否进入重整程序尚具有不确定性。截至本财务报告批准报出日,东方海洋科技公司已经在财务报表附注第2条第2款中充分披露了对持续经营的改善措施,但因前述的不确定性的影响导致我们无法获取充分、适当的证据以判断东方海洋科技公司以持续经营能力假设为基础编制2022年度财务报表是否恰当。

三、管理层和治理层对财务报表的责任

东方海洋科技公司管理层(以下简称"管理层")负责按照企业会计准则的规定编制财务报表,使其实现公允反映,并设计、执行和维护必要的内部控制,以使财务报表不存在由于舞弊或错误导致的重大错报。

在编制财务报表时,管理层负责评估东方海洋科技公司的持续经营能力,披露与持续经营相关的事项,并运用持续经营假设,除非管理层计划清算东方海洋科技公司、终止运营或别无其他现实的选择。

东方海洋科技公司治理层(以下简称"治理层")负责监督东方海洋科技公司的财务报告过程。

四、注册会计师对财务报表审计的责任

我们的责任是按照《中国注册会计师审计准则》的规定,对东方海洋科技公司的财务报表执行审计工作,以出具审计报告。但由于"形成无法表示意见的基础"部分所述的事项,我们无法获取充分、适当的审计证据以作为发表审计意见的基础。

按照《中国注册会计师职业道德守则》,我们独立于东方海洋科技公司,并履行了职业道德方面的其他责任。

审计报告签署日期2023年04月28日

# 第十二章　合并、分立、增资、减资、解散和清算

## 第一节　合并、分立、增资和减资

**【示范条款】**

12.1.1　公司合并

公司合并可以采取吸收合并或者新设合并。

一个公司吸收其他公司为吸收合并，被吸收的公司解散。两个以上公司合并设立一个新的公司为新设合并，合并各方解散。

12.1.2　小额合并

公司合并支付的价款不超过本公司净资产10%的，可以不经股东会决议，由公司董事会决议。

【注释】《公司法》（2023年修订）规定，公司章程也可规定小额合并（公司合并支付的价款不超过本公司净资产10%的合并），必须经公司股东会决议。

12.1.3　公司合并告知

公司合并，应当由合并各方签订合并协议，并编制资产负债表及财产清单。公司应当自作出合并决议之日起【10】日内通知债权人，并于【30】日内在【报纸名称】上公告。

债权人自接到通知书之日起【30】日内，未接到通知书的自公告之日起【45】日内，可以要求公司清偿债务或者提供相应的担保。

12.1.4　合并的债务担保

公司合并通知债权人，债权人异议时，公司应提供担保，或者提前清偿债务，并合理扣减债务利息。

公司未能与公司债权人就"提前清偿债务或者提供相应的担保"达成一致的，公司债权人可依法提起诉讼。未经司法禁令，公司董事会有权依据章程有关程序继续执行合并。

### 12.1.5 合并债权、债务

公司合并时,合并各方的债权、债务,由合并后存续的公司或者新设的公司承继。

### 12.1.6 公司分立

公司分立,其财产作相应的分割。

公司分立,应当编制资产负债表及财产清单。公司应当自作出分立决议之日起【10】日内通知债权人,并于【30】日内在【报纸名称】上公告。

### 12.1.7 公司分立的债务负担

公司分立前的债务由分立后的公司承担连带责任。但是,公司在分立前与债权人就债务清偿达成的书面协议另有约定的除外。

分立的公司在承担连带责任后,各分立的公司间对原企业债务承担有约定的,按照约定处理;没有约定或者约定不明的,根据公司分立时的资产比例分担。

### 12.1.8 公司减资

公司需要减少注册资本时,必须编制资产负债表及财产清单。公司应当自作出减少注册资本决议之日起【10】日内通知债权人,并于【30】日内在【报纸名称】上公告。债权人自接到通知书之日起【30】日内,未接到通知书的自公告之日起【45】日内,有权要求公司清偿债务或者提供相应的担保。

公司减资后的注册资本将不低于法定的最低限额。

### 12.1.9 弥补亏损减资

公司在公积金不能弥补亏损时,减少注册资本弥补亏损,不适用前条第 12.1.8 条的规定,但应当自股东会作出减少注册资本决议之日起【30】日内在报纸上或者国家企业信用信息公示系统公告。

减少注册资本弥补亏损的,公司不得向股东分配,也不得免除股东缴纳出资或者股款的义务。在法定公积金和任意公积金累计额达到公司注册资本 50% 前,一直不得分配利润。

【注释】《公司法》(2023 年修订)的新增规定。

### 12.1.10 同比减资

公司减少注册资本,应当按照股东出资或者持有股份的比例相应减少出资额或者股份。

【注释】《公司法》(2023 年修订)的新增规定。法律另有规定、有限责任公司全体股东另有约定或者股份有限公司章程另有规定的,也可以非同比减资。

### 12.1.11 减资债务担保

减资通知债权人,债权人有异议时,公司应提供担保,或者提前清偿债务,并合理扣减债务利息。

公司未能与公司债权人就"提前清偿债务或者提供相应的担保"达成一致的,公司债权人可依法提起诉讼程序。

### 12.1.12 依法减资

违反公司法规定减少注册资本的,股东应当退还其收到的资金,减免股东出资的应当恢复原状;给公司造成损失的,股东及负有责任的董事、监事、高级管理人员应当承担赔偿责任。

【注释】《公司法》(2023年修订)的新增规定。

### 12.1.13 变更登记

公司合并或者分立,登记事项发生变更的,应当依法向公司登记机关办理变更登记;公司解散的,应当依法办理公司注销登记;设立新公司的,应当依法办理公司设立登记。

公司增加或者减少注册资本,应当依法向公司登记机关办理变更登记。

【条款解读】

一、公司合并

1. 公司合并的类型。根据《公司法》(2023年修订)第218条的规定,公司合并可以采取吸收合并或者新设合并。一个公司吸收其他公司为吸收合并,被吸收的公司解散。两个以上公司合并设立一个新的公司为新设合并,合并各方解散。

2. 由公司董事会协商和拟定公司合并方案。《公司法》(2023年修订)第67条规定,"董事会行使下列职权:……(六)制订公司合并、分立、解散或者变更公司形式的方案……"由于公司合并系两个以上公司的合并,公司董事会首先应当与被合并方进行磋商,达成一致,然后由公司董事会拟定合并方案。在公司合并方案中,公司董事会应当对公司合并的原因、目的、合并后股东股权比例和合并后公司章程、资产负债表及财产清单等问题做出安排。

3. 公司股东会会议关于合并方案的决议。公司合并应当由股东会会议以特别会议决议方式决定。《公司法》(2023年修订)第66条的规定,股东会会议作出对公司的合并、分立的决议,必须经代表2/3以上表决权的股东通过。

4. 向债权人通知和公告。公司应当自作出合并决议之日起10日内通知债权人,并于30日内在报纸上公告。《公司法》(2023年修订)第220条规定,公司合并,应当由合并各方签订合并协议,并编制资产负债表及财产清单。公司应当自作出合并决议之日起10日内通知债权人,并于30日内在报纸上或者国家企业信用信息公示系统公告。

5. 公司合并的债务风险。公司合并通知债权人后,公司债权人自接到通知书之日起30日内,未接到通知书的自公告之日起45日内,可以要求公司清偿债务或者提供相应的担保。公司应当为公司债权人提供担保,或者提前清偿债务,并合理扣减债务利息。

公司债权人的债务是由公司的总资产以及净资产作为担保保障的,当一个公司的总债务规模大于公司的总资产规模时,我们称这时公司的净资产为负数,也叫"负资产"。负资产的公司随时有破产的可能,公司债务是不能被保障的。《公司法》(2023年修订)第221条规定,公司合并时,合并各方的债权、债务,应当由合并后存续的公司或者新设的公司承继。如果公司合并中被吸收公司是一个"负资产"公司,公司债权人的偿债保障就要受到不利影响。而公司债权人无义务,也通常无条件审查被吸收公司的总资产是否大于总债务,因此为保障公司债权人的合法利益,在公司合并时,公司债权人有权要求公司提前清偿债务或者提供相应的担保。

6. 合并决议的效力。为保障公司经营的效率,公司未能与公司债权人就"提前清偿债务或者提供相应的担保"达成一致的,不应影响公司合并决议的效力,公司债权人可依法提起诉讼程序,通过司法程序解决。而对于公司来说,未经司法禁令,公司董事会有权依据章程有关程序继续执行合并决议。《法国商事公司法》第381条规定:债权人提出的异议,不具有禁止进行合并程序的效力。[①]

7. 依法办理变更登记。公司合并,登记事项发生变更,应当依法向公司登记机关办理变更登记。

二、公司分立

1. 公司分立的类型

根据《公司法》等相关法律法规的规定,公司分立可分为派生分立和新设分立两种形式:派生分立是指公司将一部分资产分出去另设一个或若干个新的公司,原公司存续,另设的新公司应办理开业登记,存续的原公司办理变更登记;新设分立是指公司将全部资产分别划归2个或2个以上的新公司,原公司解散,原公司办理注销登记,新设的2个或2个以上的新公司办理开业登记。本节讨论的是派生分立,新设分立应当按照公司清算程序进行。

2. 由公司董事会拟定公司分立方案

在公司分立方案中,应当对公司分立的原因、目的、分立后各公司的地位、分立

---

[①] 参见卞耀武主编:《法国公司法规范》,李萍译,法律出版社1999年版,第223页。

后公司章程和财产及债务分割等问题做出安排。

3. 公司股东会会议关于分立方案的决议

公司分立应当由股东会会议以特别会议决议方式决定。股东会会议决议通过方案时,特别要通过公司债务的分担协议。《公司法》(2023年修订)第66条规定,股东会对公司的合并、分立作出的决议,必须经代表2/3以上表决权的股东通过。

4. 向债权人通知和公告

公司应当自作出分立决议之日起10日内通知债权人,并于30日内在报纸上公告。

《公司法》(2023年修订)第223条规定,公司分立,其财产作相应的分割。公司分立,应当编制资产负债表及财产清单。公司应当自作出分立决议之日起10日内通知债权人,并于30日内在报纸上或者国家企业信用信息公示系统公告。

5. 债务的分担与连带责任

《公司法》(2023年修订)第224条规定:"公司分立前的债务由分立后的公司承担连带责任。但是,公司在分立前与债权人就债务清偿达成的书面协议另有约定的除外。"

《民法典》第67条规定,"法人分立的,其权利和义务由分立后的法人享有连带债权,承担连带债务,但是债权人和债务人另有约定的除外"。

6. 无须"提前清偿债务或者提供相应的担保"

由于公司分立前的债务由分立后的公司承担连带责任,分立后公司的总资产合计和净资产合计均没有减少,公司分立前的债务的安全保障并不受影响。所以公司分立无须"提前清偿债务或者提供相应的担保"。

7、依法办理变更登记

公司分立,登记事项发生变更,应当依法向公司登记机关办理变更登记。

三、公司减资

1. 由公司董事会拟定公司减资方案。《公司法》(2023年修订)第67条规定,"董事会行使下列职权:……(五)制订公司增加或者减少注册资本以及发行公司债券的方案……"在公司减资方案中,公司董事会应当对公司减资的原因、目的、减资后公司章程和资产负债表及财产清单等问题做出安排。

2. 公司股东会会议关于减资方案的决议。公司合并应当由股东会会议以特别会议决议方式决定。《公司法》(2023年修订)第66条规定,股东会会议对公司增加或者减少注册资本作出决议,必须经代表2/3以上表决权的股东通过。

3. 向债权人通知和公告。公司应当自作出减资决议之日起10日内通知债权人,并于30日内在报纸上公告。《公司法》(2023年修订)第224条规定,公司应当自作出减少注册资本决议之日起10日内通知债权人,并于30日内在报纸上或者国家企业信用信息公示系统公告。

4. 公司减资的债务风险。公司减资通知债权人后,公司债权人自接到通知书之日起30日内,未接到通知书的,自公告之日起45日内,可以要求公司清偿债务或者提供相应的担保。公司应当为公司债权人提供担保,或者提前清偿债务,并合理扣减债务利息。公司债权人的债务是由公司的总资产以及净资产作为担保保障的,当一个公司的总债务规模大于公司的总资产规模时,我们称这是公司的净资产负数,也叫"负资产"。当公司减资时,公司的总资产减少,公司的总债务不变,公司减资实质就是减少公司净资产,这样公司债权人的偿债保障就必然受到不利影响,为保障公司债权人的合法利益,在公司减资时,公司债权人有权要求公司提前清偿债务或者提供相应的担保。

5. 减资决议的效力。为保障公司经营的效率,公司未能与公司债权人就"提前清偿债务或者提供相应的担保"达成一致的,不影响公司减资决议的效力,公司债权人可依法提起诉讼,通过司法程序解决。而对于公司来说,未经司法禁令,公司董事会有权依据章程有关程序继续执行减资决议。

6. 依法办理变更登记。公司增加或者减少注册资本,应当依法向公司登记机关办理变更登记。

四、新法修订

(一)与控股子公司合并。《公司法》(2023年修订)增加第219条第1款,允许公司与其持股90%以上的公司合并,被合并的公司不需要经股东会决议,仅需被合并的公司董事会决议。但应当通知其他股东(指持股不足10%的股东),其他股东有权请求公司按照合理的价格收购其股权或者股份。

(二)小额合并。《公司法》(2023年修订)增加第219条第2款,公司合并支付的价款不超过本公司净资产10%的,可以不经股东会决议,由董事会决议,但是,公司章程另有规定的除外。

(三)禁止非同比减资。《公司法》(2023年修订)增加第224条第3款,公司减少注册资本,应当按照股东出资或者持有股份的比例相应减少出资额或者股份。法律另有规定、有限责任公司全体股东另有约定或者股份有限公司章程另有规定的除外。

(四)注册资本弥补亏损。《公司法》(2023年修订)增加第225条。

(五)依法减资。《公司法》(2023年修订)增加第226条,违反本法规定减少注册资本的,股东应当退还其收到的资金,减免股东出资的应当恢复原状;给公司造成损失的,股东及负有责任的董事、监事、高级管理人员应当承担赔偿责任。

## 【相关法规】

● 《中华人民共和国公司法》(2023年修订)

第219条　公司与其持股百分之九十以上的公司合并,被合并的公司不需要经股东会决议,但应当通知其他股东,其他股东有权请求公司按照合理的价格收购其股权或者股份。

公司合并支付的价款不超过本公司净资产百分之十的,可以不经股东会决议;但是,公司章程另有规定的除外。

公司依照前两款规定合并不经股东会决议的,应当经董事会决议。

第224条　公司减少注册资本,应当编制资产负债表及财产清单。

公司应当自股东会作出减少注册资本决议之日起十日内通知债权人,并于三十日内在报纸上或者国家企业信用信息公示系统公告。债权人自接到通知之日起三十日内,未接到通知的自公告之日起四十五日内,有权要求公司清偿债务或者提供相应的担保。

公司减少注册资本,应当按照股东出资或者持有股份的比例相应减少出资额或者股份,法律另有规定、有限责任公司全体股东另有约定或者股份有限公司章程另有规定的除外。

第225条　公司依照本法第214条第2款的规定弥补亏损后,仍有亏损的,可以减少注册资本弥补亏损。减少注册资本弥补亏损的,公司不得向股东分配,也不得免除股东缴纳出资或者股款的义务。

依照前款规定减少注册资本的,不适用前条第2款的规定,但应当自股东会作出减少注册资本决议之日起三十日内在报纸上或者国家企业信用信息公示系统公告。

公司依照前两款的规定减少注册资本后,在法定公积金和任意公积金累计额达到公司注册资本百分之五十前,不得分配利润。

第226条　违反本法规定减少注册资本的,股东应当退还其收到的资金,减免股东出资的应当恢复原状;给公司造成损失的,股东及负有责任的董事、监事、高级管理人员应当承担赔偿责任。

● 《广西壮族自治区高级人民法院民二庭关于审理公司纠纷案件若干问题的裁判指引》(桂高法民二〔2020〕19号)

25.【完成增资的必备前提】公司完成增资扩股的必备前提是相关当事人之间存在增资合意的事实:一是公司或者股东具有增资意愿以及接纳或认可新股东身份的意思;二是投资人具有投资入股或认购股份的意思。只有当事人之间的表意、行为或相关事件能够体现出这两方面的表意事实,才算完成了公司增资的必备前提;反之,即使当事人与公司之间存在支付相关款项、交付转移财产、变更名册或工商登记等行为,若没有以明示或默示等方式体现这两项表意事实,则不应当认定当事人的新股东资格。

26.【完成增资的判断方法】在当事人具备增资合意事实的情况下,法律并未具体规定完成增资及新股东身份生效的时间点。公司增资并吸纳新股东通常表现出三个阶段:一是公司与投资人之间订立投资入股协议或股权认购协议;二是投资人向公司依法缴纳出资或股款,或交付、移转非货币财产;三是公司为投资人依法完成吸纳、认可新股东的法定程序。这些阶段中的法定程序具体包括:公司就增资事项通过代表2/3以上表决权或出席会议所持表决权2/3以上的股东会决议;向新股东出具出资证明书并修改公司股东名册;依法向公司登记机关办理变更登记;等等。单一来看,这些法定程序并非每一个都是增资并吸纳新股东的必备要件,但都是公司股东重要事项的实质变更,应结合这些程序或手续的办理情况与认缴或实缴情况,综合判定公司是否在整体上完成增资效果。

27.【完成增资的通常方式】公司增资在实践中可能体现为四种完成方式:(1)先由公司股东会作出对外增资的决议,公司再依此与具体的投资人订立投资入股协议或股权认购协议,随后双方依约履行认缴或实缴出资、出具出资证明书、修改股东名册以及办理变更登记等义务;(2)投资人与公司先订立投资入股协议或投资意向书,公司股东会就该增资事项作出决议,随后双方依约认缴或实缴出资,并继续完成余下法定变更程序;(3)控股股东或大股东代表公司与投资人订立投资入股协议后,该投资人即开始认缴或实缴出资,公司也随后履行增资的法定变更程序,但公司从未就增资事项召开股东会并作出决议;(4)投资人既未与公司订立投资入股协议或相关意向书,该公司也从未就增资事项召开股东会并作出决议,但投资人与公司之间又存在支付与接受款项、交付与转移财产、变更名册或工商登记等符合增资程序的行为。

就(1)(2)类方式而言,投资人与公司股东会的表意事实可能互有先后地完成,就此应以在后发生的表意事实作为起始点,进而结合关于增资的履行行为或法定程序完成情况,具体判定投资人获得股权即股东身份的时间点。

就(3)(4)类方式而言,涉及对当事人默示表意的判断,公司、股东以及投资人可能在相关增资变更程序或公司内部治理过程中,体现出投资人意在出资入股、公司意在接纳新股东的客观表象,人民法院须就此结合相关事实综合认定。例如,公司股东会就公司章程的股东变动事项予以审议表决、投资人在支付款项时明确表达出资入股的用途、投资人开始参与公司股东会决议并依据相关股权比例行使共益权、公司开始依据投资人的相关股权比例对其分配股利等等。总之,应在这类个案中找出体现默示表意的关键事实,进而结合相关履行行为来判定完成增资的时间点。

28.【向公司投资行为的实质性判断】股东或投资人直接向公司投资或向公司名下的项目投资,但又未经法定增资程序的,人民法院在认定该行为是否属于增资时,应注意以下参考要点:(1)资金是否进入公司账下或财产是否转为公司名下,资金是否不记为公司负债,新增资金所投入的项目是否明显形成目标公司的新增财产外观,该项目是否以公司名义对外经营联系;(2)新增投资的股东或投资人在事实上是否依新增的投资额及新的股比结构行使共益权或自益权;(3)股东之间、投资人之间或股东会是否对新增投资的用途、性质、收益方式、风险承担等作出过协议、表态或决议。

当个案中越多地符合以上情形时,就越可以认定该股东或投资人已实际上完成对公司的增资,股东或投资人不能像收回借款那样直接从公司取出相应资产,若股东或投资人要收回相应投资就必须完成减资程序,否则可能构成抽逃出资。

当个案中较少符合以上情形并据此无法认定付款人对公司增资的,人民法院可以通过释明引导当事人依据借款关系或合伙关系诉请相关权利。

## 第二节　解散与清算

【示范条款】

### 12.2.1　公司解散的条件

公司因下列原因解散:1.本章程规定的营业期限届满或者本章程规定的其他解散事由出现;2.股东会决议解散;3.因公司合并或者分立需要解散;4.依法被吊销营业执照、责令关闭或者被撤销;5.公司经营管理发生严重困难,继续存续会使股东利益受到重大损失,通过其他途径不能解决的,持有公司全部股东表决权【10%】以上的股东,可以请求人民法院解散公司。

### 12.2.2　公司存续的调整

公司有本章程第12.2.1条第1项情形的,可以通过修改本章程而存续。

### 12.2.3　清算组的设立

公司因本章程第12.2.1条第1、2、4、5项规定而解散的,应当在解散事由出现之日起【15】日内成立清算组,由清算组主持开始清算。(有限责任公司)清算组由股东组成,(股份有限公司)清算组由董事或者股东会确定的人员组成。逾期不成立清算组进行清算的,债权人可以申请人民法院指定有关人员组成清算组进行清算。

### 12.2.4 清算组职责

清算组在清算期间行使下列职权：1.清理公司财产，分别编制资产负债表和财产清单；2.通知、公告债权人；3.处理与清算有关的公司未了结的业务；4.清缴所欠税款以及清算过程中产生的税款；5.清理债权、债务；6.处理公司清偿债务后的剩余财产；7.代表公司参与民事诉讼活动。

### 12.2.5 清算通知

清算组应当自成立之日起【10】日内通知债权人，并于【60】日内在【报纸名称】上公告。债权人应当自接到通知书之日起【30】日内，未接到通知书的自公告之日起【45】日内，向清算组申报其债权。债权人申报债权，应当说明债权的有关事项，并提供证明材料。清算组应当对债权进行登记。

在申报债权期间，清算组不得对债权人进行清偿。

### 12.2.6 清算支付顺序

清算组在清理公司财产、编制资产负债表和财产清单后，应当制定清算方案，并报股东会会议或者人民法院确认。

公司财产在分别支付清算费用、职工的工资、社会保险费用和法定补偿金，缴纳所欠税款，清偿公司债务后的剩余财产，有限责任公司按照股东的出资比例分配，股份有限公司按照股东持有的股份比例分配。

清算期间，公司存续，但不得开展与清算无关的经营活动。

公司财产在未依照前款规定清偿前，不得分配给股东。

### 12.2.7 清算转破产

清算组在清理公司财产、编制资产负债表和财产清单后，发现公司财产不足以清偿债务的，应当依法向人民法院申请宣告破产。公司经人民法院裁定宣告破产后，清算组应当将清算事务移交给人民法院。

### 12.2.8 清算完成

公司清算结束后，清算组应当制作清算报告，报股东会或者人民法院确认，并报送公司登记机关，申请注销公司登记，公告公司终止。

### 12.2.9 清算组成员责任

清算组成员应当忠于职守，依法履行清算义务。清算组成员不得利用职权收受贿赂或者其他非法收入，不得侵占公司财产。清算组成员因故意或者重大过失给公司或者债权人造成损失的，应当承担赔偿责任。

### 12.2.10 公司破产

公司被依法宣告破产的,依照有关企业破产的法律实施破产清算。

## 【条款解读】

一、公司的解散

公司的解散,指公司解散时,为终结现存的财产和其他法律关系,依照法定程序,对公司的财产和债权债务关系进行清理、处分和分配,以了结其债权债务关系,从而剥夺公司法人资格的法律行为。

公司因下列原因解散:1.章程规定的营业期限届满或者章程规定的其他解散事由出现;2.股东会决议解散;3.因公司合并或者分立需要解散;4.依法被吊销营业执照、责令关闭或者被撤销;5.公司经营管理发生严重困难,继续存续会使股东利益受到重大损失,通过其他途径不能解决的,持有公司全部股东表决权10%以上的股东,可以请求人民法院解散公司。

公司有章程规定的营业期限届满或者章程规定的其他解散事由出现情形的,可以通过修改章程而存续。依照前款规定修改本章程,须经出席股东会会议的股东所持表决权的2/3以上通过。

二、公司的清算

公司的清算,是指在公司解散时,为终结公司作为当事人的各种法律关系,使公司的法人资格归于消灭,而对公司未了结的业务、财产及债权债务关系等进行清理、处分的行为和程序。公司除因合并或分立而解散外,其余原因引起的解散,均须经过清算程序。

公司清算是在公司面临终止的情况时发生的。公司终止的原因有两种,一种是公司的解散,另一种是公司的破产,即公司基于宣告破产而终止。这两种情况下都会引起公司的清算,只是清算组织和清算程序存在不同。

三、非破产清算

非破产清算是指公司解散时,在财产足以偿还债务的情况下,依照《公司法》的规定所进行的清算。

1. 成立清算组

我国《公司法》规定有限责任公司的清算组由股东组成,股份有限公司的清算组由董事或者股东会确定的人员组成。逾期不成立清算组进行清算的,债权人可以申请人民法院指定有关人员组成清算组进行清算。

2. 通知、公告债权人

清算组应当自成立之日起10日内通知债权人,并于60日内在报纸上公告。

债权人应当自接到通知书之日起30日内,未接到通知书的自公告之日起45日内,向清算组申报其债权。债权人申报债权,应当说明债权的有关事项,并提供证明材料。清算组应当对债权进行登记。

在申报债权期间,清算组不得对债权人进行清偿。

3. 清理公司财产,分别编制资产负债表和财产清单

清算组根据债权人的申报和调查清理公司财产的情况,分别编制公司资产负债表、财产清单和债权、债务目录。

4. 制订清算方案

编制资产负债表和财产清单之后,清算组应当制订清算方案,提出收取债权和清偿债务的具体安排。

如果清算组在清理公司财产、编制资产负债表和财产清单时,发现公司财产不足清偿债务的,清算组有责任立即向有管辖权的人民法院申请宣告破产。经人民法院裁定宣告破产后,清算组应当将清算事务移交人民法院。

5. 提交股东会通过或者报主管机关确认

股份有限公司应将清算方案提交股东会通过;有限责任公司应交股东会通过。因违法而解散清算的公司,清算方案还要提交有关主管机关确认。

6. 处置公司资产和处理公司未了结的业务

处置资产,包括收回应收账款、变卖非货币资产等。收取公司债权。清算组应当及时向公司债务人要求清偿已经到期的公司债权。对于未到期的公司债权,应当尽可能要求债务人提前清偿,如果债务人不同意提前清偿的,清算组可以通过转让债权等方法变相清偿。

处理与清算有关的公司未了结的业务。清算期间,公司不得开展新的经营活动。但是,清算组出于清算的目的,有权处理公司尚未了结的业务。这时的公司诉讼活动,由清算组代表公司参与。

7. 清偿公司债务

清算组通过清理公司财产、编制资产负债表和财产清单后,确认公司现有的财产和债权大于所欠债务,并且足以偿还公司全部债务时,应当按照法定的顺序向债权人清偿债务。首先,应当支付公司清算费用,包括公司财产的评估、保管、变卖和分配等所需的费用,公告费用,清算组成员的报酬,委托注册会计师、律师的费用,以及诉讼费用等;其次,支付职工的工资、社会保险费用和法定补偿金;再次,缴纳所欠税款;最后是偿还其他公司债务。

8. 处理公司清偿债务后的剩余财产

公司财产在分别支付清算费用、缴纳所欠税款后,对于清偿了全部公司债务之后公司的剩余财产,有限责任公司按照股东的出资比例分配,股份有限公司按照股

东持有的股份比例分配。股东取得公司剩余财产的分配权,是公司股东权益的一项重要内容,是公司股东的基本权利。清算期间,公司存续,但不得开展与清算无关的经营活动。公司财产在未依照前款规定清偿前,不得分配给股东。

9. 注销公司登记

公司清算结束后,清算组应当制作清算报告,报股东会或者人民法院确认,并报送公司登记机关,申请注销公司登记,公告公司终止。

四、破产清算

破产清算是指在公司不能清偿到期债务的情况下,依照破产法的规定所进行的清算。《公司法》(2023 年修订)第 242 条规定:"公司被依法宣告破产的,依照有关企业破产的法律实施破产清算。"根据《企业破产法》规定,在企业法人不能清偿到期债务,并且资产不足以清偿全部债务或者明显缺乏清偿能力的情况下,债务人或债权人均可以向人民法院提出破产清算申请。人民法院应当自收到破产申请之日起 15 日内裁定是否受理。人民法院在裁定受理破产申请的同时,指定破产企业管理人,由破产企业管理人按照《企业破产法》规定的程序,进行破产清算。

五、新法修订

(一)董事为清算义务人。《公司法》(2023 年修订)将原有的"有限责任公司由股东清算、股份有限公司由董事会或者股东大会清算",统一为"董事为公司清算义务人"。清算组由董事组成,但是公司章程另有规定或者股东会决议另选他人的除外。清算义务人未及时履行清算义务,给公司或者债权人造成损失的,应当承担赔偿责任。

(二)清算组成员的忠实义务和勤勉义务。《公司法》(2023 年修订)明确规定"清算组成员履行清算职责,负有忠实义务和勤勉义务"。

**【相关法规】**

● 《中华人民共和国公司法》(2023 年修订)

第 232 条　公司因本法第 229 条第 1 款第 1 项、第 2 项、第 4 项、第 5 项规定而解散的,应当清算。董事为公司清算义务人,应当在解散事由出现之日起十五日内组成清算组进行清算。

清算组由董事组成,但是公司章程另有规定或者股东会决议另选他人的除外。

清算义务人未及时履行清算义务,给公司或者债权人造成损失的,应当承担赔偿责任。

第 233 条　公司依照前条第 1 款的规定应当清算,逾期不成立清算组进行清算或者成立清算组后不清算的,利害关系人可以申请人民法院指定有关人员组成清算组进行清算。人民法院应当受理该申请,并及时组织清算组进行清算。

公司因本法第229条第1款第4项的规定而解散的,作出吊销营业执照、责令关闭或者撤销决定的部门或者公司登记机关,可以申请人民法院指定有关人员组成清算组进行清算。

**第234条** 清算组在清算期间行使下列职权:(一)清理公司财产,分别编制资产负债表和财产清单;(二)通知、公告债权人;(三)处理与清算有关的公司未了结的业务;(四)清缴所欠税款以及清算过程中产生的税款;(五)清理债权、债务;(六)分配公司清偿债务后的剩余财产;(七)代表公司参与民事诉讼活动。

**第238条** 清算组成员履行清算职责,负有忠实义务和勤勉义务。

清算组成员怠于履行清算职责,给公司造成损失的,应当承担赔偿责任;因故意或者重大过失给债权人造成损失的,应当承担赔偿责任。

**第239条** 公司清算结束后,清算组应当制作清算报告,报股东会或者人民法院确认,并报送公司登记机关,申请注销公司登记。

**第240条** 公司在存续期间未产生债务,或者已清偿全部债务的,经全体股东承诺,可以按照规定通过简易程序注销公司登记。

通过简易程序注销公司登记,应当通过国家企业信用信息公示系统予以公告,公告期限不少于二十日。公告期限届满后,未有异议的,公司可以在二十日内向公司登记机关申请注销公司登记。

公司通过简易程序注销公司登记,股东对本条第1款规定的内容承诺不实的,应当对注销登记前的债务承担连带责任。

**第241条** 公司被吊销营业执照、责令关闭或者被撤销,满三年未向公司登记机关申请注销公司登记的,公司登记机关可以通过国家企业信用信息公示系统予以公告,公告期限不少于六十日。公告期限届满后,未有异议的,公司登记机关可以注销公司登记。

依照前款规定注销公司登记的,原公司股东、清算义务人的责任不受影响。

● **《公司法司法解释二》**

**第1条** 单独或者合计持有公司全部股东表决权百分之十以上的股东,以下列事由之一提起解散公司诉讼,并符合公司法第182条规定的,人民法院应予受理:(一)公司持续两年以上无法召开股东会或者股东大会,公司经营管理发生严重困难的;(二)股东表决时无法达到法定或者公司章程规定的比例,持续两年以上不能做出有效的股东会或者股东大会决议,公司经营管理发生严重困难的;(三)公司董事长期冲突,且无法通过股东会或者股东大会解决,公司经营管理发生严重困难的;(四)经营管理发生其他严重困难,公司继续存续会使股东利益受到重大损失的情形。

股东以知情权、利润分配请求权等权益受到损害，或者公司亏损、财产不足以偿还全部债务，以及公司被吊销企业法人营业执照未进行清算等为由，提起解散公司诉讼的，人民法院不予受理。

**第2条** 股东提起解散公司诉讼，同时又申请人民法院对公司进行清算的，人民法院对其提出的清算申请不予受理。人民法院可以告知原告，在人民法院判决解散公司后，依据《民法典》第70条、《公司法》第183条和本规定第7条的规定，自行组织清算或者另行申请人民法院对公司进行清算。

**第3条** 股东提起解散公司诉讼时，向人民法院申请财产保全或者证据保全的，在股东提供担保且不影响公司正常经营的情形下，人民法院可予以保全。

**第4条** 股东提起解散公司诉讼应当以公司为被告。

原告以其他股东为被告一并提起诉讼的，人民法院应当告知原告将其他股东变更为第三人；原告坚持不予变更的，人民法院应当驳回原告对其他股东的起诉。

原告提起解散公司诉讼应当告知其他股东，或者由人民法院通知其参加诉讼。其他股东或者有关利害关系人申请以共同原告或者第三人身份参加诉讼的，人民法院应予准许。

**第5条** 人民法院审理解散公司诉讼案件，应当注重调解。当事人协商同意由公司或者股东收购股份，或者以减资等方式使公司存续，且不违反法律、行政法规强制性规定的，人民法院应予支持。当事人不能协商一致使公司存续的，人民法院应当及时判决。

经人民法院调解公司收购原告股份的，公司应当自调解书生效之日起六个月内将股份转让或者注销。股份转让或者注销之前，原告不得以公司收购其股份为由对抗公司债权人。

**第6条** 人民法院关于解散公司诉讼作出的判决，对公司全体股东具有法律约束力。

人民法院判决驳回解散公司诉讼请求后，提起该诉讼的股东或者其他股东又以同一事实和理由提起解散公司诉讼的，人民法院不予受理。

**第7条** 公司应当依照《民法典》第70条、《公司法》第183条的规定，在解散事由出现之日起十五日内成立清算组，开始自行清算。

有下列情形之一，债权人、公司股东、董事或其他利害关系人申请人民法院指定清算组进行清算的，人民法院应予受理：(一)公司解散逾期不成立清算组进行清算的；(二)虽然成立清算组但故意拖延清算的；(三)违法清算可能严重损害债权人或者股东利益的。

**第8条** 人民法院受理公司清算案件，应当及时指定有关人员组成清算组。

清算组成员可以从下列人员或者机构中产生：（一）公司股东、董事、监事、高级管理人员；（二）依法设立的律师事务所、会计师事务所、破产清算事务所等社会中介机构；（三）依法设立的律师事务所、会计师事务所、破产清算事务所等社会中介机构中具备相关专业知识并取得执业资格的人员。

**第9条** 人民法院指定的清算组成员有下列情形之一的，人民法院可以根据债权人、公司股东、董事或其他利害关系人的申请，或者依职权更换清算组成员：（一）有违反法律或者行政法规的行为；（二）丧失执业能力或者民事行为能力；（三）有严重损害公司或者债权人利益的行为。

**第10条** 公司依法清算结束并办理注销登记前，有关公司的民事诉讼，应当以公司的名义进行。

公司成立清算组的，由清算组负责人代表公司参加诉讼；尚未成立清算组的，由原法定代表人代表公司参加诉讼。

**第11条** 公司清算时，清算组应当按照公司法第185条的规定，将公司解散清算事宜书面通知全体已知债权人，并根据公司规模和营业地域范围在全国或者公司注册登记地省级有影响的报纸上进行公告。

清算组未按照前款规定履行通知和公告义务，导致债权人未及时申报债权而未获清偿，债权人主张清算组成员对因此造成的损失承担赔偿责任的，人民法院应依法予以支持。

**第12条** 公司清算时，债权人对清算组核定的债权有异议的，可以要求清算组重新核定。清算组不予重新核定，或者债权人对重新核定的债权仍有异议，债权人以公司为被告向人民法院提起诉讼请求确认的，人民法院应予受理。

**第13条** 债权人在规定的期限内未申报债权，在公司清算程序终结前补充申报的，清算组应予登记。

公司清算程序终结，是指清算报告经股东会、股东大会或者人民法院确认完毕。

**第14条** 债权人补充申报的债权，可以在公司尚未分配财产中依法清偿。公司尚未分配财产不能全额清偿，债权人主张股东以其在剩余财产分配中已经取得的财产予以清偿的，人民法院应予支持；但债权人因重大过错未在规定期限内申报债权的除外。

债权人或者清算组，以公司尚未分配财产和股东在剩余财产分配中已经取得的财产，不能全额清偿补充申报的债权为由，向人民法院提出破产清算申请的，人民法院不予受理。

**第15条** 公司自行清算的，清算方案应当报股东会或者股东大会决议确认；人民法院组织清算的，清算方案应当报人民法院确认。未经确认的清算方案，清算组不得执行。

执行未经确认的清算方案给公司或者债权人造成损失,公司、股东、董事、公司其他利害关系人或者债权人主张清算组成员承担赔偿责任的,人民法院应依法予以支持。

**第16条** 人民法院组织清算的,清算组应当自成立之日起六个月内清算完毕。

因特殊情况无法在六个月内完成清算的,清算组应当向人民法院申请延长。

**第17条** 人民法院指定的清算组在清理公司财产、编制资产负债表和财产清单时,发现公司财产不足清偿债务的,可以与债权人协商制作有关债务清偿方案。

债务清偿方案经全体债权人确认且不损害其他利害关系人利益的,人民法院可依清算组的申请裁定予以认可。清算组依据该清偿方案清偿债务后,应当向人民法院申请裁定终结清算程序。

债权人对债务清偿方案不予确认或者人民法院不予认可的,清算组应当依法向人民法院申请宣告破产。

**第18条** 有限责任公司的股东、股份有限公司的董事和控股股东未在法定期限内成立清算组开始清算,导致公司财产贬值、流失、毁损或者灭失,债权人主张其在造成损失范围内对公司债务承担赔偿责任的,人民法院应依法予以支持。

有限责任公司的股东、股份有限公司的董事和控股股东因怠于履行义务,导致公司主要财产、账册、重要文件等灭失,无法进行清算,债权人主张其对公司债务承担连带清偿责任的,人民法院应依法予以支持。

上述情形系实际控制人原因造成,债权人主张实际控制人对公司债务承担相应民事责任的,人民法院应依法予以支持。

**第19条** 有限责任公司的股东、股份有限公司的董事和控股股东,以及公司的实际控制人在公司解散后,恶意处置公司财产给债权人造成损失,或者未经依法清算,以虚假的清算报告骗取公司登记机关办理法人注销登记,债权人主张其对公司债务承担相应赔偿责任的,人民法院应依法予以支持。

**第20条** 公司解散应当在依法清算完毕后,申请办理注销登记。公司未经清算即办理注销登记,导致公司无法进行清算,债权人主张有限责任公司的股东、股份有限公司的董事和控股股东,以及公司的实际控制人对公司债务承担清偿责任的,人民法院应依法予以支持。

公司未经依法清算即办理注销登记,股东或者第三人在公司登记机关办理注销登记时承诺对公司债务承担责任,债权人主张其对公司债务承担相应民事责任的,人民法院应依法予以支持。

**第21条** 按照本规定第18条和第20条第1款的规定应当承担责任的有限

责任公司的股东、股份有限公司的董事和控股股东,以及公司的实际控制人为二人以上的,其中一人或者数人依法承担民事责任后,主张其他人员按照过错大小分担责任的,人民法院应依法予以支持。

**第 22 条** 公司解散时,股东尚未缴纳的出资均应作为清算财产。股东尚未缴纳的出资,包括到期应缴未缴的出资,以及依照公司法第 26 条和第 80 条的规定分期缴纳尚未届满缴纳期限的出资。

公司财产不足以清偿债务时,债权人主张未缴出资股东,以及公司设立时的其他股东或者发起人在未缴出资范围内对公司债务承担连带清偿责任的,人民法院应依法予以支持。

**第 23 条** 清算组成员从事清算事务时,违反法律、行政法规或者公司章程给公司或者债权人造成损失,公司或者债权人主张其承担赔偿责任的,人民法院应依法予以支持。

有限责任公司的股东、股份有限公司连续一百八十日以上单独或者合计持有公司百分之一以上股份的股东,依据公司法第 151 条第 3 款的规定,以清算组成员有前款所述行为为由向人民法院提起诉讼的,人民法院应予受理。

公司已经清算完毕注销,上述股东参照公司法第 151 条第 3 款的规定,直接以清算组成员为被告、其他股东为第三人向人民法院提起诉讼的,人民法院应予受理。

**第 24 条** 解散公司诉讼案件和公司清算案件由公司住所地人民法院管辖。公司住所地是指公司主要办事机构所在地。公司办事机构所在地不明确的,由其注册地人民法院管辖。

基层人民法院管辖县、县级市或者区的公司登记机关核准登记公司的解散诉讼案件和公司清算案件;中级人民法院管辖地区、地级市以上的公司登记机关核准登记公司的解散诉讼案件和公司清算案件。

● **《山东省高级人民法院关于审理公司纠纷案件若干问题的意见(试行)》(鲁高法发〔2007〕3 号)**

87. 股东依照《公司法》(2005 年修订)第 183 条规定请求解散公司的,由公司住所地人民法院管辖。

88. 股东请求解散公司的,应以公司为被告,公司的其他有关股东为第三人。

89. 代表公司百分之十以上表决权的股东,可以请求人民法院解散公司。股东的该项诉权不受出资瑕疵的影响。

诉讼中,原告丧失股东资格或实际享有的表决权达不到百分之十的,人民法院应裁定驳回起诉。

90. 公司章程规定股东不得请求解散公司,或对解散条件作出较《公司法》(2005年修订)第183条规定更严格的限制的,该规定无效。

91. 具有下列情形之一的,人民法院可以认定出现了《公司法》(2005年修订)第183条规定的"公司经营管理发生严重困难":(1)公司在经营过程中遇到重大困难,继续经营将造成公司难以挽回的损失的;(2)股东之间发生严重分歧,长期无法形成有效决议的;(3)公司出现其他难以存续的事由的。

92. 人民法院审查认为公司符合解散条件的,应依法作出解散公司的判决。判决主文表述为:××公司于本判决生效之日解散。

93. 人民法院不得在判令解散公司同时指令和组织清算组进行清算。当事人申请指令清算组进行清算的,依照本意见第95、98、99条规定处理。

94. 人民法院审理司法解散公司案件时,应注重做好调解工作,鼓励当事人达成和解。

95. 股东或债权人依据《公司法》(2005年修订)第184条规定申请人民法院指定清算组进行清算的,由公司住所地人民法院管辖。公司为县、县级市或者区工商行政管理机关核准登记的,由公司住所地基层人民法院管辖。公司为地区、地级市(含本级)以上的工商行政管理机关核准登记的,由公司住所地中级人民法院管辖。

96. 清算期间,公司具有民事权利能力和行为能力,但不得开展与清算无关的经营活动。

清算期间,公司仍应以自己的名义参加诉讼活动。依法成立清算组的,由清算组长代表公司参加诉讼。未成立清算组的,由清算义务人或清算义务人共同委托的负责人代表公司参加诉讼。

清算期间,是指公司解散事由出现之日,至公司清算完毕办理注销登记之前的期间。

97. 清算期间,公司从事的与清算无关的民事行为无效。行为相对人明知或应知公司已经进入清算期间的,对于民事行为无效所造成的损失由公司与行为相对人根据各自过错程度分担。行为相对人不知公司已经进入清算期间的,对于民事行为无效而给自己造成的损失,由公司赔偿。

98. 公司解散事由出现之日起十五日内,清算义务人应成立清算组进行清算。

清算义务人是指出现解散事由时有限责任公司的股东,股份有限公司的董事。

99. 清算义务人逾期不成立清算组的,公司股东或债权人可以根据《公司法》(2005年修订)第184条规定申请人民法院指定清算组进行清算。

上述案件,应列提出申请的股东或债权人为申请人,清算义务人为被申请人,案由确定为申请人民法院指定清算组案,案号为(××××)×清字第××号。该类案件不适用《中华人民共和国民事诉讼法》有关案件审理期限的规定。

人民法院经审查申请成立的,应裁定指定有关清算义务人组成清算组,并限令其在十五日内进行清算。清算义务人下落不明或者不适合担任清算组成员的,人民法院可以指定有关中介机构进行清算。裁定主文表述为:一、指定××为××公司清算组成员(列明清算组长);二、限令清算组于本裁定生效后十五日内对××公司组织清算。该裁定当事人不得上诉。

100. 人民法院依照《公司法》(2005年修订)第184条规定组织清算组进行清算的,有关清算事务由清算组负责。但人民法院应对清算过程进行监督,有权撤换不称职的清算组成员,并对违反清算程序的行为进行纠正。公司清算结束后,人民法院应对清算组制作的清算报告审查确认后裁定终结清算程序。

清算中所涉及的民事权利义务纠纷按照普通民事诉讼程序由有管辖权的人民法院进行审理。

101. 清算期间,公司债权人提起诉讼,要求清算义务人履行清算义务的,人民法院不予受理。但应告知其按照《公司法》(2005年修订)第184条规定申请人民法院指定清算组。

清算期间,公司债权人以公司和清算义务人为共同被告提起诉讼,在诉请公司清偿债务同时,要求清算义务人履行清算义务的,人民法院应告知其按照《公司法》(2005年修订)第184条之规定另案提出申请,对其要求清算义务人承担清算义务的诉讼请求不予支持。

102. 清算义务人未在公司出现解散事由后15日内及时成立清算组进行清算,或者拒绝、怠于向清算组移交财务账册等与清算有关的资料和文件,造成公司财产贬值、流失或灭失等情形,导致公司债权人的债权无法实现的,有过错的清算义务人应当对债权人的损失承担赔偿责任。

诉讼中,债权人应举证证明清算义务人不履行清算义务以及债权无法实现的事实,然后由清算义务人对其应当履行清算义务时公司的财产状况进行举证。清算义务人无法证明公司财产状况的,应对债权人的全部损失承担赔偿责任。

103. 清算组成员因故意或过失不履行或不适当履行清算义务,给公司或公司债权人造成损失的,应依法承担赔偿责任。

104. 清算义务人未完成清算义务,以欺诈手段骗取工商行政管理机关办理公司注销登记的,清算义务人应对公司债务承担赔偿责任。

105. 清算义务人未履行清算义务,但作出对公司债务承担偿还、保证责任等承诺,或承诺对债权债务进行处理,从而在工商行政管理机关办理公司注销登记的,清算义务人应对公司债务承担赔偿责任。

● 《上海市高级人民法院关于审理涉及公司诉讼案件若干问题的处理意见（一）》（沪高法〔2003〕216号）

六、处理股东对公司清算义务的相关问题

1. 有限责任公司由于下列情形解散或被撤销的，股东应对公司进行清算：第一，公司章程规定的营业期限届满或者公司章程规定的其他解散事由出现时；第二，股东会决议解散；第三，公司违反法律、行政法规被依法责令关闭。股东未履行清算义务的，债权人不应直接向其主张对公司的债权，只能要求其履行公司法规定的清算义务。

2. 股东作为清算义务人在公司解散后不及时履行清算义务，致使公司财产流失、贬损的，或者以虚假清算报告或谎称已履行清算程序而将作为债务人的公司注销的，债权人有权向股东主张赔偿因此而产生的损失。

● 《陕西省高级人民法院民二庭关于公司纠纷、企业改制、不良资产处置及刑民交叉等民商事疑难问题的处理意见》（陕高法〔2007〕304号）

四、公司解散与清算

公司解散分为合意解散、行政强制解散和法院判决解散三种类型：《公司法》（2005年修订）第181条第1款第（一）项至第（三）项规定的是合意解散的情形，第（四）项是行政强制解散的情形，第（五）项则是判决解散的情形。公司一旦解散，并不意味着公司法人人格的立即消灭，它只是直接导致公司营业权利能力的丧失和公司清算的开始，是导致公司人格消灭的原因。

根据《公司法》（2005年修订）第181条第1款第（五）项的规定，公司解散诉讼一般限于《公司法》（2005年修订）第183条规定的情形。解散公司案件审查立案时，除了应审查是否符合《民事诉讼法》第108条的规定，因该类诉讼的特殊性，还应同时审查是否符合《公司法》（2005年修订）第183条规定的条件。审判实践中，往往存在公司股东会决议解散公司或者公司被行政机关吊销营业执照时，因公司或者相对方股东不组织进行清算，一方股东向人民法院起诉解散公司的情形。股东会决议解散或者公司被吊销营业执照均是公司的解散事由，一旦公司被决议解散或者吊销了营业执照，则意味着该公司已解散，该公司只存在解散后的组织清算问题。当事人再诉请法院判令解散公司的，属对公司的重复解散，也缺乏相应的诉权，其起诉依法应予驳回。

在公司解散诉讼案件的审判过程中应当注意以下几个问题：

第一，准确掌握公司解散的条件。人民法院适用《公司法》（2005年修订）第183条判决公司强制解散时，应当着重审查以下三个方面：(1)公司僵局或董事、实际控制人压迫的确存在。主要是指公司经营管理发生严重困难并陷入僵局，股东对打破这种僵局无能为力，公司僵局的继续存续将使股东和公司遭受不可弥补的重大损失;或者公司董事、实际控制人正在或将以非法的、压制的方式行事,使公司财产的管理或处分显著失策,危及公司存立等情形。(2)提起诉讼的股东用尽了其他救济手段,通过其他途径不能解决公司僵局。这里的其他救济手段应主要是指公司内部救济手段,即原告应当用尽《公司法》赋予的股东权利,穷尽公司内部自力救济,仍不能解决僵局或者欺压问题的情况下,才可选择诉讼的手段。(3)原告应是持有公司全部股东表决权10%以上的股东。可以是一个股东,也可以数个股东合计持有10%,以起诉之日为准。

第二,被告的适格问题。《公司法》(2005年修订)规定了提起公司解散诉讼的原告的资格,但对公司解散诉讼的被告资格并未作出规定。司法实践中,各地法院做法也不尽一致:有的以公司为被告,有的以相对方股东为被告,还有的以公司为被告、相对方股东为共同被告或第三人。公司解散诉讼是有关公司组织的诉讼,关系到公司能否继续生存的问题,故公司应作为此类诉讼的被告。至于公司的其他股东是否应一并参加诉讼的问题,因公司解散诉讼主要涉及原告股东与相对方股东(如控制股东或侵权股东)间的冲突,相对方股东一般应作为被告参加诉讼;至于其他股东,可以根据案件审理需要列为第三人。

第三,将调解设置为必经程序。公司解散往往涉及公司与股东、股东之间、公司与交易第三人、公司与职工等诸多利益平衡问题,为了化解当事人间的纠纷,尽可能地以避免解散公司带来的不利影响,人民法院在公司诉讼中应把调解设为必经程序,本着非解散措施优先的原则,积极寻找强制解散公司的有效替代方案。尽量发挥股东退出机制的作用,让"股东离散"而非"公司解散",给一方股东一定的宽限期以合理价格转让股份给对方;或者允许异议股东要求对方回购股份,以达到拯救公司的目的。

第四,人民法院判决公司解散时应否一并判决公司清算的问题。有法院认为,基于公司僵局和股东欺压的现实状况,法院在判决公司解散的同时,应一并对公司清算事宜作出裁决,合理主导公司清算,以利于纠纷全面彻底地解决。实质上,根据《公司法》(2005年修订)第181条的规定,人民法院依法作出解散公司的判决后,也仅仅是发生了公司解散的事由,等同于《公司法》(2005年修订)第181条规定的被吊销营业执照、责令关闭或者撤销等其他四项解散事由。根据《公司法》(2005年修订)第184条的规定,公司应当在解散事由出现之日起十五日内成立清算组进行清算,逾期不成立清算组进行清算的,债权人可以申请人民法院指定有关人员组成清算组进行清算。所以,判决公司解散时,公司是否能够自行清算尚无定论,人民法院不宜一并判决公司强制清算。

第五,当事人同时起诉解散及清算公司,人民法院应否受理的问题。当事人同时起诉解散及清算公司的,人民法院在立案时应予以必要释明,告知当事人应当根据《公司法》(2005年修订)第181、183、184条之规定并结合公司的实际情况,选择起诉解散公司或者起诉清算公司。当事人坚持一并主张的,人民法院对其清算的诉请不予受理。已经受理的公司解散、清算纠纷案件,人民法院应当按公司解散案件进行审理,对当事人的清算请求应驳回其起诉。同时,应告知当事人如果人民法院判决解散公司,当事人可依《公司法》(2005年修订)第184条之规定先行自行清算,自行清算不能时可请求人民法院对公司进行清算。《公司法》(2005年修订)第184条仅规定,在公司不能自行清算时,公司债权人有权申请人民法院进行强制清算。我们认为,公司自行清算不能时,不仅会损害公司债权人的利益,同样也会损害公司股东的利益,所以应当赋予公司股东在公司不能自行清算时,向人民法院申请启动强制清算的权利。

● 《广西壮族自治区高级人民法院民二庭关于审理公司纠纷案件若干问题的裁判指引》(桂高法民二〔2020〕19号)

16.【在公司解散纠纷中如何判断公司经营管理发生严重困难】股东请求解散公司的,在认定"公司经营管理发生严重困难"这一要件时,应注意从两个维度判断:(1)从公司的股东会、董事会或执行董事等机构的运行现状进行综合分析,侧重点在于股东会或董事会是否因矛盾激化而处于僵持状态,造成公司管理层无法有效开展经营管理。(2)注意排除一种特殊情形:即使股东会或董事会发生运行困难,但执行董事或经理层等仍然能够正常作出经营管理指示,使得公司日常经营实际上也能够正常运行。公司应当同时存在公司内部机关(股东会或董事会)僵局以及日常经营完全瘫痪,方符合"经营管理发生严重困难"的要件。

股东因与其他股东分歧而被排斥参与公司日常管理的,不必然意味着公司经营管理发生严重困难,股东的股权并不当然包含管控公司的权能,某些股东无法参与日常管理的情况属于股东之间的自治范畴,如果涉及侵害股东权利,例如参会权、表决权、知情权等,则另有法律救济制度或异议股东退出机制,但股东无权直接请求解散公司。

## 【典型案例】

● 林某洋等与烟台银行股份有限公司清算责任纠纷案再审审查与审判监督民事裁定书

【最高人民法院民事裁定书(2015)民申字第916号】

再审申请人(一审被告、二审上诉人):林某洋;林某2。

被申请人(一审原告、二审被上诉人):烟台银行股份有限公司(以下简称"烟台银行")。

烟台银行与烟台市康宇鞋业制造有限公司(以下简称"康宇公司")、担保人烟台永恩家居装饰工程有限公司(以下简称"永恩公司")借款合同纠纷案,经烟台市中级人民法院判决康宇公司偿还借款本息,永恩公司承担连带清偿责任。执行过程中,烟台银行调查获悉林某洋、林某2作为康宇公司、永恩公司的股东,两人系夫妻关系。2012年7月5日林某洋、林某2未经依法清算,即办理了康宇公司和永恩公司的法人注销登记。

烟台银行起诉请求判令两被告对康宇公司、永恩公司的债务承担连带清偿责任。

【一审】一审法院认为,被告林某洋、林某2作为康宇公司和永恩公司的清算组成员和公司股东,在公司清算过程中,未履行忠实和勤勉义务,在明知债务未清偿完毕的情况下,未书面通知原告申报债权,并且以虚假的清算报告欺骗公司登记机关为其办理了注销登记,这种行为严重损害了债权人原告的利益,给原告造成损失,对此依照《公司法》(2013年修正)第189条第3款,"清算组成员因故意或者重大过失给公司或者债权人造成损失的,应当承担赔偿责任"之规定,两被告应当就康宇公司和永恩公司所负原告的债务承担赔偿责任。

据此,一审法院判决被告林某洋、林某2于本判决生效后10日内赔偿原告涉案损失。

【二审】二审法院驳回上诉,维持原判。

【再审】最高人民法院审查认为:《公司法》所规定的公司解散清算程序,是指在公司非因破产原因解散后,按照《公司法》规定的程序所进行的清算活动。适用该解散清算程序的前提是公司的财产能够清偿全部债务,当公司财产不能足额清偿债务或者明显缺乏清偿能力时,依法应当进行破产清算。本案中,申请人林某洋和林某2夫妻作为康宇公司、永恩公司仅有的两名股东,分别担任两公司的法定代表人,在自行清算的过程中,在明知两公司的资产不足以清偿案涉烟台银行债权的情况下,既未通知烟台银行申报债权,亦未依法向人民法院申请进行破产清算,反而以虚假的清算报告欺骗公司登记机关办理了注销登记,其行为损害了债权人烟台银行的利益,依法应当认定为故意侵权行为。

关于申请人林某洋、林某2应当承担的责任范围问题。1.《公司法》第189条第3款规定,"清算组成员因故意或者重大过失给公司或者债权人造成损失的,应当承担赔偿责任"。申请人违法清算行为直接导致债权人烟台银行因债务清偿主体消灭而无法主张债权。故原审判决将申请人的违法清算行为给烟台银行所造成的损失认定为债权本息的全部,并无不当,法院予以维持。2.在债务人企业资不抵债的情况下,通过依法进行破产清算的制度设计,在保证债权人就公司全部财产公平受偿的同时,也为债务人企业提供了破产免责的救济。该破产免责的法律后果在合法免除债务人企业不能清偿的部分债务的同时，也隔断了股东对公司债务的责任，使得股东受到有限责任原则的保护。

本案中，申请人林某洋、林某2自行实施的违法清算行为，系对法人独立地位和股东有限责任的滥用，既不能产生债务人康宇公司和永恩公司免于清偿部分债务的法律后果，同时，作为股东的林某洋、林某2也不再受到股东有限责任原则的保护。《公司法》第20条第3款规定："公司股东滥用公司法人独立地位和股东有限责任，逃避债务，严重损害公司债权人利益的，应当对公司债务承担连带责任。"据此，申请人林某洋、林某2亦应当对康宇公司和永恩公司的全部债务承担责任。

2015年6月30日，最高人民法院裁定驳回林某洋、林某2的再审申请。

【简析】股东在自行清算的过程中，明知公司的资产不足以清偿债权人债权，既未通知债权人申报债权，亦未依法向人民法院申请进行破产清算，反而以虚假的清算报告欺骗公司登记机关办理了注销登记，其行为损害了债权人的利益，依法应当认定为故意侵权行为。当事人的违法清算行为直接导致债权人因债务清偿主体消灭而无法主张债权，故应对公司债务承担连带清偿责任。

● **吉林荟冠投资有限公司与长春东北亚物流有限公司等公司解散纠纷案**

【最高人民法院民事裁定书（2017）最高法民申2148号】

再审申请人（一审第三人）：董某琴。

再审申请人（一审被告、二审上诉人）：长春东北亚物流有限公司（以下简称"东北亚公司"），法定代表人：董某琴，该公司董事长。

被申请人（一审原告、二审被上诉人）：吉林荟冠投资有限公司（以下简称"荟冠公司"）。

一审第三人：东证融成资本管理有限公司（以下简称"东证公司"）。

2004年9月20日，东北亚公司经注册登记成立，法定代表人为董某琴，注册资金为人民币1000万元。2006年9月29日，东北亚公司注册资本增资至9000万元，增资后荟冠公司的投资金额为4410万元，占注册资本的49%；董某琴的投资金额为4590万元，占注册资本的51%。

2012—2014年期间，荟冠公司与董某琴多次进行股权转让事宜的磋商、谈判，并拟定了多份《股权转让协议》，但最终均未能达成协议。

荟冠公司在提起本案诉讼时，工商登记显示公司股东为原告荟冠公司持股49%，董某琴持股51%。2015年12月，公司股东变更为原告荟冠公司持股44%，董某琴持股51%，第三人东证公司持股5%。荟冠公司主张因股东双方矛盾激化，已关闭了全部有效的沟通渠道，起诉请求判令解散东北亚公司。

【一审】一审法院查明：

东北亚公司董事及董事会、股东及股东会、监事及监事会的组成及其运行情况：

一、关于公司董事及董事会。2004年8月17日长粮集团与董某琴签订的《合作合同书》中明确约定公司董事会成员为5人，原告荟冠公司方占2席、第三人董某琴方占3席，公司董事会会议由2至4位董事参加。公司的董事会共有5人，分别为董事长董某琴、副董事长张某成、董事王某贵、董事郎某友、董事王某昌。其中除2006年5月10日的《董事会会议纪要》有董事长董某琴的签字外，其他历次董事会会议纪要均无董事长董某琴的签字。

庭审过程中原告及第三人董某琴均认可2013年8月6日的董事会决议为双方召开的最后一次董事会。荟冠公司选派的董事张某成明确表示其仅参加过2013年8月6日的股东会扩大会议，并未参加过当天召开的董事会。

2015年3月11日，原告荟冠公司向被告东北亚公司发出委派书，委派宋某龙、徐某久担任公司副董事长和副总经理并出任公司董事，被告及第三人董某琴以更换董事需要召开董事会并达到3/5董事通过方可变更，由于经董事会研究，该事项未能达到该比例，因此未予变更。

二、关于公司股东及股东会。荟冠公司在提起本案诉讼时，工商登记显示公司股东为原告荟冠公司持股49%，董某琴持股51%。2015年12月，公司股东变更为原告荟冠公司持股44%，董某琴持股51%，第三人东证公司持股5%。《公司章程》第40条规定，股东会分为定期会议和临时会议。定期会议必须每半年召开一次，具体时间由董事会决定，但上半年的会议不能超过当年7月，下半年会议不能超过第2年2月。第41条规定，召开股东定期会议，应当于会议召开15日前通知全体股东。第45条规定，股东会所议事项的决定，应做成会议记录，出席会议的股东必须在会议记录上签名。作为公司的大股东及董事长，无证据显示董某琴曾召集、主持过东北亚公司的股东会。

关于监事及监事会。原被告及第三人董某琴在庭审过程中均未提交有关召开监事会及监事行使职权的文书及材料。

一审法院认为：由于东北亚公司的股东之间矛盾重重，已经丧失了作为有限责任公司存续之根基的人合性，公司经营管理发生严重困难，公司亦已经沦落为控股股东压迫欺凌非控股股东的工具，该种状态之持续会使原告荟冠公司以及第三人东证公司的目的不能实现，股东利益受到重大损失。在双方之间的矛盾不能通过其他途径予以解决的情况下，原告荟冠公司提出解散东北亚公司的请求符合法律规定，依法应予以准许。

据此，一审法院判决解散东北亚公司。

【二审】二审法院认为：

公司系具有自主决策和行动能力的组织体，虽然公司会基于内部成员间的对抗而机制失灵、无法运转，公司决策和管理陷入无法自行解决矛盾的困境从而陷入僵局，但基于公司永久存续性的特征，国家公权力对于股东请求解散公司的主张必须持谨慎态度。当冲突各方股东不能通过协商达成谅解，任何一方都不愿或无法退出公司时，强制解散公司就成为一个最后的不得已的解决公司僵局的措施。依照《公司法》第182条的相关规定，只有在公司经营管理发生严重困难，继续存续会使股东利益受到重大损失，通过其他途径不能解决的，符合条件的相关股东才有权请求人民法院解散公司。人民法院也只有在被诉公司完全符合前述规定的要件时，方可判令公司强制解散。

结合本案，东北亚公司股东之间及董事之间长期冲突，自2013年8月6日以后再未召开董事会，自2015年2月3日以后再未召开股东会，公司运营决策机制失灵，股东已无法自行解决彼此间的冲突，已然处于僵局状态。东北亚公司继续存续必然会损害荟冠公司的重大利益，在没有其他途径解决东北亚公司僵局状态的情况下，不解散东北亚公司，无法解决股东荟冠公司与董某琴之间的矛盾冲突，也没有办法使双方重新建立起彼此合作的信任基础，更难以使东北亚公司的内部运营机制恢复正常；荟冠公司坚持主张解散公司，东证公司同意荟冠公司的主张，且荟冠公司诉请解散东北亚公司具有事实及法律依据，符合《公司法》第182条、《公司法司法解释二》第1条第1款规定的情形。为充分保护公司股东合法权益，合理规范公司治理结构，促进市场经济健康有序发展，东北亚公司不得不予以解散，故一审判决应予维持。

据此，二审法院驳回上诉，维持原判。

【再审】最高人民法院审查认为：

一、关于法律适用问题

有限责任公司系具有自主决策和行为能力的组织体，虽然公司会由于内部成员间的对抗而出现机制失灵、无法运转，公司决策和管理无法形成有效决议而陷入僵局，但是基于公司永久存续性的特征，国家公权力对于股东请求解散公司的主张必须秉持谨慎态度。当股东之间的冲突不能通过协商达成谅解，任何一方都不愿或无法退出公司时，为保护股东的合法权益，强制解散公司就成为唯一解决公司僵局的措施。根据查明的案件事实，在多次调解未果的情况下，为充分保护公司股东合法权益，依法规范公司治理结构，促进市场经济健康发展，作出解散东北亚公司的判决，适用法律并无不当。

二、关于东北亚公司是否符合公司解散的法定条件的问题

1. 东北亚公司的经营管理已发生严重困难

判断公司的经营管理是否出现严重困难，应当从公司组织机构的运行状态进

行综合分析,公司是否处于盈利状态并非判断公司经营管理发生严重困难的必要条件。其侧重点在于公司经营管理是否存在严重的内部障碍,股东会或董事会是否因矛盾激化而处于僵持状态,致使股东无法有效参与公司经营管理。就本案而言,可以从董事会、股东会及监事会运行机制三个方面进行综合分析。根据一审、二审法院查明的事实可知:

(1)关于董事会方面,东北亚公司董事会有5名成员,董某琴方3人,荟冠公司方2人。《公司章程》第53条规定:董事会会议由董事代股东行使表决权,董事会会议对所议事项作出决议,决议应由代表3/5以上(含本数)表决权的董事表决通过。根据以上规定,董某琴方提出的方案,无须荟冠公司方同意即可通过。荟冠公司曾3次提出修改公司章程,均遭到董某琴的拒绝。此外荟冠公司向东证公司转让部分股权一事,东北亚公司拒绝配合,最终通过诉讼才得以实现。2013年8月6日起,东北亚公司已有两年未召开董事会,董事会早已不能良性运转。

(2)关于股东会方面,自2015年2月3日至今,东北亚公司长达两年没有召开股东会,无法形成有效决议,更不能通过股东会解决董事间激烈的矛盾,股东会机制失灵。

(3)关于监事会方面,东北亚公司成立至今从未召开过监事会,监事亦没有依照《公司法》及公司章程行使监督职权。

综上,客观上东北亚公司董事会已由董某琴方控制,荟冠公司无法正常行使股东权利,无法通过委派董事加入董事会参与经营管理。东北亚公司的内部机构已不能正常运转,公司经营管理陷入僵局。

2. 东北亚公司继续存续会使荟冠公司股东权益受到重大损失

公司股东依法享有选择管理者、参与重大决策和分取收益等权利。本案中,荟冠公司已不能正常委派管理者,东北亚公司人事任免权完全掌握在董某琴一方。荟冠公司不能正常参与公司重大决策。荟冠公司也未能从东北亚公司获取收益。荟冠公司作为东北亚公司的第二大股东,早已不能正常行使参与公司经营决策、管理和监督以及选择管理者的股东权利,荟冠公司投资东北亚公司的合同目的无法实现,股东权益受到重大损失。

3. 通过其他途径亦不能解决东北亚公司股东之间的冲突

基于有限责任公司的人合性,股东之间应当互谅互让,积极理性地解决冲突。在东北亚公司股东发生矛盾冲突后,荟冠公司试图通过修改公司章程改变公司决策机制解决双方纠纷,或通过向董某琴转让股权等退出公司的方式打破公司僵局,但均未能成功。即使荟冠公司向东证公司转让部分股权,也由于荟冠公司与董某琴双方存在冲突,只有历经诉讼程序方能实现。

同时,一审法院基于慎用司法手段强制解散公司的理念,多次组织各方当事人进行调解。在二审法院调解过程中,荟冠公司、东证公司主张对东北亚公司进行资产价格评估,确定股权价格后,由董某琴收购荟冠公司及东证公司所持东北亚公司的股权,荟冠公司及东证公司退出东北亚公司,最终各方对此未能达成一致意见,调解未果。东北亚公司僵局状态已无法通过其他途径解决。

综合来看,东北亚公司股东及董事之间长期冲突,已失去继续合作的信任基础,公司决策管理机制失灵,公司继续存续必然损害荟冠公司的重大利益,且无法通过其他途径解决公司僵局,荟冠公司坚持解散东北亚公司的条件已经成就。

2017年6月20日,最高人民法院裁定驳回董某琴、东北亚公司的再审申请。

【简析】1. 有限责任公司系具有自主决策和行为能力的组织体,虽然公司会由于内部成员间的对抗而出现机制失灵、无法运转,公司决策和管理无法形成有效决议而陷入僵局,但是基于公司永久存续性的特征,国家公权力对于股东请求解散公司的主张必须秉持谨慎态度。当股东之间的冲突不能通过协商达成谅解,任何一方都不愿或无法退出公司时,为保护股东的合法权益,强制解散公司就成为唯一解决公司僵局的措施。

2. 判断公司的经营管理是否出现严重困难,应当从公司组织机构的运行状态进行综合分析,公司处于非盈利状态并非判断公司经营管理发生严重困难的必要条件。其侧重点在于公司经营管理是否存在严重的内部障碍,股东会或董事会是否因矛盾激化而处于僵持状态致使一方股东无法有效参与公司经营管理。

3. 慎用司法手段强制解散公司。公司解散的目的是维护小股东的合法权益,其实质在于公司存续对于小股东已经失去了意义,表现为小股东无法参与公司决策、管理、分享利润,甚至不能自由转让股份和退出公司。在穷尽各种救济手段的情况下,司法手段强制解散公司才是唯一的选择。

● **历山投资有限公司与北京承乾房地产开发有限责任公司等公司解散纠纷上诉案**

【北京市高级人民法院民事判决书(2019)京民终1457号】

上诉人(原审原告):历山投资有限公司(以下简称"历山公司")。

被上诉人(原审被告):北京承乾房地产开发有限责任公司(以下简称"承乾公司")。

原审第三人:北京荟宏房地产开发有限责任公司(以下简称"荟宏公司");北京兆泰集团股份有限公司(以下简称"兆泰公司")。

承乾公司作为中外合资经营企业,历山公司为承乾公司外方股东。

历山公司提起诉讼,请求法院强制解散承乾公司。

【一审】一审法院认为原告所提交的证据不足以证明满足法定强制解散公司的条件。

据此,一审法院驳回原告的诉讼请求。

【二审】二审法院认为本案争议焦点是:承乾公司是否符合《公司法》规定的股东请求人民法院解散公司的条件。

关于公司继续存续是否会使股东利益受到重大损失问题。据已查明事实,承乾公司系中外合资经营企业,承乾公司的经营范围为在北京某危改小区规划范围内进行房屋开发、建设、出售、出租及物业管理经营,故承乾公司系危改小区的项目公司。因中外方股东之间的长期矛盾和冲突,导致承乾公司实施该危改小区项目进展迟缓,十余年间,居民搬迁工作仅完成30%,不能进行土地一级开发,公司设立目的无法实现,中外方股东投入的数亿元资金不能合理使用。在公司经营管理机制不能正常运转的情况下,公司实质上无法实施包括融资、担保等重大决策事项,公司存续会导致股东权益继续受损。因此,本案符合《公司法》关于公司继续存续会使股东利益受到重大损失的规定。

关于是否能够通过其他途径解决问题。经相关仲裁裁决,《合资合同》《合资合同修改协议》已经终止,中外方合作的合同基础已经丧失,双方在长期的矛盾和冲突中已经失去彼此信任;中外方分别持股50%的比例也导致公司权力机构董事会在双方意见分歧时无法形成多数决,公司僵局持续且无法解决。本案审理期间,两审法院均进行了促成承乾公司及中外方股东协商解决纠纷的工作,尝试通过减资、收购等方式使公司存续,但中外方在解决途径及补偿方面差距过大,无法达成一致。至此,公司存续对于历山公司已经失去意义,其作为持股50%的股东无法按照公司章程的规定参与决策、管理,正当行使股东权利。在中外方股东历经董事会会议、函商、仲裁、诉讼等各种解决途径和手段而未果的情况下,本案已符合公司法关于公司通过其他途径不能解决的规定。

公司理应按照《公司法》及章程的规定良性运转,本案已经具备《公司法》及司法解释规定的公司解散情形。

2022年1月26日,北京市高级人民法院判决解散承乾公司。

【简析】解散公司之诉是股东进行权利救济的最后一道防线,但是司法最大限度地维护的是公司、股东等相关主体的整体利益,而非个别股东的利益。本例通过具体案例说明了何为"公司经营管理发生严重困难"、何为"继续存续会使股东利益受到重大损失"、何为"经营管理的严重困难不能通过其他途径解决"。

判断公司经营管理是否发生严重困难,应从公司内部组织机构的运行状态进行综合分析,看公司内部组织决策机制的运行是否失灵。公司的内部组织决策机制即董事会决议机制因中外方股东之间的矛盾和冲突而处于失灵状态,公司的内部管理也因中外方股东各自委派的管理人员之间的矛盾和冲突而存在严重的障碍，并且持续了一定时间，可以认定为公司经营管理发生严重困难，符合该条规定的解散公司诉讼案件的受理条件。

基于公司永久存续性特征，国家公权力对于股东请求解散公司的主张应始终秉持着谨慎态度，公司立法和司法的主旨也不是一旦出现公司经营管理发生严重困难，只要股东主张，就要强制解散公司。本例中，经相关仲裁裁决，中外股东的合资合同关系已经终止。双方经历了董事会会议、函商、仲裁、诉讼等各种方式，均无法达成一致，所以裁决解散公司。

# 第十三章 通知与公告

【示范条款】

13.1.1 会议通知的形式

公司的通知以下列形式发出:1. 以专人送出;2. 以邮件方式送出;3. 在公司网站【http://www.xxxxx.com】以公告方式进行;4. 公司章程规定的其他形式。

公司发出的通知,以公告方式进行的,一经公告,视为所有相关人员收到通知。

13.1.2 通知地址

股东邮寄地址,以股东名册登记地址为准。董事、监事、高级管理人员、公司员工的邮寄地址,以在公司预留登记的地址为准。

公司董事会秘书负责公司股东、董事、监事、高级管理人员地址登记,公司人力资源部负责公司员工地址的登记。

如有地址变更,应由该股东、董事、监事、高级管理人员、员工及时通知公司,并变更登记地址,未能及时变更地址的自行承担有关后果。

【注释】公司可以同时对受通知人(股东、董事、监事、高级管理人员、员工等)的居民身份证地址、护照地址、法人执照注册地址等地址作为邮寄地址的补充,采取双重邮寄或者多重邮寄的方式,作为通知方式的补充。

13.1.3 股东会会议通知

公司召开股东会的会议通知,以【专人或邮寄或者公告方式】进行。

13.1.4 董事会会议通知

公司召开董事会的会议通知,以【专人或邮寄或传真送达书面通知的方式】进行。

13.1.5 监事会会议通知

公司召开监事会的会议通知,以【专人或邮寄或传真送达书面通知的方式】进行。

【注释】公司应当根据实际情况,在章程中确定公司各种会议的具体通知方式。

13.1.6 会议通知的意外

非因召集人的过错或者过失,由于其他原因致使受通知人没有收到会议通知的,会议及会议作出的决议并不因此无效。

【注释】公司应当根据实际情况,选择本条款,如有发生,会议效力从法律法规规定。

### 13.1.7　公司信息披露

公司以在【报纸名称】为刊载公司公告和其他需要披露信息的媒体。

### 13.1.8　指定披露媒体

公司以在【http://www.xxxxx.com】为刊载公司公告和其他需要披露信息的网络媒体。

## 【条款解读】

一、会议通知的瑕疵可能构成决议的撤销

会议通知的意义是告知受通知人。受通知人通常是会议的有权参加人、有权表决人,给予受通知人以通知,是会议召集人的义务。只有受通知人按时在会议前收到会议通知,才能有合理的时间审查会议议案、安排出席会议的时间、选择适当的委托代理人等。

通知事项是一项重要的程序性规定,有关通知中的错误或者过失,将可能直接导致股东会会议决议因程序存在错误或者过失而被撤销。《公司法》(2023 年修订)第 25、26 条规定,公司股东会、董事会的决议内容违反法律、行政法规的无效。公司股东会、董事会的会议召集程序、表决方式违反法律、行政法规或者公司章程,或者决议内容违反公司章程的,股东自决议作出之日起 60 日内,可以请求人民法院撤销。但是,股东会、董事会的会议召集程序或者表决方式仅有轻微瑕疵,对决议未产生实质影响的除外。未被通知参加股东会会议的股东自知道或者应当知道股东会决议作出之日起 60 日内,可以请求人民法院撤销;自决议作出之日起 1 年内没有行使撤销权的,撤销权消灭。

二、通知的地址应当是预留公司的地址

基于发出通知应遵循时间性和效率性原则,因此不应增加召集人核实受通知人地址的义务。公司股东、董事、监事、高级管理人等受通知人地址如发生变动,应当在自己地址变动时及时通知公司,由公司进行地址变更登记。

召集人可以同时对受通知人(股东、董事、监事、高级管理人员、员工等)的居民身份证地址、护照地址、法人执照注册地址等地址作为邮寄地址的补充,采取双重邮寄或者多重邮寄的方式,作为通知方式的补充。

三、仅受通知人未收到通知不影响会议决议的效力

依照章程规定的程序发出会议通知,是召集人的义务,收受有关通知是受通知

人的权利。基于会议的效率性和对其他受通知人的公平性,如非因召集人的过错或者过失,而是由于其他原因致使受通知人未收到通知时,不影响会议决议的效力。

实践中,也多有受通知人拒收或者规避收受通知之现象,因此为维护其他受通知人的权利、保持公司运营的效率,仅受通知人未收到通知,不影响会议决议的效力。

《公司法》(2023年修订)第26条规定,股东会、董事会的会议召集程序或者表决方式仅有轻微瑕疵,对决议未产生实质影响的可以认定为有效。公司章程中可以把公司股东能够允许的瑕疵在章程中做一明晰,以便在公司运营中,做到严谨性和效率性之间的平衡。

四、关于上市公司,中国证监会的指定信息披露媒体有:巨潮资讯网、中证网、中国证券网、证券时报网、中国资本证券网、《中国证券报》《上海证券报》《证券时报》《证券日报》等

中国证监会对上市公司及有关信息披露义务人还要求:1.信息披露义务人在网络媒体发布信息的时间不得先于中国证监会指定媒体,不得以新闻发布或者答记者问等任何形式替代应当履行的报告、公告义务;2.网络媒体发布、传播上市公司信息导致股票交易异常波动的,证券交易所将依法核查所涉上市公司股票交易是否涉嫌内幕交易或操纵市场;3.当上市公司相关信息被网络媒体关注、转载,并可能或已经对公司股票及其衍生品种价格造成重大影响时,上市公司应当启动快速反应机制,并通过指定媒体及时披露澄清公告。

非上市公司可以参考适用。

五、提倡网络公告通知

随着现代网络的发展,提倡网络公告通知,运用网络公告的方式公告。

# 第十四章 附 则

**【示范条款】**

14.1.1 章程修改的条件

有下列情形之一的,公司应当修改章程:1.《公司法》或有关法律、行政法规修改后,章程规定的事项与修改后的法律、行政法规的规定相抵触;2.公司的情况发生变化,与章程记载的事项不一致;3.股东会会议决定修改章程。

14.1.2 章程修改议案

董事会依照股东会修改章程的决议和有关主管机关的审批意见修改本章程。

14.1.3 章程修改的生效

本章程的修改议案经股东会会议决议特别决议通过后生效。对公司、股东、董事、监事、高级管理人员等产生法律约束力。

股东会会议决议通过的章程修改事项应经主管机关审批的,须报主管机关批准;涉及公司登记事项的,依法办理变更登记。

14.1.4 章程修改的登记

章程的修改依法律规定应当办理登记的,由董事会秘书负责依法办理变更登记。

14.1.5 章程修改的公告

章程修改事项属于法律法规要求公开披露的,按规定予以公告。

14.1.6 章程附件及细则

本章程附件包括股东会会议议事规则、董事会议事规则和监事会议事规则等。

董事会可依照章程的规定,制定章程细则。章程细则不得与章程的规定相抵触。

14.1.7 章程语种

本章程以中文书写,其他任何语种或不同版本的章程与本章程有歧义时,以在【公司登记机关全称】最近一次核准登记后的中文版章程为准。

### 14.1.8 章程中的数字

本章程所称"以上""以内""以下",都含本数;"过""超过""以外""低于""多于"不含本数。

### 14.1.9 章程解释

本章程由公司董事会负责解释。

股东、监事、董事以及高级管理人员对董事会的章程解释有异议的,可以经由单独或者合并持有公司10%以上表决权的股东或者监事会按照公司章程规定的提案程序向股东会会议提案,由股东会会议通过决议对争议条款及事项予以解释。

### 14.1.10 关联关系释义

关联关系,是指公司控股股东、实际控制人、董事、监事、高级管理人员与其直接或者间接控制的企业之间的关系,以及可能导致公司利益转移的其他关系。但是,国家控股的企业之间不因同受国家控股而具有关联关系。

### 14.1.11 章程的实施

本章程自股东会会议审议通过之日起施行。

【注释】也可以规定为:"本章程自【公布/审批机关批准/完成登记备案】之日起施行"等。

## 【条款解读】

一、章程的修订

根据我国2023年《公司法》的规定,公司章程的修改应依照以下程序进行:

1. 由公司董事会拟定出章程修改草案,并提议召开股东会会议审议。

2. 股东会会议对章程修改条款进行表决。有限责任公司修改公司章程,须经全体股东所持表决权的2/3以上通过;股份有限公司修改章程,须经出席股东会会议的股东所持表决权的2/3以上通过。

3. 公司章程的修改涉及需要审批的事项时,报政府主管机关批准。

4. 公司章程的修改涉及需要登记事项的,报公司登记机关核准,办理变更登记;未涉及登记事项,送公司登记机关备案。

5. 公司章程的修改涉及需要公告事项的,应依法进行公告。如,公司发行新股募足股款后,需要修订注册资本条款,应依法定或公司章程规定的方式进行公告。

6. 修改章程须向公司登记机关提交"股东会会议决议"及"章程修正案",若涉及登记事项,须有公司法人签章方可完成变更。

## 二、章程的效力及备案

章程及章程的修订议案,在股东会会议通过后,即对公司股东、董事、监事、公司职员(含高级管理人员)发生效力。

章程及章程修订议案对第三人的效力,以法律法规规定为准,无相关明确规定的,参照章程及章程修订议案的公告时间或者工商登记机关的备案时间判断。

## 三、章程中的数字

由于"以上"是含本数,为避免出现 1/2 同意、1/2 不同意的会议表决僵局,章程起草者在章程设计时中应当注意尽量避免使用,或者审慎适用,"1/2 以上"之类的条款设计。避免出现决议僵局,如,议案 1 执行 A 方案的表决为 1/2 表决权同意、1/2 表决权反对,达到 1/2 以上同意,议案 1 通过并生效,应当执行 A 方案;议案 2 取消 A 方案的表决也是"1/2 表决权同意、1/2 表决权反对,同样达到 1/2 以上同意,议案 2 也通过并生效,确实需要取消 A 方案。

避免会议僵局的方法有两种。第一种是将条款设计为"过半数"。由于"过"不含本数,所以自然不会出现同时"过半数同意、过半数反对"。第二种是将表决权总数设定为单数。所以,一般董事会成员构成都是单数,就是为了避免出现上述情况。通常的董事会僵局,是指在董事会成员构成为双数时,一半同意、一半反对,致使董事会无法形成决议。所以在设定董事会成员构成时,尽量设定为单数成员,如由三名董事、五名董事、七名董事,或者十一名董事等组成董事会。监事会亦然。

## 四、章程解释

公司章程由公司股东会会议制定和修改,其解释权也应属于股东会会议。由于公司股东会会议不是常设机构,实践中,很多公司都是在制定章程时将章程"由董事会解释"写进章程,这种情况应为公司章程对董事会的授权。在发生争议时,如果章程明确授权董事会有解释权,则董事会为有权解释;反之,则董事会没有解释权。如果董事会的解释与股东会会议的解释相冲突,应当以股东会会议的解释为准。